Dieses Buch ist gewidmet:

Aurora, Anne, André, Anke, Arne, Ali, allen meinen Ärzten, AMIGA, Andreas, Annemarie, Anna, Alexander, Arndtl, Alex, Angelika, Axel, Adele, Agnes, Anja, Achim, Annett, Albini, Andi, Brigitte, Babsy, Boxi, Burkhard, Bimbo, Bummi, allen Bühnenarbeitern, Bernd, Buschfunk, Bodo, Bisser, Birgit, Bruno, Bonita, Berti, meinem »Chef«, Carla, Christiane, Christel, Christian, Claudia, Christoph, Cornelia, Conny, Christa-Maria, Christine, Carmen, Dominique, Dissi, Dicki, Dieter-Thomas, Dina, Didi, Dieter, Daggi, Dorothea, Dietrich, Dorte, Dietlinde, Dean, Drafi, Eva, Eberhard, Ekki, Elke, Effe, Frau Engel, dem Eicheneck, Eva-Maria, Ed, Eveline, Elmar, Egon, Erich, Emil, Elisabeth, ENERGIE, allen Fans und Freunden, Friedensgustav, Franzl, Fred Flachmann, Flemme, Frieder, Ferri, Ferdl, Fred, Friedhelm, Frank, Gabi, Gisela, Gunther, Georg, Gert, Gitte, Gunnar, Gerd, Giggi, Gottlieb, Gerhard, Gustav, Gieslinde, Gerti, Günther, Gesa, Onkel Herbert, Tanta Hanna, Tante Hannchen, Hüters Herbert, Hartmut, Hannelore, Helga, Harry, Heinzelmann, Heinz Florian, Frida Hockauf, Hildchen, Harald, Hansa, Hans-Joachim, Heinz, Hasso, Heiner, Heike, Hansi, Herbert, Helmar, dem Hochstapler, Hans-Eckart, Hans-Jürgen, Hermann, Henri, der Holztante, Hugo, Hans, Horst, Ina, Tante Idi, Ingrid, Ireen, Ilona, Ines, Irma, Ingo, IM Sänger, IM Schneider, IM Tanja, IM Ottokar, IM Schwan, Inge, Ina-Maria, Jumbo, allen Journalisten, Johannes, Jochen, Jörg, Jürgen, Jens, Jimmy, Judith, Jo, Jule, dem kleinen bösen Journalisten, Jutta, Herrn Juhran, Katrin, Klaus, Knut, Knippe, Knochenknack, Karla, Kalle, Kati, allen Kameramännern, Karl, Kurt, dem Kohlenkasten, Karin, Karlchen, Kristin, Karsten, dem Löffel, Lutz, Lydia, Lothar, Lilo, Laky, Ladja,

Lois, Linos, Lippi, Ljupka, Mutti, Manne, Marcus, Michi, Meisi, Magnus, Matthias, Mémé, Manfred, Muck, Monika, Martina, Moritz, Margrit, Mösers, Micha, Minchen, Michaela, Männlein, Mario, Marianne, Maria, dem kleinen bösen Mann, den Nichtgenannten, Nina, Norbert, dem neuen Nachbarn, Neumi, Nicole, Odette, Ole, Opi, Otto, Olaf, O.F., Omi, Peter, Pépé, Paula, dem Professor, allen »meinen« Pferden, Petra, Pelle, Patermann, Paul Pappke, Tante Ruth, Roswitha, Rosi, Rolf, allen Redakteuren, allen Regisseuren, allen Requisiteuren, allen Roadys, René, Rudi, Robertus, Reni, Rainer, Rübe, Romy, Reno, Regina, Robert, Renate, Ralf, Roland, Stumpi, Karl Sack, Siggi, Sieber, Steini, Seele, Susi, Sophie, Synni, Steffi, Schubi, Swetti, Steffen, Stefan, Siegbert, Sylvia, der Strähne, Herrn Schmidt, Schulle, Siegmar, Sabine, Siegfried, Onkel Theo, Thomas, Tommy, Traudl, Toni, Mr. Tokuma, Tina, Tini, Tutti, Trixx-Studio, Tante Rosi, Uli, Uwe, Uve, Ursel, Uhle, Udo, Ulf, Uschi, UNION, Vati, Veronika, allen Vögeln, Volker, allen Verwandten vom seehypographischen Dienst, Volkmar, Vio, Vlady, Wulle, Wolfgang, Werner, Wilhelm, Wölfi, Onkel Werner, Walli, Wim, Walter, Züli, Zimdal

und Dir

Von A bis Z

»**Von A bis Z**« auf die schnelle: für Hektiker, die Gestreßten, die Redakteure und alle, die keine Zeit und Lust haben, Bücher zu lesen:

A wie *Autofahrer*: nach Mechaniker, Sänger, Komponist mein vierter Beruf. 60 bis 80 000 Kilometer im Jahr sind normal.
A wie *Aschehäufchen*: in meiner Stasi-Akte steht: Er machte auch kleine Aschehäufchen vor die Tür. Ich überlege: Wie war das? Richtig: Wir wohnten im 1. Stock, alle im Haus hatten Ofenheizung, und man mußte die Asche die Treppe runtertragen und auf dem Hof – logisch – in einen Aschekübel tun. Ich sah durch den Spion an der Tür, daß manche Leute die Treppen im Affentempo nahmen und Aschefähnchen hinter sich ließen. Als ich mit der Reinigung der Treppe dran war, mußte ich das alles wegmachen. Irgendwann hatte ich die Nase voll und kippte ihnen ihre Asche wieder vor die Tür.

B wie *Beatkiste*: Anfang der 70er Jahre moderierte ich »Franks Beatkiste« im Deutschlandsender, später umgenannt in Stimme der DDR. Ich bekam einen Brief, in dem stand: »Warum sagst du solche tollen Lieder an und singst selber solche Schnulzen wie ›Gold in deinen Augen‹ und ›Wie ein Stern‹?« Sofort sang ich: »Schreib es mir in den Sand«.
B wie *belegte Brote*: sind besser als ’ne belegte Stimme.
B wie *Bombendrohung*: Wir hatten eine Bombendrohung in Hanoi – in Halle-Neustadt. Genauer gesagt, in einer mit 5 000 Leuten besetzten großen Sporthalle. Es stellte sich aber als Ente raus, der

Bombendroher hatte nur keine Karte bekommen.

C wie *Charité*: Ich hatte zu hohen Blutdruck, das stellte Frau Dr. Weinrich fest, schickte mich zu Dr. Zülsdorf, und der wiederum veranlaßte, daß ich bei Prof. Althaus in der Charité operiert wurde. Ich lag auf Zimmer 9, zur gleichen Zeit auf Zimmer 7 lag Honni.

D wie *»Die 7 Wunder der DDR«*: 1. Wunder: Obwohl die DDR keine Arbeitslosen hat, hat die Hälfte nichts zu tun. 2.: Obwohl die Hälfte nichts zu tun hat, fehlen Arbeitskräfte. 3.: Obwohl Arbeitskräfte fehlen, erfüllen und übererfüllen wir alle Pläne. 4.: Obwohl wir fast alle Pläne erfüllen und übererfüllen, gibt es in den Geschäften fast nichts zu kaufen. 5.: Obwohl es in den Geschäften fast nichts zu kaufen gibt, haben fast alle Leute fast alles. 6.: Obwohl fast alle Leute fast alles haben, meckert die Hälfte. Und 7. Wunder: Obwohl alle meckern, wählen 99,9 Prozent die Kandidaten der Nationalen Front.

D wie *Diktatur*: Vor Jahren sagte mir ein älterer Herr auf einer Tournee in der damaligen Bundesrepublik: »Ich hab alles jewählt: erst die CDU, dann die SPD, dann die Jrünen. Alles eine Soße. Weißt du, was wir brauchen? – So 'ne richtje Diktatur, wie ihr da drüben, bloß ein bißchen mehr Freiheit.«

E wie *Erfolgsrezept*: 100 Gramm F-Dur, ein Viertel A-Moll, 'ne Brise Gefühl, rhythmisch aufkochen, mit Humor abschrecken und freundlich servieren.

F wie *Fußball-WM*: Ich hatte das außerordentlich große Glück, 1974 dabei zu sein. Drei Tanzpärchen, Uve Schikora und ich spielten zur Eröffnungs-Gala. Ich denke, es war die größte Fernsehsendung, die ich je mitgemacht habe. Man sprach von 600 Millionen Zuschauern. Ich spiele heute

noch Fußball – dreimal die Woche.

F wie *Fan-Club*: Seit Ende 97 habe ich einen. Die Zentrale, in Berlin, leitet Christiane Hübing, PSF 520702 in 12597 Berlin. Und sie macht das mit Herz und Kopf.

G wie »*Gag mit Trabi*«: Als unser lieber Opi (Doerk) starb, bekam ich seinen Trabi, der früher mal, ab 1974, meiner war. Ich fuhr damit meinen Freund Jürgen zum Reichstag. Es war die erste große Sitzung nach der Wahl. Zwischen den ganzen großen, dicken, fetten Autos wir mit dem kleenen, selbst angestrichenen blauen Trabi. Und Jürgen natürlich – wie immer – einen Witz auf den Lippen: »Was macht ein Versicherungsvertreter? Er verkauft Versicherungen. Was macht ein Staubsaugervertreter? Er verkauft Staubsauger. Was macht ein Volksvertreter? ...!!!« Haben wir gelacht. Obwohl es in Wahrheit traurig ist.

H wie *Hektik*: Hektik ist eine schwankende Brücke zwischen Wollen und Können.

H wie »*Heißer Sommer*«: Ein lustiger, naiver, jetzt Kult-Film, der beim Drehen einen Haufen Spaß gemacht hat.

H wie *Hit*: meist sehr einfach, oft zu einfach, selten ein schönes Lied.

I wie *Idol*: Idol = Publikumsliebling, ist absolut okay, wenn dies in normalen Bahnen bleibt. Darf nicht zum Götzenbild verkommen.

I wie *Ideen*: sind ganz wichtig, besonders für Texte und Fernsehsendungen. Diese finde ich in Briefen, in der Kneipe, auf der Straße – eben überall da, wo das Leben tobt.

J wie *Jeans*: für mich die absolute Lieblingsklamotte auf der Bühne wie im Leben.

K wie: Anstelle von *Kommunismus – Konsumismus?*

K wie »*Es gibt Künstler,*

die verbeugen sich schon, wenn der Regen gegen die Scheibe klatscht«.

K wie *Kuß*: je mehr, desto besser. Wer aufhört zu küssen, kriegt schmale Lippen. Wer schmale Lippen bekommt, ist fürs Leben kaum noch zu gebrauchen.

L wie *Lieder*: Lieder bewegen etwas, indem sie Menschen bewegen.

L wie *Lachs*: als Hobby-Angler muß ich sagen: Es gibt Profis unter den Lachsen: Man nennt sie die Profilaxe!

M wie *»meine Schrift«*: graphologisch betrachtet: Frank Schöbel: »Diese Schrift ist geprägt von Leistungswillen und Selbstdisziplin. Der Schreiber setzt sich praktisch erreichbare Ziele und arbeitet unermüdlich daran, seine Pläne zu verwirklichen. Er ist klar und eindeutig im Verhalten und im Denken. Man weiß bei ihm stets, woran man ist. Er hat nicht viele Freunde, aber denen, die er hat, ist er treu. Zwar legt er Wert darauf, sein Ideal von Rechtschaffenheit und Zuverlässigkeit zu leben, aber eigentlich wäre er gerne das spontane, unbefangene Kind, das er nie gewesen ist.«

M wie *»Der Mensch hat zwei Überzeugungen«*: eine, wenn's ihm gut geht, und eine, wenn's ihm schlecht geht. Letztere heißt: Religion.

N wie *Nachbar*: Als ich zehn, elf, zwölf war, wohnten meine Mutter und ich in der Tschaikowskistraße 23 in Leipzig. Mein Nachbar und Freund hieß Andreas. Er schrieb sehr viel später, 1972, in der »Rheinischen Post«: »Unser Haus war eines der großen, fünfstöckigen Bürgerhäuser in den ruhigen, kopfsteingepflasterten Straßen am Rande des Rosentales in Leipzig. Früher hieß unsere Straße König-Johann-Straße. Nach dem Krieg wurde der König gestrichen und der Stadtrat verlieh ihr den Namen des

russischen Komponisten Tschaikowski. Das Haus Nr. 23 beherbergte während eines Jahrzehnts zwei Menschen, die heute, wenn auch aus völlig verschiedenen Gründen, in beiden Teilen Deutschlands zu den Prominenten zählen: den Literaturkritiker Prof. Hans Mayer und den Sänger Frank Schöbel. Besonders zu schaffen machten dem Professor zuweilen Frank, der damals nur bei seinem zweiten Vornamen, Lothar, gerufen wurde, und ich. Lothar wohnte mit seiner Mutter, der Sängerin Käthe Brinkmann, neben uns im 2. Stock. Er war ungemein produktiv im Erfinden von mehr oder weniger harmlosen Streichen, die von der Stinkbombenherstellung aus altem Film-Zelluloid bis zu dem Trick reichten, gefüllte Tonnen mit Küchenabfällen schräg an die Wohnungstür des Opfers zu lehnen und dann den Klingelknopf zu drücken. Viele der ehemaligen Bewohner des Hauses haben vor dem Bau der Mauer den Weg in den Westen gefunden. Jeder von ihnen aber hat ein Stück Erinnerung mitgenommen.«

O wie *Ostdeutsche Schlager-Leg-Ente*:

O wie *Onkel Herbert und sein Pfeifer mit Knall*: So was gab es früher zu kaufen. Eigentlich eine Rakete, die dann noch pfiff und am Ende BUMM machte. In einem Anflug von Übermut brannte er das Ding an, schmiß es in den Briefkasten, es pfiff und krachte in dem gußeisernen Kasten. »Und das Schönste war«, so meinte Onkel Herbert, »die Klappen machten am Ende so ganz leicht pflupp.«

Mit **P** habe ich nur gute Erfahrungen gemacht. So mit meinem Bruder *Peter*, mit meinem Freund *Peter* Lorenz und mit meinem Freund, dem *Publikum*. Aber auch **P** wie *Politik:* ist die Kunst, die Leute so zu bescheißen, daß sie denken, das haben sie sich schon immer gewünscht.

Q wie *Quereien*: Ich mische mich bei Diskussionen gerne ein mit dem Ziel: Harmonie.
Q wie *Quentchen Glück*, das man in unserem Beruf braucht und

Q wie *Quiz-Sendungen*, die ich hasse wie die Pest.

R wie *Radio*: In der Berliner Radio-Szene bestimmt die Industrie über die Werbung, was an Musik läuft. Wo sind wir bloß hingeraten?
R wie *Rose*: Nach 1971, nach dem großen Erfolg von »Wie ein Stern«, sollte plötzlich eine Rose in der Nähe von Erfurt nach mir benannt werden. Ich fand es blöd, einer Rose den Namen Frank Schöbel zu geben und schlug vor, sie doch eventuell nur Frank zu nennen. Das können ja mehrere auf sich beziehen. Dann ging man der Sache nach und stellte fest, Rosen könne man nicht nach lebenden Personen benennen. – Naja, und zum Sterben hatte ich absolut keene Lust!

S wie *Sport*: Ich könnte in einer Turnhalle leben. Spiel gern Fußball, Tischtennis, Volleyball, laufe gern Ski, Wasserski, mache vor nichts halt, und auch Zehnkampf versuchte ich,

beim Stabhochsprung gab ich auf.

S wie *Sprüche*: Manche Spitzenkünstler sind so spitz, daß man sie nicht anfassen darf. Mit dir kann man leben, aber man kommt nicht zum Schlafen. Man kann dem Leben nicht mehr Tage geben, aber dem Tag mehr Leben. An dem Tag, an dem du in die Sauna gehst, wirst du nicht älter – ich geh dreimal in der Woche. – Nächste Woche werde ich eingeschult!

T wie *Tauschen*: SKET heißt: sehen, kaufen, einlagern, tauschen. So: Zylinderkopfdichtung gegen Keilriemen, das alles wieder gegen Fliesen. Und was meint mein Onkel: »*Die* Freude ham se uns ooch noch genommen!«

T wie *Tiere*: Ich habe Fische, die machen keinen Krach, beißen nicht, bellen kaum, haben immer gute Laune.

T wie *Tante Hanna*: Meine Tante Hanna war 1948 Programmleiter am Mitteldeutschen Rundfunk in Leipzig. Sie lernte meinen Onkel Herbert kennen und war die Vorgesetzte von ihm. Das hat er sich irgendwann nicht mehr gefallen lassen und heiratete sie. Bums, war er der Vorgesetzte.

U wie *Unterschied*: Für Geld machen viele fast alles. Nur für Geld mache ich fast nichts.

V wie *Vegetarier*: Habe ich 'ne ganze Zeit durchgezogen, brauchte dann aber mal so ein richtiges Stückchen Fleisch zwischen den Zähnen. Geblieben ist: Ich esse kein Schweinefleisch.

V wie *Versprecher*: im Radio: »Gegen Mittag Bevölkerungsrückgang« oder »Es spielt für Sie das Große Schwanzstreichorchester des Deutschlandsenders«!

V wie *Verfahren*: Meine Tochter Odette, meine Nachbarin und ich, wir wollten nach Chemnitz zur Veranstaltung. Wir haben derartig viel geredet und es war so interessant,

daß wir plötzlich an der polnischen Grenze waren. Hatten nicht gemerkt, daß wir beim Abzweig nicht nach Dresden, sondern Richtung Cottbus gefahren sind.

V wie *Verhüten*, wie *Vergessen*, wie *Verrammeln*, wie *Verona*.

W wie *Wälderbericht*: Kein Baum ist so blöd und hält seine alten Blätter fest. Er weiß, es kommen neue.

W wie »*Wer jung bleiben will, muß mit der Zeit und ihr ein Stück voraus leben, mit Witz begabt sein und lachen können. Vor allem über sich selbst.*« – Johannes R. Becher

X wie *Xylophon*: Mein alter Freund, Paul Pappke, Schlagzeuger, spielte, wie das alte gute Schlagzeuger konnten, auch Vibraphon, Xylophon. Mit fast 70 lud ich ihn zu einer Show ein. Er spielte auf, war ein Virtuose, machte das phantastisch und am Schluß seinen berühmten Sprung übers Xylophon. – Riesenbeifall! Das war sein letzter Auftritt. Wir hatten eine Riesenfreude, die Leute und er auch.

Y: Hast du Ypsilon in der Tasche, hast du immer was zu nasche. Das Ypsilon im Haus ersetzt den Zimmermann. Das Ypsilon ist mir so was von peinlich, daß ich am liebsten gar nicht darüber reden möchte.

Z wie *Zahnarzt*: Mein Zahnarzt in Leipzig in der Waldstraße, Dr. Fritz Lange, sagte am Schluß: »Und bitte einmal ausspülen.« Das war der schönste Satz, denn da war alles vorbei.

Z wie *Zusammenkommen ... der Deutschen*. Ein schwieriges Thema. Hart gesagt: Ich glaube, erst wenn Deutschland flächendeckend 10 Meter unter Schnee steckt, werden sich manche Leute aufs Menschsein besinnen und darauf, daß man den anderen braucht.

Notwehr

Kann ich Du zu Dir sagen? Oh, danke. Das macht die Sache, ehrlich gesagt, viel einfacher. Ich mag dieses »Sie« nicht. Nur manchmal finde ich's passend. Eine Sängerin, die es inzwischen nicht mehr gibt, hat mir einmal, als ich sie fragte, angeboten: »Naja, ich sag zu dir Du, und du zu mir Sie. Ist doch klar.« Das hat sie wirklich ernst gemeint. Also okay. Du, ja?

Das Thema ist durch.

Warum ich dieses Buch schreibe? Ich will es Dir erklären. Vor drei Jahren, also 1995, rief mich ein Journalist an – von der Firma »Schnelle Kohle«, Du weißt? – und meinte, er wolle ein Buch über mich machen.

Ich fragte ihn: »Wie lange dauert denn sowas?«

»Phhh«, sagte er, »Fränki, in zwei Stunden sind wir durch.«

»Nee«, sagte ich, »so was will ich nicht.« Und ehe ich überhaupt noch etwas erklären konnte, meinte er: »Okay, ich schick dir mal 'n Exemplar zu. Du kannst es dir durchlesen. Ruf mich wieder an.«

Ja, dann kam ein kleines Büchlein, geschrieben von einer Frau, die ich mag, die aber sehr, sehr schnell redet. Deshalb hat sie es auch geschafft, in zwei Stunden mehr zu sagen, als ich je könnte.

Ich brauche immer eine gewisse Anlaufzeit, ich möchte Gründlichkeit. Auch jetzt habe ich Angst, daß ich die Hälfte vergesse, es nicht schaffe und hinterher denke, hättest du noch dies und das gesagt. Aber irgendwann muß ich anfangen, jetzt ist Stichtag, und jetzt wird es.

Wenn Du wüßtest! Ich gucke hier aus einer Gaube raus, an der Ostsee, so achthundert bis neunhundert Meter vom Strand, vor mir ein leuchtendes Rapsfeld, langsam kriecht ein Radfahrer hindurch. Ich höre in der

Ferne das Geschrei der Kinder, ihr Rumtollen. Wahrscheinlich sind sie am Strand, und ich möchte auch lieber dort sein. Aber ich muß dieses verdammte Buch schreiben!

Einen Monat später, damals, noch 95, kam ein zweiter Journalist, fragte mich wieder. Ich kenne ihn und sagte: »Du, wenn, möchte ich's wirklich selber schreiben. Das ist doch eine Sache, da muß man in Ruhe rangehen, aussortieren. Ich hab dazu jetzt keine Lust und keine Zeit.« – »Okay«, sagte er, »ich versteh dich.«

Der dritte kam, wieder dieselbe Frage, wieder meine Antwort. »Ja, ich habe Verständnis«, sagte er – und rief mich eine Woche später an: »Du, ob du willst oder nicht, der Verlag, von dem ich beauftragt worden bin, der bringt das Buch sowieso. Ich sag's dir.«

Das fand ich fair von ihm. Ich bin zum Rechtsanwalt, und der meinte: »Ja, das dürfen die, du bist eine öffentliche Person, dann können sie schreiben, ob du willst oder nicht. Ich rate dir«, sagte er, »schreib es lieber selber.«

Also ging ich zu dem Verlag, zu dem ich am meisten Vertrauen hatte. Wir machten einen Erscheinungstermin aus, der sollte im September 96 sein. Der Verlag reagierte schnell, und ich meinte spontan, das Buch soll »Frank und frei« heißen ... bums, war ich mittendrin. Das Buch erscheint ... hm, und ich ging erstmal. Dann kamen andere Dinge, und ich hatte überhaupt keine Lust: meine Trennung, Arbeit, Auftritte ...

Von Zeit zu Zeit riefen wir uns an: »... gebt ihr mir noch 'n bißchen Aufschub? ... kann ich noch 'n bißchen später?«

Getrieben wurden wir durch die Ankündigung des anderen Verlags, der versprach: »Frank Schöbel – Wie ein Stern.« Im Werbetext: »Erinnerungen eines beliebten Unterhaltungskünstlers.« Es sah so aus, als hätte tatsächlich ich das geschrieben, »ca. 208 Seiten« sollte

das Ding haben, »Originalausgabe«. Und sollte im Februar 1997 erscheinen.

Als ich in einem Buchladen war, schauten wir in den Computer, und da stand ich wirklich als Autor drin. Gesehen hatte ich keine Zeile, geschweige denn geschrieben.

Ich bin wieder zum Rechtsanwalt, der verfaßte ein Briefchen: »... Da mein Mandant von diesem Vorhaben nichts wußte und auch niemandem ›seine Erinnerungen‹ preisgegeben hat, bitte ich Sie vor Veröffentlichung um Zusendung eines Probeexemplares zu meinen Händen.«

Am 29. August 1996 kam ein amtliches Schreiben: »Nachdem Herr Frank Schöbel anderweitig seine Autobiographie herausbringen wird, haben wir von dem Buchprojekt Abstand genommen.« Das war so amtlich, und nun wird Dir doch klar, daß ich dieses Buch aus Notwehr schreiben muß. Von mir aus hätte ich es nicht getan.

Ich weiß noch gar nicht, was ich mit dem Titel soll: »Frank und frei.« Frank, steht im Duden, heißt gerade und offen. Tja, danach muß ich nun leben und mich verhalten. Als ob das immer so ginge! Gerade schon, aber offen? Offen zu sein, das ist ja schon Dummheit. Früher, wenn du alles gesagt hast, wußte man, die großen Ohren gingen auf. Das ist nachzulesen. Wir kommen darauf zurück. Und heute? Für bestimmte Zeitungen offen zu sein, alles zu sagen? Du kennst das, man gibt den kleinen Finger, und die nehmen die ganze Hand. Und das alles für Geld. Nee, nee, nicht mit mir. Also zwar »Frank und frei«, aber nicht »Frank und blöd«.

Vielleicht kommen wir aber beim Erzählen noch auf einen ganz anderen Titel. Mal sehn. Dann nennen wir das Buch einfach um!

Frank – was ist das?

Nehmen wir doch den Namen Frank, den mir meine Mutter gegeben hat. Ist reiner Zufall. Sie hatte nur einen Vornamen parat, nämlich Lothar, doch sollte noch ein zweiter Name hinzukommen. Ihre Bettnachbarin in der Klinik sagte: »Na, dann nennen Sie ihn noch Frank. Frank-Lothar.« Ich bin der Frau eigentlich sehr dankbar.

Es gibt eine 3 000 Jahre alte Wissenschaft von den magischen Zahlen, die Numerologie, die Aufschluß gibt über den Charakter und die Persönlichkeit eines Menschen. Ich mache gerne mal so ein Spielchen mit. Ziehn wir es durch, paß auf: Die Persönlichkeitszahl errechnet sich aus dem Vornamen und dem Familiennamen. Bei den Vornamen wählt man den Namen, mit dem man wirklich gerufen wird. Also in meinem Fall nicht Lothar, sondern Frank. Jeder Buchstabe des Vornamens und des Familiennamens wird in eine Zahl von eins bis neun umgewandelt. Von A, B, C, D, E, F, G, H, I geht es von eins bis neun, fängt bei J wieder neu an mit eins, zwei, drei, vier, fünf, sechs, sieben, acht, neun, geht bis R, fängt bei S wieder an und endet bei Z. Am besten schreibt man die Buchstaben des gesamten Namens untereinander und die dazugehörigen Zahlen daneben. Die werden nun zusammengezählt. Das Ergebnis ist eine zweistellige, manchmal auch dreistellige Zahl. Die einzelnen Ziffern dieser Zahl werden nun wieder zusammengezählt. Das Ergebnis könnte wieder eine zweistellige Zahl sein. Dann zählt man diese zwei Ziffern noch einmal zusammen. Zum Schluß bleibt eine einstellige Zahl. Das ist die gesuchte Persönlichkeitszahl. Und dann kann man unter eins bis neun nachlesen, welche Charaktereigenschaften dieser Namensträger hat.

Versuchen wir es. Ich habe ein Problem mit meinem Ö, aber da nehme ich O und E. Ich komme auf 56. Ich zähle 5 und 6 zusammen, komme logischerweise auf 11, ziehe 1 und 1 zusammen und komme auf 2. Meine Persönlichkeitszahl ist also die Zwei. Hm. Die Zwei ist die Zahl des harmonischen Gleichgewichts. Sie ist warmherzig und liebenswürdig, kann zuhören und trösten.

Also, in dieser hektischen Zeit übe ich mich noch im Zuhören. Es fällt mir nicht leicht, gebe ich zu. Und trösten, doch, das kann ich. Aber es gibt welche, die können das viel besser. Das weiß ich auch. Die Zwei haßt Zank und Streit. Ja, das geht mir auch so. Ihre besondere Empfindsamkeit und ihr ausgeprägter Sinn für Romantik bringt sie manchmal in arge Konflikte. Ausgeprägter Sinn für Romantik? Ich glaube, das stimmt nicht ganz. Habe ich mich verrechnet? Oder nehme ich vielleicht doch lieber Lothar? Mit Lothar Schöbel komme ich auf 62. Wenn ich das zusammenzähle, erhalte ich die Acht. Meine gesuchte Persönlichkeitszahl wäre die Nummer acht. Paß auf, die Acht ist besonders willensstark und energisch. Sie haßt alles Mittelmäßige und Kleinliche. Ihre Verschlossenheit macht ihr die Beziehung zu anderen Menschen oft schwer. Ihr besonderer Spürsinn fürs Geld bringt sie zu besonderen Erfolgen. Hm, naja, manchmal stimmt eben was, manchmal nicht. Bringt nichts. Oder ich suche mir eine Zahl, die zu mir paßt! Wart mal. Man müßte irgendwie heißen, daß man auf die Drei kommt. Die Drei gefällt mir ganz gut: sie ist gesellig und beliebt und versteht es, eine angenehme, fröhliche Atmosphäre um sich herum zu schaffen. Die Drei ist von Natur aus optimistisch und versteht zu leben. Nur wenn sie ihren vielen Interessen nicht nachgehen kann, wird sie unzufrieden. Na, das finde ich doch gut. Geht Dir genauso, was? Vielleicht heißt Du ja so, daß Du auf Drei kommst? Ach, weißt Du, vergiß es einfach.

… ein Posaunenengel!

Ach, da war ja auch noch meine Geburt. 1942, am 11. Dezember, null Uhr fünfundvierzig. Wie war das?

Strahlender Sonnenschein bringt im Dezember 1942 milde Temperaturen um 3 Grad Celsius. Es werden nur 27 Millimeter Niederschläge gemessen. Der langjährige Mittelwert für Dezember liegt bei 41 Millimetern, immerhin. Mit den Niederschlägen ist natürlich der Regen gemeint, nicht die Niederschläge, die mich dann im Leben getroffen haben, und von denen man meistens wieder – so oder so – aufsteht, wenn's geht, nicht mit leeren Händen.

Seit 1940 kämpfen deutsch-italienische Truppen in Libyen gegen die britische Armee. 1941 überfällt Hitler die Sowjetunion. Die Antihitlerkoalition der drei Großmächte Großbritannien, UdSSR und USA formiert sich. 1942 kommt die deutsche Armee bei Stalingrad zum Stehen, im November beginnt die sowjetische Gegenoffensive. Amerikanische Truppen sind in Marokko und Algerien gelandet. Die deutsch-italienischen Truppen, in die Zange genommen, kapitulieren im Mai 1943. Tauschgeschäfte bestimmen die Anzeigenteile der deutschen Zeitungen in der Vorweihnachtszeit des vierten Kriegswinters. Allein in den »Dresdner Nachrichten« finden sich am 11. Dezember 1942 dreihundertfünfzig Inserate, in denen Gebrauchsgüter für Luxusartikel angeboten werden. Teure Kleidung, aber auch Bohnenkaffee und Kognak stehen hoch im Kurs.

Von all diesen Dingen ahnte ich natürlich nichts, als ich mit einem Riesenschrei auf die Welt kam, und das in Leipzig. Der Arzt hielt mich, so sagt meine Mutter, an den Beinen fest, gab mir den obligatorischen Klaps auf den Po und rief: »Ein Posaunenengel!« Ich wog

3 100 Gramm und maß 50 Zentimeter. Da war ich, und nun mußte ich aus dem Stück was machen.

Mein Vater kam mit roten Rosen in die Klinik St. Bethanien in Leipzig-Connewitz und bestaunte mich, seinen zweiten Sohn. Mein Bruder Peter war sechseinhalb Jahre älter als ich. Komisch, das hat sich bis heute nicht geändert. Vater war nicht im Krieg, weil er Landgerichtsrat in Leipzig war. Ich habe von vielen gehört, wie stolz mein Vater auf mich war, kann mich aber nicht direkt an sein Gesicht erinnern!

Dafür aber an den schrecklichen Augenblick, als ich zweieinhalb Jahre alt war und er abgeholt wurde, am 14. August 1945. Da standen zwei Soldaten vor der Tür. Mein Vater packte Sachen, weniges, gab uns einen Kuß, weinte. Vielleicht hat man es mir erzählt. Ich denke, ich habe es gesehen.

Er kam in das Lager Mühlberg/Elbe.

Da die Russen ausgesprochene Kunstfanatiker sind, konnte mein Vater in einer Gruppe, die sich »Kultura« nannte, Saxophon, Akkordeon und Klavier spielen und leichte Lieder, Schlager, Operetten singen. Er war einer der Solisten und hoffte so, schneller aus dem Lager entlassen zu werden.

Meine Mutter hatte das Opernfach studiert und somit einen richtigen Abschluß als Opernsängerin. Für meine Begriffe war sie eine sehr, sehr gute Liedersängerin. Sie gab Liederabende und war am Mitteldeutschen Rundfunk tätig. Ihre Karriere hatte gerade angefangen, brach jedoch 1945 jäh ab, denn als Frau eines Kriegsverbrechers durfte sie nicht mehr solistisch auftreten. Sie fuhr von September 45 bis März 46 mit einer Gruppe auf Tournee über die Dörfer und nannte sich Petra Franken.

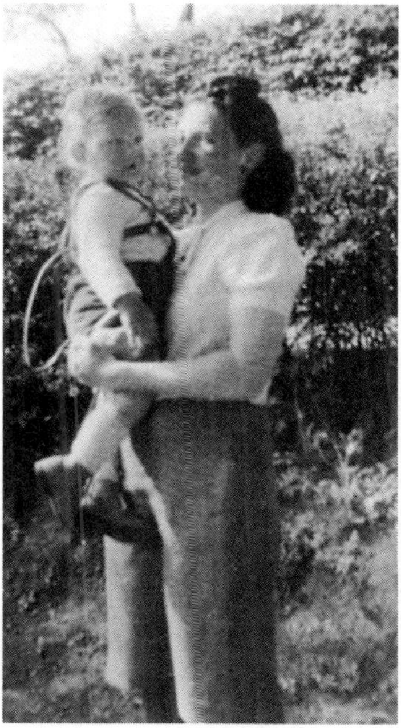

Eine Schwester meines Vaters, meine Tante Ruth, war als Sängerin an der Oper in Leipzig. Die andere Schwester, Annemarie Schöbel, sang im Leipziger Rundfunkchor und trat ebenfalls solistisch auf. Wir waren also – Vater, seine zwei Schwestern und meine Mutter – eine durch und durch musikalisch »verseuchte« Familie. Du kannst Dir sicher vorstellen, daß meine Mutter meinem Vater versprechen mußte, wenigstens einer der beiden Söhne solle irgendwie mit Musik zu tun haben und auf eine Musikschule geschickt werden.

Ich sang mit drei, vier Jahren abends im Bett in den höchsten Tönen, schreibt meine Mutter, sogar ein einwandfreies, dreigestrichenes G. In Mutters Tagebuch steht: »Bevor er zwei Jahre wurde, sang er viele Lieder mit süßer Stimme. Im Januar 45 singt er fast genau. Im

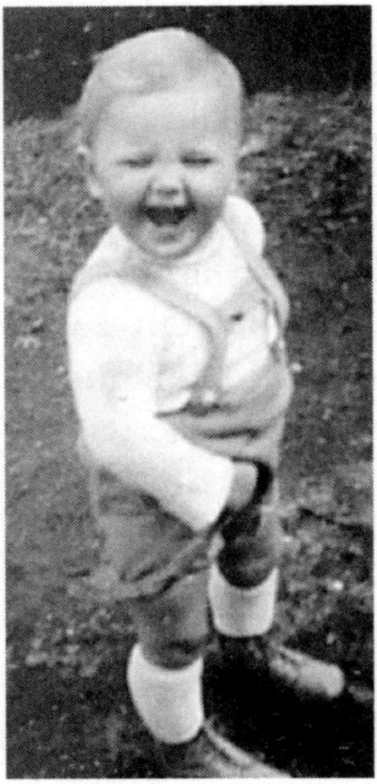

Takt singt er schon immer genau.« Aber ich durfte nicht merken, daß jemand lauschte, ich hätte sofort aufgehört. Ich mußte sogar Warmbier trinken, habe aber das Töpfchen nie ganz ausgetrunken, denn es schmeckte mir nicht. Genausowenig wie der Brotaufstrich, so eine Art falsche Leberwurst, Agapaste genannt. Die wurde aus Mehl, Pfeffer, Salzwasser und Majoran gemacht, wenn man Zwiebeln hatte, kamen die auch dazu – und fertig war die falsche Leberwurst.

Festgehalten hat Mutter auch, daß ich einmal, als sie mir mein weißes Nachthemd anzog, gesagt habe: »Lottel ein Jesuskind ist.« Sie fragte: »Was bist du?« – »Nein, Mama, ich Lothar Szöbel bin.«

Sie schreibt: »Oft steht er am Radio, den Kopf ganz dran, und sagt: ›Horch, Mutti, Atung Atung sagt‹.«

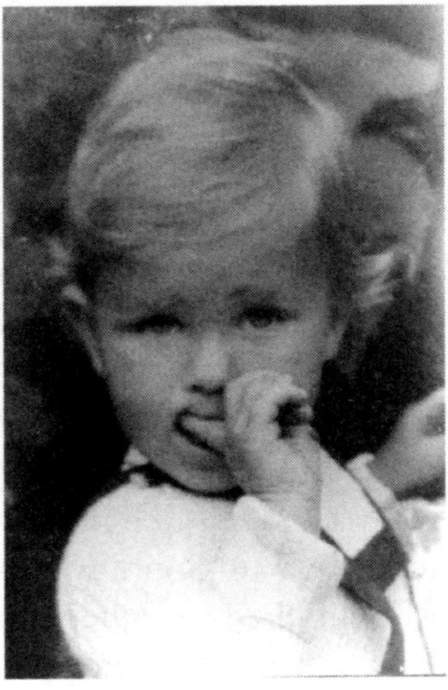

In der Küche, am Herd, hing viel Zeug. Schaufel, Feuerhaken, Besen. Hing eins falsch, wurde es von mir umgehangen. Ordnung durch und durch.

Als wir während des Krieges umquartiert wurden, weil die Bombenangriffe auf Leipzig zunahmen, standen wir mit

dem Zug vor Dresden. Es war der 13. Februar 1945, der Tag des Angriffs der anglo-amerikanischen Bomber. Wir bekamen zum Glück keine Einfahrt in den Bahnhof, vermutlich wären wir sonst ums Leben gekommen. Wir fuhren nach Schirgiswalde weiter.

Dann, wie wir wissen, am 8. Mai 1945 unterzeichnete Generalfeldmarschall Wilhelm Keitel um 23.30 Uhr im Kasino der Kaserne Karlshorst die bedingungslose Kapitulation der Deutschen. Die Westalliierten zogen sich aus Thüringen, Sachsen, Sachsen-Anhalt und Mecklenburg zurück. Die Sowjets rückten nach, das Gebiet wurde sowjetische Besatzungszone, später dann DDR.

Meine Mutter zog in Leipzig dreizehn Mal um. Sie hat auch immer gern in der Wohnung umgeräumt, was ich heute gut verstehen kann. Damals aber war ich froh, wenn meine Sachen an einem Fleck standen und die Toilette da, wo sie hingehörte. Ich wette, die hätte sie auch noch verrückt.

Die erste Wohnung war eine Anderthalb-Zimmer-Wohnung. Ich schlief mit meinem Bruder in dem halben Zimmer. Die Wohnung war total verwanzt, nein, nicht mit den kleinen Abhörgeräten, sondern mit lebenden, echten Tierchen. Es war eine schwierige Zeit. Meine Mutter wartete sehnsüchtig auf ihren Hanns, unseren Vater, den sie bis heute über alles liebt und verehrt.

Manchmal kamen kleine Briefchen von ihm, die über liebe Menschen in Mutters Hände gelangten.

In einem steht: »Meine liebste Käthe. Morgen hat unser lieber Lottel Geburtstag, und ich kann nicht bei Euch sein. Das schmerzt mich sehr, aber dennoch muß ich es ertragen. Ich hoffe, daß meine Glückwunschkarte, die ich am Sonntag während des Tanzes im Gasthof M. schrieb, inzwischen eingetroffen ist. Das ist das einzige, was ich meinem kleinen Liebling schenken kann.

Wie ich an den Überbringer dieses Briefes gekommen bin, wird er Dir wohl selbst berichten. Ich kann Dir zu Deinem Trost immer wieder sagen, daß ich mich zur Zeit gesundheitlich sehr wohl fühle, keinerlei Hunger leide und durch meinen Sängerberuf soviel Abwechslung habe, daß ich wenig und oft gar keine Zeit zum Grübeln habe. Und das ist gut so. Es vergehen die Tage im Fluge, und der Tag der Tage rückt dabei immer näher. Daß es schon der 24. Dezember 45 sein wird, wagen wir nicht zu hoffen, aber wissen kann man es nicht. Aber auch, wenn ich zu diesem Fest nicht bei Euch sein könnte, so wollen wir es doch beide ertragen in dem Gedanken, daß ich nicht Soldat und daher immer zu Weihnachten bei Euch war.«

Im Oktober 1945 schickte er an meine Mutter ein selbstverfaßtes Gedicht: Als mir die Freiheit ward genommen,/ in meines Lebens größter Pein,/ hab Trost und Glauben ich gewonnen,/ durch Deine Gegenwart allein.// Du warst in meiner Einsamkeit,/ all überall zur Stelle,/ Dein Name hat zu jeder Zeit/ erhellt die dunkle Zelle.// Wenn ich verzweifeln sollte,/ der Lebensmut mir schwand,/ dann hab ich Dich gerufen,/ bei Dir mich niemand fand.// Noch seh ich Dich am Fenster grüßen,/ mir nah und doch unerreichbar fern,/ wie lange noch soll ich Dich missen,/ Du der Du bist mein Schicksalsstern.// Doch alles trag ich in dem Glauben,/ am Ende steht das große Glück,/ die Hoffnung kann mir niemand rauben,/ sie führt bestimmt zu Dir zurück.// An äußern Gütern bin ich arm geworden,/ doch einen Schatz, den werd ich immer haben,/ dies Kleinod, das ich sorgsam hüte,/ Du bist es selbst, Du, meine Käthe.

In einem anderen seiner Briefe schreibt mein Vater: »Da unser zweiter Akkordeonspieler einige Tage krank ist, mußte ich einspringen. Und es ging schon recht gut. Fritz und ich sitzen in der Mitte, vorn, in blauen

Hemden und roten Schlipsen, und lachen und singen. Als ob wir ohne Sorgen wären. Es ist aber so vieles leichter zu ertragen ... Deine Liebe, ich spüre sie auch in der Ferne. Sie hält mich aufrecht und gibt mir unheimliche Impulse und macht mich frei von allen Beklemmungen. Auch dem Lampenfieber auf der Bühne. Wir ›Künstler‹ sind jetzt in einer 34. Kompanie zusammengeschlossen und wohnen in einer besonderen Baracke, erhalten auch zusätzlich Essen, und die Arbeit macht Freude ... Ich gehöre zum besonders beliebten Jazzorchester. Und zwar zunächst als Refrain- und Chansonsänger, bis ich mein Saxophon habe, das von allen hier dringend erwartet wird. Gestern und vorgestern habe ich im Casino Banjo gespielt, obwohl ich davon wenig Ahnung habe ... Ich habe nun schon zwei Vorstellungen hinter mir. Von Lampenfieber keine Spur. Habe jetzt auch Mienenspiel. Du würdest staunen über Deinen langweiligen Hanns ... Ein Zauberkünstler hat mir aus den Karten geweissagt, am Ende steht das große Glück.«

Das allerdings blieb aus.

Auch in späteren Briefen noch spürt man die Zuversicht: »In meinem nächsten Programm singe ich ›Meines Herzens brennende Sehnsucht‹ mit Streichorchester und ein Matrosenlied mit zwei Akkordeons. Heute wird Hauptprobe sein, unter Aufsicht unserer Bewacher. Da wir sehr viel Nachtarbeit leisten, bekommen wir etwas Essen mehr und sollen künftig noch besser gestellt werden als die übrigen Lagerinsassen. Mein Freund Fritz teilt alles, was er bekommt, mit mir, und er hat hier beste Beziehungen, die sich nicht eignen, niedergeschrieben zu werden. Jedenfalls bin ich ihm zu großem Dank verpflichtet. Wenn ich das Saxophon blase, dann bekomme ich auch Milch zusätzlich und könnte mal einen Pudding kochen.« Und an anderer Stelle: »Bitte küß meinen Lottel recht herzlich von mir

und sage ihm, daß der Vati seiner herzlichst gedenkt und sich riesig freuen würde, ihn, Mutti und Peterle«, meinen Bruder, »mal richtig abzuwursteln.«

Natürlich schwankte der Gemütszustand. Einmal schrieb er tieftraurig: »Du weißt, hätte ich nicht die unglückliche seelische Veranlagung meiner Mutter, ich könnte vieles leichter ertragen. Doch wäre ich allein, so hätte ich jetzt wenigstens nicht viel zu verlieren. So aber kämpfe ich um Dich, um die Kinder. Der Gedanke, Euch drei verlieren zu müssen, treibt mich und schafft mir keine ruhige Nacht.«

Und dann: »Es ist besser, in einem guten Glauben zugrunde zu gehen, als mit Zweifeln zu vegetieren. Die ernste Zeit hat auch eine gute Seite. Sie läßt die Äußerlichkeiten in den Hintergrund treten. Der innere Mensch besinnt sich auf die wertvollen Dinge, die das Leben eines Menschen von dem des Tieres unterscheiden sollen. Leider gibt es nur wenige, die das vermögen, aber diese sind glücklicher, denn sie entbehren das Äußere nicht und finden im Innerlichen Freude und Lebensbejahung. Du magst oft gedacht haben, was für einen trockenen Juristen Du da erwischt hast. Dem ist aber, wie sich jetzt zeigt, nicht so. Nur hat er sich vielleicht geniert, sein Inneres so zu offenbaren, wie das jetzt brieflich möglich ist.«

Über die Ehejahre schreibt er: »Soll das nun alles gewesen sein von unserem gemeinsamen Lebensweg. Nein, dagegen wehre ich mich bis zum letzten. Ich habe gelernt, daß vieles nicht zu erzwingen ist. Das Schicksal ist stärker, und so verspreche ich mir für das Alter eine weit glücklichere Zeit mit Dir, als es die vergangenen zehn Ehejahre oft waren. Beide gehetzt und dem Erfolge nachjagend. Das muß anders werden. Doch immer will ich Dir nicht nur Partner, sondern auch Förderer und erster, uneigennützigster Bewunderer Deiner Kunst sein.«

Aus diesem und vielen anderen Briefen spricht die Bewunderung, die mein Vater meiner Mutter entgegenbrachte. Und so war es auch umgekehrt.

Am 1. Februar 1948 ist mein Vater gestorben.

Matschkuchen, Uhus und ein Taschentuch

Mama war viel unterwegs, auf Mugge, wie man sagt, ein musikalisches Gelegenheitsgeschäft, und hat so den Lebensunterhalt verdient. Sie reiste mit einem Orchester, und sie spielten nicht nur auf öffentlichen Konzerten in Aue und Umgebung, sondern sogar unter Tage für die Kumpels. Fünfundfünfzigmal hat sie bis 1947 die »Csárdásfürstin« gesungen. Sie brachte vom Singen nicht nur Geld, sondern hin und wieder auch mal einen Zentner Kartoffeln mit und schleppte ihn vom Zug in die Straßenbahn und von dort nach Hause!

Mit vier, fünf Jahren kam ich zu meiner über alles geliebten Oma. Die hieß Paula, Paula Brinkmann. Und ihr Mann, also mein Opa, hieß Magnus. Paula heißt die Kleine und Magnus der Große. Für Opa mußte ich immer Hahnewacker besorgen, das ist ein Kautabak, fürchterliches Zeug. Er kaute den ganzen Tag darauf rum, und die Mundwinkel färbten sich bräunlich. Ihhh, ich fand das furchtbar. Aber er war ein ganz, ganz lieber Opi. Und meine Oma erst! Hmmm, besonders ihr Matschkuchen. Sie hat Pflaumenkuchen gebacken, der Teig war ganz dünn und die Pflaumen richtig fett drauf. Das war der blanke Wahnsinn!

Oma war lieb, immer nur lieb. Sie konnte mir so gut wie nichts abschlagen. Bei meiner Oma war es so schön, daß ich kaum zum Nachdenken kam. Erst später, als ich wieder bei meiner Mutter lebte, lag ich nachts und oft

auch am Tage auf meinem Bett, die Beine gegen die Wand, und hab mich stur gestellt, geweint. Im Prinzip war es Selbstmitleid – und die Wut, keinen Vater zu haben.

Mein Bruder wohnte mit meiner Mutti zusammen, in der Wanzenbude, und ich bei meiner Oma. Er war inzwischen zehn Jahre alt, ein lieber, aufgeweckter Knabe, sagt Mutter. Er kochte, wusch ab, räumte auf, und wenn er mal aus dem Haus mußte, schrieb er auf, was er gemacht hatte. Kam Mutter dann vom Funk oder von Konzerten nach Hause, konnte sie alles lesen und war froh und beruhigt. Er war fast ein kleiner Vaterersatz.

Bei meiner Oma lebte auch meine Tante, Muttis Schwester. Idi haben wir sie genannt. Sie hieß eigentlich Elfriede. Tante Idi brachte mich vormittags in den katholischen Kindergarten. Als ich zum ersten Mal die Schwestern in ihrer Tracht sah, habe ich geheult, weil sie für mich wie Uhus aussahen. Ich hatte Angst, merkte aber bald, wie lieb sie waren. Wir haben da viel gebastelt und gezeichnet. Ich habe heute noch das kleine Büchlein, in das ich einen Zweig mit Kerzen und Glocken gemalt habe und einen Weihnachtsbaum, einen Besen und einen Schornsteinfeger. Schließlich war mein Opa Schornsteinfeger, und auch mein Onkel Theo, der Bruder meiner Mutter.

Mit Tante Idis Hilfe schickte ich an meine Mutter und meinen Bruder hin und wieder Zeichnungen. Ein-

mal schrieb mein Bruder: »Mein lieber guter Lothar. Ich danke Dir recht herzlich für Deinen schönen Brief. Meinen Glückspilz habe ich wiedererkannt. Den hast Du ja herrlich gemalt. Und dafür danke ich Dir vielmals. Mit der Postkutsche werde ich sicher nicht gefahren kommen. Vielleicht Du? Heute hat Mutti ausnahmsweise mal frei, weil das Auto nicht geht. Da hat sie sich gleich ins Bett gelegt.« Mutter litt oft unter Migräne. »Dafür sind morgen 17.00 Uhr Brand-Erbisdorf und 20.00 Uhr Freiberg Vorstellungen.« Hej, Mutti hatte zwei Muggen! »Nun will ich schließen, viele Grüße von Deinem Bruder Hanns-Peter«, am 25. Mai 1948. Und meine Mutter hatte unter diese Zeilen hinzugesetzt: »Ich liege, mein lieber kleiner Lottel, ich liege schon seit 6 Uhr im Bettchen. Mit den Hühnern bin ich schlafen gegangen. Doch schlafen kann die Mutti nicht, weil sie an ihren kleinen, süßen Lothar so sehr viel denkt. Nun ist aber die liebe Mutti bald wieder bei Dir. Freust Du Dich, mein liebes Herzel? Im August wird aber die Mutter mit ihrem Lothar verreisen. Du willst doch auch einmal mit uns recht lange zusammen sein. Dafür muß dann der große Peter einmal zu Hause bleiben. Das tut er auch gern, weil er dann jeden Tag bei seinem Lehrer, Herrn Vogel, sein kann. Bist Du denn recht lieb und ärgerst Oma, Opa und Idi nicht? Gehst Du noch fleißig in den Kindergarten? Ich hätte so gerne Dir, der Oma und Opa und Idi noch etwas zu essen geschickt. Wir haben so wenig zu essen bekommen, daß wir uns auf zu Hause freuen.«

Ich erinnere mich, daß es mir einmal im Kindergarten nicht gut ging. Ich hatte Durchfall und wurde nach Hause geschickt, es war ja nicht weit. Ich mußte um eine Kurve laufen und einmal über die Straße. Da es eine Einbahnstraße war, genügte es, nach links zu gucken. Ich hatte eine kurze Hose an, die allerdings fast bis zum Knie reichte, ein Leibchen, wie es die Kinder

damals trugen, lange Strümpfe. Tja, da ging der Durchfall wieder los, und etwas lief am linken Bein hinunter. Ich habe mich so geschämt, daß ich kaum noch weitergehen konnte. Irgendwie bin ich an der Wand lang bis nach Hause gekrochen.

Das war in Leipzig-Leutzsch, in der Georg-Schwarz-Straße 72, im zweiten Stock. Im Erdgeschoß gab es einen Bäcker. Wenn ich mit meinem Eisenroller auf dem Hof rumtobte, bekam ich diesen wunderbaren Geruch von frischem Brot in die Nase. Die Räder meines Rollers waren aus Guß, sie schliffen sich, schrägstehend, langsam in den Rahmen rein. Das hinderte mich aber nicht, stundenlang quietschend zu rollern und dabei den Bäckerduft zu schnuppern.

Gegenüber wohnte mein Freund Zimdal. Obwohl verboten, haben wir leidenschaftlich gern Holz gehackt, das auf dem Hof rumlag. Eines Tages, ich konnte kaum auf den Hackklotz hochgucken und die Axt richtig halten, hackte ich in meinen Finger, in den linken Zeigefinger, bis in den Knochen. In solchen Fällen war meine Tante Idi für mich da. Sie ging mit mir zum Arzt, ließ es nähen, und alles war wieder gut.

Auch wenn ich einen Bock hatte, nicht reden wollte, wußte Tante Idi Rat. Sie stellte ein kleines Schaf auf meinen Nachttisch. War ich am Tag lieb, guckte das Schaf mich an, und war ich böse, stand es mit dem Hintern zu mir.

Bei Oma gab es nicht nur den wunderbaren Matschkuchen, sondern auch Brockei. Jetzt guckste, hä, was ist das?! Also, zunächst braucht man Muckefuck, sprich Malzkaffee, dann nimmt man Brot, brockt es in die Tasse hinein und trinkt den Kaffee ab. Das Brot ist total feucht vom Kaffee, und wenn man's richtig mit dem Löffel nachgedrückt hat und die Tasse auf den Teller umstürzt, sieht es wie ein halbes Ei aus. Darauf macht man Zucker – das war mein allerliebstes Essen.

Ich sehe noch das Plumpsklo vor mir, eine riesengroße Röhre. Wenn man auf der Toilette saß, kamen so einige Gerüche hoch. Wie alle Kinder kokelte ich gern, habe Papier angebrannt und runtergeschmissen. Zum Glück ist es gut ausgegangen, denn wenn es unten auf die Gase gestoßen wäre, hätte alles mit einem Riesenknall in die Luft fliegen können.

Ein Stückchen entfernt wohnte ein anderer meiner Freunde. Wenn ich zu ihm ging, mußte ich durch eine Schrebergartenanlage und kam an einem wunderschönen, großen Haus vorbei, das mir wie ein Schloß vorkam. Zwei große Kastanienbäume standen davor, wir sammelten die Kastanien auf und brachten sie zum Zoo.

Im Sommer saßen wir in den Kirschbäumen und aßen Süßkirschen ohne Ende, soviel wir konnten. Nein, mehr, bis uns schlecht wurde. Mit den Steinchen haben wir von oben auf die Hühner geschossen.

Ich denke, ich hatte eine sehr glückliche Kindheit.

Meine Träume in der Nacht handelten fast immer vom Fliegen. Jemand verfolgte mich, aber ich konnte fliehen und mich im richtigen Moment in die Luft erheben, und das machte mich immer ganz glücklich und fröhlich.

Aber auch an traurige Momente erinnere ich mich. Meine Oma gab mir immer ein Taschentuch mit – nein, kein Papiertaschentuch, was denkst Du, das gab es damals noch nicht. Mein Taschentuch war eigentlich auch kein richtiges, es wurde von einem Bettlaken abgerissen. Nun spielten wir manchmal an einem kleinen Tümpel, den es dort gab, seine Ränder voll mit Schrott und Abfall. Und irgendwann, es mußte mir wohl aus der Tasche gefallen sein, lag das Taschentuch in dem Tümpel. Es schwamm noch eine Weile obenauf, ehe es sich vollgesogen hatte und unterging. Das war für mich ein schrecklicher Verlust. Stell Dir vor, nur so'n Fetzen.

Heut zuckt man mit den Achseln. Aber ich bin so aufgewachsen, nichts wegwerfen, jeden Gegenstand achten. Brot oder Essen wegzuschmeißen war unvorstellbar.

Erste Klasse, erste Geige, erste Fünf

Ich kam im September 1949 in die Schule. Die Schultüte gepunktet, eine Hose fast bis zu den Knien, Kniestrümpfchen, hohe Schuhchen, ein weißes Hemd, oben offen, und Scheitel auf der linken Seite, die Haare ein bißchen angeschnitten, sah richtig nett aus. Auf dem Rücken natürlich einen schönen Schulranzen aus Leder oder Kunstleder. Von der Aufnahmefeier habe ich noch ein kleines Schriftstück.

Mir fiel die Schule meist leicht, nur Lesen war zunächst meine Schwäche. Tante Idi half mir und übte es mit mir.

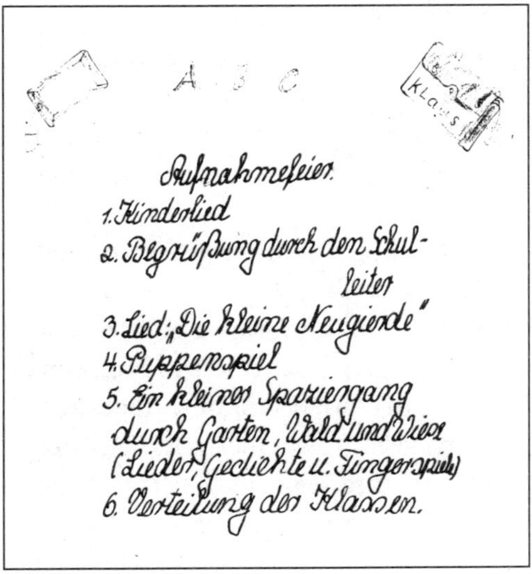
A B C

Aufnahmefeier
1. Kinderlied
2. Begrüßung durch den Schulleiter
3. Lied: „Die kleine Neugierde"
4. Puppenspiel
5. Ein kleiner Spaziergang durch Garten, Wald und Wiese (Lieder, Gedichte u. Fingerspiele)
6. Verteilung der Klassen.

In der Einheitsschule der Deutschen Demokratischen Republik, der 65. Grundschule in Leipzig-Leutzsch, hat Schöbel, Lothar in der 1. Klasse: Betragen gut, Fleiß gut, Mitarbeit gut. »Schöbel entspricht den Anforderungen des ersten Schuljahres, seine Leistungen, besonders im Lesen, sind gut.«

Die Hungerzeit ist Vergangenheit, die Durchschnittslöhne steigen, und die Preise sinken. Ein Pfund Margarine kostet 7,50 Mark statt 50 Mark, fünf Eier 3 Mark statt 12,50 Mark, ein Kilo Haferflocken 2,20 Mark statt 20 Mark. Und 1951, am 8.10., also einen Tag nach dem 7. Oktober, ist auch die Zeit der Rationierung vorbei. Die Lebensmittelkarten braucht man nur noch für Fett, Fleisch und Zucker. Ein Maurer verdient 1951 1,60 Mark in der Stunde, ein Schlosser 1,78 Mark. Das durchschnittliche Monatseinkommen liegt bei 439 Mark.

Wie ich darauf kam, weiß ich nicht mehr, aber ich habe mir eine Geige gewünscht. Es stellte sich bald heraus, daß das kein Instrument für mich und meine kleinen Wurstfinger war. Ich habe furchtbar gespielt, aber etwas hatte ich: ein absolut sauberes Gehör, und ich griff die Töne sauber, wenn ich sie fand. Das ging ein Vierteljahr so, und alle um mich herum waren ganz, ganz traurig darüber. Ich ging zur Volksmusikschule in Leipzig-Lindenau, hatte dort Theorie und natürlich Geige.

Mein Cousin Thomas wurde geboren, der Sohn von Onkel Herbert und Tante Hanna, der Schwester meiner Mutter. Mit Oma und Tante zog ich nach Schleusig in die Hüfferstraße, in ein kleines Haus, in dem Tante und Onkel heute noch wohnen. Dort lebte ich nur ein Vierteljahr, dann holte mich meine Mutter zu sich.

Meine andere Tante, Tante Idi, verschwand, haute ab in den Westen, wie man so sagte.

Ich war noch immer in der 3. Klasse, besuchte also

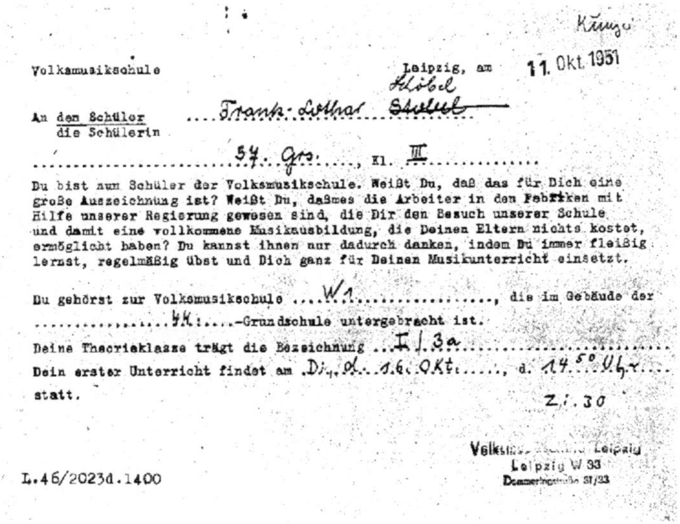

Kunze

Volksmusikschule Leipzig, am 11. Okt. 1951

Klöbel

An den Schüler ... Frank-Lothar ~~Stubel~~

die Schülerin

.... 57. Grs. ......, Kl. III ....

Du bist nun Schüler der Volksmusikschule. Weißt Du, daß das für Dich eine große Auszeichnung ist? Weißt Du, daßmes die Arbeiter in den Fabriken mit Hilfe unserer Regierung gewesen sind, die Dir den Besuch unserer Schule und damit eine vollkommene Musikausbildung, die Deinen Eltern nichts kostet, ermöglicht haben? Du kannst ihnen nur dadurch danken, indem Du immer fleißig lernst, regelmäßig übst und Dich ganz für Deinen Musikunterricht einsetzt.

Du gehörst zur Volksmusikschule ...W1.................., die im Gebäude der

................44.:....-Grundschule untergebracht ist.

Deine Theorieklasse trägt die Bezeichnung ...I/3a..................

Dein erster Unterricht findet am .Di., d. 16. Okt. ....., d. 14.50 Uhr...

statt.

Z. i. 30

Volksmusikschule Leipzig
Leipzig W 33
Dammerhofstraße 31/33

L.46/2023d.1400

während dieser Klasse drei Schulen – in Leipzig-Leutzsch, in Schleusig und schließlich, als ich dann zu meiner Mutter kam, in der Lessing-Straße die 41. Grundschule, das ist in Leipzig-Mitte.

Es begann die einzige Zeit, die ich mit meinem Bruder gemeinsam aufwuchs. Als der Ältere mußte er mich beaufsichtigen, zum Beispiel auch, als ich ein halbes Jahr lang im Vorbereitungslehrgang für den Thomaner-Chor war. Meine Mutter hatte immer zugehört, wenn ich leise im Bett sang. Sie meinte: »Lothar ist sehr musikalisch und hat eine wunderbar hohe Knabenstimme.« Aber ich wollte nicht richtig lernen, vor allem keine graue Theorie, mit dem Singen ging's ja. Am liebsten nämlich wollte ich Fußball spielen und rumtoben. Aber mein armer Bruder hatte nun einmal die Aufgabe, mich zum Unterricht zu bringen. Als ich dann im Vorbereitungslehrgang eine Fünf mit drei Ausrufezeichen bekam – vom späteren Kammersänger Reiner Süß, damals nur der zwanzigjährige Herr Süß –, da hat meine Mutter doch respektiert, daß ich kein Thomaner

werden wollte. Ich denke, auch mein Vater hätte sich so verhalten.

Wir wohnten in der Färberstraße 11, Parterre, ohne Öfen. Und trotzdem war es eine phantastische Wohnung. Das Zimmer, in dem ich schlief, war für meine Begriffe ziemlich groß – na gut ich war ja auch kleiner –, und zwei, drei Stufen führten zu einem Podest unterm Fenster. Meine Mutter unterrichtete nebenan im Musikzimmer. Sie hatte heimlich Schüler, das Unterrichten war ihr untersagt, aber wir brauchten dringend jeden Pfennig. In dem Zimmer standen ein großer Flügel und Kirschholzmöbel, die mir damals nicht gefielen. Wenn ich sie heute sehe, muß ich zugeben, daß sie sehr schön sind. Die Wände in unserer Wohnung waren sehr hoch, Stuck an den Decken. In der Küche stand ein Herd, der zum Glück gefeuert werden konnte. Wir machten die Türen auf, damit die Wärme überall hinkam.

Über uns wohnte einer meiner Freunde. Von Küche zu Küche ging ein Speiselift. Man konnte etwas hineinstellen und ihn hochziehen. Das war schon ganz nett. Aber wirklich toll war, wenn sich mein Kumpel oben reinsetzte und ich ihn runterzog. Er brauchte nicht über die Treppe zu kommen, ich konnte ihn direkt zu mir runterliften. In umgekehrter Richtung funktionierte das natürlich auch!

Einmal glühte der Herd so schön, daß wir nicht widerstehen konnten und mal kurz draufpinkelten. Das hat gestunken! Meine Mutter ist fast wahnsinnig geworden. Wir versuchten uns damit rauszureden, daß wir Nierchen zubereiten wollten und uns der Topf übergekocht sei.

Keiner half mir bei den Schularbeiten. Ich mußte alles irgendwie allein schaffen. Mein Bruder ging inzwischen in die Lehre und lernte Lithograph. Meine Mutter schreibt, daß ich ein guter Schüler war, aber leider

sehr viel Unsinn im Kopf hatte. Ganz im Gegensatz zu meinem Bruder, der nie böse war.

Wenn mein Bruder und ich abends im Bett lagen, besuchte Mutter hin und wieder die Nachbarin in der Wohnung gegenüber, Frau Köhler, die immer sehr hilfsbereit war, besonders wenn Mutter Migräne oder Kreislaufprobleme hatte. Abends saßen sie dann in der warmen Stube, stopften und machten Handarbeiten.

Mutter übte damals viel mit ihrem Pianisten, Herbert Holmig, und gab Schülerkonzerte in unserer Wohnung. Aus dem ganzen Haus wurden dazu Stühle zusammengesammelt, manchmal waren bis zu achtzig Leute da. Wie die alle Platz fanden, weiß ich nicht mehr, aber es waren wunderbare Musikabende, die noch dazu bei Kerzenschein stattfanden.

Oft versammelte sich die große Familie, man saß beieinander und redete über Gott und die Welt. Meine Cousine Gabriele, kurz Gabi, und ich haben uns meist irgendwohin verzogen. Gabi war die Tochter von meinem Onkel Theo, dem Schornsteinfeger, auch Feuerrüpel genannt. Für seinen Grabstein wünschte er sich die Aufschrift: »Er kehrt nie wieder.« Theo hatte noch einen anderen Spitznamen: Wattfraß. Warum? Er hatte eine Blaufichte vor seinem Haus zur Weihnachtszeit mit einer Lichterkette behängt, das war damals eine Seltenheit und galt als Verschwendung. Sparen war angesagt. Deshalb wurde er in der Zeitung als Wattfraß angegriffen. Mit Gabi habe ich im Sommer unter großem Gejohle Äppelschlachten geschlagen. Meist mußten ein paar Frühbeete dran glauben, die alten Fenster, mit denen sie abgedeckt waren, gingen reihenweise zu Bruch.

An so einem Familienabend jedenfalls saßen Gabi und ich in der Küche. Wir lehnten uns zum Fenster raus, spuckten runter, wenn Leute vorbeikamen, kippten Wasser raus und all diesen Unsinn. Dann zeigte ich ihr meinen »Katschi«, mein Katapult. Zielsicher schoß

ich mit kleinen Steinchen zwischen zwei Streben eines Stuhls hindurch. Das zeigte ich ihr noch vier-, fünfmal. »Ja«, sagte sie, »ich mach das jetzt auch«, zielte höher und höher, ließ los und – bum, ging in der ganzen Wohnung das Licht aus. Na prima, sie hatte die Lampe ausgeschossen. Die hatte sechzig Mark gekostet, und das war unheimlich teuer. Der ganze schöne Abend war für uns hin. In solchen Fällen machte ich mir gern einen dämlichen Spruch zunutze, der bei uns auf der Toilette hing: »Mach es wie die Sonnenuhr, zähl die heitren Stunden nur.«

Ein rauschendes Fest war die Hochzeit von Tante Hanna und Onkel Herbert Küttner im Jahr 1951, die in unserer großen Wohnung in der Färberstraße gefeiert wurde.

Platz fand sich auch für das Hobby meines Bruders. Viel Liebe verwandte er auf die Pflege seiner Fische, führte sogar ein Tagebuch darüber. Irgendwann war die Heizung falsch eingestellt, das Wasser kochte beinahe, und alle Fische schwammen tot an der Oberfläche. Logisch hatten wir bald wieder neue, und oft mußte ich das Futter holen. Am Ende habe ich die Fische übernommen. Heute stehen bei mir Fernseher und Aquarium in einem Raum, und ich stelle fest, daß ich öfter zum Aquarium sehe.

Irgendwann kam mein Bruder an: »Ich muß dich jetzt aufklären«, an Vaters Statt sozusagen. Ich sagte: »Kannste voll vergessen, ich weiß total Bescheid.« Ich hatte natürlich keine Ahnung, aber ich wollte schon gar nicht, daß mein Bruder mir erzählt, wie's geht. Vor ein paar Jahren hatte ich noch gesungen: »In der Nacht, in der Nacht, wenn der Büstenhalter kracht und die Muschi explodiert, komm'n die Babys anmarschiert.« Damals keine Ahnung, woher sie wirklich kamen. Ich dachte noch, daß die Frauen aus dem Hintern pullern.

Einmal, erinnere ich mich, haben mein Bruder und

ich uns unter dem Klavier gekloppt. Irgendwie ging bei mir ein Knopf ab und bei ihm wohl auch. Ich weiß, daß ich sie wieder angenäht habe. Er konnte es nicht. Ich hatte es bei Oma gelernt.

Da es meiner Mutter verboten war, als Sängerin zu arbeiten, verdiente sie sich gelegentlich mit Auftritten zu Beerdigungen ein paar Mark. Es rief dann eine ältere Dame an, um Mutter die Termine durchzugeben. Man nannte sie die »Zitterfeder«, weil sie, wenn sie mitsang, ein riesengroßes Vibrato hatte. Meine Mutter war als Alt und Sopran einsetzbar und hatte einen großen Umfang. Man trat als Quartett auf, also Baß, Bariton, Sopran und Alt, zwei Damen, zwei Herren, und sang Lieder wie »Jesus, geh voran« oder »Wie sie so sanft ruhn«. Meine Mutti verdiente vier Mark für einmal Singen auf dem Friedhof. Manchmal hatten sie zwei oder drei Beerdigungen an einem Tag. Das waren acht oder zwölf Mark, davon gingen aber noch zwanzig Pfennige oder mehr für die Straßenbahnfahrten ab. Sie ersang sich an die hundertfünfzig Mark im Monat, was aber nicht zum Leben reichte.

Oft, nach dem Schulunterricht, nahm sie mich mit. Das hört sich makaber an, aber wenn man als Kind mit dem Tod konfrontiert wird, merkt man, wie natürlich die Sache ist.

In den Kapellen lagen die alten Damen oder Herren aufgebahrt, friedlich die Hände gefaltet. Für mich ein schöner Anblick. Manchmal war es sogar lustig, denn die Sargträger waren hartgesottene Kerle, die nicht selten rumwitzelten. Es war jedes Mal ein faszinierender Augenblick, wenn sie plötzlich aufstanden, ernste Mienen machten, ihre Zylinder aufklappten, aufsetzten, »hau ruck« sagten und den Sarg nach draußen trugen. Ich war meist mit am Grab. Auf dem Süd-, dem Nord-, dem Westfriedhof in Leipzig, überall gab es ein Harmonium. Ich durfte ab und zu den Orgelpunkt hal-

ten, und einmal ist es auch passiert, daß ich ihn zu lange hielt, nicht rechtzeitig losließ, so daß der Organist neu ansetzen mußte.

Einmal allerdings habe ich geheult. Es waren viele Kinder da, ihre Lehrerin war gestorben. Ich mußte einfach mitheulen.

Minnas Pflaumenbaum, Stinkbomben und Mastanstalt

Wir zogen um in die Tschaikowskistraße 23. Die Wohnung war besser, und vor allem hatte sie Öfen. Wir konnten heizen. Manchmal brachten Mutters Schüler Kohlen statt Geld mit.

Mutti hatte zwei Untermieter, Frau Hermann und Werner Busch. Der war sehr lustig, arbeitete beim Rundfunk und brachte mir ein bißchen das Notenschreiben bei.

Inzwischen ging ich auch in den Klavierunterricht. Ich hatte meiner Mutter versprechen müssen, wenigstens Klavier zu spielen, wenn ich schon nicht mehr singen würde. Drei Jahre nahm ich Klavierunterricht, zuerst bei Frau Jutta Grimm, zweite Pianistin an der Thomas-Kirche in Leipzig. Sie sah aus wie Mozart, hatte unheimlich viel blonde Locken. Dabei war Bach für sie alles, und Mozart kam ihr schon wie Jazz vor. Ich quälte mich sehr, habe aber ein bißchen was gelernt. Sie hatte zu Hause ein Cembalo stehen, und wenn ich ganz gut war, spielte sie mir darauf was vor. Das war für mich die schönste Belohnung.

Nach 3 Jahren zum Klavier- ging ich noch 2 Jahre zum Akkordeonunterricht, und zwar in das »Erste Handharmonika-Orchester Böhlke« in Leipzig. Dort spielten fünf bis zehn Mann, je nachdem, wie viele ka-

men. Fünf spielten zum Beispiel mit der Linken die Bässe, und die andern fünf mit der Rechten die Melodien. So herrlich einfach war das. Das Schwerste war eigentlich das Instrument.

Ich war inzwischen in der 4. Klasse. Mein neuer Klassenlehrer, Herr Wappler, unterrichtete Biologie. Er sagte: Biolochie.

1953 trat ich in die Pionierorganisation »Ernst Thälmann« ein, war bis 1957 dabei und machte den Wandzeitungsredakteur. Denn Gruppenratsvorsitzender, das wollte ja nun wirklich keiner sein. Alle guckten immer nach unten. Ich meldete mich gleich: Witzwandzeitungsredakteur. Ich hab die Dinger aus irgendwelchen Zeitungen ausgeschnitten und drangepappt. In der Pause war die Wandzeitung stets umlagert.

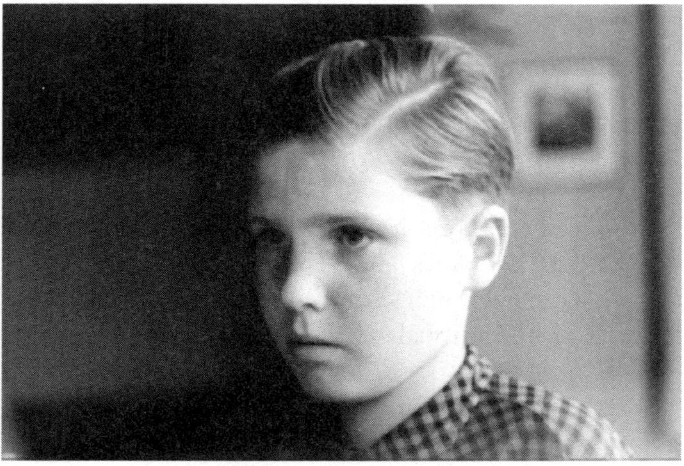

Spaß hatten wir sowieso reichlich, zum Beispiel mit dem Ofen, der in unserer Klasse stand. Da paßten sechs Mann nebeneinander hin, die anderen standen in der Wandreihe an, einer nahm Anlauf und sprang auf den letzten am Ofen rauf, es flog einer raus, und zack, war wieder einer drin. Pausenspiele!

Wir hatten einen Kartenaufzug an der Decke. Einer hat seine Hose ausgezogen, der andere den Anorak oder einen Pulli, und oben setzten wir eine Tüte oder einen Ball als Kopf drauf. Diesen Typen zogen wir am Kartenaufzug hoch. Wenn die Lehrer kamen, guckten sie immer sehr traurig. »Wer war das?« Nie hat sich einer gemeldet. »Alles aufstehen!« Und irgendeinem fehlte die Hose, naja, der mußte dann alles wegräumen. Na wunderbar, und beim nächsten Lehrer ging's wieder von vorn los.

Ich saß in der Mittelreihe, in der vorletzten Bank, neben mir mein Freund Otto. Wir sangen wie die Feinde, »Zwei gute Freunde«, im Unterricht, aber so, daß wir nicht erwischt wurden.

Jemand aus der Klasse fing plötzlich an, ein Buch zu schreiben. Hej, dachte ich, das mach ich ooch! Ich las gerade »Nordwestpassage«, also schrieb ich »Südostpassage«, praktisch alles umgeschrieben, alles geklaut; irgendwann habe ich aufgehört.

Weil ich Wilhelm Busch gut fand, reimte ich meine Streiche.

> Der Frühling mit seiner Schönheit naht,
> in die Erde muß die Saat.
> Drum auch die Minna eilt zum Garten,
> wo im Hinterhalt zwei Buben warten.

Man muß sagen, Minna war die Haushälterin von Professor Dr. Hans Mayer, Germanist an der Leipziger Universität. Er wohnte im Hochparterre, und Minna mußte aufpassen, daß wir auf dem Hof nicht zu laut waren, weil der Professor natürlich arbeiten mußte. Das kann ich heute gut verstehen. Aber damals? Minna hatte also einen Pflaumenbaum, und ich in der Nähe zwei Beete. Der Pflaumenbaum störte mich, da er Schatten brachte und meine Erdbeeren nicht richtig rot wurden.

Doch weiter im Text:

Sie hat ein kleines Erdbeerfeld,
das sie im Frühjahr je bestellt.
Doch auch die Buben sind entzückt
und klaun im Sommer wie verrückt.

Doch da im Frühjahr keine Beere sich neige
und dem verwöhnten Auge zeige,
erdachten zwei Buben sich einen Plan
und gingen an Minnas Baum heran.

Ihr Baum der stand schon jahrelang,
und war gar faul im Tragen,
nicht eine Pflaume daran hang,
das kann man ruhig sagen.

Mitternacht schlug Minnas Glocke
und zwei Buben mit wilder Locke,
die Axt kühn über die Schulter geschwungen,
waren bis zu dem Baum vorgedrungen.

Doch in des Hinterhauses Türe
da stand der eine Schmiere,
der andere, der fröhlich hackte,
bis es im Stamm verdächtig knackte.

Die Minna, die das sonst immer hört,
war am nächsten Morgen sehr empört.
Sie stand vorm Reneklodenbaum,
und traute ihren Augen kaum.

Alsdann schmeißt sie die Arme in die Hüfte
und brüllt in höchsten Tönen in die Lüfte:
Mein' Reneklodenboom,
man gloobt es koom,

der jedes Jahr ’ne Pflaume trägt,
den hab’n die Jungs angesägt.

Im ersten Stock, im zweiten, dritten, vierten,
sie alle aus den Fenstern stierten
und schrien die Kerle aus dem zweiten Stock,
die sind im Haus der Sündenbock.

Es gibt ja keene andern Jungen,
die zu solchen Streichen sind bereit,
das behaupten böse Zungen,
die zum Quatschen sehr viel Zeit.

Einmal, nach dem Unterricht, fuhren wir mit dem Fahrrad zum Zooladen. Ich ging rein, sagte, ich möchte zwei weiße Mäuse. Die Verkäuferin sah draußen einen Haufen kichernder Jungs mit Fahrrädern und meinte: »Du kriegst keine Mäuse, ihr wollt doch mit denen Unsinn machen.« – »Nee«, sagte ich, setzte meinen treuesten Blick auf, »wirklich nicht!« – »Na gut, aber nur Böcke!« – das heißt, nur Männchen. Ich sagte: »Okay, nehm ich«, ’ne Tüte, zwei Löcher drin, Mäuse rin und ab ging’s. Zuerst zum Bäcker.

Wir wußten, daß innen an der Ladentür immer der Schlüssel steckte, den haben wir heimlich abgezogen und draußen rangesteckt. Einige Frauen standen mit großen Kuchenblechen im Laden. Es war ja noch üblich, selbstgemachten Kuchen beim Bäcker backen zu lassen. Einer meiner Freunde sagte: »Ich möchte ein Brötchen!« Da mußte sich die Verkäuferin rumdrehen zu dem großen Brötchenhaufen, um eins rauszunehmen. Ich hatte längst eine Maus aus der Tüte geholt, und zack, ab mit dem Vogel in den Haufen. Das Tierchen tauchte sofort unter. Nach ein paar Sekunden bewegten sich die Brötchen, und zack, zack, zack guckte die kleine Maus raus. Alle Frauen schrien und hantier-

ten aufgeregt mit ihren Kuchenblechen. Wir waren längst draußen und hatten die Tür abgeschlossen. Wir haben gelacht, durchs Fenster gegrüßt und sind abgezogen.

Von der Mäusenummer hatten wir noch andere Versionen. Damals waren Briefkästen selten, die Briefe wurden durch Schlitze in der Tür gesteckt – auf diesem Weg bekam man auch 'ne Maus gut in die Wohnung! Wenn's dann drinnen Alarm gab, verschwanden wir rasch. Das gleiche machten wir mit Stinkbomben, die wir aus gut brennbaren Filmen herstellten. Die wurden in Zeitungspapier eingerollt, hinten zugedreht, vorne ein bißchen offengelassen, angezündet, und wenn der Film gerade anbrennen wollte, zack, ausgetreten. Das schmoochte dann so langsam durch und hat irre gestunken, wirklich wunderbar. Also genau das, was wir brauchten, um es durch die Türen in die Hausflure oder Wohnungen zu stecken.

Und dann muß ich noch an unsere Aktion »Mastanstalt« denken! Kannst Du Dich noch erinnern, es gab diese Kübel für Hausabfälle, Specki-Tonnen genannt, in denen Futter für die Schweine gesammelt wurde. Im Sommer, bei Hitze, war der Geruch natürlich besonders »angenehm«. Das Futter war dann eine weiche, stinkende Pampe. Das brachte uns auf eine Idee, und bald wußten wir auch, an wem wir sie ausprobieren würden. Ich besuchte außer den nicht sehr zahlreichen Pioniernachmittagen auch den Religionsunterricht und ging zur Jungen Gemeinde. Ich hatte eine Religionstante, die langweilig und nicht besonders beliebt war. Bei Frau Kalbs, so hieß sie, probierten wir unser Stück Mastanstalt aus: Einen Bottich stellten wir an die Tür, einen anderen schräg angekippt drauf, so daß er ihr, wenn sie beim Klingeln die Tür öffnete, direkt vor die Füße fiel – und damit die ganze Pampe. Wir guckten durch das Kellergeländer und freuten uns tierisch.

Eine andere Nummer hieß Staffellauf. In jedem Haus hing eine Holztafel, der stumme Portier, auf dem stand, wer wo im Hause wohnte. Solche Tafeln nahmen wir ab. Alle fünfzig, sechzig, hundert Meter stand einer von uns, nahm die Tafel, rannte hundert Meter und übergab sie dem nächsten. Wir liefen hinunter bis zur Pleiße, schmissen sie rein, hatten ein gutes Gefühl und sahen sie gemütlich davonschwimmen.

Ich erinnere mich an den 17. Juni. Ich hörte von unserem Balkon aus Schreie. Ich durfte nicht hingehen, mußte zu Hause bleiben. Später erfuhr ich, daß Polizisten verprügelt worden waren. Panzer fuhren durch Leipzig. Wo jetzt die Oper steht, erhob sich damals noch eine große Statue von Josef Wissarionowitsch Stalin. Vor ihm standen an die zwanzig Panzer. Ich als Kind habe zugeguckt wie beim Tennis, links, rechts. Mein Bruder arbeitete in der Nähe des FDJ-Bezirksrats und erzählte mir, daß er gesehen hatte, wie Akten aus den Fenstern auf die Straße geschmissen wurden. Überall brodelte es. Die Leute redeten aufgeregt, jeder wußte anderes, hatte etwas beobachtet oder gehört; eine Frau sollte sich mit ihrem Kind vor einen Panzer geschmissen haben, der Panzer habe sie aber nicht überrollt. Ich lauschte mit großen Ohren, schnappte alles auf und verstand nichts.

Sport und immer wieder Friedensgustav

Das 5. Schuljahr begann, und zum ersten Mal kam ich in eine gemischte Klasse. Der Klassenlehrer, Herr Böhr, war Mathe-Lehrer. Nun ist Mathematik sowieso nicht so beliebt, aber wir kamen eh nicht dazu, denn ständig passierte was. Einmal hatte ein Schüler eingebrochen, einfach bei einer alten Dame geklingelt, sie abgelenkt

und beklaut. Herr Böhr gab uns dann immer Aufgaben, nahm diesen oder jenen Schüler mit und mußte zum Richter oder zu irgendwelchen Behörden. Die Schulstunden verbrachten wir meist grölend und johlend, viel gelernt haben wir nicht. Meine Leistungen gingen auch runter. So sah es in der 5. Klasse aus: »Betragen war nicht immer einwandfrei, Fleiß kann als gut bezeichnet werden. Lothar ist oft trotzig, lustlos, phlegmatisch. Seine Leistungen könnten erheblich besser sein.«

Ob es an dem neuen Klassenlehrer, dem Zeichenlehrer Herrn Ziegenspeck, lag, kann ich nicht mehr sagen, aber ein Jahr später, in der sechsten Klasse, sah alles wieder besser aus. Herr Ziegenspeck schrieb: »Lothars Verhalten ist sehr gut und ordentlich. Er arbeitet fleißig und zuverlässig und beteiligt sich rege am Unterricht.«

Der Unterricht mit Herrn Ziegenspeck war ja auch die reine Freude, jedenfalls aus Schülersicht. Wir saßen im dritten Stock der Lessingschule. Vor der Schule war eine Tankstelle, die es heute noch gibt, und links neben der Tankstelle ein Bäcker. Wir saßen aufgeteilt in Wandreihe, Mittelreihe, Fensterreihe an Pulten, immer zwei zusammen. In der Mitte konnte man langkriechen. Die Tür zum Klassenzimmer bestand im unteren Bereich aus zwei rechteckigen Feldern, die wir vorsorglich gelockert hatten, so daß man sie rausnehmen konnte. Während der Unterrichtsstunde ist dann einer von uns vorsichtig zwischen den Reihen durch die Pulte gekrochen, hat Geld von allen eingesammelt, ist unten durch die Tür rausgekrabbelt, runter zum Bäcker und wieder rauf mit Kuchen, den er verteilte! Es roch wunderbar! Wir haben gemütlich in der Stunde gegessen.

Weniger gemütlich erging es mir mit unserem Direktor Herrn Stief, der bei uns eine Weile in Vertretung

unterrichtete. Ich hatte mir ein Zeichen zugelegt, mit dem ich mir, wie es Kinder in diesem Alter tun, eine individuelle und irgendwie geheimnisvolle Note geben wollte. Ich hatte es mir nicht mal selbst ausgedacht, sondern von meinem Bruder übernommen. Eine Schlangenlinie mit einem Punkt oben und unten. Als der Direktor es sah, verlor er die Beherrschung. Er hat mich angeschrien, dabei wußte ich überhaupt nicht, was los war. Ich konnte es mir nur so erklären, daß dieses Zeichen irgendeine schlimme Bedeutung haben mußte.

In dieser Zeit ging ich in so ziemlich jede Arbeitsgemeinschaft, die an der Schule angeboten wurde. Mit der AG Zeichnen besuchten wir oft den Zoologischen Garten und haben dort gezeichnet. Ich stand, während die anderen brav irgendwelche Tiere abmalten, beim Hengst, der eine starke Erektion hatte. Ich zeichnete das Pferd mehr schlecht als recht, starrte fasziniert auf diese wichtigste Stelle. Es war ungeheuer.

Auch die Arbeitsgemeinschaften Radiotechnik, Junge Biologen und Fototechnik lockten mich. Daß man dort Fotografieren und Film- und Bildentwicklung lernte, war gut und schön. Der eigentliche Clou aber war, daß ich so, vor allem zur Messe, die tollen Autos fotografieren konnte.

In Sport war ich nicht gut. Ich war ein bißchen dick, hatte auch ein kleines Bäuchlein. Die Mäntel wurden bei mir vorn etwas länger gemacht, weil ich immer so mit Hohlkreuz rumstand: Bauch raus, Schultern zurück.

Hörst Du noch zu? Also, 1955 hatte ich noch eine Drei in Körpererziehung und trieb keinen Sport. Doch das änderte sich. Zum Beispiel ärgerte ich mich, daß ich die Rolle rückwärts nicht beherrschte. Ich habe zu Hause so lange geübt, bis ich es packte. Auch Schwimmen konnte ich nicht. Schließlich ging meine Oma mit

mir geduldig ins Schwimmbad Leipzig-Lindenau. Dort lernte ich es und war stolz auf mein Freischwimmerzeugnis. Allerdings bekam ich öfter Mittelohrentzündungen und mußte dann beim Schulschwimmen aussetzen.

BÄDER DER STADT LEIPZIG

Freischwimm-Zeugnis 9158

Herr / Frau / Fräulein

geb. am 11. 12. 42 in

Anschrift:

hat heute im Westbad vor dem / der unterzeichneten staatl. gepr. Schwimm-Meister(in) eine Schwimmprobe von ununterbrochen 45 Minuten abgelegt.

Leipzig, den 5. Aug. 1955

Schwimm-Meister(in) — Badverwalter

VEB Offizin Haag-Drugulin in Leipzig III/18/38 - 9.5.51 - 4000

Jetzt interessierten mich auch Sportgemeinschaften.

Gustav Adolf Schur war mein großes Vorbild. Ich nannte ihn heimlich Friedensgustav. Wenn ich mit dem Rad in der Stadt unterwegs war und ihn sah – er fuhr so ganz locker –, hängte ich mich an sein Hinterrad und war froh, ihn mal von einer Ecke bis zur anderen zu halten. Dann hat er ein bißchen aufgedreht und – zack – weg war er.

Ich habe Radsport versucht, Schwimmen, da allerdings nur Rückenschwimmen, weil ich Angst vorm Startsprung hatte, dann wollte ich Zehnkampf trainieren, stoppte aber beim Stabhochsprung und spielte Hockey. Mein Onkel Herbert Küttner war Hockey-

spieler bei Wacker in Gohlis. Ich fand das toll, wollte ihm nacheifern. Vor allem die Sache im Tor – mit diesen Stutzen! – beeindruckte mich total. Aber als ich die erste Kugel irgendwo hinkriegte, fand ich es gar nicht mehr so gut. Ich spielte drei Jahre lang, danach Fußball mit den Kindern im Rosental. Nachmittags, wenn sie mich abholten, sangen wir lauthals das schöne Lied: »Wir sind die Plumper der Firma Express, wir plumpen Scheiße und fahrn sie weg. Der mit der Jacke, der fährt die Kacke, und sein Kolleche, der fährt die Seche. Das weiß ein jedes Kind, daß wir die Plumper sind. Wir plumpen Scheiße und fahrn sie weg.«

Überhaupt, meinte eine Omi, sei ich der größte Straßenbeutel der Gustav-Adolf-Straße. Sie sprach die Drohung aus: »Mei Pabba is seit fuffzich Jahrn in der Pardei.« Damit wollte sie mir Angst einjagen, denn jemand, der so lange in der Partei war, der würde es mir schon zeigen! Fuffzich Jahre in der Partei – geht ja gar nicht, aber ich habe das nicht gemerkt.

Mutti gab jeden Tag Gesangsunterricht im Musikzimmer. Ich hab mir dann in der Küche heimlich Haferflocken mit Zucker und Kakao, den wir aus dem Westen geschickt bekamen, zusammengemixt. Schüler hatte meine Mutter bis halb oder um acht, dann war Schluß. Erst danach habe ich Schularbeiten gemacht. Meistens war ich ja sowieso den ganzen Tag unterwegs, aber ich konnte mich auch erst dann konzentrieren.

In Russisch war es so: Entweder bekam ich eine Eins oder eine Fünf. Also, entweder klappte das Abgucken, oder sie haben mich erwischt. Aber irgendwie landete ich zum Ende doch ganz glücklich auf guten Zensuren. Oft lag es auch am Lehrer, ob ich Leistungen brachte oder nicht. Bei Herrn Hitzerot, meinem Russischlehrer, stand ich auf Eins. Wir konnten uns gut leiden. Ich hatte auch privat Englisch bei ihm, ein halbes Jahr lang. Es hat Spaß gemacht.

In der 7. Klasse pegelte sich alles auf Zweien ein. »Lothar ist vielseitig interessiert und kann selbständig denken. Hausfleiß und diszipliniertes Verhalten kennzeichnen sein Gesamtverhalten.« Ich weiß nicht, wie ich zu dieser wunderbaren Beurteilung kam. Viel habe ich nicht gemacht, bin rumgetobt wie andere, für Hausaufgaben blieben höchstens zwei Stunden.

Meine erste Schulband fällt auch in diese Zeit. Ich mußte Baß spielen, weil kein anderer das wollte. Bei allen stand Gitarre obenan. Konnte ich auch ein bißchen, aber na gut, wollte kein Spielverderber sein, habe eben Baß gespielt. Wir waren drei Mann. Einer Gitarre, ich Baß und der dritte hat einfach nur geschüttelt – ich denke, die Leute sich auch, wenn sie uns gehört hätten.

Zur Tschaikowskistraße 23 gehörte ein Gartenhaus, in dem die Familie Herrmann wohnte. Die hatten zwei Töchter, die eine hieß Dietlinde und war älter als ich. Mädchen gegenüber war ich sehr schüchtern, aber irgendwann im Sommer, wir saßen am Tisch und haben Karten gespielt, kam sie langsam mit ihrem Knie an meins, und das war so schön und aufregend und der Anfang von etwas, das ich nicht kannte.

Einige Zeit darauf, es war schon kalt, mußte ich immer die Kohlen aus dem Keller holen. Vom zweiten Stock aus nahm ich mehrere Stufen auf einmal und sprang übers Geländer: Die Eimer in der Hand haben gequietscht. Die Leute müssen wahnsinnig geworden sein, wenn ich das heute so bedenke. Im Keller gab es noch einen Ausgang zum Hinterhaus. Da hab ich mich meistens mit ihr getroffen. Geküßt haben wir uns nicht, soweit waren wir noch nicht. Nur ein bißchen gekrabbelt. Das war schon viel.

Meine Mutter hatte in dieser Zeit oft Migräne. Ich legte ihr dann die Hand auf die Stirn. Das tat ihr immer gut. Ich habe die Migräne »weggeschmissen«, also

mit der Hand genommen und so getan, als haue ich sie in die Ecke. Unwissentlich habe ich offensichtlich Formen von Reiki angewandt. Anders gesagt, ich hab es naiv und mit voller Energie getan, so wie ich es konnte und mir vorstellte.

Wir schreiben das Jahr 1956. Mein Bruder ist inzwischen, wie wir sagten, abgehauen, rübergegangen nach Hamburg. Er sah keine Chance mehr in seinem Beruf. Ich war mit meiner Mutti allein. Sie hatte das Glück, wieder beim Funk arbeiten zu dürfen, sang dort im Chor.

Sonntags fuhren Mutti und ich gern nach Schleusig zu Tante Hanna. Onkel Herbert war immer in Berlin, er arbeitete beim Radio in der Sportredaktion. Natürlich besuchten wir auch Omi. Opi war 1954 verstorben, am Heiligabend. Für ihn war es wie eine Erlösung. Wir trafen uns alle, gingen zu ihm hoch, er lag im Bett, haben ihm ein Küßchen gegeben und sagten: »So Opi«, es war kurz vor 19 Uhr, »wir machen erstmal Bescherung und sind dann gleich wieder da.« – »Ja«, sagte er, »geht mal runter.« Und mit dem Gedanken, daß wir alle da sind und daß Bescherung ist, muß er gestorben sein. Als die Tante gegen 20 Uhr nach ihm sah, kam sie zurück und sagte: »Denkt mal, Magnus ist gestorben.« Alles geschah unendlich friedlich.

Diese Sonntage jedenfalls fand ich immer schön. Ich hatte auch dort Freunde. Wir haben auf der Straße Fußball gespielt, es war eine ruhige Gegend, oder auf einem großen Nußbaum gesessen und Leute beobachtet. Dann haben wir wieder wie die Kaputten gebebbelt und rumgeschrien. Nicht weit entfernt war der Sportplatz Aufbau Süd-West. Da konnten wir Hockey und Fußball spielen, manchmal sind wir auch Runden gelaufen, vierhundert Meter, achthundert oder tausend.

Meine Idole im Sport waren damals Ingrid Krämer

im Kunst- und Turmspringen, Helga Haase, die Eissprinterin, Wolfgang Behrendt, der Boxer, der die erste Goldmedaille für die DDR holte. Natürlich im Skispringen Helmut Recknagel und Harry Glaß. Und immer wieder Friedensgustav, Täve Schur.

Mein Herz hing vor allen Dingen am Skilanglauf. Die Winter mußten schon einigermaßen sein, wenn man das in Leipzig machen wollte. Zum Glück fuhren wir mit der Klasse ab und an mal in die Berge, ins Vogtland. Da belegte ich im Abfahrtslauf den ersten Platz. Es war meine erste Urkunde der 41. Grundschule, 7. Schuljahr, in 4,5 Sekunden. Muß ja ein Riesenteil von Berg gewesen sein, den ich da runtergedonnert bin. Aber ich war stolz.

In meinen kühnsten Träumen wollte ich in irgendeiner Sportart DDR-Meister werden. Das war das Allergrößte! An Musik habe ich damals überhaupt nicht gedacht.

Mein erstes Lied

Am 14. April 1957 war meine Konfirmation in der Thomas-Kirche in Leipzig. Es sang der Thomaner-Chor. Wir hatten fürchterliche Hosen und irgendwelche zu groß geratenen Jacken an. Zum Schießen.

Ich bekam zur Konfirmation gemeinsam von Tante, Onkel und meinem Bruder ein Fahrrad geschenkt. Ein Tourenrad für, ich glaube, dreihundertsechzig Mark. Es war das allerschönstes Geschenk.

Mein Bruder ist gleich mit mir von Leipzig über Dresden nach Pirna gefahren. Ich hatte zuvor noch nie eine solche Strecke zurückgelegt. Wir machten öfter Rast. Ich vermute, er wird sich gedacht haben, das ist das erste und letzte Mal, daß ich mit meinem Bruder

Konfirmation, Thomaskirche 57

so eine Tour mache. Am Zehrener Berg ist es dann passiert. Ich habe Schwung genommen und mich hinter einen Bus geklemmt, der zwischen fünfunddreißig und vierzig fuhr, vielleicht sogar auch mal fünfzig Sachen. Im Windschatten des Busses konnte ich mithalten und sah, wie mein Bruder hinter mir langsam abnippelte. Na wunderbar. Das hat mir plötzlich so den richtigen Spaß und die Freude am Radfahren gegeben. Ich dachte, hej, das geht ja, es rollt. Auf der Rücktour von Pirna nach Leipzig war ich ein guter Partner.

Außerdem bekam ich zur Konfirmation eine Gitarre. Mit der saß ich dann immer auf'm Balkon, auf'm Stuhl, Beine hoch, und sang in den Frühlings- und Sommerhimmel meine ersten Spinnereien. Kannst auch Kompositionen sagen.

1957, im Juni, beendete ich die Grundschule. In meinem Zeugnis stand: »... als Sohn des vermißten Landgerichtsrates Johannes Schöbel ...« Ich hatte überall Zweien, außer in Gesang und Gegenwartskunde eine Eins. Frag mich nicht, wie das gekommen ist!

Unser Mathe- und Geschichtslehrer, Herr Pelka, machte mit uns, zwölf Schülern, eine große Radtour durch den Harz. Mein bis dahin schönstes Ferienerlebnis! Wir hatten im Campingbeutel alles dabei, was wir brauchten. Von Leipzig ging es zunächst nach See-

burg. Wir schliefen meist in Jugendherbergen oder später auch in Turnhallen, auf Luftmatratzen oder eben Stroh. Früh im Bach kalt waschen! Wir haben uns gefühlt wie kleine Helden. Auf dem Kyffhäuser Barbarossa besucht, Quedlinburg, Wernigerode, in Thale die Roßtrappe hoch. Allerdings ging meine Fahrradkette dabei kaputt. Ich mußte bis zur nächsten Station gezogen werden. Am Brocken angekommen – damals konnte man noch hochfahren –, beschlossen mein Freund Heinz Hartwig und ich, wir werden Meteorologen. Der Brocken war für uns Klein-Kanada, mehr ging nicht im Osten. Heinz und ich waren uns einig: Keene Mädels, Skifahren im Winter, im Sommer Radfahren, herrlich.

In den Sommerferien war ich mit Heinz jeden Tag am Kanal baden. Heinz war eine liebe Seele. Er hat alles mitgemacht. Wenn ich gesagt habe rechts lang, ist er rechts lang, und links lang, ist er links lang. Wir haben viel Müll und Quatsch gemacht. Wenn wir zum Tanzen gingen, war klar: heute keine Mädels. Ehrlich gesagt, es wollte auch gar keine mit uns! Und wenn wir den allerletzten Tanz getanzt haben, dann mit 'ner Braut, die auch den ganzen Abend gesessen hatte. Aber auf dem Weg nach Hause konntest du hören: »Heute sind wir wieder stark gewesen, keine Mädels!«

Einmal meinte Heinz zu mir: »Ich geb einen aus. Wir gehen ins ›Weiße Roß‹.« Eine Kneipe, bei uns gleich um die Ecke, in der Gustav-Adolf-Straße. Wir suchten uns ein Plätzchen und machten es uns gemütlich. »Was willst du?« – »'ne Limo.« – »Ja, ich ooch, 'ne Limo.« Die Chefin war nicht so erbaut, aber es blieb bei Limo. Wir tranken, quatschten, schließlich wollten wir zahlen. »Haste Geld mit?« fragte er mich. »Nee, du hast doch gesagt, du lädst mich ein.« – »Ich hab ooch keen Geld mit.« – »Hm, ja, da können wir nur noch uff Toilette gehn ...« Und von da aus ging's durchs Fenster

nach draußen. Das war ziemlich peinlich. Im »Weißen Roß« jedenfalls konnten wir uns nicht mehr sehen lassen.

Der Sommer mit Harzrundfahrt ging leider zu Ende, und der Ernst des Lebens fing wieder an: im September in einer neuen Schule. Das war die 40. Mittelschule in der Erich-Zeigner-Allee in Leipzig. Eine neue Schule, aber kein neues Glück.

Ich merkte bald, daß meine Freunde und ich in der 8. Klasse wenig gelernt hatten und in einigen Fächern, zum Beispiel in Chemie, so gut wie nichts wußten. Wir bekamen Nachhilfeunterricht. Ich hab es dann immerhin noch auf eine Zwei gebracht. Aber in Deutsch, Sprachlehre, Geschichte, Staatsbürgerkunde, Russisch, Steno alles Dreien. Nur in Turnen habe ich die Eins gehalten.

In der neuen Klasse lernte ich Anne kennen. Anne, meine erste richtige Freundin. Wir brauchten ein halbes Jahr, bis wir Händchen hielten. So war das. Noch ein halbes Jahr, bis ich auf einer unserer Radtouren ins Connewitzer Holz in die Rinde eines Baumes geritzt habe »Anne + Frank«. Irgendwann folgte auch das erste Küßchen. Ich glaube, wir kamen mit unseren Mündern zusammen und standen wie versteinert. Es war sehr romantisch und völlig naiv.

Annes Mutter arbeitete halbtags. Nach der Schule hatten wir etwa anderthalb Stunden Zeit für uns, bis sie kam. Wir hörten Radio Luxemburg auf der Kurzwelle im 49-Meter-Band, machten Schularbeiten, erzählten uns alles mögliche und kuschelten.

In den Schulferien fuhr die ganze Klasse ins Ferienlager nach Antonsthal. Meine Mutter fuhr mit und kochte, gemeinsam mit einer anderen Frau, für fünfundsiebzig Jungen und Mädchen. Meine Augen waren nur bei Anne. Wir haben Heidelbeeren gesammelt, uns Blicke zugeworfen und uns ab und zu mal gedrückt.

Wieder in Leipzig gingen wir oft im Kanal baden. Er hatte zwar sauberes Wasser, aber viel zuviel Wasserpflanzen. Wenn mal ein ganzer LKW sowjetischer Freunde zum Baden kam, lagen hinterher massenweise rausgerissene Wasserpflanzen rum.

Dem Kanal schlossen sich Felder an, von denen wir uns oft zwei, drei Köpfe Weißkohl klauten. Die schmissen wir von oben direkt ins Wasser, das Zeug schwamm, wir hinterher, haben ihn saubergemacht und gegessen. Davon bekamen wir ein derartiges Wanstrammeln, unglaublich.

Ich hatte auch meinen ersten Ferienjob. Bei der GaLa. Klingt gut, ne? Heißt Garten- und Landschaftsgestaltung und bedeutete, mit einer spitzen Eisenstange Papier aufspießen, Abfälle wegräumen, Kante stechen bei den vielen kleinen Leipziger Grünanlagen.

Zum Muttertag und ähnlichen Anlässen haben mein Freund Heinz und ich uns in den Schrebergärten bedient, um zu Hause mit schönen Blumensträußen zu überraschen. Einmal hatte ich gerade vier Gladiolen in meinem Campingbeutel verstaut, die Köpfe guckten noch raus, und kletterte über einen Zaun. Plötzlich stand ein »Sheriff« vor mir. Was im Beutel war, sah er nicht, weil ich die Blumen mit meiner Kapuze geschickt abdeckte. Trotzdem nahm er uns die Ausweise ab, die wir uns anderntags auf der Wache abholen mußten. Das war eigentlich alles. Glück gehabt.

Meine Mutter stand immer voll auf meiner Seite. Einmal hatte ich eine riesengroße Fensterscheibe mit einem Ball oder Stein kaputtgemacht. Sie schloß sofort eine Glasversicherung ab. Anschließend passierte nie wieder was – schade eigentlich.

Die Lebensmittelkarten verschwanden, und wir lernten in der Schule, daß die DDR die Bundesrepublik im Pro-Kopf-Verbrauch an Nahrungsmitteln und an wichtigen Konsumgütern bis 1961 überflügeln würde.

1958 ging's überhaupt aufwärts. Im ersten Halbjahr, so steht es zu lesen, war die Bruttoindustrieproduktion um zehn Prozent gestiegen. Wahrscheinlich, weil ich seit Februar 1958 Mitglied der FDJ war! Ich übte die Funktion eines Sport- und Wanderleiters aus. Ich habe bei Sportfesten ein bißchen mitorganisiert, war im DTSB, im Schwimmen und im Radsport.

Das Jahr ging, wie man so sagte, seinen sozialistischen Gang, auch wenn für mich die neunte Klasse nicht einfach war. Doch ich lernte dann und wann ein bißchen mit Anne oder meinem Freund Heinz, und irgendwie kam ich schon klar.

Mein Friedensgustav, Täve, wurde Weltmeister der Radamateure in Reims, in Frankreich. Hab ich mich für ihn gefreut!

Meine Freundschaft mit Anne, meine Nachmittage mit der Gitarre, meine große Sehnsucht, in der Welt irgendwas zu werden – wie gesagt, möglichst DDR-Meister im Sport! –, brachten mich wohl dazu, mein erstes Lied zu schreiben. »Zwei Ähren im Wind«. Ich verglich zwei Ähren mit zwei sich liebenden Menschen. Und weil es so 'nen Spaß machte, meine kleine Welt in Text und Musik zu beschreiben, erfand ich noch weitere Lieder. Eins hieß »Ein alter Pferdekutscher«, ein anderes »Wipp-Wapp-Rock«. Weil Anglismen wie das Wort Rock nicht erlaubt waren, meinte ich den Rock mit dem Petticoat drunter, und schon ging's. Sie haben uns gezwungen, pfiffig zu sein. Im Lied hieß es: »Ich habe viele Hobbys./ Den Radsport schreib ich groß./ Doch nur wenn andere tanzen gehn,/ da ist bei mir nichts los.« So war das, ich schaute am liebsten zu, wenn andere tanzten! So sind Musiker. Mit vier Liedern zog ich los und trat allein da und dort bei Senioren auf, war bei Betriebsveranstaltungen oder in Jugendklubs, hatte Muggen mit dem Gesangsstudio meiner Mutter.

Langsam mußte ich überlegen, was ich beruflich machen wollte. Mein Onkel, Herbert Küttner, übernahm gewissermaßen die Vaterrolle und beriet mich.

Das Zeugnis der 9. Klasse war das schlechteste, das ich bis dahin hatte. Das Halbjahreszeugnis der zehnten Klasse mußte auf jeden Fall besser werden. Ich schaffte tatsächlich in Zeichnen, Musik, Turnen und im Produktionstag eine Eins. Trotzdem hatte ich noch ein paar Dreien – in Staatsbürgerkunde, in Steno und in Biologie. Mein Berufswunsch war eigentlich seit der Radtour auf den Brocken klar. Ich wollte Meteorologe werden.

Damals gab es einen bekannten Wetterfrosch im Fernsehen, Dr. Runge. Onkel Herbert hatte durch seinen Beruf gute Beziehungen, sie kannten sich. Er meinte, daß er ein Gespräch arrangieren könnte.

Am 6. Januar 59 war es soweit. Onkel Herbert schrieb mir: «Du fährst am besten mit dem Eilzug ab Leipzig, 6.58 Uhr, ich hole Dich dann 10.34 Uhr auf dem Ostbahnhof ab. Bis zum Wiedersehen ... Dein Onkel Herbert.«

Dort in Potsdam war es natürlich hochinteressant, Dr. Runge zeigte uns alles. Er sagte auch, Zehnklassenschüler können wir nehmen, nur, wir stellen erst ab achtzehn ein. Ich hätte also anderthalb Jahre irgendwas anderes machen müssen.

Von der Kaderabteilung des Meteorologischen und Hydrologischen Dienstes der DDR in Potsdam bekam ich noch ein Schreiben mit, auf dem die Ausbildungsmöglichkeiten standen. »Der Meteorologische und Hydrologische Dienst ist ein Organ des Staates, in dem die Mitarbeiter eine Vertrauensstellung einnehmen. Das bedingt, das Sie Ihre Aufgaben in tiefem Verantwortungsbewußtsein gegenüber der Deutschen Demokratischen Republik zuverlässig erfüllen. Der Diplommeteorologe hat fünf Jahre an der Humboldt-

Universität Berlin oder an der Karl-Marx-Universität in Leipzig zu studieren und kann auf den Gebieten der Synoptik, Klimatologie, Agrarmeteorologie, Bioklimatologie, Erologie und Strahlungsforschung und weiteren speziellen Gebieten tätig sein. Bewerbungen zum Studium können nur direkt an diese Hochschulen gerichtet werden. Für den Beruf des Meteorologischen Hydrologischen Technikers«, das wollte ich werden, »ist eine zweijährige Berufsausbildung bei der Leitung des Dienstes in Potsdam notwendig, die mit der Facharbeiterprüfung abschließt.«

Und da sagte mein Onkel auch noch zu mir: »Der nächste Berufsbildungslehrgang wird voraussichtlich am 1. September 59 anlaufen. Das wird für deine Bewerbung eh schon zu spät sein. Und Voraussetzung ist die Reifeprüfung, Abitur und besonderes Interesse für naturwissenschaftliche Fächer.«

Naja, da blieb also wirklich bloß noch meine Liebe zum Brocken. Aus der Traum. Für mich ein harter Brocken.

Irgendwann sprach Onkel Herbert den wichtigen Satz: »Willst du ein Leben lang halb sieben zur Arbeit gehen und halb, um fünf nach Hause kommen?«

»O nee«, sagte ich, »das will ich auf keinen Fall. Mein Leben soll interessant sein, immer voller Überraschungen.«

»Dann, denk ich, wirst du Kameramann.«

»Aha, wenn du meinst. Wie geht das denn nun?«

»Ja, also stell dir vor, du stehst im Wildwasser, beim Sport mit der Kamera und ...« Er malte mir das so richtig aus. »Ah«, sagte ich, »das finde ich gut!«

Aber auch das klappte nicht sogleich, also meinte er: »Du wirst erst mal Kameramechaniker. Du wärst der erste, der so ein Ding auseinandernehmen kann.«

»Prima, wenn du meinst, werde ich Kameramechaniker.«

Ich schrieb ans Kamera- und Kinowerk in Dresden. Die antworteten mir, daß sie nur jemanden nehmen würden, der in der Nähe wohnte. Eigentlich ganz logisch. Und so wurde ich Mechaniker, um dann Kameramechaniker und dann erst Kameramann zu werden.

Die Bewerbung lief parallel zur Schule. Ich mußte ja erst meine mittlere Reife machen und wurde dann bei VEB Reprotechnik, Druckmaschinen, Setzmaschinen angenommen. Der Lehrbetrieb allerdings war der VEB Medizintechnik.

Im Fach Produktionstag machte ich einen Verbesserungsvorschlag. Das war in der Mitteldeutschen Kammgarnspinnerei, kurz MIKA. Wir sahen nicht nur beim Spinnen zu, sondern lernten eine Menge. Zum Beispiel lagerte man die Kopsen, also die aufgewickelten Garnrollen, in Körben; weil Körbe kaputtgehen, hatte man auch eine Korbmacherei. Das ist ein Beruf, der fast ausgestorben ist. Sie brachten es uns bei. Schöne Sache.

In der Sattlerei mußte man Leder zusammennähen. Man hatte in der rechten Hand eine Ahle, zum Vorstechen, und außerdem eine Nadel, und in der linken Hand die andere Nadel, durch die ein in Bienenwachs getränkter starker Faden lief. Mich nervte es, in der rechten Hand Ahle und Nadel halten zu müssen, und so erfand ich erstens einen Hocker, auf dem ich saß, und zweitens so eine Art Schraubzwinge. Auf dieser Schraubzwinge war ein sogenannter Reiter – nicht der Chef vom MDR, sondern dieses Ding nannte ich so. Darauf war eine klitzekleine Ahle mit einer Feder befestigt, die die Ahle zurückholte ..., ach, ist das kompliziert zu erklären! Auf deutsch gesagt, ich habe die Nähmaschine noch einmal erfunden. Aber die Betriebsleitung schrieb:

VEB MITTELDEUTSCHE KAMMGARNSPINNEREI

Drahtwort Buntspinnerei Leipzig | Fernruf Ortsgespräche 44311 Ferngespräche 43843 | Betriebs-Nr. 13/6068 | Bank Deutsche Notenbank Leipzig, Hauptstelle Konto Nr. 17020, Bank-Kenn-Nr. 113000 | Leipzig, Konto 643 Postscheck

MITTELDEUTSCHE KAMMGARNSPINNEREI, LEIPZIG W 31

MDKS
Buntgarne

An den
Schüler
Frank-Lothar S c h ö b e l
- - - - - - - - - - - - - - - - -

Leipzig W 31
Postfach 2
Erich-Zeigner-Allee 64
(Für Materialanlieferungen
Eingang Philipp-Müller-Straße)

Ihre Zeichen | Ihre Nachricht vom | Unsere Abteilung 26/Sch. | den 31.3.59

Betrifft: Ihre Verbesserungsvorschläge zur Arbeitserleichterung in der Sattlerei.

Ihre Verb.Vorschl. wurden dem zuständigen Rationalisatoren-u.Erfinder-Aktiv zur Prüfung auf Brauchbarkeit übergeben. In der Besprechung dieses Aktivs wurde festgestellt, daß das Nähen mit der Aale bei einem qualifizierten Sattler gelernt und eine Sache des Gefühles ist. Jeder Sattler handhabt das Nähen durch Vorstechen und Nachziehen der Nadel, ohne daß ein Blick auf die Einstichstelle der Nadel notwendig ist. Bei Ihrer Methode müßte der Sattler das vorgestochene Loch mit der Nadel erst suchen.
Sie haben sich gute Gedanken gemacht, die anerkannt werden, auch wenn sie in der Praxis nicht eingeführt werden können, deshalb wurde von seiten des Prüfungsaktivs für Sie eine Buchprämie vorgeschlagen, die wir Ihnen in der Anlage überreichen.
Wir freuen uns über Ihr Mitdenken und danken Ihnen bestens.

VEB MITTELDEUTSCHE KAMMGARNSPINNEREI

Techn. Leiter | BfE Leiter

Bahnsendungen: Für Hauptwerk Leipzig-Plagwitz nach Bahnhof Leipzig-Plagwitz, für Spinnereiabteilung Markkleeberg nach Bahnhof Markkleeberg-West, für Spinnereiabteilung Radwitzer Straße nach Leipzig-Hauptbahnhof

Lp 4677 58 5000 III 18 7

Du kannst Dir natürlich denken, daß ich das Buch heute noch habe!

Die Prüfungen rückten näher. Sechs Wochen vorher fuhr ich fast jeden Tag zum Kanal, denn es war wunderschönes Wetter. Manchmal war ich mit meinem Freund dort, manchmal auch allein, habe meine Hef-

ter mitgenommen und Geschichtsdaten gelernt und überhaupt alles, was wir zur Prüfung brauchten. Im Prinzip habe ich in den sechs Wochen nachgeholt, was ich die ganzen Jahre nicht so richtig begriffen hatte.

So landete ich doch noch auf einem Durchschnitt von 1,8, bekam auch eine kleine Auszeichnung und stand also gar nicht so schlecht da. »Lothar ist ein fleißiger und interessierter Schüler, der mit an der Spitze der Klasse stand. Durch sein freundliches und hilfsbereites Wesen war er bei den Lehrern und Mitschülern gleichermaßen beliebt.«

Ich ging gern zur Schule und war traurig, daß sie zu Ende war. Kann sein, ich hatte auch ein bißchen Angst vor dem, was jetzt kommen würde. Die herrliche, unbeschwerte Schulzeit jedenfalls war nun vorbei. Ich denke, es war damals einfacher, heute sind sicher manche froh, wenn sie aus der Schule raus sind.

Zu viele Interessen

Am 1. September 59 begann ich eine Lehre als Mechaniker.

Im Oktober, am 28., starb meine über alles geliebte Oma Paula im Krankenhaus in Bad Lausick. Ich war vorher noch bei ihr, habe auf der Gitarre meine neuen Lieder vorgespielt und gesungen. Obwohl ich schon auf vielen Beerdigungen gewesen war, das war eine, auf die ich gar nicht gehen wollte.

Meine Lehre machte mir großen Spaß und kam mir, dem im Sternbild des Schützen geborenen, der Eintönigkeit haßt und Vielseitigkeit liebt, unheimlich entgegen. Na gut, in der ersten Zeit ging es auch schon mal eintönig zu, es wurde gefeilt, gefeilt, gefeilt, damit der Strich stimmte. Seitenflächen feilen, messen, prüfen.

Da im Betrieb Taucherausrüstungen gebaut wurden, mußten wir an verrosteten Taucherschuhen aus Guß rumfeilen. Es wurden aber auch andere Sachen hergestellt, Zahnbohrer zum Beispiel, Endoskope für komplizierte Eingriffe über den Harnweg in die Niere und anderes mehr.

In meinem Bericht zum Lehrbeginn kann man lesen: »Uns wurde vor Augen geführt, was VEB Medizintechnik früher war, welche Möglichkeiten man hatte und welche wir heute haben. Es ist bezeichnend für die DDR, daß aus diesem Kriegsbetrieb ein medizinischer Betrieb wurde. Die Arbeiter brauchten endlich einmal nicht mehr für Vernichtung und Tod zu bauen, sondern für die Gesundheit der Werktätigen. Das birgt wiederum eine hohe Verantwortung in sich, denn fast an jedem Werkstück, das den Betrieb verläßt, hängen Menschenleben dran.«

Dann wurden wir eingeführt ins Meißeln, Scheren, Anreißen, Senken, Stempeln, Löten, Drehen, Schmieden, Gewindeschneiden, Sägen, Entgraten, Glühen, Montieren, Schleifen, Fräsen, Nieten, Bohren und anderes mehr. Daß ich beim Thema Ordnung und Sauberkeit besonders gut abschnitt, kann man vielleicht damit erklären, daß – ich mag es kaum sagen – mein Aszendent Jungfrau ist, na Hilfe!

Zum Glück erfuhr ich später, daß auch noch der Waage-Aszendent Einfluß auf mich hat. So gesehen kann ich mir das Beste aussuchen. Als der Hochofen in Fachkunde dran war, sagte der Lehrer: »Schreibt bitte nie, was ein Schüler zum Thema Hochofen als einziges bei der Prüfung auf einem großen Blatt stehen hatte: ›Oben kommt das Erz hinein, unten fließt die Schlacke ab, heißer Wind weht durch den Sack.‹« Das fand ich so lustig, daß ich es irgendwann meiner Tochter erzählte. Die hat sich dann in der Schule beim Thema Hochofen gemeldet und genau das ganz stolz »vorge-

tragen«. Die Klasse hat fürchterlich gelacht, das ist ihr heute noch peinlich.

59 ist in meiner Erinnerung ein Jahr, in dem viel passierte. Neben meiner Lehre gab es den Sport und die Musik. Ich fuhr fast jeden Tag Rad, um die 50 bis 70 Kilometer. Da rund um Leipzig eigentlich nur Dreck war – von Espenhain bis Borna, von Leuna bis Bitterfeld –, kriegte man als Radfahrer geradezu eine Staublunge.

Irgendwann würde ich mich entscheiden müssen zwischen Radfahren oder Singen. Im Moment wollte ich noch beides.

Ein zweiter Platz, den ich bei einem Rennen rund um den Wohnbezirk – Tschaikowskistraße, Auenstraßen, Gustav-Adolf-Straße – in der Altersgruppe 16 bis 18 Jahre – belegte, brachte mir eine Urkunde ein.

Ich brauchte es, das Gefühl, überall, wo der Bär tobt, dabeizusein. Ich hatte so viele Interessen – und habe sie immer noch –, das ist in einem Leben alles gar nicht zu schaffen.

Vor mir liegt eine Bewerberkarte für die Verleihung des Sportabzeichens. Ich war bei Rotation Leipzig im Radsport und fuhr auf der Bahn. Man lieh mir dort ein Rad. Ein Bahnrad, weißt Du, da ist keine Bremse dran. Man bremst praktisch, indem man beim Vorwärtsfahren langsam gegentritt.

Bewerberkarte

für die Verleihung des Sportabzeichens
der Deutschen Demokratischen Republik

Bereit zur Arbeit und zur Verteidigung der Heimat

Name Schöbel Vorname Frank-Lothar
Geb. am 11. 12. 42 Beruf Mechaniker
Anschrift Leipzig C1, Tschaikowski-straße 23 a
BSG/SG SC Rotation (Radsport-Bahn)

Ich verpflichte mich, bei der Erfüllung der einzelnen Bedingungen den Prüfern meinen Personalausweis zum Vergleich der Personalangaben mit vorzulegen

Eigenhändige Unterschrift des Bewerbers

Ärztl. Untersuchung: Gegen den Erwerb des Sportabzeichens bestehen ärztlicherseits keine Bedenken

Berufsschule Metall I
Leipzig W 33

Datum 5. 2. 61

Unterschrift und Stempel des Arztes

Theoretische Prüfung Datum 5. 3. 61	**Pflichtübung Schwimmen** Datum 5. 3. 61
Prüfer u. Nr. Hermus L 14365	Prüfer u. Nr. Hermus L 14365
Prüfer u. Nr. Selle L 14790	Prüfer u. Nr. Selle L 14790
Bewerber	Bewerber

Best.-Nr. 27/11 VEB VLV Osterwieck Ag 305/59 DDR 900000 359 III 18 188

Ich hatte eine höllische Angst, in den Kurven mit jemandem zusammenzustoßen und hinzufliegen; du reißt dir wirklich den ganzen Bast ab. Aus diesem Grund rasieren sich die Bahnradfahrer immer die Beine. Ich machte das ein einziges Mal. Ich habe so viele Haare an den Beinen, daß ich es lieber sein ließ. Ich nahm auch an Ausscheidungsrennen teil. Aus lauter Angst, vorne im Pulk mitzufahren und zu stürzen, blieb ich hinten, überstand ein paar Sprints und flog dann raus. Kostete zuviel Kraft. Nur im 200-Meter-Sprint war ich ziemlich gut.

Für das Sportabzeichen mußte man eine theoretische Prüfung machen und bestimmte Leistungen vorweisen. Ich habe eine Pflichtübung im Schwimmen gemacht, dann einen Marsch von 5 Kilometern, einen Hindernislauf in einer Minute fünfzehn – ich schätze, das werden 400 Meter gewesen sein. Im Schießen hatte ich 32 Ringe. Klettern – Stange, ist klar –, einhundert Meter bin ich in 12,4 gelaufen, neja. Im Pferdsprung bekam ich 9,5 Punkte, am Barren ebenfalls. Die Keule warf ich 48 Meter, und im Radfahren fuhr ich die 36 Kilometer in einer Stunde. Das reichte fürs goldene Sportleistungsabzeichen.

Außer Sport – und zu diesem Zeitpunkt wirklich nur nebenbei – gab es die Musik.

Herzklopfen kostenlos

Am 29. März 1960 fand im Leipziger Ringcafé ein »Treffen Junger Talente« statt. Ich durfte auftreten, war aufgeregt, wie sich das gehört, und bekam das Prädikat »sehr gut« in der Darbietung Schlagergesang.

Der Vorstand der Jury war Professor P. Schenk, er schrieb »An den Freund Lothar Schöbel«. Eine Einla-

URKUNDE

Lothar Schöbel

beteiligte sich am 29. März 1960
an dem vom Wohnbezirksausschuß 4
(Leipzig-Süd) der Nationalen Front
im HO Ring-Cafe durchgeführten

„Treffen junger Talente"

mit der Darbietung Schlagergesang
die Jury bewertet diese Leistung mit dem

Prädikat „sehr gut"

Manfred Brückner
(Vors. d. Jugendkommission)

Prof. P. Schenk
(Vors. d. Jury)

dung für den 15. April 1960, da »findet im Ringcafé, Kulturraum, hinterer Wirtschaftseingang, um 10.00 Uhr die Auswertung unseres Treffen Junger Talente statt«. Ich staune. Wenn es heute überhaupt noch ein Treffen Junger Talente gibt, wer nimmt sich noch die Zeit für gemeinsame Auswertungen? »Wir bitten um Erscheinen«, steht hier, »jede Darbietung wird vom Vorsitzenden der Kommission, Herrn Prof. Schenk, unter besonderer Berücksichtigung der Weiterentwicklung eingeschätzt. Die von der Jury ermittelten Leistungen werden mit einer Urkunde ausgezeichnet und für die Teilnahme am Stadtausscheid in Leipzig gemeldet. Wir danken für Ihre Mitarbeit und wünschen Ihnen weitere Erfolge.« Und das alles handgeschrieben!

Ein Brief, von Mitte März 1960: »Das Bezirkskomitee der ›Treffen Junger Talente‹ führt eine Beratung zur Vorbereitung der ›Bezirksausscheide der Treffen Junger Talente‹ durch.« Das war durchorganisiert fast wie beim Sport! »An dieser Beratung nehmen erstmalig alle Mitglieder der Bezirksjurys auf allen Gebieten teil. Bekannte Persönlichkeiten, hervorragende Fachkräfte, Künstler und Arbeiter aus den Bezirken. Um Ihnen bereits jetzt einen Überblick über die bereits vorhandenen guten Talente zu geben, beschloß das Bezirkskomitee, zu Beginn dieser Beratung einige der besten Jungen Talente unseres Bezirkes auf verschiedenen Gebieten vorzustellen. Aufgrund Deiner Darbietung bei der Vorauswahl des Deutschen Fernsehfunks für die Sendung ›Herzklopfen kostenlos‹ entschied sich das Bezirkskomitee, Deine Darbietung vor den Mitgliedern der Bezirksfachjury als gutes Beispiel zeigen zu lassen. Wir bitten Dich also, am Freitag um 8.45 Uhr ...«, mein Gott, so früh kann doch kein Mensch singen, »... im Bezirksklub Georg-Schumann-Straße in Leipzig zu erscheinen. Wir bitten Dich, dieses Schreiben dem Betrieb oder Deiner Schule, Deiner Institution vorzulegen und Dich in dieser Zeit unter Weiterzahlung Deines Lohnes von der Arbeit zu befreien. Sofort nach Deiner Darbietung kannst Du die Rückreise wieder antreten. Ein Begleiter wird von uns gestellt. Wir hoffen, daß Du unserer Einladung Folge leistest und wünschen Dir für Deine weitere Arbeit viel Erfolg. Mit freundschaftlichen Grüßen.«

Kiek mal, nicht mit sozialistischen, so was gab's da noch.

Ja, ich hatte für die Sendung »Herzklopfen kostenlos« vorgesungen und jubelte, als ich ein Schreiben kriegte:

Deutscher Fernsehfunk   Berlin, den 19.3.1960
Redaktion Unterhaltung

Berlin-Adlershof Rudower Chaussee 116
Tel.: 64 20 21/App. 360

Betr: Sendung "Herzklopfen kostenlos" in Leipzig

Unter den mehr als 250 Bewerbern des Bezirkes Leipzig sind Sie mit Ihrer Darbietung in die engere Wahl für die Sendung gekommen. Es erweist sich als notwendig, am Sonntag, dem 3.4.1960, in der Zeit von 9.00 bis 17.00 Uhr, Endausscheide durchzuführen.

Bitte, richten Sie sich so ein, daß Sie innerhalb dieses genannten Zeitraumes uns für 2 Stunden nach Ihrer beliebigen Wahl zur Verfügung stehen. Der Endausscheid wird wiederum im Funkhaus Leipzig durchgeführt.

Bringen Sie bitte hierzu Ihre Fahrkarte mit, damit wir die Fahrgelderstattung regeln können.

Mit freundlichen Grüssen,

Deutscher Fernsehfunk
Redaktion Unterhaltung

Zwanzig Pfennig Rückerstattung, nicht schlecht!

Am 10. April meldete sich die Redaktion »Herzklopfen kostenlos«: »Ich kann Ihnen unseren Entschluß mitteilen, Sie in unserer Sendereihe ›Herzklopfen kostenlos‹ aufgrund Ihrer guten Leistungen im Vorausscheid mitwirken zu lassen. Ihre Mitwirkung soll in der Sendung am 24. April 1960, um 11.00 Uhr, in Leipzig erfolgen. Art Ihres Liedes ...«, da steht einfach nur: »Lied«. – »Alle näheren Einzelheiten ersehen Sie aus der Beilage. Die Sendung wird am 24. April, 11.00 Uhr, aus dem HO-Warenhaus Leipzig live übertragen. Hierzu sind entsprechende Kameraproben notwendig, die am 22. und 23. ganztägig durchgeführt werden.«

Wir trafen uns dann im Hotel »Astoria«. Und wieder war an alles gedacht: »Sollten sich für die Freistellung von der Arbeit in Ihrem Betrieb Schwierigkeiten ergeben, bitte ich um sofortige telegrafische Benachrichtigung unter Angabe von: Name Ihres Betriebes, Name Ihres Werkdirektors, Anschrift Ihres Betriebes, Name des Sekretärs der SED-Parteiorganistion Ihres Betriebes. Sollten Sie Lohnausfall durch die Mitwirkung an der Sendung haben, so bringen Sie bitte eine entsprechende Bescheinigung Ihrer Lohnstelle mit, aus der die Höhe der Ausfallsumme ersichtlich ist. Die Fahrkarten Ihrer Anreise geben Sie bitte nicht am Bahnhof ab, sondern bringen Sie mit. Denken Sie auch bitte bei der Auswahl Ihrer Auftrittskleidung an unsere bereits besprochenen Hinweise.

Keine ausgesprochen schwarzen Anzüge oder Kleider, keine blendendweißen Oberhemden oder Kleider. Leicht getönte Kleidung bevorzugen.« Ein Glück, Mutti hatte mir ’ne schöne grüne Weste genäht. »Ein Hinweis noch für unsere Damen: Lassen Sie sich auf keinen Fall noch vor der Anreise Dauerwelle legen. Überlassen Sie die Entscheidung, Ihr Haar zu tragen, unbedingt unserer Maskenbildnerin. Bitte kommen Sie mit gewaschenem und leicht gelegtem Haar.« Ist das nicht klasse? Mit leicht gelegtem Haar ... Ich lach mich tot. »Sie sind während der ganzen Zeit in Leipzig in jeder Hinsicht Gäste des Deutschen Fernsehfunks. Weiterhin behält sich der Deutsche Fernsehfunk vor, Ihnen für besondere Leistungen Anerkennungshonorare zu zahlen. Die Entscheidung, ob Sie in der großen Abschlußsendung dieser Sendereihe mitwirken, liegt in den Händen der Jury, die der Deutsche Fernsehfunk zur Sendung bestellt.«

Soweit zum organisatorischen Teil der Sendung.

Zum Inhaltlichen sagte man mir: »Dein Lied ist okay.« Bin ja schließlich dafür ausgesucht worden, aber

denkste. »Wir müssen noch eine Kleinigkeit ändern.«

Hm, dachte ich, was ist denn nun los? Mein Lied, mit Gitarre gesungen, ging jedenfalls so:

»Ein armer alter Kutscher fuhr durchs Städtchen.
Sieht hier und da viele nette, hübsche Mädchen.
Überholt ihn auf seiner Fahrt ein schneller Wagen,
hört man den Kutscher dann zu seinem Pferde
sagen:
›Früher fuhr man alles noch zu Pferde.
Heute rast man mit dem Flugzeug um die Erde.
Mein Pferd, was hat das nur für'n Sinn.
Ich fahr mit dir, weil ich ein alter Kutscher bin.‹«

Und dann: »Hehjo, hej, hehjo ho, ein armer alter Kutscher fährt durchs Land. Hehjo, hej, hehjo ho. Sein Wagen rollt die Straße entlang.« So weit, so gut. Nun waren wir ja schon im Jahr 1960. Die DDR hatte Erfolge, wir wollten 61 den Westen überholen, wie, wußte keiner, aber wir wollten vorbei. Und ich singe von einem alten, armen Kutscher. Das konnte nicht sein. Im März 1960 wird die Vollkollektivierung der Landwirtschaft durchgepeitscht, Brigaden, gebildet aus Mitarbeitern von Gerichten, der VP, Stasi und Industriearbeitern, schwärmen aus, um die Bauern zu »überzeugen«, ihr Land abzugeben. Viele reagieren nach der Devise, schließ die Tür ab und laß den Hund raus. Oder: Bevor ich in die Elbe geh, geh ich in die LPG. Und doch werden nach und nach die Bauern zum Beitritt bewegt. Innerhalb weniger Wochen steigt der Anteil des LPG-Landes von 40,2 auf 84,2 Prozent. Die Folgen: die Erträge sinken dramatisch, viele Bauern fliehen. Und da singe ich von einem alten Pferdekutscher?

»Frank-Lothar, du mußt dein Lied ändern«, meinte der Genosse Musikredakteur. – »Das kann ich nicht, ich

kann es nur so, wie es geht.« Aber nein, es mußte wie folgt weitergehen:

»Doch, gerade als er das zum Pferd gesagt,
kam ein Traktor um die Ecke gejagt.
Er treibt sein Pferd schnell an,
doch es bleibt stehn.
Er kann den Traktor nur von hinten sehn.«

Und der Junge, ganz vorn am Steuerrad
dreht sich herum und nimmt die Mütze ab

lachend grüßt er, hebt die Hand und hupt
dann winkt er seinem alten Vater zu ...

Jedenfalls hatte der Fortschritt den alten Vater überholt, es war alles wieder im Lot, und ich Idiot habe das auch noch gesungen. Das muß ich so nett gemacht haben, daß keiner merkte, was für ein Müll das war.

Später galt für mich natürlich meine erste Fassung, also ohne Traktor. Ehrlich gesagt, ich schämte mich, weil ich mich überreden ließ.

Unter den ersten fünf reicht nicht

Mit Tempo ging es weiter, gleich mit einer Veranstaltung, die in die Welt führte, also zumindest von Leipzig weg, nach Delitzsch, ein paar Kilometer vor Leipzigs Tore. Konkret ins Kulturhaus RTS in Döbernitz, am 21. Mai 1960. Es war das »Treffen Junger Talente«, der Bezirksausscheid. »Die An- und Abreise erfolgt mit dem Zug, Du erhältst die Reisekosten sofort zurückerstattet. Außerdem erhältst Du ein Mittag- und ein Abendessen kostenlos. Die Auswertung erfolgt noch am gleichen Tag in Form einer Aussprache mit der Fachjury.« Auch hier nahm man die Sache ernst! »Solltest Du unter den Besten dieses Ausscheids sein, so trittst Du am Abend noch einmal in einer Abschlußveranstaltung auf, wo diejenigen Jungen Talente vorgestellt werden, die zum Zentralen Ausscheid unserer Republik delegiert werden.« Das, glaube ich, habe ich dann nicht geschafft.

1960, am 10. August, heiratete mein Bruder, und zwar in Westberlin, in der Nähe der Gedächtniskirche. Wir feierten in einem Lokal, den »Rheinischen Winzerstuben«. Ich weiß, daß alle rauchten, was ich fürch-

terlich fand, aber da ich meine Banane kriegte, war ich zufrieden! Und tief beeindruckt, als abends, gegen zehn, ein Regen losging, ja, in der Gaststätte, stell Dir vor, natürlich nicht im ganzen Raum, sondern vor einer großen, dekorierten Wand. Soetwas hatte ich noch nie gesehen. Im Nu war saubere Luft. Der Westen aber ooch wieder!

Wir waren für ein paar Tage in Berlin, wohnten im Ostteil der Stadt und fuhren jeden Tag mit der S-Bahn rüber. Das war schon merkwürdig. Da war die Grenze, und man konnte einfach so ... Gelegentlich wurde kontrolliert, ob man irgendwelche Waren mit sich führte, aber das war auch alles.

Ebenfalls im Sommer 60 fuhr ich mit meinem Fahrrad an die Ostsee, zunächst von Leipzig nach Potsdam, dort stieg ich in die S-Bahn, in Oranienburg wieder raus, rauf aufs Rad und hoch bis Trassenheide auf Usedom. Und zurück »in einem Hieb«.

Am Sachsenring, dem 8,3 Kilometer langen Kurs, gab es ein Radrennen, bei dem es um das Rad von Täve Schur ging. Er stiftete es für den Gewinner. Das wollte ich natürlich unbedingt haben, kannst Du Dir ja denken! In der Lehrstätte bekam ich nur frei, wenn ich einen Bericht darüber schreiben würde. Okay, mach ich.

Ich fuhr am Vorabend mit dem Rad von Leipzig bis in die Nähe des Sachsenrings, übernachtete in einer Jugendherberge mit vielen Sportfreunden, die am nächsten Tag auch alle am Rennen teilnehmen wollten.

Als ich früh runterkam und mein Rad nehmen wollte, fehlte das Vorderrad. Ich guckte überall, das kann doch nicht sein, ich war doch gestern noch mit Vorderrad gekommen. Zack, da hatte sich wohl einer bedient.

Tja, was machst du in so ’nem Fall? Du fährst zum Radrennen, dann klaut man dir das Vorderrad, wie sollst du auf die schnelle ein neues besorgen? Es war

Sonntagmorgen! Also habe ich mir kurzentschlossen ein anderes Vorderrad »genommen«. Nach dem Prinzip, wer zuletzt aufsteht, den bestraft das Vorderrad!

Gestartet wurde in drei Läufen, drei Rundfahrten – so viele Teilnehmer waren es. Die ersten zehn würden sich für den Endausscheid plazieren. Beim ersten Start kam ich unter die ersten fünf, immerhin, aber eben nicht ganz vorn. Ich merkte, daß ich den Pattberg, der – glaube ich – über zwölf Prozent Steigung hat, nicht richtig eingeschätzt hatte. Ich mußte sogar vom Rad absteigen, bin gerannt, verlor den Anschluß, doch bei der langen Abfahrt konnte ich wieder ranfahren. Im Endspurt fehlte mir dann die Kraft. Im Entscheidungslauf das gleiche Spiel. Vorne zu sein reicht nicht, man muß der Erste sein.

In meinem Bericht in der Lehrwerkstatt sagte ich: »Und dann gab es eine Steigung mit zwölf Prozent Gefälle.« Alle lachten, ich kapierte nichts, dann war es mir vor der Gruppe ein bißchen peinlich, und zum Schluß habe ich sicherheitshalber mitgelacht.

Vorsingen bei AMIGA

Am 20. Dezember 1960 erhielt ich vom Rat des Bezirkes Leipzig, Volksbildung, Hauptredaktion Berufsausbildung, ein Schreiben, in dem stand: »Wir haben uns sehr gefreut, daß Sie sich als junges Talent und Medaillenträger im ›Republikausscheid der Jungen Talente‹ bereit erklärten, vor den landwirtschaftlichen Lehrlingen des VEG Cacvertitz (Kreis Oschatz) und des VEG Hohenprießnitz (Kreis Eilenburg) aufzutreten.« Selbstverständlich war ich bereit dazu, denn einen Auftritt im Friedrichstadtpalast bot mir ja niemand an! »Leider mußten wir Ihnen aus technisch-organisatori-

schen Gründen kurzfristig absagen und bitten Sie deshalb um Entschuldigung. Die Leitung der beiden Betriebsberufsschulen vereinbaren nunmehr, daß das Landjugendtreffen am 21. Januar 61 stattfindet. Die Beförderung erfolgt in einem kleinen Reisebus.« Guck an, nicht mit dem Zug, es wird schon besser. »Mit der Rückreise ist gegen 19 und 20 Uhr zu rechnen.« Und schließlich mußte ich noch die Erlaubnis meiner Mutter vorlegen, die sie natürlich erteilte, wie sie mich überhaupt in jeder Beziehung unterstütze. Damals war sie »mein kleiner Manager«.

Später schrieb sie in ihr Tagebuch: »Frank-Lothar sang einige Jahre in meinem Studio mit. Wir machten viele Querschnitte, ›Gräfin Maritza‹, ›Blume von Hawaii‹ und fast in jedem Programm ›Untern Linden‹. Oft sang Lothar auch ›Und dann schleich ich still und leise immer an der Wand lang‹. Ich seh ihn noch heute ganz vorn an der Bühnenkante entlanglaufen. Man glaubte immer, er würde unten landen. Nein, er schaffte es mit viel Humor und mit noch mehr Applaus.«

Mutti war unheimlich stolz auf mich, sagte mir auch oft, wenn Vater noch da wäre, dann hätten wir vier, mein Bruder, Vater, sie und ich, singen können. Aber soviel Glück sollte wohl doch nicht sein.

In der Ausbildung lief es ganz gut. In meinem Lehrvertrag vom 1. September 59 war nicht nur die Höhe des Lehrgeldes festgehalten – im ersten Lehrhalbjahr erhielten wir achtzig Mark, im zweiten fünfundachtzig, im dritten fünfundneunzig, dann hundertfünf bis hundertfünfzehn Mark –, sondern auch eine Verpflichtung des Betriebes. In Paragraph 3 stand: »Der Betrieb verpflichtet sich, dem Lehrling die Möglichkeit zu bieten, die Kenntnisse und Fertigkeiten des in Paragraph 1 genannten Berufes – also des Mechanikers – zu erwerben und ihm außerhalb des Unterrichts Gelegenheit zu geben, sein Fachwissen und seine Allgemeinbildung zu

erweitern und sich kulturell und sportlich zu betätigen.«

Als 61 die »Frühlingspalette der Berufsschulen« in Leipzig stattfand, durfte ich dabei sein und erhielt eine Urkunde. Oben, in der rechten Ecke, stand: »Singt das Lied vom Sozialismus«. Genau das hab ich nicht gemacht. Meine Lieder drehten sich um solche Dinge wie: »Ich kenne die Gabi, die Susi, die Hella und alle, sie find ich so schick und modern, wenn ich sie so sehe, frühmorgens, am Abend, ich hab sie im Wipp-Wapp-Rock gern.«

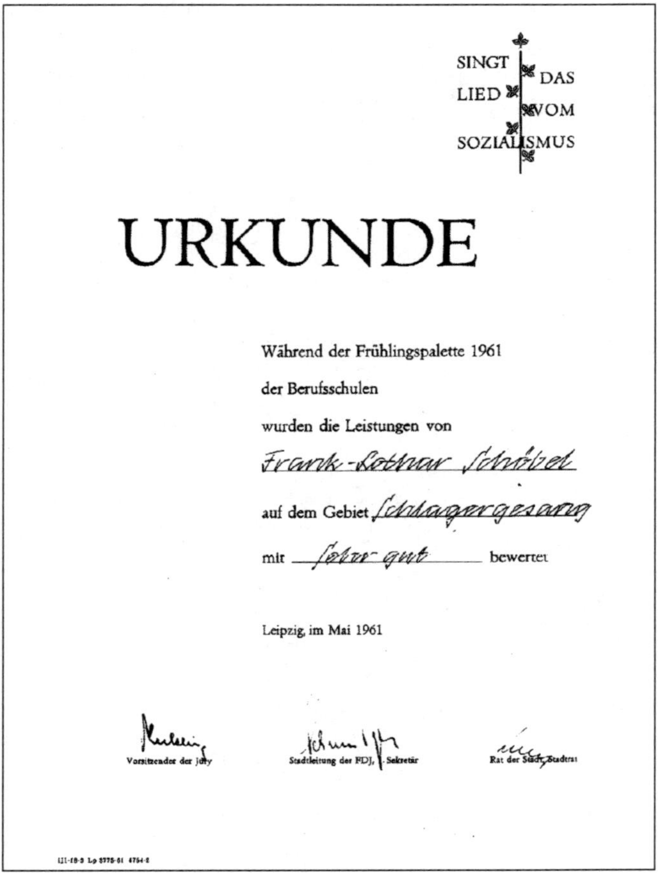
SINGT DAS LIED VOM SOZIALISMUS

URKUNDE

Während der Frühlingspalette 1961

der Berufsschulen

wurden die Leistungen von

Frank-Lothar Schöbel

auf dem Gebiet Schlagergesang

mit sehr gut bewertet

Leipzig, im Mai 1961

Vorsitzender der Jury — Stadtleitung der FDJ, 1. Sekretär — Rat der Stadt, Stadtrat

III-18-3 Lp 3775-61 4754-2

Sang ich bei der Volkssolidarität, bekam ich Aufbaumarken. Die gab es für gesellschaftliche Einsätze. Dabei hab ich einfach nur für die alten Leute gesungen, weiter nichts, und empfand es als die normalste Sache der Welt. Unnormal fand ich die FDJ-Aktion gegen NATO-Sender. Jugendliche stiegen tatsächlich auf Dächer und brachen entweder die Antennen ab oder richteten sie gen Osten aus. Eine Frechheit. Diskutieren war nicht drin. An solchen Stellen hab ich dann nur den Kopp runtergemacht und gar nichts mehr gesagt.

Im Februar 62 wurde ich zu einer Schallplattenaufnahme in das AMIGA-Studio eingeladen. Vorausgegangen war, daß mein guter Onkel Herbert sich wieder mal meiner angenommen hatte. Er lud den Pianisten Günther Oppenheimer in seine heiligen Hallen in

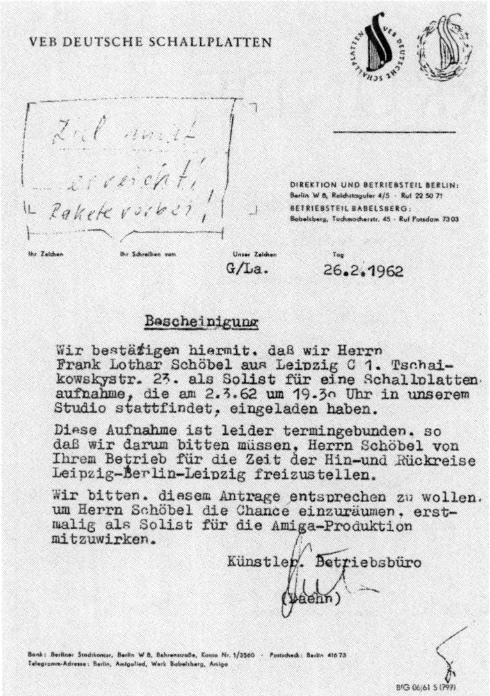
VEB DEUTSCHE SCHALLPLATTEN

Ziel [illegible] erreicht! Rakete vorbei!

DIREKTION UND BETRIEBSTEIL BERLIN:
Berlin W 8, Reichstagufer 4/5 · Ruf 22 50 71
BETRIEBSTEIL BABELSBERG:
Babelsberg, Tuchmacherstr. 45 · Ruf Potsdam 7303

Ihr Zeichen | Ihr Schreiben vom | Unser Zeichen G/La. | Tag 26.2.1962

Bescheinigung

Wir bestätigen hiermit, daß wir Herrn Frank Lothar Schöbel aus Leipzig C 1, Tschaikowskystr. 23, als Solist für eine Schallplattenaufnahme, die am 2.3.62 um 19.30 Uhr in unserem Studio stattfindet, eingeladen haben.

Diese Aufnahme ist leider termingebunden, so daß wir darum bitten müssen, Herrn Schöbel von Ihrem Betrieb für die Zeit der Hin-und Rückreise Leipzig-Berlin-Leipzig freizustellen.

Wir bitten, diesem Antrage entsprechen zu wollen, um Herrn Schöbel die Chance einzuräumen, erstmalig als Solist für die Amiga-Produktion mitzuwirken.

Künstler. Betriebsbüro

(Jaehn)

Bank: Berliner Stadtkontor, Berlin W 8, Behrenstraße, Konto Nr. 1/3560 · Postscheck: Berlin 41673
Telegramm-Adresse: Berlin, Amigalied, Werk Babelsberg, Amiga

BfG 06/61 5 (797)

Musik: Frank Schöbel
Text: Frank Schöbel

AUF DEM WEG ZU EUCH

IN DER ZEIT DES ROCK'N ROLL
SPÜRTE ICH ES STARK IN MIR
WOLLTE WAS GANZ GROSSES WERDEN
EIN MÄDCHEN GAB'S – ICH WAR OFT BEI IHR
FUSSBALL, RADSPORT, SHOWGESCHÄFT
IRGENDWIE MUSS ES DOCH GEHN
WUSSTE, ICH WÜRDE ALLES GEBEN
WENN ICH'S SCHAFFE – AH – DAS WÄR SCHÖN

DOCH DER WEG ZU EUCH
WAR MANCHMAL SCHWER UND WEIT
ZWISCHEN HOCH UND TIEF BLIEB OFT
ZUM LEBEN ZU WENIG ZEIT
AUF DEM WEG ZU EUCH
ZÄHLT JEDER AUGENBLICK
HATT ICH VOR ALLEM VIELE FREUNDE
UND EIN BISSCHEN GLÜCK

KOFFER, KLAMPFE UND VERSTÄRKER
SO GEHT ES FRÜH AUF TOUR
NOCH MAL KURZ ZUM ABSCHIED WINKEN
ALLES KLAR UND AB IN DIE SPUR
PROBEN - ZWEIMAL VOLLES PROGRAMM
GEGEN MORGEN MÜDE NACH HAUS
JEMAND RUFT – DER ZUR ARBEIT GEHT
DU HAST'S GUT FRÄNKI – ALTE MAUS

DOCH DER WEG ZU EUCH
WAR MANCHMAL SCHWER UND WEIT
ZWISCHEN HOCH UND TIEF BLIEB OFT
ZUM LEBEN ZU WENIG ZEIT
AUF DEM WEG ZU EUCH
ZÄHLT JEDER AUGENBLICK
HATT ICH VOR ALLEM VIELE FREUNDE
UND EIN BISSCHEN GLÜCK

die Hüfferstraße in Leipzig ein. Der probte mit mir »Smoke Get's In Your Eyes«, »White Christmas« und andere, ziemlich schwere Frankie-Boy-Lieder. In Berlin sollte ich dann die Lieder dem erlauchten Kreis um Wolfgang Kähne, dem Chef von AMIGA, Gerd Natschinski und Co. vorsingen. Ehe es dazu kam, mäkelte man gleich an meinem Namen rum. »Frank-Lothar geht überhaupt nicht. Sie sollten sich Frank Lotharsen nennen!«

Nach dem Vorsingen sagte einer der Herrn zu mir: »Ihr Geld möchte ich haben.« Ich verstand überhaupt nichts, wollte wissen, wie 's war. Das sagte mir keiner. Es sollte heißen: »Aus Ihnen wird mal was!«

Der Chef schrieb für mich dann gleich den Titel »Wenn die Liebe nicht wär«. Ein Walzer, ähnlich dem »Bist du einsam heut nacht«. Ich kann so was heute noch nicht besonders gut singen. Damals versuchte ich es zweimal und schaffte es nicht. Vielleicht besser so. Es paßte nicht zu mir. Als später ein Mundharmonikaspieler das Lied spielte und es die B- Seite von einem großen Hit wurde, kam der Komponist doch noch an sein Geld.

Da die Sache mit AMIGA nicht klappte, brauchte ich mich zum Glück auch nicht Frank Lotharsen zu nennen, was ich sowieso nicht gemacht hätte. Ab sofort ließ ich Lothar einfach weg.

Eine Konkurrenzsituation in der Musikbranche gab es nicht. Als Gegenpol zur einzigen Plattenfirma konnte man bestenfalls den Rundfunk ansehen. AMIGA brauchte viel zu lange, um die Platten rauszubringen. Beim Rundfunk war man flexibler.

Der AMIGA-Chef sagte zwar: »Wenn Sie mal groß rauskommen, dann bei uns«, aber es sollte anders laufen.

Start ohne Berufsausweis

Die Facharbeiterprüfungen nahten. Mein altes, bewährtes Prinzip, kurz vorher richtig ranzuklotzen, aufzupassen und mich in wenigen, dafür aber 24-Stunden-Schichten gut vorzubereiten, funktionierte. In mündlicher Prüfung, Bericht und Hausarbeit bekam ich Zweien, in Selbständigkeit und Güte der Arbeit sogar eine Eins, also lag ich ziemlich gut.

Parallel lief natürlich meine Musik. Ich wollte weitersingen, wollte meinen Berufsausweis machen, das heißt, ich mußte ihn machen, sonst hätte ich irgendwann nicht mehr auftreten dürfen.

In einem Schreiben vom 11.1.1962 ist zu lesen. »Sehr geehrter Herr Schöbel, wir haben Ihren Antrag auf Ausstellung eines Berufsausweises erhalten und Sie für die Qualifikationsprüfung im Juni vorgemerkt. Sollten wir jedoch durch Ausfall anderer Prüflinge Ende Februar noch eine Prüfungsmöglichkeit haben, so werden wir Sie, falls Sie damit einverstanden sind, gerne noch kurzfristig einladen.« So schrieb der Vorsitzende der Prüfungskommission, Roland Weise und legte mir über die Modalitäten für den Qualifikationsnachweis ein Merkblatt bei.

Vom Rat des Bezirkes Leipzig, Abteilung Kultur, Herrn Harkental, bekam ich zwischenzeitlich eine Auftrittserlaubnis »aufgrund von § 2, Ziffer, Anordnung vom 5. Juni – für die Ausstellung von Berufsausweisen für die Artistik und Kleinkunst – wird Frank-Lothar ... Leipzig ... wohnhaft ... Personalausweis die Auftrittserlaubnis als Schlagersänger erteilt. Befristet bis zum 30.6.1962.«

Im Juni machte ich meine Prüfung, fiel durch und fand das völlig korrekt. Ich war nicht gut.

Vorher aber, am 2. März 1962, schloß ich einen Ar-

beitsvertrag mit dem VEB Repro-Technik. Ich stand im Leistungslohn und bekam in der Stunde 1,51 Mark. Am 12.3. habe ich bereits gekündigt. Aber so glatt und einfach lief diese Geschichte nicht, ich konnte nicht ohne weiteres wegen der Singerei kündigen. Mir war doch klar, ich hatte eine teure Ausbildung gemacht und sagte nun: Dankeschön, ich bin jetzt Mechaniker, und mein Betrieb kann mich mal.

Also mußte ich es mit »kulturpolitischen Aufgaben« begründen, und so schrieb ich: »Nach erfolgter Erteilung der Auftrittsgenehmigung als Sänger durch den Rat des Bezirkes ist es mein Wunsch, mich in diesem Beruf weiterzuqualifizieren, um dadurch mitzuhelfen, die vor uns liegenden kulturpolitischen Aufgaben mit meinen besten Kräften zu lösen. Ich beabsichtige, engen Kontakt mit meinem Lehrbetrieb zu halten«, was ich auf jeden Fall wollte.

Am 1. April 1962 fing ich beim Tanzorchester der Sonderklasse »Heinz Müller« im Haus Leipzig an, dort hatte ich vorgesungen und wurde angenommen. Mutti freute sich noch mehr als ich.

Plötzlich betrug mein Stundenlohn 5,10 Mark!

Wir spielten zum Tanz, etwa von 19 Uhr bis Mitternacht, und manchmal, an Sonnabenden bis 1 Uhr. Drei Titel in jeder Runde, dann fünf, sieben oder auch zehn Minuten Pause.

Der »Laden« war meist voll, die Leute gingen noch zum Tanzen. Für mich war es ein schönes Gefühl, ich konnte mich freisingen, wurde nur manchmal angeguckt von den Tanzenden. Man stand nicht total im Rampenlicht, nicht alle blickten ununterbrochen auf einen. Hier hatte man ein paar Freiheiten, konnte einige Mätzchen ausprobieren, mit der Band gemeinsam musizieren, auf die Musiker hören.

Anfangs bestand mein Repertoire aus etwa 20 Titeln, darunter ein Blues. Die Druckarrangements kamen

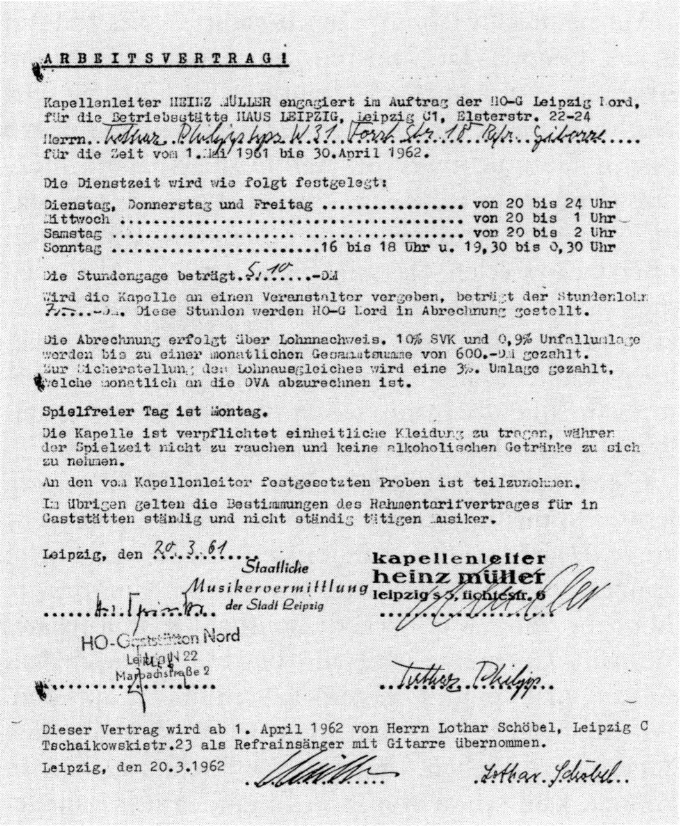

ARBEITSVERTRAG!

Kapellenleiter HEINZ MÜLLER engagiert im Auftrag der HO-G Leipzig Nord, für die Betriebsstätte HAUS LEIPZIG, Leipzig C1, Elsterstr. 22-24
Herrn. Lothar Philipp Lpz. W 31 Forststr. 18 Refr. Gitarre
für die Zeit vom 1. Mai 1961 bis 30. April 1962.

Die Dienstzeit wird wie folgt festgelegt:

Dienstag, Donnerstag und Freitag .... von 20 bis 24 Uhr
Mittwoch .... von 20 bis 1 Uhr
Samstag .... von 20 bis 2 Uhr
Sonntag .... 16 bis 18 Uhr u. 19,30 bis 0,30 Uhr

Die Stundengage beträgt 5,10 -DM

Wird die Kapelle an einen Veranstalter vergeben, beträgt der Stundenlohn 7,- -DM. Diese Stunden werden HO-G Nord in Abrechnung gestellt.

Die Abrechnung erfolgt über Lohnnachweis. 10% SVK und 0,9% Unfallumlage werden bis zu einer monatlichen Gesamtsumme von 600.-DM gezahlt. Zur Sicherstellung des Lohnausgleiches wird eine 3%. Umlage gezahlt, welche monatlich an die DVA abzurechnen ist.

Spielfreier Tag ist Montag.

Die Kapelle ist verpflichtet einheitliche Kleidung zu tragen, währen der Spielzeit nicht zu rauchen und keine alkoholischen Getränke zu sich zu nehmen.

An den vom Kapellenleiter festgesetzten Proben ist teilzunehmen.

Im übrigen gelten die Bestimmungen des Rahmentarifvertrages für in Gaststätten ständig und nicht ständig tätigen Musiker.

Leipzig, den 20.3.61

Staatliche Musikervermittlung der Stadt Leipzig

kapellenleiter heinz müller leipzig S 3, fichtestr. 6

HO-Gaststätten Nord Leipzig N 22 Marbachstraße 2

Lothar Philipp

Dieser Vertrag wird ab 1. April 1962 von Herrn Lothar Schöbel, Leipzig C Tschaikowskistr.23 als Refrainsänger mit Gitarre übernommen.

Leipzig, den 20.3.1962

Lothar Schöbel

über den Verlag »Lied der Zeit« oder den Harth-Musik-Verlag, das Repertoire wurde ständig aktualisiert und erweitert. Vorher machten wir »Löffelmusik«, das heißt etwa eine dreiviertel Stunde schöne Lieder von Bochmann oder so. Ich versuchte, Gitarre zu spielen und durfte ab und zu mitschrubben. Nebenbei baute ich mir einen kleinen Lautsprecher, der aussah wie ein Vogelkasten mit einem Loch drin, schraubte vier schräge Beine rein und kaufte mir – für mich war das viel, sehr viel Geld damals – für 300 Mark einen Reißmann-Verstärker. Voll aufgedreht, wäre ich der Lauteste gewesen. Aber es mußte alles dezent bleiben.

Mit neunzehn Jahren war ich natürlich der Jüngste in der Gruppe. Die anderen kamen mir steinalt vor. Aber alle waren lieb, Vollblutmusiker, die mit viel Nachsicht meine Gitarrenkünste tolerierten, mit denen es weiß Gott nicht weit her war. Deshalb nahm ich Gitarrenunterricht bei einem guten Lehrer. Ich versuchte »Wheels«, das damals sehr bekannt war, und auch »Brazil« zu spielen. Das ging bis zu den 7/9-Akkorden gut ... dann wurde es eng, die Finger naß, und ich war raus. Hinter mir lachte der Pianist, ein versierter Spieler, der zudem zahllose Arrangements geschrieben hatte, lachte und übernahm sofort. Im Saal merkte es keiner, aber vor den Kollegen war es sehr peinlich.

Gleich am Anfang der Spielzeit 62 im Haus Leipzig lernte ich meine Freundin Christine kennen. Sie hatte kurze Haare, schöne Zähne, sie lächelte mich beim Tanzen an – und alles hätte wunderbar sein können. Aber ihr Vater war Bäcker und stand sehr früh auf. Wenn ich Christine nach Hause brachte oder nach dem Auftritt zu ihr ging, so gegen 1 Uhr, mußte er aufstehn. Wir, draußen vor der Tür, und der Vater wollte den Sauerteig anmachen. Ehe ich seine Tochter anmachen konnte, kam schon von ihm ein eindeutiges, langgedehntes »Naaa?!«, und wir mußten uns verabschieden, Küßchen auf die Wange – tschüßchen.

Dann lernte ich Hannelore aus Markneukirchen kennen, die es zufällig ins Haus Leipzig zum Tanzen verschlagen hatte. Sie tanzte, ich spielte, ich sah sie, ich spielte weiter, sie tanzte weiter – na, was denn sonst –, ich sah wieder hin, ich sang, ich spielte – natürlich blieb die Welt nicht stehen, aber so empfanden wir es. Blonde, kurze Haare, strahlendes Lächeln, na klar auch schöne Zähne – sie hatte es mir angetan. Sie war ein freundliches, ruhiges Mädchen. Ich fuhr, so oft es ging, zu ihr nach Markneukirchen, eine ewig lange Bahnfahrt. Ich durfte nie bei ihr übernachten, mußte bei ih-

rer Oma schlafen; ein Bett in einer Dachkammer und eine Schüssel mit kaltem Waschwasser.

Meine Mutter mochte Hannelore sehr. Sie fuhren noch gemeinsam in Urlaub, als es schon zwischen uns aus war.

Beim EWE

Bis August 62 spielte ich in der Band Heinz Müller.

Schon oft war mein Onkel Herbert Küttner Dreh- und Angelpunkt gewesen, wenn es um wichtige Entscheidungen ging. Auch jetzt gab er mir einen guten Tip.

Nach einem ziemlich schweren Autounfall war er in der Ausübung seines Berufs eingeschränkt. Deswegen hatte er Zeit, die erste Show-Konzeption für das neugegründete Tanzorchester des Erich-Weinert-Ensembles zu schreiben.

Das EWE bestand aus einem großen Orchester, einem Chor, einem Kabarett und einer Tanzgruppe, alles unter Obhut der NVA. Nun sollte noch ein Tanzorchester aufgebaut werden. In einer Zeitungsannonce suchte Hauptmann Pickel 17 Musiker. 5 Saxophone, also Bariton, 2 ES-Alt, 2 Tenor-Sax, 4 Trompeten, 4 Posaunen und eine komplette Rhythmusgruppe. Es meldeten sich sehr viele, etwa 120 Bewerber.

Ich sang vor. Genommen wurden am Ende zwei Sänger, die direkt aus dem EWE-Chor kamen, also eine ausgebildete, kräftige Stimme hatten, dazu ein Bratscher aus dem großen Orchester, Siegfried Uhlenbrock, genannt Uhle, und ich, der einzige von »draußen«.

Ich weiß noch, wie ich mit Kurt Demmler, der ebenfalls vorgesungen hatte und später einer unserer großen

Liedermacher wurde, in unserer Unterkunft in Treptow aus dem dritten oder vierten Stock auf den Sportplatz runterguckte. Er war wie ich ein großer Sportfreund und sagte: »Mensch, hier könnten wir viel Fußball spielen, laufen und ...« Er kam aus Markneukirchen. »Mensch«, sagte ich, »da wohnt ja meine Freundin!« Wir plauderten viel und planten, wie wir dann gemeinsam nach Markneukirchen fahren würden ... aber daraus wurde leider nichts.

Ich wurde Zivilangestellter, erhielt am 1.9.1962 einen Arbeitsvertrag und bekam immerhin 810 Mark Brutto. Eigentlich brauchte ich nichts, rauchte nicht, hab nicht getrunken, wurde dort verpflegt, und so konnte ich das ganze Geld meiner Mutter geben.

Im Arbeitsvertrag war zu lesen: »Der Zivilbeschäftigte verpflichtet sich, an Alarmen und Übungen teilzunehmen und dabei Befehle seiner Vorgesetzten auszuführen.« Von nun an ging also alles irgendwie nach Dienstplan. Eigentlich ein bequemes Leben.

Ich war zunächst traurig, Leipzig verlassen zu müssen, dort, wo ich alles kannte, meine Freunde waren ...

In der Anfangsband kamen wirklich gute Musiker zusammen, zum Beispiel am Piano Hans-Georg Schmiedecke, der später »Wie ein Stern« komponierte, Mäckie Gäbler, ein toller Saxophonist. Oberleutnant Günter Löffler war der Kappellenchef. Eine prima Truppe, der ich viel zu verdanken habe und von der ich viel lernte.

Offiziell hieß es über das EWE: »Wir Angehörigen des ›Erich-Weinert-Ensembles‹ der Nationalen Volksarmee haben von der Partei- und Staatsführung den militärpolitischen und kulturpolitischen Auftrag erhalten, als Soldaten des Volkes mit den Mitteln der sozialistischen Ensemblekunst an der Formung sozialistischer Soldatenpersönlichkeiten und militärischer Kampfkollektive mitzuwirken. In jeder Etappe unserer Entwicklung gab uns die Partei der Arbeiterklasse das

Nationale Volksarmee
Erich-Weinert-Ensemble
Postfach 9128

(Dienststelle, Postfach)

O.-U., den 24.09.1962

Arbeitsvertrag

Zwischen S c h ö b e l, Lothar (Name, Vorname) geb. am 11.12.1942 und der obengenannten Dienststelle wird nachstehender Arbeitsvertrag abgeschlossen:

1. Das Arbeitsrechtsverhältnis beginnt mit Wirkung vom 01.09.62 als Sänger
2. Die Vergütung erfolgt auf der Grundlage der tariflichen bzw. kollektivvertraglichen Bestimmungen nach VBV (Tarif) Gruppe -I- und beträgt monatlich DM 81o,-
3. Der Jahresurlaub beträgt 12/12 Werktage.
4. Die Dienststelle verpflichtet sich, dem Zivilbeschäftigten Schöbel, Lothar Arbeitsaufgaben des vereinbarten Arbeitsbereiches zu übertragen, Bedingungen für eine hohe Arbeitsleistung zu schaffen und ihm im Rahmen der gegebenen Möglichkeiten Unterstützung bei seiner weiteren Qualifizierung, die im Interesse seiner Tätigkeit liegt, zu geben.
5. Der Zivilbeschäftigte Schöbel, Lothar verpflichtet sich, die ihm gestellten Arbeitsaufgaben gewissenhaft zu erfüllen, die sozialistische Arbeitsdisziplin und die Arbeitsschutzbestimmungen einzuhalten, das sozialistische Eigentum zu schützen sowie die Regeln der kameradschaftlichen Zusammenarbeit und der gegenseitigen Hilfe zu achten.
6. Der Zivilbeschäftigte Schöbel, Lothar ist verpflichtet, alle Tatsachen und Vorgänge, die ihm im Zusammenhang mit seiner Tätigkeit in der Nationalen Volksarmee bekannt werden, geheimzuhalten. Das gilt auch für die Zeit nach Beendigung des Arbeitsrechtsverhältnisses.
7. Für die Zivilbeschäftigten und die Dienststelle ist die „Ordnung über die Rechte und Pflichten der Zivilbeschäftigten in der Nationalen Volksarmee — Disziplinarordnung —" verbindlich.
8. Alle Änderungen, die sich gegenüber den in den Personalunterlagen gemachten Angaben ergeben, hat der Zivilbeschäftigte Schöbel, Lothar seinem Vorgesetzten schriftlich zu melden.
9. Änderungen dieses Arbeitsvertrages bedürfen entsprechend des § 30 des „Gesetzbuches der Arbeit der Deutschen Demokratischen Republik" der Schriftform.
10. Die Auflösung des Arbeitsvertrages hat schriftlich unter Einhaltung der §§ 31 bis 36 des „Gesetzbuches der Arbeit der Deutschen Demokratischen Republik" zu erfolgen.
Die Kündigungsfrist beträgt 3 ~~xxx~~ Monate
11. Der Zivilbeschäftigte verpflichtet sich an Alarmen und Übungen teilzunehmen und dabei Befehle seiner Vorgesetzten auszuführen.
12. Bei Übernahme als Armeeangehöriger tritt die 3-monatige Kündigungsfrist außer Kraft.

Deutsche Demokratische Republik · Nationale Volksarmee
Dienststelle Berlin-Treptow Postschließfach 9128
(Dienstsiegel [?])

Unterschrift des Kommandeurs

Lothar Schöbel
Unterschrift des Zivilbeschäftigten

NVA - Kr 32 — Ag 117/62 DDR — 547

politisch-künstlerische Rüstzeug und die materielle Basis, damit wir diesen Auftrag in Ehren erfüllen konnten.«

Auf der Bühne sah es ganz anders aus: »Für Gabi tu ich alles.« So einfach ist das. Bestenfalls gab man noch ein Wort von Erich Weinert mit auf den Weg, etwa: »Den Gedanken Licht, den Herzen Feuer, den Fäusten Kraft!«

Die Proben im Ensemble waren intensiv. Früh hatten wir Gesangsunterricht mit Gruppenübungen, Sprecherziehung – Du weißt, diese Übungen mit schlabberndem Mund oder gespitzten Lippen. Eigentlich sieht man ziemlich blöd dabei aus. Wir machten auch Gehörbildung bis hin zum Schauspielunterricht, spielten kleine Szenen. Natürlich auch Proben mit der Band, und Stimmbildung sowieso. Die hatten wir bei Frau Christiane Kluge im Rundfunk. Das war günstig, weil wir dort gleich Aufnahmen machten, zwar nicht mit allerfeinster Technik, aber für eine sofortige Überprüfung war es ausreichend.

Siegfried Uhlenbrock war bereits Unterleutnant und somit Vorgesetzter der Sängergruppe. Ich bin mit ihm bis zum heutigen Tag freundschaftlich verbunden, und wenn wir uns sehen – zwar nicht jedes Jahr, aber wenn es geht aller zwei Jahre –, erzählen wir uns viel von »den alten Zeiten«. Zu unserer kleinen Sängergruppe gehörten außer mir noch Wilbert Schmidt und »Kalle« Bensing. Wir vier machten oft Satzproben – jeder mußte Töne halten, im tiefen Bereich, in der Mitte, ganz oben. Uhle nahm das sehr genau, was uns animierte, hinter seinem Rücken unsere Späßchen zu machen. Eine Ausbildung, die einem vorgesetzt wird, ist das eine; das andere, sich im Leben selbst zu kümmern und in sich die Unruhe zu spüren, es muß was passieren. Mäckie Gäbler schrieb oft bis früh um fünf Arrangements, und ich schaute ihm über die Schulter, und

durfte ihn alles fragen: Was ist das für ein Zeichen? Aha! Was ist das hier? Er erklärte mir alles in Ruhe und mit viel Akribie, ich nahm es auf, schrieb dann aus eigenem Antrieb – und nicht nur mit Lust, denn Notenschreiben macht wirklich keinen Spaß, aber ich wollte es lernen – für mich Noten raus. Es ging soweit, daß ich die Bläser in Chorstimmen umschrieb – das ist nicht ganz leicht, denn die Trompetenstimmen zum Beispiel werden einen Ton höher notiert, die ES-Alt-Stimmen wieder anders, also ist es ziemlich kompliziert, aber ich habe es autodidaktisch geschafft.

Auch Horst Krüger war anfangs in der Band, er war ein sehr guter Drivebassist, der vorher bei Klaus Lenz spielte. Irgendwann, vielleicht nach einem Jahr, merkten die Chefs bei einem Vorspiel, daß Krüger keine Noten kannte, sondern nur nach Gehör spielte. Krüger wurde zum Notenwart deklassiert, und man stellte einen Bassisten ein, der Noten lesen konnte. Zu Horst Krüger braucht man heute nicht viel zu sagen. Er hat riesige Arrangements geschrieben, komponiert und ein eigenes Tonstudio ...

Zum Tanzorchester gehörten auch Sängerinnen, so Lilo Nobst und Arithe Mann (»Kimono aus Tokio«). Auch sie waren Zivilangestellte der Armee.

Unser Regisseur Jochen Thomas – zum ersten Mal hatte ich einen Regisseur – brachte uns bei, wie man auf die Bühne kommen mußte, laufen und sich bewegen sollte. Wir mußten unsere Lieder mehrere Male durchsingen, er griff bei den Bewegungen ein, machte uns lockerer, half einem wirklich in jeder Hinsicht.

Im Programm war auch ein Quodlibet, in dem ich den sogenannten »Beulenfreddi« sang. Bekannte Lieder erhielten neue Texte, und es ging um einen Kraftfahrer bei der Armee, der schließlich im Himmel landete, wozu ihm zwei Flügel auf den Rücken geschnallt wurden.

Wir probten über zweieinhalb Monate, bevor wir auf Tournee gingen.

Als Jochen Thomas uns immer wieder dasselbe üben ließ, ahnten wir, daß er nur die Zeit totschlagen wollte. Deswegen ließ ich mir einen Spaß mit dem Mikrofon einfallen. Das war mit dem Tonwagen verbunden, der vor der Tür stand.

Im Saal saß, alles überwachend, unser lieber Hauptmann Pickel. Ich probte also und »stie-eg im-mer mal mit de-er Stim-me aus«, das hieß, ich sang, ließ weg, sang wieder, klopfte scheinbar ans Mikrofon, es funktionierte ja eigentlich, und gab dem Hauptmann so zu verstehen, daß es wohl ausgefallen sei. Der stürzte sofort hinaus und gab aufgeregt Anweisungen, das Mikrofon zu überprüfen. Das dauerte etwa eine halbe Stunde, »zur Überraschung aller« funktionierte es plötzlich wieder, bis ich erneut einen Wackelkontakt vortäuschte – was der Band wieder eine kleine Raucherpause einbrachte. Ziel erreicht.

Die erste größere Mugge sollte in Eisenach stattfinden.

Wir fuhren mit drei Ikarus-Bussen. Einer mit siebzehn Musikern, der zweite mit den Aufbauten, also dem Bühnenbild, der dritte für die Kostüme, außerdem noch ein Tonwagen. Ein PKW-Wartburg fuhr voraus. Irgendwann hielt uns ein ganz geheimer Verbindungsmann an, wir mußten umdrehen und zurück nach Berlin. Dann ging's in ein Schloß, keine Ahnung, wo das war. Raul Castro, der Oberste des Warschauer Vertrages Gretschko und andere militärische Größen saßen dort in einem Salon. Wir spielten praktisch an der Tür und sangen ihnen was vor. Als das Ganze nach einer dreiviertel Stunde endete, bat man die erlauchten Gäste in ein anderes Zimmer. Sie mußten an uns Musikern vorbei, grüßten freundlich und begaben sich zum Buffet und anschließendem Feuerwerk.

Wir hatten den ganzen Tag nichts gegessen und mußten uns etwas einfallen lassen. Die Sänger wurden losgeschickt: »Du, hol doch mal 'ne Flasche Schnaps, und du sieh doch mal zu, ob in der Küche noch was Brauchbares rumliegt.« Aber der Schnaps war eher da. Und so schluckten die Jungs, halb aus Spaß und halb aus Durst, das Zeug hinter und waren innerhalb von zehn Minuten sternhagelvoll. Die Adjudanten von Armeegeneral Heinz Hoffmann kamen ängstlich angerannt und bettelten: »Reißt euch zusammen, macht bloß keinen Mist, helft nachher dem Marschall Gretschko und den Gästen in die Mäntel.« Und was machten die Musiker, angetütert wie sie waren? Sie zogen die Mäntel selber an, spielten Marschall Gretschko und gaben sich andere hohe Ränge, hej, ich bin der und der und nehm jetzt die Parade ab! – machten große Bambule.

Jemand rief in den Raum: »Wer kann ›Wenn es abend wird‹ auf russisch singen?« Ja, konnte ich. Uhle und ich sangen »Не слышны в саду«, dazu ein Gitarrist, Bassist und Schlagzeuger – und zack, waren wir am Buffet. Die Herren wollten sowieso gehen – und sich ihre Mäntel holen. Dabei trafen sie auf ziemlich fröhliche Musiker.

Armeegeneral Hoffmann griff sich unseren Trompeter, der Zivilangestellter war, klopfte ihm auf die Schulter und wollte in barschem militärischen Ton wissen, was hier los sei. Unser Trompeter wiederum klopfte dem Armeegeneral auf die Schulter und meinte in ganz friedlich: »Mach keinen Scheiß, alles dufte Jungs!« Ein Ton, der bei der Armee tödlich war.

Innerhalb von fünf Minuten mußten alle beschwipsten Musiker in den Bus und ab nach Hause. Es blieb nur eine ganz kleine Kapelle übrig, zu der dank unseres »Abendliedes« auch Uhle und ich gehörten. Unseren Platz am Buffet hielten wir noch eine Weile und

packten uns schließlich ein bißchen Wurst und Käse in die Taschen, die wir später beim Skatspiel auf den Zimmern verteilten.

Wir traten hin und wieder bei größeren Armeegelagen der Obrigkeit auf, waren inzwischen pfiffig, nahmen eine Ledertasche mit und räumten anschließend das reichhaltige Buffet ab, denn es wurde nur genippt, und meist blieb ordentlich was übrig. Ein Kollege, ein Parteigenosse, sah das und meldete es. Der Genosse bekam dann allerdings eine Rüge, weil er nicht eingeschritten war. Ist das nicht toll? Opportunistische Hinterrücksmelder bekamen sozusagen die Strafe auf den ... ja.

Nachts, die einen wollten schlafen, die anderen Skat spielen, ich kriegte die Leute nicht aus meinem Zimmer, es war schon früh um fünf. Da kam ich auf einen Trick. Ich sagte: »Hej, ihr habt doch Schnupfen, stimmt's? Da hab ich was, und zwar vietnamesische Salbe.« Ich schmierte sie ihnen unter ihre Augen, sagte, das wär sehr hilfreich. Sekunden später haben sie geheult, konnten nichts mehr sehen und hörten endlich auf zu spielen.

Das Gegenteil davon erlebte ich während einer Tournee, auf der ich mit dem Posaunisten Flemme und dem Bassisten Linos auf einer Bude war. Beides Leseratten. Als um zwei oder drei Uhr jemand das Licht ausmachen sollte, war keiner bereit aufzustehen – es war ein ziemlich großes Zimmer. Einer kam auf die Idee, die Lampe auszuschießen. Erst flog eine Zigarettenschachtel, dann ein Latsch, ein Stiefel, neja, was so in der Nähe war ... bis es einen lauten Knall gab und das Licht aus war. Den Rest der Nacht haben wir nur noch gelacht.

Später wohnte ich mit Volkmar Böhm zusammen auf einer Bude. Unser Probenplan sah beispielsweise so aus: »8 bis 10 Uhr Appell, Frühstück, Zeitungsschau;

10 bis 12 Uhr Schauspielunterricht; 12 bis 13 Uhr Essen; 13 bis 14 Uhr Regieproben; 14 bis 14.50 ›Marschando‹.« Das war so ein kubanisches Armeelied, das wir sangen. Dann »Durchlauf, Fototermin und Revier reinemachen«.

Meine Mutter hatte, als sie mich in Berlin »abgab«, dem Hauptmann Pickel gesagt, er solle auf mich aufpassen. Er hat es auch versucht. Wenn ich die Aufzeichnungen meiner Mutter lese, dann muß ich wohl unter dem Neid des einen oder anderen Sängers auf meine kleinen Anfangserfolge ziemlich gelitten haben. »Noch nachts, an meinem Bett sitzend, schüttete er sein Herz aus«, meint sie. »Er tat mir immer leid.« Wenn es so was gegeben hat, ich habe es völlig vergessen.

Die Ausbildung war umfassend, gründlich und streng, und ich war gern in der Gemeinschaft mit den Musikern. Auch wenn wir Sänger einen schweren Stand hatten! Für Musiker sind Sänger so ziemlich das Letzte. Eben keine Musiker, sondern Sänger. Außerdem gibt es in solchen Gemeinschaften immer hierarchische Strukturen, mit denen man klarkommen mußte. Ich erinnere mich an die Kuba-Krise 62. Als einziger Zivilangestellter durfte ich das Objekt verlassen. Das war die Rettung, nur ich konnte die Musiker mit Bier versorgen. Eingesperrt sein und kein Bier zu haben, das war für den Musiker – also: lieber keine Frau, aber Bier muß sein.

Die Jungs jazzten oft, und man konnte, wenn man die Ohren offengehalten hat, viel lernen. Besser gut ausgebildet als schlecht eingebildet, um es locker zu sagen. Um als Sänger beim Musiker anerkannt zu sein, mußte man über Jazz Bescheid wissen. So schrieb ich das »Große Jazzbuch« von Berendt ab. Ja, Du hast richtig gehört, ich schrieb ein Buch ab. Es liegt noch vor mir. Ich lese: »Was ist Jazz? Jazz ist eine improvi-

sierte amerikanische Musik, die europäische Instrumente gebraucht und Elemente europäischer Harmonik, europäisch-afrikanischer Melodik und afrikanischer Rhythmik miteinander verbindet.« Die ganze Entwicklung von Ragtime, New-Orleans-Stil, Bebop, Cooljazz über zig Interpreten von George Gershwin, Louis Armstrong, Bessie Smith, Duke Ellington, Dizzi Gillespie, Charlie Parker bis hin zum Freejazz. Über die Improvisation, das Arrangement, die Harmonik, die Rhythmik, die Form des Jazz und so weiter – nach drei Vierteln des Buches habe ich dann die Lust verloren und aufgehört. Aber ich mußte mich beim Abschreiben intensiver damit befassen als beim Lesen.

Bei den Sessions, die die Truppe machte, kam mir dann vieles nur wie ein Genudel und Hin- und Hergezerre vor, ich konnte oft, sozusagen, melodisch nicht folgen, wollte aber nicht als nörgelnder Dödel dastehen und hab's für mich behalten. Bei einschlägigen Jazzkonzerten, die ich, wann immer es möglich war, besuchte, hab ich mich dann Stück für Stück rangetastet und eingehört.

Jazzen konnten die Musiker nur in der Freizeit. Wir waren ein Tanzorchester, das sich Estrade nannte, hm, leicht russisch.

Gelegentlich hatten wir auch Auftritte vor unseren sowjetischen Freunden. Ich erinnere mich, daß wir einmal mitten im Wald auftraten. Wir fuhren unsere ganze Bühne mit dem Bus in irgendeine Fragmichnichtecke zwischen Riesa und Görlitz. Dort campierten Soldaten im Feldlager und mußten ein bißchen Krieg spielen. Wir sangen mitten im Wald, es war hundekalt und naß, und das einzige, was mir durch den Kopf ging, war, hoffentlich werden deine Klamotten nicht dreckig. Nach zwei Stunden war alles vorbei, für uns jedenfalls.

Ein Wahnsinnsjahr – der erste Hit, Berufsausweis, schnapp und maff

1964 sollte *das* Jahr für mich werden.

Es fing gleich gut an. Bei meiner Gesangslehrerin im Rundfunk, Frau Kluge, lernte ich Klaus Hugo (Komponist), Günther Kretzschmar (Komponist und Orchesterleiter) und Dieter Schneider (Texter) kennen.

Der Chef von »Lied der Zeit«, Willibald Winkler, schrieb für Karla Schreiter, die mit ihrem Mann Hartmut Eichler bei uns im EWE sang, und mich ein Duett. »He, he Klaus, es sieht nach Schnee aus«, so eine Art Dixieland. Ich habe es zunächst aus Spaß gesungen, nicht für die Öffentlichkeit.

Es wurde jedoch aufgenommen, und zwar »am 12.1.64, von 10 bis 12 Uhr im Funk, Saal 3.«

Damals gab es noch keine Vier- oder Achtspurmaschinen. Wir haben alles auf »Schnürsenkeln« aufgenommen, das heißt, die Band hat »in einem Ritt« gespielt, und wir beide mußten ohne abzusetzen das Lied fehlerfrei durchsingen. Und somit war das Ganze auch gleich gemischt.

Mit diesem Lied gingen wir in die »Tip-Parade«, die war so ähnlich wie die spätere Hitparade. Es starteten etliche Titel, das Publikum schickte seine Tips per Post ein. Wir waren zum ersten Mal dabei und gewannen gleich mit »He, he Klaus«.

Schon am 17.1. nahm ich einen anderen Titel auf, »Ein paar Blumen« von Hans Bath. Ein Twist, höllisch schnell natürlich und mit viel Text, ein Zungenbrecher. »Jede Frau wünscht sich gern ein paar Bluuhumen, darum schenken wir Herrn ihnen Bluuhumen.« Ich mußte zweimal Anlauf nehmen, um den Titel aufzusingen. Irgendwie gelang's, aber vergiß es. Ein Lied zum Weghauen.

Und so zähle ich als mein erstes Lied »Looky-Looky« (Aufnahme 1.4.1964), und am 13.7. nahm ich »Blonder Stern« auf.

Beide stellte ich wieder in der »Tip-Parade« vor, und beide Male 1. Platz. Mein Freund Ole würde im Anflug höchster Euphorie sagen: »Nich schlecht!«

Am 3. November sang ich dann »Party-Twist«. Mit Jeans, das erste Mal im Fernsehen mit Jeans! Dazu ein weißes Nylonhemd und ein Tüchlein um den Hals. Hm, ganz schmuck. Drei twistende Tanzpaare im Hintergrund. Und bums, wieder 1. Platz.

Nun fragst Du mich, wieso ich das alles noch weiß? Ja, ich habe alle meine Hermes-Kalender noch. Die waren zwar dünn, so dünn wie unser Ostkaffee in der Mitropa. Aber man kann alles noch lesen. Ich trug ein, was passierte, und strich durch, was ich geschafft hatte. Aber so, daß es noch erkennbar war. Bestimmte Dinge habe ich so durchgestrichen, daß sie keiner mehr lesen kann. Und das hat seinen Grund. Das sind genau die Termine, wo ich zwar Frank bin, aber nicht so frei, Dir darüber was zu erzählen. Sei nicht traurig.

Am 25. März 64 versuchte ich wieder mal, den Berufsausweis zu machen. Ich sang vor, spielte sogar Gitarre, bekam feuchte Finger. Auf der Bühne war es fürchterlich, und ich bin erneut zurecht durchgeflogen.

In der Beurteilung stand: »Leider konnte auch diesmal aufgrund verschiedener Mängel lediglich eine auf sechs Monate befristete Auftrittserlaubnis befürwortet werden. In dieser Zeit sollten Sie sich bemühen, Bühnensicherheit zu erreichen, Ihre Bewegungen der Vortragsform anzupassen und Ihre Stimme weiterzubilden. In diesem Zeitraum beträgt Ihre Tagesmaximalgage vorübergehend 50 DM. Das Ministerium für Kultur hat diese Entscheidung bestätigt. Gleichzeitig gilt hiermit die befristete Auftrittserlaubnis bis zum 31. Oktober 1964 als erteilt.«

Schließlich stellte ich am 25. August 64 zum dritten Mal den Antrag auf Ausstellung eines Berufsausweises. Man lud mich am 28. Oktober, 13.00 Uhr, in das Haus der Jungen Talente nach Berlin in die Klosterstraße ein und schrieb – wie ermutigend – gleich dazu: »Sollte trotz Ihres Antrages keine Bestätigung erfolgen, kann eine Einladung auf einen weiteren Qualifikationsnachweis nicht vorgenommen werden.« Das klang schon nach 'ner kleinen Drohung.

Was ich nicht wußte und erst jetzt meinen Stasi-Unterlagen entnehmen konnte: Die Armee hatte in Person von unserem Chef, Oberstleutnant Clemens, der Prüfungskommission des Ministeriums für Kultur einen, sagen wir: »wohlwollenden« Brief geschrieben.

Erich-Weinert-Ensemble
DER NATIONALEN VOLKSARMEE
- der Leiter -

Bln.-Biesdorf, den 22.10.64
Az.: Le/Schr.-
Tgb.-Nr.: 1137 /64

BStU
000008

Vorsitzenden der Kommission zur
Abnahme der Berufsausweisprüfungen
beim Ministerium für Kultur der
Deutschen Demokratischen Republik

B e r l i n

[illegible]: Berufsausweisprüfung des Kollegen Frank Schöbel,
Angehöriger des Erich-Weinert-Ensembles der
Nationalen Volksarmee

KOPIE BStU

Anläßlich der Vorstellung unseres Kollegen Frank Schöbel am 27.10.1964 bei der Kommission für die Erteilung von Berufsausweisen beim Ministerium für Kultur der Deutschen Demokratischen Republik, möchten wir als Institution, der Frank Schöbel angehört und in d[illegible]eihen er seine Aus- und Weiterbildung erhielt, eine kurze Einschätzung seiner bisherigen Arbeit geben:

Frank Schöbel nahm in der Zeit seiner 2-jährigen Zugehörigkeit zum Erich-Weinert-Ensemble eine gute künstlerische Entwicklung. So legten wir großen Wert darauf, ihn in unseren Programmen möglichst vielseitig einzusetzen.

Wir können heute feststellen, daß er seine Aufgaben mit viel Fleiß und großer Intensität löst. Er wurde durch inhaltsbezogenes lebendiges Gestalten der von ihm interpretierten Titel zu einem der erfolgreichsten Gesangssolisten unserer Estradenprogramme im Jahre 1964. Ebenso sind seine Erfolge in einigen Sendungen des Rundfunks und des Fernsehens darauf zurückzuführen, daß durch intensive Arbeit seine Lebendigkeit und Gestaltungskraft entscheidend gewachsen sind.

In der Zusammenarbeit mit verschiedenen Regisseuren innerhalb und außerhalb des Erich-Weinert-Ensembles konnte festgestellt werden, daß er in der Lage ist, regieliche Anweisungen gut zu verarbeiten und diese dabei mit der Entwicklung seiner eigenen persönlichen Note zu verbinden.

Kollege Schöbel ist ein politisch aufgeschlossener Mensch, dessen ehrliches moralisch-sauberes Verhalten vom ganzen Kollektiv, zu dem er ein gutes und herzliches Verhältnis hat, anerkannt wird.

Kollege Schöbel wird im November 1964 seinen aktiven Wehrdienst beginnen.

Im Zusammenhang mit der oben angeführten guten Entwicklung und in Anbetracht seines derzeitigen Leistungsstandes wird von seiten der Leitung des Erich-Weinert-Ensembles die Zuerkennung eines Berufsausweises für Kollege Schöbel befürwortet.

- Oberstleutnant - / Clemens

Da konnte man schon beinah gar nichts mehr falsch machen! Aber trotzdem habe ich, wie vorgeschrieben, vorgesungen, ich glaube, diesmal war es okay, und kam gleich eine Stufe höher. Es gab verschiedene Stufen, A war die niedrigste, B die mittlere und C die höchste. Ich kam gleich in die B.

Jetzt hätte ich ein bißchen mehr Geld verdienen können, doch pfiffigerweise zog man mich ein und gab mir, wie allen anderen auch, erst mal achtzig Mark im Monat.

Am 3. November, einen Tag vor meiner Einberufung, sang ich in der »Tip-Parade«, die im Studio Dresden stattfand, am »Wilden Mann«. Vom »Wilden Mann« direkt zur »wilden Armee« nach Stahnsdorf, ins Mot,-Schützen-Regiment, zu Oberstleutnant Zeh.

Da ging es etwas härter zu als im EWE.

Um 6 aufstehen, eine Runde laufen, waschen, und dann all die militärischen Übungen, Eskaladierwand, von Kuhle zu Kuhle kriechen und blöde Meldungen weitergeben ... Gleich zu Anfang habe ich, aus Versehen, gut geschossen und bekam ein Lob. Das machte ich sofort wieder kaputt, indem ich beim Spieß, der mich belobigte, »schnapp« machte.

Nun muß ich Dir erklären, was schnapp ist. Paß auf. Es gab »schnapp« und »maff«. Das hatte ein Kumpel

Als Mot.-Schütze

aus der Berufsschule erfunden. Wir nannten ihn Seele, weil er so ein unheimlich lieber Mensch war, eine Seele von Mensch eben. Er sprach das weicheste und breiteste Sächsisch der Welt, saß hinter mir, und irgendwann faßte er mir mit zwei Fingern ans Ohrläppchen und sagte: »schnapp«. In den unmöglichsten Situationen machten wir ab sofort »schnapp«. Er setzte sogar noch einen drauf, indem er »maff« erfand. Maff war, mit den Lippen, weich wie ein Pferd, ins Ohrläppchen zu beißen. Das durfte man aber nur ganz selten, weil »maff« was besonderes war. Da mußte schon ein Riesending laufen, dann war »maff« dran.

Nach meiner Belobigung vor der Truppe erwiderte ich nicht etwa: »Ich diene der Deutschen Demokratischen Republik«, was vorgeschrieben war, sondern machte »schnapp«! Und wie es aussieht, wenn man einem Spieß, der in voller Montur und mit Stahlhelm vor versammelter Truppe steht, ans Ohr faßt, kannst Du

Dir vorstellen. Sofort wurde das Lob in eine Rüge umgewandelt. Ich hab's mir aber verkniffen, »maff« zu machen, obwohl ... Naja, jedenfalls war alles wieder im Lot.

Armee, Autogramme ... Absoluter Start

Am 16. und 17. November 64 wurde zum letzten Mal aus dem alten Friedrichstadtpalast der »AMIGA-Cocktail« gesendet, und ich sollte daran teilnehmen, hatte tierische Angst, vor so vielen Menschen im Palast und noch dazu live im Fernsehen zu singen. Nein, das kann ich nicht, dachte ich. Ich spielte nach dem Dienst, es war ziemlich kalt, barfuß Fußball, holte mir natürlich prompt den »Hund«, aß Zahnpasta und was mir sonst noch alles einfiel, und wurde ins Lazarett eingeliefert. Damit war klar, Schöbel ist krank, Schöbel kann nicht. Der gute Heinz Quermann kam extra nach Stahnsdorf rausgefahren, um mit dem Chef zu sprechen, ob er mich nicht doch freigeben könne.

In Wirklichkeit ging es mir schon wieder etwas besser (Heinzelmann, bitte verzeih mir!), und ich bereitete mich vor, mit einer Drei-Mann-Band am Tage der Vereidigung, dem 17. November, vor unseren Jungs zu spielen und zu singen. Die fanden es toll, daß ich vor ihnen und nicht im Fernsehen auftrat. Von meiner Angst vor dieser Mugge ahnten sie nichts.

Als ich am 28. November wieder nach Biesdorf zum Erich-Weinert-Ensemble zurückkam, lag ein riesengroßer Berg Autogrammpost von der »Tip-Parade« da. Es müssen Tausende von Briefen gewesen sein, ein Leiterwagen voll. Ich hatte so etwas noch nicht erlebt, keine Autogrammfotos und brauchte zur Beantwortung ewig.

Im EWE gab es außer der Big-Band auch eine kleine Besetzung, die dann und wann zum Tanz spielte. Der Schlagzeuger wurde krank, aber die Truppe mußte ihren Verpflichtungen nachkommen.

Ich hatte das eine oder andere Mal schon am Schlagzeug gesessen, ein bißchen rumgefummelt, war wohl auch rhythmisch begabt, wußte aber gar nicht, wie's richtig geht. »Naja«, meinten die Leute aus der Band, »komm einfach mit. Wir haben da einen Vertrag und kommen sonst in Teufels Küche.«

Weil ich durch TV-Auftritte schon ein bißchen bekannt war, habe ich mir einen Bart angeklebt, 'ne kaputte Brille aufgesetzt, und ab hinters Schlagzeug. Beim Twist bin ich dann total abgebrochen. Bei den Achteln verkrampfte meine rechte Hand, nichts ging mehr. Ich war heilfroh, als danach 'ne Bossanova-Runde kam. Das konnte ich einigermaßen. Irgendeiner erkannte mich schließlich doch. »Guck mal, der Schöbel, mit Bart und Brille!« Und so mußte ich dann auch noch singen.

Im Sommer 64 fand in Berlin das Deutschlandtreffen statt. Dabei wurde der Sender »DT 64« gegründet, ein Radiosender für junge Leute, eine Neuerung, die begeistert aufgenommen wurde.

Meine »Anfangscrew« im Rundfunk waren: Klaus Hugo, Dieter Schneider, Ralf Petersen, alias Horst Fliegel, und Günther Kretzschmar, der viele der Arrangements schrieb. Und auch bis zum Schluß beim Mischen dabei war. Oft sagte er: »Ich weeß ne, das klingt ne, mach doch mal 's Hallrädel bissel uff.« Und schon klang's.

Horst Fliegel schrieb mir einen Titel »Sieben junge Mädchen«. Der wurde bis früh um drei, vier Uhr produziert, gleich gemischt und lief schon um fünf Uhr auf dem Sender. Heute unvorstellbar.

Ich nahm weitere Lieder von Günther Kretzschmar

auf, zum Beispiel »Teenager-Träume«. Das habe ich nicht gut gesungen, langsame Titel lagen mir noch nicht. Schlimmer aber war: Ich stellte den Titel wieder in der »Tip-Parade« vor und hatte den Befehl, die Uniform anzuziehen. Das war auch mein jähes Ende. Nachdem ich 64 viermal die »Tip-Parade« gewonnen hatte, landete ich im Dezember in Uniform unter »ferner liefen«. Das Publikum läßt sich eben nicht verscheißern. Das letzte Mal in Jeans, ganz wie es der Zeit entsprach, und nun plötzlich in Uniform. Ich lernte daraus: Mach das nie wieder, notfalls Befehlsverweigerung, sonst bist du beim Publikum weg vom Fenster. Die Schere zwischen Obrigkeit und Publikum, praktisch dem Volk, wurde hier deutlich. Das war für mich eine wichtige Lehre.

Ich war einen Monat Soldat, und wurde, dummerweise, gleich Gefreiter, angeblich aufgrund meiner Leistung. Das war mir überhaupt nicht recht, denn wenn ich als Gefreiter auf der Bühne stand, mußte ich damit rechnen, daß es mir die Armisten im Publikum übelnahmen. Also machte ich meine Schulterstücke einfach nicht drauf, was irgendwann zu Zoff führte. Ein andermal hatte ich meinen Mantel vergessen und mir den von Siegfried Uhlenbrock geliehen, der, wie gesagt, Unteroffizier war. In der »Stadt«, es war Eggesin, grüßten mich plötzlich alle, obwohl ich doch »drunter« Soldat war. Ich dachte, sind die hier aber höflich.

Zu dieser Zeit lief die beliebte Sendung »Mit dem Herzen dabei«, in der ich mitmachte. Hans-Georg Ponesky und sein Team hatten diese Idee – Leute überraschen. Ja, genau das, was viel, viel später bei Rudi Carell wieder auftauchte. Zufall?

Ich hatte inzwischen einen anderen Lehrer. Heinz Werner, später Gesangslehrer an der Hochschule für Musik »Hanns Eisler«, bei dem viele meiner Kollegen ebenfalls Unterricht nahmen. Ich bin immer wieder zu

ihm gegangen, zum Beispiel auch nach meiner Stimmbandoperation.

Das Jahr ging erfolgreich zu Ende. In der Schlagerrevue der Radio-DDR-Hitparade erster, zweiter und vierter Platz. Das fand ich unglaublich! Nur mein Freund, Christian Schaffrig, »mogelte« sich mit dem dritten Platz und seinem Lied: »Immer wieder ein roter Mund« noch dazwischen.

Auch in der Zeitschrift »Melodie und Rhythmus«, der einzigen Musik-Zeitschrift in der DDR, gab es im

Dezember/Januar die DDR-Spitzenparade, wieder Platz eins mit »Party-Twist«, Platz zwei »Blonder Stern«, dritte wurde Ruth Brandin mit »Mich hat noch keiner, nicht einer, beim Twist geküßt«. Sie druckten ein Interview mit mir ab. Und Fotos bei der Armee, mit Stahlhelm, an der Eskaladierwand, beim Schießen ... Was sollte ich machen?

Zum EWE gehörten in dieser Zeit außer Uhlenbrock, Hartmut Eichler und Karla Schreiter noch Gipsy, Arithe Mann, Roland Neudert. 1965 kam Chris dazu. Aber davon muß ich genauer erzählen.

Chris, die Fans und Opi

Kennst Du das Spiel: die Dritte wird mal meine? Wenn nicht, denke ich, ich hab's sogar erfunden. Aber vielleicht habt ihr das auch schon alle gespielt? Für mich ging das so: Ich guck aus dem Fenster, und die Dritte, die schräg gegenüber auf der Straße – Du mußt Dir natürlich einen Fixpunkt suchen –, direkt an dem Baum, vorbeigeht, wird mal meine Frau. Die erste, naja, die zweite, hm. Die dritte war eine Oma. Hm, dumm gelaufen. Dasselbe kannst Du auch mit dem Fernseher machen. Ja, heute kannste umschalten. Damals guckte ich natürlich nur ein Programm. Ich sah also »Herzklopfen kostenlos«, schummelte ein bißchen und zack, da war Chris Doerk! Oh, dachte ich. Sie sang »Summertime«, kurze Haare, schöner Mund, ihr Lachen – phhh, das war's! Aber ich dachte, kommste sowieso nicht ran.

Und dann traten wir durch Zufall in einem Programm auf. Sie bei »Perikles Fotopoules« in einer Gesangsgruppe, den Ponys, und ich mit dem Erich-Weinert-Ensemble. Anschließend gab's ein riesengroßes Feuerwerk. Ich sprach sie an, vorsichtig, schnupperte so ein bißchen an ihren Haaren, hat sie nicht gemerkt. Ja, okay, ich war verliebt. Na und? Guck mich nicht so an!

Es war in Magdeburg im Interhotel. Chris war wieder mit den Ponys und »Fotopaule«, wie wir ihn nannten, unterwegs. Ihr Freund war der Schlagzeuger, Tim-

my, später der Mann von Regina Thoss. Die Musiker trafen sich alle im Fernsehraum, um Fußball zu gucken. Chris interessierte sich hundertpro nicht dafür, kam aber doch, wie sie später einmal sagte, meinetwegen. Wir sind in die Bar runtergegangen, was ich äußerst selten machte, da ich weder gern tanzte noch trank. Und dann noch der Rauch, Hilfe! An diesem Abend allerdings haben wir ein oder zwei Gläser Wein getrunken, und da ich nichts vertrug, war ich ziemlich, hm, ja ... angetütert. Sie hat mich dann auf mein Zimmer gebracht. Ich weiß, daß ich meinen Kopf in ihren Schoß gelegt habe. Plötzlich klopfte es. Sie wurde von einem Mitarbeiter des Hauses des Zimmers verwiesen und der »Vorfall« unserem Chef gemeldet. Am nächsten Tag mußte ich mich offiziell entschuldigen.

Ich brauche Dir wohl nicht zu sagen, daß ich wahnsinnig und bis über beide Ohren, die ich oder sie hatte, verliebt war. Aber da war noch meine Freundin Hannelore in Markneukirchen. Ich mußte ihr beibringen, daß ich mich neu verliebt hatte. Ich kann das nicht. Man muß jemanden verletzen, muß ihm sagen, du, ich lieb jetzt eine andere. Manche Leute schaffen das ohne Probleme. Ich wußte, es wird schwer.

Chris sah ich bei der »Tip-Parade« in Dresden wieder. Sie wohnte ja fast um die Ecke, in Böhla bei Großenhain. Da hat's dann richtig Zoom gemacht, auch bei ihr.

Sie schrieb mir, ich schrieb zurück. Ich schlug ihr vor, im Weinert-Ensemble vorzusingen. »Die suchen auch Frauen.« Sie tat's und wurde angenommen, zog in unser Wohnheim in Berlin-Biesdorf. Ich wohnte mit Volkmar Böhm zusammen und sie – allein – schräg gegenüber.

Als wir uns näher kennenlernten – der Rest geht Dich gar nichts an, verstehste – habe ich immer ein Handtuch vors Schlüsselloch gehängt. Weil früh der Spieß öf-

ter klopfte. Er roch natürlich den Braten längst, war aber viel zu höflich, um irgendwas zu sagen.

Meine Mutter indes hatte sich nicht für Chris, sondern mehr für meine Freundin Hannelore entschieden. »Sie war ein feines Menschenkind«, schreibt sie, »die Lothar sehr schätzte und sehr gern hatte. Sie war das Gegenstück zu Chris. Sie war Lehrerin und belegte noch Schulmusik, um mit Lothar etwas über Musik reden zu können.« Und weiter: »Er wagte nicht, Hannelore zu sagen, daß es aus sein sollte. Es war ein langes Hin und Her. Ich litt mit meinem Jungen.«

Später arbeitete Hannelore als Lehrerin in Berlin, hatte einen neuen Freund. Wir sahen uns gelegentlich bei Veranstaltungen, ich war auch mal bei ihnen zu Hause und fand gut, daß es so normal lief und keiner dem anderen mehr böse war.

Chris war von Beruf Gebrauchswerberin und hatte Spaß daran, mir ein schönes Buch mit Fotos der Fans anzulegen, die sie an mich schickten. Also zum Beispiel: Ich sang »Blonder Stern« und bekam prompt ein Bild vom »blonden Stern«. Ein Mädchen schrieb »an meinen süßen Zugvogel«. Also ich war der Zugvogel, nicht wegen der Doppeldeutigkeit, sondern weil ich von Ort zu Ort zog, na klar ...

Monika strickte mir sogar ein Paar Handschuhe, ganz klein, mit unseren Initialen, »Monika P. + Frank S.« verziert ... Ich hätte sie auch besuchen können, schrieb sie: »Meine Mutti hat nichts dagegen.« Auf dem mitgeschickten Foto sah sie niedlich aus mit ihren kurzen, schwarzen Haaren. Auch Sabine schickte mir ein tolles Foto. Als ich dann jedoch Post aus der Sowjetunion bekam, stellte sich heraus, daß das gar nicht Sabine war; sie hatte dieses Foto von Larissa Golubkina abfotografiert und als ihres ausgegeben. Guter Trick! Es gab auch Zuschriften an »Chris und Frank« wie »... aber nun wundern Sie sich sicher, denn sie sol-

len mir bitte von Ihnen ein Haarbüschel schicken. Zu meiner Sammlung gehören nämlich auch Haare. Aber bitte jedes einzeln gebündelt ...«

Die Fanpost war meist ans Erich-Weinert-Ensemble gerichtet. Klar, das war meine Adresse. Wie man das aber noch schreiben kann, darauf kommst Du nicht. Ich wußte am Ende selber nicht mehr, wie es wirklich geschrieben wurde. Vielleicht wollten die Fans ja auch den Briefträger testen!

Außer den Ballettmädels, die ebenfalls im Objekt in Biesdorf wohnten, war Chris die einzige Frau aus der Estrade im Wohnheim. Ich glaube, daß ich ziemlich eifersüchtig war. Sie gab mir keinen Grund, das muß ich schon sagen, aber, wer sein Mädchen liebt, der paßt natürlich auf, daß nicht zu viele Jäger kommen.

Wir fuhren gern zu ihren Eltern nach Böhla bei Großenhain, Richtung Dresden. Mutter Hildegard, Vater Hermann. Ihr Vater war Friseur und sehr beliebt dort auf dem Dorf und in der Umgebung.

Das Beste war, daß es gleich um die Ecke einen riesengroßen Fußballplatz gab. Ich habe Hermann immer zum Mitspielen überredet, oder wenigstens, sich ins Tor zu stellen. Hermann ließ fast alles mit sich machen. Klasse. Er wurde nicht nur irgendwann mein Schwiegervater, sondern mehr und mehr ein Freund, vielleicht auch Vaterersatz.

Er konnte wunderbar erzählen. Ich hörte ihm stundenlang zu. Gern brachte er die Rede auf Italien, dann sprudelte es nur so aus ihm heraus. Abends bei Kerzenschein, ein bißchen was zu trinken, und Hermann war nicht aufzuhalten. »Ganz Italien ist ein Weinfaß. Links und rechts hat's geknallt, es war Krieg.« Er erzählte von seiner Jugend und lachte wie Chris an den unmöglichsten Stellen.

In der Arbeit war er genau, überaus genau. Alles was er tat, machte er mit unheimlicher Präzision – und

manchmal auch mit Hektik. Lange stillsitzen konnte er sowieso nicht, er mußte immer in Bewegung sein.

Von ihm habe ich das Sensen gelernt. Erstmal dengelt man die Sense. Du hast einen Hammer und treibst durch kleine, genaue Schläge auf dem Amboß die Sense vorn im Blatt etwas breiter. Dann kannst du sie später schleifen und hast einen schönen Anschnitt. Die Haltung ist natürlich wichtig, wie im Leben. Man sucht sich einen Punkt, zieht dann mit der Spitze nach hinten, damit man die Stellung des Blattes überprüfen kann, schlägt einen Halbkreis, führt die Sense flach – nicht schlagen und hacken! –, leicht übern Boden, und

das Wichtigste: Der Schnitter steht früh auf. Das war sein Satz. »Der Schnitter steht früh auf. Möglichst um fünf, sechs, wenn der Tau gefallen ist, weißt', wenn alles schön frisch und feucht ist, dann schneidet die Sense am besten.« Er hat mir das Stück für Stück beigebracht, war meistens nicht zufrieden mit meiner Haltung, aber irgendwann beherrschte ich es, und wir machten ein Wettsensen. An der Ostsee, bei Freunden. Ein älterer Herr, der schon auf die Achtzig zuging, mein Freund, Opi, damals noch um die Siebzig und ich, wir sensten also zwei gegen zwei. Jeder hatte ein in etwa gleichgroßes Stück. Opi legte vielleicht ein

Tempo vor! Ich hatte zu tun, daß ich mithalten konnte. Da wir nacheinander schlugen, war ich praktisch von seiner Frequenz abhängig, damit der Schwaden, wie er den Schlag nannte, sauber weggehen konnte. Opi und ich gewannen, ich lag noch immer fix und fertig im Gras und streckte alle viere von mir, und Opi lachte. Er konnte so herrlich lachen.

Eigentlich sah er ein bißchen wie Honecker aus. Ich habe ein Video gemacht, da sage ich zu Opi, mach mal Honni, und dann winkte und grüßte er. Opi hat alles mitgemacht.

Einmal hatten wir aus dem Garten Müll auf die Halde zu fahren. Wir bekamen das Zeug nicht in den Trabi, beluden kurzerhand einen großen Handwagen, Opi setzte sich verkehrt herum in den geöffneten Trabi-Combi, Klappe auf, nahm die Handwagendeichsel zwischen die Beine, und so fuhren wir mit zehn oder zwanzig Sachen durch die Gegend. Opi lachte in einem fort, freute sich wie ein Kind mit siebzig.

In der Anfangszeit schnitt er mir öfter die Haare. Einmal hat er wirklich nur vier, fünf Millimeter draufgelassen. Ah, ich sah ein bißchen gefährlich aus, aber es war Urlaubszeit, und da fand ich das gut.

Opi kam auch später zu unseren Muggen mit, nicht etwa aus Höflichkeit, nein, zu Hause war eh nichts los und bei uns immer Trubel.

Reise ins Ehebett

1965 nenne ich das »Baby, du bist okay«-Jahr.

Gleich im Januar, am 17., flog ich mit der IL 14 nach Budapest. Meine erste Auslandsreise, sie dauerte vier Tage. Ich hatte eine Produktion im ungarischen Rundfunk und wohnte in einem wunderschönen Hotel,

mußte mich um alles selber kümmern, essen gehen ... Ich, der Lothar aus Leipzig, in so einer großen, fremden Stadt, in der ich die Sprache nicht verstand! Aber alle waren freundlich, einige konnten sogar deutsch. Ich aß »Szegediner Gulasch«, und weil es mir so gut schmeckte und ich das zu Hause auch mal essen wollte, kaufte ich vorsorglich Peperonis und fünf Flaschen Wein. Die packte ich in meinen kleinen, an den Ecken beschlagenen Pappkoffer, verstaute sie zwischen Anzug und Unterwäsche. Als ich in Schönefeld ankam und der Zöllner mich fragte: »Na, ham Se was zu verzollen?« hätte ich Wein angeben müssen, sagte aber, treu und brav blickend: »Nee, nischt«, und durfte passieren. Allerdings roch es ziemlich stark aus dem Koffer heraus nach Alk. Als ich ihn zu Hause aufmachte, war keine Flasche mehr ganz. Ich hatte in Schönefeld nicht gelogen, da war tatsächlich nichts mehr zu verzollen. Bis auf ein paar Tropfen in den Hemden und Unterhosen. Aber Weißwein aus 'ner Unterhose, ich weiß nicht. Und der Szegediner Gulasch, den mir Chris kochte mit reichlich Peperonis, feuerte so, daß ich dachte: das ist mein Ende ...

War's natürlich nicht, spätestens am 10. Februar – vermutlich aber eher – war ich wieder fit, denn da gastierte das Erich-Weinert-Ensemble, genauer gesagt, unser Tanzorchester, im Hallischen Steintor. Ich sang unter anderem den »Bananaboat«-Song, und in einer Zeitung war zu lesen »... nicht wie Harry Belafonte, sondern wie Frank Schöbel«. Naja, anders hätt ich's auch gar nicht gekonnt.

Bei der Fernsehsendung »Rhythmische Messemuster« am 27. Februar 1965 in der Kongreßhalle in Leipzig sang ich das erste Mal live im Fernsehen, mit Fips Fleischer, Mr. Acker Bilk, Wolfgang Sauer, Gerti Möller und Gus Backus. Den kannte ich bis dahin nicht, er war ein lustiger Vogel, der in gebrochenem Deutsch

Stimmung in den Laden brachte und beim Publikum völlig abräumte. Heinz Quermann hatte die Redaktion.

In diesem Jahr drehte ich auch meinen ersten Film, »Reise ins Ehebett«. Wahrscheinlich war der Regisseur durch meine Auftritte im Fernsehen auf mich aufmerksam geworden. Er kam ins Objekt, wie wir damals sagten, nach Biesdorf, in den Frankenholzer Weg. Er musterte mich, Zigarre in der Hand, gutmütige, ruhige Augen, dachte wohl bei sich: Geht der Typ? Geht er nicht? Aber letztlich bekam ich die Rolle. Schiffsjunge, Smutje.

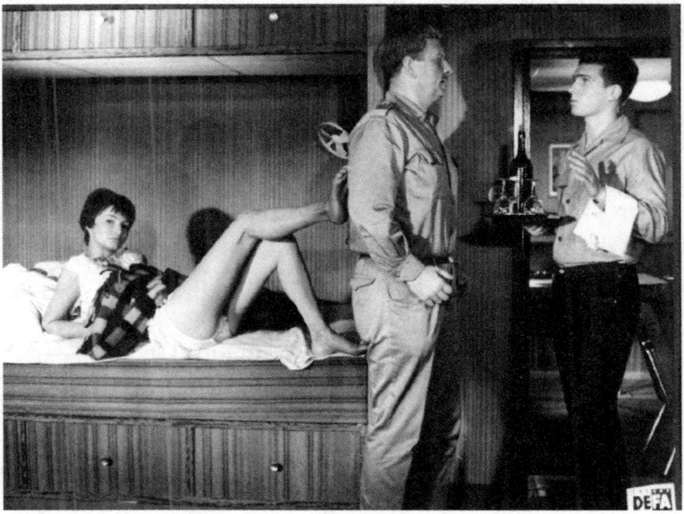

Mit Anna Prucnal und Günter Simon

Der erste Drehtag war der 23. Juli. Position 383 bis 389. Mein wichtigster Satz war: »Aj, aj, Sir.« Ich durfte ihn sogar öfter sagen! Mein Gott, war das alles aufregend. Der erste Film! Ich hatte eine Angst. Mein Sächsisch, und meine Aussprache, hoffentlich würde alles klappen. Dann gab es auch noch eine Kuß-Szene mit

Eva-Maria Hagen und Anna Prucnal. Ich mußte sie in den Hüften festhalten, nach hinten beugen und ihnen ganz genüßlich je einen Kuß geben. Ich stellte mich doof an, logisch, hatte Angst, nasse Hände und hab mir vorher bestimmt fünfmal die Zähne geputzt. Schließlich war alles nicht so schlimm. Der Regisseur machte es mir vor, und plötzlich war es okay. Ich sollte vor allen Dingen »nur« ich selber sein: frisch, hepp, immer da, und manchmal auch ein bißchen auf doof machen. Das liegt mir ja.

Zur Vorbereitung auf den Film bekam ich Sprecherziehung bei Frau Kenzia. Sie war in der DDR eine Koryphäe oder Konifere, naja, auf jeden Fall hat sie auch ein Buch darüber geschrieben. Sie war sehr freundlich, man mußte aber auch diszipliniert sein, mußte den Mund weich und locker machen, damit man den Sitz der Stimme formen konnte. Oft hörte es sich an, als ob Idioten am Werk waren. Stück für Stück kriegte ich mein Sächsisch weg, aber wenn ich in Leipzig und Umgebung bin, dann kommt es wieder aus der Tiefe meines Bauches, und ich habe eine große Freude daran, mit den Leuten so zu sprechen.

Es gab einige Drehtage in Warnemünde. Wir wohnten in »Hohe Düne«, einem ehemaligen NVA-Objekt, also in Baracken. Ich kam ja von der Armee und fühlte mich praktisch wie zu Hause. Für die richtigen Schauspieler muß es ziemlich hart gewesen sein, ein Hotel wäre wohl angebrachter gewesen. Aber zu DDR-Zeiten in Warnemünde war alles voll besetzt. Wo sonst sollten die Leute auch Urlaub machen? So schliefen Günther Simon, Werner Lierck und die anderen Schauspieler, natürlich auch die Mädchen und Jungs von der Tänzergruppe und der Drehstab, in den Baracken. Als ich einmal ganz früh auf die Toilette mußte, schlich sich ein Kumpel – ich will nicht sagen, wer es war; ich fand's furchtbar lustig, aber ich weiß nicht,

ob seine Frau es so lustig finden würde –, also schlich sich ein Kumpel heimlich zurück in sein Zimmer. Ich fragte ihn: »Wo warst du denn?« – »Ah, ich war bei einer entfernten Verwandten vom seehypographischen Dienst.« Hej, dachte ich, der war einfach fichteln. Kurzum, er war bei ... na klar. Aber den Spruch fand ich ja gut. »Ich war bei einer entfernten Verwandten vom seehypographischen Dienst.« Ich bin begeistert!

Irgendwann gab es auch Drehtage mit Eva-Maria Hagen. Sie musterte mich und sagte zu mir, sinngemäß: »Ein bißchen dick, wa?«

Das hat mich getroffen! Ich holte mein Fahrrad nach und fuhr jeden Tag – ich hatte also auch drehfreie Tage – meine vierzig bis fünfzig Kilometer Rad, aß nur noch Fisch und nahm während der Drehzeit acht bis zehn Kilo ab.

Es gibt eine Einstellung, da sieht man so ein kleines Bäuchlein und ein kleines bißchen Doppelkinn. Dummerweise hatte mir auch noch die Sonne auf die Lippen geknallt und meine Viren lebendig gemacht. Herpes, blub, blub, blub, und schon kamen alle raus. Eine Unterlippe, da konntste dreie draus machen, sah aus wie der doppelte Quasimodo. Der Stab schickte mich zum Marinearzt, gleich nebenan. Der griff zur brutalen Variante, pscht, geeist, alles runtergeschabt und ... o nee, tat das weh.

Tja, in dem Film kannst Du das sehen, mal hab ich siebzig, mal achtzig Kilo, mal bin ich der ganz Dünne, mal die Dicklippe.

Bis dahin, kann ich mich erinnern, trank ich fast nur Milch; nie Alkohol. An irgendeinem Drehtag saßen wir auf einem großen Zehntausendtonner und warteten seit mehreren Tagen auf Sonne. Simon fragte den Kapitän, ob er nicht was Trinkbares hätte, möglichst Whisky. »Oh«, sagt der, »die zwei Flaschen, die wir noch haben, brauchen wir immer für die Durchfahrt im

Suez-Kanal. Die DDR gibt's ja praktisch nicht, aber wenn wir Whisky rüberreichen, werden wir durchgelassen.« Simon meinte: »Naja, ihr werdet bestimmt auch mit *einer* Flasche durchkommen.« Die andere jedenfalls stand bald bei uns auf dem Tisch.

Wir spielten Skat, und ich trank meinen ersten Whisky. Fand's damals zwar furchtbar, aber heute schmeckt mir das Zeug. Ich trink gerne mal – wenn überhaupt – »Johnnie Walker«, ja, »Red Label«. Das habe ich eigentlich Günther Simon zu verdanken. Er war schon so etwas wie ein kleines Vorbild für mich, und von ihm und Werner Lierck bekam ich so einige Tips: »Junge, du mußt uffpassen, wenn du vorne sprichst und ich mach dir einen Nasenschatten, oder ich popel hinter dir, da gucken sie alle auf mich. Da siehst du schlecht aus. Also paß ein bißchen auf.«

Dann hatten wir bei den Dreharbeiten noch so 'n kleinen Affen, nicht vom Whiskytrinken, sondern einen echten, lebendigen, der lieb und lustig war. Logisch, das sind Affen immer, sind ja zum Glück keine Menschen!

Jo Hasler, unser Regisseur, war sehr geduldig bei den Proben, ging akribisch vor und hatte den Blick fürs Detail. Zu mir war er manchmal wie ein Vater, beobachtete mich, baute mich auf, lud mich und Chris auch später zu sich nach Hause ein. Der Choreograph war ein Tscheche namens Josef Konicek. Meine Partnerin war neben Eva-Maria Hagen Anna Prucnal. Eine zierliche Person, Typ »kleene Spitzmaus« mit kurzen Haaren. Ein Glück, daß sie so leicht war, denn ich mußte sie heben und mehrere Drehungen mit ihr machen.

Beim Nachdreh in Babelsberg wurde ein Schiff nachgebaut. Man sah Bullaugen und das Oberdeck, auf dem wir tanzten: »Baby, du bist okay.« Während des Tanzes sollten Riesenwellen rüberschwappen. Man hatte lose Bahnen von Stoff aufgehängt und oben Loren mit an-

gewärmtem Wasser aufgestellt. Es war schließlich Oktober, als wir drehten. Die Loren wurden »auf Los« ausgekippt, das H_2O stürzte die imprägnierte Stoffbahn herunter und schoß voll über Deck. Wir waren naß bis auf die Knochen, aber es sah echt aus.

Bei den Sommerfilmtagen 66, bevor man den Film zeigte, wurden wir alle auf der Freilichtbühne vorgestellt. Ich wollte nie etwas sagen, habe immer nur dagestanden und freundlich gelacht. Werner Lierck, geübt in diesen Auftritten, konnte Menschen wunderbar unterhalten und sprach und sprach und sprach und sagte auf einmal: »Nun spricht zu Ihnen Frank Schöbel!« – »... hm, ja, ich ah, hm, äh, ja, ich freue mich, äh, schön hier, und ja, ja, ja, hm ...« O Gott, hol mich hier raus.

Werner konnte seine Ohren einrollen. Er gnubbelte sie irgendwie zusammen und quetschte sie in den Gehörgang, saß eine Weile, bis alle guckten, und dann zack, sprang das eine Ohr raus, und zack, das andere. Gute Nummer, und ich war traurig, daß ich so was nicht konnte.

Einmal waren wir in der Nähe von Teterow. Jo Hasler hatte ein für damalige Verhältnisse großes Auto. Ich saß hinten drin, weich gefedert, mein Gott, wie im Himmel. Lierck meinte: »Du, wart mal, ich kenn hier jemanden. Fahr mal nach Teterow rein.« Gesagt, getan, wir hielten an, Lierck stieg aus, klingelte: »Guten Tach.« – »Tag« – »Äh, Lierck, Schauspieler, wissen Se, häh!« – »Ach, Lierck, Schauspieler, ja komm Se rein.« Er gab uns ein Zeichen, wir, alle raus aus dem Auto, fünf Mann, und mitten hineingeplatzt in eine Trauerfeier. Betretenes Schweigen. Alles, was wir sagten, drehte sich irgendwie um, wirkte peinlich. Bloß weg hier, dachte ich.

Ein andermal fuhren wir mit Werner an eine Tankstelle, Jo tankte sein Auto auf, seinen Tatra. Hinter uns

stand ein Trabi. Lierck ging nach hinten, breitete seine Arme aus, maß so den Trabi ab und guckte, ging zum Kofferraum des Tatra, ging wieder zum Trabi. Die Leute saßen ganz ängstlich drin und waren völlig verschüchtert. Lierck wieder zum Tatra. »Gut, Jo, kriegen wir rin, alles klar, ich mach das.« Ich mußte feixen und verkroch mich. Das waren Werners Scherze.

Doch zurück ins Jahr 65. Meine Freistellung für den Film »Reise ins Ehebett« und damit mein Urlaub von der Armee war vorbei. Das EWE hatte mich wieder, es folgten Proben und Auftritte am laufenden Band.

Mit Kalle Bensing, meinem Kumpel und Sängerkollegen, sang ich im Duett »Damals, im Jahre der bitteren Tränen«. Es war ein kubanisches Lied. Wir standen, Arm in Arm, trugen Matrosenkleidung, Du weißt, der große, aufgeschlagene Kragen, der in einem Schlips auf der Brust zusammenläuft. Nun ist ja eine unbehaarte Seemannsbrust eigentlich gar keine. Und somit fehlte Kalle als auch mir Entscheidendes. Bei einer Vorstellung dachte ich, wirst dir mal 'nen richtigen Vollbart reinkleben, damit Kalle 'n Ooge kriegt. Er geht mit mir vors Mikrofon, wir fangen an zu singen, plötzlich kiekt er uff meine dicken Brusthaare und muß das ganze Lied über die zweite Stimme lachen.

Musiker haben ihre eigenen Gags, zum Beispiel kommt dieses »da steh ich drauf« aus der Musikerecke. Bei uns machte ein anderer Spruch gerade die Runde, der hört sich sehr hart an, wurde aber lieb und nett gesagt: »Du Sau, du.« Wir sitzen auf der Bühne, drei Pärchen, Christel Brothage mit Siegfried Uhlenbrock, Lilo Nobst mit Roland Neudert, Chris und ich. Um uns herum tanzten drei weitere Pärchen einen Hochzeitstanz. Mir wurde es zu langweilig, und als eine Tänzerin vorbeitanzte, sagte ich so ganz beiläufig zu ihr: »Du, Sau, du«. So ganz nett. Plötzlich, nach der Veranstaltung, war das ein großes Problem. Ich hätte sie belei-

digt, und ich sollte mich entschuldigen. Ja, am besten in der »Melodie und Rhythmus«! Da hätte erst einmal erklärt werden müssen, worum es überhaupt ging, also sollte ich mich dann doch nur im Bus entschuldigen. Unser Chef, Hauptmann Pickel, stand auf, Mützen aufsetzen, Knöpfe zumachen, Schöbel hat was zu sagen. »Ja, hiermit entschuldige ich mich, daß ich zu Frau (...) ›Du, Sau, du‹ gesagt habe.« Ich hab's noch mal richtig schön laut und deutlich gesagt. Tja, sie hat's so gewollt.

Ich war zum ersten Mal im Friedrichstadtpalast engagiert, für vierzehn Tage im Juni. Mit dabei waren Billy Sanders und Frieda Linzi, auch Ellen Tietke. Über mich schrieb ein Journalist: »Der dreifarbig schlecht angezogene Frank Schöbel – auch wenn es die Regie nicht merkte, warum nicht? –, gibt sich als oder ist Naturbursche mit Stimme. Alles bleibt noch etwas grob. Und das ist bei seiner offensichtlich starken Begabung bedauerlich. ›Außer Rand und Band‹ liegt ihm besser als ›Teenager-Träume‹, wofür ihm die Sensibilität etwas fehlt.« Ich fand selber, daß ich das Lied immer schlecht gesungen habe, ich frag mich heute, warum ich damit überhaupt auftrat. Jedenfalls stand zu lesen: »Talent mit Perspektiven.«

Und im »Morgen«: »Unser Frank Schöbel hält in solchem Sängerkreis achtbar mit, vor allem als bewegter Twen von atemlosen Tempo.«

In der Wochenpost-Silvesterumfrage, überschrieben mit »Zurück- und vorgeblendet«, sagte ich: »Das wichtigste, und damit auch schönste Erlebnis 1965 war, daß mich die DEFA zum ersten mal für einen Film holte. Für ›Reise ins Ehebett‹. Bevor der Film nicht vor dem Publikum bestanden hat, freue ich mich vorsichtshalber lieber noch nicht darüber.«

Luftgewehr und Garten

Irgendwann kaufte ich mir ein Luftgewehr. Ich fand das gut. Außerdem bin ich Schütze, vom Sternbild her, deshalb zog es mich wahrscheinlich zum Gewehr. Jetzt, da ich weiß, daß mein Aszendent Jungfrau ist, zieht es mich mehr zu jungen Frauen ... kleiner Scherz, Mensch.

Erst nach dem Kauf erfuhr ich, daß man mit dem Lufti keineswegs in der Öffentlichkeit – also im Wald, auf der Wiese oder sonstwo – schießen durfte, sondern bestenfalls auf einem Grundstück oder in der Wohnung.

Im Dezember 65 hatte ich endlich eine Wohnung bekommen, etwas über 20 Quadratmeter. Mit Balkon. Auf den konnte man aber nicht rausgehen, weil die Gegend in Lichtenberg rundrum total dreckig war. Neben mir, 50 Meter entfernt, die Bahn. Auf der anderen Seite das Zementwerk und hinten raus die große Stromdreckschleuder, heute etwas sauberer, das Kraftwerk Klingenberg. Im Bad gab es so einen Badeofen, den man heizen mußte, kennst Du noch? Auf den ganz kleinen Flur paßte gerade so das Klavier, man konnte sich daran vorbeischlängeln; mit 'nem Einkaufsnetz in der Hand war allerdings schon nichts mehr zu machen.

Also, da konnte ich nun wirklich nicht schießen.

Es war im Frühling, Chris und ich fuhren mit dem Fahrrad durch die Gegend und landeten in Biesdorf-Süd, in der Kreuzschnabelstraße. Und was sehen meine müden Augen? Tatsächlich ein großes, vergilbtes Schild mit der Aufschrift: Grundstück zu verkaufen. Ich glaube, es stand sogar der Preis dahinter. Für uns damals sehr viel Geld. Wir haben lange überlegt. Viertausend Mark für ein Grundstück!

Dann haben wir uns doch entschlossen, eigentlich kannste sagen, zum Luftgewehr das passende Grund-

Frank Schöbel

stück gekauft. Klingt 'n bissel versnobt. Aber ja, plötzlich hatten wir ein Grundstück, einen Garten.

Dort stand 'ne Bude, die jeden Moment zusammenbrechen konnte. Da war nichts mehr zu retten. Schließlich baute ich am Ende des Grundstücks eine kleine Laube.

Drin geschlafen haben wir nie; wir hatten kein Wasser und keinen Strom, sie war eben nur für unsere Klamotten und Gartengeräte gedacht.

Opi Doerk kam immer mal zum Sensen, der Schnitter reiste auf dem Moped an, fuffzig kmh, stell Dir vor, von Böhla bis Berlin, und die Sense auf'm Rücken!

Befehlsverweigerung – Schluß der Vorstellung?

Auch 1966, ich nenne es das »Ich kam zu spät«-Jahr, begann gut; in der Spitzenparade Dezember 65/Januar 66, errang ich den ersten Platz mit »Baby, du bist okay«.

Doch schon im Februar kam es zum großen Knall. Es sollte die »Parade des Soldatenliedes« stattfinden, und jeder Solist des Erich-Weinert-Ensembles, sollte Armeelieder »kreieren«. Neue, die dann die Genossen, so wurde gesagt, draußen singen sollten. Jeder bekam ein Titelchen geschrieben, und eigentlich waren alle unzufrieden.

Roland Neuderts Lied hieß »Ich möcht wieder zu Hause sein, zu Hause bei dir«, das war noch das beste, weil ja wirklich alle nach Hause wollten. Aber mein Lied war ein gefährliches Ding. Ich fand den Text 1996 in meiner Akte.

Für mich war klar, wenn ich das singe, ist es endgültig aus. Die »Teenager-Träume« in Uniform saßen mir noch tief in den Knochen.

A b s c h r i f t

Text: Karl-Heinz Thiele
Musik: Alo Koll

Nicht nur küssen

[redacted] Mädchen vor'm Kasernentor
wirst du heute stehn
und ich schlage dir dann vor
mit mir auszugehn

Und brüllt [redacted] der Spieß auch [redacted] hinterher:

Nicht nur küssen, nicht nur kosen, nicht nur lieben,
nicht nur träumen von 'nem Urlaubsschein,
denn das Wörtchen Dienst wird groß geschreiben,
ein Soldat muß immer bei der Sache sein.

Mädel, tanz den Slopp mit mir,
wenn du traurig bist.
Einen Abend wünsch ich dir,
den du nie vergißt.

Und sagt der Spieß auch ....

Mädel, schenk mir einen Kuß
noch vor Zapfenstreich.
Weil ich mich beeilen muß,
gib ihn mir sogleich.

Und sagt der Spieß auch ......

Wir steckten alle – wie beim Rugby – die Köpfe zusammen und schworen uns, wir sagen ab, wir singen diese Lieder nicht.

Wie machte man's in so einem Fall? Sie holten uns einzeln ins Zimmer und wollten uns so klein kriegen. Ich war am Ende der einzige, der dabei geblieben ist und gesagt hat: »Ich sing das Lied nicht.« Sicher, ich hatte das schlimmste Lied und viel zu verlieren, denn

durch die Hitparade hatte ich beim Publikum inzwischen einen guten Stand.

Es wurde ein größeres Gremium anberaumt, nämlich die »Hohen Herren« des Ensembles, der Chef Oberstleutnant Clemens und seine Truppe. Ich saß an einem großen Tisch und wußte, gegen die Argumente komm ich eh nicht an. Ich entgegnete nur: »Nein, mir gefällt der Text nicht, das Lied ist unmöglich, ich singe das nicht«, und dann hab ich den Kopp runtergemacht. Eine Stunde haben sie mit mir geredet, ich hab kein Wort gesagt. Stur wie Hund. Im Prinzip unterhielten sie sich selber, gaben sich Fragen und Antworten. »... naja, der ist noch zu jung ... der wird schon noch ...« Nach anderthalb Stunden: »Singst du es?« Ich wieder: »Nein.«

Da ging die Sache an die politische Hauptverwaltung nach Strausberg. Dort waren wir, das Erich-Weinert-Ensemble, das Lieblingskind vom »Papa« Admiral Verner. Er lud mich vor, empfangen wurde ich vom Leiter der Abteilung Kultur im Ministerium für Nationale Verteidigung, G. Vogelgesang – schöner Name für ein ziemlich schlimmes Lied, das wir da zu besprechen hatten. Ich nannte ihm meine Bauchschmerzen, er erwiderte, ich möge ihm einen Gefallen tun. In Görlitz sollte ich dieses Lied für den Saal singen, er versprach mir: »Fernsehen ist nicht dabei!«

Ja, einverstanden, ich singe es.

Ich machte die Probe, und plötzlich, als ich bei der Veranstaltung auf die Bühne kam, sah ich eine Kamera vom Armeefilmstudio unten surren. Ich wußte, es waren zwei Mikrofone, eins für den Saal, und eins für die Kamera und DT 64. Dieses drückte ich energisch nach unten und sang am anderen mein Lied nur für den Saal. Eigentlich habe ich den Befehl so ausgeführt, wie es abgemacht war.

In der Akte liest sich das so:

A b s c h r i f t

Am 12. Februar fand in der Stadthalle zu Görlitz die dritte Parade des Soldatenliedes der NVA statt. Diese Veranstaltung wurde in der Hauptsache von den künstlerischen Gruppen des E W E getragen.
Während der Interpretation des Schlagers "Nicht nur küssen" (siehe Anlage) durch den Schlagersänger Gefreiter Frank S c h ö b e l kam es zu einem ernstzunehmenden Zwischenfall. Frank Schöbel schlug, bevor er den Titel sang, das Rundfunkmikrophon weg. Dadurch konnte die Tonaufnahme für den Funk und die Tonmodulation für das Armeefilmstudio nicht durchgeführt werden. Dieser künstlerisch und politisch verantwortungslosen Haltung des Gefreiten Frank Schöbel war folgendes vorausgegangen:
Bei der Aufteilung der zu singenden Titel durch die Kommission der Parade des Soldatenliedes im Monat Januar 1966 kam es bei den Solisten und Musikern des Tanzorchesters zu einer Ablehnung dieser Schlager. Hervorgerufen wurden diese Diskussionen besonders durch die Stellungnahmen der Sängerinnen [redacted] und [redacted] alias [redacted] und der Schlagersänger [redacted] und Frank Schöbel. Ihre Argumente gegen diese Armeetitel liefen darauf hinaus, daß die Texte niveaulos und die Musik blödsinnig sei. Hinter diesen Floskeln versteckten diese Künstler jedoch ihre persönliche Ablehnung gegen Schlager mit politischer Aussage und militanten Texten.
Es gelang der Parteiorganisation und der Leitung des Tanzorchesters, besonders mit Hilfe der positiven Haltung der Sänger [redacted] und [redacted], welche eine gesunde Einstellung zu den vorgeschlagenen Liedern hatten, daß [redacted] und Frau [redacted] ihre Titel sangen. Schöbel und [redacted] lehnten die Interpretation ihrer Titel weiterhin kategorisch ab.
In den folgenden Aussprachen gelang es dann, nachdem der Titel für [redacted] umgetextet und umkomponiert war, daß diese sich bereiterklärte, besonders noch unter dem Zwang, der mit ihrem Arbeitsvertrag auf sie ausgeübt wurde, ihren Titel zu singen. Schöbel erklärte öffentlich, daß er seinen Schlager nicht singen würde. Sollte man versuchen, mit Hilfe eines militärischen Befehls das Singen des Schlagers von ihm zu erzwingen, wäre er an diesem Tag krank.

Danach große Aufregung beim EWE, Befehlsverweigerung und zack, war ich Pförtner. Schluß mit lustig – und mit Singen. Meine einzige Chance war noch die DEFA.

Ich war bei Nacht und Nebel über den Zaun gestiegen und zur DEFA gefahren, um einen Vertrag zu un-

terschreiben. Nun kreidete man mir noch unerlaubtes Entfernen von der Truppe an.

Ich wurde vom Gefreiten zum Soldaten degradiert und bekam zwei Tage Knast, den ich in Treptow absaß.

Vorerst war ich weiterhin Pförtner, ich bewachte die Einfahrt zum Objekt, gemeinsam mit einem alten Opa. Der hatte einen schweren Revolver an seiner rechten Seite hängen. Am Tag mußten wir das große Tor vor den Amis schließen. Die unternahmen öfter ihre Kontrollfahrten zu Armeeobjekten in Ostberlin, fuhren mit dem Auto vor und guckten. Ich habe so ein bißchen »Hallo« gemacht, sie lachten nur und fuhren weiter.

Wenn die Großen des EWE mit dem Auto kamen, jene, die mich an die Wache »delegiert« hatten, spielte ich meine ganze Macht als Pförtner aus. Langsames Schreiten, nachsehen, wer sitzt im Wagen, stimmt der Ausweis, sind die Stempel noch gültig, langsames Grüßen und Kette runtermachen, alles im Schneckentempo.

Oft kam Chris zu mir nach vorne, brachte Strickzeug mit – sie strickte ja unentwegt, einen großen Teil ihres Lebens hat sie praktisch verstrickt –, leistete mir Gesellschaft, und eigentlich war es mehr. Das war ein Stück Solidarität.

Chris fuhr mit dem Erich-Weinert-Ensembles auf eine Polen-Tournee. Ich durfte ja nicht mehr singen, also auch nicht mitfahren. Nach der Rückkehr erzählte man, daß einige Kinder aus Unkenntnis und Freude an den Bus des Ensembles ein Hakenkreuz gemalt hatten. Die Frauen, die auch NVA-Uniform trugen, wurden zum Teil, allerdings von Älteren, bespuckt. Es war schon riskant, wieder in Uniform nach Polen zu fahren. Gut, daß mir das erspart blieb.

Der Mot-Schütze Frank Schöbel, motorisierter Schütze, tauglich geschrieben am 13. September 1962, wurde am 30. April 1966 zwar nicht in Unehren, aber

als Soldat entlassen und bekam eine Urkunde, auf der stand, daß ich anderthalb Jahre »ehrenvoll in den Bewaffneten Organen der Deutschen Demokratischen Republik zum Schutze der Errungenschaften unserer Arbeiter– und Bauernmacht« den Dienst geleistet habe. Auf der linken Seite der Urkunde ist die Verfassung der Deutschen Demokratischen Republik zitiert: »Der Dienst zum Schutze der Werktätigen ist eine ehrenvolle nationale Pflicht der Bürger der Deutschen Demokratischen Republik.«

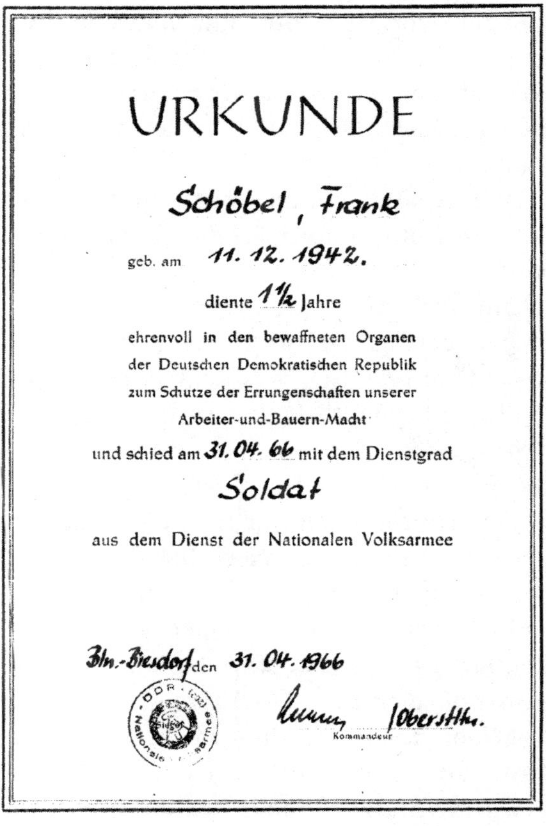

URKUNDE

Schöbel, Frank

geb. am 11. 12. 1942.

diente 1½ Jahre

ehrenvoll in den bewaffneten Organen
der Deutschen Demokratischen Republik
zum Schutze der Errungenschaften unserer
Arbeiter-und-Bauern-Macht

und schied am 31. 04. 66 mit dem Dienstgrad

Soldat

aus dem Dienst der Nationalen Volksarmee

Bln.-Biesdorf den 31. 04. 1966

/Oberstltn.
Kommandeur

Hochzeitstermine und 'ne fremde Frau im Bett

Ich nahm wieder Gesangsunterricht bei Herrn Werner, wollte meine Stimme aufpolieren lassen. Und ich war glücklich, endlich eine eigene Wohnung zu haben und aus der Armee raus zu sein, auch wenn ich im Moment keine Arbeit hatte.

Am 15. Mai steht in meinem Kalender: »unbedingt mit Chris Kahn fahren, da sonst was passiert«, dahinter ein Fragezeichen. Ich muß es ihr wohl ganz fest versprochen haben.

Im Mai/Juni 66 in der Spitzenparade von »Melodie und Rhythmus« war »Schau lieber weg« immerhin auf dem dritten Platz. Ein Lied, das ich nicht besonders mag.

»Reise ins Ehebett« war inzwischen ein kleiner Exportschlager geworden. Die ČSSR, Polen und Ungarn kauften den Film sofort. Die Sowjetunion und Jugoslawien schlossen Vorverträge ab, auch Finnland zeigte Interesse.

Von Juni bis Dezember gab es für mich wieder 72 Drehtage, »Hochzeitsnacht im Regen«. Ich hätte den Film gern weggelassen, das Drehbuch gefiel mir überhaupt nicht. Aber ich hatte einen DEFA-Vertrag unterschrieben und mußte im Jahr einen Film drehen.

Es war die Zeit, da Walter Ulbricht dieses »Bum, bum, bum und jäh, jäh, jäh« verurteilte und gegen Anglismen zu Felde zog, worunter natürlich meine Titel fielen, »Teenager-Träume«, »Looky-Looky«, »Party-Twist«. Alle wurden im Funk gesperrt; dazu meine Befehlsverweigerung beim EWE! Ich war bei den Offiziellen zu einer Unperson geworden, eigentlich gar nicht mehr da. Im Rundfunk grüßten mich etliche Leute nicht mehr, auch eine relativ wichtige Frau, die sonst immer sehr nett zu mir war. Aber ihr Parteigehorsam

ging wohl vor. Als ich sie später darauf ansprach, wollte sie nichts mehr davon wissen. Aber ich hab es mir gemerkt, und es war eine ungeheuer wichtige Lehre, daß man durchs Publikum hochgeschossen und plötzlich wieder auf Null zurückgeholt wird – wie nach der Wende –, man erkennt, wer zu einem steht, und wer nicht.

Als Chris und ich 1967 beim Neujahrsempfang sangen – in meinen Kalender hatte ich eingetragen: »Ulbrichtkiste« –, wurden wir auserkoren, den Tanz zu eröffnen. Für mein Empfinden war das abgesprochen. Wir sollten einfach wieder eingeführt werden, so war das eben damals. Also, Schöbel hat sich schlecht benommen, 'ne kleene Strafe muß sein: für anderthalb Jahre findet er nicht statt, und nun »darf er wieder«. Chris sollte Admiral Verner und ich seine Frau zum Tanz holen. Ich hasse tanzen, und noch dazu so offiziell. Die »Aktuelle Kamera« war dabei. Eine Woche später, im Rundfunk: »Tach Frank!« – Hej, plötzlich gehör ich wieder dazu.

Horst Seemann war der Regisseur des Films »Hochzeitsnacht im Regen«. Er wußte, das hatte ich im Gefühl, daß seine angehende Frau, oder waren sie schon verheiratet?, Traudl Kulikowsky die Hauptrolle spielen sollte. Aber vor der DEFA machte er ein Spielchen. Er ließ zwei, drei Schauspielerinnen kommen, die Probeaufnahmen mit mir machen sollten. Immer dieselbe Szene, dummerweise eine Kußszene. Ich war wieder völlig verklemmt. Aber die Partnerinnen gaben mir das Gefühl: Junge, bleib ruhig, das ist überhaupt kein Problem – wir machen das schon – sei nicht so aufgeregt.

Traudl Kulikowsky bekam natürlich die Rolle. Optisch paßten wir gut zusammen, wenn ich mir heute so die Bilder ansehe. Aber der Regisseur war sowas von eifersüchtig. Nach Drehschluß suchte er immer sein Mädel, »wo is se denn nu wieder hin«. Er ist ihr sogar mit der Taxe hinterhergefahren. Irgendwann verdächtigte

Die Eltern, Käthe Brinkmann und Johannes Schöbel 10. August 1935

Familienfoto 1930. Die Schwester Idi, Hanna und Käthe Brinkmann, Opa Magnus, Theo und Hüters Herbert

Lothar und Mama

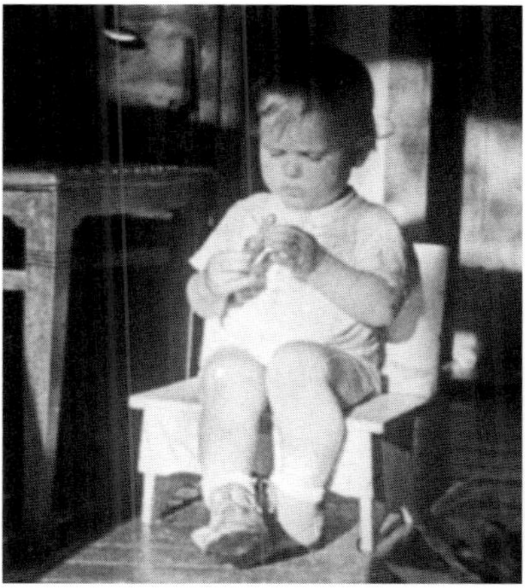

Klein Lothar

Einschulung 1949

Frank-Lothar mit
Bruder Hanns-Peter

Käthe Brinkmann-Schöbel,
Opern- und Konzertsängerin

Mutter
und Sohn
1952

Das Konfirmationsgeschenk

Hanns-Peter und Frank-Lothar, 1958

Frank, Oma Brinkmann, Mutti und Peter

Beim Schüler-konzert

Herzklopfen kostenlos, 1960

Frühlingspalette, 1961

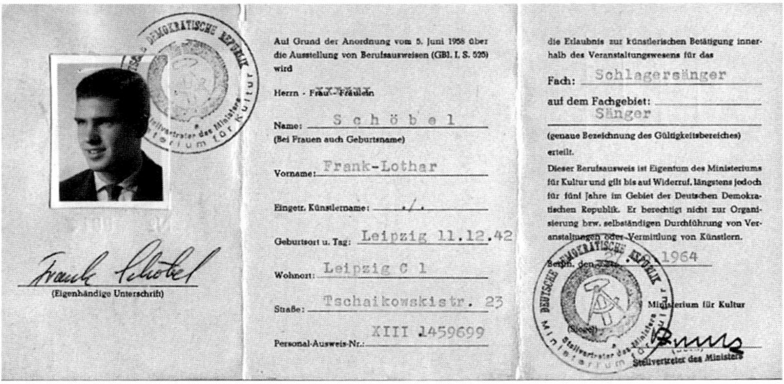

Auf Grund der Anordnung vom 5. Juni 1958 über die Ausstellung von Berufsausweisen (GBl. I. S. 520) wird

Herrn - Frau - Fräulein

Name: S c h ö b e l

(Bei Frauen auch Geburtsname)

Vorname: Frank-Lothar

Eingetr. Künstlername: ./.

Geburtsort u. Tag: Leipzig 11.12.42

Wohnort: Leipzig C 1

Straße: Tschaikowskistr. 23

Personal-Ausweis-Nr.: XIII 1459699

die Erlaubnis zur künstlerischen Betätigung innerhalb des Veranstaltungswesens für das

Fach: Schlagersänger

auf dem Fachgebiet: Sänger

(genaue Bezeichnung des Gültigkeitsbereiches)

erteilt.

Dieser Berufsausweis ist Eigentum des Ministeriums für Kultur und gilt bis auf Widerruf, längstens jedoch für fünf Jahre im Gebiet der Deutschen Demokratischen Republik. Er berechtigt nicht zur Organisierung bzw. selbständigen Durchführung von Veranstaltungen oder Vermittlung von Künstlern.

Berlin, den 27. [illegible] 1964

Ministerium für Kultur

(Siegel)

Stellvertreter des Ministers

Frank Schöbel

(Eigenhändige Unterschrift)

Berufsausweis

Die ersten Autogrammkarten

Chris und Frank, 1967

er auch mich. Ich war fünf Minuten auf Toilette, da sollte ich was mit seiner Frau gehabt haben! Nun reicht's aber, dachte ich. Bei der nächsten Kuß–Szene, als er mir erklärte, so und so mußt du das machen, hab ich mich stur gestellt: »Die kannste alleene küssen!« Ich wollte nicht. Widerwillig hab ich's dann irgendwie gemacht. Auch einzelne Sätze, die mir zu zickig erschienen, die kein Mensch so sagt, hab ich anders ausgedrückt. Seemann ließ mich am Ende in dem ganzen Film synchronisieren, damit er seine doofen Sprüche durchsetzen konnte. Ich bekam die Stimme von Ingolf Gorges. Wenn ich den Film heute sehe: O Gott, und noch dazu 'ne fremde Stimme ... Ist schon ein blödes Gefühl.

Chris sang einige Parts von Traudl Kulikowsky, die sie dann im Film playbackte.

Eine angenehme Erinnerung: Einige Drehaufnahmen waren in Ungarn, Budapest – ich fuhr gerne nach Ungarn. Dort drehten wir eine Szene mit einem Pferd.

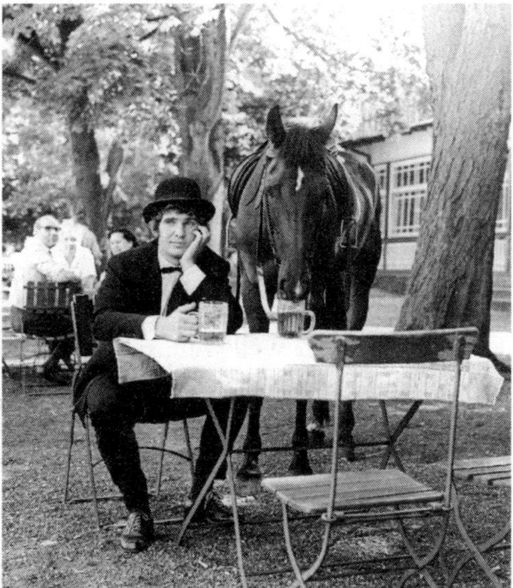

Ich mag Pferde, leider saufen sie uns alles weg!

Ich mußte von hinten aufspringen, es sollte scheuen. Da das gute Tier schon über 16 Jahre alt war – es war mal ein Rennpferd, was es aber völlig vergessen haben muß –, ging bei ihm überhaupt nichts. Es stand völlig ruhig und lieb. Ich mußte es beim Draufspringen leider in die Seite treten, damit es sich überhaupt ein bissel bewegte. Bei der zehnten oder zwölften Aufnahme flog ich unglücklich mit dem Steiß direkt auf einen Pflasterstein. Ich glaube, daß ich mir da die Bandscheiben kaputtgemacht habe. Schönen Dank auch, Herr Regisseur.

Es gab etwas Positives: am 18. August bekam ich – nach nur zwei Wartejahren – einen Fernsprechanschluß. Kannst Du Dir das vorstellen? – Ich bekam Telefon! Unglaublich in der damaligen Zeit.

Es war Ende August, und Chris im 3. Monat schwanger. Wir überlegen: heiraten wir, heiraten wir nicht. Wir wollen's beide nicht so recht, aber wir sagen dann doch Ja.

Der Hochzeitstermin war am 19. September im Lichtenberger Standesamt. Mit dabei ihre Eltern, Hildegard und Hermann, sowie meine Mutter. Wir waren fünf Personen, liefen nach dem Jawort bei herrlichem Sonnenschein die Karl-Marx-Allee in Richtung Alex hoch und gingen im »Haus Budapest« essen. Szegediner Gulasch. Das war eigentlich alles.

Den Ring habe ich tatsächlich nur kurz aufgesetzt, er drückte mich und nervte. Ich trage auch heute höchst selten eine Uhr, weil mich jeder Schmuck irre macht.

Aber ein Kind war unterwegs, und Chris hatte keine Zuzugsgenehmigung nach Berlin. Wenn wir verheiratet waren, konnte sie mit in der Wohnung wohnen, das war wohl noch ein weiterer Grund. Das Kind hat sie dann leider verloren.

Auch die Hochzeitsnacht fiel aus, weil ich am nächsten Morgen 6 Uhr abgeholt wurde, nach Babelsberg

fuhr und Traudl Kulikowsky heiratete. Ja, auf eine Hochzeit mehr oder weniger kam's nun ooch nich mehr an. Diesmal aber im Film, Hochzeitsnacht im Regen.

Ein paar Jahre später habe ich Chris zum Hochzeitstag eine Polin ins Bett gelegt. Hört sich gut an, was? Es war so: Mein Cousin Thomas, Onkel Herberts Sohn, verlobte sich mit einer polnischen Artistin. Die hatte eine Schwester.

Die Verlobung wurde in Berlin gefeiert, und es ist ziemlich spät geworden. Chris wollte bei der Feier nicht dabeisein. Mein Neffe fragte mich, ob ich die Schwester nicht für eine Nacht bei uns unterbringen könnte. »Ja, geht schon irgendwie. Klar. Aber ...«, sagte ich, »... die Leute denken dann, ich hätte 'ne Freundin. Sag ihr bitte, ich kann ja kein Polnisch, ich geh immer fünf, sechs Meter hinter oder vor ihr – wegen der Leute. Alles klar?« – »Jawohl.«

Und so machten wir's auch: ich ging auf der anderen Straßenseite, sie ging hinter mir her. Ich ging zur S-Bahn hoch, gab ihr ein Zeichen ... also eigentlich völlig beknackt. In der S-Bahn saßen wir wohl zusammen, und dann zeigte ich ihr, wo sie schlafen konnte und machte ihr das Bett.

Am nächsten Morgen ist Chris, noch bevor ich ihr was sagen konnte, nichtsahnend in das Zimmer reingerannt. Verblüfft meinte sie: »Du, da liegt jemand.« – »Ja«, sagte ich, »ich hab da eine mitgebracht«, was sich sehr cool anhörte, und dann mußten wir einfach beide lachen.

Neben den Dreharbeiten zum Film »Hochzeitsnacht im Regen« war ich zum zweiten Mal im Friedrichstadtpalast. Der Direktor – Weltstadtvarieté – stand im Logo, schrieb:

FRIEDRICHSTADT PALAST WELTSTADTVARIETE

Der Direktor

Berlin, den 11. Oktober 66

Lieber Herr Schöbel,

Ihnen gilt mein besonderer Dank, da Sie unter den schwierigsten Umständen in den Palast Ihren Einzug gehalten haben.
Nicht nur, daß die Probenzeit an sich schon sehr kurz war, kamen noch die Dreharbeiten bei der DEFA für Sie hinzu, und Sie hatten daher die geringste Zeit, in das Programm einzusteigen.
Ich habe Sie bewundert, mit welchem Mut und welcher Jungenhaftigkeit Sie ohne große Sorgen in das Palastical hineinsprangen.

Auch für Ihre gute Interpretation der Schlager möchte ich Ihnen Dank sagen und für den gestrigen Abend, an dem Sie trotz Arbeit bei der DEFA noch anschließend in den Rundbau am Alexanderplatz kamen.

Ich hoffe, daß wir uns in der relativ langen Zeit, die wir zusammen sind, zu einer großen Familie zusammenfinden.

Nochmals meinen recht herzlichen Dank und toi-toi-toi für die weiteren Wochen im Palast

Ihr Wolfgang E. Struck
(Wolfgang E.Struck)
Direktor

BERLIN N 4 · AM ZIRKUS 1 · TELEFON 425501 · TELEGRAMM FRIEDRICHSTADTPALAST

Das Jahr ging auf Weihnachten zu. Zum Fest schickte mir mein Leipziger Fan und Freund Herbert Stassig regelmäßig ein Päckchen. Wir telefonierten auch hin und wieder. Er war Eisenbahner und im Stellwerk tätig. Wenn im Stellwerk Loks standen, hielt er das Telefon zum Fenster raus und ließ sie alle kräftig hupen. »Ich soll dich schön grüßen! ... Huuuup, Huuuup, Huuuu-

up ...« In diesem Jahr hatte er sich was Verrücktes ausgedacht: er schickte mir ... na, wart mal. Wir waren über Weihnachten verreist, vielleicht bei meiner Mutti oder bei Chris' Eltern, ich weiß es nicht mehr. Kaum zurück, bekam ich einen Anruf von der Post: »Herr Schöbel, Sie müssen unbedingt herkommen. Es liegt ein Paket für Sie bereit. Wir halten es nicht mehr aus. Es stinkt wie die Hölle!« Ich holte das Paket ab. Herbert hatte uns einen Hasen geschickt, und der war nicht nur tot, sondern fast schon wieder lebendig. Den Rest muß ich Dir wohl nicht erzählen.

Schlagerwettbewerb 67

Es brach das »Lieb mich so, wie dein Herz es mag«-Jahr an. Am 7. Januar 1967, ich sagte es schon, beim Neujahrsempfang, fand die »Wiedervereinigung« statt: Ich war wieder salonfähig.

Am 26. Januar sahen Chris und ich Udo Jürgens im Berliner Friedrichstadtpalast. Ich weiß noch, daß ich ziemlich eifersüchtig war, weil sie ... ja ... ihn so anhimmelte. Das war mir nicht angenehm, aber er war auch wirklich gut! Ich dachte: O Gott, da is noch 'n weiter Weg vor dir.

Es war die Zeit, als die Champignon-Creme-Suppe zum Beispiel 1,35 Mark kostete – MdN, Mark deutscher Notenbank, wie die Ostmark damals hieß –, eine echte Ochsenschwanzsuppe mit Brötchen 2,25 Mark, Forelle Müllerin mit Orangenbutter und China-Salat und Schwenkkartoffeln nach Größe – also um die 6 Mark. Das Teuerste war ein Entrecôte, doppelt, »bordelaise« mit gemischtem Salat, Pommes und verschiedenem Gemüse: 14,85 Mark. Warme Küche gab es allerdings nur bis 14.30 Uhr, dann war Schluß. Und das

Ganze im »Carola–Hotel« in Karl–Marx–Stadt, Preisstufe III.

Es war aber auch die Zeit, als die kulturellen Aufpasser für eine saubere Tanz– und Unterhaltungsmusik Befehle gaben. So ist zu lesen: »Das Zentralkomitee und die Kulturkonferenz der SED lenkten unsere Aufmerksamkeit auf das Gebiet der Unterhaltungs– und Tanzmusik. Durch eine gründliche Untersuchung im Bezirk Dresden, verbunden mit der Beurteilung einer Vielzahl von Ensembles, zahlreichen Einzelaussprachen mit Musikern, Kapellenleiterberatungen und Veröffentlichungen in der ›SZ‹ (Sächsische Zeitung) – bemühen sich die Abteilungen für Kultur im Staatsapparat und die Gewerkschaft Kunst unter Einbeziehung breiter Bevölkerungsschichten um eine andere, lebensbejahende Unterhaltungs- und Tanzmusik.

Nach langem Bemühen, die Flut der dekadenten westlichen Schlager einzudämmen, wurde klar, daß eine schnelle Veränderung der Situation nur dann möglich ist, wenn gesetzliche Maßnahmen diese Aufgabe mit unterstützen. Aus diesem Grund wurde am 18. Januar 1958 die »Anordnung über die Programmgestaltung bei der Unterhaltungs- und Tanzmusik« erlassen. Sie bestimmt, daß bei Darbietungen der Unterhaltungs- und Tanzmusik mindestens 60 Prozent der aufgeführten Werke von Komponisten aus der DDR, der SU und den anderen sozialistischen Ländern sein müssen. Bei Überschreitung – und die Kontrollen der Programmfolgen durch die AWA stellen das sehr schnell fest – wird der Kapellenleiter, unter bestimmten Voraussetzungen auch der Veranstalter, zur Verantwortung gezogen.

Diese Verordnung beschränkt nicht das berechtigte Bedürfnis nach temperamentvoller, heiterer Unterhaltung. Sie bekämpft die hemmungslose Hingabe an schreiende Dissonanzen und sich überschlagende

Rhythmen westlicher Tanzmusik, einer in Hysterie und falscher ›Lebensfreude‹ machenden ›Musik‹, die wir auch noch mit mehreren Millionen D-Mark im Jahr den betreffenden – na, nennen wir sie Komponisten – bezahlen müssen.«

Ja, und dann wurde munter draufloskontrolliert, ob man die 60/40-Mischung auch hübsch einhielt. Unter anderem bekam Uve Schikora einen Ordnungs–Strafbescheid, auch Jürgen Diesner, der später mein Bassist wurde.

»Irrsinn ist nicht Frohsinn« – unter dieser Überschrift las man »... nach wie vor bleibt das Überzeugen der wichtigste Teil unserer Erziehungsarbeit. Aus diesem Grund sollten sich die ständigen Kommissionen für Kultur der Gemeinden, Städte und Kreise mit diesem Problem besonders beschäftigen und unmittelbar an Ort und Stelle helfend eingreifen.« – das meinte nichts anderes, als Prozente zählen und die Musiker verzinken.

Es war Januar, Februar, ich saß am Piano und schrieb ein Lied für den Schlagerwettbewerb. Chris wusch in der Küche ab und sang so ganz nebenbei die zweite Stimme mit; ich sprang in die Küche und sagte: »Mensch, da kann man doch ein Duett draus machen!«

Dieter Schneider schrieb den Text, und so war das Lied »Lieb mich so, wie dein Herz es mag« geboren. Man mußte das Ganze einsenden zum Notar, Dr. Glücksmann. Und es war auch ein Glück für mich, daß ich in die Jury berufen wurde. Man durfte zwar bei seinem eigenen Titel nicht werten, aber meine Kollegen Helga Brauer und Peter Wieland, die neben mir saßen, fragten: »Ist das dein Titel?« Ich nickte, und sie gaben mir etwas höhere Noten. Vielleicht wäre das Lied ohne sie sogar rausgeflogen? Es waren zwar 30 Juroren, trotzdem denke ich, ich habe es den beiden zu verdanken, daß ich mit der Komposition überhaupt im

Wettbewerb war. Alle Lieder wurden von Hajo Fiebig am Klavier vorgetragen, er sang sie auch selber. Stell Dir vor, wir hörten 300 Lieder am Tag, also knapp an die 900 Lieder in den drei Tagen des Vorausscheids. So liebevoll das Hajo Fiebig auch machte, irgendwann klappt man seine Ohren zu. Gerade bei einem sehr einfachen Lied können dann schon mal die verdienten Punkte ausbleiben.

Am 21. Juni war es dann soweit. In Magdeburg lief der Schlagerwettbewerb. Wir gewannen vor einem Publikum, das uns wirklich enthusiastisch feierte. Wir mußten unser Lied ein- oder zweimal wiederholen, es gab Taktapplaus. Das ist schon selten, wenn man einen neuen Titel vorstellt und gleich so bei den Leuten ankommt! Für uns war dieser Sieg ein unheimlicher Schub und wichtig für unseren weiteren künstlerischen Weg.

Vorher, am 10. Mai, hatte es im Kino INTERNATIONAL in Berlin die Pressevorführung »Hochzeitsnacht im Regen« gegeben. Ich mochte diesen Film nicht und habe die Vorführung über mich ergehen lassen. Die Leute reagierten trotzdem toll. Ich glaube, sie haben gar nicht gemerkt, was sie da vorgesetzt bekamen. Decken wir den Mantel des Schweigens darüber.

Popularitätszuschlag und Staatszirkus

Pfingsten 1967, auf der Küchwaldwiese in Chemnitz – damals hieß es Karl-Marx-Stadt –, war die Hölle los. Ich sang mit »Team 4« die beiden Titel »Wahrheit« und »Es gibt nicht nur dich auf der Welt«. Danach habe ich zwei oder sogar drei Stunden Autogramme geschrieben. Einen solchen Auftritt, bei dem die Massen wahrhaft tobten, hatte ich bis dahin noch nicht erlebt.

Ich war mit meiner bestandenen Berufsausweisprüfung von 64 immer noch in der Kategorie B, was jetzt der Leistungsgruppe 2 entsprach. Später kam ich in die 1, aber erstmal beantragte ich einen »Popularitätszuschlag« – den gab es, und er hieß tatsächlich so.

Ich wollte nicht noch einmal eine Prüfung ablegen. Stell Dir vor, man hat einen schlechten Tag und wird runtergestuft, nee, nee. Ich schrieb ans Ministerium für Kultur, an Herrn Hösch: »Habe Ihre Einladung vom 20.4.67 dankend erhalten, möchte Ihnen jedoch hierzu folgendes mitteilen: Ich hatte seinerzeit erfahren, daß Herr Martens« – das war der künstlerische Leiter vom Friedrichstadtpalast – »einen Antrag auf Erhöhung meiner Leistungsstufe gestellt hatte. Habe mich dann diesbezüglich auf Anraten von Herrn Martens bei Herrn Stobbe danach erkundigt in der Annahme, daß dem Antrag auch ohne nochmaliges Vorarbeiten stattgegeben wird. Deshalb habe ich auch persönlich keinen Antrag gestellt. Im Gegenteil. Ich wurde von anderer Seite darauf aufmerksam gemacht. Es ist mir zwar etwas peinlich, meine Leistung an die große Glocke zu hängen, aber in diesem Falle muß ich es wohl tun. Seit '66 komponiere und texte ich selbst, sowohl für mich, als auch für Kollegen.« Das ist richtig. Ich schrieb damals für Christian Schaffrig ein Lied, für Rica Deus, dann viel für Chris, später auch für Aurora. Auch für Horst Krüger, es kam sogar im Westen raus, einen Walzer, den wahrscheinlich kein Mensch mehr kennt. Dann ein Lied für Karel Gott, auch mal einen Titel für Thomas Lück und Hans-Jürgen Beyer. Weiter im Brief: »Als – ich glaube einziger Schlagersänger – habe ich einen DEFA-Festvertrag mit Schauspielunterricht und Sprecherziehung. Bisherige Filme: ›Reise ins Ehebett‹, ›Hochzeitsnacht im Regen‹, in Vorbereitung: ›Heißer Sommer.‹ In den beiden letzten die Hauptrolle. Gesangsunterricht, den ich selbst tra-

gen muß, läuft sowieso weiter. Außerdem können Sie sich an den Spitzenparaden seit 1964 orientieren. Nur nützt mir meine anhaltende Popularität mit meiner derzeitigen Einstufung nichts. Im Gegenteil: ich habe noch außer den üblichen Ausgaben (Arrangements etc.) entschieden mehr Autogrammpost zu beantworten – täglich kommen ca. 200 Briefe. 5000 Bilder kosten etwa 500 bis 600 Mark. 100 000 Briefe sind noch unbeantwortet im Keller. Sollte ich Ihrer Meinung nach meine Ansprüche zwecks höherer Einstufung ohne vorzuarbeiten zu hoch gesteckt haben, so würde ich Sie herzlich bitten, mich nicht von amtswegen zu belangen.« – Was das heißen soll, weiß ich auch nicht. In Klammern schrieb ich, freundlich gemeint: »In Erwartung Ihrer positiven Antwort verbleibe ich mit

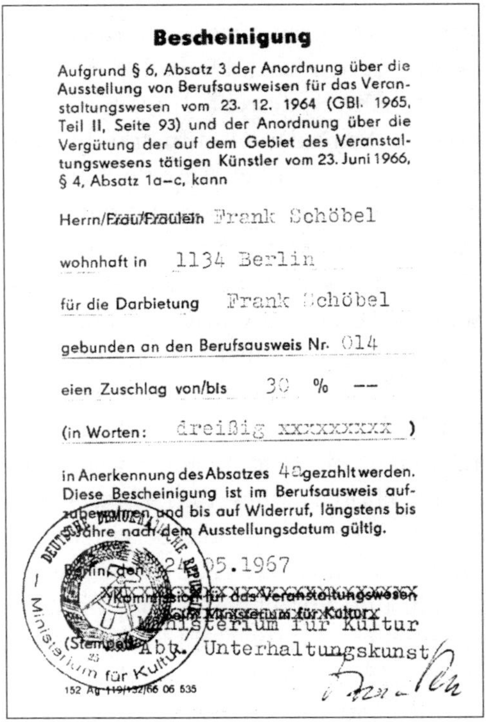

Bescheinigung

Aufgrund § 6, Absatz 3 der Anordnung über die Ausstellung von Berufsausweisen für das Veranstaltungswesen vom 23. 12. 1964 (GBl. 1965, Teil II, Seite 93) und der Anordnung über die Vergütung der auf dem Gebiet des Veranstaltungswesens tätigen Künstler vom 23. Juni 1966, § 4, Absatz 1a–c, kann

Herrn/~~Frau/Fräulein~~ Frank Schöbel

wohnhaft in 1134 Berlin

für die Darbietung Frank Schöbel

gebunden an den Berufsausweis Nr. 014

eien Zuschlag von/bis 30 % --

(in Worten: dreißig xxxxxxxxx)

in Anerkennung des Absatzes 4a gezahlt werden. Diese Bescheinigung ist im Berufsausweis aufzubewahren und bis auf Widerruf, längstens bis 3 Jahre nach dem Ausstellungsdatum gültig.

Berlin, den 24.05.1967

~~Kommission für das Veranstaltungswesen beim Ministerium für Kultur~~

Ministerium für Kultur
Abt. Unterhaltungskunst

(Stempel)

152 Ag 119/132/66 06 535

herzlichen Grüßen ...« Was soll ich Dir sagen: es klappte. Am 24.5.1967 kam die Bescheinigung: »Aufgrund § 6, Absatz 3 ...« – auf jeden Fall bekam ich einen Zuschlag von 30 Prozent auf das Honorar. Nicht schlecht, ne?

Wenn mir etwas mißlang, konnte ich immer am besten beim Fußballspielen Dampf ablassen. Mein Freund Fred Schulze – ich nannte ihn Sheriff, er war bei der Polizei – wohnte bei mir gegenüber. Er spielte bei Dynamo Friedrichshain und nahm mich einfach mit. Ich konnte kommen, wann ich eben Zeit hatte; ging es mal nicht, war es auch nicht so schlimm. Wir trainierten immer montags.

Ebenfalls montags, einmal im Monat, war auch das Lektorat bei AMIGA. Das lief so ab: Ich spielte einen Titel, beispielsweise »Warum lieb ich grade dich« so recht und schlecht am Klavier vor, mit dem Rücken zu einer riesengroßen Tafel, an der sämtliche Komponisten saßen, die ihre Lieder ebenfalls loswerden wollten. Heute würde man sein Lied einzig dem Produzenten vorspielen. Damals war's so, daß jeder vor jedem vorspielte. Eine ungewöhnliche Situation, in der man sich ungeheuer anstrengte, um eben nicht nur eine Person zu überzeugen, sondern auch den Kollegen keinen Grund zu geben, heimlich in sich hineinzulachen. Als ich mein Vorspiel beendet hatte, fragte mich der Chef, Herr Kähne: »Kaufen Sie auch AMIGA-Schallplatten?«

»Äh, hm äh – kaum.«

»Kennen Sie das Lied von Esther und Abi Ofarim ›Dirty old town'? – Das is es.«

O Gott, dachte ich. Er hat recht. Jedenfalls der Aufhänger, die ersten vier Takte. Naja, sowas passiert – wegschmeißen – neues Lied schreiben – kein Problem, trotzdem roter Kopf, peinlich.

Ich fuhr oft zu meiner Mutti nach Leipzig. Kaufte ihr mal 'nen Kühlschrank, 'n Fernseher, 'n Teppich. All

das, was sie sich selber nicht leisten konnte. Als ich zu Hause war, schmissen wir 400 Mark so aus Übermut in die Luft und lachten. »Weil wir's können«, rief Mama. Ich glaube, sie war 'n bißchen stolz auf mich. Ich schrieb ihr relativ oft, obwohl ich nicht gerne schreibe. Ich würde lieber alles mit Reden und Telefonieren erledigen.

Daß meine Mutti und Chris nicht gerade ein Herz und eine Seele waren, liest man aus ihrem Tagebuch heraus: »... Zu ›Lieb mich so, wie dein Herz es mag‹ waren beide gut aufeinander abgestimmt: mit gleicher Kleidung, guten Bewegungen und natürlich mit guter Interpretation machten sie den 1. Platz. Es war direkt aufregend. Lothar schreibt heute nicht immer ehrlich. Er stellt Chris immer in ein gutes Licht. Ich verstehe das: er konnte nie jemanden schlecht machen. Aber sie hat die liebenswerte Art von Lothar nicht verdient ...« Naja, das war ihre Meinung. Ich habe das ganz anders gesehen, denn ich war verliebt.

Zu dieser Zeit nahm ich Anlauf, die Fahrprüfung zu machen. Und zwar bei der GST, der Gesellschaft für Sport und Technik, mit einer AWO-Sport. Die Prüfung begann, ich fuhr los, jemand saß auf dem Sozius. Irgendwie gab ich zuviel Gas. Das Motorrad ging vorne hoch, ich fuhr auf dem Hinterrad, immerhin ungefähr 50 Meter, was ich damals für eine beachtliche Leistung hielt. Ich raste auf ein parkendes Auto zu, hab im letzten Moment meinen Oberkörper auf den Lenker geworfen. Auf die Idee, das Gas wegzunehmen, kam ich gar nicht. Das Motorrad plumpste nach unten, ich kriegte gerade noch die Kurve. Der Fahrlehrer ließ mich sofort absteigen, lächelte finster und gab mir die Adresse vom Staatszirkus. Das war's.

Heißer Sommer

Am 12. Juli begannen die Tanzproben im Berliner Friedrichstadtpalast zu »Heißer Sommer«.

Ich hatte vom DEFA-Studio für Spielfilme die Bestätigung bekommen, daß der mit mir geschlossene Vertrag vom 20.11.1965 um ein Jahr, genau vom 1.8.67 bis 31.7.68 verlängert wurde. Der Vertrag sah vor, daß ich 39 Drehtage im Jahr abzuleisten hatte, und 900 Mark brutto pro Monat bekam. Für jeden weiteren Drehtag verdiente ich zusätzlich eine Gage von 300 Mark. Das war sehr viel für einen Mann, der ja gar kein Schauspieler war.

BA 1202839

VEB DEFA Studio für Spielfilme

Schöbel
Familienname

Frank
Vorname

11.12.42
geboren am

XIII 0342148
PA-Nr.

Schauspieler
Tätigkeit

Unterschrift d. Ausweis-Inhabers

Betriebs- oder Kaderleiter

I/65 | II/65 | I/66 | II/66 | I/67 | II/67 | I/68 | II/68

Wir drehten »Heißer Sommer« ab Juli. Es war tatsächlich ein heißer Sommer – auch dahingehend, daß wir, Chris und ich – ich sag mal – unser Kind vorbereiteten. In Stralsund. Wir schliefen privat am Störtebeckerufer 13. Chris wollte zu diesem Zeitpunkt kein Kind, aber der Junge hatte sich längst entschieden. Wir inzwischen auch.

Sie war im dritten Monat, das war für sie nicht ungefährlich, da wir in einer Szene von einem fahrenden Zug springen mußten, und das bestimmt acht- bis zehnmal.

Wieder war Jo Hasler unser Regisseur. Mit viel Liebe, wie ein Papa, führte er uns. Sie spielte »Stupsi« in dem Film. Ich »Kai«. Aber ein richtiges Happy–End gab's schon da nicht. Ich sollte eigentlich auf Britt »scharf« sein, also auf Regine Albrecht, die eine sehr freundliche Kollegin war. Ich hatte eine Kußszene mit ihr, Chris war eifersüchtig, klar, verstehe ich. Aber zur Eifersucht gab ich ihr wirklich keinen Grund, nicht mal im Verborgensten dachte ich an eine andere Frau. Durch diese Spannung war ich leider nicht sehr offen zu den anderen Kolleginnen, so wie ich eigentlich bin, sondern eher ein bißchen zurückhaltend.

Ein schwarzer Tag für die Roten Gitarren

Im Sommer 1967 machte die Künstleragentur der DDR einen Vorvertrag mit mir für eine Sowjetunion-Tournee, die vom 15. November bis 15. Dezember stattfinden sollte. Ich fuhr mit dem Orchester Günter Gollasch hin. Es war meine erste Tour durch dieses riesengroße Land.

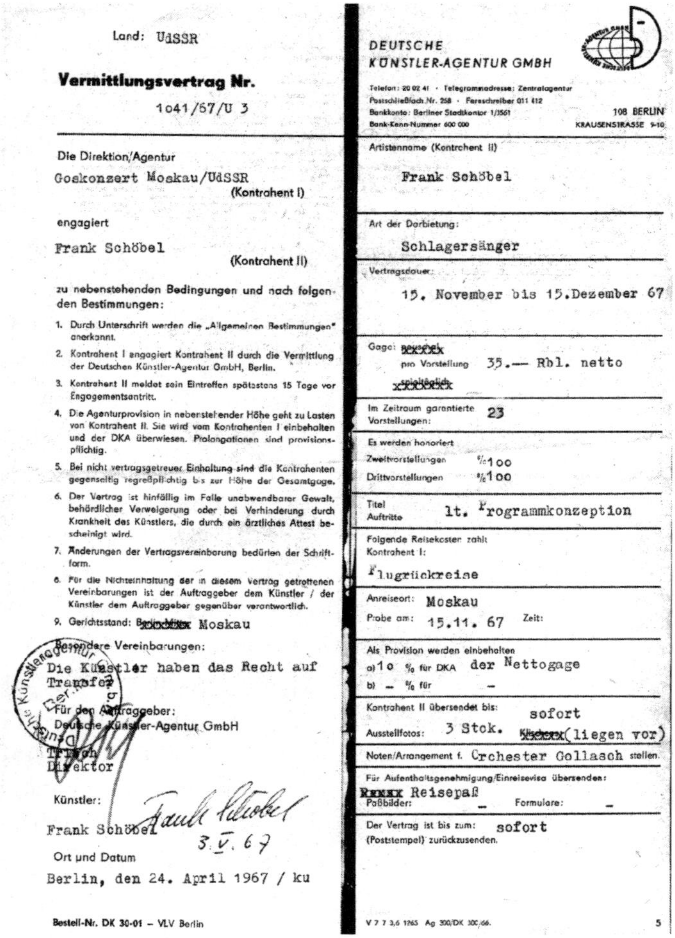

Land: UdSSR

Vermittlungsvertrag Nr.
1041/67/U 3

Die Direktion/Agentur
Goskonzert Moskau/UdSSR
(Kontrahent I)

engagiert

Frank Schöbel
(Kontrahent II)

zu nebenstehenden Bedingungen und nach folgenden Bestimmungen:

1. Durch Unterschrift werden die „Allgemeinen Bestimmungen“ anerkannt.
2. Kontrahent I engagiert Kontrahent II durch die Vermittlung der Deutschen Künstler-Agentur GmbH, Berlin.
3. Kontrahent II meldet sein Eintreffen spätestens 15 Tage vor Engagementsantritt.
4. Die Agenturprovision in nebenstehender Höhe geht zu Lasten von Kontrahent II. Sie wird vom Kontrahenten I einbehalten und der DKA überwiesen. Prolongationen sind provisionspflichtig.
5. Bei nicht vertragsgetreuer Einhaltung sind die Kontrahenten gegenseitig regreßpflichtig bis zur Höhe der Gesamtgage.
6. Der Vertrag ist hinfällig im Falle unabwendbarer Gewalt, behördlicher Verweigerung oder bei Verhinderung durch Krankheit des Künstlers, die durch ein ärztliches Attest bescheinigt wird.
7. Änderungen der Vertragsvereinbarung bedürfen der Schriftform.
8. Für die Nichteinhaltung der in diesem Vertrag getroffenen Vereinbarungen ist der Auftraggeber dem Künstler / der Künstler dem Auftraggeber gegenüber verantwortlich.
9. Gerichtsstand: ~~Berlin-Mitte~~ Moskau

Besondere Vereinbarungen:
Die Künstler haben das Recht auf Transfer

Für den Auftraggeber:
Deutsche Künstler-Agentur GmbH
Trisch
Direktor

Künstler:
Frank Schöbel
3. V. 67

Ort und Datum
Berlin, den 24. April 1967 / ku

Bestell-Nr. DK 30-01 – VLV Berlin

DEUTSCHE KÜNSTLER-AGENTUR GMBH
Telefon: 20 02 41 · Telegrammadresse: Zentralagentur
Postschließfach Nr. 258 · Fernschreiber 011 412
Bankkonto: Berliner Stadtkontor 1/3561
Bank-Kenn-Nummer 600 000
108 BERLIN
KRAUSENSTRASSE 9-10

Artistenname (Kontrahent II)
Frank Schöbel

Art der Darbietung:
Schlagersänger

Vertragsdauer:
15. November bis 15. Dezember 67

Gage: ~~pauschal~~
pro Vorstellung 35.— Rbl. netto
~~spieltäglich~~

Im Zeitraum garantierte Vorstellungen: 23

Es werden honoriert
Zweitvorstellungen %100
Drittvorstellungen %100

Titel Auftritte lt. Programmkonzeption

Folgende Reisekosten zahlt Kontrahent I:
Flugrückreise

Anreiseort: Moskau
Probe am: 15. 11. 67 Zeit:

Als Provision werden einbehalten
a) 10 % für DKA der Nettogage
b) – % für –

Kontrahent II übersendet bis: sofort
Ausstellfotos: 3 Stck. ~~Klischees~~ (liegen vor)
Noten/Arrangement f. Orchester Gollasch stellen.

Für Aufenthaltsgenehmigung/Einreisevisa übersenden:
Reisepaß
Paßbilder: – Formulare: –

Der Vertrag ist bis zum: sofort
(Poststempel) zurückzusenden.

V 7 7 3,6 1265 Ag 300/DK 300/66. 5

Wir starteten in Tallin, fingen also im Norden an, Riga, Leningrad sowieso, Tula – das ist 500 Kilometer südlich von Moskau. Wir saßen oft nur in unseren Hotelzimmern, die auch nicht die besten waren. In die Stadt zu gehen, war langweilig. Es gab – Leningrad und Moskau ausgenommen – kaum was zu sehen und zu kaufen. Eigentlich nur Sekt – Schampanskoje – und an Gemüse Möhren, die waren aber meist schon schwärzlich, Weißkraut und Kartoffeln. In Einweckgläsern vielleicht sogar mal Kirschen, das war alles. Einen größeren Gegensatz zu dieser Tristesse und dem, was wir an landschaftlichen und baulichen Schönheiten zu sehen bekamen, kannst Du Dir nicht vorstellen. Wir fuhren runter nach Kiew, Odessa, in den Kaukasus, in die Berge, sahen auch das Schwarze Meer, Palmen, Basare und vor allem Suchumi ...

In Suchumi hatte ich meine erste Wanze. Ich wußte nicht, was das ist. Und die Wanze ging genau in die Gegend, wo ich es überhaupt nicht gern habe. Da lasse ich nur Wasser und meine Freundin hin, wenn Du weißt, wo ich meine.

Wir bretterten mit einem Auto durch die Berge. Ich hatte schon zweimal mit meinem Leben abgeschlossen. Der sonst nette Fahrer fuhr wie ein Henker durch die Serpentinen. Links die Bergwand, und rechts ging's steil nach unten. Ich danke meinem Chef – manche nennen ihn auch »Gott«, ich sage »Chef« zu ihm –, daß er mich da lebend durchgeführt hat.

Ein Dreiviertel der Tour lag schon hinter uns, als Chris per Flugzeug zu uns stieß. Die Band fuhr mit dem Bus, und wir, Christel Schulze, Chris und ich, mit dem Zug von Suchumi nach Kutaisi und weiter nach Tbilissi. Wir wurden im Schlafwagen mit dem Schrei des Schaffners »Tbilisssiiii, Towarischi, Tbilisssiii« geweckt.

In Tbilissi sollten wir eine Fernsehsendung haben.

Was im Vorfeld ablief, spottete jeder Beschreibung. Sie stellten überall Mikrofone in den Raum, und nicht etwa eins vors Schlagzeug, eins vor die Gitarre, den Baß etc., nein, nur ein Mikro vor die Band und einige in den Saal. Der Sänger bekam überhaupt keins, der sollte gefälligst so laut singen, wie er konnte. Und das war dann die Fernsehübertragung. »Hej«, sagte ich, »wie soll das denn klingen? Nee, das mach ich nicht mit.« Zwar regte sich die ganze Band auf, aber keiner wagte, etwas zu sagen. Es waren irgendwelche DDR-Kulturtage, ein Minister oder Stellvertreter war anwesend. Die Musiker redeten auf mich ein: »Mensch, sag doch mal was ... wir dürfen nicht, wir sind nur Angestellte des Rundfunks ... wir kriegen kein Geld extra!« Wir zwar auch nicht, aber ... Ich habe mich dann in der Garderobe eingeschlossen, bin einfach nicht aus der Tür gegangen. »Nee, ich mach die Sendung so nicht.«

Das Mikrofon für die Sänger wurde schließlich noch ausgehandelt. Günter Gollasch, vor der Tür stehend, rief: »Komm jetzt raus, Schöbel.«

Ich erklärte den Unmut aller. Später ging ein Bericht nach Berlin, und letztlich blieb das so'n bißchen an mir hängen. Schöbel hat sich mal wieder aufgeregt. In solchem Fall konnte man nur hoffen, daß einem kein Strick draus gedreht wurde und ich nicht mit Behinderungen im Fernsehen oder Radio rechnen mußte.

Von Tbilissi fuhren wir nach Jerewan, zum Teil durch die Wüste.

Stell Dir vor, im Zug gab es keine Toilette. Eine Kollegin mußte, und Chris gab mir ihren großen Wintermantel. Wir gingen zum Ende unseres Waggons, denn die Übergänge von Waggon zu Waggon waren nicht abgedichtet, sondern nach unten offen. Du konntest die Gleise sehen. Ich hielt den Mantel so davor, daß sie konnte ... naja, geht doch.

Wir sahen Dinge, die wir nicht erwarteten. Im Lan-

de des großen sozialistischen Bruders: Menschen, die bettelten. Frauen hielten ihre kleinen Kinder hoch, deren Füße völlig erfroren waren, ein alter Mann rutschte auf seinen Beinstümpfen den Gang lang. Ich deutete Chris an, bitte sieh nach draußen. Sie war im fünften Monat, und ich wollte nicht, daß sie solch ein Anblick schockierte.

Jerewan ist geographisch am A... der Welt, wenn Du so willst. Aber es ist ungeheuer beeindruckend, bei Sonnenaufgang durch die Wüste zu fahren. Als wir ankamen, sahen wir tatsächlich den Berg Ararat; Du kennst ihn aus der biblischen Geschichte, und dann steht er da so einfach rum ... Ich war fasziniert. Man sagte uns, daß er sich nicht auf dem Gebiet der Sowjetunion befindet, sondern auf türkischer Seite. Unser Dolmetscher erzählte die Geschichte über eine amtliche Anfrage der türkischen Regierung, die Armenier sollten den Berg Ararat aus ihrem Wappen nehmen, er gehöre ihnen ja nicht mehr. Daraufhin schrieben die Armenier zurück, die Türken sollten den Halbmond aus ihrem Wappen nehmen. Er gehöre ihnen ja wohl auch nicht. Also, Humor hatten die Jungs da unten, blieb ihnen ja auch nichts walter ulbricht – (weiter übrig).

Klamottentechnisch war Jerewan eine Katastrophe. Ich hatte mir vor längerer Zeit für meine Auftritte einen lila Anzug bauen lassen. Kurze Jacke mit großen Schulterpolstern, alles in – wie gesagt – lila. O Gott. Ich fand ihn mal richtig gut, konnte ihn aber langsam nicht mehr sehen. So kamen wir auf die Idee, unsere knapp bemessenen Rubelchen etwas aufzubessern. Chris und ich stellten uns vors Hotel – das Teil provokant überm Arm. Plötzlich tauchten zwei Männer auf, deuteten uns an, in ihr Auto zu kommen, und es begann eine irre Fahrt durch die Stadt und ein Feilschen ums Geld, wie es halt im Orient üblich ist. Ich blieb stur bei 30 Ru-

beln, sie sagten irgendwann okay und fuhren uns zum Hotel zurück. Die Angst, nicht heil zurückzukommen, saß uns noch in den Knochen.

In Moskau waren wir im berühmten Hotel »Rossija« untergebracht und wurden zwar korrekt, aber etwas kühl empfangen. Der Grund? Die »Roten Gitarren«, eine der ersten Beatgruppen in Polen, die später auch bei uns Riesenerfolge feierten, wohnten zu dieser Zeit ebenfalls im »Rossija«, in der ersten Etage. Sie hatten in ihren Zimmern nach Abhörwanzen gesucht, den Teppich hochgenommen und waren auf irgendwelche Schrauben und Muttern gestoßen, an denen sie rumschraubten. Irgendwann soll der Riesenkronleuchter im Foyer runtergekracht sein. Sonst ist zum Glück nichts passiert. Könnte von mir sein, aber: ein schwarzer Tag für die Roten Gitarren.

Sechsundzwanzig Veranstaltungen hatten wir auf unserer einmonatigen Tournee, das waren manchmal zwei und sogar drei Auftritte am Tag, denn dazwischen lagen ja die Flüge und Fahrten, und ein paar freie Tage hatten wir auch. Am 15.12. ging es zurück nach Berlin.

Dort erwartete mich noch eine kleine Ehrung. Die Redaktion »Tanzmusik« des Berliner Rundfunks verlieh mir das »Goldene Mikrofon 1967« für zig erste Plätze in der Sendung »Schlagerbriefkasten«. So lange der »Briefkasten« bestand, erhielt ich drei goldene und zwei silberne Mikrofone, die noch heute bei mir im Regal stehen (wart mal, habe ich überhaupt ’n Regal?)

Sich regen bringt Sägen

Es folgte das »Nimm die Gitarre«-Jahr, 1968, das Jahr, in dem ich Klaus Lenz, Uve Schikora und Günther Fischer kennenlernte.

Chris wurde – logischerweise – immer dicker, genauer gesagt, nicht sie, sondern unser Sohn.

Im Februar fuhren wir das erste Mal richtig in Urlaub, und zwar vom 12. bis 26.2. nach Bärenhecke. Das ist im Osterzgebirge. Wir bekamen im Gasthof Zimmermann vom Meister selbst und seiner Frau das Hochzeitszimmer zugewiesen, wo uns morgens der feine Geruch der Brotfabrik in die Nase zog, die gleich neben dem Gasthof stand.

Mit Herrn Zimmermann und seiner Frau hatten wir sofort ein Verhältnis, als würden wir uns schon tausend Jahre kennen. Er hatte immer solch ein rotes Mützchen auf, ein Schwein im Stall, das er »Franz-Josef« nannte und dem er auch das eine oder andere Bierchen spendierte, dazu sein Trinkspruch: »Des Morgens schmeckt ein Schnabus gut, desgleichen auch Mittage, nachmittags er nichts schaden tut, ist am Abend keine Frage.« Na, wenn das so ist, dann prost! Nicht besonders toll, aber es paßte zu ihm.

In Bärenhecke entdeckte ich meine Liebe zum Sägen. Sich regen bringt Sägen ... Ich meldete unserem lieben Gastwirt, daß oben am Berg eine große Kiefer in einer Birke hing. Der Blitz war in die Kiefer eingeschlagen (mehr in die Unterkiefer). Ich nannte meine eigene Aktion »Rettet die Birke!« So durfte ich, vom Förster abgesegnet, mit der Axt die Kiefer bearbeiten, bis die Birke nicht mehr gefährdet war. Er »schenkte« mir zum Dank noch mehrere tote Bäume. Alle standen am Hang, und ich hatte eine große Freude, wenn sie nach dem Fällen den Berg runterrammelten. Eines

meiner zweitschönsten Gefühle. Das ging dann sogar soweit, daß ich mit Jugendlichen aus dem Dorf ein Wettsägen machte.

Natürlich tobten Chris und ich auch im Wald rum. Es war ein Urlaub, wie ich ihn mir wünsche.

Eberhard macht det schon

Nach dem Urlaub fanden Proben für den Friedrichstadtpalast statt. Das Palastical hieß »Er macht det schon« mit Eberhard Cohrs. Ich konnte mich über seine Art, Witze zu erzählen, derart zerschlatzen, daß mir vor Lachen oft die Luft wegblieb. Er war für mich der größte Komiker in der DDR.

»Nimm die Gitarre« entstand für diese Produktion. Ich tanzte mit dem Ballett und Elke Riekhoff. Ein Tanz, der mehr verlangte als nur ein Bein neben das andere zu setzen und in der Gegend rumzuschnipsen. Ich kam ziemlich an meine Tanzgrenzen, auch wenn das nicht viel zu sagen hat.

Die erste Veranstaltung fand am 8. März statt. Pepi Zahl mimte einen Schnaps-Verkäufer, Susi Schuster, Gerti Möller, Horst und Benno und natürlich Eberhard Cohrs waren dabei. Ich spielte einen Flugkapitän und war für Cohrs Stichwortgeber, denn der wollte in die große Welt hinaus. Er selbst hatte das Buch geschrieben. Ich erinnere mich, als bei einer Probe ein Land gestrichen wurde, sagte der Direktor zu Cohrs: »Na, Herr Cohrs« – Wolfgang E. Struck war ziemlich groß und guckte auf den kleinen Cohrs runter – »wie kommen wir jetzt nach Mexiko? Sie haben ja das Buch geschrieben.« So in dem Ton: Nun machen Sie mal einen Vorschlag, aber beeilen Sie sich. Cohrs überlegte anderthalb Sekunden, guckte ihn groß an und rief im

schönsten Sächsisch: »Auf nach Mexiko.« Das war seine ganze Überleitung. Alles lachte.

Cohrs ließ sich damals gerade scheiden. Zwischen unseren Auftritten warteten wir in der Seitengasse. Meist waren noch zwei Putzfrauen dabei, und er erzählte scheinbar ganz normal von seiner Scheidung. Egal was er sagte, wir mußten immer lachen.

»Äh!«, schrie er, »gestern, ich hatte 'n kleenen genippelt, widder mal keene Taxe zu sehn, da hab'ch eenen von der Mülle angehaltn, weeßte, so'ne große Kehrmaschine. Ich geb ihm 'n Pfund, da hat er seine Besen hochgenommen und mich nach Hause gefahren.«

Alexander ist da!

Am 30. April 1968 kam unser Sohn Ali im Krankenhaus Kaulsdorf zur Welt, mit vollem Namen Alexander Frank Schöbel. Ich hatte zu dieser Zeit einen vereiterten Zeh, laufen fiel mir schwer, also bin ich – und das im Tiefflug – mit dem Fahrrad rausgefahren. Ich war natürlich knackestolz auf unseren Sohn, das ist doch klar. Neugeborene sehen nicht immer hübsch aus, muß ich sagen. Die Ohren hängen meist so'n bißchen, der Kopf hüpft hin und her, Sabber läuft ... Ich will nicht sagen, daß man enttäuscht ist, aber man guckt erst mal, denkt, o Gott, naja, muß man sich dran gewöhnen, der wird sicher noch. Er wurde. Und was für ein niedlicher Kerl. Leider durfte ich ihn nicht wickeln, und so hatte ich als Vater nicht ganz die enge Beziehung, die eine Mutter haben kann. Das war schade. Dazu waren wir wohl beide zu jung. Chris nahm ihre Aufgabe als Mutter so ernst, daß sie keinen ranließ. Man mußte richtig fassen, das Köpfchen halten ... und vor allen Dingen

eng wickeln ... Ich hätte es bestimmt gelernt, aber ich durfte eben nicht.

Schon vor der Geburt hatten wir überlegt, wo soll in der Einzimmerwohnung unser Sohn hin? Es wird verdammt eng. Nun war es in der DDR nicht einfach, eine Wohnung zu bekommen. Im Prinzip hatten wir ja eine. Es gab Leute, die wohnten viel schlechter. Aber wir nervten vorsichtshalber schon mal jeden, der uns vielleicht helfen konnte.

Wolfgang E. Struck schrieb einen Brief an den »Magistrat von Groß-Berlin, Herrn Stadtrat Mallickh«, in dem er erst mal aufzählte, was wir alles geleistet haben und dann bat, unsere Wohnverhältnisse zu verändern. »Ich bitte Sie daher, beim Hauptwohnungsamt zu befürworten, daß dem Sängerpaar baldigst eine Zweieinhalb-Zimmer- oder Drei-Zimmer-Neubauwohnung zugewiesen wird.« Das schrieb der Direktor des Friedrichstadtpalastes. Kann man sich heute gar nicht mehr vorstellen? Auch die DEFA, Studio für Spielfilme, Gruppe »Johannisthal«, Herr Hannemann, richtete ein Schreiben an den Stadtrat. »Wie uns bekannt ist, hat Frank Schöbel einen Antrag auf Zuweisung einer größeren Wohnung für sich und seine Familie eingereicht. Wir möchten diesen Antrag befürworten.«

Wir mußten noch über ein Jahr in der Wohnung bleiben. In einem Zimmer wohnen, schlafen, essen, den Säugling versorgen – und ich saß am Klavier und komponierte.

Wir wohnten im ersten Stock. Im Parterre, unter uns, Familie Schmidt. Eines Abends gegen 11 – Chris und ich waren in der Küche, sie wusch, ich trocknete ab –, kam Herr Schmidt volltrunken mit seiner Frau an und verpaßte den Eingang; statt d versuchte er, mit seinem Schlüssel die Tür der 53 c aufzuschließen. In seinem Zorn schrie er plötzlich los: »Schöbel, du Schwein, das hast du gemacht.« Wir guckten zum Fenster raus und

haben uns vor Lachen fast zerschlazt. Herr Schmidt hörte nicht auf zu schreien. Überall gingen Lichter an, Leute guckten aus den Fenstern. »Schöbel, du Schwein.« Dann sah er mich. Eine Nachbarin rief leise herunter: »Herr Schmidt, Herr Schmidt, Sie haben sich in der Tür geirrt.« Das kriegte er wohl noch mit, und dann hörte ich ihn wütend die Treppe raufkommen. Ich schaute durch den Spion und sah ihn mit der Axt vor der Tür stehn. Da hatte ich nun doch ganz schön Angst, nahm den Besen, verkehrt herum, Chris machte die Tür auf, und ich piekte ihm mit dem Stiel in seinen Bauch, immer wieder, und trieb ihn so langsam die Treppe runter. Er fuchtelte mit der Axt rum, ich sah mich schon mit dem Ding im Kopf und dachte, hej, »Wild-Ost«, aber er hat sie nicht geworfen, rief nur: »Schöbel, du Schwein, ich kenne alle deine Lieder, du bist ein großer Stümper. Weißte, was du bist? Du bist ein Westberliner.« Das war für ihn wahrscheinlich das schlimmste Schimpfwort.

Diesen Satz habe ich damals all meinen Freunden erzählt. Wenn wir uns treffen, heißt es heute immer noch: »Schöbel, du Schwein, ich kenne alle deine Lieder, du bist ein großer Stümper.«

Später, in meiner Stasi-Akte, fand ich einen Bericht von Frau Schmidt, die sich ihren ganzen Frust von der Seele schrieb. Aber damit muß man leben können.

Drei Wochen nach der Geburt von Ali, am 19. Mai, hatte ich im Rundfunk eine Aufnahme für den »Papa Bostella«. Bostella war damals große Mode, also machte der Toningenieur, Komponist und Arrangeur Martin Hoffmann mir ein Liedchen in dieser Art. Ein paar Tage später sang ich das Stück in der Fernsehsendung »Da liegt Musike drin«. Es gab eine Umschaltung zu uns nach Hause, das war damals höchst ungewöhnlich, und ich staune noch heute, daß wir da mitgemacht haben.

Zusatzermittlung zu

Schöbel, Frank 11.12.42

bis zum Umzug nach Künstlerlandstr. 6

wohnhaft: 1134 Berlin, Hauptstr. 53 d

Frank S. besaß im Hause (vorwiegend ältere Mieter) keinen guten Leumund.
Obwohl immer freundlich (zu freundlich) spielte er den Bewohnern, vorwiegend den unter ihm wohnenden Mietern ([redacted]) allerlei Schabernack, sodaß sich diese auf dem zuständigen [illegible] in Karlshorst beschwerten.
Blockierte [illegible] Klingel, donnerte an [illegible] Tür und begegnete den aufgebrachten Mietern mit äußerster Freundlichkeit. Zum Ärger der Mieter verunreinigte er regelmäßig mit dem Ascheimer das Treppenhaus und benahm sich auch in der Wohnung (bevor das Kind kam) mit rücksichtsloser Lautstärke.
Er ist sehr kinderlieb, beschäftigte sich viel mit ihnen, spielte Fußball, goß im Winter eine Eisbahn, so daß sie ihn noch heute in der Künstlerlandstr. besuchen.
Gesellschaftlich trat er nicht in Erscheinung, flaggte auch nicht.
Ab und zu erhielten sie Besuch

jüngeren Leuten, die nicht bekannt sind, von denen jedoch angenommen wird, daß sie ebenfalls zu den Künstlerkreisen gehören.
Westverbindungen sind nicht bekannt.
Sie trat nicht in Erscheinung, wirkt aber bedeutend ruhiger als er.

Quellen: Frau Schmidt
Frau Brüchner (Nachbarin)

Bln, den 13.06.1969

Hahn

Chris war ein Verfechter von Sauberkeit zu Hause, Schuhe ausziehen und dergleichen mehr. Und da war das Kind, die Angst vor Krankheiten, also mußte alles steril sein. Die Kabelhalter, die Kameraleute, wirklich alle, die nur irgendwie in die Wohnung kamen, mußten ihre Hände desinfizieren, mehrmals. Ich glaube, sie sind fast verzweifelt. Ich habe das zwei Jahre, wenn nicht länger, mitgemacht. Wofasept war angesagt zu Hause. Und das beim Duschen, Händewaschen und überhaupt. Ich sagte immer, als ich zwei Jahre Wofasept hinter mir hatte und nur Wofasept, kannste Dir vorstellen, daß es noch was anderes gibt auf dieser Welt? Und das war eigentlich, locker gesagt, der Anfang vom Ende.

Verrückter Lenz

Vor mir liegt ein Schreiben des Fernsehfunks mit einem guten Angebot, aber ich wollte mich nie binden, war ja freischaffend. Das war überhaupt das Schönste nach meiner Armeezeit, das zu machen, wozu ich Lust hatte, jedenfalls im Rahmen des in der DDR Möglichen.

In dem Entwurf also, einer »vertraglichen Vereinbarung zwischen dem Deutschen Fernsehfunk, Hauptabteilung Unterhaltung und Frau Chris Doerk und Herrn Frank Schöbel« steht:

»Beide Solisten verpflichten sich zu Vorzugsbedingungen in folgenden sechs Fernsehproduktionen im Planjahr 68 mitzuwirken:

1. Schlager einer großen Stadt, Warschau, 2 Titel
2. Schlager einer großen Stadt, Moskau, 2 Titel
3. Spaß muß sein, Live-Sendung Berlin, 3 Titel
4. Schlager 68, 1 Titel
5. Regenbogen, ein 12-Minuten-Komplex

6. Festivalfilm (Musikfilm mit Fabel nach gemeinsam gestaltetem Drehbuch) etwa 30 Minuten Länge.«

Hört sich ganz gut an, muß aber erst mal mit Leben erfüllt werden.

Der Vertrag sollte gelten »bis zum 31. Dezember 68 und kann auf Wunsch einer der beiden unterzeichneten Parteien gekündigt oder um eine weitere Frist verlängert werden. Beiden Solisten wird nach Wunsch und Zeit Gelegenheit gegeben, sich Grundlagen für einen zweiten Beruf durch Hospitation und spezielle Förderungsvereinbarungen mit entsprechenden Fachabteilungen innerhalb des Deutschen Fernsehfunks, z. B. Regieassistenz und Kostümbildner, anzueignen.« Keine schlechte Sache, gleich mit Blick auf die Zukunft. Dann folgen die Pünktchenlinien für die Unterschriften. Keiner von uns hat unterschrieben, es blieb ein Entwurf. Nett gemeint sicher, aber es machte mir eher Angst.

Die Hits hatte ich 1968 nicht, erhielt aber im Schlagerbriefkasten immerhin das »Silberne Mikrofon«. Rückenwind für meine Popularität bekam ich durch den Film »Heißer Sommer«, der 68 ins Rennen geschickt wurde und zu den Sommerfilmtagen hoch- und runterlief.

Im Oktober kam vom Studio für DEFA-Spielfilme, Gruppe Johannisthal, ein Brief: »Wir haben die Absicht, einen zweiten Teil des Filmes ›Heißer Sommer‹zu drehen.« Daß es einen solchen Plan gab, hatte ich völlig vergessen. »Bitte teilen Sie mir doch bei Gelegenheit mit«, schreibt der Chef der Gruppe Johannisthal, Herr Hannemann, »vielleicht telefonisch, welche Pläne Sie für die nächste Zeit haben und ob wir mit Ihrer Mitarbeit und der Ihrer Gattin rechnen können.« Ich glaube, das Ganze ist am Ende gescheitert, weil es kein vernünftiges Buch gab. Ich hatte Sorge, nach dem »Heißen Sommer« etwas ähnliches wie »Hochzeits-

nacht im Regen« zu machen, was wieder nach unten führen könnte. Wenn es keine vernünftigen Bücher gibt, so dachte ich, steigste lieber für 'ne Weile aus dem Filmgeschäft aus.

Hand und Fuß hatte dagegen unser Arbeitsvertrag mit der VEB Konzert- und Gastspieldirektion Leipzig. Ich sagte schon, daß ich Klaus Lenz kennengelernt hatte, er war einer der großen Jazzer der DDR, hat immer ein Orchester geleitet und viele Musiker in seinem Schlepptau großgemacht. Selbst nicht der »Übertrompeter«, finde ich jedenfalls, aber ein Organisator vor dem Herrn. Kaum einer der großen Musiker des Landes, der nicht in seinem Orchester war, Günther Fischer, Uve Schikora, Horst Krüger nannte ich schon und müßte jetzt weitere aufzählen. Aber am Ende vergesse ich jemanden, also laß ich es lieber.

Ich kam also eines Tages zu Klaus Lenz nach Hause, er bewohnte ein kleines Gartenhäuschen in Berlin am Röderplatz, jetzt stehen Neubauten da, und er meinte: »Naja, ich steh nicht auf deine Musik, kannste dir ja denken, aber meine Tante Martha sagt, daß du in Ordnung bist. Und wenn die das sagt, mach ich mit dir eine Tournee.« Sicherlich hatte seine Bereitschaft auch finanzielle Aspekte, denn mit Jazz war in der DDR nicht viel Geld zu verdienen.

So trafen wir uns, stellten ein Programm zusammen. Das Buch schrieb Jochen Petersdorf vom »Eulenspiegel«. Jochens Idee hieß »Zwischen zwei Veranstaltungen«. Eine wirklich lustige Geschichte, die heute noch, entsprechend aktualisiert, bestehen könnte.

Nach zehn Minuten sagten wir tschüß, alles Gute. Wir spielten also am Anfang der Show das Finale. Die Leute konnten nicht so recht lachen, reagierten mürrisch, zum Teil lautstarke Proteste, Pfiffe. Der Vorhang ging zu, das Licht aus, wir haben die Stecker gezogen, begannen abzubauen. Horst Feuerstein, auch Partner

von Eberhard Cohrs, in diesem Stück unser Reiseleiter, kam auf die Bühne und sagte zum Publikum: »Naja, nun seien Se mal nicht so hektisch. Von mir aus können Se auch dableiben. Wir fahren nämlich jetzt nach Jena, dann kommen Se halt alle mit.« Da haben die ersten schon kritisch geguckt, verscheißert der uns, wir sind doch hier in Jena. Er stand vor dem Vorhang und sagte: »So, jetzt gehen wir erst mal in die Bar. Dann ist Nachtruhe, was wir nachts machen, geht Sie gar nichts an.« Er hat ein paar Witze gemacht, und am Morgen fanden wir uns alle in der Bar wieder. Dazwischen liefen immer Musiken, und endlich kam der Reiseleiter im Jenaer Kulturhaus an, ging durch den Saal, beschrieb ihn und sagte: »Hier müßte ooch mal was gemacht werden ...« Eine richtig lustige Show, alles mit Chris und Frank und Band. Das war nicht so einfach gestrickt wie die üblichen bunten Programme, sondern hatte kabarettistischen Pfiff.

Wir spielten in der Leipziger Gegend und im Harz, heute Sachsen-Anhalt. Manchmal guckten die Zuschauer etwas traurig, vor allem, wenn die Band auf die Bühne kam.

Damals gab es noch keinen Techniker unten im Saal. Die Anlage wurde von der Bühne aus bedient. Bei uns machte das Klaus Lenz. Er kam raus, stellte die Anlage an, drückte die Echotaste, »hat hat hat hat« – und los ging's.

Die Musiker stellten sich auf zur Ouvertüre, »Lieb mich so, wie dein Herz es mag«, aber ehe sie richtig loslegen konnten, gab es erst mal Zoff zwischen Saal und Bühne. Einige Zuschauer regten sich auf und schimpften: »Guck mal, wie der aussieht mit seinen langen Haaren!« Langes Haar war in der DDR auch Ende der 60er Jahre noch anrüchig. Und Klaus Lenz schimpfte sofort von der Bühne zurück, über Mikro und mit Echoeffekt: »Guck mal, mal, mal, mal, wie der

aussieht, sieht, sieht, sieht, mit seinem Nadelstreifenanzug, -anzug, -anzug, -anzug. Na hilfe, hilfe, hilfe, hilfe.«

Wir hatten mindestens eine halbe Stunde zu tun, das Publikum wieder einigermaßen auf unsere Seite zu bekommen.

Der Vertrag zwischen der Konzert- und Gastspieldirektion Leipzig und uns war ein Versuch, das erste staatliche Ensemble für Musik, Tanz und Artistik zu kreieren. Das Arbeitsrechtsverhältnis begann am 1. August, ging bis zum 31. Dezember und verlängerte sich ohne Kündigung um ein Jahr. Es war eine Monatsgage festgelegt, die sich in etwa an dem orientierte, was wir sonst erhielten.

Wir merkten bald, daß es eine wilde Muggerei wurde, und Chris und ich schrieben unsere Kündigung schon Ende August. Stell Dir vor, Anfang August beginnen wir mit der Tournee, gut geprobt, alles wunderbar, und noch im gleichen Monat die Kündigung. Wir bekamen die Bestätigung, man war nicht gerade begeistert, aber gut, die Kündigung wurde angenommen.

Schließlich war da ja auch noch unser Sohn! Wir hatten zwar eine Kinderfrau gefunden. Ali nannte sie: Tunti Hunni, eigentlich Tante Hanni, die in unserer Nähe wohnte, in Lichtenberg um die Ecke. Sie war ganz lieb zu Ali, da gab es keine Probleme, aber uns zog es doch immer nach Hause. Lästig war auch, Chris hat ja noch gestillt und mußte, wenn wir unterwegs waren, die Milch abpumpen. Ich weiß, daß Klaus Lenz einmal einen Schluck getrunken hat und sagte: »Det schmeckt jut, Frank, probier mal.«

Lenz war vor allem ein Arbeitstier. Ruhe kannte er nicht. Man erzählte über ihn, daß er selbst beim Liebemachen noch Noten schrieb. Jede Minute war für ihn kostbar.

Einmal saß er notenschreibend – vermutlich für seine Big Band – in einem Café. Er hatte zwischen Kinn und Unterlippe so einen kleinen Zickenbart, da zupfte er immer dran, wenn er überlegte. In seiner Hektik schmiß er das Schnapsglas eines Mannes um, der an seinem Tisch saß. »Keen Problem«, sagte er, bestellte zwei neue, eins für den Mann, eins für sich, goß sich seins voll übers Hemd, und meinte: »Na siehste, is doch nich so schlimm.«

Für die Tournee hatten wir von der KGD, von uns auch Konzert- und Geschirrspüldirektion genannt, einen Bus gestellt bekommen. Klaus selbst hatte einen SIL, ein altes, riesengroßes, schwarzes russisches Auto. Als ich einmal zu ihm nach Hause kam, traf ich ihn vor seinem kleinen Kanonenofen knieend an, neben sich einen dicken Stapel Papiere. Auf meinen fragenden Blick hin meinte er: »Das sind alles Rechnungen von diesem Auto, ich hab nur Ärger mit dem Ding.«

Man erzählte sich auch, daß er auf dem Weg nach Jena gleich außerhalb von Berlin mit einem Abschleppseil winkend stand, und jemand hat ihn freundlicherweise per LKW dorthin geschleppt. Kurz vor der Stadt hat er das Seil abgemacht, sich bedankt, den Motor angeschmissen und ist nach Jena reingefahren. Er hat sich nur schleppen lassen, damit er den Sprit spart, denn an dem Kilometergeld verdiente er mehr als bei der Jazzmugge. Ein Märchen?

Bei Lenz habe ich Uve Schikora kennengelernt, der ein paar Veranstaltungen für Günther Fischer aushalf. Wir schworen uns, wenn die Nummer hier zu Ende ist, gemeinsam zu arbeiten.

Neue Angebote und 'ne Drohung

Nach wie vor spielte ich, wann immer es meine Zeit zuließ, Fußball.

Hans-Georg Ponesky organisierte öfter Fußballspiele. Wir spielten dann Prominente gegen die Fleischer, die Bauarbeiter ... und waren überall sehr beliebt, weil wir ein leichter Gegner waren. Unsere Mannschaft bestand aus den vier Brummers, Siegmar Leistner, Erhard Juza, Hans-Joachim Wolfram, Günther Geisler, Günter Gollasch, Hartmut Eichler, Peter Wieland, mir und vielen anderen.

Auf den kleinsten Brummer kam plötzlich ein hoher Ball zugeflogen, er machte die Hose ganz weit auf und fing ihn darin. Der Schiedsrichter war fertig. Die Leute haben vor Lachen flachgelegen. Wir waren nicht gut, aber die lustigsten.

Chris und ich bekamen vom Fernsehen ein Angebot für die Produktion »Mode & Musik«. Wir nahmen an, und die Sendung wurde Stück für Stück ein Erfolg. Eine Halbstunden-Sendung, aller vier Wochen, das hieß, es mußten vier bis fünf Titel pro Monat komponiert werden.

Arndt Bause schrieb einige Kompositionen, aber das meiste blieb an mir hängen, und auf Dauer wurde das ein ziemlicher Druck. Uve Schikora arrangierte sehr gut, machte sich jedoch oft über mein Klavierspiel lustig. Letztlich kommt es aber beim Komponieren auf die Ideen an, und die wurden durch Uves tolle Arrangements veredelt.

Zur gleichen Zeit erhielten wir einen Brief vom Redaktionsleiter der Unterhaltungs- und Tanzmusik, ein Freund schon über Jahre, Manfred Nitschke. Er schreibt: »... wir danken Ihnen für Ihre Bereitschaft, sich am Schlagerwettbewerb zu beteiligen.«

Es sollte zwei Vorausscheide geben, damit das Publikum mehr Einfluß nehmen konnte. Achtundzwanzig Titel wurden vorgestellt, und nur vierzehn kamen in den Endausscheid. Die Lieder sollten auf zwei LPs veröffentlicht werden.

»Die Vorausscheide finden am 26.3. und 2.4.69 statt, und zwar in einer Live-Sendung über Rundfunk und Fernsehen. Wir bitten Sie recht herzlich, sich auch für die Vorausscheidung freizuhalten. Falls der kaum zu erwartende Fall eintreten sollte, daß für Sie kein geeigneter Titel zur Verfügung steht, sind wir mit dem Rundfunk übereingekommen, daß mit Ihnen entweder Musikproduktionen im Rundfunk oder für das Fernsehen durchgeführt werden, so daß Ihnen Ihre Bereitschaft, sich für diese Zeit freizuhalten, kaum erhebliche finanzielle Verluste bringen wird.« Den Vorschlag würde heute keiner mehr machen. »Bitte haben Sie doch die Freundlichkeit, uns auch diese beiden Termine noch zu bestätigen.«

Aber Chris und ich waren uns einig, wir wollten nicht an dem Wettbewerb teilnehmen. Ich hatte als Komponist kein Lied eingesandt und auch Angst, daß wir unseren Erfolg von 67 nicht wiederholen konnten. Nur um dabeizusein und irgendein Lied zu singen, nee, wir sagten ab.

Daraufhin schrieb ein Vorgesetzter Manfred Nitschkes – ich will den Namen des Schreibers nicht nennen, finde solches Outen weder mutig noch sinnvoll, aber lesenswert ist es doch, zeigt die Art, wie man in die ideologische Zange genommen wurde. Wann bekam man so was schon mal schriftlich? Solche »kleinen Meinungsverschiedenheiten« wurden eher in persönlichen Gesprächen geklärt.

Man hatte uns wieder mal deutlich unsere Grenzen aufgezeigt. Wenn wir nicht spuren, dann ...

1199 BERLIN-ADLERSHOF-RUDOWER CHAUSSEE 3

DDR DEUTSCHER FERNSEHFUNK

– HA Unterhaltung –

Frau
Chris Doerk
Herrn
Frank Schöbel
113 Berlin
Hauptstr. 53 b

Ihr Zeichen	Ihre Nachricht vom	Telefon: 6326	Unser Zeichen	Datum
			he/schm.	14.10.1968

Liebe Chris, lieber Frank!

Manfred Nitschke teilte mir mit, daß er Mühe hat, Euch Beide für die Teilnahme am nächsten Schlagerwettbewerb der DDR zu begeistern.
Ich will Euch meine private Meinung dazu sagen:
Wir sind ein kleines Land und haben nur eine kleine Schar von Dichtern. Aber wir sind mitten in diese Welt gestellt und haben einen Feind vor der Tür, der dreimal so viel Menschen und zehnmal so viel Schlagermacher an seiner Seite hat und der uns Tag und Nacht mit seinen Sendungen unter Beschuß nimmt. Wenn wir es gut meinen mit unserem Land und seinen Menschen, müssen wir ihnen nach ihrem schweren Werktag die bestmöglichen Leistungen zur Entspannung bieten. Ohne gute Interpreten greift kein guter Dichter und kein guter Komponist zur Feder, oder noch deutlicher: wenn Schöbel nicht singt, wird Natschinski nicht komponieren. Wenn Ihr nun mal durch Euren Fleiß und unsere Hilfe zu anerkannten Spitzenreitern im Schlagerfach geworden seid, dann ist das nicht mehr Eure private Ermessensfrage, ob Ihr mithelft, dieses Schlagerfestival zu einem Ereignis auf dem Gebiet der heiteren Muse zu machen, und wir haben es gar nicht so schwer, das überaus seichte Eigenaufkommen der westdeutschen Schlagerproduzenten zu übertrumpfen.

Ich könnte ja auch mit dem Kulturministerium, mit der DEFA, dem Rundfunk und der Schallplatte eine Übereinkunft herbeiführen, daß alle diejenigen, die uns bei dieser Aufgabe nicht helfen, auch keine andere Unterstützung mehr genießen sollen. Das wäre mir zu plump, weil ich weiß, daß Ihr denken könnt und weil ich weiß, daß der, der denkt, auch begreifen wird. Überlegt Euch also noch einmal, ob nicht Magdeburg durch unsere gemeinsamen Anstrengungen endlich zu dem werden kann, was es werden muß.
Ich wünsche Euch und Eurem Nachwuchs alles Gute, auch wenn mir für die Zukunft eine wichtigere Arbeit zugeteilt ist, die uns seltener begegnen lassen wird.

Also haben wir wohl oder übel beim Schlagerwettbewerb 69 mitgemacht.

Am Ende waren wir unter den letzten 14 mit 3 Titeln: ein Duett und jeder ein Solo. Mein Lied hieß »Laß mich gehn«, sehr durchschnittlich, und ich landete damit auf dem 7. Platz. Chris kam mit »Häng den Mond in die Bäume« auf den zweiten. Eigentlich ein witziges Lied, aber viele Leute verstanden den Humor nicht.

Und mit dem Duett »Abends in der Stadt« belegten wir sogar den 1. Platz. Das Lied hat aber seitdem keiner vermißt.

Der Dezember 68 war kalt, und es gab Schnee. Zu meinem Geburtstag war ich – wie schön – nicht zu Hause. Ich hasse Geburtstagsfeiern. Ich war mit Chris in Leipzig, im Kinderheim Ermlitz. Mein Onkel Herbert hatte uns gebeten, dort mal vorbeizuschauen. Wir brachten Geschenke mit, die Kinder freuten sich, wollten Autogrammfotos. Ich fand das gut so, besser als rumsitzen und Kuchen reinstopfen, einer meiner Geburtstage, den ich in schöner Erinnerung habe.

Stehenbleiben! Hände hoch!

1969 nenne ich das »Abends in der Stadt«-Jahr.

Ich komponierte wieder mal ein Duett für uns: »Einmal in der Woche ist Sonntag.« Klaus Lenz schrieb das Arrangement, und seine Band sollte es einspielen. Ich wollte, wie immer, dabeisein. Das hielt ich bei meinen eigenen Kompositionen so, wie auch bei den Liedern, die ich nur sang.

Ich fuhr mit dem Fahrrad zum Rundfunk, war etwas zeitig dran, und so schaute ich noch rasch bei meinem Kollegen Tommy Lück vorbei. Aber warum soll ich Dir die Geschichte erzählen, lies es selber in der Stasi-Akte nach:

Zur beachtende opol.-op. Momente:

1. Am 4.3.69 wurde der SCH. gegen 21,35 Uhr durch die NVA Grenze wegen unberechtigtem Aufenthalt im Grenzgebiet Berlin Treptow Kiefholzstr. festgenommen. Er hatte einen Bekannten in der Isingstr. besucht und war aus Unkenntnis in das Grenzgebiet geraten. Um welchen Bekannten es sich dabei handelt ist nicht bekannt.

Nur ich weiß es, ich kann da helfen. Also, ich kam von Tommy Lück, wollte eine Abkürzung nehmen, dachte, da so schräg rüber müßte es zum Rundfunk gehen. Ich wunderte mich noch, daß keine Brücke kam, denn zwischen mir und der Nalepastraße lag ja die Spree. Aber ich fuhr munter vor mich hin, sah dann einen hell erleuchteten Weg, prima, dachte ich, da fährste lang. Mensch, und dahinten ein Angler, er hatte die Angel geschultert. Jetzt um die Zeit angeln?, schoß es mir durch den Kopf. Dann warn da so'n paar Panzersperren, standen ziemlich eng, aber mit dem Rad kam ich durch. Plötzlich rief es von oben »Halt! Stehenbleiben! Hände hoch!«

Der eine wollte ein Autogramm, der andere wollte mich erschießen. Es war wirklich so!

»Mann«, sagte ich, »ich hab mich doch bloß verfranst, was ist denn los, laßt mich doch in Ruhe.«

Nein, Kugeln in die Luft geschossen. »Heute sind schon welche abgehauen, das ist ein Ablenkungsmanöver ...« Aus der nahegelegenen Kaserne in Treptow kam ein LKW, lud mein Fahrrad und mich auf.

Nach zwei Stunden kam ich aus dem absurden Stück raus und jagte schnell zum Rundfunk.

Was ist passiert? Klaus Lenz hatte natürlich eine Strophe und einen Refrain zuviel gespielt. Ich sagte: »Ich hab dafür keinen Text, Klaus. Was soll ich denn jetzt machen?« – »Na, zeig mal her. Du gehst ins Kino rin, dann gehste wieder raus, dann gehste eben in der dritten Strophe einfach wieder rin.« – »Das ergibt doch überhaupt keinen Sinn.« – »Merkt doch kein Mensch.« So ganz unrecht hatte er vielleicht nicht. Aber wir haben später, als wir das Lied mischten, die Strophe und den Refrain rausgeschnitten.

Umzug, Erfolg und Zweifel

Wenn es meine Zeit erlaubte, saß ich dienstags bei der Wohnungsverwaltung in Lichtenberg, wo ich, wie viele andere auch, von Mal zu Mal vertröstet wurde. Ich wartete und wartete. Und es hat sich gelohnt. Was soll ich Dir sagen, plötzlich kam ein Brief, und wir hatten eine Zweieinhalb-Zimmer-Wohnung.

Ein größeres Zimmer mit 16 Quadratmetern, das andere hatte 12, und das kleine 7, dazu Bad und Küche. Dummerweise wurde das kleinste zum Kinderzimmer, das heißt, Ali schlief nur darin. Gespielt hat er im größeren. Heute würde ich es auf jeden Fall anders machen. Das Kind muß immer ein großes Zimmer kriegen, aber damals war das weder üblich, noch waren wir besser als die Zeit. Die S-Bahn fuhr dicht an unserem Haus vorbei, das in der Nähe vom Bahnhof Nöldnerplatz stand. Wir hatten einen riesengroßen Hof, auf dem tonnenweise Kohle gestapelt war. Bei Trockenheit flog eine Menge Dreck durch die Gegend. Aber ein abgehärteter DDR-Bürger lebt damit. Schließlich lagen die Kohlen ja für unsere Zentralheizung da, das war der Vorzug der Wohnung, was störte uns da der Dreck vorm Fenster. Im Gegenteil: auf dem Hof jagten wir herum, spielten wie die Irren Fußball im Sommer, und im Winter spritzte ich mit den Kindern eine Eisbahn. Schlauch und Wasseranschluß hatten wir nicht, also sagte ich zu den zehn, zwölf Kindern, die da auf dem Hof rumtobten, ej, hört mal, jeder geht mit zwei Eimern ein paar mal Wasser holen, und wir haben eine Eisbahn, okay? Wir steckten ein Feld ab, machten kleine Dreckhäufchen zur Markierung, Kohle war ja genug da, und dann spielten wir Eishockey ohne Ende.

Das fand sogar in der Stasi-Akte seinen Niederschlag. Unter Charaktereigenschaften stand:

Charaktereigenschaften:

Sch. tritt sehr höflich und zuvorkommend auf.Er hat im Wohngebiet einen guten Leumund.In der Vergangenheit,vor der Geburt seines Sohnes, gab es einige Beschwerden seitens der Mieter , da er ständig bemüht war den Mietern kleine Streiche zu spielen.Z.B. Lautes , unschönes Singen im Treppenhaus, kleine Häufchen Asche vor den Türen anderer Mieter usw..Er machte ständig den Eindruck des sorglosen "großen Jungen".Nach der Geburt seines Sohnes wurde der Sch. ernster in seinem Auftreten.Sch. ist sehr Kinderlieb.So baute er für die Kinder des Wohngebietes eine Eisbahn und spielte mit ihnen Eishockey.Als negativ und schädlich anzusehende Charaktereigenschaften wurden nicht bekannt.

Den Umzug von der Hauptstraße in unsere neue Wohnung in die Münsterlandstraße habe ich mit einem Leiterwagen gemacht. Das ist deshalb dokumentiert, weil mein Freund, der Fotograf Helmut Raddatz, mich immer fragte: »Du, Fränki, gibt's was Neues?« – »Ja,

ich ziehe gerade um!« – »Na, da komm ich doch mit und mach ein Foto.« Als er seine Bilder schoß, fragte jemand: »Dreht ihr ’n Film, oder ziehst du um?« Mann, ich zog wirklich!

Ich hatte den Kopf voll, weiß gar nicht, wie wir das alles geschafft haben. Chris hat den Teppich geschnitten und verlegt, und ich malerte. Naja, wie das eben so war. Dabei stand schon wieder ein Schlagerwettbewerb vor der Tür und damit die große Sorge: was ziehen wir an?

Das war eigentlich die größte Nerverei. Du mußt rechtzeitig zum Schneider, der macht es ja auch nicht von heute auf morgen, mußt Zeitungen wälzen, gucken, überlegen, aussuchen. Und dann die Anproben! Das ist für mich genau so schlimm wie Fotografieren. Meist taten mir schon nach zehn Minuten die Beine weh.

Zum Schlagerwettbewerb 67 hatten wir uns einen Anzug aus schwarzem Kord mit goldenen Knöpfen nähen lassen, sah ein bißchen wie Zimmermannskleidung aus.

Jetzt war klar, wir nehmen Weiß. Ich entschied mich für einen weißen Pulli, weiße Hosen, weiße Schuhe und ’ne Lederjacke. Chris trug ein Pendant, Ledermantel, Mini und unten mit Fellbesatz. Ich denke, es war Kaninchen oder – falscher Hase!

In unserem Lied »Abends in der Stadt« geht es im Text um zwei, die eine Wohnung suchen. Wie nah uns das war! Aber so glanzvoll wie mit »Lieb mich so, wie dein Herz es mag!« gewannen wir nicht.

Vom 15. Juni bis Mitte Juli war ich wieder im Friedrichstadtpalast, diesmal zusammen mit Chris und Uve Schikora, den wir überredet hatten, was vielleicht nur deshalb gelang, weil er Spielverbot hatte, das aber für Berlin aufgehoben wurde. Wir sangen nur neue Lieder, wie »Abends in der Stadt«, »Die schönste Geschichte

der Welt«, »Frühling in der Stadt« und anderes aus »Mode & Musik«. Sicher schöne Lieder, aber das Berliner Publikum war westverwöhnt. Wir brauchten unbedingt am Schluß einen internationalen Hit und wollten »Op la di, Op la da« von den Beatles spielen, dann hätte alles funktioniert, da waren wir uns sicher. Aber genau den sang eine – ich sah es damals so – singende Omi aus Belgien. Ich wußte, wir hätten es besser gemacht. Aber wir bekamen das Lied nicht.

Ich habe mich mehr oder weniger einen Monat lang für unseren Auftritt im Friedrichstadtpalast geschämt, den wir aber laut Vertrag durchziehen mußten. Ich war ziemlich sauer. Obwohl Wolfgang E. Struck immer auf meiner Seite war, in diesem Fall hat er uns nicht geholfen.

In meiner anfänglichen Wut und Sturheit sagte ich, den Palast betrete ich nie wieder. Diese Äußerung wurde unter den Mitarbeitern des Palastes kolportiert – Schöbel will hier nicht mehr auftreten, er lehnt alle Angebote ab. Dabei hab ich nur die schlechten Angebote abgelehnt, gute gab's nicht. Glitzerzeug und große Treppe sind sowieso nicht mein Ding. Ich mag's einfacher.

Zu den Vorstellungen im Palast bin ich immer mit dem Fahrrad gefahren.

Einmal war es total knapp, ich hatte genau fünfzehn Minuten für die Strecke Lichtenberg zum Friedrichstadtpalast, und hab's mit dem Rad geschafft. Mit der Taxe hätte ich das vergesssen können.

Ich kam schwitzend an, Fahrrad in die Ecke geknallt, Treppe hochgerannt, rein in die Garderobe, fliegend umgezogen, auf die Bühne, Gruß hoch zum Beleuchter, der grüßte mit einem Scheinwerferschwenk zurück, verzeihender Blick zum Inspizienten, der bestimmt schon 30 Sekunden wartete. Dann Vorhang hoch, und ab ging die Post. Ich war als erster dran, live gesungen

und getanzt. Im wörtlichen Sinn ein atemberaubendes Lied.

Zum Jahrestag am 7. Oktober gab es ein bedeutendes »gesellschaftliches« Ereignis, so schreibt der Vorsitzende des Staatlichen Rundfunkkomitees des Fernsehens, Heinz Adameck, und zwar die Farbpremiere im Deutschen Fernsehfunk.

Man hatte uns für diesen Anlaß extra farblich abgestimmte Sachen nähen lassen, während ich sonst immer auf Schwarz und Weiß gesetzt hatte. Mir wurde ein graublauer Anzug verpaßt, der sowas von häßlich und konservativ aussah – grauenhaft.

Auch bei einem anderen Auftritt konnte ich wenig überzeugen. Er fand mit dem Motorroller IN 72-78 statt. Ein schwarzer Pitti, der Vorgänger vom Troll. Ein Motorroller, den mir ein Freund für 5 Mark verkauft hatte und der tatsächlich noch lief. Ich war stolz auf ihn und – wie Du weißt – noch immer ohne Fahrerlaubnis. Also fuhr ich auf irgendwelchen Feldwegen. Ich mußte das Gerät einfach ausprobieren! Prompt wurde ich von der Polizei erwischt und bekam eine Ordnungsstrafverfügung, auf der stand, daß ich schwarz gefahren bin, und das im Schwarzen Weg »ohne im Besitz der dazu erforderlichen Fahrerlaubnis zu sein«.

30 Mark mußte ich bezahlen. Waren das noch Preise!

»Die von Ihnen vorsätzlich begangene Handlung stellt eine grobe Mißachtung grundsätzlicher Bestimmungen dar und bedingt zur Gewährleistung der Ordnung und Sicherheit im Straßenverkehr den Ausspruch einer wirksamen Ordnungsstrafmaßnahme.« Für das Verfassen und Versenden wurden noch mal 75 Pfennige berechnet. Harte Sache.

Für die Sendungen »Mode & Musik« entstanden am laufenden Band neue Lieder. Zum Beispiel »Meine Oma, die ist dufte«, fand ich nicht schlecht, »Kariert,

kariert« schrieb ich für Chris, »Die schönste Geschichte der Welt«, »Das Lied vom Taschengeld«, ein ganz lustiges Ding, das Regenduett »Schau mal, es regnet«, später »Mädchen, du bist schön«, »Nach jedem Tief kommt ein Hoch«, »Ein Eisbär im Zoo hat herrliche Pläne« und anderes. Es waren viele Texte von Chris Hornbogen dabei, die sie mir schickte, und ich lernte, auf Texte Musik zu machen, was für Komponisten schwerer ist. Wenn man ohne Text arbeitet, ist man natürlich freier.

Im DEFA-Film »Hart am Wind« spielte ich zwar nicht mit, aber sang ein Lied; ein Liebesdienst für Jo Hasler, den ich ihm nicht abschlagen konnte.

Nach einer fünftägigen Fernsehproduktion in Ungarn besuchte ich im Oktober Omi und Opi Doerk in Großenhain. Dort machte ich endlich die Fahrerlaubnis, und zwar für Moped. Ich kaufte mir eins, und das hieß Star. Der »Star« fuhr also mit ’m Star. Und der steht heute noch in meiner Garage.

Es gab damals im Rundfunk Publikums-Umfragen, die ein Soziologe vom Leipziger Institut durchführte. Mir war es wichtig zu wissen, wo man steht, was vielleicht anders laufen müßte und was zu verändern wäre. Zur Jahreshälfte wies die Umfrage aus, daß die Lieblingsschlager des Jahres »Abends in der Stadt« mit 32 Prozent und »Glück steckt an« mit 29 Prozent waren. Bei den männlichen Interpreten nahmen Michael Hansen und Andreas Holm den ersten Platz, Klaus Sommer und Frank Schöbel den gemeinsamen zweiten ein. Ich hatte zu dieser Zeit keinen guten Titel und lag eben auch nicht mehr ganz vorn.

Das war für mich durchaus ein kleines Achtungszeichen.

Ich kam schon 69 in eine Phase, in der ich relativ unzufrieden mit mir war. Wurde vom Fernsehen getrieben, neue Lieder zu schreiben, »Mode & Musik« war

auch immer dasselbe, und ich kam ins Grübeln, wie soll es weitergehen? Vielleicht war es das schon? Ich war musikalisch ständig auf der Suche, in mir Unruhe und Unzufriedenheit. Zum ersten Mal dachte ich ans Aufhören.

Links von mir, rechts von mir – Schlagerdiskussionen

1970, im »Mädchen, du bist schön«-Jahr, gab es wieder einen Schlagerwettbewerb. Diesmal beteiligte ich mich nur als Komponist. Ein Lied schrieb ich für Ina Martell »Heute kommst du«, eins für Michael Hansen »Hier bin ich«. Beides Lieder, die die Welt nicht unbedingt braucht.

Im großen europäischen Wettbewerb, dem »Grand Prix de la Chanson« gewann Cliff Richard mit »Congratulations«, und diesen Titel nahm ich bei AMIGA in der deutschen Version »Kommt gratulieren« auf. Ich tat das gern, zumal Cliff mein heimliches Vorbild war. Ich mochte ihn damals sehr und habe gelegentlich einige seiner Melodieschleifen dezent übernommen.

Es folgten fünf Tage Pressefest in Wien, bei der »Kleinen Österreichischen Zeitung«, wo ich zusammen mit den Bohrmann-Moden-Mannequins auftrat. Allesamt spontane, ausgelassene, unternehmungslustige Vögel.

Es muß mal wieder einen Beschluß im ZK oder irgendwo gegeben haben, daß unsere Tanzmusik jugendgemäßer werden soll und wir die Massen erreichen müssen.

Es flatterten plötzlich diverse Briefe ins Haus:

STAATLICHES KOMITEE FÜR RUNDFUNK
BEIM MINISTERRAT DER DDR

DER VORSITZENDE

Berlin, den 20.4.1970

Sehr geehrter Herr Schöbel,

uns liegt daran, dringend mit Ihnen zu sprechen und zwar über neue Stücke einer jugendgemässen Tanzmusik, die in hohem Maße wirksam ist und DDR-eigene Züge trägt.
Sicher ist es auch hohe Zeit, im Zusammenhang mit diesem Anliegen eine Anzahl von Fragen praktisch zu beantworten, die sich in den letzten Monaten ergeben haben, aber vor allem interessieren uns Ihre Meinung und Mitarbeit, um schnell und zielgerichtet eine Reihe neuer Schlager zu produzieren, die nachhaltig auf unsere Jugend wirken.
Der Rundfunk möchte mit Ihnen gemeinsam initiativ werden. Darum laden wir Sie zu einer Unterhaltung über diese Themen ein, zu der wir uns am

29. April 1970 um 11.00 Uhr im Zimmer 505 Block A

des Funkhauses treffen wollen.
Dabei werden wir uns Vorspielmöglichkeiten schaffen und Plattenspieler, Bandgerät und Klavier bereitstellen, um jedem unserer Gäste die Demonstration seiner musikalischen Beispiele oder Vorschläge zu ermöglichen.
Um diese Arbeitskonferenz gut vorbereiten zu können, bitten wir Sie uns Ihre Zusage bis zum 27. April zu übermitteln. Sollte Ihnen das nicht möglich sein, überraschen Sie uns mit Ihrem Besuch.
Wir erwarten Sie mit vielen Ideen im Funkhaus.

Auf Wiedersehen am 29.4.1970

Ihr
R. Grimmer R. Grimmer

Da trafen sich also alle, Produzenten gab es ja in dem Sinne nicht, aber es waren de facto Produzenten, Komponisten, Textdichter, Macher überhaupt, Redakteure des Radios. Alle setzten sich zusammen und machten sich Gedanken, besprachen zum hundertsten Mal, was sie eh schon wußten. Wichtig war, daß neue Lieder geschrieben, aufgenommen und bezahlt wurden.

Der Chefredakteur Musik von Radio DDR, Wilhelm Penndorf, schrieb nach der Begegnung, daß wir eine »Fülle von Anregungen und Diskussionsbeiträgen« gehört haben. Und wir »können Ihnen das Ergebnis unserer Überlegungen mitteilen und gleichzeitig damit den praktischen Beginn unserer Aktion einleiten. Die sozialistische Gemeinschaftsarbeit, die wir uns fest vorgenommen haben, wollen wir nach vorwiegend zwei Möglichkeiten in Gang bringen. Wir werden Arbeitsgemeinschaften bilden, die als musikalischen Mittelpunkt und aus Gründen musikpraktischer Handhabbarkeit jeweils eine unserer besten Gruppen beinhalten. Es handelt sich um die Gruppen ...«, und nun wurde festgelegt: »Uve Schikora, das Dresden Sextett, Modern-Septett, Klaus Lenz, Horst Krüger.« Ich dachte sofort, na, die kann man doch nicht alle zusammenpferchen, ist doch jeder Individualist und hat selbst genug Ideen für neue Lieder. »Im Juni«, so geht es weiter, »wollen wir mit der Arbeit beginnen, so daß die zu bildenden Arbeitsgruppen sich wöchentlich treffen.« Stell dir das mal vor! »Wir bitten Sie deshalb, uns recht bald mitzuteilen, zu welcher Gruppe Sie sich hinzugesellen möchten. Die sozialistischen Arbeitsgemeinschaften werden sich dann jede ein individuelles Arbeits- und Terminprogramm stellen. Verbindlich für alle Arbeitsgruppen sind die Termine für unsere Werkstattberatungen im Plenum. Dort werden dann alle Arbeitsgruppen ihre Ergebnisse vorstellen und beraten.« Es folgten Termine für Werkstattberatungen.

Immer wurde versucht, gewaltige Strukturen aufzubauen, alles durchzuorganisieren, statt den Leuten einfach zu sagen, schreibt Lieder, macht das, was ihr eigentlich könnt.

Ob von diesem ganzen Szenario überhaupt etwas umgesetzt wurde, weiß ich nicht, ich machte jedenfalls nicht mit.

Aber in den Zeitungen wurde diskutiert. So in der FF-Dabei. »Was erwarten Sie von unserem Schlager? Was fordern Sie vom Text und der Musik? Welche Schlagerkompositionen von Komponisten der DDR halten Sie für vorbildlich? Wird unser Lebensgefühl in der DDR-Schlagermusik sichtbar? Was erwarten Sie von den Schlagerinterpreten der DDR? Welche Interpreten engagieren sich am überzeugendsten für eine qualitätsvolle Schlagermusik, die unserer sozialistischen Lebensweise würdig ist? Schreiben Sie bitte an die FF-Dabei, Kennwort ›Schlagerdiskussion‹.«

Na, wunderbar.

Nun überschlugen sich die Leute. Plötzlich war Demokratie angesagt. Jeder durfte zum Schlager seine Meinung sagen; kein Mensch ging zum Bäcker und zettelte eine Diskussion an, kleine Brötchen, große Brötchen, mehr Mehl, weniger Mehl, sozialistische Brötchen oder ... beim Schlager aber konnte endlich jeder mitreden.

Wenn man den Schlager dermaßen politisiert und in ihn hineinredet, wird man nie ein unbeschwertes Liedchen schreiben können. Die ganze Diskussion ging nach hinten los. Allein die Unzufriedenheit war berechtigt.

Diskussion über Diskussion, aber die Schlager blieben eh so, wie sie sind.

Eigentlich wurden wir eher verunsichert.

In Sopot, beim Festival, am Tag der Schallplatte, bekamen Chris und ich das zu spüren. Wir sangen zwei Titel, »Links von mir, rechts von mir«, kein schlechtes Lied, aber sehr vom Text abhängig, und als zweite Nummer die Rückseite der Single, »Schön ist es, bei dir zu sein«, auch nicht schlecht, aber auf dem Festival erwartete man wahrscheinlich ein Lied, das mitreißt. Wir landeten unter »ferner liefen«, machten einen freundlichen Eindruck, das war aber auch alles.

Es tut sich was

Das Niveau unserer Tanz- und Schlagermusik hat sich ständig verbessert. Der vielseitigen Forderung nach jugendgemäßer Tanzmusik dürfte der von Klaus Lenz und Teo Schumann begonnene und inzwischen von vielen neueren Gruppen weiterentwickelte Tanzmusikstil, eine Mischung aus Beat, Soul und Jazz mit teilweisem Folkloreeinschlag, doch schon etwas entgegenkommen. In die Funkstudios und in Sendungen des Jugendfernsehens hat diese Musik jedenfalls erfolgreichen Einzug gehalten. Die Schallplatte allerdings hat den Anschluß leider noch nicht erreicht. LPs mit jugendmäßiger Tanzmusik sind immer noch Mangelware!

Günter Scholl, 7034 Leipzig

Mehr Parteilichkeit

Der Schlager hält nicht Schritt, das ist meine Meinung; denn ich muß dem Musikkritiker Hans-Gerald Otto vollkommen zustimmen, und zwar in allen Punkten. Die Schlager-Produktion (welch häßliches Wort) müßte meines Erachtens von den Dichtern und Lyrikern mehr bestimmt werden, die in unserer Lyrik führend sind. Jedes Gedicht kann kein Lied werden, und jedes Lied ist noch lange kein Schlager. Das weiß ich natürlich sehr gut. Aber dennoch bleibe ich bei meiner Meinung, nämlich, daß unsere Schlager noch viel stärker als bisher eine sozialistische Aussage haben müssen. Das ist noch lange nicht bei allen Schlagern so. Unsere Schlager müssen sofort in ihrer Aussage als DDR-Schlager zu erkennen sein. Deswegen brauchen sie nicht weniger „schlagerhaft" zu werden. Ich denke dabei an Titel wie „Es fängt ja alles erst an". Bezüglich der Musik (Melodie) sollten nicht allzu viele Schlager von der „heißen Welle" bestimmt werden. Schon sehr, sehr viele Jugendliche habe ich gehört, die dem langsameren Rhythmus den Vorzug gaben und geben.

Fritz Denks, 4305 Gernrode

Überholen ohne einzuholen

Dem Schlager kommt bei uns in der sozialistischen Gesellschaft eine andere Funktion zu als im Kapitalismus. Der Schlager ist bei uns weder Mittel zur Manipulierung kapitalistischer Denkweise, noch soll er durch die Erzeugung falscher Gefühle von der objektiven Realität unserer Gesellschaft, also auch vom Alltag am Arbeitsplatz, ablenken. Der Schlager in seiner Vielfalt soll unter anderem mit der Verbreitung von echten Empfindungen zur Entwicklung völlig neuer zwischenmenschlicher Beziehungen beitragen. Gerade er ist in der Lage, unsere Gefühle zu beeinflussen; ganz besonders durch das

FF-DABEI-Leser äußern sich zu dem in Heft 29 veröffentlichten Beitrag des Musikwissenschaftlers Hans-Gerald Otto

Hält der Schlager Schritt?

Aus der großen Zahl der eingegangenen Zuschriften haben wir einige allgemeine Äußerungen und direkte Antworten auf unsere drei Fragen ausgewählt. Um die Diskussion an konkreten Beispielen fortzusetzen, veröffentlichen wir in nächster Zeit außer dem FF-DABEI-Kalender noch weitere Beiträge aus dem Themenkreis Schlager- und Tanzmusik, zu denen wir ebenfalls Ihre Zuschriften erwarten. In diesen Beiträgen werden wir auch zu Ihren vorliegenden und noch folgenden Einsendungen ausführlich Stellung nehmen (Siehe auch S. 44/46!)

tägliche Hören in Rundfunk, Fernsehen oder Betriebsfunk. Welche Schlager bestimmen nun dieses Angebot? Es sind Schlager aus unserer Produktion, aus der des sozialistischen Auslands und aus der westlichen Marktproduktion der dortigen Unterhaltungsindustrie. Vergleicht man, so kann man auf gar keinen Fall mit unserem Angebot zufrieden sein! Die Ansicht, daß die „Hits" des Westens besser seien, ist besonders bei uns Jugendlichen keine Seltenheit. Ist das aber wirklich so? Um diese Frage richtig zu beantworten, muß man beachten, daß der Schlager letztlich eine ganz bestimmte Funktion im ideologischen Klassenkampf ausübt. Dessen sind sich gerade die westlichen Produzenten bewußt. Sie arbeiten mit allen Mitteln und Möglichkeiten, die oft in unserem Schlagerangebot fehlen. Fehlen? Können bei uns gerade in diesem entscheidenden Kampf „Mittel" fehlen, oder werden nicht teilweise unbegründete Ablehnungen dem „westlichen Sound" gegenüber geltend gemacht? Warum soll unsere Produktion nicht auch durch neue Richtungen, wie das beispielsweise in der ČSSR und der VR Polen (z. B. durch die „Roten Gitarren") praktiziert wird, schneller bereichert werden?

Gerade in der Schlagerproduktion sollte das Prinzip des Überholens, ohne einzuholen, praktiziert werden. Wir haben es gar nicht nötig, etwas nachzuahmen, weil wir in der sozialistischen Menschengemeinschaft viel größere Möglichkeiten zur schöpferischen Tätigkeit haben.

Das breite System der Tanzmusikentwicklung, -produktion und -verbreitung als Verbindung vom Laienautor bis hin zum Produzenten, wie es sich im Rahmen des alljährlichen DDR-Schlagerwettbewerbs entwickelt hat, ist beispielhaft für unseren Schlager und sollte weiter ausgebaut werden. In den letzten Monaten sind mir oft wirklich gute Schlager zu Gehör gekommen. Besonders hervorheben möchte ich: „Mädchen, Du bist schön", „Der Zug fährt ab", „Liebt die mich?", „Anna Maria", „Wirst du gehen?" Sehr gute Interpretationen bieten uns Frank Schöbel, Ina Martell und Michael Hansen, Jan Spitzer und Zsuzsa Koncz. Auch die Texte von Siegfried Uhlenbrock sind inhaltlich ansprechend.

Wolf-Dieter Prenzel, 89 Görlitz

Noch Jahrzehnte bis zum „Q"?

Der Schlager soll weiterhin unbeschwerte Fröhlichkeit vermitteln, wobei die Arrangements farbiger sein dürften. Die Texte sollen das Gefühl ansprechen, wobei die Romantik nicht zu breit ausgewalzt und charakteristische Themen unseres Alltags nicht ausgelassen werden sollen. Es werden noch Jahrzehnte vergehen, bis es genügend Schlager gibt, die mit unserer sozialistischen Gegenwart in Einklang stehen werden. Uhlenbrocksche und Schöbelsche Machart darf dabei vorherrschen, ohne überbetont zu werden. Die Qualität des Gesangs muß gesteigert werden, wobei unsere Schlagerinterpreten getrost etwas mehr von den Meisterinterpreten der Oper und Operette und des Musicals lernen können. Und bitte nicht vergessen: Ein Schlager soll nicht nur zum Zuhören, sondern auch zum Tanzen geeignet sein!

Franz Fischer, 671 Neustadt

Poetisch – und ohne Phrasen

An dieser Stelle möchte ich bemerken, daß ich froh bin, daß bei uns sich breite Kreise wie Komponisten, Lyriker, Musiker, Organisationen, Klubs, Singegruppen ernsthaft mit dem Schlager beschäftigen, um ihn zum Spiegel unserer sozialistischen Wirklichkeit werden zu lassen und dadurch die Zuhörer ethisch und ästhetisch zu bereichern. Ich erwarte vom Schlager, daß er zu einer Bereicherung des Hörers beiträgt, also nicht als „Lückenbüßer" oder Füllmusik im Rundfunkprogramm aufgefaßt wird. Natürlich muß er dabei unterhaltend sein. Der Text sollte Erlebnisse des Alltags poetisch und ohne Phrasen erzählen, er soll unser neues Lebensgefühl zum Ausdruck bringen, insbesondere das der Jugend. Von der Jugend erwarte ich natürlich, daß sie modern ist. So sollen z. B. Elemente des Beat oder elektr- nische Geräuscheffekte legiti- Ausdrucksmittel unserer Schla- musik sein. Natürlich sollten in Text und Musik aufeinander gestimmt sein.

Ulrich Milde, 8056 Dre

Die Diskussion um den DDR-Schlager ging weiter.

Im Dezember schickte uns die »Junge Welt«, Horst Pehnert, damals Chefredakteur, später beim Ministerium für Kultur, einen Brief:

Junge Welt

ORGAN DES ZENTRALRATS DER FREIEN DEUTSCHEN JUGEND
108 BERLIN, MOHRENSTRASSE 36/37, FERNRUF 22 80 70
POSTFACH 1214

Chris Doerk
Frank Schöbel

1134 B e r l i n
Postlagernd

Unser Zeichen Pfe/Fö   Tag 29. 12. 1970   Bei Beantwortung bitten wir, Datum und Aktenzeichen anzugeben

Liebe Chris Doerk!
Lieber Frank Schöbel!

Einige Monate lang diskutierte die Junge Welt mit ihren Lesern über die DDR-Tanzmusik. Dabei entstand der Gedanke einer JW-Spitzenparade, die die beliebtesten Schlager und Interpreten ermittelte. Tausende Leser haben uns geschrieben, und in unserer Ausgabe vom 25. Dezember 1970 – die wir beilegen – veröffentlichten wir den Endstand unserer Umfrage.

Wir freuen uns, liebe Chris Doerk und lieber Frank Schöbel, daß Sie in der "Rangliste" der Leser an der Spitze stehen und als Autoren und Interpreten viel für das gewachsene Ansehen der DDR-Tanzmusik unter der Jugend beigetragen haben.

In diesem Sinne wünschen wir Ihnen auch für 1971 viele originelle Einfälle und viel Erfolg in Ihrer künstlerischen Arbeit.

Mit freundlichem Gruß

Horst Pehnert
Chefredakteur

Anlage

Vom Orient bis Neugersdorf

Im September fand eine tolle Reise statt, eine der schönsten Tourneen, die ich durch meinen Beruf machen durfte und die mich zumindest eine Zeitlang von meinem Stimmungstief ablenkte.

Die DDR-Anerkennungswelle rollte, da wollte man nun auch im Orient musikalisch-künstlerisch Fuß fassen, Präsenz zeigen und ließ es sich was kosten. Es wurde ein neunzehnköpfiges Ensemble zusammengestellt und durch mehrere Länder geschickt.

Unser erstes Ziel war Bagdad. Von dort aus fuhren wir mit dem Zug quer durch die Wüste nach Basra am Persischen Golf, wo Euphrat und Tigris zusammenfließen. Neben den Bahngleisen sahen wir vereinzelt Radfahrer, das sah schon komisch aus. Die Elendsviertel am Rande der Stadt haben uns wieder besonders betroffen gemacht. Vom Irka ging's nach Syrien, in die Hauptstadt Damaskus, die, wie man uns sagte, die älteste, immer bewohnte Stadt der Welt sein soll. Es lief gerade eine Messe, die DDR war vertreten, und wir spielten am Messestand. Während sonst die Konzerte oft über eine Stunde später begannen, man läßt sich halt Zeit, kannst du dagegen die Syrer die Preußen des Orients nennen. Zu unserer Überraschung wurden wir sogar auf der Straße erkannt, da der Film »Heißer Sommer« dort sehr beliebt war. In Libanons Hauptstadt Beirut machte der Agent, der uns angefordert hatte, pleite. Die Veranstaltungen fielen aus. So übernachteten wir in der Botschaft der DDR, eine andere Unterkunft ließ sich nicht auftreiben, um dann gleich nach Zypern, Nikosia, Limassol, Farmagusta weiterzufliegen. Zum Abschluß unserer Tournee wurden wir in eine Disco eingeladen, in der die ganze Truppe wie verrückt bis in die Morgenstunden Sirtaki tanzte. Auch ich

war an diesem Abend nicht zu halten und habe mich total ausgetobt.

Kaum zu Hause, ging es im Oktober weiter in die Sowjetunion – und von da aus direkt nach Neugersdorf. Dort wurde ich Ehrenpräsident des Karnevals. Na, da haben sie mir ja ’ne Freude gemacht. Nun mag ich ja Karneval wie Rauchen im Auto. Aber wir hatten dort gespielt, mit großem Erfolg, die Leute standen drauf. Bevor ich noch was sagen konnte, bums, war ich Ehrenpräsident. Ich mußte auch nicht viel sagen. »Helau«, das war alles. Noch mal ein Liedel singen und einen Gruß machen, und irgendwie ging dann die große Küsserei los. Ich habe mich in letzter Minute hinter den Tresen gerettet, nicht um zu trinken, sondern um Bier, Wein und sonstwas auszuschenken. Na dann, helau!

Silvester in der Sauna

Die Jahreswende 70/71 feierten wir in Oberhof, im neueröffneten Panorama-Hotel. Wir machten dort unser Programm und spielten anschließend aus Spaß zum Tanz. Weihnachten und Silvester überhaupt musikalisch unterwegs zu sein, war für uns eine große Ausnahme. Als die Menge dann immer feucht-fröhlicher wurde, zog es mich in die Sauna. Ich fragte an der Rezeption. »Ja, ja, es ist noch warm, so 80 Grad dürften’s wohl noch sein, aber, Fränki, ich kann dir den Schlüssel nicht geben, der Chef ist noch da. Warte noch ein bißchen.« Okay, dachte ich, setzte mir ’ne Mütze auf, war plötzlich Portier und gab die Schlüssel aus. Da kam Fred Delmare die Treppe runter. Er sah etwas mitgenommen aus und mußte noch an diesem Abend beziehungsweise Morgen mit dem Zug zurück nach Berlin.

Ich trug ihm die Koffer nach draußen zum Taxi und hielt mit einer tiefen Verbeugung die Autotür auf. Trinkgeld lehnte ich prinzipiell ab.

Irgendwann konnte ich dann doch in die Sauna und schlief bei angenehmen 60 Grad ein. Nach zwei Stunden wurde ich geweckt, tauschte die harte Bank gegen mein Bett und dachte so bei mir: Was für ein Jahr wird 71 werden? So hart wie die Bank oder so weich wie mein Bett? Wie heißt es doch, hart ist hart und weich ist weich. Aber immer nur weich ist ooch ganz schön hart.

Wie ein Stern

Meine innerliche Unzufriedenheit wurde immer größer, obwohl ich einen Hit hatte, der sogar Schlager des Jahres geworden war, »Mädchen, du bist schön«. Aber ich fühlte mich nicht richtig wohl dabei, es reichte mir nicht.

Von Zeit zu Zeit flatterten per Post Noten in mein Haus, mit der Bitte, sie sich anzusehen und eventuell zu singen. Das meiste habe ich abgelehnt. Beinahe auch »Wie ein Stern«. Naja, am Klavier fand ich den Titel ziemlich schnulzig, konnte aber nicht ahnen, was das spätere Arrangement daraus machen würde. Doch Chris meinte: »Mensch, so schlecht ist das doch gar nicht.« Auf dem Blatt stand neben den Namen des Komponisten Hans-Georg Schmiedecke und des Texters Dieter Lietz auch der Name des gewünschten Sängers. In diesem Fall war er wegradiert, aber man konnte den Eindruck noch sehen, »Thomas Lück«. Ich habe es Tommy später mal erzählt. Ob das ein gleicher Erfolg geworden wäre, weiß man nicht. Da spielen viele Faktoren eine Rolle. Einmal das Arrangement von

Gerhard Siebholz, dann der Chor, es war der Gerd-Michaelis-Chor, damals noch mit der inzwischen leider verstorbenen Beate Barwand, sicher auch die Dreigeteiltheit der Komposition, also in den Strophen dieses Getragene fast wie bei »Let it be«, im Refrain dann richtig mit Druck, wie man es bei Tom Jones findet, und im C-Teil ein dynamisches, sich steigerndes Stück. Ein Werk von 6 Minuten 30, auch das war damals höchst ungewöhnlich.

Im Juni war es soweit, »Wie ein Stern« hatte bei Chris Wallasch im Schlagerstudio Premiere.

1971 wurde zum absoluten »Wie ein Stern«-Jahr.

Franks Beatkiste

Im Fernsehen lief noch immer »Mode & Musik«, wurde dann aber umfunktioniert zum »Treff mit Chris & Frank«.

Im März hatte ich eine andere Entscheidung treffen müssen. Martin Hattwig vom Deutschland-Sender sprach mich an, ob ich nicht eine Sendung moderieren würde. Wir überlegten gemeinsam und kamen zunächst auf »Franks Diskothek«.

Es folgte eine sogenannte Probe- oder Nullsendung, die gut ankam. Also stieg ich am 12.4. mit »Franks Diskothek« im Radio ein. Im Vorspann, mit unterlegter Musik, redete ich ziemlich schnell. »*Hallo, kurzer Gruß, und schon geht's los in unserer neuen Einrichtung, die sich da Diskothek nennt. Nun heißt ja Diskothek soviel wie Schallplattensammlung oder Archiv. Hm, Phonothek wäre sicher richtiger, weil ab und zu auch ein paar Tonbänderchen auftauchen. Naja. Aber erstens, find ich, klingt es nicht so schön, und zweitens habe ich immer noch die Hoffnung, daß all diese Titel, natürlich nur die gut-*

en, die sich immer noch als Rundfunkaufnahme redlich mühen, eines Tages ins Archiv als flotte schwarze Scheiben wandern. Womit dann der Name Diskothek gerechtfertigt wäre, okay?«

Diese Spitzenparade der Rockmusik moderierte ich 30 Sendungen lang bis zum 11.11.71. Lustigerweiser genau an diesem Donnerstag – ob 11 Uhr 11 die Entscheidung fiel, weiß ich nicht –, nannte sich der Sender dann plötzlich Stimme der DDR. »Stimme der DDR« – das ging mir schwer über die Lippen. Den Namen »Franks Diskothek« sollte ich ebenfalls ändern, und so fiel mir »Franks Beatkiste« ein. Als solche machte ich das noch anderthalb Jahre, dann haben andere Kollegen die »Kiste« übernommen.

Die erste Sendung am 18.11.71, die im Grunde die 31. war, eröffnete ich so: *»Äähh, knarr, knarr, Ast, Kiste auf, und fröhliches Hallo gerufen. Was sehen unsere munteren Beatknopfaugen? Die Kiste ist mit einer Stunde und knapp zwanzig Minuten gefüllt. Na, da werden aber unsere Beatschlappohrhängemänner bald den großen Hüpfmann machen.«*

In der Art ging's weiter. Die erste Neuvorstellung waren die Puhdys mit »Geh dem Wind nicht aus dem Weg, ah ah«. *»Puhdys übersetze ich, mal ganz kurz, mit P wie Purple, U wie Uhu, H wie Hacke, D wie dämlich, Y wie Ysegrim, und S wie Schnulze.«*

Bösartig war es allerdings nicht gemeint, ich sagte im gleichen Atemzug, daß der neue Titel kommen wird wie eine Rakete, denn der alte, »Türen öffnen sich zur Stadt«, gleichzeitig ihr erster Hit, lief zehn Sendungen an der Spitze. Wir mußten ihn dann regelrecht runternehmen, sonst wär es für unsere Sendung ein Armutszeugnis gewesen, denn so viele Titel aus eigener Produktion hatten wir nicht. Der Rest kam aus Ungarn, ČSSR und Polen. Westtitel durfte ich in der Wertung nicht spielen.

Ich hatte eine Wunschecke eingerichtet. Wer seinen Wunschhit hören wollte, mußte mir einen guten Witz mitschicken. So kam ich einigermaßen glaubwürdig über die Runden. Wenn ich bestimmte Titel, die verboten waren, nicht spielen konnte, lag es eben daran, daß die Witze nicht so gut waren. Finster, he?

Mit den Musikerkollegen machte ich Interviews, möglichst kaputt und schräg; sie fanden in Kellern, Garderoben, Toiletten, weiß der Geier wo statt.

Bei einem dieser Interviews hat mir Puhdy-Meyer erzählt, daß sie 65 einen Auftritt bei der Armee hatten und natürlich »60 Ost« und »40 West« spielen mußten. Ein Hauptmann kam zu ihnen und sagte im schwersten, aber schnellen Sächsisch: »Was spielt ihr da für 'ne Musig? Alles west? He?«

»Nee«, sagt Meyer, »wir spielen auch Titel von Schöbel.« Sie hatten »Party-Twist« drauf.

Da meinte der Hauptmann: »Schluß, aus, weg mit der Schöbel-Masche.«

Von Meyer ist auch überliefert, daß er in eine Bar rein wollte, und der Einlasser sagte: »Mit der Hose kommen Se hier nich rein!« Meyer, pfiffig, zog kurzentschlossen die Hose aus und ging in die Bar. Wenn Du mal einen Einlasser mit runterhängender Kinnlade siehst – das ist er!

Ich habe versucht, jede »Beatkisten«-Sendung anders anzufangen, eine ging los: *»Hallo, Ihr alten Beat-Mützen, hier ist die Zutzelmaus Fränki, welche die Kiste aufhaut, daß es nur so knattert. Zur 32. Sendung rufe ich euch ein fröhliches ›Beat auf‹ entgegen, stellt die Ohren steil, denn auch heute sage ich zwischendurch, wann wo welche Gruppen spielen. Die Neuvorstellungen, die Wunschkiste, die Witzecke seien nicht vergessen. Und natürlich auch die Spitzenparade. Baut das rechte Beatohr auf, mit dem linken Vorderlauf an die Nuß gefaßt, jawohl, Ihr Lurche, sie haben es wieder geschafft: Zum 16.*

Mal hintereinander die absolute Nr. 1 ›Türen öffnen sich zur Stadt‹, und ich bin jetzt der große Schweiger, denn wir hören schlappe 6 Minuten die Puhdys.«

Ein Schaf im Wolfspelz

Aber zurück an den Anfang des Jahres und zu einer unangenehmen Geschichte. Am 23.2. kriegte ich einen Bescheid über den vorläufigen Entzug meiner Fahrerlaubnis. Ich hatte ja nur die fürs Moped. »Sie haben am 20.2.71 gegen 21.50 Uhr, in Berlin-Köpenick am öffentlichen Straßenverkehr teilgenommen, obwohl Sie unter dem Einfluß alkoholischer Getränke standen.« Das stimmt und kam so: Mein Gesangslehrer, Herr Werner, in Köpenick wohnend, feierte mit einigen Schülern Fasching. Ich rief ihn an, um einen Unterrichtstermin auszumachen; er sagte: »Mensch, wir sind in fröhlicher Runde, komm doch rum!« Ich hatte was getrunken, vielleicht einen Gin-Tonic, jedenfalls nicht sehr viel. Aber in der DDR war ja null Promille und Winter angesagt.

Ich zog meinen Wolfspelz an, ein riesiges Teil von Mantel, den ich mir vor einiger Zeit voller Begeisterung gekauft hatte. Nachdem etliche Leute meinten: »Guck mal da, ein Affe!«, hab ich ihn nicht mehr angezogen. Aber auf dem Moped war es so knackekalt und außerdem dunkel. Ich mußte Straßenbahnschienen überqueren, da passierte es, das Moped schlitterte, ich ging aus dem Sattel und fuhr quasi stehend. Das muß die Polizei gesehen haben. Ein Bär oder ein Wolf auf'm Moped, sah sicher sehr ulkig aus. Sie hielten mich an, meinten: »Na, was riechen wir denn da ...« und zack, war ich meine Fahrerlaubnis für 3 Monate los.

Sozialistischer Charme

Im Juli machten wir mit unserem Sohn als Mitglieder einer großen Reisegruppe Urlaub in Bulgarien. Durch einen Zufall traf ich dort meinen alten Freund »Schulle«, Hans-Dampf in allen Berliner Gassen. Wir sprachen einmal abends dem Mastika zu, und als ich dann gegen halb vier, halb fünf wieder im Quartier ankam und auf den Balkon ging, sah ich, wie sich zwei aus der Reisegruppe trafen und irgendwas ganz hastig absprachen. Sie benahmen sich so eigenartig, daß ich dachte, sieh mal an, die Jungs, selbst hier im Urlaub. Komisch, daß man zuerst an Überwachung dachte.

Wieder zu Hause folgten mehrere Sendungen, darunter »Schlager einer großen Stadt« und eine Ponesky-Sendung in Magdeburg.

Pony hatte den Einfall, »Wie ein Stern« in drei Versionen zu senden. Eine, also meine, gab es ja sowieso schon, eine sang Chris, und die dritte wir beide im Duett. Das Publikum sollte wählen. Pony dachte sich etwas aus: ein Rohrsystem in der Stadthalle Magdeburg wurde installiert, mit Neigung nach unten zur Bühne, die Zuschauer bekamen je eine Kugel, die sie durch die Rohre auf eine Waage rollen lassen sollten, und so wurde der Gewinner ermittelt. Chris sang zuerst, dann kamen meine Version und das Duett. Du mußt Dir vorstellen, da lief im Fernsehn fünfzehn, sechzehn Minuten nur »Wie ein Stern«. Hält heute kein Zuschauer mehr durch! Ich hätte schon vierzigmal umgeschaltet. Nun waren die Zuschauer gefragt. »Also bitte, werten Sie für den Titel Eins mit Chris Doerk!« Ruhe. »Bitte die Wertung! Also, Sie müssen die Kugel einlegen und zum Rollen bringen. Also bitte!« Wieder nichts. Irgendeiner hat sich dann erbarmt und Chris seine Kugel gegeben; die nahm einen langen Weg bis zur Waa-

ge, »rrrrrt, bum, rrrrrt, bum, rrrrrrt, bum« – endlich kam sie an. Das war unheimlich peinlich. Natürlich konnte das keiner voraussehen. Ich sage immer, so kam es zur Scheidung. Gewonnen hat am Ende das Duett, aber eben nur auf der Bühne ...

Inzwischen war »Wie ein Stern« auch in der Bundesrepublik angekommen. Die westdeutsche Plattenfirma Phonogramm hatte sich bei AMIGA mit Erfolg darum bemüht. Mein IM Schwan hat in der konspirativen Wohnung »Kaufmann« folgenden Bericht geschrieben:

Der kleine Seitenhieb »Er selbst fühlt sich nun erst recht als Star« ist so zu verstehn, daß der IM selbst auf

Hauptabteilung XX/7 Berlin, den 18.11.1971
Te.

BStU
000033

Treffbericht

Quelle: IMS "Schwan"
Zeit: 16.11.1971
Ort: KW "Kaufmann"
MA: Hptm. Erazim

Frank Schöbel

Durch die Plattenfirma "Phillips" aus der BRD wurde bei Amiga die Schöbel-Fassung "Wie ein Stern in einer Sommernacht" gekauft und an die westdeutschen Rundfunkstationen vermittelt. Seitdem läuft Schöbel in allen Schlagersendungen des Westens und gewinnt zunehmend an Popularität. In der Hit-Parade des RIAS steht der Titel z.Zt. an 3. Stelle. Der IM hörte selbst, wie der Sprecher der RIAS-Schlagersendung Lord Knud viele Grüße an Frank Schöbel von seinen Hörern ausder Bundesrepublik übermittelte. Er forderte Frank Schöbel auf, 2500 Autogramme an den RIAS zu senden, damit von ihnen einigermaßen die vielen Autogrammwünsbhe der Hörer befriedigt werden können.

[redacted], Westberliner Agentur-Vertreter, überbrachte den Mitarbeitern des Bereiches Unterhaltung im DFF während seines Aufenthaltes am 9.11.1971 in der Hauptstadt die Bitte von "Phillips", ein Interview mit Schöbel durchführen zu dürfen. Dieses Interview wollte Phillips dann an die westdeutschen Rundfunk- und Fernsehstationen weitergeben. In dem Interview sollte Schöbel etwas über sich sagen und seine Hörer in der BRD grüßen. Die Mitarbeiter des DFF haben [redacted] an Amiga verwiesen, daß Schöbel kein Fernsehmitarbeiter ist.
Der IM konnte feststellen, daß Schöbel durch die Sendungen des Westdens auch in der DDR bei Jugendlichen an Popularität gewinnt. Er selbst fühlt sich nun erst recht als "Star". Der IM schätzt an Schöbel seine Bescheidenheit und sein sauberes Auftreten. Seine politische Haltung ist jedoch nicht gefestigt. Er ist nirgends fest gebunden, gehört keiner gesellschaftlichen Organisation an und besitzt auch keine ideologische Grundlage. Nach Meinung des IM müßte sich um ihn ständig jemand kümmern, der ihn vor allem politisch-ideologisch positiv beeinflußt.

Erazim

KOPIE BStU

der Bühne stand, und an dieser Stelle der Genosse Neid seine Feder führte. So was passiert!

Ein anderer Kollege und IM schrieb so nett über mich, daß ich mich eigentlich bei ihm bedanken müßte. Vielleicht hätte ich gar nicht in den Westen fahren dürfen, wenn IM Ottokar nicht so positiv berichtet hätte.

Außerdem belegt ein Bericht in meiner Akte, daß »der Schöbel zu Hause nicht viel zu sagen hat und die (geschwärzt) dort tonangebend ist und sich der Schöbel zu Hause ganz seiner Frau unterordnet.« Dies führt der IM vor allem auf die Gutmütigkeit des Schöbel zurück.

Wolfgang Brandenstein, genannt Pelle, schrieb mir – statt einen Text auf meine Musik zu machen – folgendes:

Liebe Chris, lieber Frank!

Nach einigen vergeblichen Versuchen, Euch telefonisch zu erreichen, muß ich Euch nun auf diesem Wege die traurige, für mich beschämende Mitteilung machen, daß ich mit dem Titel einfach nicht klar komme.
Weiß der Teufel, woran es liegt, ich breche mir die Ohren. Ich finde einfach keinen glaubwürdigen Text zu dem hymnenhaften Refrain mit den jeweils drei Silben. Seltsamerweise komme ich auch immer wieder zu einer Abschiedthematik mit Auf Wiedersehn und so, aber das hat ja Frau Steineckert - ~~und~~ sicher schon besser - gemacht. ~~Ich kann ihr auch nicht einfach das Thema klauen.~~
Ansonsten fällt mir nur zu Gewichtiges oder zu Banales ein.
Ich gebe zu, ich bin eine Pfeife, aber was soll ich machen?
Habt bitte Verständnis! Sicher klappt's beim nächsten Mal wieder besser.

Es passiert äußerst selten, daß jemand so ehrlich zugibt, daß ihm nichts Gescheites einfällt. Pelle hatte sowieso oft bewiesen, daß er tolle Texte schreiben kann.

Anläßlich der Weltfestspiele im Sommer 73 in Berlin bat mich die FDJ, im Nationalen Festivalkomitee der DDR mitzuwirken. Naja, ich wußte nicht, was das überhaupt war, dachte, phh, dürfte ja nicht ganz so schlimm sein. Später, als ich bei der Eröffnung dabei war, habe ich gemerkt, daß ich wie ein Pappkamerad rumsaß und nur mein Name benutzt wurde. Du hattest nichts zu entscheiden, nur zu nicken und ein brauchbares Lied zu schreiben. Das war eigentlich alles.

Der Dezember nahte, es gab wieder mal keine weiße Weihnacht, dafür die Fernsehsendung »Einmal im Jahr«. Ich finde, ein guter Titel, den man hätte beibehalten sollen. Alle Gewinnertitel des Schlagerstudios wurden noch einmal vorgestellt, und das Publikum wählte den Hit des Jahres. Ich hatte das Glück, mit »Wie ein Stern« den 1. Platz zu belegen.

Dann passierte folgendes: Die Plattenfirma Phonogramm (Tochter von Philips) wollte mir eine schöne Armbanduhr schenken, da ich über 150 000 Platten im Westen verkauft hatte, was nicht ganz zu einer Goldenen Schallplatte reichte. Dummerweise machten sie das offiziell, und so landete das Geschenk über AMIGA beim Minister für Kultur, der gab schließlich sein Okay, ich durfte es annehmen. Das hat nun wieder die Köpfe bei AMIGA bewegt, wir müssen Schöbel auch was schenken. Und das bei unserer Tolpatschigkeit und unseren Gesetzen! Paß auf.

Kurz bevor mir auf der Bühne dann eine Vase überreicht wurde – aus Meißner Porzellan, ich denke, ein bißchen häßlich, Chris fand das jedenfalls, heute steht die Vase bei ihrer Mutter –, also kurz bevor sie mir übergeben wurde, sagte mir ein AMIGA-Mitarbeiter in der

Garderobe: »Wir hatten für dein Geschenk 1 000 Mark bewilligt bekommen, aber nichts Geeignetes gefunden. Dann haben wir für 500 Mark geguckt und auch nichts gefunden. Schließlich fand sich eine Vase für 178,20 Mark. Es ist mir zwar sehr peinlich, aber die müßtest du quittieren.«

In der DDR war es von offizieller Seite schwer, etwas zu schenken, weil alles abgerechnet werden mußte. Denn keiner sollte den anderen bestechen. Das war echt kabarettistisch und von typisch sozialistischem Charme.

Noch etwas war in die Reihe zu kriegen, und das fand am 31. Dezember statt: In Trinvillershagen nahmen wir die letzte Sendung »Treff mit Chris und Frank« auf. Zwar wurden wir sogar mit dem »Goldenen Lorbeer« des Deutschen Fernsehfunks für diese Sendung ausgezeichnet, aber es deutete sich schon lange an, daß es so nicht weitergehen konnte. Auf der einen Seite der Erfolg mit »Wie ein Stern«, auf der anderen Seite die Sendung im Jugendfernsehen, die nicht schlecht war, aber doch auch ein bißchen provinziell. Ich wollte meinen Erfolg als Sänger nicht aufs Spiel setzen.

Wieder stellte sich die Frage, wie soll's weitergehn? So hörten wir auf dem Höhepunkt mit dieser Sendereihe auf. Ich denke, es war richtig so.

Fernsehliebling und Stern-Interview

Auf der Platte »Wie ein Stern« waren mindestens fünf Titel, die das Zeug zum großen Hit hatten. Aber sie behinderten sich mehr oder weniger gegenseitig. Wir versuchten, sie über zwei Jahre aufzuteilen. Ende 71 war der Titel »Wie ein Stern« für uns ausgelaufen. Und so starteten wir 1972 »Gold in deinen Augen« und

»Sieh mal einer an«. »Schreib es mir in den Sand«, die deutsche Version des OMEGA-Hits war außerdem wochenlang Nummer 1 in der Beatkiste. Und schließlich »Die Sprache der Liebe ist leis«, aber dazu kommen wir später.

Im Februar 72 veröffentlichte die »Berliner Zeitung« gemeinsam mit der Programmillustrierten FF-Dabei die Publikumsumfrage nach den Fernsehlieblingen 1971, aufgeteilt in dreizehn Rubriken. Reportage, Informationssendungen, Publizist, Fernsehspielfilm, Fernsehserie und Fernsehreihe. Beliebteste Unterhaltungssendung wurde »Klock 8 – Achtern Strom«. Nummer 1 bei den Sportreportern Heinz Florian Oertel, Sprecher Klaus Feldmann, Sprecher weiblich Erika Radtke. In der Rubrik Unterhaltungskünstler gewann ich, dank des Publikums. Wieder ein schöner Erfolg, darüber freuten sich auch meine Freunde, Jürgen Brill, Regisseur, und seine Frau Ursula Dathe, Choreographin, in Köpenick. Sie hatten einen wunderschönen Garten, in dem wir so manche Fernsehsendung geplant, entworfen und besprochen haben.

Bis zum 15. März mußte ich wie jedes Jahr die Steuererklärung machen – das war damals noch einfach! 20 Prozent, der für Freischaffende festgesetzte Steuersatz, wurden von vornherein einbehalten. Man mußte nur alles ordentlich angeben, ein paar berufsbedingte Ausgaben abziehen, das war alles.

Viele Fototermine standen an. Ich möchte mich an dieser Stelle einmal bei allen Fotografen dieser Welt entschuldigen: Ich hasse Fotografieren. Wahrscheinlich ist es eine Form der Eitelkeit, daß man sich auf Fotos selbst nicht sehen mag. Du kennst das, wenn Du früh aufstehst, guckst in den Spiegel und denkst: O Gott, wer ist denn das? Und es gibt nur wenige Tage im Jahr, an denen du sagst: Naja, heute bin ich mit mir zufrieden! Mir geht das so. Und zu sehen, da bist du zu dick,

hier siehst du doof aus, also, ich war jedesmal froh, wenn ein Fototermin vorbei war.

Der schnellste Termin war mal mit Helmut Raddatz. Chris und ich, wir hatten zwischen zwei Veranstaltungen 10 bis 12 Minuten Zeit. Wir wußten, was wir wollten, Raddatz fotografierte ratz-batz! Es kamen wirklich gute Fotos dabei raus.

Die Westpresse war unheimlich interessiert an uns, selbst der »Stern« schrieb damals eine Geschichte: »Liebesgrüße aus Lichtenberg – Ein Star erobert die westdeutschen Hitparaden«.

»Von 1955 bis 1970 verkaufte der Ostberliner Verlag ›Lied der Zeit‹ die Rechte für 280 DDR-Musiktitel in den Westen. Aber zum ersten mal, freut sich Cheflektor und SED-Mitglied Willibald Winkler, haben sich jetzt westdeutsche Firmen um DDR-Schlager geradezu gerissen. Der Reißer in kapitalistischen Musikboxen und in den Hitparaden westdeutscher Rundfunksender ist Frank Schöbel, 29, von dem nur wenige Fans wissen, daß er in der DDR lebt. Die DDR-Schlager, bislang im Ruf von Biederkeit, sind aktuell auf die weiche Welle zugeschnitten, sagte Winkler. So verkaufte Philips seit September 71 fast 150 000 mal Single-Platten von Schöbels Medium-Beat ›Wie ein Stern‹, 400 000 dieser Schöbel-Scheiben routieren bereits auf den Plattentellern zwischen Rostock und Zwickau, also in der DDR. Schöbels ›Stern‹ auf dem Schlagermarkt – scheint noch zu steigen, seine zweite Single: Der Schlager des Jahres ›Gold in deinen Augen‹ ist schon seit 1. Februar 1972 in knapp 8 Wochen in der Bundesrepublik 40 000 mal verkauft worden. Schöbel-Schlager bringen sozialistische Anforderungen und westliche Bedürfnisse auf einen Nenner mit dem Thema Nr. 1: Der Liebe.«

Dann schreibt der Stern weiter: »Frank Schöbel sieht seine Aufgabe im Arbeiter- und Bauernstaat ...« – das

habe ich natürlich so nie gesagt. Die Frage lautete anders: Wie ich meine Aufgabe sehe als Sänger, und sinngemäß hab ich geantwortet: Ich möchte all das, was unsere Menschen bewegt, ihr Fühlen und Denken und Tun, umgesetzt in Schlagern ausdrücken, das heißt, leichte Kost servieren, unaufdringlich, nett und freundlich, das ist meine Art.

»Dennoch gilt Frank Schöbel«, so geht es weiter, »als Paradebeispiel dafür, daß die Zeit der singenden Frisösen langsam zu Ende geht.«

Wichtig war für diese Leute, wieviel Geld wir verdienten, und da ist zu lesen: 80 Mark pro Plattentitel. Das stimmte ja auch bei den ersten Liedern, hat sich aber Stück für Stück geändert, so daß ich das obere Limit erreichte, nämlich 500 Mark, minus 20 Prozent Steuern, also 400 Mark auf die Hand. Egal ob die Platte millionenmal verkauft wurde oder nur einmal. Das war natürlich nicht vorstellbar für Menschen, die aus einer Welt kamen, wo von früh bis spät Monopoly gespielt wird.

Ich hingegen dachte: hab ich ein Glück, mein Hobby ist mein Beruf – und dann kommt da noch Geld zusammen, und nicht zu wenig, was will ich denn mehr?

Weiter steht in dem Artikel: »So lebt Frank Schöbel, anders als westdeutsche Top-Stars, mit seiner Frau Chris und Sohn Alexander bescheiden in einer Wohnung der kommunalen Wohnungsverwaltung in Berlin-Lichtenberg, Münsterlandstraße 6, 1. Treppe links.« Stimmt! »An der Wand hängen Poster von den Beatles und eine Kuckucksuhr. In der Anrichte stapeln sich hinter Glas die Preise u. a. des Deutschen Fernsehfunks, der ›Silberne Lorbeer‹, und auf der Rückseite steht tatsächlich ›Sei stolz auf mich, doch denke dran, daß Lorbeer auch verwelken kann!‹«

Dann schrieben sie noch, daß wir in der DDR nicht gemanagt werden, sondern uns selber kümmern müs-

sen. »Und wie wird man ein Star? ›Bei uns macht das Publikum den Star, sagt Frank.‹« Und weiter: »Die Texte seiner Lieder müssen wie alle anderen Texte in der DDR die Zensur eines Lektorats passieren.« Das ist richtig. Aber im Westen muß man auch dem Plattenproduzenten das Lied vorspielen, der muß abnicken, sonst gibt er kein Geld – das ist doch ganz normal. Bei uns war es halt staatlich, und da hat man Leute davorgeschaltet, die gesagt haben, was gut ist und was nicht. Daß es immer die gleichen waren, die den immer gleichen Geschmack hatten, das war der Nachteil. Und daß ein Lektorat auch als politische Zensur mißbraucht werden kann, ist leider wahr.

»Was ihm am Westen auffällt? ›Ja, das soviel über Geld gesprochen wird. Mir scheint, die Künstler aus unserer Branche kriegen im Westen viel zu hohe Gagen!‹«

Salto-Trabiale

Der Alltag hatte uns wieder: Ali konnte nicht zum Spielen raus, so dreckig war es, Kohlenstaub, schlechte Luft. Chris bearbeitete mich, ich sollte doch mal wieder anfragen, ob wir nicht eine andere Wohnung bekommen könnten.

Das Ministerium für Kultur schaltete sich ein und schrieb einen Brief an den Stadtrat: »Gestatten Sie mir, Ihre Aufmerksamkeit auf die Wohnungsangelegenheit von Frank Schöbel und Chris Doerk zu lenken. Beide Künstler zählen bekanntlich zu den hervorragendsten Vertretern ihres Faches ...« Und dann kam wieder alles, was wir geleistet haben. »Sie bewohnen mit ihrem Kind eine zentralbeheizte Zweieinhalb-Zimmerwohnung ...« – und dann der Grund:

Titel "Wie ein Stern" und "Gold in deinen Augen" weit über die Grenzen unserer Republik hinaus populär geworden ist, was wiederum unserer Tanzmusikentwicklung überhaupt wichtige Impulse gibt.

Frank Schöbel und Chris Doerk bewohnen mit ihrem Kind eine zentralbeheizte 2½-Zimmer-Wohnung (ein großes, ein mittleres, ein sehr kleines schmales Zimmer mit Bad und Küche) in 1134 Berlin-Lichtenberg, Münsterlandstr. 6.

Durch die Lage der Wohnung in unmittelbarer Nähe des Kraftwerkes Klingenberg mit seinem permanenten Kohleumschlag sind die Atmungsorgane der beiden Künstler beständig beeinträchtigt, was bei Frau Doerk schon mehrfach zu akuten Halsentzündungen geführt hat.

Da beide Künstler den größten Teil ihrer schöpferischen Arbeit - Komposition, Einstudierung neuer Titel und Texte, Proben etc. - zu Hause ausführen, wären bessere Arbeitsbedingungen für ihre weitere Entwicklung sehr wünschenswert.

Ich wäre Ihnen dankbar, wenn Sie Möglichkeiten finden könnten, den beiden international anerkannten Künstlern durch Zuweisung einer Neubauwohnung zu helfen.

Mit vorzüglicher Hochachtung

Ra.

- Dr. Rackwitz -

Das war mir sehr peinlich, aber naja, es ging eben nicht anders.

Das Schreiben war vom 29.3.1972, was soll ich Dir sagen, am 24.8. hatten wir die Zuweisung für eine Wohnung in Berlin-Köpenick, Allende-Viertel, Müggelschlößchenstraße 10, Neubau, 9. Stock, 3 Zimmer – toll! Eigentlich das, was wir immer wollten. Leider konnten wir nicht gleich einziehen, es wurde noch gebaut.

Ich dachte, hier kannst du sterben; ich mach eh bis zur Rente, bin laufend unterwegs – wunderbar!

Am 17. April 1972 lud Walter Ulbricht ins Staatsratsgebäude zu einer Veranstaltung ein. Die ist mir in besonderer Erinnerung. Der Staatsratsvorsitzende saß die ganze Zeit, er war sichtlich müde, fertig und wurde möglicherweise nur noch mit Medikamenten aufrecht gehalten. Erich Honecker stand daneben. Die Distel trat auf, der Chor des Wachregiments und andere. Man wünschte sich »Wie ein Stern«, ich sang ihn aber ganz leise, weil ich dachte, jeder laute Ton ist zuviel für den alten Mann. Am Ende kam er noch einmal zu uns und bedankte sich mit seiner typisch fistelnden, hohen Stimme. Ich hatte das Gefühl, er war nur noch ein Schatten, und der Kronprinz stand daneben.

Ich fuhr mit meinem Trabi zum Staatsratsgebäude. Auf dem besonders bewachten Parkplatz stand Protzkutsche neben Protzkutsche – und meine Pappe mittendrin, das war ein Bild! Selbst die Polizisten mußten feixen.

Und mit diesem kleinen Pappflitzer IT 51-57 und 'ner halbjährigen Fahrpraxis überschlug ich mich, und das auch noch in Dresden, am »Wilden Mann«. Da geht es leicht bergab. Ich wollte einen LKW mit Hänger überholen, der Fahrer des LKW hatte die gleiche Idee und überholte ein Moped. Ich ging auf die Bremse, drehte mich in Hängerhöhe, sah links einen Baum auf mich zukommen, bremste noch schärfer – beim Trabi mußte man schon etwas mehr auf die Bremse steigen, sonst passiert da gar nichts –, überschlug mich – und landete mit der Rennpappe kopfüber auf der Autobahn.

Links und rechts fuhren ganz langsam die Autos vorbei, Glück gehabt. Ausgerechnet an diesem Tag nahm ich zwei Tramper mit, was ich sonst nie tat und war heilfroh, daß wir mit ein paar Abschürfungen davongekommen sind. Damals durfte man Tramper nur heimlich mitnehmen, und wir sprachen uns schnell ab, daß

sie sich als Verwandte von mir ausgeben sollten, um Ärger mit der Polizei zu vermeiden.

Ich rief nur: Raus aus dem Auto! – weil ich Angst hatte, der Tank könnte explodieren. Sah, wie aus der Rennpappe ein kleines Matchboxauto meines Sohnes fiel und den Berg runterraste. Ich stürzte hinterher. Was Blöderes kann man ja in so einem Moment wirklich nicht machen. Sicher stand ich unter Schock. Prompt kamen auch noch die Kollegen der Theo-Schumann-Band vorbei und meinten: »Na, dumm gelaufen, Fränki?«

Der Trabi wurde wieder auf die Beine gestellt, zwar war er oben offen, das Fenster vorne raus, aber er fuhr noch. Die Türen haben wir zugebunden, und dann ging's ab nach Pirna zur Werkstatt. Dort machte mir ein Autoschlosser Mut und sagte: »Wir kriegen irgendwo eine Karosse für dich! Verlaß dich drauf!« Es dauerte drei bis vier Monate, dann hatte mein Trabi wieder ein neues Häuschen.

Und das alles, weil ich vom Schneider in Pirna ein Kleid für Chris abholen sollte – teures Kleid.

Wasserski im Frack, Studio B und andere Termine

Mit dem Fotografen Klaus Schwarz, dem späteren Mann von Chris, war eine Fotoserie ausgemacht.

Ich hatte die Idee, die Fotos beim Wasserski aufzunehmen, wollte sogar noch einen Tisch auf die Bretter schrauben und so ganz lässig über den Müggelsee donnern. Das war zu aufwendig, letztlich blieb's einfach beim Wasserski. Als Draufsetzer allerdings trug ich einen geliehenen Frack, der nicht naß werden durfte.

Mein Freund Schulle hatte ein schnelles Boot. Er war

es auch, der mich dazu überredete, überhaupt Wasserski zu fahren. »Mensch, Frank, Skiloofen kannste, versuch's doch mal!« Und es klappte sofort. Nur einmal, als ich übermütig Leute auf einem Schiff grüßte, überschlug und verhedderte ich mich und landete kopfüber im tiefen Wasser. Große Freude! Die Schwierigkeit ist dann, die Ski unter Wasser anzubringen und wieder aus dem Tiefen zu starten.

Schulle und ich waren gut eingespielt. Ich konnte, im Frack, vom Steg aus sitzend starten, er brachte das Boot gleichmäßig schnell auf Fahrt, es funktionierte prima. Bei der Landung ließ ich mich weit aus der Kurve tragen, bekam irre Fahrt, warf das Seil weg und landete direkt drei Meter vorm Ufer. Der Chef eines Salonorchesters in der »Müggelseeperle« nutzte die Gelegenheit, um den älteren Damen und Herren übers Mikrofon anzukündigen: »Da sehen Sie unsere berühmten Schlagerkomponisten Franz Stöbel.« Ich verbeugte mich artig im Wasser.

Im Mai schrieb die Redaktion der Zeitschrift »Brigitte«: »Ihre Schlager ›Wie ein Stern‹ und ›Gold in deinen Augen‹ werden häufig in den Schlagerparaden der Bundesrepublik gespielt, doch über Sie selbst ist hier nur wenig bekannt. Wir glauben, daß unsere Leserinnen und Leser an einem Interview mit Ihnen sehr interessiert sind.« Na prima, könnte heute nach 7 Jahren sogenannter Vereinigung noch genauso stattfinden. Dann teilten sie mir noch mit, daß sie die größte Frauenzeitschrift der Bundesrepublik sind und eine Auflage von 1,5 Millionen haben und in 16 Ländern erscheinen.

Wegen des Interviews mußten sie sich mit dem Ministerium für Auswärtige Angelegenheiten in Berlin in Verbindung setzen, aber das wußten sie. Ich bat darum, mir direkt zu schreiben, für den Fall, daß das Ministerium absagen würde. Dann hätte ich von mir aus

noch mal nachstoßen können: Hej, Ihr habt abgesagt und es mir nicht mitgeteilt? Es passierte nämlich immer wieder, daß das hinter meinem Rücken geschah.

Eine andere Anfrage landete beim Direktor Költzsch vom VEB Deutsche Schallplatten. Der Norddeutsche Rundfunk lud mich in seine Sendung »Musik aus Studio B« ein. Proben am 31.5., am 2.6. die Aufzeichnung. Ich konnte es nicht fassen und habe mir gesagt: Okay, ich fahr dahin, aber ich sag es keinem. Ich glaube es erst, wenn ich dort bin.

Aufgezeichnet wurde im großen Sendesaal in Hannover. Und noch etwas war ausgemacht: »Wir beabsichtigen den Titel ›Wie ein Stern‹ zu verwenden, es gilt als vereinbart, daß Sie diesen Titel vor dem Sendedatum am 19.6.72 in keinem anderen Programm des deutschen Fernsehens ARD oder ZDF vorstellen.« Na logisch, ich hätt ja sowieso nicht fahren dürfen.

Es gab ein Honorar; ich mußte zwar davon noch die Agentur bezahlen, hatte aber am Ende einen großen Schein und deckte mich dort mit drei Jacken und fünf Hemden ein.

Es war bei uns ein ungeschriebenes Gesetz, daß man seinen Verdienst wieder voll in den Beruf steckt. Von den Jacken lebte ich zwei, drei Jahre im Fernsehen, mußte endlich mal nicht zum Schneider, nicht anprobieren – war das herrlich.

In einer Zeitung stand natürlich gleich: »Der Roy Black der DDR stürmt alle Hitparaden! Nun holt Henning Venske ihn ins Studio B. Er gilt als Wunderkind im Showgeschäft, denn keiner vor ihm schaffte das, was ihm gelang. Als erster Schlagersänger der DDR stürmte Frank Schöbel auch die Hitparaden der Bundesrepublik und anderer westlicher Länder.« – Deswegen war ich doch noch kein Wunderkind! Eher ist es ein Wunder, daß ich noch Kind geblieben bin. Ich kann mich heute noch über solchen Schwachsinn aufregen,

den sich Journalisten ausdenken, um etwas ganz Besonderes zu schreiben. Und hat mal einer wirklich was Tolles geschafft, merken sie's entweder nicht, oder es fehlen ihnen die Worte.

Weiter steht: »So ist der 29jährige in der DDR auch kein Star in unserem Sinne, er hat kein eigenes Haus, sein kleiner Sohn kein Pony« – na Hilfe, das fehlt mir grade noch! (Und wie krieg ich das Pferd in den Fahrstuhl?)

»Schöbel, der bereits in allen Ostblockstaaten, in Österreich, Holland und Belgien ein bekannter Star ist ...« – wieder falsch, ich trat natürlich in den sogenannten Ostblockstaaten auf, aber deswegen war ich dort noch lange kein Star. Man kannte mich zwar in Polen, aber kein Mensch in Österreich, Holland oder Belgien, bloß weil ich einmal aufgetreten bin. Wenn man soviel Müll liest, sehnt man sich nach zu Hause. Verstehst Du das?

Anfang Juni war ich wieder im Schlagerstudio mit »Die Sprache der Liebe ist leis«, ein Titel von Gerhard Siebholz, der als Tonmeister auch »Wie ein Stern« aufgenommen hat. Zum Mischen brauchte er damals unheimlich lange. Es gab da eine Besonderheit, am Schluß des Refrains war ein Beckenschlag, den wollte er – wie wir sagen – »flangen«. Das ergibt einen akkustischen Schwebeeffekt. Uns standen solche »Flanger« nicht zur Verfügung, und so kam er auf die Idee, die gesamten 24 Spuren mittels eines speziellen Schraubenziehers zu verdrehen. Das durfte man nicht, die waren eingemessen! Auf diese Weise kam es zu dem Effekt. Selbst im Westen fand man die Aufnahme damals technisch gut und überlegte: »Wie haben die das gemacht?« Tja, es war halt die »russische Variante« von Gerhard Siebholz. Er hat mir viele Tricks gezeigt, wie man die Stimme doppeln und verdreifachen kann und und und.

Chris und ich hatten das Angebot für einen Musik-

film erhalten, unseren vierten: »Nicht schummeln, Liebling«. Er sollte ab 15. August 1972 gedreht und im September/Oktober synchronisiert werden.

Im Juni machten wir dafür bei AMIGA die Musikaufnahmen, sahen uns nebenbei die fertige Wohnung im Allende-Viertel an und freuten uns mächtig drauf.

Die DEFA schrieb vertraglich fest: »Die wöchentlichen Rundfunksendungen werden beim Einsatz der Filmschaffenden berücksichtigt, sollten aber nach Möglichkeit in den Monaten Juni/Juli 72 von Ihnen nicht wahrgenommen werden.« Ich hab dann »Franks Beatkiste« vorproduziert, die Spitzenparade weggelassen und komplette Wunschsendungen gemacht.

Einmal kam unser alter lieber Fernsehstratege Siggi Meißgeier, inzwischen verstorben, und sagte: »Ich hab da eine Idee!« – »Ja«, ich ganz erwartungsfroh und wißbegierig, »na, welche?« – »Da ist 'ne große Treppe!« – »Ja, und?« – »Naja, 'ne große Treppe!« – »Äh, ja, 'ne Treppe. Na und? Wo ist die Idee?« – »Na das ist die Idee!« – »Tolle Idee.«

In meinem Kalender stehen nur wilde Tage: 9 Uhr Fußball (in Blau), danach Sauna, dann Abfahrt, 15 Uhr Veranstaltung, 19 Uhr die zweite, anschließend Autogramme, jeweils eine Stunde, und nachts zurück. Nächsten Tag 6.30 Uhr den Trabi zur Durchsicht bringen, früh Titel schreiben, Text überwachen, 15 Uhr Fototermin, 18 Uhr Besprechung für Interviews – danach guckt man sich nach Möglichkeit das Ganze nochmal an, denn oft sagt man Dinge, die geschrieben gar nicht gehen. Und bei Westzeitungen mußte man sowieso immer die Angst haben, daß aus Nebensätzen Hauptsätze wurden.

Ein fester Posten in meinem Kalender: Mit Ali spielen! Er ist inzwischen knapp vier, und als Einzelkind ist es besser für ihn – und er will es selber – in den Kindergarten zu gehn, um die »Kämpfe des Lebens« zu

lernen. Er sagte uns dann ganz aufgeregt, daß er »Karnickels« gesehen hat, »und um die Karnickels waren riesengroße Zäune, damit die nicht wegfliegen.«

Einmal fragte er: »Mami, wie hast'n du mich eigentlich kennengelernt?« Interessante Frage, wa?

Opi Doerk und Ali

Wenn wir auf Tournee oder zu einer Fernsehsendung fuhren, war da immer noch Tunti Hunni. Für längere Zeiträume brachten wir Ali zu Chris' Eltern nach Böhla. Da hatte er es richtig gut, auch weil ihm dann und wann sein stures Köpfchen geradegerückt wurde.

Omi Doerk – 'ne fleißige Hausfrau – putzte jeden Freitag, auch wenn es nichts zu putzen gab. Und Opi, als selbständiger Friseur, fuhr nach Ladenschluß über Land zu alten Leuten, die nicht mehr laufen konnten, schnitt ihnen die Haare, und nicht selten wurde er mit Naturalien – wie Wurst in Einweckgläsern – bezahlt. Das war schon rührend. Irgendwie 'ne andere Welt.

Ich geb die Kiste ab

Als die westdeutsche Plattenfirma Phonogramm sagte: »Wir brauchen einen Auftritt von Frank Schöbel, um die Platte besser verkaufen zu können«, meinte unsere Politbürokratie: »Wir fahren nicht nur in die BRD, wir fahren nach ganz Europa!« Das hieß, es mußten Auftritte besorgt werden in Österreich, in der Schweiz, in Belgien.

Das erste, was klappte, war die Sendung »Binnen unt Bouten«, eine beliebte Nachmittagssendung in Brüssel. Und so sah ich das Männeken Piß und sprang vorm Atomium hin und her.

In der Zeitung stand das so: »Der Ostberliner Schlagerstar Frank Schöbel kennt die halbe Welt – von Moskau bis Havanna, von Kairo bis Brüssel.« Moskau ja, Havanna auch, in Kairo war ich dummerweise noch nicht ... Wieder die bohrenden Fragen der Journalisten: »Kann man bei euch auch von was anderem singen als nur von Liebe und Treue? Fragend blickte sich der Ostberliner Topstar Frank Schöbel um: ›Man kann, aber Liebe und Treue garantieren noch immer die meisten Fans!‹«

Und natürlich haben wir ja von anderen Dingen gesungen, denk mal an die Gruppen, an Renfts »Ketten werden knapper«, »Wer die Rose ehrt«, an Puhdys' »Wenn ein Mensch lebt«, aber wenn ich das alles aufgezählt hätte, geschrieben hätten sie es eh nicht. Das paßte ja nicht ins Bild.

Für Brüssel hatte ich vorausgesehen, daß es sicher günstig wäre, einen Titel auf französisch aufzunehmen. Eine Lehrerin unterwies mich in der Aussprache. Ich dachte, daß ich es ziemlich gut drauf hätte – nur ausgerechnet mit dem »Stern« hatte ich Probleme. Und zwar gibt es: »étoile« und »le toile«, das eine ist der

Stern, und das andere das Tuch, die Leinwand. Ich sang wohl unentwegt »Wie ein Tuch in einer Sommernacht«. Peinlich!

Nach Brüssel reiste der AMIGA-Redakteur H.-P. Hoffmann mit. Als die Sendung gelaufen war – alles bestens, hohe Einschaltquoten, das erfuhren wir sofort –, luden uns die Belgier in ein Etablissement ein. Es war nicht direkt ein Bordell, es war etwas Netteres, mit gepflegtem Gespräch und so. Und wenn man genügend Geld hatte, hätte man ... aber dafür Westgeld ausgeben? Wir wurden eingeladen und eingeladen und H.-P. Hoffmann meinte: »Wir müßten uns eigentlich auch mal revanchieren, aber ich hab keinen Pfennig!«

Ich sagte: »Ich kann dir ja ein bißchen von mir geben, aber das sieht wie Bestechung aus, und das darfst du wieder nicht!«

»Hmm«, meinte er. »Ich hab noch Bewegungsgeld. Wenn irgend etwas passiert und wir müssen mit dem Zug zurückfahren, dafür hab ich noch Geld. Ob ich das nehme?«

Er tat sich schwer. Zehn Minuten später: »Ach!« Er schlug sich aufs Knie. Das war die Entscheidung. Und so haben wir dann über 50 DM für eine Flasche Sekt ausgegeben, ließen uns also nicht lumpen.

Ehrlich gesagt, ich war auch geizig mit den paar Piepen, die ich da bekam. Ich hatte die 300 DM schon für Mitbringsel verplant. Dieses Geld war so heilig; das für Sekt ausgeben, um Gottes willen!

Zu Hause machte ich zwischendurch – was nicht heißt, so ganz nebenbei – Aufnahmen mit Gisela May und Thomas Lück für eine LP »Hello Dolly«. Gisela May sang die Dolly. Wir hatten einen Titel zusammen und überlegten an einer Unisonostelle, wie wohl unser Vibrato sein sollte. Da gerade die Bee Gees en vogue waren, schlug ich dieses typische, lange Vibrato vor. Gisela fragte: »Wie macht man denn das?« Ich meinte halb

im Spaß, aber auch im Ernst: »Ja, man könnte den Ton ganz gerade – häääähäää – wie eine Hupe singen und in Intervallen auf den Bauch drücken. Und dann hast du es.« Ich sah, wie sie in die Ecke ging und es tatsächlich versuchte. Hej, dachte ich, die Frau hat einen Ehrgeiz, toll!

Ich moderierte immer noch jeden Donnerstag »Franks Beatkiste« und so zog es mich oft ins Eisenbahner-Klubhaus in Berlin-Karlshorst, wo interessante Gruppen spielten, »Die Roten Gitarren«, »Panta Rhei« und andere, die ich interviewte. Nächtelang habe ich für die Sendung gecuttert. Nachts war günstig, weil die Cutterräume frei waren und man sich den besten aussuchen konnte.

Es klingelte immer häufiger an der Tür, es ging um Autogramme. Einmal fragte mich einer: »Ist Frank Schöbel da?« – »Nee«, sagte ich, so im Spaß, »der ist nicht zu Hause.« Er gab sich damit zufrieden. Noch ehe ich was sagen konnte, war er weg. Eigentlich gemein, aber: Er hat nach Frank Schöbel gefragt, mich angesehen und nichts gemerkt. Hm. Selber schuld.

Mein Freund Herbert Stassig rief wieder mal an und ließ die Loks pfeifen. »Huuuuup, huuuuup, huuuuup«. Mein Gott war die DDR auch ein kleines Dorf!

Neben der Filmvorbereitung fuhr ich wieder mal für vier Tage zu einem Auftritt nach Wien. Es wurde zeitlich immer enger, und ich dachte: Wie schaff ich meine Rundfunksendungen donnerstags überhaupt noch. Ich schrieb ja auch das Manuskript für die Sendung und beantwortete viele der Briefe. Meine eigenen zu Hause blieben liegen.

Die Entscheidung trug ich sehr lange mit mir rum, dann war für mich klar: Ich geb die »Beatkiste« ab. Es fiel kein böses Wort, die Sache war okay. Die letzte Sendung machte ich am 4. Mai 1973.

Festivals und Todesangst

Im August nahm ich in Sopot am Festival teil und belegte tatsächlich den 2. Platz. Das war, bei dieser Konkurrenz, sehr gut. In Polen hast du als DDR-Sänger nicht so einfach gewonnen, wir sagten immer: Was können wir ihnen bieten? Es gewannen meistens westliche Länder. Vielleicht waren die Leute ja wirklich besser, aber man versprach sich natürlich auch – so haben wir das gesehen – bestimmte Verbindungen. So gesehen war der 2. Platz mehr als beachtlich.

Ich sang: »Wie ein Stern« und »Sieh mal einer an«, die Leute haben danach bald fünf, sechs Minuten geklatscht. Allerdings beim Erstplazierten, einem Holländer, noch länger. Wenn es nach dem Beifall geht, war es nur gerecht, daß er gewann.

Den 3. Platz belegte die BRD mit Irene Sheer, sie sang, barfuß, ein irisches Volkslied, wunderschön. Und wenn ich ehrlich bin – hm – ja, ich war etwas verliebt in sie. Ich setzte mich später zu ihrer Crew, und es wurde ein fröhlicher deutsch-deutscher Abend.

In Berlin erhielt ich den Interpretenpreis, der ja ein Publikumspreis ist. Die Verleihung fand im Hotel Stadt Berlin, im 36. Stock statt. Wir und die Gewinner des Preisausschreibens der Zeitschrift »Neues Leben« saßen anschließend noch in gemütlicher Runde. Plötzlich reichte mir der Ober einen Zettel, ich solle an den Nebentisch kommen, ein Mr. Tokuma aus Japan möchte mich sprechen. Hm, dachte ich, was, wie, wer? Ich kenne überhaupt niemanden aus Japan.

Und Mr. Tokuma sagte mit etwas hoher Stimme und leicht abgehackt: Er würde sich freuen, wenn ich mal nach Tokio käme! – Jaja, dachte ich, ich komm nach Tokio! Klar, jeden Mittwoch. Schönen Dank! – Und daß ich sein Gast sein würde. Er lädt mich herzlich ein;

er wäre hier bei AMIGA gewesen, um Klassik einzukaufen, Mozart, Bach und die richtigen alten großen guten Jungs, und nebenbei habe er auch noch meine Titel gehört.

Ich bedankte mich höflich und nahm seine Visitenkarte, ich selbst habe nie in meinem Leben so 'n Ding gehabt, und dachte: Komisch. Tokio, Japan – Lichtjahre weg für mich.

Im September fuhr ich zum Festival der Festivals. Sämtliche Sieger der europäischen Festivals trafen sich in Porec, in Jugoslawien. Vicky Leandros war auch da mit »Theo ...« – und ihrem Vater. Sie ist aus meiner Sicht ein relativ kühler, nicht so sehr verbindlicher Mensch. Ich hatte trotzdem einen guten Draht zu ihr.

Viele Synchrontermine für »Nicht schummeln, Liebling« standen an und ein Fernsehfilm mit Bernd Maiwald. Für diesen war ein Nachdrehtag am 16. Oktober angesetzt: Wasserski auf einem Berliner Gewässer zum Lied »Ich bin dir treu, treu, treu alle Tage« – nicht besonders einfallsreich ... Ich jagte Chris laufend hinterher, als Geher, auf Rollschuhen, und eben auf Wasserskiern, saß auf einem Floß, sollte von dort auf Wasserskiern ein Stück auf den See rausfahren, und ganz langsam untergehn. Das Ganze wurde filmisch unterdreht und sah beim Normallauf aus wie »als die Bilder laufen lernten«. Der Regisseur meinte: »Bleib möglichst lange unter Wasser!« Und so zählte ich bis 15, 20, 25 und dachte, die Lampe geht aus, und zwar für immer. Die Sachen sogen sich voll Wasser, wurden immer schwerer, die Kälte kam hinzu, es gab einen Moment, in dem es mir fast egal war, laß ich mich jetzt treiben ... oder nee, ich versuch's. Also strampelte ich wie verrückt um mein Leben, kam aber nicht hoch, denn alles zog mich nach unten. Ich ließ die Skier Skier sein und schaffte es gerade so. Das erste Mal in meinem Leben hatte ich richtige Todesangst. Maiwald meinte, es war ganz gut,

aber ein bißchen länger hätte ich schon unten bleiben können. Schöner Freund!

Es gab wieder mal Besprechungen bei Jürgen Brill, diesmal für »Lutz und Liebe«. Einige meiner bekanntesten Kompositionen setzten wir um als Männergesangsverein, Feuerwehrkapelle, »singende Säge«, als Mann und Frau im Wetterhäuschen und so weiter.

Bei einer anderen Gelegenheit wurden mir und der Band Glatzen geklebt. Hej, das tut vielleicht weh! Du kriegst so eine Art großes Kondom über den Kopf, deine Haare werden weggedrückt und an den Schläfen wurde – ja – fast vulkanisiert! Mit Mastix ohne Ende.

Fröhliche Ostern

Wir sahen echt kaputt aus. Es war ein Beitrag, den ich heut noch unterschreibe:

Das war Fernsehen in Perfektion, so wie ich es mir vorstelle. Aber wie oft wurde und wird mit heißer Nadel genäht. Das ist auch der Grund, warum ich gerne beim MDR bin, denn da hat man, jedenfalls für mich, noch Zeit.

Da unsere Arbeitsanforderungen immer größer wurden und wir Omi und Opi Doerk brauchten, um Kind und Beruf unter einen Hut zu kriegen – wir konnten Ali nicht immer nach Böhla schaffen –, hatten wir uns überlegt, für die beiden eine Bleibe in Berlin zu suchen. Das bereiteten wir langsam vor.

Am 27. Oktober war das endgültige Lektorat der neuen Schöbel-LP, die ein Jahr später rauskam.

»Die Sprache der Liebe ist leis« schickte man zum Festival nach Japan. Es gab über 4000 Bewerber, und so machte ich mir nicht allzuviele Hoffnungen, und plötzlich, bums, hieß es: Du bist beim Festival dabei! – Hä? Ich? Tokio? Japan?

Reise nach Tokio – glücklich gelandet

Am 12. November ging es ab nach Tokio. Ich dachte, Mr. Tokuma? – Ich traf ihn doch erst am 26. September im Hotel Stadt Berlin. Hatte er etwa dran gedreht? Zufall? Absicht? Nee, das konnte er nicht.

Mir fiel plötzlich auf, daß es bis jetzt ein tolles Jahr gewesen war. Den Kunstpreis der DDR hatten wir erhalten, aber das Größte stand mir noch bevor: Der Flug, die Reise, das Festival in Japan. Für den normalen DDR-Bürger war Tokio so weit weg wie der Mond. Ich saß im Flugzeug und dankte wieder mal meinem Chef. Das muß man ab und zu machen, sonst klappt es

vielleicht nicht mehr. Blick nach oben, Küßchen, Alter, mach weiter so ...

Wir starteten in Berlin-Schönefeld, Lothar Klunter, mein Betreuer von der Künstleragentur, Spezialist für Festivals, und ich. Die Maschine hob ab, flog 'ne Weile, und dann meinte der Pilot, daß wir wieder landen müssen. Unter uns sahen wir Autos mit Schaumgeräten fahren, oh, war mir mulmig. Doch wir landeten sicher, es passierte nix. Später teilte man uns mit, daß das Fahrwerk nicht eingefahren werden konnte.

Mit zwei Stunden Verspätung flogen wir endlich los, Richtung Moskau über Wladiwostok nach Tokio. Im Flugzeug habe ich das erste Mal japanisch gegessen, mit Stäbchen – ging gut. Am nächsten Tag, dem 13. November, 11 Uhr landeten wir in Tokio. Smog!

Im Hotel angekommen, kämpfte ich mit dem Portier um meinen Koffer. Er wollte ihn mir unbedingt wegnehmen, genauer, ihn mir aufs Zimmer tragen. Aber nicht mit mir, ich hab doch kein »richtiges« Geld! Er hat so lange am Koffer gezerrt, bis er das Ding in der Hand hielt. Reden konnte ich ja auch nicht mit ihm. Naja, habe ich gedacht, laß ihn mal hochtragen. Irgendwas mußte ich ihm ja geben. Also drückte ich ihm zwei DDR-Mark in die Hand. Der hat vielleicht geguckt!

Im Zimmer war zwar ein Fenster, aber das konntest du nicht öffnen. Natürlich air-condition. Und der Fernseher erst! Sieben Sender. Mit Programmen rund um die Uhr!

Am nächsten Morgen, nach dem Frühstück, Begrüßung auf englisch – ah – da waren sie, meine Probleme! Ich lächelte freundlich, verstand kein Wort. Die Ungarn, die Polen, die Tschechen hatten alle einen Dolmetscher mit, und wir? Auch Lothar Klunter konnte kein Englisch, tat aber so, als würde er alles begreifen. Irgendwie kam ich mir plötzlich vor wie der Lo-

thar aus Leipzig, aber ich dachte: Bleib cool, Junge, du gibst hier nichts zu, du verstehst alles!

19.30 Uhr war dann die erste Pressekonferenz. Einmarsch der Gladiatoren, wenn man so will, die ungeraden 3, 5, 7, 9 etc. rechts, die geraden links. Ein kurzer Aufruf, Begrüßung durch den Chef des Festivals, hinsetzen, kurzer Drink, Essen. Jeder wurde am Tisch mit seinem Lied und auf japanisch der Presse vorgestellt. Dabei Les Reed, Tony Christie und andere Spitzenleute.

Aus dem sozialistischen Lager die großen, die wir damals kannten: Kati Kovács, Helena Vondrácková, für Bulgarien stand »Boris Kirow« auf der Liste. Die Nr. 1 derzeit in Bulgarien war Boris Godjunow, der aber wollte nach seinem glücklicherweise überlebten Flugzeugabsturz nie mehr fliegen. Da sprang Bisser Kirow ein. So hatte man sich mit dem Vornamen des einen und dem Nachnamen des anderen die Entscheidung bis zuletzt geschickt offengehalten.

Nach der Konferenz bummelten wir durch die Stadt, leider ohne einen Pfennig Westgeld in der Tasche. Lothar Klunter rief bei unserer Handelsvertretung an. Japan hatte die DDR nicht anerkannt, deshalb gab es nur die Handelsvertretung. Man lud uns ein, es war ein netter Abend wie im Familienkreis, bei Whisky und Bier. Ansonsten half man uns zwar mit einigen Informationen – Tokio nördlich-südliche Ausdehnung 40 km mit den Randgebieten, westlich-östlich etwa 120 km, was wir ja dann beim Rückflug auch sahen; es hörte nicht auf. 11 1/2 Millionen!, also fast drei Viertel der DDR-Bevölkerung in einer Stadt –, aber unsere Finanzmisere war nicht zu beheben.

Am 15. probten wir spät abends in der Budokan-Hall. Das Orchester war hervorragend, der Chor sang deutsch, englisch, spanisch. Wir spielten den Titel zweimal durch, und beim dritten Mal wurde eine Auf-

nahme gemacht – Beifall vom Orchester und von mir zurück – eine herrliche Atmosphäre.

Am nächsten Tag gab es eine Durchlaufprobe, diesmal im Kostüm, man wurde klein und kleiner gegen die Konkurrenz.

Inzwischen verständigte sich Lothar Klunter – mein Begleiter – mit den Delegationschefs der anderen sozialistischen Länder, was man denn in punkto Westgeld machen könnte. Seine Idee, uns das Essengeld auszahlen zu lassen, fand Gehör und klappte. Mir war's recht, ich aß eh nur 'ne Banane am Tag, wollte abnehmen.

So fuhr ich in ein Elektrozentrum. 400 verschiedene Fernsehapparate auf einem Haufen, wer braucht denn sowas! Es ging von einem Kaufbereich in den anderen – 2 Kilometer nach rechts, 3 Kilometer nach links. Ich mußte aufpassen, daß ich mir den Ausgang merkte und mit der S-Bahn zurückfand.

Ein Mann lag auf dem S-Bahnhof rum, keiner nahm Notiz, man ging vorbei. Ich war erschrocken, guckte wie gebannt dahin, wollte helfen, wußte nicht wie.

Am 17.11., 17 Uhr, war die Abfahrt zur ersten Show. 46 Teilnehmer aus 40 Ländern – Japan war mehrfach vertreten. Die Startfolge wurde mit numerierten Tennisbällen ausgelost; meine Startnummer – ich hab sie immer noch – war die 31. So kam ich erst am zweiten Tag dran.

Bevor die Show begann, zwitscherten Vögel durch den Raum – natürlich nicht leibhaftig, sondern als akustische Einstimmung, bereits quadrophonisch. Der Ansager kam mit dem Fahrrad angeschossen, haute seinen linken Huf in die Speichen, flog übers Rad, griff das Mikrofon und sang seine Ansage. 15 000 Mann faßte die Halle, die Leute klatschten begeistert Beifall. Ein Bühnenbild vom Feinsten, eine bunte Welt mit Himmel und Wolken – aus einer Wolke erschien ein Gitarrist. Trommeln, Fanfaren, das Festival wurde eröffnet.

24 Vertreter der Botschaften waren anwesend. 24 japanische Jurymitglieder und 24 Hausfrauen, die rein nach ihrem Geschmack entscheiden sollten, wurden vorgestellt.

Die Sänger der Startnummern 1 bis 23 betraten nacheinander die Bühne, wurden namentlich angesagt und stellten ihre Titel vor. Der Beifall äußerst sparsam, ich habe mitgestoppt, war Mr. Timeman!, meistens 5 bis 7 Sekunden, mehr nicht. Man kann sagen: Höflich.

Beim Stargast Michel Polnareff klatschte man immerhin anderthalb Minuten. Er machte eine Zugabe, noch 10 Sekunden Beifall, und die Show ist zu Ende. 22.05 Uhr, zwei bis drei Autogrammjäger – das ist alles, hm.

Am nächsten Tag war ich dran. 17 Uhr noch einmal Durchlauf, 18.30 Uhr Beginn der Show, wieder Vogelgezwitscher ... Na, das kennst Du schon.

Von 23 Bewerbern kamen 11 ins Finale; es war der stärkere Tag.

Am Ende wurden wir wieder aufgerufen, auch ich, um uns dem Publikum nochmal mit einem tiefen Bückling vorzustellen. Plötzlich ein Händedruck von meinem Begleiter. »Was is ’n los?« – »Glückwunsch!« – »Hä, warum?« – »Na Mensch, du bist im Finale!« – »Was? Na, ich weiß wirklich nicht ...«

Ich hatte nicht bemerkt, daß nicht mehr 46 Künstler auf der Bühne standen, obwohl es mit den Komponisten und Begleitern noch viel mehr Leute waren, sondern nur 22. Jetzt war mir klar, ich bin auf dem World-Popsong-Festival 1972 unter den letzten 22!

Am nächsten Tag, 16 Uhr, Beginn des Finales, gleiches Zeremoniell, alle 22 Endteilnehmer sangen ihre Titel ...

Danach lief in der Budokan-Hall eine Show der jungen Talente zwischen 6 und 13 Jahren. Allesamt Yamaha-Schüler, die Geige, Orgel, Percussion, Drums

studierten. Eine hübsche Idee, die Pause zu überbrücken, um der Jury die nötige Zeit zu geben.

Am Schluß große Freude, wir bekamen den Preis »für die beste Komposition«. Und um ehrlich zu sein, mehr war wirklich nicht drin. Wenn Du Dir »Die Sprache der Liebe ist leis« anhörst, merkst Du, man kann es eben bloß lieb und nett singen. Das war für japanische Verhältnisse sicher wunderbar, aber ich hätte so gerne stimmlich ein bißchen mehr Gas gegeben, so wie bei »Wie ein Stern«, aber ich war nunmal mit diesem Titel nominiert. Und wenn man bei einer Auswahl von 4 000 Liedern unter die letzten 22 kommt und dann noch unter die ersten 7, was will man eigentlich mehr? Ich machte innerliche Spreizsprünge und blieb dennoch auf der Erde.

Am nächsten Tag gab es noch eine Fernsehsendung und die Einladung von Mr. Tokuma. Er hatte es also nicht vergessen! Mr. Klunter, helle und schnell, funkte nach Deutschland und sagte: Wegen des großen Erfolges müssen wir noch eine Weile bleiben. In Wirklichkeit hätten wir zurückfliegen müssen, aber Mr. Tokuma hatte uns für acht Tage eingeladen, und er bezahlte alles.

Zuerst sahen wir uns ein Tonstudio an. Es wurden gerade Weihnachtslieder aufgenommen. Im Studio mußte man die Schuhe ausziehen, wir, als Gäste, brauchten es nicht.

Um 17 Uhr ging es ab zur Big Party des Mr. Tokuma! 16 Firmen besaß dieser Mann. Und er war irgendwie stolz, seinen ca. 100 bis 150 Freunden, Mitarbeitern und Gästen den Sänger aus der DDR vorstellen zu können.

Am nächsten Tag löste er sein Versprechen ein, gab uns eine Dolmetscherin mit, und so fuhren wir nach Kyoto, 500 Kilometer südwestlich von Tokio, mit dem Zug. Spitzengeschwindigkeit war 220! Das konnte

man auf einem Tachometer im Abteil ablesen. Vorbei am Fudshijama, vorbei an endlosen Reisfeldern. In Kyoto, wieder eine Millionenstadt, die alte Kaiserstadt – Tempel ohne Ende! Uns beeindruckten die Glückszettel. An Ständen wurden Zettel verkauft, auf denen Wünsche standen. Die Zettel band man an Sträucher, und so sahen die kahlen Äste aus, als würden sie blühen.

Schließlich waren wir noch in einer japanischen Sauna, anschließend Massage. Ich hatte Pech, bekam einen Masseur zugeteilt, die anderen wurden von Mädels »bearbeitet«. Vielleicht war es aber auch Glück.

Abends ging es zu einem typisch japanischen Essen, mit Geishas, die tanzten, sangen und spielten. Anschließend fuhren wir zu Mr. Tokuma. Er zeigte uns sein Haus – logisch, Schuhe ausziehen –, und da ich Stiefel anhatte, äh – bemerkte ich erst jetzt, daß ich zwei verschiedene Socken trug. Mhm, sehr witzig!

Mr. Tokuma hat mich sogar am Ende gedrückt, ich habe mich herzlich bedankt und ihn nach Berlin eingeladen.

Am 25. ging es zurück nach Hause. Der Kurs führte über den Nordpol, und jeder bekam einen Paß, den Nordpol überflogen zu haben, ja, so etwas gibt es. Wir landeten in Kopenhagen und stiegen dort in ein anderes Flugzeug nach Berlin. Unsere erste Maschine flog weiter nach Moskau und stürzte in Scheremetjewo ab! Das wäre es dann wohl gewesen. Danke, Chef!

Silvester im »Kurort der Werktätigen«

Am 16. Dezember gab es erneut die Sendung »Einmal im Jahr«. Ich durfte zwei Titel singen, »Gold in deinen Augen« und »Die Sprache der Liebe ist leis«. Anläßlich der Sendung sollte ich ein Geschenk bekommen, durf-

te mir etwas aussuchen und wünschte mir eine 16mm-Kamera. Die »Krasnogorsk«. Ein Fachmann wies mich ein, ich bekam Kassetten dazu, es war relativ einfach. Nun wollte ich nicht unbedingt noch Karriere hinter der Kamera machen, der Grund war vielmehr der, daß kein Kameramann des DDR-Fernsehens zu meinen Auslandstourneen mitdurfte. So machte ich aus der Not eine Tugend und drehte manches selbst.

Peter Czerny, Direktor für künstlerische Produktionen bei AMIGA, gab mir seine Zusage noch einmal schriftlich, daß meine neue Porträt-LP vor den X. Weltfestspielen, 1973, unbedingt veröffentlicht würde und daß kein Titel – mit Ausnahme von »Nur wer das Feuer kennt« – ohne meine Zustimmung zur Auswertung an Rundfunk und Fernsehen gegeben wird. Ich hatte mich beschwert, weil meine Lieder in allen möglichen

Rundfunksendungen hoch und runter liefen und ich in Sorge war, daß die Leute mich überbekamen. Besser, man zog von Zeit zu Zeit selbst die Bremse.

Er schrieb in seinem Brief: »Wir betrachten die LP als entscheidende Grundlage für Ihren gesamten Einsatz im In- und Ausland 1973, um über genügend Titel verfügen zu können, was sich ja bereits im Jahre 1972 als vorteilhaft erwiesen hat. Mit freundlichen Grüßen ...«

Chris, Ali und ich fuhren über Silvester nach Schierke im Harz, gemeinsam mit dem Regisseur Jo Hasler und seiner Frau. Bei der Anfahrt nach Schierke war dichtester Nebel, und Ali meinte: »Paß auf, nich anketteln!« Er spielte immer »anketteln« mit seinen Holzzügen. Nun dachte er, daß ich mit dem Auto irgendwo ankettelte. Er bestand auch darauf, daß der Scheibenwischer ging, damit der Nebel weggewischt wurde.

Schierke lag nach DDR-Recht im Grenzgebiet, also in diesem etwa fünf Kilometer breiten Sperrgürtel. Wir bekamen eine Extra-Information über das Verhalten der Bürger im Grenzgebiet der DDR: »Wir begrüßen Sie im Grenzkurort der Werktätigen in Schierke und heißen Sie recht herzlich willkommen! Sie haben das Vertrauen erhalten, in einem Ort unmittelbar an der Staatsgrenze der DDR Ihren Urlaub zu verbringen. Unsere Grenzbevölkerung gibt sich große Mühe, im sozialistischen Massenwettbewerb hervorragende Taten für unseren Arbeiter- und Bauernstaat zu vollbringen.« Und so weiter.

Und am Schluß: »Diese Belehrung über das Verhalten der Bürger im Grenzgebiet auf der Grundlage der Grenzordnung der DDR ist von Ihnen und Ihren mitanwesenden Angehörigen durch Unterschrift zu bestätigen.«

Du konntest also, falls sie dich irgendwo an der

Grenze auflasen, nicht sagen: Nanu, das is ja 'n Ding – wie kommt denn die Grenze hierher?

Wenn man das mit Abstand sieht, ist es schon komisch, was man so alles erlebt hat. Von solchen Erfahrungen rührt auch, wie ich glaube, die Fähigkeit vieler DDR-Bürger her, manches heute geduldig, spaßig und kabarettistisch zu ertragen. Das hilft oft. Denk ans Steuerrecht, die Zahlungsmoral in Deutschland, die Politiker ...

Mit diesem Lachen und Kopfschütteln ging's ins Jahr 1973.

Starparade und der Admiral

1973, das »Nordpol-Südpol«-Jahr, fing hektisch, aber glücklich mit einem Umzug an. Anfang Januar, Omi Doerk, Mitte Fünfzig, und Opi Doerk, um die Sechzig, zogen von Böhla nach Berlin.

Ich besorgte für Opi in der »PGH des Friseurhandwerks« eine Arbeitsstelle. Er war jahrelang sein eigener Chef gewesen, ganz leicht fiel ihm die Umstellung gewiß nicht, aber er fummelte sich rein. Manchmal fehlten ihm ein paar Pfennige in der Kasse; er rechnete und rechnete, war eine so fürchterlich ehrliche Haut, er konnte nicht »bescheißen«. Irgendwann wurde er sogar Chef im Köpenicker Laden und war so beliebt wie früher in der Böhlaer Gegend.

Ich half meinen Schwiegereltern, die ich immer Omi und Opi nannte, beim Umzug und fuhr deshalb für zwei, drei Tage nach Böhla. Dort hingen sogar noch die Bilder an den Wänden, und Omi meinte hilflos: »Wir sind fix und fertig, also wenn du nicht gekommen wärst, wir hätten das nicht geschafft.«

Es hat lange gedauert, bis sie sich in Berlin einleb-

ten, obwohl sie es jetzt viel schöner hatten, kein Plumpsklo mehr, sondern ein richtiges, schönes Bad. Aber sie ließen viele Freunde und Bekannte auf dem Dorf zurück, die ihnen doch sehr fehlten. Chris und ich waren natürlich froh, Ali endlich in guter Obhut zu wissen.

Wir gingen oft mit ihm ins Hotel »Stadt Berlin« am Alex, in die Rotisserie. Er freute sich immer, daß der Koch, er nannte ihn Kochmann, so eine schöne hohe Mütze trug.

Vom 24. Januar bis 2. Februar war ich in Wien und Zürich zu Promotionauftritten im Rundfunk und Fernsehen und flog von dort direkt zurück zur Leistungsschau der Unterhaltungskunst nach Leipzig, die vom 3. bis 7.2. stattfand.

Hier wurde uns der Sonderpreis des Rates der Stadt Leipzig durch die Jury zuerkannt und im Neuen Rathaus meiner Geburtsstadt überreicht.

Es folgten Auftritte in der »Drehscheibe« und der »Starparade« im ZDF. Chris sang »Jedes junge Mädchen wird mal geküßt«, ich »Nur wer das Feuer kennt«, und zusammen »Links von mir, rechts von mir«, James Last begleitete uns. Ein schöner Erfolg, wir sind glücklich. Ich versuche, abends dem Glück noch eins draufzusetzen, sicher zu ungeschickt, oder ist vielleicht alles schon zu spät? Ich merke nur, daß Chris weint, und denke, unsere Liebe ist am Ende.

Mir geht vieles durch den Kopf, der Urlaub mit ihrer Freundin allein auf Kuba – und viele Fragezeichen. Wir waren zu jung und, wenn es uns betraf, beide sehr sprachlos.

Zwischenzeitlich kursierte das Gerücht, daß ich in Leipzig tödlich verunglückt sei. Ein anderes sprach davon, daß mir ein Auge fehlte, prima, noch so'n Ding, und ich guck Dich nicht mehr an.

Mitte Februar bis Mitte März fuhren wir mit unse-

»etc.« in Havanna am Malecon

rer Gruppe wieder nach Kuba. Gleichzeitig fand die Vorbereitung für eine »Chris und Frank Show« im Juni statt, und für den Film von Bernd Maiwald brachte ich zum Teil selbstgedrehte Bilder aus Kuba mit.

Ende März erreichte mich ein Brief von Admiral Verner. Ich fand ihn eigentlich unheimlich nett. Daß er bei der Armee war und in der »falschen Partei«, so was passiert immer wieder.

Er schrieb: »Für Ihren Brief und die darin ausgedrückte Bereitschaft zur Mitwirkung in unserer 10. Parade des Soldatenliedes möchte ich Ihnen herzlich danken.«

Hej, Du erinnerst Dich, ich hatte damals dieses Lied nicht gesungen, und jetzt kommen die doch tatsächlich wieder und wollen mich für die gleiche Mugge einkaufen, wahrscheinlich meinen Westsog mit »Wie ein Stern« für die Armee nutzen. Ziemlich straight, die Jungs, dachte ich. Wie komm ich heil aus dem Ding raus? Du sagst erst mal deine Bereitschaft zu, wirst dann über andere Wege von hinten bohren, daß du leider und ... eigentlich überhaupt gar nicht kannst. So ging ich zu Peter Czerny und habe ihm klipp und klar gesagt: »Ich möchte da nicht mitmachen. Denk dir bitte was aus, am besten Sowjetunion, ganz weit weg.«

»Ich kann Ihnen mitteilen«, schrieb der Admiral weiter, »daß die Veranstaltung inzwischen endgültig am 31. Juli, 20.00 Uhr, im Friedrichstadtpalast stattfindet und vom Fernsehen der DDR in Farbe direkt übertragen wird.« Ach du großer Gott, Angst, Angst, große Angst. »Die Generalprobe wird am selben Tag, voraussichtlich 16.00 Uhr durchgeführt.« So ratz, batz, weeßte. »Weitere Proben sind im Zeitraum vom 24. bis 30. Juli, im Objekt des Erich-Weinert-Ensembles in Berlin Biesdorf.« Ja, kenn ich sehr gut.

Aber sie hatten sich verplant, es mußte alles abgesagt werden; wunderbar, wir brauchten nicht zu lügen. Die

Weltfestspiele fanden statt, und damit flogen sie mit ihrer Armeeveranstaltung aus dem Friedrichstadtpalast raus. Mein Chef hat die Nummer wieder geregelt – ist er nicht lieb?

Erfolg haben und halten

Zwei, drei Leute aus meiner Band durften nicht ins – wie es hieß – kapitalistische Ausland fahren. Das passierte uns nicht zum ersten Mal, und obwohl es mich nervte und ich mich schwer tat, meinten die Jungs zu mir: »Kannst du nicht mal zum ZK gehen, Abteilung Kultur, zu Frau Ragwitz, los, bitte.« – »Okay, ich tu es.«

Ich rief also an. »Ja, da gibt es wieder mal ein Problem ...« Wir machten einen Termin aus, und dann versprach sie mir, daß sie helfen wolle. Ich müßte aber eine Einschätzung von meiner Gruppe machen. Ich dachte, das kann und will ich auch nicht. Anders unser IM, ich las den Bericht später in der Akte. Es dauerte wieder, wir telefonierten, und irgendwann nach ein bis zwei Jahren durften wir fahren. Jedesmal ein Zitterspiel.

Angebote gab es nach dem »Stern« massenhaft.

Meine Mutter wollte in den Westen ziehen. Sie wohnte immer noch in Leipzig, ich besuchte sie sehr oft, naja, so oft es ging. Mein Bruder, Du weißt, schon lange ausgereist, bereitete das Bett für meine Mutter und kümmerte sich um den organisatorischen Kram, ihre Rente u.a. Wie umständlich das ist, wissen wir ja heute. Mutti bekam zehnmal soviel Rente wie in der DDR, das allein war schon ein Grund. Sie ging ungern von mir weg, aber sie wußte oder hoffte, daß ich doch öfter im Westen zu tun haben würde und sie vielleicht besuchen könnte. Daß das schwer sein würde, ahnte sie

nicht. Trotzdem riet ich ihr zu diesem Schritt. Sie war bei meinem Bruder in der Nähe von Stuttgart sehr gut aufgehoben, fühlte sich auch bald wohl und sagte oft, daß sie nun ohne Sorgen leben könne und dafür sehr dankbar sei.

Ich jagte weiter nach dem Erfolg, und vor allen Dingen arbeitete ich daran, ihn zu halten.

Mit meiner Komposition »Keinen Tag geb ich her« und dem Text von Gisela Steineckert gewann Chris beim Festival der Ostseeländer in Rostock. Ebenfalls schrieb ich für sie – über Nacht – die Musik zum Lied »Die Rose von Chile«.

Nachdem ich in Ljubljana beim Festival ein fürchterliches Lied singen mußte, absolvierten Uve Schikora, seine Band und ich beim »Goldenen Orpheus« in Bulgarien einen sehr erfolgreichen Showteil. Die Leute standen drauf, zig Zugaben, das war in Bulgarien für DDR-Sänger selten.

Die Festivalheinis jagten mich weiter zur nächsten Veranstaltung. Diesmal nach Sopot. Die Intervision hatte sich ein Gegenstück zur Eurovision, zum Grand Prix, einfallen lassen, was natürlich voll in die Hose ging. Ich sang dort ein neues Lied von Ladislav Štaidl, dem Haus- und Hofkomponisten von Karel Gott, in Landessprache und einen eigenen Titel »Wenn du willst«, teilweise auf polnisch. Es nützte mir nichts, ich kam auf den 4. Platz, und der vierte zählt ja nicht. Schön war aber, daß unsere Presse auch schweigen konnte. Nicht so wie heute, wo Schadenfreude über Mißerfolg die Zeitung füllt.

Wenn wir auf Tournee gingen, hatten wir immer unser eigenes Programm. Einmal, zu einer Veranstaltung im Wartburg-Werk Eisenach, wurden zwei Programme eingekauft; unsers – Chris und Frank und die Uve Schikora Combo – und das Holm-Lück-Programm mit den Fontanas, Aurora Lacasa und Ingrid Raak.

Tommy Lück kam mit einem Shiguli an, andere mit Wartburg, Lada – und ich mit meinem Trabi. Der Chef des Wartburg-Werks wurde aufmerksam. »Ej, sag mal, das kann doch nicht sein.« Ich sagte: »Was denn?« – »Na das Auto.« Ich sagte: »Och, es fährt, es hat mich überall hingebracht, ich bin zufrieden damit, gut es gibt bessere Autos, aber ist doch okay.« – »Ja, aber hier bist du im Wartburg-Werk.« – »Ja, und Wartburg – wie der Name sagt – warten ... aber wie lange?« – »Naja, laß uns mal darüber reden.« Wissen durfte es natürlich keiner, und mir war die ganze Sache recht peinlich. Ich sagte sofort: »Aber dann mach ich für euch ein Forum und singe ein paar Lieder, natürlich umsonst. Ist doch klar.« Sie nahmen an, und ein halbes Jahr später durfte ich meinen Wartburg abholen.

Als ich ihn nach 150 000 Kilometern an einen Kumpel verkaufte und der ihn bei einem Unfall auf den Kopf setzte, stellte er fest, daß in den Türverkleidungen große Zettel steckten: »Gute Fahrt, Fränki.« Die hatte ich wirklich. Ich war mit diesem Auto im siebenten Himmel, mehr wollte ich überhaupt nicht. Von 73 bis 89 ist der Wartburg mein Gefährte, natürlich nicht immer derselbe, wir schroteten ja im Jahr zwischen 60 und 80 000 Kilometer runter, also kannst Du Dir vorstellen, daß ich mindestens sieben oder acht Autos auf dem Gewissen habe.

Mit der Autorin Gisela Steineckert schrieb ich einen Titel »Wer die Erde liebt«, ein souliges Lied, ein bißchen guckten die Les Humphries im Refrain durch – es sang der Gerd-Michaelis-Chor –, und es war die Nummer bei den Weltfestspielen. Paul Dessau, der große neuzeitliche Komponist und sehr witziger Zeitgenosse, sagte: »Ich bin auf der Rückseite von Frank Schöbel, ist das nicht toll.«

In der Sendung »Porträt per Telefon« mit Heinz Florian Oertel wurden zehn Standardfragen gestellt.

Eine hieß: »Wenn Sie einen Wunsch frei hätten, was würden Sie sich wünschen?« Ich sagte: »Freundlichkeitsspray, weil ich finde, daß die Leute viel freundlicher sein könnten.«

Ich unterschreibe während der Weltfestspiele in Berlin Seidentücher und werde irgendwann doch tatsächlich sauer, denn ich wollte mir einfach nur, mitten in den Massen stehend, das bunte Treiben ansehen. Da meint eine Frau neben mir: »Jetzt brauchen sie aber das Freundlichkeitsspray.« – »O ja«, sag ich, »Sie haben so was von recht.« Man muß sich eben in diesem Beruf laufend unter Kontrolle haben.

Inzwischen lief der Film von Bernd Maiwald im Fernsehen. Wie das so oft ist: Du gibst dir große Mühe, investierst einen Haufen Zeit und Arbeit, »setzt dein Leben aufs Spiel«, und die Leute sagen: naja, war ganz nett.

Meine Hamburger Plattenfirma fuhr mit mir drei Tage auf Promo-Tour nach Oslo und Lillehammer. Norwegen war für mich ein großer Traum, genau wie Kanada. Ich wollte furchtbar gerne mit meiner Band dort spielen.

Das klappte auch, in Lillehammer, im größten und besten Hotel am Platze, bei Herrn Koppervyk, doch dazu später. Denn vom 3. bis 7. Oktober reisten wir erst mal nach Warschau.

Die DDR hatte ihre Tage, ihre Kulturtage, alle mußten hin: Günther Fischer, sogar Manne Krug. Ich sang am Schluß ein polnisches Abschiedslied, und Pelle Brandenstein, der Regie führte, hatte die Idee, bei diesem Lied die ganze Truppe auf der Bühne Walzer tanzen zu lassen. Oh, oh. Krug meinte in Anlehnung an einen Puhdy-Titel: »Chile, Chile, schiele stur aufs Honorar.«

Last song together

Inzwischen wurde die LP »Songs für Dich« vorbereitet. Wir brauchten für das Einspiel bei AMIGA einen oder anderthalb Monate, hatten täglich einen Termin, manchmal auch Doppeltermine, das hieß 10 bis 19 Uhr oder 15 bis 24 Uhr. Auch die mußte man, wie alles in der DDR, weit vorausplanen.

Es sollte eine internationale LP werden, sechs Titel auf der einen Seite mit Chris, auf der anderen sechs mit mir. Mein letztes Lied hieß »Last song together«, und so sollte es auch sein, es war die letzte gemeinsame Arbeit. Der Mann, der die Fotos für das Plattencover schoß, wurde Chris' neuer.

Von der Idee bis zur Fertigstellung der Schallplattenhülle in Gotha brauchte man neun Monate, ja, Du hast richtig gehört, schwere Geburt. So fotografierten wir rechtzeitig und ausnahmsweise zu Hause. Plötzlich, ich werde es nicht vergessen, suche ich Chris. Wir hatten bloß drei Zimmer; ein kleines, ich guckte rein, niemand zu sehen, dunkel. In meinem Zimmer, in der Küche, im Bad – nichts. Dann kamen sie aus dem dunklen Kinderzimmer raus, naja ... Ich tat so, als wär nichts geschehen.

Von nun an saßen die beiden jeden Tag stundenlang in seinem VW-Käfer. Das war ein Scheißgefühl. Chris wollte mich kränken. Gleichzeitig wußte ich, so konnte es nicht weitergehen. Wir lebten wie Bruder und Schwester. Uns hielten nur noch der Beruf und das Kind zusammen.

Sie sagte mir, daß sie sich scheiden lassen wollte. Und ich fand das mutig von ihr. Wir redeten lange und fanden endlich zu einem tiefergehenden Gespräch. Letztlich, so traurig das für meinen Sohn ist, im nachhinein war die Trennung richtig.

Auch im Beruflichen war die Luft raus. Es kam nichts Neues. Und es ist immer besser, man tritt auf dem Höhepunkt ab, bevor man durchgereicht wird.

Doch zunächst überschlugen sich noch die Zeitungen. In Karl-Marx-Stadt »Der Schlagerstar als Vorstopper«, eine riesengroße Kulturseite der »Freien Presse«. »Treff mit Chris und Frank – unser Mitarbeiter zu Gast beim singenden Ehepaar.«

Wir erzählten vom Film »Nicht schummeln, Liebling«, der zu den Sommerfilmtagen Premiere haben würde. Gerhard Siebholz schrieb die Musik, Gerd Natschinski steuerte ein paar Titel bei, auch ich, es gab wieder eine AMIGA-Langspielplatte.

Da es im Film »Nicht schummeln, Liebling« um einen Bürgermeister geht, der seine Stadt unbedingt durch den Fußball berühmt machen will, kam man in den Zeitungen gern auf meine tatsächliche Fußball-Leidenschaft zu sprechen.

In einem Artikel hieß es: »Frank Schöbel hat gemeinsam mit Gerhard Siebholz für den Film einige Titel produziert, unter anderem ›Seh ich sie, ist der Tag gleich nochmal so schön‹, was im Film wie im Leben gewiß nach wie vor auf Chris geht, ein Wunder ist es nicht.« Schon komisch, ich las das und dachte, wenn die wüßten ...

Die »Quick« war zu unserem Glück auch ahnungslos. Damals ein vielgelesenes Boulevardblatt, zog sie über alles mögliche in der DDR her, meist nicht mal gut informiert. Ein Lieblingsthema hieß »die Privilegierten«, das liest sich gut; Neid und Mißtrauen säen. Über mich schrieben sie: »Für die Menschen in der DDR gehört dieser junge Mann zu den feinen Leuten.«

Das glaub ich nicht. Ich gehörte nach Meinung der Leute eventuell zu den Privilegierten, aber nie zu den Feinen.

Und weiter: »Doch Frank Schöbel weiß, daß er in Wirklichkeit für den Staat nur ein künstlerischer Markenartikel ist, der Devisen bringt.« Wieder falsch informiert. Wenn der Staat tatsächlich gewollt hätte, daß ich Devisen bringe, dann hätte er mich rausgelassen, so wie Karel Gott in der ČSSR. Man hat uns aber bewußt für politische Ziele benutzt. Mal durften wir fahren, wenn es genehm war, und mal hat man uns blockiert.

Wir waren Pampel am Hofe und mußten eben funktionieren. Die einzige Chance war, abzuhauen.

Es war Ende 73, meine private Situation war chaotisch. Ich dachte immerzu, wie würden die Leute reagieren, wenn die Scheidung publik wird. In Briefen standen Sätze wie: »Die Beatles sind tot, die Stones sind krank, es leben die Fans von Chris und Frank.« Für manche brach eine Welt zusammen.

Wie es mit mir beruflich weitergehen sollte, war erstmal klar. Und genauso stand fest, daß wir beide nicht mehr gemeinsam auftreten, auch von Chris' Seite. Wenn sie dann im Jahre 1996 drucken läßt: »Mein Mann und ich« (Klaus Schwarz und Chris) »haben es immer und immer wieder versucht, ihn umzustimmen, er soll doch mit mir singen ...«, nein, da irrt sie sich, oder sie will sich irren, weil sie denkt, ich bin vergeßlich.

Tante Idi und Frank-Lothar

Mitten in diese grauen Tage kam die Nachricht, daß am 23. November meine liebe Tante Elfriede – ich hatte nur Lieblingstanten und Lieblingsonkels –, also Tante Idi, eingeschlafen war. In Mainz, ihrer zweiten Heimat. Sie hatte Krebs, den sie mit viel innerer Disziplin über Jahre bekämpfte, eh er sie doch im Alter von 61 Jahren besiegte. Ich wollte zur Beerdigung fahren, es wurde aber nicht genehmigt. Soweit zum Privilegiertsein in der DDR.

Nicht genehmigt wurde auch der folgende »Vorfall«. Ich bekomme einen Brief: Keine Anschrift, also nicht »Werter Herr Schöbel« oder »Lieber Frank« oder irgendwas, gar nichts. »Da ich noch keine Antwort erhilt«, erhielt ohne e, »bin ich gezwungen, ein zweites«, – wahrscheinlich wollte sie schreiben »Mal«, »Dir zu schreiben. Ich bitte Dich, an das vorige Jahr 1972 im Monat August zu erinnern. Als meine Freundin und ich in der Altmarktbar zum Tanz gewesen sind. Ihr seid später dazu gekommen, anschließend sind wir gemeinsam aufs Schiff. Um es kurz zu machen, am 12.5.73 hab ich ein Tochter geboren, namens Anneet.« Mit Doppel-E hab ich den Namen noch nie gelesen. »Ich bitte Dich deshalb, das Du dazu stellung nimmst«, (hej, eine *kleine Stellung*, neja, es war ja auch ein kleines Kind), »und mir eine Antwort zukommen zu lassen. Ein drittes Mal schreibe ich Dir nicht mer, denn dann gibt es noch einen anderen Weg, wo ich mein Recht erhalte. Hochachtungsvoll Christine.« Beim vollen Namen schweigt des Sängers Höflichkeit. Also, wenn sie schon mit mir geschlafen hat, dann hochachtungsvoll zu schreiben, find ich ziemlich unpassend! Es kamen noch mehr Briefe dieser Art. Und irgendwann, im Jahre 74, passierte es. Das Jugendamt Köpenick lud mich vor. Ich ging hin. Drei Frauen in einem Zimmer, die erste verließ es, als ich eintrat, die andere tat so, als lese sie, weil es ja jetzt peinlich wurde, und die dritte sagte:

»Ja, Herr Schöbel, wir haben hier eine Anzeige.« Fünfzehn Minuten erzählte sie mir, wann und wie es passiert sein sollte und daß ich ein Kind zuzugeben hätte. »Moment mal«, sagte ich, »ich habe hier einen Brief aus Dohna, trifft sich gut, und der Absender heißt Christine, richtig?« – »Ja«, sagte sie. »Naja, das ist doch eine ganz einfache Sache. Ich war nie auf dem Schiff, ich kenne keine Altmarkt-Bar, tanzen mag ich nicht, das Kind ist da, das muß ein anderer gewesen sein. Vielleicht hat der ›Täter‹ gesagt: ›Ich heiße Frank Schöbel‹, und sie hat es geglaubt, oder sie versucht's halt einfach mal bei mir.« – »Ja«, sagte die Beamtin, »dann müssen wir den Gegenbeweis beantragen.«

Ich nahm mir einen Rechtsanwalt, und das Thema war sofort erledigt. Ich hab nie wieder was davon gehört. Soweit die Aktion: ich dreh ihm ein Kind an.

Stimmung in Norwegen und zu Hause

Zwischen den ganzen privaten Problemen und Mißstimmungen waren da natürlich die Veranstaltungen und Auslandsgastspiele.

Und endlich stand mein Traumland Norwegen auf dem Plan.

Am Schlagzeug Günter Franke, erste Gitarre Ulrich Pexa, zweite Gitarre Gerald Lüneburger, Baß Jürgen Diesner, genannt Dissi, Chef Uve Schikora, Techniker Rudi Gerke, der immer im tiefsten Norddeutsch sagte: »Das glaubst du ja selber nicht«, und ich. Dazu unser, wir nannten ihn, Geschäftsführer Dieter Költzsch, mit Kosenamen Didi. Erstmal waren wir froh, daß wir überhaupt alle fahren durften.

Zunächst ging's mit dem Bus nach Hamburg, dort übernachteten wir. Nun weiß man ja, in Hamburg sind

die Nächte lang, na klar, wir waren auf der Reeperbahn. Was haben wir in der »Roten Katze« gelacht. »Wählen sie mit sex, mit sechs Parteien.«

Ich hab das Publikum betrachtet, während vorne, wie wir es nannten, gefichtelt wurde, also mal mit einer Frau, zwei Frauen und was es da so alles Schönes gibt. Die Zuschauer klatschten, tranken ihr Bierchen, ihr Weinchen und guckten teilnahmslos. Hej, ich dachte, es brennt. Ich komme aus der Deutschen Demokratischen DDR-Republik und sehe dann sowas! Wir zahlten jeder 15 DM und hatten außerdem Angst, daß sich eine bei uns auf den Schoß setzte, das wäre teuer geworden. Ein kollektives Erlebnis, was sehr zur Erheiterung der Band beitrug.

Am nächsten Morgen wurden wir abgeholt, starteten gen Kiel, um uns bei der Überfahrt von Kiel nach Oslo als Schiffskapelle zu verdingen. Einen Tag, eine Nacht lang, früh Ankunft in Oslo. Wir gaben abends auf dem Schiff unser Konzert. Ich hatte Angst, daß meine Lieder, die praktisch kaum einer kannte, nicht ankamen, und bat die Leute zu tanzen, damit sich das Ganze etwas entkrampfte. So wurden aus anderthalb Stunden am Ende vier Stunden in schönster Stimmung, und ich dachte, kiek mal, obwohl die Leute die DDR-Musik nicht kennen, es funktioniert.

Den Anblick morgens bei der Einfahrt in Oslo werde ich nie vergessen, langsam glitt das Schiff zwischen den Fjorden dahin. Märchenhaft schön. Wir wurden von Mister Koppervyk in einem VW-Bus abgeholt. Unsere Instrumente und die Technik hinein, wir kreuz und quer darüber oder auch darunter, völlig überladen fuhren wir die 220 Kilometer nördlich nach Lillehammer. Ein niedliches, kleines, verschlafenes Städtchen.

Der Vertrag sah vor, daß wir fünf Stunden zum Tanz spielen sollten. Das war für uns etwas anderes, da wir sonst nur Konzerte gaben. Aber die norwegischen

Tanzrunden gehen tatsächlich über 45 Minuten, nicht wie in Deutschland: Drei Titel – Pause – drei Titel – Pause, nein, 45 Minuten wird durchgehämmert und getanzt, dann ’ne Viertelstunde Pause. Nach dem Dienstschluß, um zwölf oder eins, sah mein Plan vor, die Skier zu schnappen und auf der gut beleuchteten Loipe ein nächtliches Drei-Kilometer-Wettrennen zu veranstalten. Zwei Kollegen, Gustav, der Schlagzeuger und Dissi, der Bassist, machten sich im Keller startklar, und dann ging’s ab. Jeder mußte eine Minute versetzt starten. Das machten die Kollegen zweimal mit, dann zeigten sie mir einen Vogel.

Ich glaube, ich hab meine Musiker oft zu solchen Aktionen gezwungen. Auch beim Fußball mußten sie dabeisein, obwohl kaum einer richtig Lust hatte.

Ich lernte die Ansagen auf norwegisch. Den Titel »Ich geh vom Nordpol zum Südpol zu Fuß« ließ ich mir übersetzen, und er wurde bei den Stammgästen ein richtiger Hit. (Jej gor fra nordpul til sidpul po beene.)

Da das Skilaufen nun meist ausfiel, gingen wir nach unserem Auftritt runter in die Diskothek und hörten uns die neuesten internationalen Hits an. Uve Schikora arrangierte sie schnell, und am nächsten Tag haben wir sie schon gespielt. So vergrößerte sich unser Repertoire.

Unsere Unterkunft war ein typisch norwegisches Holzhaus. Wir hatten freie Verpflegung vom Feinsten, denn unser Drei-Wochengehalt war nicht so üppig. Aber es war eh für uns wie bezahlter Urlaub. Schade, daß man zu Hause keinem davon vorschwärmen konnte. Soviel Feingefühl hatten wir alle.

Als ich zurückkam, war zu Hause Stimmung angesagt. Die ganze Situation äußerst angespannt. Noch vor der Norwegentour hielt ich es für ratsam, an meiner Zimmertür ein Schloß anzubauen. Ich bohrte und hämmerte abends, plötzlich stand die Polizei vor der

Tür und mahnte mich wegen ruhestörenden Lärms. Die Mieter hatten recht, und ich versprach, sofort aufzuhören. Meine Nerven lagen blank, aber das konnte ich denen ja nicht sagen.

Während ich solche Geschichten ständig im Hinterkopf hatte, lief ich das ganze Jahr »Vom Nordpol zum Südpol zu Fuß«, ob im »Kessel Buntes« oder im »Schlagerstudio«, und landete dann im Dezember wieder in

Sportlehrer Patermann, Frank und Sohn Ali (re.)

der Sendung »Einmal im Jahr« mit den Titeln »Nordpol-Südpol« und »Manja«. Musikalisch gar kein so schlechtes Jahr für mich.

Inzwischen gab es die Generaldirektion beim Komitee für Unterhaltungskunst. Vermutlich hatte man gemerkt, daß man mit Musik auch Geld verdienen konnte, wenn die Sänger und Interpreten im Westen bekannt wurden. Gleichzeitig barg das die Gefahr, daß der eine oder andere abhaut, was den Staat erpreßbar machte, wie später im Falle Manfred Krug. Beliebtester Schauspieler, vom Fernsehen gehätschelt und getätschelt, haut ab, und richtet somit einen »großen Schaden für die sozialistische Sache« an. Also gründete man ein Komitee und hoffte, daß man die Interpreten in den kulturpolitischen Griff bekam.

Der Vorteil für mich war, daß mir jemand an die Seite gestellt wurde, der meine Termine koordinierte, was ich bisher allein erledigte. Er arbeitete ausschließlich für Chris, die Gruppe Schikora und mich. Bei Auslandseinsätzen erhob das Komitee zehn Prozent Vermittlungsgebühr und die extra Courtage für die Künstleragentur. Man wollte den fünf Musikern sogar eine monatliche Festgage zahlen, die dann bei Mehrarbeit verrechnet werden sollte. Das Komitee wollte einen Kraftfahrer und einen PKW Wolga als Transportmittel zur Verfügung stellen und einen Nutzungsvertrag für das Auto schließen. Die Techniker, die vertragslos waren, sollten ein Arbeitsrechtsverhältnis mit dem Komitee eingehen. All die offenen Fragen sollten plötzlich geklärt werden. Was war denn jetzt los? Die Instandhaltung von Anlagen, Wartungsarbeiten, Reparaturen an den Anlagen, all das war im Gespräch, aber es kam dann doch alles anders ...

Als die Band und ich nach der Fernsehsendung »Einmal im Jahr« zusammensaßen, war in unseren Köpfen noch immer Norwegen. Und so sprachen wir vom

»Spellermann«, vom »Snörebass«, von der »Sparebank«. Selbst in unserer Musikersprache. Die ist einfach. Du nimmst von einem Wort den ersten Buchstaben weg, hängst ihn hinten an und fügst noch ein »e« hinzu. Also statt du – ude, kannst – annstke, mal – alme, mich – ichme, morgen – orgenme, ebeuchense – besuchen.« Das konnten wir ziemlich schnell sprechen, und um es noch zu verfeinern, gaben wir eine norwegische Sprachmelodie dazu: »Ude annskte alme«. Wie so oft stand ein Typ bei uns am Tisch, stellte sein großes Ohr auf, und wir machten unsere Witze: »ieserde umpelke ist ebe erde asiste.« Der Kumpel verstand nix und meinte laut: »Jetzt reden die ooch noch norwegisch, na hör mir uff.« Wir mußten ablachen.

Apropos.

Über das private Verhältnis von Chris und Frank war in meiner Akte folgendes zu lesen:

Privates Verhältnis Frank - [redacted]:
Nach dem derzeitigen Statuts Franks ist [redacted] ziemlich in den Hintergrund getreten. [redacted]. fühlt sich zu Unrecht etwas vergessen allerding ist bei offiziellen Anlässen die Tatsache, daß [redacted]. so eine Art [redacted] notwendigen Anhängsel von Frank ist. Das verstimmt [redacted] und es kommt deshalb gelegentlich zu Spannungen zwischen beiden. [redacted] ist aber der wesentlich klügere Teil von beiden und weiß, daß sie Frank in der Hand hat". Von irgendwelchem Gebrauch von Rauschmitteln ist mir nichts bekannt (und ich halte das auch für sehr unwahrscheinlich !)

Hej, die Jungs haben aufgepaßt. Ich habe gedacht, vielleicht finde ich mal ein paar Namen, aber das haben sie irgendwie nicht in die Reihe gekriegt.

Hier schweigt wieder des Sängers Höflichkeit. Ich grüße an dieser Stelle alle Verwandten des seehypographischen Dienstes. Ich bereue nichts, es war eine schöne Zeit. Ich hoffe, für meine Verwandten auch.

Ein Freund von mir sagt: »Man kann nicht überall sein, aber man sollte es wenigstens versuchen.« Aber denk nicht, ich habe ungeheuer viel erlebt, ich bereue eher, daß ich viel zuviel weggelassen habe.

Ein anderer IM, der mit Chris und mir beim Erich-Weinert-Ensemble war, schrieb über Chris: »Aufgrund des resoluten Auftretens ist zu verzeichnen, daß die Doerk in der Ehe den Ton angibt und sich der Schöbel zu Hause ganz seiner Frau unterordnet, so wie das in vielen Haushalten in diesem Land wahrscheinlich ist.« Wie sagt man, es gibt immer einen, der unterdrückt, und einen, der sich unterdrücken läßt. Dann ist man eben selber mit schuld. Aber diese Art Reibung kann auch stark machen.

Wachsenden Ärger hatte ich allerdings mit meiner Nachbarin. Sie arbeitete in der Rotisserie im Hotel »Stadt Berlin« als Tellerwäscherin und hatte natürlich eine andere Schicht als ich. Während sie früh raus mußte, spielte ich noch bis 22 Uhr Klavier, und das machte sie wahnsinnig. Ich konnte sie verstehen, bloß, was sollte ich machen? Ich mußte meinem Beruf nachgehen.

Wir überlegten, ob ich nicht in den Keller ziehen könnte, das ging aus irgendwelchen Gründen nicht. Ich richtete mir unsere kleine Abstellkammer am Ende des Flures her, 2,50 Meter lang, es ging gerade ein Klavier rein, und 1,20 Meter breit, mehr war es nicht. Ich kleidete sie noch mit dickem Schaumstoff aus, und da drin, ohne Luftzufuhr, hämmerte ich los. Doch es waren Gipswände, und die leiteten die Töne noch besser, sogar bis in den fünften Stock. Es war eigentlich egal, im Neubau kann man eben keine Musik machen. Und darum an dieser Stelle ein Dank an alle, die es mit mir in diesem Haus ausgehalten haben. Ich komponierte dann viele Lieder auf der Gitarre, was natürlich, von der Lautstärke her, viel günstiger war. Auf der Klampfe ent-

standende Lieder führen dich automatisch in eine andere musikalische Ecke, was wiederum für die Vielseitigkeit einer Platte und auch eines Komponisten nur von Vorteil sein kann.

Das ent*scheiden*de Jahr

Das »Der Fußball ist rund«-Jahr 1974 bricht an.

Am 1. Januar ist für mich der erste Drehtag für den Filmtitel »Leerer Strand«, und auf meine Stimmung bezogen, war das sehr passend.

Unsere bevorstehende Scheidung zog Kreise bis zum Ministerium für Kultur, wo ich in Hans Starke einen guten Freund fand. Er stand mir zur Seite und sagte: »Ach Junge, das kriegen wir schon in die Reihe.«.Nein, nicht, wie man jetzt denken könnte, die Partei oder das Ministerium übernimmt das, es war einfach eine freundschaftliche Hilfe. Schon am 30. Januar hatten wir die erste Sitzung bei unserem Scheidungsrichter, Professor Kaul, genauer gesagt, in seiner Kanzlei, Dr. Günter Ullmann übernahm unseren »Fall«.

1974 wurde für mich ein entscheidendes Jahr. Zum ersten Mal traf es mich privat. Natürlich führte ich darüber Gespräche mit meinen Freunden, Ursel und Jürgen, die mir auch Dinge sagten, die sie vorher aus Höflichkeit verschwiegen hatten. Und so stellte sich heraus, daß ein Verlust auch ein Gewinn sein kann.

Vom 12. bis zum 22. Januar fuhren wir erneut nach Norwegen. Die alte Truppe, erweitert durch Christian Steyer am Piano. So waren wir acht, mit Betreuer neun.

Auf der Überfahrt mit dem Schiff »Princess Ranghild« nach Oslo fand sich die Gelegenheit zu einem Interview mit einer großen westdeutschen Zeitung. Unter anderem war zu lesen: »In Ihrem Showgeschäft, von

dem wir eigentlich verdammt wenig wissen, tun Sie sich nach Westen hin schwer, aber wer bestätigt sein will, muß sich zeigen, muß sich einer fachlichen und sachlichen Kritik stellen. Nur ernten und sich rar machen, fordert zur Neugier, der Gefährtin des Ruhms, heraus. Es ist außergewöhnlich, daß bundesdeutsche Fernsehzuschauer den DDR-Topstar Frank Schöbel überhaupt nicht zu Gesicht bekamen. Derweil sich sein Schlager ›Wie ein Stern‹ bei uns zum großen Außenseitererfolg der Wintersaison 1971/72 mauserte.«

So außergewöhnlich ist das nicht, heute, nach sieben Jahren »Vereinigung« bin ich zwar im »West«-Fernsehen, aber Tourneen finden in der alten Bundesrepublik keine statt. Und der »West«-Presse heute fällt das nicht auf.

»Trotz aller Verkaufserfolge fühlen sich die Fans geschnitten. Ein Sprichwort aus dem kaufmännischen Leben heißt: 'Wer nicht will verderben, muß werben'. Frank Schöbel, bei der Hamburger Firma Phonogramm unter Vertrag, wird zwar wochenlang in der Sowjetunion, der ČSSR, in Polen und Kuba herumgereicht, für Promotionaufgaben in der Bundesrepublik aber ist die Zeit knapp.« Wir hätten schon gerne gewollt, nur kulturpolitisch wurden wir kurz gehalten. »Eindrucksvoll auch der Arbeitseifer der Frank Schöbel Band, die dem amtierenden Diskjockey im Salon das Plattenauflegen ersparte. Offiziell als Beatband apostrophiert, zeigten die sympathischen Jungs weit mehr als das, was bei uns unter Beatmusik verstanden wird. Es sind durchweg studierte und mit allen Wassern gewaschene Musiker, jazzig engagiert, mit Faible für Barschnulzen, Schlagerlieder, die aber auch im Chorusgesang einiges auf dem Kasten haben.« Richtig! »Der Star der Truppe, Frank Schöbel, Schlagersänger, ein netter, bescheidener Junge mit sympathischer Stimme, Kumpeltyp und Musterknabe, ein Roy Black der DDR.«

Oh, was ich schon alles war: Roy Black, Udo Jürgens, Cliff Richard, Peter Maffay. Es ist eben schwer, mit dem eigenen Namen etwas anzufangen, wenn man sich nicht bemüht und vom andern zu wenig weiß.

Mehr wußten immer die IM's, viel mehr, die haben sich gekümmert. Zum Beispiel wurden die einzelnen Mitglieder der Band charakterisiert. Schikora: »Seit Jahren Musiker, Leiter von verschiedenen Gruppen, seine besonderen Merkmale sind hohe Musikalität.« Stimmt! »Allerdings neigt er charakterlich dazu, seinen Musizierkreis ständig zu verändern.« Auf deutsch gesagt, Musiker waren bei ihm oft fliegendes Personal. »Sämtliche Mitglieder dieses Ensembles sind nicht Mitglieder unserer Partei. Die wenigsten von ihnen sind im FDGB organisiert.« Ich war das ebenfalls nicht. Hej, und dann lese ich noch zum Aufenthalt in Lillehammer: »Die Gruppe hat dort eine Reihe von Konzerten gegeben, die sämtlich stark besucht waren.« Gelogen, der IM hat gelogen. Es stimmt nicht, wir haben dort zum Tanz gespielt. Aber feingemacht vom I(h)M, denn hätte er geschrieben, daß wir zum Tanz gespielt haben, wären wir das letzte Mal dort gewesen. Denn zum Tanz spielen wäre für die DDR-Politstrategen 'ne kulturpolitische Katastrophe gewesen. Wir wollten einfach nur dahin, weil es so schön war. »Fachleute bescheinigten, daß dieses Ensemble seit Jahren den bleibendsten Eindruck hinterlassen hat, und zwar sowohl in musikalischer als auch in persönlicher Hinsicht.«

»Bleibender Eindruck« kann ich noch ergänzen. Da die Bezahlung, wie gesagt, nicht überragend war, nahmen die Musiker, wenn man es so nennen will, eine Zweitarbeit an und bauten tagsüber für Mr. Koppervyk eine Veranda an das Hotel. Handwerklich begabt, wie DDR-Bürger nun mal sein mußten, war das für die Jungs kein Problem. Zumal sie sich, da sie ihr Geld immer in Instrumente und Ausrüstung steckten, sowieso

auf die Rolle des Heimwerkers eingestellt hatten, nach dem Motto »Wer Kitt aus dem Fenster ißt, muß wenigstens kitten können«.

»Frank Schöbel bestach nicht nur durch sein Äußeres, sondern auch durch seine Musik. Eine neue Einladung für September dieses Jahres liegt bereits vor, und zwar von unserer Botschaft und dem Hotel in Lillehammer. Gegenwärtig wird geprüft, ob die Gruppe dieser Einladung Folge leisten kann. Wenn es zu diesem Termin kommt, ist eine Fernsehsendung in Norwegen sicher.« Das stimmte wirklich.

Ich weiß nicht, wie ich es zeitlich schaffte, aber zwischen dem Komponieren für die neue Platte bereitete ich auch ein Programm für Polen vor. Ich hatte den Ehrgeiz, meine Ansagen in der Landessprache zu machen. Fand jemanden, der Polnisch sprach und witzig übersetzen konnte. Schwieriger war jedoch, die Lieder in polnische Sprache zu übertragen. Es waren zehn oder zwölf Din A4-Seiten, die ich lernen mußte.

In Situationen, in denen du unter starkem Druck

stehst, gibt es nur zwei Möglichkeiten: Entweder du trinkst ohne Ende Alkohol, oder du nimmst den Weg nach vorn, reißt dich am Riemen und steckst deine ganze Kraft in den Beruf. Das tat ich.

Wir probten in einem kleinen Dorf bei Berlin-Buch in der Nähe der Rieselfelder, wohin Berlin das Gegenteil von Essen schafft. Dort spielten immer viele Kinder um uns rum, kleine, niedliche, aber sehr dreckige, sie wollten uns drücken und die Hand geben. Ich erzählte ihnen, wie man sich in Japan »Guten Tag« sagt. »Paßt mal auf ...«, ich legte die Hände aneinander und zeigte ihnen eine tiefe Verbeugung. »Das machen wir jetzt alle gemeinsam.« – »Jawohl.« Und was soll ich Dir sagen, am nächsten Tag fuhr ich die Dorfstraße runter, und meine lieben Kinder standen an der Straßenseite und verbeugten sich. Ganz japanisch, ganz clean, ganz sauber. Ich war begeistert. Honni wär neidisch gewesen.

Inzwischen hatten Chris und ich den zweiten Termin wegen unserer Scheidung bei Dr. Ullmann. Das, was wir gemeinsam erarbeiteten, wurde geteilt und festgeschrieben und als Scheidungstermin der 6. März 1974, 13 Uhr, verabredet.

Es gab ein ungeschriebenes Gesetz in der DDR-Presse. Wer mit Dreck schmeißen wollte im privaten Bereich, der hatte in der Zeitung keine Chance. Bei allem, was über den Zustand der Presse zu sagen wäre, diese Seite war human. Die Dödel-Zeitschriften und Möchtegernjournalisten, die heute ihr Sensationsgeschreibsel als freie Meinungsäußerung deklarieren, wollen letztlich nur Kohle damit machen und vergiften die Menschen.

Der 6. März nahte und damit die Scheidung – Berlin Köpenick, Mandrellaplatz. Ein Richter, zwei Schöffen, unser Rechtsanwalt, wir beide, keine Öffentlichkeit, das war abgesprochen, und es war gut so. Wir ha-

ben irgendwann einmal vor uns Ja gesagt, und ich fand, wir können auch ganz allein entscheiden, wieder Nein zu sagen. Andere haben an der Stelle nichts zu suchen.

Ich nahm, was ich sonst nie machte, zwei Beruhigungstabletten. Wie gesagt, 13 Uhr war Scheidung. Gegen 15 Uhr waren wir damit durch. Ich wurde schon leicht nervös, denn wir hatten um 17 Uhr noch eine Veranstaltung im Haus der Ministerien – Frauentag. Das war unser letzter gemeinsamer Auftritt, Chris, Frank und die Gruppe Uve Schikora.

Niemand auf dieser Veranstaltung hat von unserer »besonderen« Situation etwas gemerkt, ich hatte nur Angst vor der kommenden Zeit. Was werden die Leute sagen, wer war schuld? Na, schuld war nur der Bossanova. Das sagte ich immer, wenn es um politische Dinge ging, das mußte auch privat gehen.

Eine Antwort legte mir auch Gisela Steineckert mit einem Lied in den Mund: »Wir waren viel zu jung.«

Ich geh von Nordpolen nach Südpolen ...

Ein Tag blieb noch, um mir nochmals alle polnischen Texte einzutrichtern. Am ersten Tag hatte ich noch Probleme, wurde aber immer besser, und bei der nächsten Tournee sprachen mich manche Leute schon auf polnisch an, weil sie dachten, ich kann die Sprache perfekt.

8. März, 6.47 Uhr, von Schöneweide ab nach Polen. Kattowice, Kielce, Warschau, Bydgocz, Poznan, Zielona Gora, Gdansk, Wroclaw. Am 16.3. zurück.

Ich denke, die Tournee war ein ziemlich großer Erfolg. Man schrieb: »Der populäre Sänger und vielseitige Künstler besitzt alle Voraussetzungen für einen Liebling des Publikums. Er lacht, führt zwanglose Dia-

loge mit den Zuschauern, ist in einer Person Sänger, Ansager und Tänzer.« Na, Tänzer, das fand ich eigentlich nicht. »Er sagte übrigens in polnischer Sprache an und überwand dabei recht gut die Schwierigkeiten. Vor allem aber verfügt er über eine gute Stimme. Es ist zwar keine Stimme eines Blues- oder Rock'n' Roll-Sängers, sie liegt wohl eher dem Operettenstil näher.« Hej, was ist den hier los ... »Eine große Ungezwungenheit erlaubt ihm, seine Stimme bei der Interpretation von Schlagern gut auszunutzen. ... Ein anderthalb Stunden währender Auftritt ist eine große Anstrengung für einen Sänger. Schade, daß Frank Schöbel die Neigung zur Swingmusik fehlt.« Stimmt gar nicht, aber es war eine Zeit, da hat man so etwas überhaupt nicht gespielt. »Dadurch entsteht der Eindruck einer gewissen Monotonie, aber man darf nicht zuviel verlangen.«

Nach der Polentournee fuhren wir vom 12. bis 15. Mai nach Rumänien, und so lernte ich das ganze Programm auf rumänisch. Und da es anschließend nach Ungarn ging, nochmal auf ungarisch. Ich staune, daß dies alles in meinen Schädel reinging.

Zähneknirschend – abgesagt

Christine Errath holte 1974 den Europa- und Weltmeistertitel im Eiskunstlauf. Ich hielt ihr die Daumen und freute mich besonders, daß sie nach meinem Lied »Gold in deinen Augen« lief. Mochte dieses freche, junge, kraftvoll springende Mädchen sehr. Dann und wann schickte sie mir auch eine Postkarte, aber schreibfaul wie ich bin, habe ich nie zurückgeschrieben. Sie hat es mir verziehen.

Immer wieder kamen Angebote »Starparade«, »Hitparade«, ich sang die deutsche Version des Neil-Dia-

mond-Titels »Song sang blue«, »Komm, komm, komm«. Naja, kein weltbewegender Text. Aber dafür lag mir das Lied wenigstens nicht.

Ich war für die ZDF-Hitparade nominiert, aber die Politideologen im ZK entschieden: »Da fahren wir nicht hin!« Also wirklich toll, ich mußte mich da gar nicht groß kümmern, die haben für mich gedacht, die Jungs.

Sicher wird mancher heute fragen, wie hast du das ertragen, wieso hast du das mitgemacht? Tja, man ist so aufgewachsen und wußte, daß man reglementiert wurde, fand sich zurecht und richtete sein Leben ein. Ich habe am Tag über unsere Situation Witze gemacht und in der Nacht mit den Zähnen geknirscht.

»Der Fußball ist rund wie die Welt«

Aber nach der Peitsche gab es auch wieder Zuckerbrot.

Die Fußball-Weltmeisterschaft stand vor der Tür. Die Eröffnung sollte so gestaltet werden, daß sich die sechzehn Länder, deren Fußballmannschaften sich qualifiziert hatten, in einem fünfminütigen Folklore-Block vorstellten. Unsere Kulturgenossen meinten, daß die DDR ein junger Staat sei und somit wenig an Folklore vorrätig wäre. Außer Herbert Roth, aber das wollten sie wohl nicht. Und so war ihr Gedankengang eventuell: Fußball-WM, Schöbel spielt Fußball, wir nutzen seine Noch-Popularität in der Bundesrepublik, also fährt er dahin.

Gerhard Siebholz und ich schrieben »Der Fußball ist rund wie die Welt«. Ich die Strophen und er den Refrain, der weit wichtiger ist. Wir verstanden uns wirklich phantastisch; und das ist die Voraussetzung, wenn man zusammen komponieren will. Später habe ich dies

nur noch mal mit Rainer Oleak geschafft. Siebholz war ein aufgeschlossener Mensch, du kannst so etwas nur mit Leuten machen, die großzügig sind und großzügig denken.

Eine Schwierigkeit war, das Lied auf annähernd fünf Minuten zu bringen – am Ende kamen wir auf 4 Minuten 30, das war in Ordnung. Die Rückseite dieser kleinen Single hieß »Freunde gibt es überall«.

Im ZK muß man den Titel wohl gehört haben und dachte sich, der gefällt uns viel besser, der ist kosmopolitisch, den nehmen wir. Und wieder konnten wir nichts machen, ich hätte viel lieber das Fußballied gesungen.

Mit drei Ballettpärchen der Oper Berlin und Dresden und der Uve Schikora Combo ging es nach Frankfurt. Viele verwechseln es immer und sagen München, nein, die Eröffnung war in Frankfurt am Main, am 13. Juni.

Wir sollten mit dem Zug fahren, und im Vorfeld hatte uns unser Reisebegleiter vom Ministerium, Herr Schwarz-Müller, der später, als er ein bißchen getrunken hatte, Blau-Müller und auch Schwach-Müller genannt wurde, also hatte uns Herr Schwarz-Müller gesagt: »Frank, paß mal auf, daß deine Gruppe ordentlich dahin fährt.« Ich sagte: »Wie meinst du das, wie soll das aussehen?« – »Na, keine Jeans, wir haben einen politischen Auftrag, also guck mal, wie mein Freizeitanzug, so in der Richtung.« Ah, ja.

Abends sah ich meine Jungs, wir hatten Aufnahme im Rundfunk, und ich sagte: »Hört mal, *wir haben einen politischen Auftrag* und dürfen da keine Jeans anziehen.« Sie lachten, und dann ging es los. Jetzt trieb ihr Musikerwitz Blüten. Am Ende landeten wir bei der Idee, unsere Konfirmationsklamotten anzuziehen. Weiße Nylonhemden, enge Hosen, absolut verpönt in dieser Zeit – Schlaghosen waren modern –, dünne

Schlipse, spitze Schuhe und Campingbeutel auf'm Rücken. Die richtigen Klamotten hatten wir im Koffer. Als ich dann meinen Trabi bei Omi Doerk in der Garage unterstellte, sagte sie doch: »Du siehst aber heute schick aus.« O Gott, dachte ich, geht ja gut los.

Komme ins Glashäuschen an der Friedrichstraße, das man jetzt Tränenpalast nennt, seh meine Kumpels und muß mich zusammennehmen, daß ich nicht lauthals lospruste. Wir sahen aber auch bescheuert aus. Ich ging zu Schwarz-Müller und meinte: »Na, die Jungs sehen klasse aus, oder?« – »Ja«, sagte er ganz im Ernst, »ich bin sehr zufrieden, genauso hab ich mir das vorgestellt.«

Plötzlich kamen Hauff/Henkler in Jeans. Die hatte er wohl nicht mehr erreicht zwecks Kleiderordnung. Und wir: »Iiiih, wie die aussehen!«

Dann Paßkontrolle, links ging's die Treppe hoch zur Reichsbahn, und rechts kreuzten uns die Leute von der S-Bahn, die Westberliner. Ich hörte nur, wie einer sagte: »Kiek mal da, welche aus dem Osten!« Na klar, so sahen wir auch aus!

Im Abteil haben wir dann ganz gemütlich die Klamotten ausgezogen. Dissi ließ seinen Schlips aus dem Fenster baumeln und – zack – flog er davon. Das Hemd hinterher. Ich konnte das nicht, ich hebe mir doch alles auf. Also die Sachen ordentlich zusammengelegt und rein in den Koffer.

Herr Schwarz-Müller hatte sich während der Zugfahrt einen eingefädelt und war in Frankfurt am Main so voll der guten Getränke, daß er mit dem Finger im Hals plätschern konnte. Wie unser Freund Hans Hick immer sagte. Nun machten wir in Jeans den Eindruck, den wir machen sollten, den normalen, und er, der auf uns aufpassen sollte ...

Wir waren phantastisch untergebracht, man kümmerte sich um uns und sah wohl auch ein Sicherheits-

risiko bei Chile und der DDR. Und so wurde uns ein bewaffneter Beamter zur Seite gestellt, den wir Hotzi nannten, nach dem Räuber Hotzenplotz, mit riesigem Bart und Knarre. Irgendwann haben wir ihn entwaffnet und mit ihm Gags gemacht. Hotzi war okay. Vor und hinter uns fuhr immer Polizei, was erst recht auf uns aufmerksam machte. Angst hatte ich nur, daß bei unserer Ansage – DDR – das Stadion buhte.

Sechzehn riesige Halbbälle, die dann aufklappten und eine Blume ergaben, waren im großen Waldstadion verteilt. Wir mußten sehr lange in dem Ball ausharren. Es war unglaublich kalt. Vor uns die Beiträge aus Argentinien, Australien (mit der Mulga Bill Bicycle Band – da habe ich dieses Schüttelgerät, das ich später für »Mit mir könn'ses ja machen« nachbaute und einsetzte, entdeckt), Brasilien (mit dem Brazil Tropical), Bulgarien, die Bundesrepublik (mit einer Trachtengruppe), Chile, dann die DDR, Haiti, Italien, Jugoslawien, die Niederlande, Polen, Schottland, Schweden, Uruguay und Zaire.

Eigentlich konnte ich es gar nicht begreifen, bei einer Fußball-Weltmeisterschaft dabeizusein. Es war die größte Fernsehsendundung, die ich je mitgemacht habe. Man sprach von über 600 Millionen Zuschauern.

15 Uhr ging alles los, 16.30 Uhr präsentierten Pele und Uwe Seeler die WM-Polkale. Die üblichen Ansprachen, die Nationalhymnen der Mannschaften des Eröffnungsspieles Brasilien gegen Jugoslawien, Platzwahl und Spielbeginn. Wie so oft ist das erste Spiel von Taktik geprägt, es blieb leider beim 0:0 unentschieden.

62 000 sahen im Waldstadion die Eröffnung – und ich war dabei.

Mein Gast – Hans Hick

In meinen Live-Veranstaltungen nach der Scheidung, das war für mich klar, keine Mädels! Jetzt war Humor angesagt. Mein Gast, Hans Hick, ein lustiger Komödiant, hin und wieder sagten wir: »Hinter der Bühne lustiger als auf der Bühne«, aber das warn unsere kleinen, ironischen Musikergags.

In der Akte ist zu lesen: »Die Überprüfung zu Hans Hick ergab, daß dieser des öfteren bei Einsätzen im befreundeten sozialistischen Ausland mit Schöbel und der Schikora-Combo zusammenarbeitet. Auf Grund dessen lernten sich beide näher kennen und schätzen. Die Künstleragentur der DDR wird Frank Schöbel Anfang Juni 74 zu einer Veranstaltung in Westberlin einsetzen. Schöbel hat von diesem Einsatz bereits Kenntnis. Es ist nicht vorgesehen, den Hans Hick ebenfalls in diesem Programm zum Einsatz zu bringen. Auf Grund dessen gab es mit Hick keinerlei Gespräche oder Verträge über einen Einsatz im Juni 74 in Westberlin durch die Künstleragentur. Möglicherweise leitet Hick aus den gemeinsamen Einsätzen mit Schöbel im sozialistischen Ausland für sich ab, daß er auch zusammen mit Schöbel im NSW (im nichtsozialistischen Währungsgebiet) eingesetzt wird. Es wird vorgeschlagen, den Hans Hick aus Luckenwalde als Reisekader zu überprüfen.«

Mein Publikum, meine Musik und meine Band – das war mir geblieben. Die Arbeit, die Erfolge, ja und – Feiern? Richtig, ich hab noch nie 'ne größere Fete steigen lassen! Ich fragte die Band, ob wir nicht ein Wildschweinessen machen wollten. Ja, am besten nach der Tournee.

Mugge fiel aus – und mir was ein

Ein Auftritt führte uns in das kleine Städtchen Worbis, im Eichsfeld. Wir hatten, was selten war, 14 Uhr Veranstaltung. Ein ungefähr 600 Mann fassender Saal, knüppeldicke voll. Zwei Stunden vor Beginn war ich da, von der Band und Hans Hick keine Spur. Ich wurde immer unruhiger, 13.50 Uhr, 55, nichts, ging vor die Tür und dachte, das kann doch nicht sein, so was ist noch nie passiert.

Punkt 14 Uhr stand ich auf der Bühne, Mikro war da – eine ziemlich klapprige Anlage, wir bauten ja sonst immer unsere eigene auf –, und die Leute dachten, okay, jetzt geht es los. Schöbel ist da. Sie klatschten, lachten, freuten sich. Ich war ja vorher erst zur Fußball-Weltmeisterschaft im West-Fernsehen zu sehen, das merkte man schon an ihren Reaktionen, und sagte: »Nee, nee, ich bin zwar da, aber eigentlich bin ich nicht da, bin gekommen, um zu sagen, daß ich gar nicht da bin, wenn Sie wissen, was ich meine, niemand von der Band ist da.«

Die lachten und dachten, der Schöbel aber auch, der macht wieder seine Gags. Ich habe bestimmt fünf Minuten gebraucht, um ihnen klarzumachen, daß wirklich keiner da war. »Es gibt jetzt zwei Möglichkeiten, entweder ich entschuldige mich hiermit, Sie kriegen ihr Geld zurück, und wir gehen nach Hause; oder wir machen aus der Not eine Tugend, reden miteinander solange, bis einer kommt; vielleicht auch ein Anruf, und wir wissen, was los ist. Okay?« Man entschied sich für Variante 2, und ich saß da. Sie stellten Fragen und legten los!

Das Eis war sofort gebrochen. Eine Stunde lang. Es war lustig, ein Kind saß gerade auf dem Klavier, ich sang ihm ein Kinderlied vor, als plötzlich Hans Hick kam.

»Hej«, sagte ich, »was ist denn los?« – »Frank, Mensch. Uve Schikora hatte einen Unfall, ihm ist nichts passiert, aber das Auto ist schrottreif. Heute kommt die Band nicht mehr ran.« – »Mmh, das ist ja furchtbar, was machen wir denn nun? Ich sage, Sie nehmen ihren Kalender, ich hol meinen – Moment ...«

Und dann hatte ich doch tatsächlich die Wahnsinnsidee, auf offener Bühne mit dem Publikum einen neuen Termin zu verabreden. »Da kann ich nicht, da kommt meine Tante ... und Nachmittag geht nicht, Versammlung, besser nach 19 Uhr.« Ein anderer: »Da feiern wir aber Geburtstag ...« O Mann, mit 600 Leuten!

Irgendwann fanden wir einen Termin. Ausgerechnet spielte an diesem Tag die BRD gegen die DDR, aber auch das haben wir noch bedacht. Die Karten blieben gültig, wir holten die Mugge nach, und es war toll.

Urlaub, Pferde und Angst vorm festen Mädel

Vor der WM gab's die Sendung zum »Fernsehliebling«; ich hatte es wieder mal geschafft. Dank auch hier an mein treues Publikum.

Und ein weiterer kleiner Erfolg stellte sich für mich als Komponist ein.

Fünf Komponisten schrieben für Karel Gott. Und mein Lied nahm er: »Fällt ein Stern aufs Meer«, ursprünglich hieß es »Fällt ein Stern ins Meer«, aber Karel fragte: »Weißt du, *aufs* kann ich viel besser singen.« Ich wiederum fragte den Textdichter Dieter Schneider, und der meinte: »Laß ihn *aufs* Meer fallen, kein Problem.« In einer TV-Show stellte Karel das Lied vor, ich dirigierte sein Orchester, und er sang.

Für vier Tage fuhr ich nach Wroclaw zu Fernsehaufnahmen. Ich kam mit meinen Liedern, meinen Bändern hin und ließ die Texte übersetzen, was nicht bei allen möglich war. Bei dem Titel »Leerer Strand« verzichteten die Kollegen gänzlich darauf und meinten, ich solle das Lied in einer Gaststätte singen. Mmmh, dachte ich, eigentlich paßt das überhaupt nicht, aber na gut, man kann sich nicht in alles reinhängen.

Später haben sie uns den Film stolz präsentiert, und an der Textstelle »Ein Vogel schreit in der Dunkelheit« hielt die Kamera doch tatsächlich auf ein armseliges Schnitzel in einer Bratpfanne. O Gott, dachte ich, wenn das einer merkt, was ich da eigentlich singe ... Didi und ich, wir guckten uns an und konnten unser Lachen kaum unterdrücken. Da kam doch nach der Bratpfanne tatsächlich noch ein Schnitt auf eine Kellnerin, von der Seite und von unten fotografiert, was die Nase unheimlich lang macht. Seitdem heißt es bei einem(r), der (die) nicht gerade die WM im Aussehen gewonnen hat: »Das ist vielleicht 'n Vogel.«

Fernsehlieblinge

Bei meinem Lied »Mit mir könn'ses ja machen« habe ich das eingebaut: »Noch nie so 'nen Vogel gesehn ...«

Ich lese in meinem Kalender immer öfter »Gabi anrufen« oder »Christine«. Und seh schon Zeitungsredakteure wie den Hund vor der Wurst hecheln – na los, erzähle ... Nichts werde ich erzählen! Ich weiß nur, daß

ich komponierte, schrieb, lernte und daß mich manchmal nachts dieses oder jenes Mädchen anrief und sagte: »Kommst du noch rum, wir sitzen hier in fröhlicher Runde.« Ich hatte Angst, daß da bloß getrunken wird, ich meine kostbare Zeit verplempere, und dann, am Ende, passiert irgendwas, das ich später bereue. Eines aber war mir klar: Die Sache würde für die »Nächste«, die es mit mir aushalten will, sicher schwierig. Man vergleicht, ob man will oder nicht, wird eigentlich immer vorsichtiger.

Der Sommer nahte, und was ich sonst nie machte – aber in der DDR mußtest du es, nämlich dir spätestens im Oktober des vorangehenden Jahres deinen Urlaubsplatz sichern –, bin auch ich diesmal langfristig angegangen: Wir hatten Silvester im Warnemünder Hotel Neptun gespielt, und der Chef bot uns vierzehn Tage Urlaub in seinem Hochzeitszimmer an. Okay, ich machte es fest. Damals war noch nicht ganz klar, ob wir uns trennen. Es war Juli, die Scheidung lag hinter uns, und ich fuhr alleine. Da lag ich nun in einem Rundbett, über mir ein riesengroßer Spiegel, ich mußte immer mein dämliches Gesicht darin sehen. Ich hielt das 2 Tage aus, dann war Schluß.

Mein Freund und Musiker Dissi war auch in Warnemünde, mit seiner Frau, und ich sagte zu ihm: »Ej, willst du nicht bei mir einziehen?« – »Ja, okay, wir tauschen.« Er wohnte in einer wirklich kleinen Dachbude am alten Strom, es war genau das Richtige für mich. Von nun an ging ich im Neptun nur noch in die Sauna.

Eines Tages bot mir die Chefin an, unweit vom Hotel könne man auch reiten. Hm, dachte ich, kann ich nicht, aber gerade deshalb interessierte es mich. Ich meldete mich bei der LPG in Retschow, bekam ein Pferd, und dann ging es los. »Scheritt«, was soviel hieß wie Schritt, und »Terrab«, also Trab, lehrte uns Dieter

Schröder, der LPG-Vorsitzende, ein lieber Kerl, leider trank er ein bißchen viel, war wohl in den Wintermonaten sehr einsam. Irgendwann beging er Selbstmord. Dieter leitete uns professionell an. Wir waren zehn bis zwölf Reiter, ritten durch den Wald, über Koppeln und lernten einiges. Einmal ging ein Pferd durch – und alle anderen hinterher. Ich konnte nur noch voll in die Mähne greifen und aufpassen, daß ich oben blieb. Rechts und links scheuerten die Leiber der Pferde an meinen Schuhen und Waden. Wir jagten die Dorfstraße lang, Kopfsteinpflaster, es knatterte, als wenn eine Herde Wildpferde unterwegs war. Am Zaumzeug ziehen und Rufen half nichts. Ich dachte nur, wenn die Stalltür offen ist und die Pferde voll in Ställe reinjagen, dann häng ich oben dran, über der Tür, festgemauert für die Ewigkeit. Wie in einem Donald-Duck-Trickfilm. Aber Dieter schaffte es, mit seinem Pferd vorbeizureiten und die Meute anzuhalten.

Manchmal ritten wir auch gemütlich an der Longe, dabei lernte ich meinen späteren Freund Siggi, Siggi Lehmann kennen.

In Warnemünde zur Sommerzeit war die Hölle los. Endlos viele FDGB-Urlauber, allesamt Autogrammjäger. Sie hatten ja recht, aber ich keine Ruhe. Am Strand, spielte ich tunlichst Volleyball. Da war klar, daß ich keine Autogramme schreiben konnte. Aber wehe, das Spiel war zu Ende, da stürzten sie alle über mich her, und ich schrieb und schrieb, setzte ein Spiel aus und ging wieder rein.

Zu Hause erreichte mich ein neues Drehbuch, aber ich muß Dir sagen, die wurden immer schlechter, also lehnte ich ab.

Irgendwann bekam ich die Verdienstmedaille der DDR. Was hab ich da bloß wieder falsch gemacht? Auf jeden Fall muß die sein, sonst kannst Du den Nationalpreis nicht kriegen, wurde mir später erklärt.

Da ich zu Veranstaltungen unterwegs war, konnte ich sie nicht in Empfang nehmen, und so bekam ich sie bei nächstbester Gelegenheit in der Kantine des alten Friedrichstadtpalastes, so quasi beim Bier, überreicht.

Opi wollte meinen Trabi übernehmen. Da ich ihn über Genex erworben hatte, durfte er nicht einfach verkauft werden. So haben wir einen Nutzungsvertrag abgeschlossen. Als Opi starb, habe ich die gute, alte Pappe bestens gepflegt wiederbekommen. Jetzt steht sie ganz friedlich in der Garage.

Bei einer Radiosendung hatte ich eine Redakteurin kennengelernt. Sie war nur zwei Zentimeter kleiner als ich, wir sahen wohl etwas komisch aus. Sie sehr gepflegt, fast zu damenhaft für mich. Und prompt bekam ich eine Warnung, weil man es »gut mit mir meint«, was für »eine« sie sei. Vorsicht. Und so las ich, man hätte schon Wetten abgeschlossen, welchen prominenten Großverdiener sie sich als nächsten angeln würde. Eigentlich unheimlich fies und gemein, aber wenn was dran war ... Nein, ich ließ mich nicht beeindrucken und wollte selber dahinterkommen. »Sei auf der Hut«, schloß der Brief, »diesen väterlichen Rat geben Dir drei Rundfunkhasen und Freunde.« Mein Gott, war das hart, einmal für mich, aber auch für sie, die sich anschickte, mit mir zu leben. So schwer hatte ich mir das nicht vorgestellt. Aber es erledigte sich bald von selbst. Sie lernte einen Arzt kennen, und der paßte wohl auch viel besser zu ihr. Vielleicht hatte sie auch gemerkt, daß ich nicht so ganz zu ihr stand, daß ich noch nicht bereit war, zu unentschlossen, und Angst hatte, in die nächste Geschichte zu schnell und bedingungslos reinzurasseln.

Das Schlimmste lag hinter mir – die Scheidung.

Jetzt gab's nur noch eines: Ab nach Thüringen, die Wildsau wartet!

Drei-Tage-Rennen

In Bad Berka sollte die schon lange verabredete Fete stattfinden.

Ich hatte dort einen Freund, Bernd Wenkel Grünberg, der Hans Dampf in allen Bad Berkaer Gassen war und in tiefstem Thüringisch meinte: »Ich organisier dir das Schweinefressen, das wird gut. Ich kenn da ein' Förster, der schießt uns eine Wildsau, möglichst ein' Läufer, nich so fett und nich so kleen. Beim Bäcker kommt der in' Backofen rin, die Gewürze werden in de Blutbahn gespritzt, und dann ab auf den Spieß. Was denkst du, wie das schmeckt!«

Am ersten Tag kamen wir in Weimar an. »Unten im Studentenklub hab ich eine Ecke für euch, da gibt es erst mal ein paar Rostbrätl.« Mein Freund Alex, der den LKW fährt und die schwersten Sachen trägt, Alexander Jonschenko, Halbrusse, ein herzensguter Mensch, eine Seele, ich wollte mit ihm eigentlich ins Grab gehen, naja, das Leben geht manchmal andere Wege, also Alex drohte mir ein Wettessen an. Er aß sieben Lappen, ich neun. Ja, Du hast richtig gehört, neun Rostbrätl. Das war der Ankunftstag.

Am nächsten Morgen, in Bad Berka, genehmigten wir uns erst mal ein Fußballspiel, das mußte sein, das brauchte ich. Jungs aus dem Dorf gegen die Band. Wir jagten über den Platz – nee, nur essen, das geht nicht bei mir.

Danach stand ein Kremser bereit mit einem Bierfaß darauf, und wir durchstreiften die herrliche Gegend um Bad Berka. Mitten im Wald, unweit vom Försterhaus, es war so romantisch, wie es sich anhört, eine Tafel, eine lange, wunderschöne Tafel, gedeckt mit selbstgebackenem Kuchen und Kaffee. Ich kam mir vor wie der König von Köpenick, war aber der Lothar aus Leipzig.

Einmal im Leben, dachte ich, muß man so ein Ding machen.

Für den Abend hatte der verrückte Bernd noch einen Alleinunterhalter bestellt.

Angestachelt von ihm legte sich Hans Hick ins Zeug und brannte seine Gags ab. Dissi, der Bassist und Chronist der Band, machte für uns und die Frauen einen Lichtbildervortrag. Eine Stimmung wie beim Klassentreffen, weißt Du noch ...?

Und Bernd hatte vorgewarnt: »Da kommt noch 'ne Überraschung.« Und plötzlich kam sie hinterm Busch hervor: 8 Jagdhornbläser. Sie bliesen »Sau tot«, und nochmal tot, und weiß ich was tot. Die Sau drehte sich inzwischen ja schon munter am Spieß! Erst als wir sagten, ob sie denn auch »Sänger tot« blasen könnten, da standen sie ratlos da. Wir luden sie ein zum kurzen Schluck und natürlich auch zur Sau. Etwas so Gutes hatte ich noch nie gegessen.

Es war rundum ein gelungener Tag, in den dann doch noch ein Wermutstropfen fiel. Der Gitarrist Ulli Pexa und Uve Schikora kriegten sich so in die Wolle, daß Ulli die fröhliche und freundliche Atmosphäre nutzte, um aus der Band auszusteigen. Hej, dachte ich, was ist da denn nun wieder los? Aber es spricht sich eben leichter, wenn die Zunge locker ist.

Am nächsten Tag folgte ein Resteessen. Wir gingen kegeln und dann zu einem Indianistik-Klub, der in der Nähe seinen Wigwam aufgeschlagen hatte. Mit Reiten waren wir wohl etwas überfordet. Eher ritten die Pferde uns.

Ein Drei-Tage-Rennen, mehr war nicht drin, denn Feiern sind wir nicht gewöhnt. Es schmiedete uns aber für die Arbeit zusammen. Wir dankten Bernd, dem Organsiator, daß er für uns die Sau rausließ, die wir in uns reingelassen haben, um sie irgendwann wieder rauszulassen ...

... als Rundfunkmoderator

Frank schneidet die Beatkiste

Schlagerfestival 1972 in Dresden

In Japan beim World Popsong Festival 1972

54 Sprünge Nordpol – Südpol im Kessel

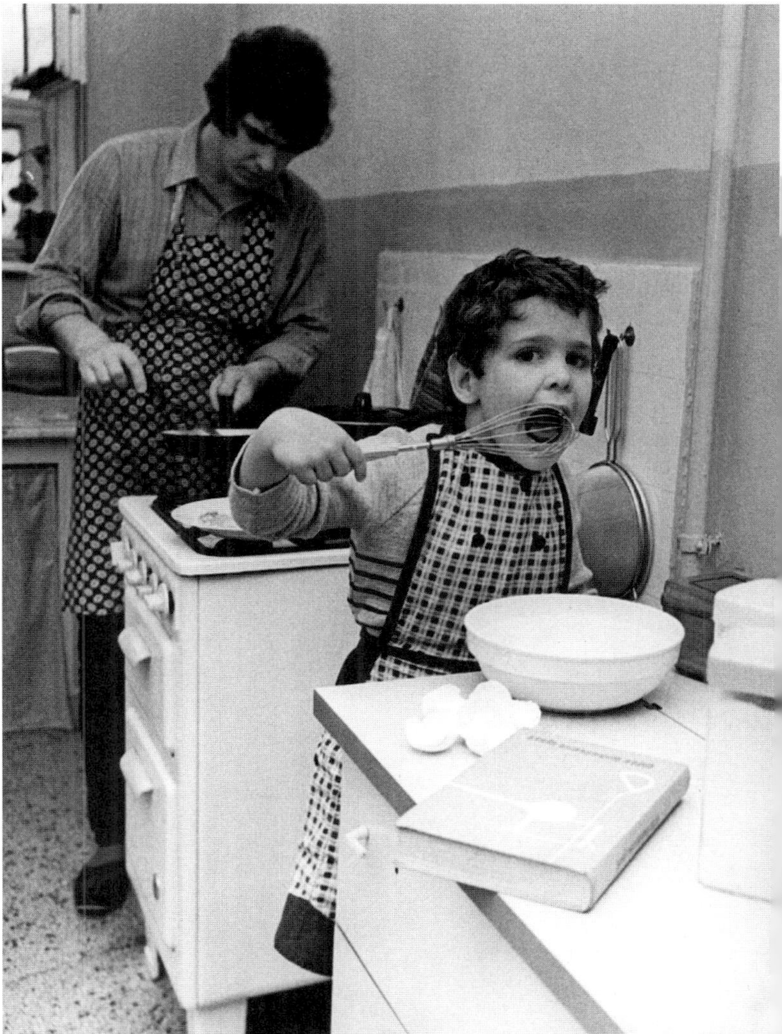

Papa und Ali beim Eierkuchenbacken

Komponistenporträt als Westernheld

Als Mädel Frank und Uve Schikora

Ulli Pexa, Dissi, Frank

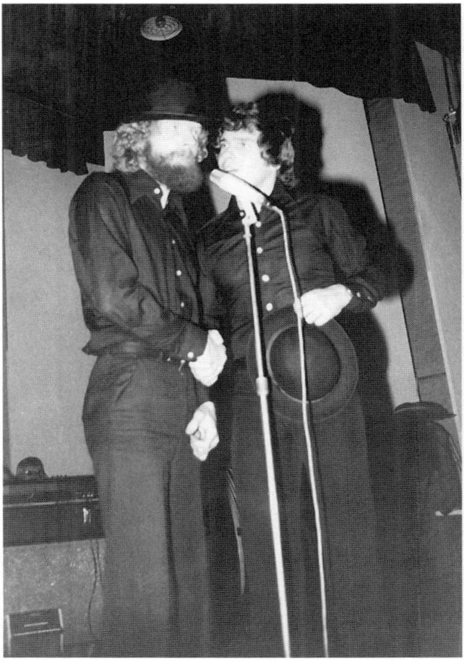

Frank bei der »Stern«-Parodie mit Christian Steyer

Frank mit der Gruppe »etc.«; v. l. n. r.: Didi, Dissi, Frank, (unten:) Rudi, Gustav, (oben, neben Frank:) Alex, Christian, Knulp und Conny

Reni, Frank, »Rübe«

NPT, etc. und MfS

Im September waren wir wieder, das dritte Mal, in Norwegen und danach beim Pressefest der DKP auf den Düsseldorfer Rheinwiesen. Ein junges Mädchen kam auf mich zu und fuhr mich an: »Sag mal, was machst du denn für'n Scheiß, singst Westschlager, ›Nordpol – Südpol‹ und so!« – »Ej«, sagte ich, »das ist meiner.« Nein, sie stritt mit mir, das ist ein Westschlager. Ach, dachte ich, laß sie. Manche Leute soll man nicht aufhalten!

Ende September, drei Tage Moskau. Wir spielten im Kreml. Ja, beim Genossen Leonid Breshnew. Ich muß immer an Otto Walkes Spruch denken: »Wie gern hat es der Leonid, wenn man an seinem Breshnew zieht!« Das taten wir nicht, und in der Zeitung war zu lesen: »Frank Schöbel und die Uve Schikora Gruppe ernteten Riesenbeifall für ihre Musik und die von Frank in Russisch gesungenen Titel.« Es war schon beeindruckend, in diesen »heiligen Hallen«.

Als wir zurückfliegen wollten, durfte die Maschine nicht starten. Wir warteten und warteten, acht, neun Stunden. In dieser Zeit sammelten sich immer mehr junge Leute an. Ein Singeklub aus Potsdam war darunter. Sie packten ihre Klampfen aus und vertrieben sich und uns die Zeit. Mich interessierte indes nicht die Musik, sondern ein Mädchen, das mir gefiel. Didi nannte sie sofort die Strähne, weil sie mit ihren knapp 25 Jahren eine graue Strähne im Haar hatte, was sehr interessant aussah. Wir kamen uns näher und näher und ... Ich wußte allerdings nicht, daß sie verheiratet war und ein Kind hatte. Das sagte sie mir erst später.

Und als sie mich aus dem Studentenheim anrief und ihr Kind mit knapp zwei Jahren »Hallo Papi« durchs Telefon sagen ließ, gab es bei mir einen Stich – was sie

nicht wissen konnte. Ich dachte, hm, gerade hast du ein Kind durch die Scheidung verloren, und jetzt bring ich einen anderen in diese Situation, nee! Das ging mir alles viel zu schnell. Wieder lieb gemeint von ihr, kam sie mit zwei Daunendecken an. Sie hatte wirklich nicht viel Geld, studierte ja. Das war mir plötzlich so endgültig. Zwei Decken waren für mich ja – wie zwei Ringe. Nein, bitte nicht schon wieder. Ich wußte, daß es schwer ist mit mir, und sie tat mir wirklich leid.

Als die Umfrage nach den Publikumslieblingen im Jugendmagazin »Neues Leben« gelaufen war – die Puhdys gewannen bei den Gruppen, Chris bei den Sängerinnen und ich bei den Sängern –, gab es wieder viele Artikel in den Zeitungen.

Die NBI schrieb eine große Serie über mich. Unter anderem auch: »Apropos Chris Doerk«, und da kam, wenn Du so willst, die offizielle Verlautbarung. »Ihr habt euch vor einem halben Jahr beruflich und privat getrennt?« Meine Antwort: »Das stimmt. Ich bekomme unheimlich viele Briefe und werde gefragt, warum. Die Trennung war für mich keine leichte, oberflächliche Entscheidung, und ich bitte alle Freunde um Verständnis dafür, daß das meine private Angelegenheit bleiben muß, die nicht in Zeitschriften oder anderswo erörtert werden soll.«

Damit war das ganze Stück erledigt. Heute undenkbar. Da wird der Teig selbst nach zwanzig Jahren nochmal so richtig warm gemacht, geknetet und ausgerollt und hochgepulvert, Stoff für mindestens drei Folgen.

Und es kamen Briefe. Lehrerinnen konnten nicht unterrichten, weil es für sie unfaßbar war, daß wir auseinandergingen.

Werner Lamberz sagte mir später, daß er von alten Genossen Anrufe erhalten habe, die Partei solle uns wieder zusammentun. Natürlich hat er ihnen gesagt,

daß das nicht geht und was sie sich denken, aber die DDR war ein großes Dorf, und wenn einer ausscherte und nicht so funktionierte, dann wurde sich beschwert und nicht selten das ZK als moralische Instanz angerufen.

Am 4. Oktober hatten wir eine Veranstaltung bei der Reichsbahn in Westberlin, leider ohne Hans Hick.

Und am 7. Oktober – zwölf Jahre arbeitete ich in diesem Beruf – bekam ich den Nationalpreis der DDR, dritter Klasse für Kunst und Literatur. Hej, ich dachte, geht denn das überhaupt? Zum ersten Mal bekam ein Schlagersänger den Preis. Daß es mir peinlich war, weiß, wer mich kennt. Aber auf der anderen Seite freute ich mich unheimlich. Es war in diesem privaten Tief ganz wichtig für meine Psyche. Ich denke, das wußten die, die ihn mir verliehen haben.

Ich bin auch nie auf die Idee gekommen, ihn zurückzugeben. Warum auch? Ich habe dafür gearbeitet, ich habe in diesem Land gelebt, und ich habe das Ding bekommen. Ich wäre ja blöd! Würde ich heute in einem anderen Land einen Preis bekommen und es kommt – wie wir früher gesagt haben – mal andersrum, und ich sag Dir, es kommt andersrum, ich sag's jetzt schon, dann würde ich das Ding auch nicht abgeben. Nein, es gehört zu meinem Leben.

Zur Übergabe im Staatsrat bei Willi Stoph kam ich von irgendwo, möglicherweise aus dem Garten, griff nach einem halbwegs guten Anzug, fand auch noch einen Schlips, ja richtig, den blaugepunkteten, und schmiß noch die Sportsachen dazu, denn ich mußte anschließend zum Fußball.

Ich fuhr auf den Parkplatz des alten Friedrichstadtpalastes und guckte, ob keiner in der Nähe war. Nichts zu sehen, ich zog meine Hosen runter, das Hemd aus – okay, ich hatte noch einen Schlüpfer an – und sah, wie aus dem Berliner Ensemble eine lange Tute, also sprich

ein Fotoapparat mit einer riesigen Optik, mich ranzoomte. Dahinter ein hübsches Gesicht einer jungen Fotografin, die mich beim Umziehen fotografierte. Wir feixten beide.

Im Oktober ging es erneut auf Polen-Tournee. Wir hatten einen neuen Gitarristen, und als Uve wieder einen anderen Musiker, ich weiß nicht mehr wen, entlassen wollte, tat sich die ganze Band zusammen und entließ den Chef. Man kam zu mir, weil Uve als Bandleader mit dem Komitee für Unterhaltungskunst einen Vertrag hatte. Ständiger Musikerwechsel und laufend Unruhe in der Band. Allein die Neubeantragungen der Reiseerlaubnis – die Entscheidung fiel oft erst nach einem Jahr – brachte uns in eine unzumutbare Situation. So entschloß ich mich tatsächlich, dem Wunsch der Band nachzugeben und zu sagen, Uve – tschüß! Das ging nur über das Komitee mit Peter Czerny und unserem Betreuer Didi. Die kämpften das aus.

Ich hatte indes Angst, der Chef zu sein. Die künstlerische Seite übernahm Christian Steyer, »naja und das andere will ich schon machen.« Langsam wuchs ich in die Rolle hinein. Meine demokratischen Vorstellungen, die ganze Band zu befragen, wurden mir manchmal regelrecht übelgenommen. Die Musiker sagten, Mensch sag endlich, ob wir die Mugge machen oder nicht, frag nicht solange. Dennoch versuchte ich, alle unter einen Hut zu bekommen und entschied dann erst.

Durch die Entlassung Schikoras als Bandleader entstand auch das Problem, wer jetzt die Arrangements schreibt. Bei einfachen Liedern machte ich das, ab und an mit unserer Sängerin und Geigerin Reni Baptist zusammen oder mit anderen Musikern. Einen Großteil der Titel arrangierte Christian Steyer.

Als er zu uns in die Band kam, sagte er: »Wäre ich bei Karat eingestiegen, hätte ich mir Ketten umhängen müssen. Bei euch ziehe ich mir ein schwarzes Hemd

und ’ne schwarze Hose an und trete in den Hintergrund.« Er war ja immerhin ein bekannter Schauspieler und hatte einen Namen zu verlieren. »Ich mache alles, so gut ich kann, aber wenn ich meine Technik zusammenhabe, werde ich euch verlassen. Wir suchen uns gemeinsam einen neuen Keyboarder und ...« Ja, das war eine klare Absprache.

AMIGA wollte mit mir eine Weihnachtsplatte machen. Gerhard Siebholz sollte sie arrangieren. Noch ehe ich mich versah, war die Konzeption mit Dieter Schneider schnell und hastig entworfen. Man hatte nur bekannte Lieder genommen. Ich stellte mir das alles anders vor, wollte es in Ruhe angehen. Nachdem ich ablehnte, wurde daraus eine Kraut- und Rübenplatte mit vielen Interpreten. Ich sollte auch zwei Titel singen, sagte konsequent ab und erhielt mir dadurch die Chance, später bei AMIGA eine Weihnachstplatte nach meinen Vorstellungen zu machen.

Meinen Sohn Ali durfte ich nur zu Hause in seinem Zimmer besuchen. Ihn mitzunehmen, etwa zum Angeln, gestattete Chris vorerst nicht. Sie hatte eine panische Angst, daß die Leute denken könnten, mir wäre der Sohn zugesprochen worden. Es war unmöglich, einen normalen Umgang mit dem Kind zu pflegen. Ich beneide heute noch Paare, die das schaffen. Wenn ich ihre Bedingungen akzeptierte, durfte ich ihn sehen. Mir war klar: Du hast keine Chance. Und so hoffte ich, ihn über die Seele und über den Kopf wiederzugewinnen, ihm meine Liebe zu zeigen, indem ich eine Kinderplatte machte.

Auch das Publikum war geteilter Meinung, die einen sagten, Chris hat ’nen Schwarzen, einen aus Kuba. Der hieß aber nur Schwarz. Sie sang »Die Erinnerung bleibt«, und ich sang »Keine Zeit, keine Zeit« ... Ah ja, der hat bestimmt keine Zeit mehr für sie gehabt ... Alles in den Liedern wurde ausgedeutet, hin- und herge-

wendet, gegen oder für uns verwand. Ich bekam ein Angebot von Pelle Brandenstein und Arndt Bause, ein Lied, das dann ein großer Hit wurde, »Dreh dich nicht mehr um«, aber ich konnte diesen Text nicht singen, weil dann alle gedacht hätten, ich weine ihr hinterher. Pelle Brandenstein versuchte noch, den Text zu ändern, aber der neue paßte überhaupt nicht, und so sang das Lied Peter Albert.

Die Kinderschlageridee verdichtete sich in meinem Kopf immer mehr und nahm langsam Formen an. Ich besprach sie mit AMIGA, und ab März/April 1975 ging ich dann daran, die Titel zu komponieren.

Auf den Tourneen fiel auch meinen Kumpels auf, daß meine Stimmung nicht immer die beste war. Sie meinten, Schöbel braucht ein Mädel. Das geht nicht so weiter mit ihm.

In Köpenick hatte ich öfter eine gesehen, die mir sehr gut gefiel. Sie hatte ein freundliches, sanftes Gesicht, kurze blonde Haare, blickte lieb und sah sportlich aus. Irgendwann sagte Dissi zu mir: »Du die, du weißt schon, die gibt 'ne Party. Die hat dich eingeladen. Du kannst mitkommen.« – »Meinst du? Na gut, ich komme mal mit.« Wir fuhren nach der Mugge zu ihr hin, hallo, guten Tag, das ist Dissi, das ist Frank, ah ja. Ich nenne sie mal H. Ich sagte zu Dissi: »Ist ja gar keiner weiter da?« – »Du, meine Frau und ich müssen auch weg, also sei nicht sauer, mach's gut. Also bis morgen«. Der Hund, dachte ich, hat mich tatsächlich hierhergelockt. Jetzt war ich mit ihr allein, wir schwatzten und tranken etwas, und irgendwann ging ich nach Hause. Wir hatten uns verabredet.

Daraus wurde eine freundschaftliche Liebe. Sie lebte allein, allerdings in Scheidung, hatte einen Sohn. Sie konnte gut zuhören, redete selbst nicht soviel. Ich erinnere mich, wir waren einmal bei Hans-Joachim Wolfram, mit dem ich über ein Projekt sprach. Nach an-

derthalb Stunden fragte ich sie, was meinst du eigentlich, ist das so okay? Und sie sagte: »Naja ...« Darauf ich, ganz locker: »Wenn du noch einmal dazwischenredest, werde ich irre.« Wir lachten. Sie kannte meinen Humor.

Aber ich hoffe, daß ich mit einer Liebe auch einen gleichwertigen Partner finde, der meine Entscheidungen mitträgt.

Auch die großen Ohren sorgten sich um mich: »Es wird vorgeschlagen, den Minister für Kultur, Genossen Hoffmann, auf die derzeitige Problematik um den Schlagersänger Frank Schöbel und dessen Mißstimmungen aufmerksam zu machen, damit seitens des Ministeriums geeignete Maßnahmen zur Klärung der Situation eingeleitet bzw. veranlaßt werden können, z.B. Wohnungsfrage.« Na klar, einer im Haus wird das schon an die entsprechenden Stellen weitergeleitet haben. Weiter ist zu lesen: »Diese persönlichen Probleme belasten Schöbel psychisch sehr stark und führten bei ihm wiederholt zu Mißstimmungen. Verstärkt wurden diese Stimmungen noch durch eine Reihe Schwierigkeiten, die sich durch die Trennung Schöbel/Doerk für geplante Schallplattenaufnahmen ergaben und zum Teil noch ergeben. Inoffiziell wird eingeschätzt, daß es bei Spitzeninterpreten wie Frank Schöbel besonders kraß auffällt, wenn sie nach jahrelangen allseitigen Unterstützungen und Förderungen plötzlich ein scheinbares berufliches Tief hinnehmen müssen. Die persönliche Belastung führte bei Schöbel auch zu Zweifeln an seiner derzeitigen künstlerischen Vollkommenheit, so daß er selbst bei kleinen Veranstaltungen nicht mehr live, sondern nur noch playback singt.« – Das stimmte nun wirklich nicht.

Tatsächlich war aber folgendes vorgefallen: Wir haben einen Titel playback gemacht, und zwar »Leerer Strand«. Der wurde immer gewünscht. Bei der Auf-

nahme hab ich alle drei Stimmen selber gesungen, das ging natürlich live nicht. Und so erinnere ich mich, es war in der Winterzeit, Schnee und Matsch, wir kamen spät am Veranstaltungsort an und bauten unsere Technik schnell auf. Natürlich waren die Geräte kalt, und das Tonbandgerät »schwitzte« durch den Temperaturunterschied im Saal. Ich sagte an: »... und nun hören Sie ›Leerer Strand‹!«

Das Band fuhr ab, ich sang mit, plötzlich drehte sich das Band in die Rolle hinein, wurde immer schneller, es machte »bllubb« und blieb stehen. Schikora rannte schnell zum Gerät, stellte es ab und verschwand ängstlich von der Bühne. Du glaubst es nicht, wie ein Mädel vorm ersten Kuß. Zum einen mußte ich lachen, zum anderen die Situation retten. »Ja, meine Damen und Herren, damit wollen wir Ihnen bloß mal zeigen, daß wir alles live spielen, das war nur ein kleiner technischer Gag für Sie, zur Demonstration!« Aber ich wußte ja, wir hatten den Titel nicht dreistimmig drauf. »Ja, wissen Sie, wir spielen für sie nicht ›Leerer Strand‹, sondern ein anderes, neues Lied, ›Ein Gedanke bleibt immer‹.« Die Leute konnten der Situation zwar nicht ganz folgen, ich eigentlich auch nicht, waren aber gute DDR-Bürger und nahmen es gelassen hin. Das war wirklich das einzige Lied, das ich playback gesungen habe.

Und weiter geht's in der Akte: »Hinweise, daß Schöbel 74 seine Laufbahn als Sänger beenden will, sind jedoch nicht bekannt. Im Zusammenhang mit seinen bisherigen Einsätzen im kapitalistischen Ausland wurden keine politisch-operativ relevanten Hinweise zu Frank Schöbel bekannt. Bezüglich seiner Zusammenarbeit mit dem Fernsehen der DDR sind die Klagen Schöbels durchaus berechtigt, seitens des Fernsehen wurden Projekte vorgeschlagen, die dann nicht realisiert wurden. Der von Schöbel genannte Fernsehfilm über sei-

ne Auftritte im Ausland wurde nicht realisiert, da die Leitung des Fernsehens der DDR an dieser Produktion nicht interessiert war.« Und nicht nur das, sie hatten vor allen Dingen Angst, die Kameraleute ins Ausland zu schicken!

Aber schimpfen wie ein Rohrspatz konntest du als sogenannter privilegierter Sänger: Wir hatten eine Veranstaltung im VEB Strumpfkombinat ESDA, in Auerbach im Erzgebirge. Da ist festgehalten: »In Vorbereitung auf die Kommunalwahl fand eine kulturelle Veranstaltung statt, die durch die Uve Schikora Combo umrahmt wurde. Im Anschluß an die Veranstaltung lud das Mitglied des ZK der SED und Kombinatsdirektorin, Genossin Elisabeth Walter, die Künstler und die Vertreter des Patenbetriebes zu einem Abendbrot ein. Während dieser Zeit wurde die Gelegenheit genutzt, mit Schöbel und Hick darüber zu sprechen, ob sie im Februar 1975 anläßlich des 25. Jahrestages des MfS (Ministerium für Staatssicherheit) während einer Veranstaltung in Karl-Marx-Stadt bereit wären, von ihren Terminen abhängig, aufzutreten. Der Schlagersänger Frank Schöbel antwortete darauf, daß dies kaum möglich sein wird, da er ernsthaft beabsichtigt, nur noch bis Jahresende 74 zu singen. Auf die Gründe eingehend, antwortete Schöbel, daß er nunmehr schon zehn Jahre auftritt, jetzt sauer, auch über manches unzufrieden und verärgert sei. Schöbel hinterließ während des gesamten Gesprächs einen niedergeschlagenen und bedrückten Eindruck.«

Klar, ich mußte nach den großen Erfolgen mit »Wie ein Stern« und anderen Liedern durch eine Talsohle, und ob es noch weiter bergab ging oder irgendwann nochmal ein kleiner Hügel käme, das wußte ich nicht.

Ich benutzte die Situation, um meinen Frust loszuwerden, ergriff jede Gelegenheit, die Kameraleute irgendwie ins Gespräch zu bringen, damit sie für einen

Fernsehfilm vielleicht doch noch ins Ausland fahren durften. »Schöbel meinte, auch der Vorsitzende des Staatlichen Rundfunkkomitees für Fernsehen, Genosse Adameck, klopfe ihm nur auf die Schulter, aber ändern würde sich nichts. Über die Arbeit und die Zustände beim Fernsehen seien viele Künstler ungehalten. Hick und Schöbel brachten zum Ausdruck, daß sie erfreut wären, wenn sich im Ergebnis dieses Gespräches einiges ändern würde und zumindest Hick eine Ausreisegenehmigung erhält. Natürlich nicht für immer, sondern nur für die jeweiligen Veranstaltungen, da sich beide gut verstehen und gern zusammenarbeiten.«

Es war in der DDR so, wenn man sich beschwerte und eine bestimmte Position hatte, rotierten die Chefs oben. Wenn du Glück hattest, veränderte sich was. Dazu mußtest du aber »wichtig« sein. Das heißt, wenn du erfolgreich gearbeitet hast, durch dein »Verhalten« den politisch einflußreichen Leuten genehm warst – so wie das heute auch ist –, wurdest du entsprechend beachtet. Wer dann noch nicht zurechtkam, sollte doch mal überlegen, was er falsch gemacht hatte.

Ich habe kürzlich in einer Zeitung von einer ehemaligen Kollegin gelesen, daß »die Partei mich einfach fallen gelassen hat«.

Allein heute noch so'ne Formulierung, das sagt eigentlich alles. Von den Leuten, die heute so sehr jammern, sagt keiner, ich habe selber Fehler gemacht, hatte keine Lieder, war zu dick war oder zu faul, hab zuviel getrunken, kann keine Noten, mein Mann hat mich falsch beraten ... nein, die Partei und die anderen waren schuld.

Silvester nahte. Mmmh, wo sollte ich hin? Ich mochte Silvester nicht auf der Bühne stehen, kannte das Szenario in- und auswendig: Die Leute kommen fein angezogen, und nach fünf, sechs Stunden liegen sich in den Armen, das brauche ich nicht. Irgendwo feiern wir

ja das ganze Jahr, wenn auch nur auf der Bühne. Silvester soll bei mir genau anders laufen. Silvester wird überhaupt nicht getrunken.

So fuhr ich zu Omi und Opi, saß mit ihnen zusammen, aß Abenbrot, fuhr dann durch die leeren Straßen ins Hotel »Stadt Berlin« und kurz vor zwölf zum Kameramann Jürgen Heimlich, der mit mir den Maiwald-Film gedreht hatte und der meinte, komm doch einfach vorbei, wenn du Lust hast. Hans-Joachim Wolfram war auch da, 'ne gute Truppe, so gefällt mir das.

Analyse – und wie weiter?

Wir hatten noch immer keinen Namen für unsere alte, neugegründete Gruppe. Ich glaube, Christian kam auf »etc.«, wie et cetera. Bei so einem Namen, meinte er, da kann auch mal einer aussteigen, aber das passierte zum Glück so schnell nicht. Der 19. Januar 1975 war der Gründungstag von »etc.«

Wir sind im – ich nenne es – »Stoney« – »C'est la vie«-Jahr.

Ab 5. Januar trainierte ich hinter Motoren auf der Winterbahn in der Werner-Seelenbinder-Halle. Ich war stolz, eine Trainingskarte zu bekommen und erhielt – leihweise – das Rad von Jürgen Geschke. Du weißt, diese Räder haben eine starre Nabe, keine Bremsen. Du mußt also langsam gegentreten, um zum Stehen zu kommen. Es ist schon ein irres Gefühl, wenn du mit fünfzig bis sechzig Sachen die Bahn langdonnerst und es dich richtig fliehkraftmäßig in die Kurven reindrückt. Herrlich. Hinter Motoren heißt, hinter einem Motorrad zu fahren, dicht an der Rolle, damit du im Windschatten bist.

Eigentlich war an ein Prominentenrennen gedacht.

Aber man verwarf die Idee wegen zu großer Verletzungsgefahr.

Ich war ziemlich enttäuscht, mußte es aber einsehen. Im Training fuhr ich die letzten zweihundert Meter in 11,0 Sekunden und war froh, noch einigermaßen gut drauf zu sein, so ohne Training, aus der kalten ...

Im Januar/Februar arbeiteten wir an einem neuen Programm.

Aber in meinen Kalendern stehen nicht nur Arbeitstermine, ich kann da nachlesen, daß ich am 25. Februar 71 die erste Tetanusspritze bekommen habe, am 25. Mai 72 die zweite, und am 10. September 74 die Wiederauffrischung. Tja, da staunste, ganz wichtige Sache!

Fußball war jetzt immer donnerstags, 20 bis 22 Uhr.

Eine Platte »Die großen Erfolge« wurde vom AMIGA- Musikredakteur Jürgen Lartz eilig zusammengestellt. Erscheinungstermin 1. Februar.

Es wurde wieder mal viel diskutiert. Zum Beispiel in der Fachzeitschrift »Unterhaltungskunst«. Kurt Hager meldete sich: »Bedeutende Kunstwerke entstehen nicht auf Anordnung«, – wie wahr – »nicht durch bloßes Anmelden von Wünschen. Sie brauchen ein Klima der gesellschaftlichen Erwartung, des starken Gebrauchtwerdens. Ein solches Klima ist vorhanden, aber um von der Gesellschaft anerkannt zu werden, bedarf es nicht nur der Absicht und Einstellung, sondern auch des Könnens, des künstlerischen Wertes, des im Schaffen verwirklichten Ausdrucks des Talents.« Man kann es auch einfacher sagen, zum Beispiel wie in meiner Antwort in einem Zeitungsinterview: »Natürlich braucht man Glück im Leben. Aber eine Lebenseinstellung, die den Menschen nur darauf warten läßt, bedeutet von vornherein, im Nachteil zu sein. Und von dieser Art Passivität halte ich nichts. Vielmehr aber vom Glück des Tüchtigen.« Bei mir war nichts mit Lamentieren, sondern ab nach vorne, Arbeit und durch.

etc
Gruppe et cetera
056/110/76 · ODR 5961 II-15-17 · 15,0

Im »Bauernecho« steht: »In der letzten Zeit waren wir vor allem in kleineren Orten unterwegs. Und das ganz bewußt. Ich bekomme viel Post mit der Frage, wann sind Sie mal bei uns? Natürlich kann man nicht überall sein, aber direkt mit dieser Absicht ging es im letzten halben Jahr regelrecht um die großen Städte herum. Was mir von bösen Zungen gleich eingebracht hat: ›Der Schöbel ist wohl am Ende? Der fährt schon über die Dörfer.‹ Das ist natürlich erstens eine Unterschätzung der Bevölkerung auf dem Land und zweitens eine Unterstellung.«

Mit meiner Unzufriedenheit steckte ich auch Leute im Komitee an, so Peter Czerny. Er sprach ganz ruhiges Sächsisch und sagte: »Ja, ja, Frank, wir müssen mal was für disch dun. Du brauchst mal neue Lieder, Hits und auch 'n neues Brogramm. Ich hab 'n Kurt Demmler damit beauftragt.«

Kurt hatte zunächst eine Analyse über Frank Schöbel gemacht: Daß Schöbel, sinngemäß gesagt, einen Höhepunkt hatte mit »Wie ein Stern« und im Jahre 75 davon nicht mehr viel übriggeblieben ist, und daß man aufpassen muß, daß Schöbel nicht absackt. Andere Künstler hätten sich inzwischen nach vorne gearbeitet, wie Nina Hagen. Und wenn er nicht aufpaßt und nicht neue Wege geht, dann war's das mit ihm.

Ja, wenn man so was liest, überlegt man sofort, hat er recht? Ist da was dran? Schöbel kann nicht parodieren, Schöbel kann nicht ansagen, Schöbel spricht schlecht – da hat er nicht unrecht! Ich spreche oft sehr schnell und nuschle. Nun kann man sauer sein, bocken, sich stur stellen und sagen: der kann ja ooch nüscht. Aber man kann auch sagen: Hm! Ich werd's ihm zeigen! Drei Seiten Analyse, und dann kam sein sogenanntes Konzept: Alles hing sich an dem Namen Frank auf. Er wollte die Show »FRANK und frei« nennen – das ist nicht so schlecht, aber »Schweizer FRANKen«,

»FRANKenstein«, »FRANKreich«, FRANKfurt an der Oder«, »am Main«, »FRANKen« als Landschaft, »FRANKieren«, »FRANKo« ... und eigentlich hat er nur im Duden nachgeguckt und bis Benjamin FRANKlin alles runtergeschrieben. Fünf dieser Begriffe sollten dann inhaltliche Grundsteine für Sketche sein unter dem Blödelmotto »Überall ist Frank dabei«, Frank als Gruselmonster in »Frankenstein«, beim Erfinden des Blitzableiters als Benjamin Franklin, als Erfinder des BriefFRANKierens ... also, ich will Dich nicht länger nerven, es war relativ trist, was dann noch kam. Richtig im Erkennen, schwach im Vorschlag! Aber die Analyse hat gereicht, mich anzustacheln, um über mich nachzudenken und meine Gedanken zu ordnen.

Wir – Christian Steyer, die Gruppe und ich – arbeiteten am neuen Programm. Die Show sollte mit Geräuschen beginnen. Ich ging ins Rundfunk–Geräuscharchiv in der Nalepastraße, hatte überall Freunde, die mir halfen: Claudia Ninnig, Gieslinde Heidschmidt, Wölfi Martin. In den Cutterräumen spielte ich die Bänder ab und suchte nach Schafblöken, Frauenlachen, Klospülung ... aus über 200 Geräuschen an die 40 bis 50 raus. Das Ganze sollte ein Countdown werden: ... noch 5 Minuten, ... noch 4 Minuten, ... noch 3, ... noch 2, ... noch 1 Minute bis zum Beginn der Vorstellung, und dann: »Alles Gute für Sie« – mit Grabesstimme –, Schnarchen und Möwenzwitschern, Meeresrauschen, es wurde dunkler auf der Bühne und plötzlich: »Ich (Bum!) ... geh (Bum!) ... vom (Bum!) ... Nordpol zum Südpol« – Erschrecken der Leute, Licht an – so begann unser Programm. Ich fand das gut. Leute erschrecken ist immer gut. Naja, sonst wär ich ja auch nicht Sänger geworden.

Bei den damaligen technischen Möglichkeiten machte dieser Vorspann sehr viel Mühe. Alles mußte in-

einander geblendet und von zig Maschinen abgefahren werden.

Ein Programmpunkt der Show war das Vorstellen und Testen neuer Titel, dann spielten wir in zehn unterschiedlichen Varianten »Wie ein Stern«: vom Männergesangsverein über Fassungen in Französisch, Englisch, Spanisch, Russisch und letztlich als Koloratur-Sopran – mit 'nem Hut von Nina Hagen, den ich mir vom Fernsehen geborgt hatte. Während ich also als Frau sang, spielte Christian Steyer unter dem Thema »Wie ein Stern« das B-Moll Klavierkonzert von Tschaikowski. Dies nicht nur als Pianist, sondern er setzte es auch schauspielerisch um, verliebte sich oft so sehr in seine Rolle, daß er Zeit und Publikum vergaß, was uns die Leute übelnahmen, denn sie wollten schon gar nicht, daß wir »Wie ein Stern« verscheißern.

Ich hatte andere Parodien drauf: Lakomy, Fuchs und Elster, Gilbert Bécaud. Und so haben wir vieles umgesetzt von dem, was Kurt Demmler an mir so bemängelte. Nur ganz anders in der Ausführung, eben wie wir es uns ausgedacht hatten.

Immer wieder probte ich meine Tanzeinlage für den russischen Teil des »Sterns« – und das auf meinen riesig hohen »Nordpol-Südpol«-Schuhen.

Anfangs klebte ich die Ansagen in meinen Hut, deshalb habe ich sie noch, doch später wandelte ich sie von Mal zu Mal ab.

Die zu Tschaikowski und meinem Koloratur-Gesang ging so: »Sie wissen ja, daß auch unsere Komponisten mit der Sowjetunion kooperieren. So haben sie den ›Stern‹ an die SU ausgeliehen« – (Du weißt, das Ding im Wappen) –, »wo die Melodie von dem bekannten sowjetischen Komponisten Tschaikowski in seinem Klavierkonzert verarbeitet wurde. Wir grüßen von dieser Stelle den Genossen Tschaikowski, und vielen Dank!«

Dann haben wir den Ruf der FDJ verscheißert: »... 7–8–9–10–Klasse!« Die Leute wußten Bescheid.

Die Autogrammpost nahm rapide zu, allein in einem Monat kam fast ein halber Sack nur aus der Volksrepublik Polen. Bei zehn, zwanzig Briefen war es ja noch kein Problem, aber wenn die Post säckeweise eintrifft, geht die Beantwortung langsam 'n bißchen ins Geld, denn ich bezahlte ja alles selbst, Autogrammkarten, meist auch die Briefmarken.

Die Briefe kamen postlagernd. Ich holte sie mit dem Fahrrad ab. Opi Doerk erledigte meine Post insofern, als er die Briefe öffnete, mir alles sortierte, ich dann die Autogramme schrieb und er sie eintütete. Alle Briefe, die über »Ich bitte um ein Bild mit Autogramm« hinausgingen, hob er auf – strengste Order von mir –, und die gestempelten Briefmarken weichte er sogar noch ab! Wenn Opi eine Aufgabe hatte, dann erledigte er die mit aller Akribie. Es machte mir auch gleich viel mehr Spaß, die Autogrammpost mit ihm gemeinsam zu bearbeiten. Und wenn mal 'ne Liebeserklärung dabei war, hab ich zu ihm gesagt: »Du, ich schaff das nicht alles, da mußt du mir helfen.« – »Ja, mach ich«, lachte er.

Ich nahm regelmäßig Gesangsunterricht bei Heinz Werner, der in Köpenick, also bei mir um die Ecke, wohnte. Ich wurde das Gefühl nicht los, unbedingt wieder was für meine Stimme tun zu müssen.

Bei der Leistungsschau in Leipzig war ich diesmal in der Jury. Gisela Steineckert hatte mich dazu überredet. Ich wollte das nicht. Ich habe es auch nicht gemocht, wenn unten jemand saß, der ebenfalls sang und mich beurteilte. Nein! Es gab allerdings auch Kollegen, die gesagt haben: »Na wenigstens jemand, der Ahnung hat vom Singen.« So hab ich mich bei vielen entschuldigt und gesagt: »Ich mach's nicht gerne, aber: keine Angst! Ich bin auf eurer Seite.« Nun ist es eh schwer, ganz unterschiedliche Leute einzuschätzen, denn man hat ja

seinen Geschmack. Trotzdem – und gerade deshalb – war diese Arbeit unter der Leitung von Gisela interessant. Das Beste war, zu sehen, was die Kollegen machten. Nein, nicht, daß ich geklaut hätte, aber man konnte auch aus Fehlern anderer lernen.

Einer, der mir wirklich helfen konnte, war O. F. Weidling, und er tat das uneigennützig, lud mich zu sich nach Dresden ein, ich durfte mein Tonband mitbringen, und ging mit mir meine Ansagen durch. »Bitte nie die alte Ansagerfloskel verwenden ... für Sie, Sie und natürlich auch für Sie ..., einfach weglassen!« Das Tonband lief mit, ich hab es immer noch zu Hause, seine Stimme, eine schöne Erinnerung an ihn.

»Komm, wir malen eine Sonne«

In meinem Kopf spukten zeitgleich immer wieder die Kinderlieder. Laky hatte das wohl auch vor, ich war einfach schneller. Und so meinte er eines Tages: »Du hast

die Kinderlieder–Idee nicht nur geklaut, du hast se ooch versaut.« Witzig war das nicht gemeint, eher der typisch Laky'sche »Charme«. Wenn ich aber die Idee irgendwoher habe, dann von Ralf Petersen, der so etwas schon viel früher vorhatte.

Der Hauptgrund, eine Kinderplatte zu machen, war – von meinem Sohn, den ich auch erreichen wollte, abgesehen –, daß die Schlagerfans immer jünger wurden. Dies spürte ich bei meinen Konzerten: Fünf- und Sechsjährige kamen auf ihren kleenen Dackelbeinen und sangen »Ich geh vom Nordpol zum Südpol zu Fuß für einen Kuß, für einen Kuß ...« – niedlich anzuschauen, aber das sind ja eigentlich nicht ihre Themen.

Mir war klar, daß eine solche Platte viel gründlicher vorbereitet werden mußte als eine sogenannte »normale«. Also ging ich in unsere Schule im Allende-Viertel – ich konnte aus dem 9. Stock von mir aus direkt in die Klassenzimmer sehen –, sprach mit der Direktorin und die wiederum mit der Musiklehrerin. So war ich in 2., 3., 4. und 7. Klassen und fragte die kleineren und größeren Kinder: »Wie stellst du dir so'n Lied vor? Welche Themen wünschst du dir?« Die Kleinen haben ihre Vorstellungen gezeichnet, die anderen haben sie aufgeschrieben. Danach entstand mit Gisela Steineckert und Dieter Schneider ein großer Themenplan. Es waren an die vierzig verschiedene Themen. Eigentlich genug Stoff für zwei Platten. Obwohl die LP für, ich sag mal, kleinere und größere Kinder gedacht war, wollte ich auch die ganz großen Kinder erreichen – also, ich meine das Kind im Manne und das hoffentlich auch in der Frau. Jedes Lied haben wir in der Musikstunde vorgespielt und ließen die Kinder mitsingen. Titel, die ihnen nicht gefielen, ließen wir unter den Tisch fallen.

Immer wieder Treffen mit Gisela Steineckert, mit Dieter Schneider, neue Ideen, Textveränderungen, Musikveränderungen, erste Titel gingen schon an

Christian Steyer zum Arrangieren, und so nahmen wir Stück für Stück bei AMIGA auf. Ich schleppte sogar meine Lautsprecher-Boxen von Zuhause mit. Wir schlossen sie im Studio an, um zu hören, wie's dann letztlich zu Hause klingen würde. Helmar Federowski, ein junger Tonmeister, experimentierte besonders viel.

Die Arbeit zog sich über das ganze Jahr hin. Im Oktober war der Taschenandruck der Kinder-LP fertig. Ich hatte auch den Einfall fürs Coverfoto: wir – die Musiker und ich – geknebelt, und die Kinder haben praktisch die Macht übernommen. Ich war froh, daß diese Idee durchkam.

Und so wurde »Komm, wir malen eine Sonne« auf die Kinder und auf die Menschheit losgelassen.

Von Anfang an schwebte mir vor, nicht nur die Platte herauszubringen, sondern dazu eine Fernsehsendung zu machen, damit die Kinder auch einen optischen Eindruck hatten und die Lieder viel leichter lernen konnten.

Wir wählten einen Ort, wo sie sich austoben konnten und total locker sind, nämlich die Turnhalle.

Fünf Chorkinder brauchte ich unbedingt als Vorsänger – die anderen haben wir zum Teil auf der Straße aufgelesen, wer eben gerade so am Studio vorbeikam: »Kannst du singen?« – »Ej, ick weeß nich!« – »Komm mal rein!« Und dann grölten sie los und schrien ins Mikro rein! So was braucht man, was Unverbrauchtes, aber auch ein paar, die die Stimme halten und die Lieder kennen. Die kamen aus der Köpenicker Schule, und ich holte sie immer nach dem Unterricht mit dem Wartburg ab. Sie tobten im ganzen Auto rum. Bei der Fernsehshow kämpfte ich in der Turnhalle mit – ich schätze – zweihundert, dreihundert Kindern. Es war die Hölle los! Bei einem Lied – »Ferien« – kletterten so viele Kinder auf meinen Rücken und die Schultern, daß ich regelrecht umfiel. Für mehrere Sekunden war ich

im Fernsehen nicht mehr zu sehen, begraben von fröhlichen Kindern. Was will man mehr?

Sie freuten sich auf eine zusätzliche Fernsehsendung in Dresden, wo sie über Nacht bleiben konnten. Das Hotel verwandelte sich für die Kinder in ein schickes Ferienlager – puh! – Wahnsinn! –, aber es war auch eine große Verantwortung für uns.

Die Kinderplatte rief nicht nur Zustimmung hervor. So in Klammern sagten manche: »Singst du jetzt nur noch für Kinder?« Aber ich dachte mir, irgendwann muß der Zeitpunkt kommen, da man nicht nur den einfachen Weg geht und erfolgversprechende Titel singt, mit denen man bei keinem aneckt. Neues lockte mich.

So hört man Lieder auf der Platte – über die Heimat, ein Solidaritätslied »Alle Kindern dieser Erde«, ein Ferienlied – klar, »Tokei- itho« – ein Indianerlied, ein Lied über eine Familie, die sich scheiden läßt, und das Lied gegen so manchen Musterknaben, natürlich auch als Schlußlied ein Gute–Nacht–Lied mit einem fröhlich schreienden Ausklang: »... ich sage nur tschüß, tschüß – vielen Dank. Frank.«

Es war die erste Kinderplatte mit Schlagern, Liedern und leicht poppig-rockig orientierten Titeln, die in der DDR rauskam. In der Jugendzeitschrift »Neues Leben« war zu lesen: »Als vor etwa einem Jahr die Meldung durch die Presse ging, der Schöbel wolle eine Kinder–LP machen, meldeten sich die Skeptiker. Das Ergebnis: ein musikalisches Feuerwerk, das aus jeder Rille zündet. Ein Spaß, diese Platte anzuhören, weil man zuerst hört, daß es den Akteuren Spaß macht. Viel Arbeit, mehr als bei jeder normalen LP, wurde in diese Platte investiert. Man muß keine großen Worte verlieren, will man klar machen, daß eine Kinderplatte mit Popmusik etwas Besonderes ist und darum auch größte Anstrengung erfordert. Eine Platte für Kinder, über Kinder und mit Kindern. Frank Schöbel hat erstmals

alle Titel selbst komponiert, die dann vom musikalischen Leiter der Gruppe »etc.«, dem Musiker und Schauspieler Christian Steyer, arrangiert wurden. Diese Platte war bestimmt ein wichtiges Mosaiksteinchen im DDR-Tanzmusikgeschehen. Es war eine komplizierte Aufgabe, er hat sie gelöst, dazu unseren Glückwunsch!«

1000 Jahre Quermann verpennt!

Mitten in die Vorbereitungsphase zur Kinderplatte fiel am 18. Februar 1975 die Sendung – ich sage immer »1000 Jahre Quermann« – stimmt natürlich nicht: »Die 1000. Schlagerrevue«. Es waren unzählige Sänger mit von der Partie. Ich sang ein Medley und »Keine Zeit, keine Zeit«, was ja eigentlich auch stimmte. Vor der Generalprobe ging ich in die Sauna, weil ich immer Angst hatte, zu dick zu sein. Als ich nach der Sauna noch knapp zwei Stunden Zeit hatte, traf ich einige Kollegen, unter ihnen Ekki Göpelt – ich werd es nicht vergessen –, er sagte: »Mensch, trink doch noch schnell mit uns 'n Gin Tonic.« – »Na klar, mach ich doch.« Und wenn du Wasser rausgeschwitzt hast, nichts gegessen, und dir dann einen Gin Tonic »reintust«, mußt de janz doll uffpassen, daß de einigermaßen jrade ins Bette kommst. Ein Trinker vor dem Herrn bin ich sowieso nicht, bei mir reichen schon zwei Bier, und alle sind meine Freunde. Ich ging also ins Bett und dachte: machst ein Auge zu. Das andere hielt ich entschlossen auf – naja – irgendwann muß es wohl doch zugegangen sein.

Das Telefon klingelte, Didi war dran und meinte: »Ej, bist du irre! Dein Titel läuft grade!« Es war Playback. »Was? Was is'n los? Ich komme, ich komme! Mo-

ment!« – Bums – legte auf, rin in de Hose – keene Unterhose – Hemd drüber, Jesuslatschen an und ab! Zack! Runter ins Auto, schräg rübergefahren, komm uff 'n Hof. »Nein, hier können Se nicht stehn! Die Feuerwehr hat was dagegen!« Ich sagte: »Vergiß das alles! Mein Titel läuft, ich muß rein!«

Quermann hörte: Schöbel ist auf 'm Hof, stoppte das ganze Stück und sagte: »Moment, Frank ist doch da!« Die anderen waren alle – na logisch, zur Generalprobe – im Kostüm, und ich kam wie Schlumpi aus der Ecke. Was soll ich sagen: alle dachten, das sei so geplant. Und alles, was ich auch sang in dem Medley, verkehrte sich irgendwie ins Gegenteil. Zum Beispiel »Aber der Tag tut so, als sei nichts geschehn«. Vor mir saßen meine Kollegen schnieke angezogen an der Bar – es war alles fein fernsehmäßig hergerichtet – und grienten! Ich wußte nicht, wohin mit mir, hatte die Generalprobe verpennt!

Quermann erzählt die Geschichte heute noch gern.

Kuba, Aurora und ... mi corazon hace hace bum bum para ti ...

Die Gruppe »etc.« und ich sollten nach Kuba fahren. »Ej, wir brauchen jemanden, der spanisch spricht.« Natürlich kamen wir sofort auf Aurora – Aurora Lacasa. Es gab zwar den Schwur: keine Mädels auf der Bühne! Aber – okay, wir machen für Kuba eine Ausnahme.

Am 6. März – kiek mal an; ein Jahr nach der Scheidung –, also am 6. März 1975, 8 Uhr, holte ich Aurora Lacasa mit dem Trabi zur Probe ab. Wir probten ihre fünf, sechs Titel – ich baute sie natürlich nicht ins Vorprogramm ein, sondern als Höhepunkt –, es lief phantastisch. Um 16 Uhr die erste Veranstaltung, Johann-

georgenstadt. Viel Armee – gut für Frauen auf der Bühne! Sie sang, alles klatschte, kam zurück und guckte mich fragend an. Ich sagte: »Du mußt noch mal raus, du mußt 'ne Zugabe machen!« Sie stampfte mit den hohen Hackenschuhen raus, und meinte: »Tja, ich bin nicht Nina Hagen ...« – denn die stampfte damals immer mächtig auf der Bühne rum – »... ich sing auch nicht vom Farbfilm. Ich sing was von Vögeln, weil ich davon mehr verstehe!«

Die Massen tobten. Aurora ahnte nicht einmal andeutungsweise, was sie da gesagt hatte. Die Musiker brachen zusammen. Ich bin raus und hab versucht, zu retten. »Sie meint das Lied von den Wandervögeln!« Aber da war nichts mehr zu machen, die Leute lachten einfach weiter.

Als wir wieder in der Garderobe waren, gab Aurora mir einen Kuß auf die Stirn. »Hej!« dachte ich – in mich reinfragend: »Naja, sie bedankt sich.«

Sie machte dann noch ein paar Veranstaltungen in der DDR mit und bereitete sich mit uns auf die Kuba-Tournee vor.

Ich versuchte immer, mich über die internationalen Verbindungen im Rundfunk zu informieren, welche Titel zur Zeit in den jeweiligen Ländern liefen, in diesem Fall eben in Kuba. Aurora schlug mir einen Riesenhit vor, den sie vor einem Jahr auf ihrer Tournee dort gehört hatte, »Buscame«, was so viel heißt wie: »Suche mich«, eine typisch lateinamerikanische Schnulze. Die Kubaner waren immer fix und fertig und ganz »ergriffen«, wenn ich das gesungen habe. Ja, sie haben mein Spanisch wirklich verstanden. Aurora hatte ganze Arbeit geleistet und das auch täglich überwacht.

Der Flug nach Havanna, 8 Uhr, Flughafen Berlin-Schönefeld, in Richtung Havanna de Cuba über Kopenhagen, London, Santa Maria, Havanna. Ankunft:

17.45 Uhr Ortszeit. 14 Stunden im Flugzeug, eine Stunde Zwischenlandung in Santa Maria.

Am nächsten Tag früh um 9 Uhr begannen die Dreharbeiten für einen Fernsehfilm, den wir neben unserer Tournee noch drehten – mit hübschen kubanischen Mädchen in Havanna am Malecon –, sagen wir bis 15 Uhr. Danach Mittagessen und Pressekonferenz. Auf dieser haben wir so aus Spaß den »Stern« gesungen, die Band und ich – à capella. Ich hatte auch extra für Kuba einen Titel geschrieben »Insel im Golf von Cazones« – ein Duett mit Aurora, unser erstes.

Am nächsten Tag schipperten wir mit einem Kutter zu einer etwa anderthalb Kilometer langen und 30 bis 40, an manchen Stellen 100 Meter breiten Insel. Fidel hatte sie Honni geschenkt – natürlich symbolisch. Die Insel hieß »Ernst Thälmann« und der Strand »DDR«! Es war ziemlicher Wellengang – und überall Haie! Plötzlich – Du wirst es nicht glauben – eine riesengroße Büste: Thälmann mit der Mütze guckt stur aufs Meer und kriegt eine Welle nach der andern ins Gesicht. Hab ich gelacht. Mehr Kabarett geht ja nun wirklich nicht!

Wir konnten mit unserem Kutter nicht an Land festmachen, und so wurden kleine Boote beigesetzt, in denen man uns trocken ans Ufer brachte.

Die Kollegen tauchten inzwischen und holten riesengroße Muscheln aus drei Metern Tiefe hoch. Es war eine höllische Hitze, wir kehrten krebsrot von der Insel im Golf von Cazones nach Havanna zurück.

Im Hotel »Libre« angekommen und untergebracht, ließen wir meist das Frühstück ausfallen und gingen gleich an den Pool, ein tolles Mittagessen: Frösche, die schmeckten wie Huhn, Krabben in Mayonnaise, Eis, Ananas, Bier, Daiquiri, Kaffee. Abends Fischfilet mit Käse, Schinken, Rum ... Damals umwerfend.

Auftritte hatten wir in Pinar del Rio, Santa Clara, Cienfuegos, Las Villas, dort auch einige Filmtage. Das

kubanische Publikum ist unglaublich temperamentvoll und begeisterungsfähig.

Obwohl Aurora mit Tommy Lück zusammen war und ich meine H.-Freundin hatte, konnten wir uns wohl der ganzen Insel-Romantik, dem Flair, nicht entziehen. Und obgleich in meinem Hinterkopf hämmerte, einem Kumpel niemals die Freundin auszuspannen, waren wir schon mittendrin. Ja, ich schwärme nicht zu sehr, damit Du nicht neidisch wirst auf mich. Ich will auch nicht angeben, aber das war das Schönste, was ich bis dahin erlebt hatte.

Einen Monat ging das nun: Liebe und Musik. Die Probleme, die sich jeweils mit unseren Partnern ergeben würden, waren erstmal weit weg. Und so ließen wir uns einfach treiben.

Irgendwann ging ich wohl ins Wasser, und das ist bei mir tödlich: Salzwasser und Sonne – zack, bekam ich sofort Herpes. Riesige Blasendinger an der Unterlippe. Aurora bekam sie auch, und als wir nach Hause fuhren, sahen wir aus wie das doppelte Lippchen.

Ich hatte Angst vor der Situation zu Hause, doch Aurora, geradlinig, sagte Thomas sofort, was passiert war. Ich versuchte es ebenfalls, meiner Freundin beizubringen. Sie heulte und heulte – und ich brachte es nicht fertig, die Konsequenzen zu ziehen.

Aurora rief mich an und meinte: »Wir haben uns doch versprochen, daß wir ...« – »Ja.« – »... na, und warum meldest du dich dann nicht?« Ich wußte nicht, was ich sagen sollte.

So fragte Tommy sie, warum sie so traurig wäre und ob er sie zu mir fahren solle. Ja.

Es klingelte, sie stand mit einem Brief in der Hand vor mir: »Was ist mir dir und unserem Versprechen? Warum zögerst du?«

Ich druckste rum: »Es ist so schwer für mich, denn ...« Ich überlegte hin und her, wie kann ich mich

erklären, mir ging das alles wieder viel zu schnell. Bis ich leise sprach: »Dann mußt du eben dableiben, dann fällt's mir leichter.« Und sie blieb, ging zu Tommy, der im Auto wartete, und erzählte es ihm.

Ich brauchte noch einige Anläufe, um meiner Freundin klarzumachen, daß es mit uns aus sei.

Die Trennung zwischen Aurora und Thomas war, obwohl es um eine so traurige Angelegenheit ging, beispielhaft. Tommy, eine Seele von Mensch, bat sogar mich hinzu, als sie den Hausrat teilten – das mußt Du Dir mal vorstellen! Ich hätte auch der Angeklagte sein können. Für einen Moment war ich der »Richter«.

Frank – willste nich doch ...

Auch das war die DDR: Peter Czerny, der Direktor der Generaldirektion für Unterhaltungskunst, mußte zusehen, wie um ihn herum die Musiker – von den Puhdys bis zu Hauff/Henkler und .... – gute Autos fuhren.

Als über irgendwelche Wege unser Geschäftsführer Didi versuchte, an Gebrauchtwagen ranzukommen meinte Peter Czerny: »Kannste mir nich auch mal so 'n Auto besorgen?«

Nun sollte man denken, daß er als Generaldirektor nicht schlecht verdiente. Didi ging entsprechend ran und sagte: »Ja, da gibt's eins für 27 000 Mark. Is'n Volvo. Schön groß, geräumig – du hast ja mehrere Kinder.«

»Ja ...«, sagte Czerny, »... frag doch mal, ob se nicht auch eins für 7 000 Mark ham.«

Für mich ein typisches Beispiel: der Mann, der für die Sänger X und Y die relativ großen Verträge unterschrieb, lebte selbst bescheiden, das waren für mich die echten ...

Man wollte mich für die SED werben. Es war vor einem großen Parteitag, und sie wollten die 2-Millionen-Mitgliedergrenze erreichen. Also fragte man mich: »Frank, willste nich in de Partei gehn?« Ich sagte: »Nee, hör uff, laß mich in Ruhe«, und schickte gleich die Frage hinterher: »Wie spät ist es eigentlich?« Schnitt also ein ganz andres Thema an. Bei der nächsten Gelegenheit ging das wieder los: »Frank, willste nich doch in de Partei gehn?« Ich sagte: »Mensch, hör doch mal uff!... Was soll ich da überhaupt?«

»Ja, guck mal ... dem Peter – einem Kollegen von dir – haben wir gesagt, daß du auch in die Partei gehst. Nun bist du ja sein großes Vorbild. Jetzt kommst du ja nicht zur Versammlung, das merkt ja der Peter. Willste nich doch?« So nach dem Motto: Ej, wir ham da draußen 'n Buddelkasten, kommste nich 'n bißchen mit spielen? Ich sagte: »Du, das ist 'ne schwerwiegende Entscheidung, in die Partei zu gehen oder nicht. Außerdem sind mir da viel zu viele Pfeifen drin, wie ...« – und dann zählte ich zwei, drei auf, die in unserem Job rumturnten! »Nee, mit solchen Leuten will ich nicht in einer Truppe sein. Hilfe!«

»Ja, aber wir brauchen doch vor allen Dingen auch die Guten.« – »Ach, hör auf«, sag ich.

Sie hörten nicht auf, versuchten es noch mal. Die Parteisekretärin, eine ganz liebe, freundliche, wir saßen beim Broiler, da fing sie an: »Frank, willste nich doch in die P...?« Ich sagte: »Geht das schon wieder los. Nun sag mir mal, wenn ich drin bin, was dann so anders ist.«

»Naja ...«, sagte sie, »... wir sprechen doch 'ne ganz andere Sprache.«

Ich wußte, was sie meinte, aber den Lapsus nutzte ich und sagte: »Ja, und wenn ihr wieder die von uns sprecht, dann kannste kommen.«

Mein Weltrekord

Pony machte wieder eine große Fernsehsendung; zwei TV-Beiträge plante er mit mir: einmal ein Elfmeterschießen – Bernd Bransch gegen Schöbel und umgekehrt, und einen Schwimmwettkampf im 50-Meter-Becken – Cornelia Enders gegen Schöbel.

Zur Mannschaft von Bernd Bransch, dem HFC, hatte ich gute Beziehungen; war ich in Halle, durfte ich ab und zu in der zweiten Mannschaft mittrainieren. Ich habe die zweite Mannschaft sozusagen abtrainiert!

Das Elfmeterschießen wollten wir aufzeichnen. Weil mein Wartburg kaputt war, mußte ich mit Opis Trabi nach Halle fahren. Ich fuhr rechtzeitig los. An diesem Tag spielte der HFC gegen Zwickau, danach sollte das Elfmeterschießen stattfinden, denn die Fernsehkameras waren eh da.

Hans-Georg Ponesky ließ in der Halbzeitpause verlauten: »Meine Damen und Herren, bleiben Sie anschließend noch da. Sie sehen ein großes Elfmeterschießen ...«, und so weiter, nannte aber meinen Namen noch nicht.

Ich fuhr auf der Autobahn Berlin Richtung Halle, gerade über die Elbe gekommen, leuchtete vor Dessau plötzlich die rote Lampe ... Hm ..., das fehlte mir noch. Ich hatte ein kleines Kofferradio dabei, mit Batterien betrieben, denn ein Autoradio gab's in meinem Trabi nicht, hörte das Halbzeitergebnis und dachte: Naja, du hast noch Zeit. Als ich aber die Haube öffnete, sah ich, daß der Keilriemen gerissen war. Einen Damenstrumpf – ich weiß, wie Trabi-Fahrer so was machten – hatte ich nicht mit. Und so stand ich, hielt Leute an, keiner konnte mir helfen. Heute mit Handy wäre das überhaupt kein Problem. Aber die Zeit verrann, und über Abschleppen und Mitnehmen landete ich endlich ge-

gen 21 Uhr vor dem Stadion. Ich kam wirklich grade so, daß ich den letzten drei Leuten, die das Stadion abschlossen, in die Arme lief. »Herr Schöbel, hier war vielleicht was los!«

»Was denn?«

»Ach, hör'n se uff.«

Sie haben bestimmt gedacht, ich habe verpennt oder es nicht so ernst genommen. Zum Glück gewann der HFC 2:0. Ponesky versuchte zu retten, was zu retten war, sagte nicht meinen Namen, und so glaubten die Leute, Bernd Bransch sollte gegen Zwickaus Tormann und Nationaltorhüter Jürgen Croy ein Elfmeterschießen machen und der Zwickauer Tormann drückte sich wegen der eben erlittenen Niederlage. An die 3000 Leute – so wurde mir gesagt – stürmten das Spielfeld. 150 Ordnungskräfte, versuchten, die Sache einigermaßen ins Lot zu bringen.

Einfacher war es, die 50 Meter gegen die Weltmeisterin Cornelia Enders zu schwimmen. Wir, beide im Bademantel, wurden kurz interviewt, wie's uns geht, alles klar, und auf die Plätze ... Pfiff ... Ich sah Cornelia schon im Wasser, sie tauchte bereits ein, da sprang ich erst ab. Und was soll ich Dir sagen, ich hab das Ding trotzdem gewonnen, »schwamm« die 50 Meter in 18 Sekunden!

Das war nur möglich, weil ich um meine Taille einen starken Gürtel mit einer Leine hatte, die unter Wasser geführt wurde und am Beckenrand über zwei lose Rollen lief. Mit diesem Seil in der Hand rannten meine fünf Bandmitglieder am Beckenrand um ihr Leben und zerrten mich durchs Wasser.

Cornelia meinte an-schließend, sie habe noch nie jemanden so vor sich gehabt, und noch nie so'ne Bugwelle! Ich hatte echt Mühe, mit dem Kopf über Wasser zu bleiben, und kraulte wie ein Weltmeister. Ich halte heute noch diesen Weltrekord! Bitte nicht nachmachen

und wegnehmen, ich möchte auch mal was für mich alleine! Der amtliche WR über 50 Meter Kraul steht zur Zeit bei 21,81 sec, gehalten von Tom Jager, aufgestellt am 24.3.90.

Von Moskau bis Sopot

Im Juni gab's den »Zuschauerlorbeer«, mein treues Publikum hatte mich erneut zum Fernsehliebling gewählt.

Und dann erhielt ich eine Anerkennung, na, mit der war nun wirklich nicht zu rechnen. Sicher, ich spielte jede Woche Fußball, aber das machten ja viele; und ich hatte zur Fußball-Weltmeisterschaft »meinen« Beitrag geliefert – aber die Ehrennadel vom Deutschen Fußballverband, das fand ich schon heftig. Es hieß: »In Anerkennung und Würdigung hervorragender Verdienste bei der Entwicklung des Fußballsportes in der Deutschen Demokratischen Republik wird dem Sportfreund Frank Schöbel die Ehrennadel in Bronze verliehen.« Ej, das war nach dem Orden die »Goldene Kindersonne« mein zweitschönster Preis.

Juli/August fand eine dreiwöchige Sowjetunion-Tournee statt. Das Programm war geteilt: wir bestritten den ersten Teil, und eine Show-Band aus Jugoslawien den zweiten.

Aber bevor wir überhaupt auftreten durften, mußten wir unseren Teil vor drei Genossen der Konzertagentur in Moskau, kurz GOS-Konzert, vorspielen. Wir waren in dem großen Lushniki-Park, in dem etwa 20 000 Leute Platz finden, leerer Saal, und in der 1. Reihe saßen die 3 Genossen. In der Mitte ein ganz alter mit einem Stock, die Hände darüber gefaltet, den Kopf draufgestützt. Ich hatte eine solche Wut, für drei Mann

das ganze Programm zur Zensur runterspielen zu müssen, daß ich kurz entschlossen auf die Bühne ging, den ersten Ton sang, mich rumdrehte und die ganzen 70 Minuten – auf deutsch gesagt – mit dem Arsch zu den Genossen sang.

Es ging ihnen vor allen Dingen um »Wie ein Stern« und Tschaikowskis Klavierkonzert, worum es große Diskussionen gab, ob so etwas schicklich sei. Wir haben's trotzdem gemacht. Der Mann soll sich so aufgeregt haben, daß er am nächsten Tag gestorben ist. Unser russischer Begleiter, wir nannten ihn Buratino, sagte in gebrochenem Deutsch: »Nun ist der Genosse gestorben.« Und wir: Nun, tat uns das sehr leid! Das mußte nicht sein.

Am 25. bis 28. August war wieder Sopot angesagt. Aus irgendwelchen Gründen fuhr ich alleine dahin. Abends, etwa um 11 Uhr, kreuzte eine Wildschweinfamilie meinen Weg. Während Vater, Mutter, Bruder, Tochter durchkamen, wollte wohl die Tante – ziemlich kräftig, etwas größer als ein Läufer – meinen Wartburg testen. Der sah dann gar nicht gut aus. Ein Lämpchen hing halb raus – aber es brannte noch. Ich wurde mehrmals von der polnischen Polizei angehalten, durfte aber zum Glück weiterfahren. Irgendwann im Morgengrauen kam ich in Sopot an. Wir sahen ziemlich gefährlich aus, der Wartburg und ich. Und das alles für einen Showteil. Als wir bei »Wie ein Stern«, der russischen Variante à la »Kalinka« ankamen und ich, russische Tänzer nachahmend, vorm Publikum rumturnte, zeigten mir doch tatsächlich – witzig, hinterlistig – einige junge Leute in den vorderen Reihen, was sie von den russischen Besatzern hielten: sie verschränkten die Arme so, als wenn sie Handschellen trügen.

Unsere Freunde

Aurora war inzwischen bei mir im Allende-Viertel eingezogen. Zwei Zimmer waren total leer. Ich erinnere mich noch, daß ich auf dem Boden liegend mit der Gitarre auf'm Bauch einige Kinderlieder schrieb. Herrlich, du brauchtest keinen Hall – es klang wunderbar in den Räumen.

Nun wurden die leeren Zimmer von Aurora nach und nach eingerichtet. Meine Freunde wurden auch langsam ihre Freunde, Ursel und Jürgen, Meißi, Michi, Claudi, Wuffi, Opi, Martina und Wölfi, Claudia und Uhle, und natürlich nicht zuletzt Anne und Siggi.

Ich wußte in den Ferien immer nicht wohin, und so luden sie uns ein (ich hoffe, daß wir uns nicht immer selber eingeladen haben?!). Siggi war dreimal DDR–Meister im Angeln. Darauf war ich stolzer als er. Und er war wirklich ein Angler vor dem Herrn – und ein Erzähler. Ich hörte ihm gerne zu. Bei ihnen, in Retschow war alles ganz anders: Kaminfeuer, unheimlich viel Ruhe, die beide ausstrahlten. Es war schön, mit ihnen zusammenzusein.

Geschichten aus dem Faß

Die Kinder-LP sollte ein bißchen gefeiert werden. Wir – die Band, Aurora und ich – trafen uns im »Faß«, eine urige Kneipe in Köpenick, in der Nähe des Rathauses. Uns hatten einige Getränke angelächelt, ich war happy und wollte natürlich mit dem Auto nach Hause fahrn, ganz klar. Es war ja nur um die Ecke, nicht mal zwei Kilometer. »Nein ...«, meinte Aurora, »... du fährst nicht.« Sie ist sternbildmäßig Widder, und wenn sie so

was sagt, dann meint sie das auch so. »Okay«, hab ich gesagt. »Du setzt dich ans Steuer, und ich schiebe das Auto.« Ein Wartburg-Tourist! Ich schob also meinen Blechschlitten durch die Grünstraße, plötzlich hielt die Polizei neben uns: »Hej Fränki! Was ist denn passiert?«

»Ach ...«, sagte ich und sprach so ’n bißchen zur Seite, damit man meine Fahne nicht merkte. »... is irgendwas kaputt, ich weiß nicht.«

»Na, komm mal her.« Und dann halfen sie uns, das Auto den restlichen Kilometer nach Hause zu schieben. Ej, die Polizei, dein Freund und Helfer! Logisch, ich bedankte mich höflich und freundlich bei ihnen.

Wieder im »Faß«, diesmal in ’ner Bekanntenrunde, unter ihnen mein Freund Patermann. Patermann war Sportlehrer in der »Allende«-Schule, er hatte den Schlüssel von der Turnhalle, also war er mein Mann, nein, unser Mann. Früh, so halb drei, bekamen wir alle Lust auf Fußball. Und so spielten wir drei Stunden wie die Kaputten. Dummerweise wohnte die Direktorin der Schule schräg gegenüber, so daß sie genau in die Turnhalle gucken konnte. Sie hatte alles mitbekommen. Nicht so gut für unseren Patermann.

Neue Lieder – eingebrochen

Nach der Kinderplatte fing ich sofort an, eine sogenannte normale LP zu machen beziehungsweise Lieder dafür zu schreiben und sie auf Veranstaltungen zu testen. Manche verwarf ich, andere nahm ich auf. Eines Tages war Arndt Bause bei mir. Ich hatte lange keinen Hit mehr von ihm bekommen, und er war bestimmt ’n bißchen sauer, daß ich von Ladislav Štaidl, dem tschechischen Komponisten, Lieder sang, während die Tschechen kaum Titel von uns übernahmen. Und dann

sagte er doch zu mir: »Was willst'n du von mir? Entweder schreib ich die ganze LP oder gar nüscht!« Ich hatte das überhaupt nicht richtig mitgekriegt, aber Aurora sagte später: »Hast du gehört, was der gesagt hat: Oder gar nichts?«

»Okay ...«, sagte ich, »ich hab versucht, alleine zu schreiben, doch das waren Kinderlieder. Aber Hits – weiß ich nicht.« Und so kam wieder für mich die schwere Entscheidung: versuch ich's alleine? Ob ich es wohl schaffe, für mich gute Lieder zu schreiben? An erster Stelle stand für mich der Sänger Frank Schöbel. Ich habe nur komponiert, wenn andere mir keine guten Lieder geschrieben haben. Viel, viel später sagte Arndt mal zu mir (wir waren uns sowieso nie richtig böse): »Du bist der eenzsche, der's (ohne mich) geschafft hat, Hits zu schreiben.« Und Arndt war in der DDR lange Zeit der Hitmacher.

Im November stieg wieder mal eine Polentournee. Wir waren der Schluß des Programms, im ersten Teil Artisten, 'ne Bärennummer, ein polnischer Parodist und Feuerschlucker, Taubenzüchter – alles war dabei.

Wir hatten eine Nachmittag- und eine Abendveranstaltung, während der ersten Vorstellung, am hellerlichten Tage, wurde in unseren Bus eingebrochen und in fünfzehn Minuten – ratz-batz – das Wichtigste geklaut: Schmuck, Geld, andere Wertgegenstände. Wir hatten meistens zwei Koffer: einen für unsere Bühnenklamotten, den anderen für unsere Privatsachen. Überall große Aufregung, allerdings verstand ich eh nicht viel. Ich weiß nur, daß die polnischen Kollegen unheimlich sauer waren, viel mehr als wir. Nach der zweiten Veranstaltung wurden wir alle ins Polizeirevier gebeten. Dort lagen auf der Erde weit verstreut unsere Sachen. »Ah, da is ja mein Hemd. Da meine Hose. Ach, und da ist ja auch ...« Jeder fand seine Sachen wieder. Die deutschen Artisten meinten: »Unsere Kasse ist weg

mit 500 Mark Notgroschen.« Mir fehlte ein Kassettenrecorder, Marke RFT, den ich als Fernsehliebling bekommen hatte. In dem Recorder lag noch eine Kassette, besprochen mit meinem Text, deutsch–polnisch, und auf polnisch war zu hören: »Ich begrüße das sympathische polnische Publikum.« Ich stellte mir vor, wie die Einbrecher beim Anhören tierisch abgelacht haben. Am Ende lagen noch fünf häßliche Unterhosen da, die keinem gehören wollten.

Angeln mit Siggi

Am 1. Dezember feierte mein Onkel Herbert 20 Jahre »Das Schlagermagazin« im Funkhaus in der Nalepastraße. Genauer, im Block B, Zimmer 140. Dort wurde das Studio für diesen besonderen Tag eingebaut, und so kamen viele Freunde und Kollegen, u.a. Hartmut Eichler, Regina Thoss, Andreas Holm ... die bei Kaffee und Kuchen von Herbert interviewt wurden. Er war mehr fürs kleine Feiern, nett und bescheiden, das ist auch seine Art.

Einen Tag später fuhr ich zu meinem Freund Siggi an die Ostsee. Ich hatte ihm versprochen, daß wir zusammen angeln gehn. »Weißt du«, sagte er, »in den ersten Oktobertagen bis weit in den Winter hinein kommt der Dorsch ganz nah ans Ufer. Das heißt, du kannst vom Strand der Ostsee aus angeln. Ich hab da ’n guten Platz an einem Wehr. Laß es uns versuchen.« Fische vom Haken abmachen, wenn ich mal einen gefangen habe, kann ich nicht. Zum Glück übernahm das Siggi. Ich konnte fünf Meter neben ihm angeln, er fing immer mehr als ich. Wie er das machte – weiß ich nicht. Dabei sagte er, ruhig und ein bißchen schelmisch, in seiner ihm eigenen Diktion: »Tja, das ist Erfahrung.«

Nun finde ich, ehrlich gesagt, Angeln nicht so aufregend wie Fußballspielen, Tennis, Volleyball oder Tischtennis, aber es hat mir in dieser hektischen Zeit viel gegeben. Du mußt dich zwingen, ruhig zu sein, hast Zeit zum Zuhören, kannst die Natur genießen, was willst du mehr? Ich war von 76 bis 79 offiziell im Deutschen Anglerverband der DDR. Natürlich hatte mich Siggi geworben. Ich bin zwar nicht der große Angelfreak, aber ich möchte die wunderschönen Stunden, die wir an den Seen verbrachten, zum Teil auch im Winter beim Eisangeln, nicht missen.

Abends, wenn wir dann zusammensaßen vorm Kamin saßen, bei einem Körnchen und 'nem Bier, erzählte Siggi seine Lebens- und Angelgeschichten – nicht Anglerlatein.

Zum Beispiel: »Wir hatten in einem Jahr viel Junghecht, und unsere Sportfreunde in Prösen, grob gesagt Nähe Elsterwerda, wollten den in einem toten Arm der Elbe einsetzen. Wir sollten im Gegenzug anderen Fisch kriegen. Der Teich wurde geleert, die Fische gefangen und in sechs Fässern untergebracht. Die wurden so zugemacht, daß der Hecht nicht raus konnte und ein bißchen Frischwasser zufloß. Was soll ich dir sagen, am nächsten Tag, als wir die fünf Fässer aufladen wollten, war kein Hecht mehr da ...«, und er wiederholte: »... Es war kein Hecht mehr da!«

Er konnte sich an solchen Stellen so reinsteigern, daß du als Zuhörer noch mal richtig mitgelitten hast. »Ja, ich glaub's dir ja«, sagte ich.

»Na, das war ungeheuerlich. Kannste glauben! Ich kam auf die Idee, die Fässer trotzdem aufzuladen. ›Ladet die Fässer auf!‹ sagte ich. ›Nee‹, lachte einer meiner Angelfreunde, ›... du willst doch nicht sechs leere Fässer mit Wasser durch die Gegend fahren?‹ – ›Doch, das will ich!‹ – Mein Plan war so: ›Ihr fahrt ran, ich fahr mit dem Motorrad vorneweg, begrüße die Sportfreunde, lenke sie ab. Ihr fahrt vor, runter mit den Fässern, rein ins Wasser. Alles klar?‹ Gesagt, getan. Ich fuhr vor, redete mit den Sportfreunden. Die sagen ›Ja ... eh ... wieso ... schüttet ihr denn schon die ganzen Fässer ins Wasser? Wir hätten den Fisch ja gerne mal gesehn.‹ Ich meinte: ›Du glaubst doch nicht im Ernst, wir fahren hier ohne Fische?‹ – ›Nee, nee, nee. Ich glaub euch schon, daß da Fisch drin ist.‹ Mir war ja nicht ganz wohl bei der Sache, sah die Sportfreunde zwei-, dreimal im Jahr auf Versammlungen, wollte schon immer mal mit der Wahrheit rausrücken, doch im dritten Jahr kommt

einer auf mich zu und sagt: ›Ich hab ja damals gedacht, ihr hättet uns nur Wasser reingekippt. Aber so viel Hecht wie in diesem Jahr hatten wir noch nie.‹«

Wir schütteten uns beide aus vor Lachen. Ich wollte wissen, wo denn plötzlich der Hecht hergekommen sei, und Siggi hatte auch dafür eine Erklärung, vermutlich war die Elbe bei Hochwasser über ihre Ufer getreten und hat den Fisch mitgebracht. Und solche Schnurren liefen den ganzen Abend.

Der Dezember klang dann noch mit der Silvestersendung aus, die wir, wie immer, vorher aufzeichneten. Ich sang, was selten war, einen internationalen Titel »Rock you baby« – ich denke, gar nicht so schlecht, Emöke und Susan vom Fernsehballett tanzten ihn mit mir.

Zu Weihnachten, im Nachmittagsprogramm, war's dann endlich so weit: die Sendung »Komm, wir malen eine Sonne« lief, die später mit dem »Silbernen Lorbeer« des Fernsehens ausgezeichnet wurde, und zwar für die ganze Truppe: Redaktion, Regie, Regieassistenz, Kamera und mich. Ich glaube, es war rundum 'ne gelungene Sache, auf die ich stolz war, die viel Arbeit gemacht und die Herzen der Kinder letztlich erreicht hat.

Irgendwann bekam ich von ihnen den Orden »Die Goldene Kindersonne« geschenkt. Ich sage immer, daß dies mein schönster Preis überhaupt ist. Ist er wirklich, aber ich habe es auch deswegen gesagt, um die zu ärgern, die meinten, über den Nationalpreis gehe nichts. Der wurde vom Staatsrat verliehen, aber hier sprachen die Kinder selbst, die in ihrer Zeitung, der »Frösi« – das hieß »fröhlich sein und singen« – eine Umfrage gemacht hatten.

Auch in diesem Dezember war ich wieder bei Ali zu Besuch, und natürlich hab ich ihm eine Kleinigkeit mitgebracht, die ich vorher mit seiner Mutter abstimmte,

denn unsere Devise war: Wir wollen das Kind nicht mit Geschenken überhäufen, das sollte auch nach der Scheidung so bleiben.

IX. Parteitag – ab nach Osten

Wir sind im Jahr 76; ich nenne es das »Komm, wir malen eine Sonne«-Jahr. Es fand im Mai der IX. Parteitag statt, und der ging nicht ohne Diskussionen, lange Reden und Treffen im Komitee für Unterhaltungskunst an uns vorüber.

Peter Czerny hatte schon im September 75 ein Referat gehalten. So, paß auf, jetzt kriegstes nochmal! »Am Beginn unserer heutigen Beratung kann die Feststellung stehen, daß wir seit dem VIII. Parteitag gut vorangekommen sind. Überall in unserer Gesellschaft ist spürbar, wie das Leben aller werktätigen Schichten, besonders der Arbeiterklasse, reicher geworden ist. Es ist reicher geworden an materiellen, aber auch an geistigen Gütern. Unsere Bestrebungen stehen damit objektiv im Gegensatz zu den ausschlaggebenden Tendenzen in der spätbürgerlichen Gesellschaft, wo die Deformierung der Persönlichkeit auch und gerade durch die Einflüsse der Vergnügungsindustrie nach wie vor die herrschende Tendenz ist.« Genau, erstmal abgrenzen, klare Linie machen, und dann kam er auf unsere ureigene Materie: »Die das Profil bestimmenden Tanzmusiktitel zeigen, daß mit einem qualitätsvolleren Angebot Vergnügen bereitet, Geschmack gebildet und Verhaltensweisen ausgeprägt werden, die uns gemäß sind.« (Warum nicht gleich, die uns angenehm sind?) »Als Grundproblem hat sich in diesem Jahr herauskristallisiert, daß sich die Anforderungen an unsere Tanzmusik erhöht haben und sich ein Wandel in der Be-

dürfnisstruktur vollzieht, der entschiedene Anstrengungen verlangt ... Ein generelles Problem scheint jedoch immer noch die Meinung eines überwiegenden Teils der Gruppen zu sein, eingängige Musik sei schlechte Musik und unter der Würde eines Musikanten. Diese Gruppen möchten wir darauf orientieren, eine Musik zu machen, die nicht nur musikalische Selbstbefriedigung und Selbstbestätigung ist, sondern eine Musik, die auch den Adressaten erreicht.« Da allerdings hat er recht! Ej, kannst Du noch? Los, nimm Dich zusammen, mach Dir erst mal 'n Kaffee, und dann geht's weiter. Da mußt Du durch, wir mußten es damals auch ... »Gleichzeitig kommt es auf dem Gebiet des Schlagers darauf an, vielfältiger und origineller zu werden, mehr Mut in der Ausnutzung der verschiedenen Gestaltungsweisen und -mittel zu zeigen. Es besteht sonst die Gefahr der Einförmigkeit.« Das Problem war nur: Wie konnte man zum Beispiel auf dem Gebiet der Texte Themenvielfalt fordern, wenn man gleichzeitig bestimmte Themen mit der Begründung, das ist nicht uns gemäß, gar nicht zuließ? Und damit biß sich die Politkatze wieder in ihren Schwanz.

»Um der Differenziertheit der Ansprüche und der Vielfalt der Funktionen, die Tanzmusik im Rahmen der Freizeittätigkeiten der Werktätigen erfüllt, gerecht werden zu können, benötigen wir das Stimmungs- oder Tanzlied wie den Schlager oder den Beattitel, der Alltägliches erlebbar macht, der Partei ergreift in den Klassenauseinandersetzungen unserer Zeit.« Ich stellte mir einen Sänger vor, der singt: »Bis zum Horizont ist alles blond«, oder ein anderer etwa »Alles im Eimer, Christina Marie«, wie die Partei ergreifen in den Massenauseinandersetzungen unserer Zeit! Merkst Du, was das für eine Sprechblase ist?

»In der Themenwahl ist die Auseinandersetzung mit dem Klassengegner insgesamt noch ungenügend ver-

treten.« Den Conferenciers empfahl er: »... den Gegner seiner Lächerlichkeit preiszugeben, ohne jedoch seine Fähigkeiten zu unterschätzen, und somit ein Gefühl der Überlegenheit gegenüber dem Gegner zu erzeugen, den die Geschichte bereits überholt hat.« Hej, das waren Stellen, an denen sich so etliche Leute anguckten, in sich reinlächelten »hm, hm, hm – naja« und sich ihr Teil dachten. ... »Die Unterhaltungskunst sollte immer dem Neuen geöffnet sein. Diese Haltung richtet sich gegen Routine und Schlendrian. Althergebrachte Rezepte können zwar manchen Erfolg sichern, aber auf die Dauer langweilen sie das Publikum. Deshalb möchte ich Ihnen zum Schluß meiner Ausführungen schöne Erfolge in Ihrem Schaffen wünschen, damit wir alle miteinander den Parteitag der SED würdig vorbereiten können.«

Der Parteitag hatte uns sozusagen voll im Griff, nun hieß es: Vorsicht, aber den Aufwind nutzen, denn vor so einem Parteitag wurde viel Betrieb gemacht, auch in der Kultur. Also dachte ich, nicht vor den politischen Karren spannen lassen, und mit dem geringst möglichen Schaden aus dem Ding rauskommen.

19. Januar 1976, »1 Jahr etc«. Ein Jahr, in dem wir manchmal drei Auftritte an einem Tag hatten. Knapp zwei Stunden Show, zwischen den Veranstaltungen Autogramme schreiben, essen, los zur nächsten. Wir kamen auf fast 300 Vorstellungen im Jahr. Dazu noch Auslandseinsätze, Fernsehsendungen, Fototermine, und bei mir immer wieder Fußball.

Im Frühjahr wurde im Dessauer Theater die erste Sendung »Frank und Gäste« aufgezeichnet. Ich hatte durchweg Kollegen eingeladen, mit denen ich was anfangen konnte und die ich auch privat mochte. Für Gags waren Robertus und Peter Dommisch zuständig. Aus Kuba kam eine musikalisch-pantomimische Darbietung, Centurion, damals einmalig. Dann natürlich,

meine Gruppe etc., Aurora, Nina Lizell, und aus dem Sportbereich Christine Errath. Christine und ich zeichneten »unsere neue Kür« auf und überspielten spaßig meine miesen Eiskunstlaufqualitäten.

Im März ging ich mit »etc.« und Aurora auf Auslandstour, diesmal nach Portugal. Wir lernten wieder einige Titel auf portugiesisch, spielten zu Großveranstaltungen in Turnhallen, open air (unten sie – hä?), und lernten dieses Land von Porto bis Lissabon vom Tourneebus aus kennen. Aurora war im dritten Monat!

Wir stießen auf viele Vorurteile gegenüber der DDR, besonders bei älteren Menschen. Stell Dir vor, jemand wußte ganz genau, daß die Rentner bei uns mit 60 Jahren eingeschläfert werden, weil sie dann eh nichts mehr bringen.

Im Rundfunk in der Nalepastraße gab es eine Aktion »Berlin–Lieder«. Ich denke, irgend jemand, vielleicht Konni Naumann, der Politboß von Ostberlin, guckte aus'm Fenster und dachte sich: »Berlin ist schöner geworden. – Wir brauchen neue Lieder!« Und schon gab es die Aktion »Neue Berlin-Lieder«. Daraus wurde sogar eine LP gemacht, die Rückseite komponierte Günther Fischer für Veronika Fischer, ich schrieb auch zwei Liedchen, aber nicht für mich – und somit war ich als Sänger raus aus der Nummer, was mir recht war! Das eine Lied sang Tommy Lück, »Hausboot auf der Dahme«, mit Pfeifen, gar nicht so schlecht, Text von Bodo Krautz – 'ne kleene, liebe, schreibende Nervensäge, schmiß mich zu mit seinen Liedtexten.

Zum Kerkrader Festival in Holland wurde ich über meine Plattenfirma Phonogramm in Hamburg eingeladen. Es ist ein deutschsprachiges Festival, und ich staunte, wie viele Schlagerfans in Holland deutsche Musik hören und kennen. Es gab Blumen über Blumen. Ich glaube, der Abräumer war Rex Gildo. Aber auch Sänger, die heute keiner mehr kennt – ich wollte

beinahe sagen: die auch damals kaum einer kannte –, bekamen Blumen ohne Ende, meist Sänger, die nur unter ihrem Vornamen auftraten. Das ist sicher auch das Beste, da kann man später immer sagen: »Nee, das war ich nicht!« Ich muß meinen Kopf mit Vor- und Nachnamen hinhalten für Lieder, die ich verbrochen habe!

Der Mann, der das Festival veranstaltete, war ein gewichtiger, also unheimlich dicker, gemütlicher Typ. Er ist der einzige Mensch, den ich kenne, der zu seiner eigenen Beerdigung war. Ja! Das war sein größter Wunsch. Er organisierte alles perfekt, bekam den ganzen Behördenkram hin – jedenfalls, war er glaubhaft tot und konnte so bei seiner eigenen Beerdigung anwesend sein. Ich gebe zu, ein Gedanke, der mir auch viel Freude machen könnte. Schließlich will man ja sehen, wer alles so kommt, wer ehrlichen Herzens weint. Und man kennt ja auch die Kollegen, die immer überall hingehen, egal zu welchem Anlaß. Hauptsache, sie sind dabei und in der Zeitung.

Der Parteitag nahte, und ich befürchtete, daß man sich dazu irgendeine Fernsehsendung ausdenken würde ... du singst zum 100. Mal »Wie ein Stern«! Ich konnte so was jetzt taktisch gar nicht gebrauchen, steckte in den Vorbereitungen zur neuen LP. Am besten war dann immer: weit weg! Kapitalistisches Ausland hätten'se dir vermiest, am sichersten war (Strafarbeit) sechs Wochen Sowjetunion. Da holt dich keiner zurück.

Bevor es Richtung Osten ging, hatten wir noch eine Veranstaltung in Westberlin bei der Reichsbahn. Die Reichsbahn gehörte ja, wie Du weißt, zu Ostberlin. Und deshalb durften wir fahren. Wir wurden in Ost bezahlt und bekamen dort fünf Mark – D-Mark – Spesen. Für uns war es *die* Gelegenheit, uns mit Technik und anderen Dingen einzudecken. Man mußte das Geld natürlich vorher umrubeln. Und da es im Osten keine

vernünftigen Verstärker, Lautsprecher etc. gab, mußte der Musiker alles mal 4, 5, 6, 7 – wohin der Kurs auch ging – tauschen. Die neueste Technik gehörte nun mal zu ihm, sonst war er nur halb soviel wert. So langten die Musiker zu, kauften ein, dummerweise auch private Dinge, verstauten diese in der großen Trommel oder in einer Box. Das alles packten sie auch noch auf der Bühne des Reichsbahngeländes ein. Sie waren wohl ein bißchen zu mutig geworden, wurden beobachtet und verpfiffen. An der Grenze angekommen, spielte der Zoll – ich sagte immer: Weihnachten. Das hieß, man schraubte alles genüßlich und langsam auf und meinte: »Na, was haben wir denn da? Ach, was ist denn das?«

Man fertigte ein Protokoll an. Und zwei Tage später sollten wir in die Sowjetunion fahren. Der Vorfall wurde natürlich der Generaldirektion für Unterhaltungskunst gemeldet. Ich sagte immer locker: Generalspedition für Übertreibungskunst. Und genauso war es auch. Es wurde aufgebauscht, und die beiden Musiker sollten sofort aus der Gruppe entfernt werden. Ich stellte mich immer vor die Leute, wenn es um Dinge ging, die für den Beruf gekauft wurden. Mein Argument war: in der DDR gibt's das nicht. Wir müssen es uns drüben kaufen (damit der Sozialismus siegt!). Also, alle Argumente sind auf unserer Seite, wenn dieser Staat es nicht schafft, so etwas herzustellen – selber schuld. Aber wenn das Zollgesetz in der Art verletzt wurden, daß man private Dinge kaufte – und nicht mal nur für sich selbst –, dann mußte ich leider die Hände heben. Konnte für die Musiker nichts mehr tun, den Rest entschieden andere. Aber die Sowjetunion-Tournee stand bevor, also fuhren die beiden mit, und eigentlich wußten alle, daß sie danach aussteigen mußten. Schlimm war nur: die Musiker selbst wußten es nicht. Oder durften es nicht wissen. Das war eine Scheißsituation – für alle.

SU-Tourneen war immer gut für Genex. Genex war die Gesellschaft, die Exportartikel aus der DDR, die man sonst nicht bekam gegen sozialistische Währung (DDR-Mark ausgenommen), Dollar und Westmark günstig verkaufte. Da man als Musiker und als Sänger in der Sowjetunion weniger Geld bekam als in der DDR, waren zwanzig Prozent Nachlaß bei Genex zusätzlich eine gute Gelegenheit, den Verdienst ein bißchen aufzustocken. Außerdem: Wenn man genug »Genex-Geld« hatte, konnte man ein Auto ohne Anmeldung kaufen.

Viel schwieriger war es, von der SU in die DDR zu telefonieren. Du meldest also ein Gespräch möglichst am Abend an, damit du es am nächsten Morgen hast. Ja, unvorstellbar: 10, 12, 14 Stunden Wartezeit. Aurora war im achten Monat, und ich wollte natürlich wissen, wie es ihr geht. Als sie mich fragte: »Na, wie isses?« sagte ich: »Ja, wie Gefängnis mit Musik.« Knack! – war das Gespräch weg. Somit war klar, das große Ohr hing wieder mit drin.

Fragen, die uns alle bewegten

Der Bassist unserer Gruppe, Dissi, mußte wegen dieser unglücklichen Geschichte »etc.« verlassen. Er hatte auch wenig Chancen, in einer adäquaten Band unterzukommen.

Und so war es für ihn nur eine Frage der Zeit, wann er den Ausreiseantrag stellte. Er schrieb einen langen Brief an Werner Lamberz, der damals als Honnis Nachfolger gehandelt wurde, ein kluger und gebildeter Mann, der den Künsten und dem Leben überhaupt sehr zugetan war. Und der nun bekam 1977 von einem Musiker, der »am schönen Kelch der Rose Erde«,

sprich Kuba, genascht hatte und dies nun nicht mehr durfte, einen Brief, in dem er seinen Gedanken freien Lauf ließ.
So schreibt er: »... ich hatte das große Glück, im Orient meine Fotos zu schießen, ebenso im fernen Kuba, im faszinierenden Portugal oder im beeindruckenden Norwegen. Überall kamen wir auch in die Botschaften der DDR und brachten mit unserer Musik etwas ›Heimat‹ in ihre Räume. Wenn man dann mit Eindrücken, Erlebnissen und Geschenken beladen wieder nach Hause kommt, sich seiner Frau mitteilt, drängen sich einem viele Fragen auf: Warum muß dieses Kennenlernen fremder Länder und Menschen ein einseitiges Erleben sein? Warum kann ich meiner Frau nur auf dem Dia die bizarre Landschaft Norwegens vermitteln? Warum darf ich mit meiner Familie nicht mal gemeinsam durch die Straßen von ...? etc. Unerfülltheit, Unzufriedenheit sind die Folge. Und dann das unangenehme Gefühl der Privilegiertheit. Wurde ich von Musikern gefragt, wo ich denn letztens war, so erzählte ich von den sozialistischen Ländern ...«

In der Tat: das war auch mein Problem. Los wurde ich das erst am 9. November 89.

Lamberz: »Kommt herein!«

Ich komponierte ein paar Titel für Auroras LP, Gisela schrieb die Texte dazu. Ein Lied hieß »Ich will heim«. Daß Aurora Spanierin ist, in Paris geboren, in Ungarn aufgewachsen und in der DDR gelandet, will ich hier nochmal erwähnen. In ihrer spanischen Heimat wurden willkürlich fünf Basken hingerichtet. Es gab im Vorfeld weltweite Proteste. Da schlug die politische Zensur bei uns wieder zu: man verbot ihr den Text des

Liedes »Ich will heim«, eine völlig harmlose Geschichte.

Wieso will sie jetzt gerade heim? O Gott, kein Mensch hätte das so gesehen, nur einige ängstliche, über alles wachende Genossen. Wir wurden eingeladen: die Textdichterin Gisela Steineckert, Aurora und ich, der Komponist – zu Werner Lamberz ins Zentralkomitee. Stell Dir vor, Schäuble würde Bernd Meinunger und Udo Jürgens einladen, weil sie ein Lied geschrieben haben »Im Osten ist's schön« oder so ähnlich ...

Wir saßen an einem riesengroßen Tisch. Lamberz machte Gisela deutlich, warum der Text »überhaupt nicht geht in dieser momentanen prekären politischen Situation. Im Baskenland sind fünf Genossen hingerichtet worden, und die Spanierin Aurora Lacasa singt ›Ich will heim!‹ Das müßt ihr doch verstehen, das geht doch nicht!« Irgendwann gingen auch Gisela die Argumente aus. Wahrscheinlich dachte sie: »Es lohnt sich nicht, darüber zu reden. Ich mache einen neuen Text.«

Schließlich hieß der Titel »Kommt herein« und wurde ein kleiner Hit für Aurora.

Als Lamberz uns verabschiedete, fragte er mich noch ganz freundlich: »Gibt's Probleme?«

Ich hatte noch im Ohr, wie mir eine Bekannte erzählte, daß ein Kollege den Besuch bei einem anderen »Hohen« genutzt hat, um die Probleme beim Bau seines Häuschens so ziemlich aus der Welt zu schaffen. Und ich sagte: »Nein, ich hab keine Probleme.« Aurora und ich dachten: Das gehört doch überhaupt nicht hierher. Wieso muß ich zum ZK gehen, um meine privaten Probleme vom Bau zu klären? So in etwa sagte ich ihm das auch: Jeder kommt hierher wegen seiner – relativ gesehen – kleinen Probleme. Das kann doch nicht die Aufgabe von Politikern sein. Dann doch wohl nur, wenn sie generell etwas verändern, damit es diese

Probleme nicht mehr gibt. Es lag für kurze Zeit so ein Schweigen im Raum.

Mir tat's gleich wieder leid, daß ich es gesagt habe. Aber warum, ich hatte doch recht! Er nahm dies mit ins Grab; Du weißt, Werner Lamberz kam später bei einem Hubschrauberabsturz 160 Kilometer südlich von Tripolis ums Leben ...

Handstand – Dominique ist da!

Vom 20. bis 23. September hatte ich für eine Fernsehschow in Leipzig zugesagt. Ich sollte nicht nur singen, sondern durch die Sendung führen; sie muß wohl nicht so besonders gewesen sein. Ich erinnere mich aber noch daran, daß ich den »Böhmerwald« im Handstand sang. Von da an wurde ich ständig angesprochen auf »die Sendung, in der Sie den Handstand gemacht haben!«

Zur Sendung war ich total nervös. Aber nicht wegen des Handstands, nicht, weil ich eventuell meinen Text vergessen könnte, sondern wegen der Frage: wann kommt unsere Tochter? Und Dominique-Franka Lacasa, 51 Zentimeter, kam am 21. September, 22 Uhr. Und sie nahm sich Zeit. Eine dreiviertel Stunde nach der Geburt schob man Auroras Bett im Kreißsaal ans Telefon, und ich konnte die Nachricht direkt von ihr hören. Wir waren beide sehr glücklich, ein Wunschkind, unsere erste Tochter – wie schön das klingt. Und wieder konnte ich nicht richtig feiern. Ich mußte mich auf die Livesendung vorbereiten.

Ein sechzehnjähriger Fan oder Freund übergab mir ein Büchlein und einen Brief. Beides habe ich noch heute. Er schrieb mir Texte, widmete mir seine Gedichte mit kleinen niedlichen Illustrationen. Es war der

Dominique und Papa

einfache, bescheidene, später für mich große Liedermacher Gerhard Schöne.

Im November sangen wir vor Olympia-Teilnehmern, eine sehr steife Angelegenheit. Die meisten Sportler waren entweder wirklich verkrampft oder von ihren Trainern und den Offiziellen wahrscheinlich derartig eingeschüchtert, daß sie nicht aus sich rausgingen und man es als Sänger unheimlich schwer hatte, in den Laden Stimmung reinzukriegen.

Nach einer vierundzwanzigtägigen Polen-Tournee folgte im Palast der Republik die Dezember-Matinee für Kinder: »Bärchens wundersame Reise«, eine niedliche Geschichte, die durch den Regisseur Jochen Thomas professionell umgesetzt wurde, eben wie am Theater, und das ist auf der Unterhaltungsbühne äußerst selten.

Der 11. Dezember nahte; wie jedes Jahr – ich habe Geburtstag. Und mit mir wie immer Michael Hansen, Heinz Florian Oertel, Frau Quermann und noch viele andere liebe Menschen, von denen ich einige kenne und eine ganze Menge natürlich nicht. Wenn wir Zeit finden, rufen wir uns am 11. gegenseitig an. Logisch, natürlich nur, die sich kennen.

Ende Dezember unterschrieb ich einen Exklusiv-Vertrag mit der Generaldirektion beim Komitee für Unterhaltungskunst, die sich verpflichtete, »1. auf der Grundlage der Kulturpolitik der DDR den Einsatz des Künstlers mit allen Massenmedien und anderen kulturellen Einrichtungen der DDR zu planen. 2. Repräsentative Einsätze in anderen Staaten unter Beachtung der notwendigen Voraussetzungen für die Wirksamkeit des Künstlers in der DDR und der damit verbundenen Wahrnehmung kulturpolitisch wichtiger Einsätze im Inland zu initiieren und zu planen.« Was im Klartext heißt: Du kannst 'ne wunderschöne Veranstaltung im Ausland haben, wenn plötzlich irgendeine angeblich kulturpolitisch wichtige Veranstaltung in der DDR ist, wirst du zurückgepfiffen. Toll, ne? Und weiter: Der Künstler verpflichtet sich »nach besten Kräften an der Entwicklung der sozialistischen Unterhaltungskunst der DDR durch seine gesamte künstlerische Tätigkeit mitzuwirken, bewußt und aktiv als Künstlerpersönlichkeit der entwickelten sozialistischen Gesellschaft aufzutreten« – ich erinnere Dich, ich singe in diesem Jahr ständig und überall »Alles im Eimer«! Frag mich nicht, wie das alles zusammengeht! Unter Punkt 3 stand, daß man sich in allen Fragen ausschließlich mit der Generaldirektion oder dem beauftragten Mitarbeiter berät und nicht selbständig in die Aufgaben eingreift, alle beabsichtigten Termine mit der Generaldirektion abstimmt und erst nach Überprüfung und Zusage durch die Generaldirektion diese Verpflichtung eingeht.

Na, das war in gewisser Weise 'ne totale Abhängigkeit und Überwachung!

Aber im Detail trat das so nicht ein. Und glaub mir, wenn man heute einen Plattenvertrag unterschreibt, ist man eigentlich Leibeigener einer Plattenfirma. Insofern muß man einen Vertrag und die Wirklichkeit richtig einordnen.

Wildost und Gold in Leipzig

Das – wenn Du willst – »Alles im Eimer«-Jahr 1977 mahnt mich, Haushalten – mit dem kleinen Stück DDR. Es war fast nicht anders möglich, als daß wir aller zwei oder drei Jahre am selben Ort unsere Konzerte gaben. Für mich war es aber ein ungeschriebenes Gesetz, nicht wieder mit dem gleichen Programm aufzutreten. Doch Schlagerfreunde wollen immer auch ihre Hits und Lieblingslieder hören. Man muß sich sowohl von der Idee und den Gags her als auch für die musikalische Umsetzung 'ne Menge einfallen lassen, damit man fürs Publikum interessant bleibt.

Mit zwei neuen Musikern – an den Drums Norbert Wicklein, am Baß Eberhard Rossa – fuhren wir am 17. Januar erneut in die Sowjetunion, diesmal an die Trasse. Dort war Wildost! Die absolute Härte! In einer Knochenkälte wurden Riesenerdgasleitungen verlegt. Man erzählte, zwei Kollegen sollen schon dagewesen sein, die mit den dicken Pelzmänteln. Für mich Grund genug, das Gegenteil zu machen: Ich kaufte mir eine Wattejacke, so'n blaues Ding. Kein Mensch ist so dahin gefahren. Ich kam sozusagen gleich in Arbeitsklamotten an.

Wir traten an allen sieben Stationen auf, an denen die DDR Arbeiter hatte.

Getrunken wurde dort vor allem »Samachon« – man sprach von 70 bis 80 Prozent. Ein Teufelszeug! Die Speiseräume waren gleichzeitig die Kulturräume. Artisten mußten teilweise improvisieren, weil die Höhe der Räume nicht ausreichend war. Einmal kamen wir zu spät – der russische Winter war in voller Blüte, genau wie die Jungs, denn Mädels waren dort Mangelware. Für unsere Pianistin und Sängerin Reni Baptist weiß Gott keine leichte Situation. Reni ist ein liebes, schüch-

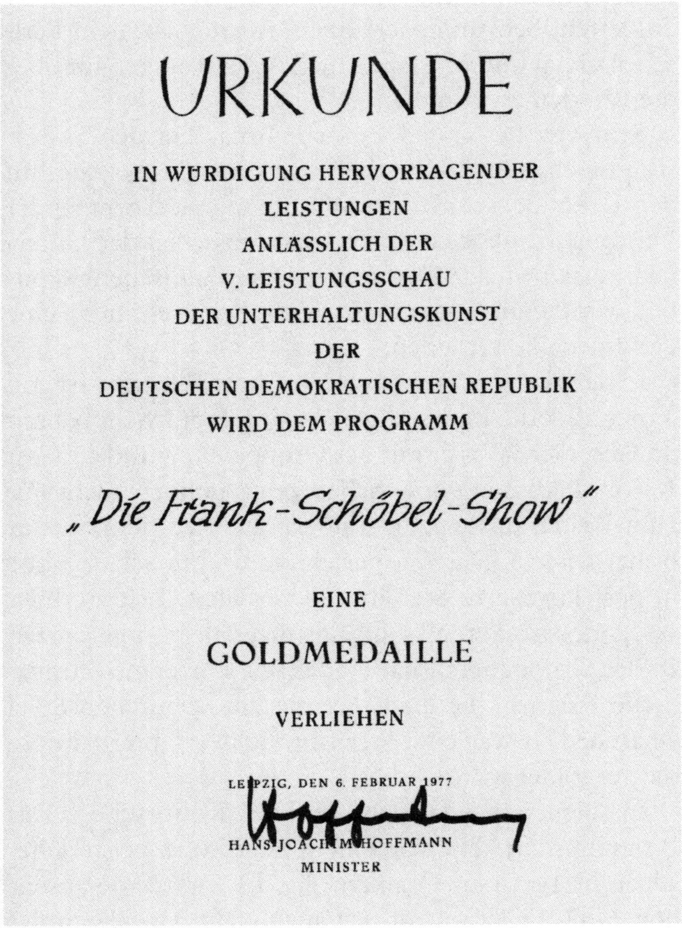

URKUNDE

IN WÜRDIGUNG HERVORRAGENDER
LEISTUNGEN
ANLÄSSLICH DER
V. LEISTUNGSSCHAU
DER UNTERHALTUNGSKUNST
DER
DEUTSCHEN DEMOKRATISCHEN REPUBLIK
WIRD DEM PROGRAMM

„Die Frank-Schöbel-Show"

EINE

GOLDMEDAILLE

VERLIEHEN

LEIPZIG, DEN 6. FEBRUAR 1977

HANS JOACHIM HOFFMANN
MINISTER

ternes Mädchen, das am liebsten im Hintergrund gestanden und gesungen hat. Bloß nicht auf Reni zeigen oder ihren Namen nennen, dann guckte sie nach unten, wurde rot und schämte sich. Herrlich. Ehe sie noch auf der Bühne war, riefen die Jungs schon: »Ausziehn, ausziehn!«

Apropos ziehn. Ich hatte immer häufiger Rückenschmerzen, und mein Bein schlief öfter mal ein. Ich hielt das immer noch für normal. Wahrscheinlich kommt's vom Fußball, dachte ich. Ich versuchte, mit Tabletten, Schlammpackungen, Ausrenken, dem Perlschen Gerät und Massagen mehr oder weniger gut über die Runden zu kommen.

Sehr viel besser lief es im Februar bei der 5. Leistungsschau der Unterhaltungskunst in Leipzig. In der Urkunde stand: »In Würdigung hervorragender Leistungen anläßlich der 5. Leistungsschau der Unterhaltungskunst der Deutschen Demokratischen Republik wird dem Programm Frank-Schöbel-Show eine Goldmedaille verliehen.«

In der »Jungen Welt« schrieb Günter Görtz: »Ist von Tanzmusik die Rede, ist gleichzeitig Frank Schöbel mit im Gespräch. Was er mit der Gruppe ›etc.‹ und als Gast Aurora Lacasa in seiner Schau zeigt, gehörte nicht nur zum Besten in Leipzig, sondern auch zu dem, was er bisher leistete. Das war perfekt gemachte Schau, ohne in perfektionierte Sterilität zu verfallen. Er unterhielt singend, parodierend, und als souveräner Conferencier. In der Gruppe ›etc.‹ hatte er allzeit souveräne musikalische Partner, die auch Freude am szenischen Spiel zeigten. Das war eine Sternstunde der Unterhaltung, die vergoldet wurde.«

Im Neuen Deutschland auf der Kulturseite: »Das Programm funkelte von einem Feuerwerk geistreicher Ideen in Text und Dramaturgie. Es wirkte wie aus einem Guß. Frank scheut sich auch nicht davor, sich mit

einer Parodie seines Weltschlagers ›Wie ein Stern‹ selbst auf die Schippe zu nehmen.« Weltschlager ist hier wohl ein bißchen übertrieben – aber na gut. Sie werden gedacht haben, es merkt niemand in der kleinen DDR, und es wird sowieso keiner widersprechen!

Mutig, ärgerlich, blauäugig

In meinem Kalender ist zu lesen: »9 Uhr Sauna« in der Köpenicker Schwimmhalle im Allende-Viertel. Meistens kamen um diese Zeit Rentner. Man kannte und grüßte sich, erfuhr immer Neuigkeiten. Um 12 Uhr Abfahrt nach Buna, 15 Uhr Probe, meist im Kostüm, von 17 bis 19 Uhr hatten wir uns zum Fußball mit Theo Schumann und seinen Jungs verabredet. Wir spielten direkt vorm Werk. Wenn du einen scharfen Flachschuß gemacht hast, »hing« am Ball ’ne schwarze Fahne dran, ungeheuer! Damals war das Umweltbewußtsein noch nicht so ausgeprägt wie heute. So begrüßte ich die Leute im Hallischen Steintor mit: »Willkommen im unbewohnbaren Gebiet. Eigentlich dürften Sie gar nicht hier sein ...« Die Leute lachten. Ich sagte: »Nein, Sie müssen nicht lachen – Sie müßten tieftraurig sein. Denn laut UNO-Analyse kann hier gar keiner leben.« Erst dann setzte das Nachdenken ein.

1977 waren wir zum ersten Mal auf Tournee in der ČSSR, im slowakischen und tschechischen Teil, in Bratislava und Prag, vierzehn Tage lang. Natürlich sang ich auch einige meiner Lieder auf tschechisch.

In Prag wohnt Ladja Štaidl, der Gitarrist und Komponist von Karel Gott. Er schrieb auch für mich einige Lieder, so »Oh, Lady«, was auf einer gleichnamigen Platte veröffentlicht wurde, die bei Electrola 1977 herauskam. Ladja hatte schon damals in der Garage sein

Musik: Frank Schöbel
Rainer Oleak
Text: Frank Schöbel

FRANK UND FREI

NUN STEHST DU DA, KANNST ES KAUM FASSEN
DER GUTE FREUND, ES TRAF DICH SEHR
ER LEGTE HEUCHELND DEN ARM UM DIE SCHULTER
WAR NICHT EHRLICH, WAR NICHT FAIR
MAN IST SO WEHRLOS, WENN HINTERM RÜCKEN
JEMAND MIT FALSCHER ZUNGE SPRICHT
DU GLAUBST AN NICHTS MEHR
UND ICH SAG DIR, DIE WAHRHEIT KOMMT
DOCH ANS LICHT

GIB NIE AUF – MENSCH BLEIB STARK

DER GROSSE TÄUSCHER SPRINGT AUF JEDEN ZUG AUF
WICHTIG IST, ES LÄUFT FÜR IHN
ER WICKELT CLEVER SO MANCHEN UM DEN FINGER
MAN HAT IHM VIEL ZU OFT VERZIEHN
REDEN IST SILBER, SCHWEIGEN IST GOLD
WER SO DENKT, EIN ARMER TROPF
KOMM HINTEN HOCH, UND DU WIRST SEH'N
DAS RÜCKGRAT BEGINNT IM KOPF

SAGE FRANK UND FREI HERAUS, WAS DU
DENKST
ICH SAGE FRANK UND FREI HERAUS, WAS ICH
DENK

SPRÜCHEMACHER, VORTEILSDENKER
EINER IST SCHON ZU VIEL
SIE SCHAUEN SELTEN OFFEN IN DIE AUGEN
TAUSEND TRICKS – SCHON AM ZIEL
ES KANN AUCH SEIN, SIE SCHWING' DEN
GROSSEN HAMMER UND KEHR'N DIR DANN
DEN RÜCKEN ZU
IN DIR DIE OHNMACHT
LÄSST DICH MANCHMAL SCHWEIGEN
HÖR WAS ICH DAGEGEN TU

ICH SAGE FRANK UND FREI HERAUS, WAS ICH
DENK
SAGE FRANK UND FREI HERAUS, WAS DU
DENKST
KOMM – SAGE FRANK UND FREI HERAUS, WAS
DU DENKST

kleines Studio eingebaut, und seitdem war das mein heimlicher Traum.

Aber für mich ein Prinzip in meinem Leben, niemals den zweiten Schritt vorm ersten machen. Also, damit mußte ich noch warten.

Dynacord brachte gerade relativ kleine Lautsprecher heraus, sehr linear und sehr sauber im Klang. Irgendwie kratzten wir das W.-Geld zusammen, meine Mutter gab mir ein Großteil dazu, und ich fuhr zu Dynacord nach Straubingen und holte die Boxen direkt vom Werk und damit zu einem etwas günstigeren Preis ab.

In Bad Doberan wohnt der König der Autogrammsammler des Ostens, Gunnar Grätz. Er wollte damals unbedingt einen Fanclub aufmachen. Ich warnte ihn und meinte: »Weißt du, Fan – wenn damit nicht Fanatiker gemeint ist, denn damit haben wir in Deutschland schon mal richtig Pech gehabt – okay ... Das verklärte Aufgucken zu jemandem, das finde ich nicht gut. Es müßte eher eine Art Freundeskreis sein, in dem man sich auch mal die Meinung sagt. Das heißt: ich komme, stelle bestimmte Lieder von meiner neuen Platte vor, und ihr sagt, finde ich gut oder nicht so gut. Und zwar ehrlich. Dann habt ihr was davon und ich auch.«

So machten wir es. Jedes Mal, wenn ich bei meinem Freund Siggi war, ein-, zweimal im Jahr, rief Gunnar die Truppe zusammen, und wir trafen uns in Bad Doberan. Aber wie das so ist: die Fünfzehn- bis Sechzehnjährigen werden älter und haben andere Interessen. Das ist auch gut so!

Eines Morgens, als Aurora und ich bei Anne und Siggi zu Besuch waren, tauchte Gunnar auf. Wir sitzen am Frühstückstisch. Ein herrlicher Sonnenmorgen: frische Brötchen, Honig, Marmelade, auch Wurst, Käse. Wunderschön gedeckt. Gunnar entschuldigt sich höflich und freundlich, daß er uns stört, und gibt jedem einzeln die Hand, macht eine tiefe Verbeugung bei »Gut-

en Morgen«, »Guten Morgen« – und beim zweiten Mal sehe ich schon, wie unzählige Haare umherfliegen. Es war eigentlich schon zu spät, um zu sagen: Stop! Beim vierten »Guten Morgen« ist der ganze Tisch voller Haare. Wir konnten das nur nehmen wie's war, einen Teil saubermachen und den anderen wegschmeißen.

Er kam »frisch vom Friseur«, und der hatte ihn wohl nicht ausgebürstet, wie man so sagt.

Man spürte immer noch ganz stark die »Nachwehen« der Ausbürgerung von Biermann im November 76.

Wir waren damals sozusagen »halbweit« weg, in Polen. Man hätte mich sonst sicher auch gegriffen, und was sagen lassen. Dabei kannte ich Biermann persönlich nicht, und auch seine Lieder waren mir bis dahin weitgehend unbekannt. Jetzt interessierte ich mich für ihn. Immerhin, das haben die Genossen damit erreicht, danke.

Und so lud der ägyptische Botschafter zum Essen ein. Im Juni. Ich kannte den überhaupt nicht, und mir war das schon suspekt. In der Tischrunde außer uns Jürgen Zartmann mit seiner Frau, den ich vom Erich-Weinert-Ensemble kannte, und Angelika Waller – alleine. Hm, dachte ich, was soll das denn hier? Was ist das für eine Zusammensetzung? Auch wenn es nicht so war, ich dachte damals hundertpro, irgendwo steht hier das große Ohr. Das Gespräch kreiste immer um Biermann, und wir sagten nichts oder nur so bla, bla, bla. Jürgen Zartmann mit seiner Frau, Aurora und ich sprachen letztendlich vom Bauen. Angelika Waller rastete irgendwann aus, es war ihr wahrscheinlich zu kleinkariert, zu kleinbürgerlich – stimmt ja ooch, aber wie sollten wir sonst am Thema vorbeireden, außerdem gab's keen Bier-mann.

Daß er tolle Lieder geschrieben hat, daß durch seine

Haltung vieles in der DDR in Bewegung kam, vergesse ich nicht, wenn ich sage, daß ich ihn 89 vor der Stasi–Zentrale in Berlin, bei einem Konzert, zum Teil jammernd, provozierend, genial, in Selbstmitleid verfallen und narzißtisch erlebte. Sicher ging es ihm um die Sache, aber, so wirkte es auf mich, vor allem um sich. Es tut mir leid, mir stank das Ganze leicht nach: links im Herzen, rechts im Beutel.

Nun wird man sagen: rechts im Beutel – Mensch, Schöbel, sei du doch ruhig. Okay, okay, ist klar, nur – ich singe keine politischen Lieder und hab auch nicht die »Wichtigmann-Miene« im Gesicht.

Auch eine Kündigung, allerdings nicht von einem Land, sondern durch eine Institution, bereitete uns Probleme. Unser organisatorischer Leiter war aufgrund seines Vertrages zwischen die Fronten geraten. Er verkraftete irgendwann nicht mehr, was die Generaldirektion auf der einen und wir, mit unserer praktischen Arbeit, auf der anderen Seite von ihm verlangten. Er löste seinen Vertrag mit der Generaldirektion Ende Juli 77, um mit uns auf freischaffender Basis weiterzuarbeiten.

Die Aufgaben eines solchen Geschäftsführers sind immens. Terminierung im Inland, bedingt auch für Auslandsgastspiele. Die sprach ich meist mit der Künstleragentur selbst ab. Er hatte den Draht zu den Konzert- und Gastspieldirektionen der DDR. Es gab 15 Bezirke, einschließlich Berlin, also auch 15 Gastspieldirektionen. Honorarverhandlungen, Abschließen von Mitwirkungsverträgen, Abrechnungen von Tourneen. Aufträge für die Druckereien, was nicht immer ganz einfach war in der DDR – Papierkontingent, langfristige Planung und dergleichen mehr. Das Drucken der Plakate, Programme, Autogrammbilder überwachen. Natürlich fuhr er zu sämtlichen Tourneen und Auslandseinsätzen als verantwortlicher Vertreter des En-

sembles mit. Sämtliche Reiseunterlagen mußte er besorgen, Einholen der Reisepässe und diesen ganzen umständlichen Kram. Beschaffung eines Probenraumes, Koordination der Tourneepläne, Buchung der Hotelzimmer, nebenbei kamen noch Anfragen der Musiker zu PKW–Beschaffung, Gasheizung, Telefon, Wohnungen – heute lächerlich, aber das waren unsere Probleme und Problemchen – und nicht zuletzt, auch wenn das überflüssig war: Teilnahme an Arbeitsbesprechungen in der Generaldirektion.

Didi also warf das Handtuch.

Am 31. August 1977 schrieb mir der Minister für Kultur, Hans-Joachim Hoffmann: »Ich berufe Sie hiermit als Mitglied des Komitees für Unterhaltungskunst und verbinde diese Berufung mit der Gewißheit, daß Sie mit Ihren reichen Fähigkeiten und Erfahrungen aktiv dazu beitragen, Geselligkeit und Unterhaltung als wesentliche Elemente sozialistischer Lebensweise weiter auszuprägen. Ich wünsche Ihnen in Ihrer verantwortungsvollen Mitarbeit im Komitee für Unterhaltungskunst guten Erfolg.« Ablehnen konnte man eigentlich gar nicht, nur halt das Beste daraus machen.

Ich wußte nicht, was auf mich zukam. Zunächst waren es Sitzungen, fünf-, sechsmal im Jahr. Das war zu ertragen. Und dann hatte ich die Hoffnung, vielleicht doch etwas bewegen zu können und den Finger auf so manche Wunde zu legen. Da waren die unhaltbaren Zustände, was die Technik anbetraf, zum Beispiel diese Massen von illegalen Verstärkern und Gitarren endlich zu legalisieren. Oder eine Regelung zu finden, daß die Künstler nicht jahrelang auf ihren Telefonanschluß warten mußten. Das galt ja ebenso für die Auto–Beschaffung, daß man nicht wie ein Bettler rumrennen mußte, sondern ein Auto bekam, keine Protzkutsche, sondern nur unser »Arbeitsmittel«, damit wir zu den Veranstaltungen fahren konnten.

Und nicht zuletzt: Alle im weitesten Sinne Unterhaltungskünstler, die kreativ arbeiten, brauchen einen Weit- und damit einen Weltblick. Doch dazu mußte man sie überhaupt erst mal in die Welt lassen.

Ich dachte, daß man das besprechen konnte. Und deswegen habe ich mich nicht gesperrt, Mitglied im Komitee für Unterhaltungskunst zu sein; ich wollte die Dinge benennen und vorantreiben, obwohl ich bald feststellen mußte, daß dies blauäugig und naiv war.

Ich darf nach Obernberg

Die Urlaubszeit nahte; ich hatte wieder Raubbau mit meinem Körper betrieben, war fix und qualle. Schulferien gab's zur DDR-Zeit im Juli und August, da meine Musiker Kinder hatten, sprachen wir gemeinsam ab, wann wir unseren Urlaub nehmen wollten. Auch kurz vor Weihnachten war ich meist mit meiner Kraft am Ende. Und so sind Feiertage oft auch bei mir Krankheitstage gewesen.

Ich schrieb an den stellvertretenden Minister für Kultur, Siegfried Wagner, ein sehr freundlicher, feiner, loyaler Partner, wie man ihn sich auch heute nur wünschen kann, daß ich gerne in meinem Urlaub zu meiner Tante nach Österreich fahren möchte. Sie hatte mich zigmal eingeladen.

Große Freude – ich bekam das Visum und wir, Aurora und ich, sind vor lauter Glück noch am gleichen Tag, 20 Uhr, losgefahren, weil wir 0 Uhr in Hof über die Grenze konnten. Aurora hatte ja einen spanischen Paß. Allerdings mußte sie jedes Jahr die Ausreise aus der DDR neu beantragen, was ihr hin und wieder auch verwehrt wurde.

So fuhren wir die Nacht durch zu Tante Ruth – auch

Tante Ruth in Obernberg

eine Lieblingstante –, früher Opernsängerin, aber zurückhaltend und bescheiden wie sie war, hat sie nie darüber erzählt. Ihr Mann und sie waren am Königsberger Opernhaus, und beide kamen nach dem Krieg an die Leipziger Oper. Nach dem Tode ihres Mannes zog sich meine Tante nach Obernberg bei Gries am Brenner zurück. Sie lebte dort mit ihrem Vater in einem Holzhaus, das wiederum mein Vater mit ihm gebaut hatte.

Ich hab eine große Sehnsucht nach diesem Stückchen Erde. Mag die Menschen dort, vom Lois bis zum Ferdl, und fühl mich fast zu Hause. Obernberg liegt um die 1400 Meter hoch. Wir saßen dort oft am 200 Meter höher gelegenen See und waren von dieser Natur, diesen blühenden Bergwiesen im August, überwältigt. Das Glück war am Überlaufen, und da muß wohl auch ... Na – auf das Ergebnis kommen wir spätestens am 3. Mai 78 zurück.

Hauste ab? – 50 Mark mit Gummi

Eine Promotion-Tour für meine LP »Oh, Lady« bei EMI-Electrola stand bevor. Ich fuhr nach Wien, nach München zum Bayerischen Rundfunk, zum Hessischen Rundfunk, zur »Drehscheibe« nach Wiesbaden.

In München gab's auch eine Pressekonferenz mit – ich schätze mal – 8 bis 10 Journalisten, Fotografen. Aurora begleitete mich, blieb aber im Hotel, weil sie nicht die Gesellschaft dieser Leute suchte, wollte nicht, daß über unser Privatleben geschrieben wurde.

Irgendwann kam dann die beliebte Frage: »Warum hauen Sie eigentlich nicht ab?« So in dem Ton: Hier ist es doch viel besser, sind Sie denn irre, dazubleiben?

Ich versuchte zu erklären, daß ich ein Typ bin, der sehr bodenständig ist, dem Menschen, die er gerne hat und die ihn mögen, sehr viel bedeuten. »Ich habe da meine Freunde, meine Familie, mein Kind und meine Fans, warum soll ich abhauen?« Und das alles hätte nichts mit Politik zu tun, sondern wären rein menschliche Eigenschaften. Sein Stückchen Erde zu lieben, da, wo man herkommt, ist doch nichts Schlechtes, oder? Sie guckten ein bißchen ungläubig und warteten natürlich immer noch auf den Nebensatz, den sie dann zum Hauptsatz machen wollten. Mitten in meine Antwort plautzte ein Zeitungsjunge und rief: »Elvis ist tot! Elvis gestorben!« Es war am 16. August, die Abendzeitungen hatten die Nachricht auf der ersten Seite. Sofort begann unter den Journalisten eine Wortschlacht. Ich guckte wie beim Tennis links – rechts – links – rechts – Aufschlag ... Und für eine Weile saß ich wie auf einer Wolke weit weg und sinnierte, das kann doch nicht sein – Elvis ist tot. Langsam hörte ich wieder bewußter die Stimmen der Journalisten, konzentrierte mich, und: »Schick doch mal deine bayerischen Hun-

de in die Richtung da oder dahin. Er müßte dort eine Freundin gehabt haben, ich glaube, die hat sogar von ihm ein Kind, daraus könnte man was machen oder versuch dein Glück in ...« Ich weiß, es ist ihr Job. Aber es ging eigentlich nicht darum, daß Elvis tot ist, sondern nur: Was können wir daraus machen? Nach ’ner viertel Stunde, zwanzig Minuten entschuldigten sie sich und sagten: »Aber Sie verstehen ...« – natürlich verstand ich! »Übrigens, Sie fragten mich doch vorhin, warum ich nicht abhaue: auch deswegen.«

Ich bin nicht sicher, ob sie mich wirklich verstanden.

In Wiesbaden, nach der »Drehscheibe«, hatte ich ein ganz anderes Erlebnis: Ich fuhr nach der Sendung Richtung Stuttgart und überlegte, fahr ich links- oder rechtsrheinisch, hielt vor der Autobahnauffahrt an, fuhr rechts ran und sah, wie mir ein Mädchen entgegenkam. Na, dachte ich, die will sicher trampen. Überlegte noch, nehme ich sie mit oder nicht. War aber in Gedanken bei: links- oder rechtsrheinisch? Ich kurbelte das Fenster runter, und da sagt sie doch zu mir: »Na Süßer, 50 Mark mit Gummi?« Ich, zeitgleich: »Entschuldigen Sie bitte, können Sie mir sagen, wie ich am besten nach ...« Sie guckte mich ungläubig an und meinte: »Is der doof«, und ging. Inzwischen dachte ich: 50 Mark mit Gummi? 50 Mark mit Gummi! Tja, das ist sicher nicht so schlecht; linksrheinisch oder rechtsrheinisch ... ich fuhr links.

Die Promotiontour ging im September weiter: Bremen, »Schaubude«, WDR und Radio Luxemburg. Dort traf ich Frank Elstner. Wir hatten sofort einen Draht, unter anderem auch deswegen, weil ich in Köpenick wohnte und da seine Tante auf ’m Friedhof begraben liegt. Er schenkte mir eine – ja – Papierjacke mit seiner aufgedruckten Unterschrift auf dem Rücken. Später, in einer Fernsehsendung des DFF, mußte Aurora diese Stelle mit Farbe abdecken, weil Reklame für

Frank Elstner im Ostfernsehen zu machen, »das geht ja nun wirklich nicht«.

In Luxemburg moderierte ich aus'm Stegreif eine Zwei-Stunden-Sendung über Musik in der DDR, brachte auch Platten von meinen Kollegen mit, machte 'ne Kindersendung und ein Interview für meine neue Platte.

Wieder kam eine Anfrage für die ZDF–Hitparade, und wieder sagten die hohen Chefs in der DDR: Nein!

Dem Star ein Ständchen

Die Zeitschrift »Der Stern« meldete offiziell ein Interview mit mir übers Auswärtige Amt der DDR an. Es wurde genehmigt. Die Journalisten verabredeten sich mit mir; sie sollten zu einer Veranstaltung nach Pritzwalk kommen. Aufbau, Probe, Veranstaltung – ich wunderte mich, daß sie nicht da waren. Kurz vor Schluß der Veranstaltung – ich sang das letzte Lied – kamen sie zur Türe herein und erlebten zumindest noch die Autogrammstunde mit. Sie entschuldigten sich: »Es ist plötzlich dichter Nebel aufgekommen, und wir haben uns dadurch verspätet.« – »Okay«, sag ich, »kein Problem, ich fahre vor, wir suchen irgendwo eine Gaststätte, setzen uns hin und reden.«

In einem kleinen Dorf – die Autobahn Berlin-Hamburg gab es noch nicht, und damit auch nicht den Witz: Der Westberliner sagt: Ich brauche jetzt drei Stunden bis nach Hamburg. Der Ostberliner: Ich immer noch 65 Jahre! –, also, in diesem Dorf, gehen wir in die Kneipe, ich voran, klopp uff'n Tisch, und setz mich an einen freien. Es war schon spät, vielleicht halb 12. Wir bekamen aber noch was zu trinken. Langsam kam Unruhe in die Kneipe. Irgendwann nahm sich einer ein

Herz und fragte mich, ob er mal meinen Personalausweis sehen könnte. Klar! ... Und er rief: »Isser, ich hab gewonnen!«

Also, es lief 'ne Wette, ob ich Frank Schöbel sei oder nicht. Jetzt wurde es noch unruhiger. Einer rannte raus, und nach 5 bis 10 Minuten kam ein anderer zurück, Schlafanzug an, Mantel drüber, Hut auf und 'ne Trompete unterm Arm. Kurzerhand meinte der Kneiper, ich solle in den Saal kommen. Der sah aus wie viele Dorfsäle damals: irgendwo hingen noch Girlanden, es roch nach kaltem Zigarrettenrauch, so 'n leichter Biergeruch lag in der Luft, und vor mir stand plötzlich – eine kleine Blaskapelle. Naja, irgendwie stand ich wie Erich vor ihnen, und sie bliesen lustig drauflos. So was ist mir immer peinlich, aber witzig und lieb war's allemal. Der Mann im Schlafanzug, stellte sich heraus, ist Bürgermeister, der schon im Bett gelegen hat. Ich sag ihm vorsichtshalber: »Das sind Jungs von der Zeitung, vom ›Stern‹.« – »Ach, ihr kommt aus'm Westen? Paßt mal uff«, meint er: »Wenn ihr Scheiße schreibt über unsern Fränki, dann komm ich eigenhändig rüber und hau euch 'n Ding.« Ich lachte in mich rein, und dachte, wie will er denn rüberkommen.

Aber, er stand wie eine Eins zu mir. Besser könnte man so eine Pressegeschichte gar nicht organisieren!

Dann war fair im »Stern« zu lesen: »Geschichten, die das Leben schrieb« – »... und dann wurde dem Star ein Ständchen geblasen.«

Und immer wieder am Anfang

Gisela Steineckert, die nach der Arbeit an der Kinderplatte für mich weitere Texte schrieb, veröffentlichte in ihrem Buch »Gesichter in meinem Spiegel« (ich sagte

fälschlicherweise mal zu ihr »Gesichter hinter meinem Spiegel« – »... ja, hinter deinen Spiegel zu stecken!«, meinte sie) auch ein Porträt über mich. Nachdem ich es gelesen hatte, dachte ich: Oh, da muß ich mich aber strecken! Das schaff ich nie. Und so war zu lesen: »Auf Fotos, Postern, Plakaten und Covern sieht er aus wie ein heiterer Mann ohne Sorgen und Schwermut, ein Beliebt-in-allen-Lebenslagen-Typ, eine Mann ohne düsteres Geheimnis und ohne viel Angst in der Seele. Die Abbilder sind geglättet, geben sozusagen den ganzen Glanz und keine Kehrseite, aber sie lügen weniger als bei anderen ...

Ich denke, eines seiner Geheimnisse besteht darin, daß er niemals zu einem Höhenflug angesetzt hat und sich selber nie überschätzt. Es ist ihm gelungen, zu seiner Umwelt ein natürliches Verhältnis zu behalten. Wenn er für Omi im Altersheim singt, dann wirklich zu ihrem 80. Geburtstag und weil sie es sich gewünscht hat und ohne Publicity, und wenn er mit den Kindern aus seinem Neubaublock spielt, dann schnauzt er sie auch mal an ...

Als wir uns kennenlernten, war ich einen Moment ihm gegenüber gehemmt, denn ich hatte als Kino-Eule Prankenhiebe ausgeteilt gegen einen Film, an dem er als Darsteller beteiligt war. Er war so aufgeschlossen und so ansteckend fröhlich, daß ich mir nachträglich mit meiner Kritik unangemesen gallig und unfroh vorkam. Aber das ging ihm nicht so, er kannte die spitzesten Formulierungen auswendig und verbreitete sie in seiner uneitlen Art, über die ich mich inzwischen oft genug gewundert habe. Jeder von uns ist eitel, er auch, aber seine Eitelkeit drückt sich am stärksten aus in der Wachheit, mit der er sich selber beobachtet. Niemand kann ihn so verletzen wie er sich selber, wenn er nicht gut ist und das weiß ...

Wir haben Lieder gemacht, Lieder verändert, uns die

Ergebnisse kritisch angehört, oft unzufrieden, immer mit Spaß an neuen Versuchen, wir haben mit Dieter Schneider zusammen viel Lust und Liebe an eine LP für Kinder verwendet, und es wurde unter dem Strich nie ausgerechnet, von wem welche Idee oder welche Zeile gewesen ist, wir gingen immer, nach Brecht, »ziemlich lax um mit den Fragen geistigen Eigentums« – innerhalb unseres kleinen Kreises, versteht sich. Ich selber bin kein fauler Mensch. Aber an Frank gemessen könnte man mich dafür halten. Ihm ist kein Weg zu weit, keine Probe zuviel, keine Änderung zu mühselig, kein Anruf zu lästig, keine Stunde zu spät, wenn es um eine neue Idee oder eine endgültige Fassung geht.

Frank Schöbel ist ein lebendes Beispiel gegen den noch immer schlechten Ruf der Leute, die Schlager singen. Man sagt ihnen nach, daß sie zuwenig arbeiten und dafür viel Geld haben wollen. Solche gibt es, aber die gibt es auch in anderen Berufen. Gunst für Kunst zu halten ist ein Denkfehler, der sich meist frühzeitig aufklärt ...

Er hat etwas, das bringt man mit auf die Welt, das ist Charme, Liebenswürdigkeit und Talent. Das wäre schon viel. Es ist mehr, weil er es dabei nicht bewenden läßt, sondern unablässig nach solidem, handfestem Können strebt.

Es gibt Augenblicke, da ist ihm anzumerken, daß er sehr anstrengend lebt, zu oft aus dem Koffer, daß er zu unregelmäßig ißt, schläft, ausruht. Als Freund möchte man dann sagen, jetzt ist Urlaub angesagt, spann aus, fahr angeln. Das tut er, höchstens für ein paar Tage und nicht ohne Arbeit in der Tasche. Er behandelt sich selber nicht wie einen kostbaren Gegenstand, wie angenehm. Aber er, der nicht raucht, nicht trinkt und wenig ißt, also sehr gesund lebt, lebt in der Ruhe voller Unruhe und ist am meisten er selber, wenn anderen längst die Nerven durchgehen würden.

Eins seiner Geheimnisse: Er hat zu seinem Publikum ein Verhältnis, das mit Liebe zu tun hat und ganz ohne Abgeklärtheit und Zynismus ist. Er arbeitet auf der Bühne nicht für eine schwarze anonyme Masse im Zuschauerraum, sondern für viele einzelne Menschen, für die er gut arbeiten will, denen er zu Dank verpflichtet ist, ohne deren Zuneigung er sich nicht so produzieren könnte. Er spürt und bedenkt jede Reaktion sehr genau und lehnt es kategoriseh ab, etwa dem Publikum die Schuld zu geben, wenn es mal nicht so gut läuft. Seine Bescheidenheit ist mehr als gutes Benehmen, sie ist Anstand. Besseres weiß ich über keinen Erfolgreichen zu sagen.

Aber mir fällt ein, daß Frank Schöbel für den DDR-Schlager schon wie ein Lanzelot gekämpft hat, als es dafür noch weniger Beifall als Pfiffe gab. ...Wir haben ihn niemals überreden wollen, ein Chansonnier zu werden. Bei näherem Hinsehen ist er ein Schlagersänger, der das Instrumentarium des Chansonsängers für den Schlager einsetzt ... Gerade bei Frank Schöbel habe ich oft sehr genau hingesehen, denn ich wollte wissen, ob nicht doch mit der Zeit aus der natürlichen Liebenswürdigkeit eine Pose wird, die Freundlichkeit nicht zur Masche gerät, die Aufgeschlossenheit nicht zum Image gehört. ...

Er strebt an, in Liedern nicht anders zu denken und zu reden als im Leben ... Etwas Neues mit möglichst viel Altem. Das geht nicht? O ja, es geht. Wir haben schon ein paar Beispiele, an denen man sehen kann, wie es gehen könnte.

Dank Frank, aber das ist alles am Anfang, wie auch er mit sich und seiner Arbeit.«

Und da hat sie wirklich recht.

Da wären wir wieder beim Thema: Wie heißt das Buch hier? Es könnte doch auch heißen: »Und immer wieder am Anfang« – weil: immer wieder ein neues

Lied, immer wieder der Test, wie kommt es beim Publikum an. Allerdings auch manchmal der Griff nach hinten, zu dem, was sich als gut erwiesen hat.

So zeichneten wir in der Sendung »Da liegt Musike drin« Titel aus vergangenen Zeiten auf: »Looky-Looky«, »Party-Twist«. Alles in den Klamotten von früher, denn die, aber das weißt Du ja schon, heb ich auf: die Schlauch- und Schlaghosen, die Nylonhemden, die »Zimmermanns-Sachen« mit den goldenen Knöpfen ... Und wenn die Reiß-dich-zusammen-hunger-mal-wieder-Zeit kommt, dann paß ich da auch rein. Weniger um die Weihnachtszeit. Da lasse ich mich etwas gehn, um mich kurz vor Silvester wieder in den Griff zu kriegen und mit Normalgewicht ins neue Jahr ...

Neue LP, neue Show

Das »Ach, mir geht's gut«-«Rock ist wieder da«-Jahr 1978 ist da, und uns ging's wirklich gut. Aurora auch. Sie war im fünften Monat, und wir machten bei Siggi und Anne bis zum 8. Januar Urlaub, was selten vorkam, da ich meist schon wieder am 3., 4. zu tun hatte. Und so erlebten wir unter anderem bei Retschow eine traumhafte Schlittenfahrt; unser Freund Dieter holte uns mit einem großen Pferdeschlitten ab, wir fuhren durch den Wald, sonnenüberflutet, die Bäume dick mit Reif – eine märchenhafte Winterlandschaft. Viel Zeit, viel Ruhe, wir tankten auf.

Im Februar 78 standen drei Wochen Steintor-Varieté in Halle auf dem Plan. Das war der Zeitpunkt, als Christian Steyer zu uns in seinem weichen Sprachdiktus sagte: »Ja, ich werde euch verlassen«, so, wie er es bei seinem Einstieg angekündigt hatte. »Wir suchen in Ruhe einen neuen Keyboarder.« Ich habe natürlich sehr be-

dauert, daß er ging, aber er wollte andere Dinge machen, wollte komponieren, schauspielern, sich verändern – und Leben heißt Veränderung.

Zum Glück tauchte Michael Hausdorf auf. Ein junger begabter Musikant, mit einem Hang zum Arrangieren. Während Christian Steyer eher der Edelpianist war – Tschaikowski, Liszt, de Bussy, Chopin –, war Micha Hausdorf mehr der versierte mit Hang zum Rockigen. Während der drei Wochen in Halle konnten wir im Steintor auch proben und ihn langsam einarbeiten. Es ging praktisch nahtlos weiter.

Halle hieß auch, viele Freunde im Publikum, und Wünsche aus Schulen und Kindergärten: »Frank, besuch uns. Bitte sing was von der Kinderplatte ...«

Neben zwei Veranstaltungen täglich war mein Terminplan so voll, als wär ich zu Hause in Berlin. Außerdem mußte ich mich auf eine neue TV-Folge »Frank und Freunde« vorbereiten.

Diesmal wurde sie in Karl–Marx–Stadt aufgezeich-

net. Irma Zimm schrieb in der »Unterhaltungskunst«: »Franks Gäste – ich entsinne mich, daß mir die Sendung nicht viel mehr einbrachte als Enttäuschung. Neben Frank Schöbel sang noch dieser und jener. Beziehung schien keiner zu keinem recht zu haben, Beziehung bekam man auch als Zuschauer nicht recht zu Frank. Es war dies um so unverständlicher, als eine danach entstandene Sendung ›Wenn du willst‹, in der drei Künstler der schreibenden und malenden Musen Frank ins Verhör nahmen, durchaus bewies: der Sänger Schöbel ist auch beim Reden nicht auf den Mund gefallen. Als Ende Mai ›Franks Gäste‹ erneut im Programm auftauchten, durfte man also neugierig sein, welcher Tradition die Sendung folgen würde. Ergebnis: angenehme Überraschung. Er sagte nicht Nummern an, sondern stellte gedankliche Verbindungen her zwischen den Mitwirkenden, dem Publikum und sich. Judit Süzcs aus Ungarn kann also nicht nur temperamentvoll singen und tanzen, sie spielt auch gern mal besinnliche Schubert-Musik auf dem Klavier. Der heitere Höhepunkt bei ›Franks Gäste‹ aber war zweifellos die von ihm gemeinsam mit Heinz Quermann aufgemachte Steinzeit-Plattenschmiede. Das Steinzeitplatten meißelnde Paar mit seinen Titelvorschlägen ›Komm, wir meißeln eine Sonne‹ und ›Wie ein Stein in einer Sommernacht‹ knöpfte sich in witzigem Dialog Erscheinungen vor, die langsam in die Steinzeit gehören.«

Und natürlich stellte ich auch wieder neue Titel von meiner Platte vor, die 1978 rauskam und einfach nur ›Frank‹ hieß. Hier versuchte ich mich auch als Arrangeur, teilweise zusammen mit Reni Baptist. Es gab einen Titel, den die Gruppe gemeinsam arrangierte: Wir hatten einfach losgespielt, und schon war alles in Ordnung, eben so, wie es bei den Rockgruppen üblich ist.

In der Kritik konnte man lesen: »Kaum ein anderer Schlagersänger in unserer Republik ist musikalisch so

produktiv wie Frank Schöbel. Seine neueste LP FRANK – es ist übrigens bereits seine 15. – belegt in überzeugender Weise, daß dieser Interpret, Komponist und Arrangeur mit hohen Ansprüchen an seine Arbeit geht. Er ist bestrebt, so sagt er, lyrisch gefaßte, realistische Aussagen zu treffen und viel von seiner persönlichen Gedankenwelt wiederzugeben. Es sind durchweg Schlager. Musikdramaturgisch durchweg gut gebaut mit reicher, melodischer Substanz und aussagestarken, poesievollen Texten. Ein Beispiel – der Titel ›Ein schönes Paar‹, für dessen volksliedhaft einfach tiefsinnige Worte Gisela Steineckerts Frank Schöbel eine einschmeichelnde kompositorisch vielschichtige Melodie gefunden hat. Christian Steyer hatte dazu ein farbiges Arrangement geliefert. Von Steyer ebenfalls wirkungsvoll instrumentiert wurde die großräumig angelegte, getragene Schöbel-Komposition ›So war ich nie‹, Text von Gisela Steineckert, mit der die Platte ausklingt. ›Was kann herrlicher sein‹, Text: Kern, Arrangement: Schöbel/Baptist, ist ein auf gefälligen melodiösen Wendungen basierender Titel, dem der Komponist und Sänger mit weich-modellierender Stimme und angemessenem Sentiment die nötige Wirkung verleiht. Zu dem musikalisch und inhaltlich originellen Titel ›Ach, mir gehts gut‹, Arrangement: Gruppe ›etc.‹, steuerte er auch den Text bei und dessen ironisch, humorvolle realistische Aussage stimmt recht nachdenklich.«

Selten bekam ich soviel Lob, nicht mal bei »Wie ein Stern«, die Platte ging gut, so um die 100 000, aber ein richtiger Kracher, ein Hit, den die Leute nach Jahren noch im Kopf haben, war nicht dabei. Viel Lob von den Kritikern, weniger beachtet vom Publikum. Das war oft so, und auch im Umkehrschluß stimmt es.

In einer Diskussion der Fachzeitschrift »Unterhaltungskunst«, an der Horst Fliegel, Wolfgang Tilgner, Franzl Bartzsch und ich teilnahmen, kamen wir auf das

Thema: Welche Aufgaben der Interpret, der Komponist gegenüber dem Publikum hat. Wie ein Lied auf den Zuhörer wirkt, daß es zu bilden imstande ist und auch zu verbilden. Das wird einem aber oft erst bewußt, wenn das Lied bereits fertig ist, wenn es gelaufen ist. Aber man kann diese Erfahrung leider erst in sein nächstes Lied einfließen lassen. Auch die Frage: Wie wird ein Titel aufgenommen? kam zur Sprache. Musiker spielen ein Grundband ein und haben zumeist keine Ahnung davon, wie die Melodie geht. Der Schlagersänger trifft oft nur über sein Grundband mit den Musikern zusammen, der direkte Kontakt fehlt. So etwas gab's bei mir von Anfang an nicht. Ich war immer zu den Urbandterminen, schaukelte mich im Tempo ein und sang oft 5, 6, 10 mal mit, wenn es notwendig war, nicht zuletzt, um die Musiker bei der Aufnahme im Plattenstudio zu motivieren. Ich testete oft vorher beim Publikum, um mir sicherer zu sein, ob ein Titel ankommt oder nicht.

Ziemlich sicher waren wir uns – Aurora und ich – daß in der nächsten Zeit jemand *ankommt* – und zwar unser zweites Kind.

Odette ist da – Umzug, Einzug, 4.,5. LWS – tschüß

Wir wohnten immer noch in der Zweieinhalb-Zimmerwohnung in Berlin-Köpenick im Allende-Viertel, da ergab sich eine Möglichkeit zu tauschen. Quasi um die Ecke, sieben Häuser weiter. Unters Dach, in den 10. Stock. Da hatten wir sogar drei große Zimmer, davon war eins ein Durchgangszimmer, und zwei kleine Kinderzimmer. Küche, Bad. Fürs Wohnungsamt und überhaupt war ich »endversorgt«.

Wir einigten uns mit dem Tauschpartner, daß wir uns

gegenseitig beim Umzug helfen. Ich nahm das wörtlich, und für meine Begriffe schleppte ich am meisten. Eigentlich Schwachsinn, keine Umzugsfirma zu beauftragen, aber es war eben nur um die Ecke, und da fuhr ich selber mit einem Autohänger. Beim Klavier half mir unser Techniker Alex, und bei einigen anderen schweren Dingen auch. Die meisten Hellerau-Möbel waren zum Auseinander- und Zusammenbauen, und so trugen wir alles aus dem 9. Stock in den Fahrstuhl, fuhren's runter, rauf auf den Wagen, rüber. Drüben wieder rein in den Fahrstuhl, hoch – bis zur 9. Etage, denn bis zur 10. fuhr er nicht, dann weiter alles die Treppe hoch. Ich hab's ja so gewollt. Ergebnis: unheimliche Rückenschmerzen. Aber dabei hab ich mir den Rücken wohl restlos kaputt gemacht.

Aurora konnte mir nicht zur Hand gehen, denn sie war kurz vor der Entbindung. 29., 30. April, 1., 2. Mai Umzug. Zwischendurch fuhr ich Aurora zur Untersuchung in die Charité. Der Professor erklärte mir alles, und plötzlich war ich so weiß, daß er sagte: »Na, wer kriegt denn hier das Kind?« – »Okay«, meinte ich, »dann schon lieber Aurora!«

Ich brachte sie ins Krankenhaus, endlich mal keine Mugge – gutes Timing. Und am 3. Mai kam Odette-Marie Lacasa, 17.10 Uhr, zur Welt.

Die Möbel waren soweit drin. Es war schon ein bißchen eingerichtet, und Odette hatte bereits als Baby ihr eigenes Zimmer. Das war in der DDR fast Luxus, dafür kann sie aber wirklich nichts.

Als ich Aurora abholte und Odette das erste Mal sah, hatte ich eine klitzekleine Beanstandung: das linke Ohr hing ein bißchen runter. Sie sah sehr witzig aus, und ich sagte ganz locker: »Aus der wird 'n kleener Cohrs.« Mütter können in solchen Situationen darüber nicht so richtig lachen.

Über meine katastrophale Bandscheiben-Situation

verging mir auch das Lachen. Ich konnte nicht mehr stehen, nachts nicht mehr liegen, ich krümmte mich, ging auf allen Vieren. Es waren solche unglaublichen Schmerzen, daß ich sekundenlang schon mal daran dachte, aus'm Fenster zu springen. Ich kann mich bestimmt unheimlich zusammennehmen, und sage vor dem Sprung »Bitte nach ihnen!«, aber das war nicht auszuhalten. Auf der Bühne konnte ich mich nicht mehr bücken, wenn es Blumen gab; ich ging in die Knie wie ein Mädchen und hob die Blumen so auf. Für mich war klar: ich muß zu Operation.

Die war damals nicht ungefährlich, man gab schriftlich sein Einverständnis. Der Neurochirurg muß an den Wirbelkanal heran, vorbei an den Nervensträngen etc. Ich sagte: »Raus mit dem Teil, egal, was wird.« Mein Chirurg, Eckhard Möser, zu dem sich später dann so eine Art Lebensretter-Freundschaft entwickelte, in die seine Frau einbezogen war, sagte: »Das habe ich eben nicht gehört. Ich kann mir das gar nicht leisten, dich zu versauen!«

Am 11. Juli war die Operation. Meine Band war in dieser Zeit schon in Kuba zu den Weltfestspielen. Ich war froh, daß sie ohne mich fahren durften und andere Kollegen musiklaisch begleitet haben.

Im Krankenhaus bekam ich sogar ein Einzelzimmer.

»Ich hab ziemlich lange gebraucht, anderthalb Stunden«, meinte Eckhard. Er erklärte mir zehn Tage später anhand von Lichtbildern die Operation. Eine Bandscheibe: 5 cm Länge und die andere in fünf Teilen. Hochachtung kannst Du nur sagen, wenn Du das siehst. Präzisionsarbeit. Nun mußte Dir vorstellen, es war der 4. und 5. Lendenwirbel, kurz überm Steiß, wenn Du weißt, wo ich meine, da wo die Wirbelsäule praktisch anfängt. Es wird ein etwa 8 cm langer Schnitt gesetzt, die Muskeln werden rechts und links »rübergelegt«, man schneidet ein Fenster, bis man vor Ort ist

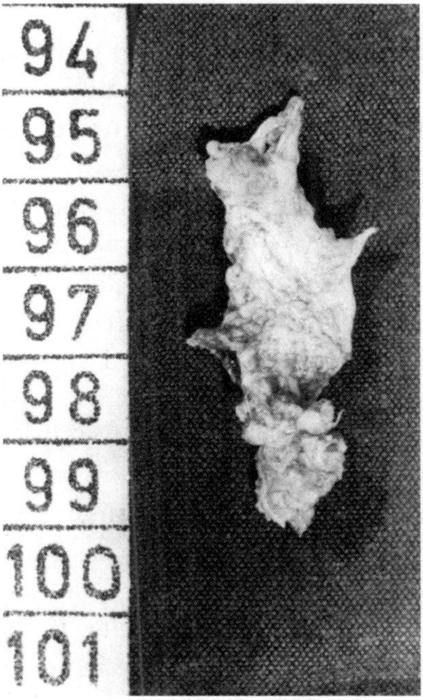

Foto von innen

und die Bandscheiben entfernen kann. Wenn die Sache erfolgreich erledigt ist, legt man die Muskeln wieder an und vernäht den Schnitt. Bei mir war alles bestens. Meine große und kleine Zehe hatten wieder Gefühl, mein Bein kribbelte nicht mehr. Ich guckte zu meinem Chef hoch, blinzelte ihm zu und sagte: »Alter, das werde ich dir nie vergessen.« Und auch Eckhard: »Danke.« Es war wie eine Wiedergeburt.

Ich lag natürlich auf dem Rücken, die Schmerzen waren groß, und am vierten Tag kam der Chefarzt, um sich die Narbe anzusehen. Aus irgendwelchen Gründen drückte er mit seinem Daumen mit aller Kraft auf einen Muskel; mir schien, aus Wut über die gute Arbeit von Eckhard. Bei großen Anstrengungen, etwa nach einem Fußballspiel oder nach Autofahrten von zehn, zwölf Stunden, merke ich das heute noch. Schönen Dank auch, Herr Chefarzt!

Das Beste war noch, daß ich im Krankenhaus gut abnehmen konnte. Man liegt, braucht demzufolge nicht so viel zu essen. So verlor ich über sieben Kilo, was bestimmt wichtig war, weil ich die Wirbelsäule so entlastete. Ich mußte im Bett Gymnastik machen, hatte meinen Expander dabei und großen Ehrgeiz, meinen Körper wieder auf Vordermann zu bringen. Dies alles mit Musik. Und bei einem Titel ging es besonders gut, »Baker Street«. Das Lied beflügelte mich und trieb mich nach vorne.

Das erste Konzert in der Westberliner HdK

Ab 27. August, also knapp sechs Wochen nach der OP, fing ich langsam wieder an. Am 5. und 6. September war ich schon mit »Bitte vergiß mich nicht« im »Schlagerstudio«. Ich hatte keine Möglichkeit, den Titel beim Publikum zu testen, hielt ihn für ganz gut, irrte mich aber gewaltig – das Lied kam nicht so besonders an.

Ein tolles Angebot erreichte mich aus Dresden: Musik für einen Trickfilm zu schreiben. Ich hatte so etwas noch nie gemacht, war unsicher. So hörte ich mir Musiken von anderen Kollegen an und dachte: ja, okay, das kann ich. Laß es mich später machen, meinte ich. Und so habe ich das bis heute rausgeschoben.

Neben vielen Veranstaltungen in der DDR, gab es eine, auf die wir uns besonders vorbereiteten und konzentrierten, nämlich am 13. Oktober in der Hochschule der Künste in Westberlin. Für mich gab es da immer ein großes Fragezeichen: Wie kommt unser Programm im Westen an? Und da unser Pianist Michael Hausdorf noch nicht ins NSW fahren durfte, sprang Christian Steyer ein. Für uns gut, denn er kannte das Programm und extra Proben waren nicht nötig.

Die Kritiken waren durchweg sehr gut. So etwa: »Gerührter Frank Schöbel fand dankbares Publikum. – Schlager sind nicht jedermanns Sache, aber sie haben ihr Publikum, so auch am Freitag in der Hochschule der Künste, wo Frank Schöbel, DDR-Devisenbringer und Schlagerstar, sein erstes Westberliner Gastspiel gab. Der Saal füllte sich zu zwei Dritteln, man rückte ein wenig zusammen und nach längerer, landwirtschaftlich inspirierter Geräuschkulisse aus dem Lautsprecher begann mehrfach angekündigt die Vorstellung, die – das ist vorweg zu sagen – Schöbel und Schöbel-Freunden viel Spaß machte. Er und seine Gruppe ›etc.‹ leierten kein Schnulzenprogramm herunter, wenngleich das Publikum danach verlangte und schließlich auch bekam: ›Gold in deinen Augen‹ und ›Wie ein Stern‹.« Hier muß ich sagen, daß wir dazu eine Tafel mit zehn vorgegebenen Titeln und ein Stück Kreide herumreichten, damit das Publikum sein Wunschlied ankreuzen konnte. »Statt dessen parodierte und musizierte eine anfangs offensichtlich sehr gehemmte, später ausgelassene fröhliche Gruppe bei – wie angenehm – gut abgestimmter Lautstärke mit allerlei witzigen Einfällen und in ständigem Dialog mit dem Publikum, das nach jeder Darbietung so viel Beifall spendete, daß sich Frank Schöbel direkt gerührt zeigte.« Einige Sprüche wie: Eine Kuh mach Muh, viele Kühe machen Mühe; Lieber 'n Sechser im Lotto, als 'ne Acht im Fahrrad oder: Tausche Kalaschnikow gegen Lunikoff – allesamt Sprüche à la ›Klimbim‹. Das gefiel dem Publikum.«

»Ein vergnüglicher Abend für Schöbel-Freunde, nicht besonders professionell vorgetragen, aber gerade deshalb erfrischend und nicht allzu anstrengend. Sein jugendhafter Charme, seine fröhliche Musikalität und seine Bemühungen, den Schlager aus den Gefilden des totalen Schwachsinns herauszumanövrieren und ihn

wenigstens als populäre Unterhaltung ehrbar zu machen, haben sich hoch verzinst. Das musikalische Entertainment in den DDR hat ihm, dem ehemaligen Thomaner, einen Schuß Weltläufigkeit zu verdanken, und das Genre selber dankt ihm einen Sound, dem eine gewisse Originalität nicht abgesprochen werden kann. Nach dem Konzert kann und muß ich sagen: Ich habe mich gut unterhalten. Das liegt daran, daß Frank Schöbel den traditionellen Schlager, einschließlich seiner eigenen Produktionen, kritisch gegenübersteht. Klischees versucht er – soweit es die Gattung Schlager zuläßt –, textlich und musikalisch zu vermeiden. Seine Sachen sind n icht ohne Originalität.

Er nimmt sein Publikum ernst, tritt mit ihm in Kontakt, versucht, es zu aktivieren und aus der realitätsfernen ›Heile-Welt‹-Haltung des traditionellen Schlagers herauszureißen.

Gewiß wird mancher sagen: Was sollen Schlager in der sozialistischen Musikkultur der DDR? Auch wenn feststeht, daß der Schlager keineswegs die musikalische Hauptgattung eines sozialistischen Musiklebens ist und sein wird, so hat er doch seine Funktion als ein Moment einfacher musikalischer Unterhaltung unter der Voraussetzung, daß ihm die traditionelle kleinbürgerliche Dummheit ausgetrieben wird und er nicht das einzige Mittel zur Befriedung und Entwicklung musikalischer Bedürfnisse ist.«

Das ist doch 'n Satz! Und den muß man erstmal kriegen.

Ich denke, ich hab ihn mir an diesem Abend sogar verdient.

Es war für uns eine gelungene Vorstellung, auch der Veranstalter lobte uns und lud uns zu einer kleinen Feier ein.

So trank ich aus lauter Freude statt einem Glas Wein mindestens zwei, wir verabredeten uns zur gemeinsa-

men Überfahrt 0 Uhr am Grenzübergang Invalidenstraße. Ich kam feucht-fröhlich an und sang glücklich und wohl etwas laut »Kreuzberger Nächte sind lang«. Aurora beschwichtigte: »Hör auf, bleib ruhig, ist ja alles in Ordnung ...« Ich war total happy.

'ne Disko-Tour etc.

In Polen gab es eine Umfrage nach dem beliebtesten ausländischen Interpreten. Sie wählten tatsächlich mich. Vor ABBA. Das waren die kleinen Erfolge des existierenden Sängers in der damals (West-Terminus) nicht existierenden DDR.

Im November machte ich eine Diskothekentour mit Fieber-Concerts Kassel. Dahinter verbarg sich Werner Fieber. Ein Riese von einem Menschen, gutartig, mit einem weichen Herzen in diesem so harten Geschäft.

Im vorhinein hatte ich auch ein bißchen Angst, denn mehr als drei, vier meiner Lieder konnten die Leute dort nicht kennen. Als ich dann am ersten Abend auf die Bühne ging, kam ich mir vor wie eine Jungfrau, die man auf den Strich schickt. Aber ich bekam Stück für Stück Routine und wurde lockerer. Oft wurden es auch richtig gute Abende.

Finanzielles Ergebnis dieser Tour war ein Hallgerät DRS-78 von Dynacord. Das hab ich noch, obwohl es längst überholt ist, kein Mensch würde das heute noch benutzen.

Als wir in Hamburg waren, meinte Werner Fieber, wir müssen unbedingt ins »Pulverfaß«. Da gehen alle hin, wenn sie in Hamburg sind. Das ist ein Transvestitenladen. Und tatsächlich hingen die Konterfeis und Autogrammfotos der ganz großen und auch kleinen Stars schon im Vorraum. Irgendwann verlangten sie

auch von mir ein Foto. Und als ich da so saß, ein bißchen verklemmt, naja, eben der Lothar aus Leipzig, sagte doch der Sprecher tatsächlich: »Wir begrüßen heute einen Gast aus der DDR, Frank Schöbel.« In dem Moment reagierte ich sofort, klatschte, und drehte mich um und suchte, genau wie die anderen, nach Schöbel. Ich rechnete damit, daß mich keiner erkannte. Es klappte, obwohl ich einen roten Ballon hatte, kannst auch Kopf dazu sagen.

Inzwischen wartete die Band zu Hause auf Auftritte, denn wenn ich allein unterwegs war, konnte die Gruppe nichts verdienen. Und so blieben meine Solo-Ausflüge rar. Sie beschränkten sich mehr und mehr aufs Fernsehen.

»etc.« bestand inzwischen aus folgenden Mitgliedern: Schlagzeug Norbert Wicklein, Baßgitarre Eberhard Rossa, Gitarre/Mundharmonika Werner Düwelt, Leadgitarre Rübe, der hieß eigentlich Dieter Kopf, Geige/Piano/Gesang Reni Baptist, E-Piano und Strings Michael Hausdorf. An der Technik Erhard Schmidt, wir nannten ihn Schmittel, Beleuchtung Alexander Jontschenko, und Organisation Dieter Költzsch. Die Gags, die zwischen Dieter und mir hin- und herflogen, waren nicht unbedingt für jedes Ohr bestimmt. Wir hatten eine Gag-Schiene, kamen wunderbar klar. Aber zuzugeben, daß er einen Fehler gemacht hatte, das war nicht sein Ding. Ich versuchte ihn dann immer zu überführen, sagte zum Beispiel »Das hast du gut gemacht, ich meine, die Sache mit der Fernsehsendung, die du für mich abgesagt hast. Danke.« Er: »Naja, hab ich doch gern gemacht.« – »Eh«, sagte ich, »du hast da gar nicht angerufen. Ich hab mich erkundigt.« – »Naja ...«, dachte er bauernschlau, mit einem Gag komm ich schon raus.

Der Dezember war weiß, klar, kalt und sonnig. Es fiel eine Menge Schnee. So mag ich den Winter.

Sch. kann teilweise geistig nicht folgen – stimmt!

Das »Zwei schöne Jahre«-»Kristina«-Jahr 1979 bricht an. Ich war bei meinem Onkel Theo – Du erinnerst Dich, der Feuerrüpel, der Schornsteinfeger, der sich inzwischen locker als Fernsehfeger bezeichnete, weil er einmal mit mir im Fernsehen gewesen war –, also Onkel Theo wurde 65. Bei Familienfeiern ist Erscheinen Pflicht. Außerdem auch 'ne Kür, denn wir haben nur Spaß.

Ein Ding läuft immer, es kommt eine Karte von Hüters Herbert. Hüters Herbert war ein Verwandter, der irgendwann im Krieg verloren ging. Keiner weiß, wo er ist. Und die Familie – jeder sprang da mal ein – führte sich gegenseitig an der Nase rum. Immer wieder mal traf eine Karte von ihm ein. »Haste schon gelesen, Hüters Herbert hat wieder geschrieben.« – »Ach, sag bloß!« Sie verscheißerten sich gegenseitig. Hüters Herbert lebt – bis heute – und zwar bei jedem Familienfest.

Als ich mit Onkel Theo auf ein Bierchen in der Kneipe war, ging ein Autogrammjäger tatsächlich so weit, daß er mir auf die Toilette folgte. Und als ich gerade ansetzte, um ... sagt der doch: »Kann ich mal ein Autogramm?« – »Hm«, sagte ich, »kann ich erstmal zu Ende?« – »Ja, ja.« – »Danke, sehr nett!«

Ich sprach mit Ed Swillms, dem genialen Komponisten und Keyboarder der Gruppe Karat, der mit seinen Titeln »Über sieben Brücken«, »König der Welt«, »Ikarus« ... für mein Empfinden Großes geschaffen hat. Ob er mir auch ein Lied schreiben würde? »Na klar, Fränki.« Aber leider fiel ihm nichts mehr ein. Weder für die Gruppe noch für mich. Schade.

In meinem Kalender steht, daß ich oft mit Dominique und Odette zum Impfen war. Ich durfte auch bei-

de baden, pudern, wickeln und machte das nicht zu lasch, sondern genau richtig, denn Aurora hatte mir gezeigt, wie es ging. Mit viel Liebe und Geduld. Das Schönste war, wenn man in den kleinen süßen Po so leicht reinbiß oder mit dem Mund in den Bauch reinprustete. Sie lachten laut und kriegten sich beim Knuddeln nicht mehr ein.

Ich nahm mir zwischen dem Komponieren immer mal Zeit, in ihr Zimmer zu gehen, auf allen Vieren, wie ein Hund zu bellen oder spielte 'n Pferd, und sie ritten auf meinem Rücken durch den Korridor.

Am 17. Februar, 11 Uhr, in der kleinen Rahnsdorfer Kirche, war die Taufe unserer Töchter Odette und Dominique.

Dodi, die Kleine, war ein lustiges, pfiffiges Vögelchen. Immer fröhlich und zu Gags bereit, während Dominique sehr artig war und nur dann über die Stränge schlug, wenn sie von ihrer kleinen Schwester ein bißchen angestachelt wurde. Beide waren schon vom Babyalter an Otto- und Loriotfans. Wir hatten die Shows zu Hause auf Video, und während andere Pittiplatsch guckten, haben sie sich Otto reingezogen. Was passierte in dieser wunderschönen herrlichen Kirche? Aurora, Dominique, Odette und ich waren allein drin, der Pfarrer holte das Weihwasser. Da sang Odette ganz laut »Heeeidiiii« (ein Otto-Gag), weil es so schön hallte, und fing an zu jodeln. »Doda, pscht, hör auf!« Wir haben uns gekrümmt vor Lachen. Das war eigentlich das Beste an der Taufe.

Gute Erinnerungen habe ich auch an einen lieben Freund aus Bulgarien, an Bisser Kirow. Er spricht gut deutsch, spanisch und ich weiß nicht wie viele Sprachen. Er hatte einen schweren Verkehrsunfall, rappelte sich aber wieder hoch. Einmal, bei einem Festival in Dresden, machte er einen Showteil, und ich sollte mich auf seine Bitte unbedingt ins Publikum setzen. Ich has-

se das, mag nicht gern beobachtet werden, weder vom Fernsehen noch von anderen Leuten. Das auf der Bühne reicht mir schon. Da kenne ich meine Aufgabe, und dann ist es okay. Und was machte er? Er kam bei dem Lied »Ei ja, ei ja, ein Vogelbeerbaum« doch tatsächlich zu mir und hält mir das Mikro vor die Nase. Ich wußte, das Fernsehen schneidet mit! Nein, jetzt muß ich auch noch singen. Ich reagierte schnell, machte aus dem B ein P und sang »Was macht ein Pisser auf dem Vogelbeerbaum«. Große Freude, Bisser kapierte es erst später. Mit einem Schupser hab ich die Sache geradegerückt. Es war eine Aufzeichnung des Fernsehens, man schnitt es raus – Ziel erreicht.

Es war die große Zeit der Foren. Wir würden heute sagen Talkshows. Klar, die machte ich umsonst, und wenn man das Publikum wirklich in die Gespräche einbezog, konnte man etwas dazulernen.

Ich werde nie vergessen, wir waren auf Tournee, unter anderem in Weida, haben dort in einem kleineren Hotel geschlafen, und als wir nachts ankamen, so um zwölf, halb eins, gab es nichts mehr zu essen. Aber wir durften in die Küche. Didi suchte sämtliche Eier und Kartoffeln zusammen, eine Riesenpfanne, und machte los. Logisch, Kasse des Vertrauens.

Vom 17. März bis 1. April lief über Fieber-Concerts eine sogenannte BRD-Tournee. Wir waren hauptsächlich im grenznahen Gebiet. Die Säle immer voll, na klar, die Leute kannten uns vom DDR-Fernsehen. In Lüdenscheid, Lübeck, Baunatal, Helmstedt, Hannover, Dinslaken ... und am letzten Abend haute tatsächlich unser Bassist ab. Eberhard Rossa, weg war er. Schlimm war, daß wir einen neuen Bassisten brauchten, vor allem einen, der auch in den Westen fahren durfte. Und das konnte wieder dauern.

In Hannover, während einer Probe, kam so'n Vogel mit einem typischen DDR-Anorak, »schön« grün (von

einem Turn- und Sportfest). Im tiefsten Karl-Marx-Städter Dialekt sagte er: »Ich bin heute abend ooch da. Ich bin schon vor zwee Jahrn abgehaun.« Werner Düwelt und ich warfen uns einen Blick zu, dachten und sagten zeitgleich: »Das isser.« Er guckte uns nur fragend an. Das große Ohr stand direkt vor uns. Wenn du zwei Jahre im Westen bist, haste nicht mehr so 'nen Anorak. Klar, wa?

Als wir von der Tournee zurückkamen, klebten die Jungs von der Firma tatsächlich an meinen Fersen.

Ein Mitarbeiter des sogenannten Dezernates II, Hauptmann »Ahnungslos«, früher ein schlechter Bassist im Kabarett des EWE, »lud« mich in die Keibelstraße ein.

Das Verhör fand in einem hohen, schmalen Raum statt, so wie man es aus schlechten Filmen kennt. Er richtete am Anfang eine Lampe auf mein Gesicht. Da ich ihn vom Erich-Weinert-Ensemble kannte, schlug ich die Lampe zurück, er drehte sie wieder zu mir, ich schlug sie zurück und irgendwann hörte er auf. Leute, die mich gut kennen, nennen mich »Lothar«. Also sagte er: »Na, Lothar, wer wird denn der nächste, der abhaut?« – »Du, weil du so blöde fragst.« – »Na mal im Ernst, das geht doch nicht.« Er müsse die Sache kriminalistisch verfolgen, und Abwerbungen dürfen in meiner Gruppe in Zukunft nicht mehr stattfinden.

Um die Sache ein bißchen aufzulockern, versuchte ich ihm eine Geschichte zu erzählen. »Weißt du noch, im Erich-Weinert-Ensemble. Ein Sängerkollege, Wilbert, und ich hatten ein Bierchen bei SPD-Neumann, wie wir sagten, ich weiß nicht warum, getrunken. Ich kletterte nachts über den Zaun, um ... naja, ein Huhn zu klauen. Mein Gott, ich hätte es eh nie töten können. Aber wir hatten uns in den Kopf gesetzt, ein Huhn zu braten. Ich stürzte also in diesen unmittelbar an unser Grundstück grenzenden Garten, die »Hühner« piep-

sten wie wild herum. Es waren alles nur Küken. Ich sagte ganz leise zu meinem Kumpel, der draußen Schmiere stand: ›Es sind nur Küken, die gehen nicht ma uff 'ne Schrippe ruff.‹ Plötzlich ging oben das Fenster auf. ›Hallo, Halt! Einbrecher.‹« Hej, das warst du! Und es sollte dein erster Kriminalfall werden.

Ich bin damals schnell wieder übern Zaun, mit meinem Kumpel die 150 Meter ums Objekt gejagt bis zum Eingang, sofort saßen wir ganz friedlich – vielleicht drei Sekunden – vorne, da kam er. »Da hinten waren Einbrecher. Es müssen welche von der Bahn gewesen sein. Ich habe ganz deutlich die Mützen gesehen.« Es waren unsere Mützen. Wir fragten ihn, ob wir ihm beim Suchen helfen sollten. »Nein, nein, das mach ich schon allein.«

Und diese Nummer erzählte ich ihm. Er konnte überhaupt nicht lachen. »Lothar, mach jetzt keinen Unsinn, wir haben hier eine ernsthafte Sache zu klären.« Das liest sich in der Akte so:

Dem Sch. wurde durchaus glaubhaft geschildert, daß sich die Angriffe des Gegners auf dem kulturellen Gebiet verdichtet haben.

Es ist nicht mit Sicherheit zu sagen, ob es sich in diesem Fall um eine gezielte Aktion handelt, aber zumindest verdient diese Tatsache der Beobachtung.

Im Gespräch war festzustellen, daß der Sch. teilweise den Ausführungen geistig nicht folgen konnte und somit auch keine logischen Schlußfolgerungen traf.

Ja, ich bin doof, besser so. Hej, die Kumpels waren einfach bloß abgehauen, weil sie die Schnauze voll hatten. Weiter nichts.

Eine Stunde war um, am nächsten Tag der gleiche Zirkus. Wieder fragte er mich dasselbe. Und dann nannte er zwei Vornamen, ich sag jetzt mal Heinz und Fritz, weiß der Geier, in der Akte heißen sie »Genosse Kramer« und »Genosse Walden«. Die wollen mit mir reden. Zwei Gesichtslose, die da vor mir saßen und meinten: »Sie sind sehr beliebt, Sie kennen viele Musi-

ker, und wir möchten ihre Kenntnis ausnutzen, uns dann und wann treffen, und Sie erzählen ein bißchen.« – »Nee«, sagte ich, und war stolz, daß ich das jetzt so sagen konnte. Ein paar Jahre zuvor hätte ich vielleicht vor lauter Angst nichts über die Lippen gebracht. Aber jetzt sagte ich: »Nein, ich will weiterhin meine Kumpels behalten. Auch einen guten Leumund bei meinen Kollegen. Es wäre für mich das Allerletzte, jemanden zu verpfeifen und zu verraten, das ist nicht mein Ding. Ich will Musik machen.« – »Ja, aber ... Wir können uns doch ab und zu mal treffen.« – »Nein, ich mache das nicht.« Sie schoben mir eine Telefonnummer rüber, ich schob sie zurück, sie schoben sie wieder her, ich schob sie wieder zurück. Ich sagte noch sinngemäß, daß es Sicherheitsdienste geben muß, damit die Parität und der Frieden, sagen wir mal, der Waffenstillstand, gewährleistet ist, das verstehe ich. Aber Leute auszuspitzeln, nee, das ist niemals mein Ding. Das müßt ihr verstehen.

Weil sie aber vermutlich vor ihren Vorgesetzten schlecht zugeben konnten, daß sie keinen Erfolg hatten, oder vielleicht auch, weil sie mir nicht schaden wollten, schrieben sie: «Nach der Vorstellung als Offiziere des Ministeriums für Staatssicherheit, Genosse Kramer und Genosse Walden, wurde dem Sch. erklärt, worum es geht. Der Sch. versuchte, sich aufgrund der Feststellung, daß bisher drei Personen aus seinem unmittelbaren Arbeitskreis die DDR verlassen haben«, – dazu gehörte noch Uve Schikora –, »zu rechtfertigen, daß er daran keinerlei Schuld habe. Ihm wurde eingehend erklärt, daß es uns nicht um die Schuldfrage gehe, sondern wir diese Tatsache von der geheimdienstlichen Seite sehen. Präzise: ein Angriff auf eine führende Persönlichkeit aus dem kulturellen Bereich unserer Republik. Dem Sch. wurde klar aufgezeigt, daß es im Interesse des Staates und im Interesse seiner eigenen Person

liegt, wenn es in der Zukunft in seiner unmittelbaren Nähe keine Abwerbung mehr gibt.«

Die Sache mit der Stasi und der Kripo regte mich doch ziemlich auf, ich erzählte es sofort Aurora und den Jungs von der Band. Offenheit war die beste Abwehr.

Sie meldeten sich nie wieder.

Frank und Gäste

Ich stand mitten in den Vorbereitungen für die Sendung »Frank und Gäste«, diesmal in Leipzig, im Haus der Heiteren Muse.

Ich sprach mit Herbert Dreilich von der Gruppe Karat ab, daß er einen Titel von mir, »Die Sprache der Liebe ist leis«, singen sollte, und ich wiederum einen von ihm »König der Welt«. Dabei trug ich 'ne Mütze, quasi ein Toupé à la Herbert. Gemeinsam sangen wir noch einen internationalen Song.

Mit Rolf Herricht probte ich einen Sketch, der nicht viel Substanz hatte. Herricht meinte, wir müssen ihn schnell wegsprechen, dann funktioniert es. Ich führte ihm stolz meine Otto-Walkes-Video-Sammlung vor, er guckte und meinte: »Find ich überhaupt nicht witzig, ist ja furchtbar.« Ich dachte, das kann doch nicht sein.

Aus Polen kam das, wie ich sagte, unprofessionellste Ballett der Welt, »Die Arabesken«. Junge frische fröhliche Mädchen, die mit ihren hübschen Gesichtern und jungen Körpern letzthin alles wegtanzten.

Hans-Werner Schlase als Redakteur, Jochen Petersdorf und ich saßen nächtelang am Buch. Ich stritt über jeden Satz, ach, jedes Wort.

Die Kritik las sich dann so: »›Frank und Gäste‹ – ›Schöbel gesehn, nichts geschehn.‹ So besang er frei

nach Reinhard Lakomy seine eigene Fernsehshow, und da muß man wohl Widerspruch anmelden. Es geschah immerhin, daß man fünf Viertelstunden gut unterhalten wurde, ohne daß dabei gleich ein ganzer Kessel voller Stars und Sternchen geleert werden mußte. Frank Schöbel nonstop und immer wieder anders. Selbst die Gäste, wie der Titel des Abends verhieß, wurden zum Teil von ihm parodistisch präsentiert. Aurora Lacasa immerhin war nach längerer Abwesenheit wieder einmal auf dem Bildschirm zu erleben, um mit ihren neuesten Titel Nachweis zu erbringen, wie sich ein Talent in der Stille (weiter) bildet. Die Gruppe Karat kam, und der Wechselgesang Herbert Dreilich/Frank Schöbel gehörte zu den hübschesten Einfällen der Sendung. Und schließlich noch Rolf Herricht als begriffsstutziger Sängerkollege. Das Saalpublikum ist bei den Fernsehveranstaltungen dieses Sängers so wichtig wie die Gäste. Der Kontakt zu den Leuten, das heitere Einverständnis mit ihnen, das er scheinbar mühelos herstellt, machen seine Auftritte zum besonderen Vergnügen. Er kann es sich leisten, auch mal steckenzubleiben, über seinen eigenen Quatsch zu lachen oder sich in der Witzkiste zu vergreifen. Der Künstler ist schließlich auch bloß ein Mensch.«

Inzwischen liefen die Vorbereitungen für die nächste LP »Frank international«. Ich suchte unter großem Zeitaufwand Titel heraus, die mir gefielen und die ich auch singen konnte. So unbedingt einen von Cliff Richard »My kind alive«, natürlich von den Beatles »He Jude«, »Get back«. Den Titel aller Titel »Good vibrations ...«, zum Teil achtstimmig.

Wir mußten auch noch einen neuen Bassisten einarbeiten, nannten ihn den rasenden Robert. Er spielte in tausend Bands zur gleichen Zeit. Irgendwann muß sich wohl die Gruppe »Kreis« im Kreis gedreht haben, vermutlich sind die Jungs durch die Zentrifugalkraft aus-

einandergeflogen, und bei uns landete dann der Bassist Helmut Sickel. Er schrieb auch die Arrangements und war für jeden Blödsinn zu haben – also, genau mein Mann.

Drei Musiker der Gruppe Lift verunglückten in Polen tödlich.

Wohl jedem von uns ging die Sache unter die Haut, einmal wegen des Todes der Kollegen, aber auch, weil es jedem von uns so passieren kann. Wir alle fuhren selbst, nach zwei, drei Veranstaltungen nicht selten übermüdet, nachts nach Hause. Vor Berlin der Kampf mit dem Schlaf im Auto, Fenster runter usw.

Aurora rief Dina Straat (Sängerin und Frau eines verunglückten Musikers) an. Es war einige Zeit nach dem Tod ihres Mannes ins Land gegangen, sie konnte schon darüber reden. Und wir machten einen Termin mit ihr aus. Ich schlug ihr vor, daß sie in unser Programm einsteigen könne. Aurora wollte sich der Kinder wegen langsam aus dem Tourneegeschäft zurückziehen. Ich gab Dina Zeit, sich das zu überlegen. Sie rief mich nach einer Woche an und sagte zu.

Arbeitskreis Sänger – Paris sehen und ...

Am 2. Juli 79 trafen sich in der Generaldirektion beim Komitee für Unterhaltungskunst auf eine Einladung hin Michael Hansen, Hans-Jürgen Beyer, Andreas Holm, Aurora Lacasa, Dina Straat, Thomas Lück, Peter Albert, Muck und ich. Auslöser unseres »Sänger-Treffens« war, daß wir in einer Schlagerstudiobilanzsendung furchtbar diskriminiert wurden. Irgendwie ähnelte das Ganze einem Pferderennen, so daß wir alle stinksauer waren. Dieser Treff sollte keine Eintagsfliege sein, sondern konnte als Gründungstag der Arbeits-

gruppe Schlagersänger angesehen werden. Wir wollten Probleme, die wir alle immer wieder hatten, benennen und gemeinsam mit unseren Partnern in Rundfunk und Fernsehen, bei AMIGA, der Fachpresse, der Künstleragentur, den Konzert- und Gastspieldirektionen und auch der Generaldirektion zu lösen versuchen.
Wir sprachen zuerst über den für unsere Popularität wichtigsten Partner, das Fernsehen, und stellten unseren Überlegungen einen Satz aus der Rede von Konrad Wolf voran, die die Berliner Zeitung vom 23./24. Juni anläßlich des »Treffens Erich Honeckers mit Kunst- und Kulturschaffenden der DDR« abgedruckt hatte.

»... Aber wir wollen mehr gebraucht und mehr gefordert werden. Nicht am Rande, und nicht als Zierat.«

»Übersetzt auf unser Metier heißt das«, so schrieb ich, »wir sind mit einigen Dingen, die unsere Arbeit im Fernsehfunk betreffen, nicht einverstanden. Wir wollen eben mehr gefordert werden. Folgende Überlegungen ...« Und nun zählten wir zig Sendungen, in denen wir mitwirken konnten, auf: »Schlagerstudio«, »Kessel Buntes«, »Rund«, »Bauernmarkt« mit Einschränkungen, »Da liegt Musike drin«, »Die goldene Note«, »Tele-Lotto«, »Berlin Original«, »Burg-Party«, »Wunschbriefkasten«, »Moment bitte«, »Lutz und Liebe«, »Klock 8 – Achtern Strom«, Silvestersendungen, »Alles singt«, »Schätzen Sie mal!« und so weiter. Alles Sendungen, in denen wir meist nur ein Titelchen singen durften und oft unter unseren Möglichkeiten blieben. Wenn man die Qualität der Sendungen allerdings heute sieht, müßte man wieder Sitzungen einberufen? Na, vergessen wir das.

In meinem Kalender steht: mit Dominique und Odette spielen. Das habe ich tatsächlich eingeschrieben. Abends am Bett ein Liedchen singen, war sowieso Gesetz. Das haben wir immer gemacht, Aurora und

ich. Aber angesichts der vielen Arbeit mußte ich mir schon bestimmte Termine freiboxen.

Mit Dominique fuhr ich im September für eine knappe Woche nach Hiddensee, Neuendorf. Es war noch angenehm warm und nicht mehr so voll auf der Insel. Aurora hatte einen Wunsch: ein Bild von Herrn Finck aus der blauen Scheune. Okay, dachte ich, bringen wir ihr mit.

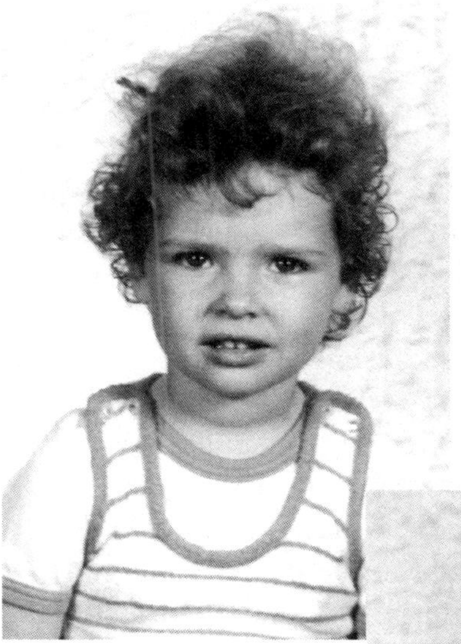

Dominique

Odette

Der Maler lebte sehr zurückgezogen in der besagten blauen Scheune und hatte auch nur Mittwoch und Sonntag zwei Stunden auf. Ich fuhr also mit dem Fahrrad und Dominique dorthin, sah viele für mich zu bunte Bilder und verliebte mich sofort in eins, das nur aus den Farben Weiß, Grau und Blau bestand. Eine Winterlandschaft in der Uckermark. Ich fragte ihn, ob ich das Bild kaufen könne. Er sagte: »Nein, das verkaufe ich nicht, aber ich hab morgen ein ähnliches hängen. Kommen Sie bitte nochmal vorbei.« Ich fuhr wieder hin, guckte mir das Bild an, hm, es hatte die gleiche Stimmung, es war kleiner, okay. Auch Uckermark, Weiden, still, beruhigend. Als ich es kaufen wollte, holte er seine Frau und fragte »Paßt das Bild zu dem Mann?« – »Ja«, sagte sie, »ja klar, warum denn nicht?« Er zierte sich weiter. Ich dachte, vielleicht wollte er den Preis hochtreiben, aber nein, das war es nicht. Ich sagte ihm entgegenkommend: »Sie können mich ja besuchen, wenn Sie sich von dem Bild nicht trennen können, in Berlin. Ich lad Sie ein.« – »Nein«, sagte er. Und nun kam ein entscheidender Satz, der so dumm gar nicht ist. »Man sollte im Leben nur drei Freunde haben, junger Mann. Merken Sie sich das.« Ich denke, er hat recht.

Er verkaufte das Bild schließlich an mich. Ich stieg aufs Fahrrad, Dominique schlief während der Fahrt ein, die rechte Hand fest am Lenker, in der linken hielt ich das Bild.

Als ich Aurora die Geschichte erzählte, meinte sie, sie wäre nach 5 Minuten gegangen.

Nebenbei bereiteten wir ihre Sendung vor. Sie war meist bei meinen Besprechungen dabei, in diesem Fall war es umgekehrt.

Die Sendung wurde im Spreewald, in Schlepzig aufgezeichnet. Da sich Aurora einige Texte schlecht merken konnte, rief ich ihr diese wie ein Souffleur zu. Ich

war froh, ihr einmal etwas von dem zurückgeben zu können, was sie ständig für mich tat.

Regie hatte Karl-Heinz Boxberger mit seiner Crew. Es war ein sehr angenehmes Arbeiten, und man sah auch, daß die Sendung mit viel Liebe gemacht war.

Vom 13. bis 15. September fand in Villach ein internationales Pop- und Chansonschlagerfestival statt. Ich sang dort »So war ich nie«. Christian Steyer nahm ich als Pianisten mit. Er war der Arrangeur des Titels und der große Gewinner von Villach. Denn er beteiligte sich an der Tombola, gewann den Hauptpreis und konnte für drei Tage nach Athen fliegen.

Im Oktober folgte wieder eine sogenannte Sendertournee für den Titel von Drafi Deutscher »Zwei schöne Jahre«. Im Deutschlandfunk gibt es eine feste Sendung, »Klassik, Pop etc.«, die der jeweilige Interpret selbst moderiert; in Stuttgart »Fröhliches Wochenende« im Hessischen Rundfunk, Saarländischen Rundfunk, in TV und Presse.

Dieter (Namen sind Schall und Rauch) war mit mir als Promotor unterwegs, und manchmal schämte ich mich für ihn. Er fuhr zum Beispiel mit mir zu einem Redakteur, sah einen Stapel Singles, schmiß sie alle in den Papierkorb, legte meine hin und sagte: »Die mußt du spielen!« Ja, vielleicht ist das witzig unter Bekannten, aber doch nicht, wenn man den Menschen zum ersten Mal sieht. Ich wußte nicht, wohin mit mir. Einmal kniete er sich vor einer Redakteurin nieder, und griff sie voll ... Das fand er toll, Totalpromotion. Ich dachte, bloß weg hier.

Im Rundfunk hatte ich wieder einen Marathontermin, von 0.30 bis 6.30 Uhr früh. Ich sang einen Titel von Gerd Welkisch »Hier hab ich mit dir gelebt«, Text Gisela Steineckert. Dieses Lied war fürs Festival in Paris gedacht, das am 31. Oktober im Theater de Champs Elysees stattfand. Der Song wurde angenommen, und

– hurra – ich durfte nach Paris! Aurora fuhr mit, so hatte ich eine gute Dolmetscherin.

Du kennst den Spruch, »Paris sehen und sterben« – ersteres machte ich ausgiebig. Natürlich Eifelturm, klar Arc de Triomphe, wir wohnten sogar fast in der Nähe, die Seine, auch Quartier Latin, das Viertel, wo sich die begabten Straßenkünstler tummeln. Faszinierend. Aurora hatte eine Freundin, die uns einlud – gutgemeint – zu Tintenfisch. Der war wohl nicht mehr ganz tintenfrisch, sondern schon ein älterer Kollege, und so lernten wir auch viele französische Toiletten kennen und beinahe hätte sich auch der zweite Teil dieses Spruches bewahrheitet!

Am Festival selbst nahmen sieben französische Newcomer teil, von denen einer gewann, der dann in den internationalen Block kam. Das Feld, muß man sagen, war nicht so wahnsinnig anspruchsvoll, aber ich hatte möglicherweise mit dem Lied schlechte Karten. Vielleicht hätte ich unter den ersten drei landen müssen, aber wir kennen das vom Eiskunstlaufen im Fernsehen: Publikum und Juroren sind nicht immer einer Meinung, und wer weiß, was für Interessen eine Rolle spielen.

Auf jeden Fall war das DDR-Fernsehen mit einer Kamera da, weil man den vermeintlichen Erfolg festhalten wollte. Ein akkreditierter DDR-Journalist, stand hinter der Bühne. Unten saß der Komponist. Und so ging es dann: »... 5. Preis, 4. Preis.« Naja, dachte er, jetzt kommt es gleich. »... 3. Preis« – nichts – »... 2. Preis« – nichts. Und jetzt, dachte er: naja, ha'm wir's geschafft, kann's ja nur noch der 1. sein. Und der 1. Preis war es dann auch nicht. So'n verdutztes Gesicht eines Komponisten habe ich nie wieder gesehen. Ich mußte – ehrlich gesagt – schon ein bißchen feixen.

Eigentlich war das Festival auch ein bißchen zu klein, um es an die große Glocke zu hängen. Aber die DDR

war weit, und hätten wir gewonnen, hätte man garantiert einen großen Sieg daraus gemacht.

Der Journalist mit seiner Kamera zog traurig ab, klopfte mir auf die Schulter und sagte: »Fränki, mach dir nichts draus. Zu Hause weißte, wer de bist. Laß dich hier nicht verscheißern.« – »Ach«, sagte ich, »kein Problem.«

Wir waren noch zu einem kleinen Empfang eingeladen, und eine Französin wollte mir ein riesengroßes Kompliment machen und meinte, ich hätte viel Talent zum Singen und sollte es doch beruflich machen!! Ich lächelte freundlich, ich verstand sie ja eh nicht, und später, als es mir Aurora übersetzte, war sie viel mehr getroffen als ich.

Die »Bunte« sagte sich an und wollte ein Interview. Das Beste war daran der Einstieg: »Berlin-Ost. Pablo-Neruda-Straße. Ein großer Block mit grauen Mietskasernen«, das waren unsere Neubaublöcke. So schlimm sahen sie nun auch wieder nicht aus. Und weiter: »Der Fahrstuhl in Nummer 17 ist kaputt. Wir auch. Nach dem Marsch hinauf durch ein vergammeltes, schäbiges Treppenhaus in den zehnten Stock.« Zwei Monate später wurde unser Treppenhaus renoviert. Es hatte was genützt. Dank an die Zeitung. Und weiter: »Hier oben links residiert Frank Schöbel, 37, Topschlagerstar der DDR und so populär wie bei uns Udo Jürgens.« Plötzlich war ich der Udo Jürgens der DDR. »Aus sozialischer Solidarität lebt er bescheiden.«

Ich lebte nicht aus sozialistischer Solidarität bescheiden, sondern weil ich das so wollte. Aber das ging in ihre kleinen, verwöhnten Schädel einfach nicht rein. »Locker«, so schreiben sie, »in Hemd und Jeans begrüßt er uns. Fünf schöne helle Räume, teils nostalgisch, teils modern eingerichtet, lassen das Deprimierende draußen vergessen. Die freundliche Gastgeberin, Aurora Lacasa, trägt auch noch dazu bei. Mit der zier-

lichen Sängerin französisch-spanischer Abstammung und den gemeinsamen Töchtern Dominique-Franka, drei, und Odette-Marie, anderthalb, lebt der sächsische Lockenkopf seit vier Jahren zusammen. Und er lebt gut.«

Ja, das hab ich gesagt, und ein Auto war für mich nicht zum Rumprotzen da. Außerdem hat mir das mein Anstand verboten.

»Ich finde«, sagte ich, »daß die Dankbarkeit bei uns irgendwie ehrlicher ist, ursprünglicher. Bei euch wirkt alles wie Routine.«

In der Jungen Welt gab es auch ein Interview mit mir, ausführlich; es ging nicht ums Geld, nicht um Autos, sondern um Inhalte in meinem Beruf. So die Frage: »Welche angenehmen und vielleicht auch unangenehmen Seiten hat Popularität?« – »Ich gebe zu, daß ich schon als Junge immer berühmt werden wollte, damals durch den Sport. Daß ich es dann irgendwann mal mit der Musik werden würde, daran hab ich im Leben nicht gedacht. Ich habe Mechaniker gelernt und weiß, daß an der Maschine keine Leute stehen und klatschen, wenn ein Werkstück fertiggedreht ist. Es ist deshalb schön für mich, während ich singe, gleichzeitig die Freude der Zuschauer an meinen Liedern mitzuerleben, ihre Wirkung so unmittelbar zu spüren. Man wird von vielen Menschen gekannt, geachtet, auf der Straße freundlich gegrüßt und angelacht.« An anderer Stelle: »Für mich ist das Geld nicht entscheidend, was ich für meine Arbeit bekomme, sondern die Arbeit selbst und die Freude daran. Dieser Beruf ist für mich eine Art Aufgabe, und wenn man ihn gut und ehrlich ausübt, kann man auch mit dem Schlager die Seele des Menschen erreichen.« – »Wo findest du Ruhe?«, so die Junge Welt. Schöbel: »Wenn ich das sagen würde, hätte ich dort auch keine mehr. Eigentlich bin ich immer in Unruhe, suche nach Neuem, stelle alles in Frage, was ich

bereits gemacht und gedacht habe. Mein Publikum erwartet stets neue Hits. Dieser Druck lastet auf mir, finde mal was, das den meisten Leuten gefällt und noch nicht da war.«

PdR – Oertel-Kessel und »Minchen«

Im November-Kessel, den Heinz Florian Oertel moderierte, hatte ich einen ziemlich großen Auftritt. Das Olympia-Lied, »Saved by the bell«, »Zwei schöne Jahre« und einen gemeinsamen Gag mit Heinz Florian, in dem wir die Sportkommentare sangen. Zum Beispiel »Was machst du mit dem Knie, lieber Hans?«, und man sah im Bild Hansi Kreische. »Gold in deinen Augen«, und du sahst einen Boxer mit 'nem blauen Auge. Und so weiter. Das Publikum reagierte von schmunzelnd bis laut lachend.

Oertel erzählte dann, daß ihm auch dieser und jener Versprecher passiert sei – und versprach sich dabei. Ich konterte sozusagen aus der Mütze: »Na, ein kleiner Schnitz(l)er, wa?« – »Oh, hör auf«, sagte er. Und die Leute tobten im Palast der Republik.

Die neue Wohnung erwies sich doch nicht als so ideal, wie ich dachte. Das alte Problem mit der Lautstärke. Und wir hatten sogar im 10. Stock Mäuse. Die kamen irgendwie übers Dach. Aurora dachte, sie sieht Gespenster. Ich stellte Fallen auf, und zack – tut mir leid!

»Die Kinder müssen an die Luft«, meinte Aurora. »Wir müssen irgendwas finden, eine Datsche oder ein Haus.« Ich war eigentlich immer dagegen. Ich wollte das nicht, ich wollte im Neubau bleiben. Mein Freund Schulle, ein beredter Mensch, führte uns rum und auch zu Kollegen, die ihre Häuser eigentlich gar nicht ver-

kaufen wollten. Schulle sagte, der verkauft, kannste dich drauf verlassen. Guck es dir erstmal an.

So landeten wir auch bei Armin Mueller-Stahl. Minchen, wie ihn Freunde nennen, war mit seiner Geige auch Gast in unserem Programm. Er hatte ein wunderschönes Haus in Wendenschloß am Wasser. Wir klingelten, warteten, und plötzlich kam Armin ganz langsam angelaufen. So kann das nur ein Schauspieler. Auf halbem Wege rief er mir zu: »Sag mal, seit einem Jahr besucht mich hier kein Mensch mehr. Außer den zwei Freunden, die ich habe. Bist du todesmutig? Was treibt dich denn zu mir? Du willst doch nicht etwa mein Haus kaufen?« – »Um Gottes willen«, sagte ich. Und dachte, hoffentlich sieht er es mir nicht an.

Draußen zwei unauffällige Radfahrer – da waren sie wieder.

Armin bat uns ins Haus, wir unterhielten uns, drei, vier Stunden. Er erzählte, warum, weshalb, saß auf gepackten Koffern. Wir redeten über den kranken Patienten DDR, und alles war so traurig.

Später, bei einer Preisverleihung nach der Wende, traf ich ihn wieder.

Er freute sich, wir begrüßten uns, und ich sagte ihm: »Du, als ich damals bei dir war, da mußtest du ja denken, die großen Ohren haben mich geschickt. Dabei wollte ich dich doch wegen deines Hauses fragen, und hab's nicht über die Lippen gebracht.« – »Mensch«, sagte er, »ist schon in Ordnung.«

Und immer wieder gab es Komiteesitzungen. Ich saß und saß, dabei hatte ich zwei Veranstaltungen. Eine um 14 und eine um 17 Uhr in Zittau. Früh die Sitzung, also mußte ich spätestens 10.30 Uhr los, damit ich noch nach Zittau kam. Ehrlich gesagt, ich wußte, als ich auf der Bühne stand, manchmal gar nicht mehr, bin ich auf 'ner Sitzung oder auf 'ner Mugge und in welcher Stadt? Bei mir staute sich indes solch eine Wut, daß

ich mit all diesen Dingen belastet wurde, statt die Birne frei zu haben, auf der Bühne zu stehen und fürs Publikum dazusein. Stück für Stück vermiesten sie mir meine Laune mit Problemen, die ich eh nicht klären konnte. Da hatte ich mir was aufgehalst.

Im Dezember war wieder »Einmal im Jahr«. Ich machte den zweiten Platz mit »Alles im Eimer, Christina-Marie«, und Aurora verkündete im Fernsehen, daß sie aufhört, um sich ihren Kindern zu widmen.

Sie sang an dem Abend mein Lied »So war ich nie«, anders als ich, aber sehr schön.

Ich fuhr kurz darauf zur »Schaubude« nach Hamburg.

Weihnachten nahte. Ich hasse es, Karten zu schreiben, lieber rufe ich an. Haste schon mal erlebt, daß Dir jemand ein beschissenes Weihnachtsfest wünscht? Das wär wenigstens mal was Neues, aber das hast du ja vielleicht sowieso.

Und noch etwas: Seit 79 trage ich ein Interview mit mir rum, das Havemann einer westdeutschen Zeitung gegeben hat. Darin heißt es: »In den kommenden Jahren wird in Osteuropa etwas geschehen, und die wirtschaftliche Krise wird sich auch dort zeigen. Die wirtschaftlichen Systeme dieser Welt sind nicht so sehr verschieden, wenn es zur Stichprobe kommt. Dann werden wir von der Krise betroffen sein, und zwar genau deshalb, weil wir keinen Sozialismus haben. Die eigentliche Krise des Regimes sei, daß man nichts aus den Irrtümern des Westens gelernt habe, sondern dieselbe Kauf- und Wegwerfgesellschaft schaffen wolle. Man versuche, mit nichtkapitalistischen Methoden mit dem Kapitalismus zu konkurrieren, was selbstverständlich nicht gehe. Das Ergebnis ist eine Verbrauchergesellschaft, die wie ein Klumpfuß hinterherhinkt.« Das war auch meine feste Überzeugung. Und überall, wo ich es anbringen konnte, holte ich mein Zettelchen heraus

und las es vor. »Die wahren Ziele einer sozialistischen Wirtschaft seien nicht äußeres Wachstum, sondern das innere Wachstum, das Wachstum an Qualität. Wo Dinge produziert werden, die lange halten. Wachstum bei der Freiheit, Wachstum bei der Entwicklung des Menschen. Diese Probleme aber würden im Westen diskutiert, nicht im Osten. Wir haben keinen Sozialismus, aber wir haben auch keinen Kapitalismus. Wir haben eine staatsmonopolistische Gesellschaft. Marx sei ein furchtbarer Revisionist gewesen. Und das gleiche bin ich. Es muß eine schlimme Sache sein, sein ganzes Leben mit denselben Überzeugungen zu leben.« Na, den letzten Satz fand ich ja toll. Und irgendwann habe ich diese Überlegungen in 'ner Zeitung untergebracht, allerdings bezogen auf musikalische Dinge, es war sogar die Armeezeitung!

1980 – 1. Kessel moderiert – geheime Wahl

Das »Du bist zu jung«-Jahr 1980 steht bevor, und wir feiern fünf Jahre »etc.« Wieder lagen vor uns 200, vielleicht sogar 250 Konzerte. Daneben wie immer die Fernsehsendungen, die Platte »Wovon ich träume« mußte komponiert, getextet, arrangiert, getestet werden; man überlegt hin und her, ob's die Titel auch wirklich sind. Dann etwa über anderthalb Monate Aufnahmen. Die verhaßten Fototermine. Und nach neun Monaten (Du kennst das schon) ist es dann soweit ...

Daneben lief die ziemlich aufreibende und zeitintensive Arbeitsgruppe der Schlagersänger. Die Einsicht, daß man eigentlich nur im Kreise rumgetrieben wurde und sich mit Problemen rumschlug, die nicht zu lösen waren, weil die Gesellschaft die ökonomischen Voraussetzungen nicht schaffen konnte, nahm über-

hand. Wie ein Pappkamerad am Hofe kam man sich vor. Und trotzdem hoffte man, dachte, laßt es uns versuchen, vielleicht verändert sich doch noch was.

Der stellvertretende Minister für Kultur, Siegfried Wagner, berief mich im April 1980 zum Vorsitzenden des Arbeitskreises »Schlagerinterpreten« mit folgenden Worten: »Im Zuge der Verwirklichung grundlegender Orientierungen der Konferenz für Unterhaltungskunst der DDR wird der Arbeitskreis ›Schlagerinterpreten‹ des Komitees für Unterhaltungskunst weiter profiliert, um damit einem ausgewählten Kreis freischaffender Unterhaltungskünstler dieses Genregebietes eine geistig-politische Heimat und ein Forum für Diskussionen über spezifische künstlerische Probleme zu geben ...« Zuerst – und so war es immer – wurden die politischen Dinge genannt, und hintendran die künstlerischen Probleme. Eigentlich müßte es umgekehrt sein, denn wir sind keine Politiker, sondern Sänger.

Das erste, was ich bei der nächsten Zusammenkunft durchsetzte: wir machten eine geheime Wahl. Ich wollte wissen, wer sagt: Nein, den will ich nicht, der verschafft sich nur Vorteile ... – was eigentlich gar nicht ging, denn erstens hätte man ohne diese Funktion ruhiger leben können, zweitens konnte man eigentlich nur Fehler machen. Aber ich wollte wenigstens wissen, ob ich das Vertrauen der Kollegen hatte. Auch die Stellvertreter und alle anderen Funktionen wurden geheim gewählt. Wir waren eine kollegiale Truppe, vielleicht auch deswegen, weil jeder seinen Tätigkeitsbereich und voll zu tun hatte. Neid kam kaum auf, es gab kleine Flapsigkeiten, und jeder wußte, was er vom anderen zu halten hatte, einschließlich von den drei, vier Kollegen, mit denen nun wirklich keiner was zu tun haben wollte, und die ließ man links liegen.

Zu Hause hingegen war die Situation glasklar: Nachdem Dominique drei und Odette zwei Jahre alt

waren und Aurora bei der Geburt den Vater nicht angegeben hatte – es fragte auch niemand danach –, ging ich zur Abteilung Jugendfürsorge im Rathaus Köpenick. Dort kannte man mich ja schon (Du weißt, siehe: »Ich dreh ihm ein Kind an!«), und ich sagte: »Jetzt hab ich ein Kind, ja, sogar zwei, und möchte sie auch gerne zugeben.« – »Ja, aber natürlich, kommen sie rein, wir klären das.«

Eine kleine BRD-Tour fand statt, gesponsert von Musikgeschäften und einer Bank. Es ging von Kassel aufwärts Richtung Hannover. Wir spielten nur eigene Titel. Das war für meine Begriffe auch der Sinn der Sache, denn internationale Titel konnten auch andere singen, und so erreichten wir mit unseren Liedern das Publikum, sogar an einem Veranstaltungsort wie dem Leine-Domizil in Hannover. Eigentlich waren wir im verkehrten Laden, sonst traten dort nur Jazzer und Rocker auf.

Die Kritik fiel so aus: »Erfolg – aber ohne Pose: Frank Schöbel im Domizil. Gut, in der DDR ist Frank Schöbel das, was ein Udo Jürgens bei uns ist, aber würde er ausgerechnet im Leine-Domizil mit seiner Musik gut aufgehoben sein? – Das geht doch schief, wurde fleißig geunkt. – Schöbel bittet dann auch gleich um musikalische Toleranz, und eigentlich entschuldigt er sich während seines ganzen Auftrittes dafür, daß er überhaupt da ist. Was er dann aber zu bieten hat, kann sich hören lassen, wenn es auch nicht den Musikstil trifft, der sonst im Domizil zu Hause ist. Schöbels Stimme ist anzuhören, daß sie ausgebildet ist. Seine Band begleitet mit viel Können, begeistert schließlich solo mit schwarzen Blues-Titeln. Wohl niemand hätte daran geglaubt, daß Schöbel nach dem eigentlichen Konzertende noch eine gute dreiviertel Stunde mit Zugaben beschäftigt sein würde. Sie sind halt doch von anderer Couleur, die DDR-Künstler. Bei ihnen fehlt die bla-

sierte Tuerei, deren sich bei uns so viele vermeintliche Überflieger befleißigen.«

Wir verlasen auch immer Nachrichten auf der Bühne. Man muß sich ins Jahr 80 hineinversetzen. Heute, bei der Harald Schmidtschen Variante, die ich oft *sehr* mag, ist man viel Härteres gewöhnt: »Guten Abend, meine Damen und Herren, und nun die Nachrichten: Rostock. In den heutigen Morgenstunden entgleiste eine Straßenbahn der Linie 08 15. Ein Schüler hatte ein Kaufhallenbrötchen auf die Schienen gelegt. Oberhof. Beim gestrigen Ski-Springen wurde ein sensationeller Schanzenrekord aufgestellt. Den Springer suchen sie heute noch. DDR im allgemeinen: Wie wir erfahren haben, sollen in der DDR künftig Trauungen auch nachts durchgeführt werden. Der Grund: viele finden den Weg zum Standesamt auch noch im Dunkeln, so oft sind sie ihn schon gegangen. Am vergangenen Montag gab der Minister für Ersatzteile und Radialbereifung eine Pressekonferenz, die allgemein starke Beachtung fand. Auf die Frage eines Journalisten, ob sich die Ersatzteillage in Zukunft verbessern oder weiter verschlechtern werde, antwortete der Minister mit einem eindeutigen Ja. Und wie immer zum Abschluß der Nachrichten der Wetterbericht: In den südlichen Bezirken und Tageszeitungen stellenweise Nebel, später vom Westen etwas Aufklärung. Im Mittelgebirge und Schwergewicht vereinzelte Niederschläge. In den Nachtstunden Bevölkerungszunahme und zwischen Riesa und Rio de Janeiro auch weiterhin Schienenersatzverkehr. Das waren die Nachrichten. Guten Abend.« Es folgte ein Mix aus dem musikalischen Vorspann der »Tagesschau« und der »Aktuellen Kamera«. Einmal hatten wir sogar eine Bombendrohung. Die Veranstaltung fand nicht statt. Wir machten daraus einen »Bombenerfolg«.

Spaß hatten wir beim Festival der Ostseeländer, da-

mals »Menschen und Meer« in Rostock. Der Direktor der Konzert- und Gastspieldirektion Rostock, Herr Kalkofen, hatte dieses Festival aus der Taufe gehoben und gepflegt. Nach den Auftritten saßen wir gern mit dem Cantus-Chor, mit Vlady Slezcak und Co., im Restaurant des »Warnow-Hotels«, zusammen und haben gesungen. Beatles-Songs und die großen internationalen Standards rauf und runter bis in die Morgenstunden.

In diesem Jahr moderierte ich zum ersten Mal den »Kessel Buntes«. Es war die 46. Sendung. In der Rezension war zu lesen: »Wer seine freundliche Einladung nicht annahm, der hatte eine rundum gelungene Unterhaltungs-Show versäumt. Der populäre Sänger offerierte mit der ihm eigenen Natürlichkeit, dem auswendig gelernte Sätze ebenso fremd sind wie förmliche Steifheit und gekünstelte Lockerheit, ein vielgestaltiges, abwechslungsreiches Programm, das er selbst ideenreich mitgestaltete. Als Moderator, als Gesangssolist natürlich, aber ebenso im Dialog und im Duett

mit etlichen seiner Gäste.« Das war das Neue an dem Kessel, und man merkte es auch positiv an den Zuschauerzahlen. Diese Art, mit den Gästen etwas gemeinsam zu tun, sich nicht in den Vordergrund zu stellen, sondern mehr in den Dienst der Sache, wurde in den folgenden »Kesseln« wieder aufgegriffen und variiert.

Ich hatte Judit Szüscz aus Ungarn zu Gast, Josef Laufer aus der ČSSR, der sich als singender Artist präsentierte, Rolf Herricht, mit dem ich einen Sketch spielte: Er kam und sagte: »Sie brauchen einen neuen Drummer, hab ich gelesen.« – »Ja, ja, das ist ein Jammer, äh – ein Hammer ...« Und ich erklärte ihm das Schlagzeug. Große Trommel, Gas und Bremse und was weiß ich alles ... Das muß so echt gewirkt haben, daß ich tatsächlich Angebote von Leuten bekam, die bei mir als Schlagzeuger einsteigen wollten.

Agnes Kraus war dabei, die einen »Kessel«-Mini-Auftritt hatte, der ganz rührend war. Um Agnes für diesen Auftritt zu überreden, ging ich gemeinsam mit Aurora zu ihr ins Berliner Ensemble. Sie hatte gerade geschwollene Lippen, hielt immerzu die Hand davor und sagte: »Ick hab ma doch die janzen Lippen kaputt jemacht. 'ne Kollejin hat ihre französischen Lippenstifte, die warn fuffzehn Jahre alt, ausjemistet und einfach wegjeschmissn. Dit tat mir so leid, daß ick ma 'n paa jenomm habe. Da muß ick ma wo de Lippn vajiftet ham.« O Gott. Als ich ein nächstes Mal zu ihr kam, meinte sie: »Stelln Se sich ma vor, der an da Pforte, der hat ma jegrüßt. Der hat wohl mit Ihnen mal im Fülm ›Heißa Somma‹ mitjespielt. Und denn sachta zu mir, dit erste Mal ›Tag Agnes‹. Der hat ma noch nie jegrüßt, und denn hatta jesacht: ›Mensch Agnes, jehste ooch zum Beat?‹«

Laut Rezension kam »Als krönender Höhepunkt des kurzweiligen Abends: Mireille Mathieu. Die kleine

Französin mit der großen Stimme, die nagelneue Titel und erfolgreiche Evergreens einschmeichelnd, leicht melancholisch zu Gehör brachte und sich gerührt vom überaus applaudierfreudigen Cottbusser Publikum gemeinsam mit Frank Schöbel mit einem Liebeslied verabschiedete.« Ich sang ein irisches Volkslied mit ihr, das in Frankreich zu Silvester, also zum Abschied eines Jahres oder auch eines geliebten Menschen gespielt wird. Dabei geht ja auch gern ein bißchen die »Träne rein«.

Wir produzierten es vor, um es dann playback im »Kessel« zu singen, nicht zuletzt, weil Mireille den deutschen Text innerhalb eines halben Tages lernen mußte. Ich war ihr sehr dankbar, daß sie sich darauf einließ.

Ihr Manager Jonny Stark lud mich nach Frankreich zu seiner großen Show ein, wozu es nie kam. Ich weiß nur, daß Mireille mich fragte, ob ich auch französisch sprechen könnte. Und ich: »Ja, ein bißchen, zu Hause sprechen wir französisch mit den Kindern: petit peton, les yeux, la bouche, na und alles, was man mit Kindern spricht: kleine Füßchen, Augen, Mund usw.« Und dann gab es unter Musikern zu dieser Zeit so einen Spruch: »Ich mach dir 'n Ding!« Nicht böse, ganz locker und nett gemeint. Ich ließ es mir mal von Aurora übersetzen, und brachte es jetzt ziemlich stolz bei Mireille an: »Je te fais un truc.« Keine Regung. Na, dachte ich, haste falsch betont. fe oder fö – vielleicht noch 'n bißchen mehr französisch? Ich versuchte es wieder und wieder: »Je te fais un truc. Je te fais un truc. – nichts! Nochmal, wieder nichts. Und dann dacht ich: Es macht vielleicht keinen sehr guten Eindruck, wenn ich laufend zu ihr sage: »Ich mach dir 'n Ding – Ich mach dir 'n Ding!« Wirst mal lieber aufhörn.

Beim Playback dieses Titels in der Sendung schaute Mireille mich sehr intensiv an, ich denk mal, daß wir uns sympathisch waren und weil sie den Text von mei-

nen Lippen ablesen wollte, um keinen Playback-Fehler zu machen.

Aurora war dieser Blick nicht entgangen, sie meinte: »Ja, war sehr schön. Aber, wie war denn das mit Mireille, äh ...« (ganz leise und vorsichtig fragend) »War da mehr?« – »Nein! Was denkst du.« – »Sie ist sonst immer ziemlich unnahbar. Ich habe sie noch nie so weich in ihrem Blick gesehen«, und fügte kokettierend und lieb hinzu: »War schon 'n bißchen eifersüchtig.«

Ich selbst sang ein Lied von der neuen LP, »Du bist zu jung« und schrieb extra für den »Kessel«: »Man kann sich dran gewöhnen.« Der Text stammte von Jochen Petersdorf.

Meine beste Nummer im »Kessel« war wohl, als ich linksseitig halb Mann, und rechtsseitig halb Frau war, die »Carmen« sang und am Ende feststellte, daß wir Frank und Frank sind. Das Kostüm, extra vom Fernsehen geschneidert, zog später jemand zum Fasching an. Es ging leider aus dem Leim, und ich konnte die Nummer nie wiederholen. Auch die TV-Aufzeichnung wurde gelöscht. Schade, von dem »Kessel« ist nicht viel übriggeblieben.

Gradmesser, wie eine Sendung angekommen ist, sind aber die Reaktionen des Publikums. In Briefen konnte man es lesen. Und ich merkte es auf der Straße oder beim Bäcker und Fleischer.

Ich hatte mich auf ein kleines Späßchen eingelassen: In einer Fernsehsendung singend Schlittschuh zu laufen. Mehr schlecht als recht. Während meine Kollegin, die Sängerin Karin-Maria, früher mal Eiskunstläuferin war, ließ ich mich nicht lumpen und lief zu dem Titel »Man kann sich dran gewöhnen«. Ein Lied, das eh nicht ganz ernstgemeint war, und so konnte man auch mein Schlittschuhlaufen verstehen.

Während der Fernsehaufzeichnung in der Werner-Seelenbinder-Halle traf ich meinen alten Freund: Paul

Pappke. Er war, als ich anfing mit dem Musikmachen, Schlagzeuger, der gelegentlich bei uns in der Band einsprang. Ein typischer Berliner und lustiger Vogel, sorgte immer für Spaß: Wir spielten, Paule macht 'n Trommelwirbel, schmiß die Stöcke in die Luft, aber mit Auffangen war nicht; die flogen sonstwohin, und wir haben eine Minute ohne Schlagzeug gespielt. Paule suchte seine »Knüppel«.

Er meinte immer ganz stolz, mit so nervösem Zucken in den Augen: »Ick hatte Vertrauensstellung bei Natschinski! Frank, wenn wat is, ick jeh dir zur Hand. Ick mach allet!« Dumm gelaufen, ich bin ein Typ, der lieber alles selber macht. Mich stört es in der Arbeit, wenn laufend jemand um mich rum ist – macht mich irre. »Paule, es tut mir leid. Ich würde ja gerne, aber ... hm.« Als er mir etwas auf dem Xylophon vorspielte, kam ich auf die Idee: »Mensch Paule, willste nich mal 'ne Mugge bei uns mitmachen?« – »Mensch Fränki, det wär ja, det wär ja det Jrößte!« Er war schon an die Siebzig. »... und noch een mal off de Bühne stehn und dededededededdlidillididit und den weiß ich ›Hummelflug‹ oder – wie die Teile alle heißen – für Xylophon – noch mal richtig runterzuscheppern – Dit wäret!«

Ich sagte: »Paule, geht klar! Am soundsovielten haben wir eine Nachmittagsveranstaltung, da ist auch älteres Publikum drin. Und Paule, du bist mein Gast.« – »Na Fränki, mach ick doch jerne!« Paule kriegte 'n kleines Honorar, packte alles ein und ging mit uns auf Tournee ... Er war nicht wiederzuerkennen, war wie ausgewechselt, spielte das Blaue vom Himmel runter. Die Band begleitete ihn. Ich sagte ihn an, ganz einfach, daß er mein Freund sei und daß wir alle mal ein paar Tage älter werden ... Paule bekam einen gewaltigen Beifall. Am Schluß sprang er noch übers Xylophon, wie er es früher immer gemacht hatte.

Später verkaufte er es mir, und noch einige andere Schlag-instrumente – eine kleine Trommel, ein paar Becken. Er sagte: »Ick nehm se nich mit ins Jrab. Und ick wär froh, wenn ick noch ’n paar Mark habe, bevor ick ma hiea abmelde.« – »Klar, mach ick doch.«

Paule, und wenn de dit jetzt von oben liest: ick grüß dir, meen Kleener. Ick denke oft an dir. Allet klar?

Es gab wieder eine Schlagerbilanz-Sendung 1980. Ich war mit drei oder vier Titeln dabei, darunter »Du bist zu jung«.

Wir trafen uns in Cottbus, abends nach der Probe, mit den Kollegen und redeten über dies und das. Hans-Jürgen Beyer probierte oft, ob seine Stimme noch »ging«. Hm Hm Hm – so’n Dreiklang in Oktaven – unten, mitte, oben. Nachdem er das am Abend mehr aus Nervosität paarmal gemacht hatte, sagte ich ganz trocken: »Beim letzten Ton des Hans-Jürgen Beyer war es genau 22.10 Uhr.« Da lachte er wie eine Koloratur-Sängerin.

Mit Karat, Puhdys, Vroni Fischers und meinen Musikern saß ich bis spät in die Nacht. Wir blödelten und erzählten uns die neuesten Witze. Unserem Schlagzeuger Norbert gingen sie nie aus: »Meine Frau ist ein Engel. – Hast du ein Schwein. Meine lebt noch.« Dann ließ er einen nach dem anderen brennen. Der Hammer auf der Bühne war sein »Tauschangebot der Woche«: »Tausche Kalaschnikow gegen Lunikoff.« Hm, da bekam ich dann schon mal den großen politischen Finger aus der Abteilung Kultur im ZK von Dr. Jürgen ... Es gab eine Eingabe aus Halle, 5 sogar, »Hör mit sowas auf! Sag das deinen Musikern!« – »Hm, ja« – und wir machten es weiter. Andere allerdings wären dafür möglicherweise in den Knast gegangen. Wir hatten Narrenfreiheit.

1966

Reise ins Ehebett

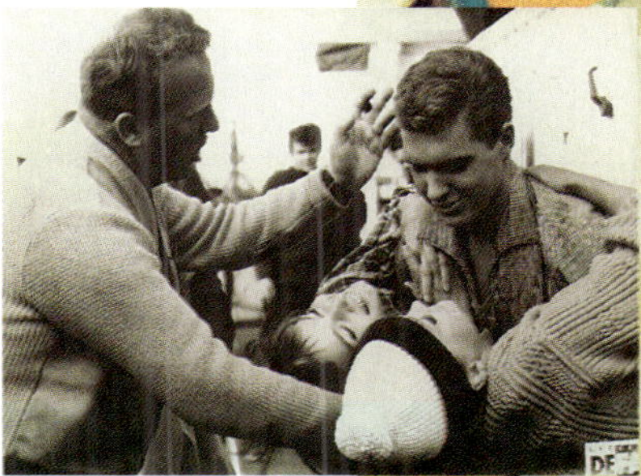

Hochzeitsnacht im Regen

In seinem Studio

urpark Berlin

1982

Auf Kuba:
Frank bodenständig
und auf der Palme

Komm, wir malen eine Sonne

1984 in Leipzig: »Alt wie die Welt« – alle Sänger eines Landes

Fernsehlieblinge 1987

1990

Frank und Aurora mit den Kindern Dominique, Odette und Alexander

Wim Thoelke, Aurora und Frank beim Großen Preis, 1990

Tour de Frank, 1996

Mit Peter Lorenz in der Bundesanstalt für Schlagergesang

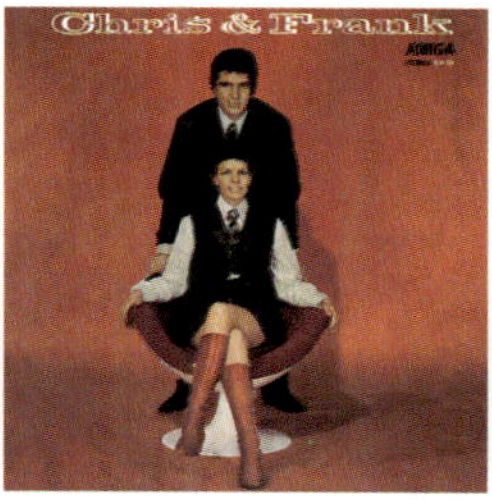

1970

1968

1971

1973

1972

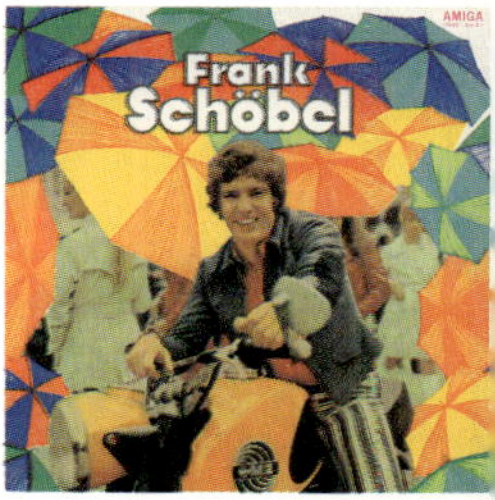

1973

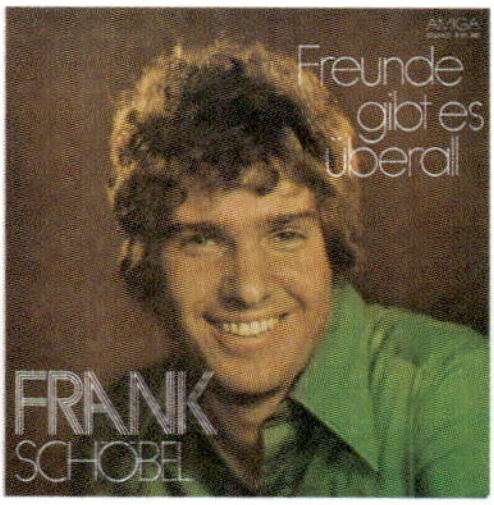

1975

1974

1975

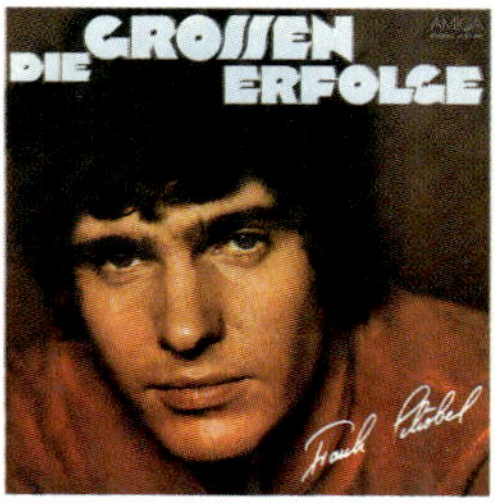

1975

1978

1977

1980

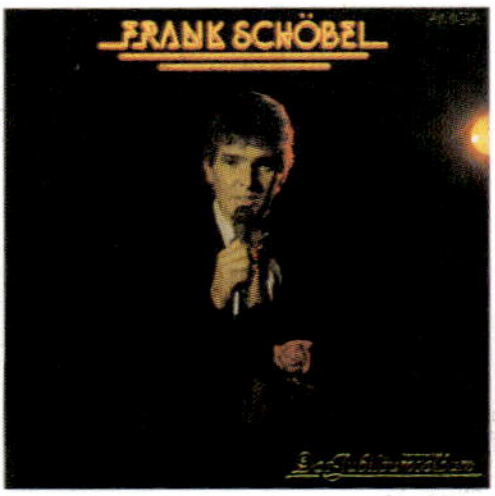

1982

1981

1985

1989

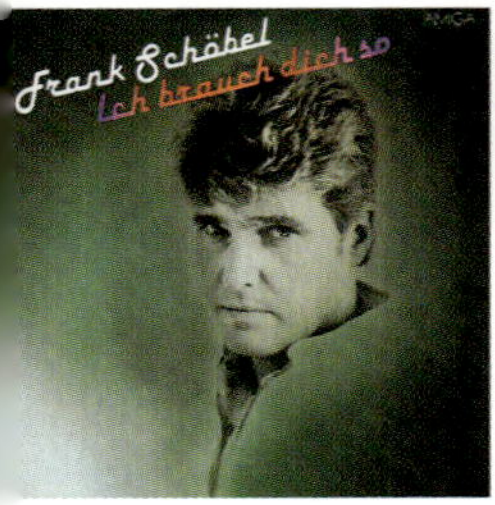

1986

1994

1995

Goldene Henne 1996, mit Stefan Schirrmacher und Uli Werfel

Hungrig nach Musik und Bier aus'm Eimer

Im »Ich liebe dich«-«Man kann sich dran gewöhnen«-Jahr 1981 steht im Kalender ein dringender Buchwunsch: Maxie Wander »Guten Morgen, du Schöne«. Distel-Karten, Gollaschs einladen, mit Axel und Mädl Eisbeinessen – haben wir bis heute noch nicht geschafft, einen Titel für Judit Szüczs schreiben, Uhlenbrocks und Wolfram Heicking anrufen, Czerny, Bisser Kirow, Lasch, Wölfi, Petersdorf, Boxi, Schlase, Jo und Manne. Arbeitskollegen, vor allem Freunde, die man nie aus dem Auge verlieren darf, und man ertappt sich dabei, wenn man beruflich eingespannt ist, zwei Kinder hat, die einen natürlich auch fordern und einem Zeit abverlangen – und das wollte man ja so und nicht anders –, daß immer weniger Zeit für die Freunde bleibt.

Am 6. und 7. Januar drehte Jürgen Brill mit mir eine Fernsehsendung bei uns in einer Köpenicker Kaufhalle. An sich nichts besonderes. Ich schlug vor, mit Rollschuhen dort einkaufen zu gehen. Inline-Skates kannte man damals (logisch) nicht und so war das schon sehr ungewöhnlich. Ich fuhr mit meinen Rollschuhen durch die Abteilungen, schob meinen quietschenden und wackligen Wagen, die waren ja meist alle leicht demoliert, vor mir her und sackte das eine oder andere ein. Es kam Freundlichkeit in der Kaufhalle auf. Genau wie bei den folgenden Fernsehaufnahmen.

Vor mir stand wieder eine Sendung »Franks Gäste«. Ich schrieb einen Titel »Mit mir könn'ses ja machen«, genauer gesagt, den Text schrieb Jochen Petersdorf. Die ganze Sache war leicht country-mäßig angelehnt à la »Lucille«. Die Aufnahme fand abends, ab 20 Uhr statt. Wir tranken noch etwas, und keiner rechnete damit, daß der Tonmeister, es war Helmar Federowski,

noch verlangte: »So ...«, es war 3 Uhr, »... jetzt singste noch.« Ich sagte: »Bist du irre? Also, dann hätte ich doch nicht ein Pfützchen getrunken.« – »Komm, laß es uns machen! Dann haben wir's hinter uns«, meinte er. Naja gut, ich war ja nicht betrunken, hatte bloß absolut keine Lust mehr. Und tatsächlich rutschte ich doch bei der ersten Aufnahme fürs Fernsehen von »Mit mir könn'ses ja machen« aus Versehen beim Vers in die Originalmelodie von »Lucille« rein. Das war schon sehr peinlich. Es hat keiner früh um halb fünf gemerkt. Passiert.

Für die Sendung folgten Tanzproben. Proben mit Herbert Köfer für einen neuen – Jochen Petersdorf nannt ihn – Bottelmeier-Sketch, mit dem wir viel Erfolg hatten. Vielleicht erinnerst Du Dich? Er ging so: Köfer kommt, ich will ihn zum Trinken überreden. Er trinkt nicht, was er zwei-, dreimal kundtut. Dann sagt er, warum er nicht trinkt. Er war gestern bei diesem Bottelmeier. Köfer: »Weißt du, wie der trinkt? Unglaublich. Er gießt das Glas voll bis zum Rand, und dann läßt er es vor der Nase kreisen und macht dabei einen Spruch ›Urr, urr, urr, uk, uk!‹, zack, haut er das Ding hinter.« Ich sag: »Wie macht der? Der gießt das Glas voll bis zum Rand, macht diesen Spruch, dieses ›Schnurr schnurr, schnurr, hau ruck, zuck?‹« Köfer: »Nee. Der gießt das Glas voll«, (gießt wieder voll), »macht ›Urr, urr, urr ...‹«, und bis wir's dann haben, sind wir so besoffen, daß wir uns mit anderen Namen anreden und auch sonst einen Haufen Blödsinn auf der Bühne machen.

Ich schrieb für Herbert Köfer noch zwei Lieder. »Man ist klein und möchte groß sein«, das er sehr gut interpretierte, und »Was wär wenn«. So hatte er einen richtig schönen runden Auftritt.

Herbert war dann über Jahre mein Gast bei zig Veranstaltungen, wir wurden Freunde.

Für die Fernsehsendungen ging es weiter mit Klamotten anprobieren, Ansagen schreiben, Kompositionen aufnehmen. Mit Eveline Matt Absprachen in der Redaktion. Ich hatte die Idee, dieses »Schüttelgerät« – kannst auch Schellenbaum dazu sagen; was ich bei der Fußball-WM entdeckte – zu bauen. Das übernahm Opi. Er nagelte zwei große Bretter zusammen. Darauf kamen die Kronkorken, die wir vorsorglich privat und in Kneipen gesammelt hatten. Ein Stiel von hartem Holz mußte her. Und schon war das Teil zusammengezimmert. In Westberlin in einem Dekorationsladen kaufte ich mir die großen Ohren mit dieser Hasenmaske. So hatte ich endlich ein anderes Gesicht im Fernse-

hen! Einige fanden das Lied ganz furchtbar. Aber bei den meisten kam es richtig gut an. Außerdem ist es damals und heute unser Problem: Mit uns könn'ses ja machen.

Vom 26. bis 30. Januar wurde die Sendung im Kleinen Saal der Stadthalle Karl-Marx-Stadt aufgezeichnet.

Wir haben jahrelang im Neubau gewohnt, zugegeben in einer für damalige Verhältnisse sehr schönen

Wohnung, in der Nähe gab es einen Wald, wo man joggen oder spazierengehen konnte, die Kaufhalle, das Schwimmbad, Schule und Kindergarten vor der Tür. Was wollte man eigentlich mehr? Auf der anderen Seite war es Auroras großer Wunsch, mit den Kindern irgendwo in Ruhe spielen zu gehen, wo sie nicht auf unseren Beruf angesprochen wurden, wollte was Eigenes. Einige unserer Freunde hatten ihr eigenes Haus mit Garten, wo wir gern zu Besuch waren, befürchteten aber, manchen auf die Nerven zu gehen. Irgendwann war ich so weit – ein Grundstück, eine Datsche?

Ein Sängerkollege gab mir einen Tip: In Stolzenhagen gäbe es so was, erstmal zum Wohnen und dann eventuell zum Kauf. Hörte sich gut an. Also zogen wir alle vier los und sahen uns das an. Ja, es waren 2000 Quadratmeter. An einem Feld gelegen, im Garten Bäume. Zwei Zimmer, Küche, ein kleines Bad. Sogar eine Garage, und neben der Garage eine Sauna. Irre! Was wir nicht wußten, wir kamen gerade in die Trennungszeit eines Ehepaares und in ein Hin und Her von Interessenslagen: verkaufen wir das Grundstück, verkaufen wir es nicht. Noch prekärer war, daß wir von der Frau erfuhren, ihr Mann könne leider nicht erscheinen, da er ein »Riesenohr« war – die rechte Hand von irgendeinem Staatsmann. Aber das ging mich ja eigentlich gar nichts an. Wir wollten unsere Ruhe haben, in der Sonne liegen, die Kinder sollten's gut haben.

Wir verständigten uns, daß wir erstmal in dem Haus wohnen und später über den Verkauf reden würden; dies mündlich, in der DDR zählte ein Wort.

Das Wohnzimmer war gleichzeitig für uns Schlafzimmer, getäfelt mit großen, dunklen Holzplatten. Ich kam mir vor, als läge ich in einem Sarg. Die Fenster vergittert, vor dem großen liefen sogar zwei Schienen mit einem rollenden Fensterladen aus dickem Holz. Es gab einen Nachtspeicherofen und ein rotes Telefon, das wir

gar nicht wollten, da ich froh war, wenn uns dort keiner erreichte. Aurora krempelte wie immer die Ärmel hoch und ackerte fleißig mit Opi. Wir brachten das Grundstück auf Vordermann. Alles wurde gemalert. Ich schnitt einige Sträucher zurück. Das Dach wurde von Kiefernnadeln gesäubert, auch die Regenrinne. Nach einem Monat war alles blitzsauber. Ich kaufte einen Saunaofen und baute ihn ein.

Es war Ende Mai, Anfang Juni. Wir lagen in dem großen Zimmer, ich konnte nicht einschlafen, bekam irgendwie Angst in »diesem Sarg«. Ich stand auf, tastete mich an der Wand lang und suchte den Lichtschalter. Plötzlich merkte ich, daß eine Platte locker war. Halb aus Übermut und halb im Ernst haute ich auf die Platte und rief: »Ihr Stasi-Schw...! Kommt raus!« Aurora sagte: »Hör auf, komm leg dich wieder hin.« Was soll ich Dir sagen! Am nächsten Tag kam die Frau mit ihrer Tochter und sagte: »Verlassen Sie sofort mein Grundstück.« Na, das war doch der Beweis.

Wir hatten alles in Ordnung gebracht, und nun durften wir das Grundstück verlassen. Aurora hat viel geweint.

Es kam ein wunderbarer Zufall zu Hilfe: Mein Schlagzeuger und seine Frau, die in Bad Doberan zu Hause war, erzählten uns von einem Häuschen, das zum Verkauf angeboten wurde. Ein kleines A-Haus, Sommerlaube nannte man das. Ich könne es haben, wenn es Andi Holm nicht nimmt. Zum Glück wollte Andi nicht. Wir fuhren hoch an die Ostsee. Sahen es, verliebten uns sofort und konnten innerhalb von acht Tagen umziehen und diese grausige Erfahrung in Stolzenhagen vergessen. Nur unsere Kinder sagten dann und wann noch: »Frau Krüger is ein Betrüger.«

Die Band hatte – ich sag es vorsichtig – ihren Höhepunkt überschritten. Ich spürte, daß wir in unserer eigenen musikalischen Soße schwammen. Es wurden kei-

ne Investitionen mehr in die Technik gemacht, man hatte seinen Standard, fühlte sich damit wohl und wollte jetzt Geld verdienen. Mancher steckte einiges an Kraft, was sicher zu verstehen ist, in Holzarbeiten in der Küche oder ein gefliestes Bad, die Gespräche kreisten nur noch ums traute Heim. Okay, ich selbst habe ja auch an die Datsche gedacht, ist schon richtig. Nur, Stillstand im Job darf es bei uns nicht geben. Das ist das Ende. Und wenn der Wohlstand wichtiger wird als die Musik, dann ist sowieso alles zu spät. Ich sah so etwas kaum bei den Rockern. Da war die Luft nicht raus. Hungrig nach Musik bleiben, nur das zählte und zählt.

Meine LP »Wovon ich träume« kam in den Handel. Man schrieb: »Dies ist eine Schallplatte, bei deren Produktion Frank Schöbel in mehrfacher Hinsicht neue Erfahrungen nutzte: zunächst die Anwendung des Prinzips der Konzeptionsproduktion auf der Grundlage eines festen Interpreten-Autoren-Teams. Darüberhinaus die Nutzung des Instrumentariums der Rockmusik für die Schlagerproduktion und nicht zuletzt die eigenständige und schöpferische Verarbeitung nationaler und internationaler Einflüsse.« Hochgestochene Worte. Wir haben ein bißchen zu Maffay geschielt, klar, nicht geklaut, aber man lebte ja nicht im luftleeren Raum, man ließ sich inspirieren und versuchte, eigenständige Lieder zu machen.

Von der Platte wollte ich ein Video fürs Fernsehen machen. Ich konnte Eveline Matt dafür begeistern und mit Boxi (dem Regisseur Karl-Heinz Boxberger) zusammen die Arbeit angehen. Ein Titel der LP »Auf dem Weg zu euch« schien mir programmatisch sowohl für meinen bisherigen Weg als auch für die Beziehung zum Publikum. Das Lied »Dein Prinz« lösten wir so auf, daß Odette und Dominique Prinz und Prinzessin spielten. Odette konnten wir nur dazu überreden, indem wir ihr versprachen, sie sei der Prinz – obwohl sie viel kleiner

war –, und Dominique war die Prinzessin. Es gab riesengroße Kullertränen, weil Dominique den Berg hinunterlaufen mußte – später wurde das in Zeitlupe gesendet – und über eine Wurzel stolperte in ihrem schönen weißen Kleid. Letztlich wirkte das so lustig, daß es Boxi sendete.

Aurora war die ganze Zeit mit dabei, von der Ideenfindung über die Redaktionsbesprechungen bis hin zum Drehen.

Und daß ich in diesem Jahr wieder, rückwirkend für 1980, im März 1981 Fernsehliebling wurde, hatte ich auch den Kollegen, Redakteuren, Regisseuren, Kameraleuten und Freunden zu verdanken. Ich schließe Aurora und die Kinder mit ein, die letztlich viel Rücksicht auf mich und den Beruf nahmen.

Den Titel »Mit mir könn'ses ja machen« hatte ich zwar schon in der Fernsehsendung vorgestellt, aber als ich ihn bei AMIGA vorspielte, wurde er abgelehnt. Im Rundfunk-Lektorat ging er am 6. April durch.

Im Sommer 81 fingen wir schon an, »Frank 20« – vorgesehen für 82 – vorzubereiten; sprachen über das Programmheft, übers Bühnenbild, Fotos für die Schallplattenhülle mußten gemacht werden. Ich entschied mich, sämtliche Auszeichnungen – egal, welcher Couleur, also vom Nationalpreis bis zum Mainzer Karnevalsorden – rauszuholen, mir an die Brust zu hängen und auf russischen General zu machen. Ich steckte die Zunge noch in die Backe, also ein Ausdruck wie: Kann jedem passieren. Die harmloseste Variante wurde dann für das Cover genommen.

Über meinen Freund Wölfi Martin, der beim Rundfunk arbeitete und mir bei Promotion-Aktivitäten half, stellte ich alle Titel der LP den Rundfunkredakteuren vor, um sie von vornherein mit einzubeziehen. Das war damals neu, aber in gewisser Weise auch leichter, da alle großen DDR-Sender, Berliner Rundfunk, Stimme der

DDR und Radio DDR, in der Nalepastraße ansässig waren. Heute muß man durch ganz Deutschland fahren, will man alle erreichen.

Wir waren mit Christine Errath und ihrem Mann zum Tennisspielen in Friedrichshagen verabredet. Ich hab wild drauflosgedroschen, aus dem Handgelenk, wie beim Tischtennis. Das hätte ich nicht lange durchgehalten. Deshalb zeigten sie uns einige Grundschläge.

Für den »Kessel Buntes« im letzten Jahr, den ich erstmals moderierte, bekam ich den »Silbernen Lorbeer« vom Fernsehen, ebenfalls für die Sendung »Franks Gäste«. Die wurde sogar mit dem Prädikat »sehr gut« eingeschätzt.

Wir verlebten unseren ersten Sommer an der Ostsee. Diesmal nicht bei Freunden, sondern endlich auf unserem eigenen Grundstück, wenngleich auch nur einem Pachtgrundstück mit einem kleinen Wochenendhaus drauf.

Wieder gab es viel zu tun. Den Giebel verkleideten wir mit Holz, weil das Haus aus Gasbetonsteinen erbaut war und der Putz Risse hatte. Das Wasser drang durch, und innen war es feucht. Also Dachpappe und Lattenkreuze angebracht und danach mit gespundeten Brettern verschalt. Wichtig war der Anstrich. Es gab nichts Vernünftiges bei uns. Also über die Grenze und »Xyladecor« gekauft, das sehr, sehr giftig war, was sich erst später rausstellte, und das Holz fröhlich damit eingestrichen.

Wenn ich auf dem Grundstück stand, hatte ich immer das Gefühl, ich bin auf der Flucht. Irgendwo wollte man sich ja vielleicht mal mit 'ner Decke hinlegen, das ging schlecht, weil es ein Hanggrundstück ist. Also entschied ich, ein kleines Stückchen zu begradigen. Es ist Lehmboden, und wenn der nicht naß ist, ist er knochenhart. Als ich mit Pieke und Schaufel gerade dabei war, kam Paule Bölt von der LPG. Er redete nicht viel,

sagte »Tach!« Ich: »Tach!« – »Schönet Wetter.« Ich: »Schönes Wetter.« – »Schwere Arbeit?« – »Schwere Arbeit.« – »Biste morgen früh um 9 da?« Ich: »Ja.« Früh um 9: Brrrrrt, da krachte und knatterte es – ein Bagger stand auf unserem Grundstück und fing an zu greifen. Und schon hatte ich ein Terrassen-Grundstück. Herrlich. Der Nachbar, mein Freund Burkhard Lasch, sah das und meinte: »O ja, ich auch bitte!«

Wenn wir an der Ostsee waren, wurde viel gearbeitet, gefriemelt, Steine geholt, die Schrägen mit Feldsteinen abgestützt, ein bißchen Beton gemischt, sogar mit der Hand, selbst verfugt. Aurora machte genauso mit. Bäume und Hecken gepflanzt, das Haus Stück für Stück wohnlicher gemacht.

Abends saßen wir oft singend am Lagerfeuer, je größer, desto besser; manchmal brannte es drei, vier Meter hoch. Wenn es richtig dunkel war, kamen die Pferde der LPG angelaufen, die auf der angrenzenden Koppel weideten – dreißig, vierzig Pferde. Die standen im Halbkreis hinter uns und schauten ruhig in das Feuer. Eine Stimmung wie im Western. War das Feuer runtergebrannt, wurden wir mutig, nahmen Anlauf und sprangen über die schwelende Glut. Für die Kinder, Aurora und mich Wahnsinnserlebnisse. Wenn unsere Nachbarn Gesa und Norbert mit uns am Lagerfeuer sangen, nahmen sie einen Spaten oder eine Forke in die Hand, das waren Gitarre und Baß, und sangen die wildesten Hits: »Wähle drei drei drei auf dem Telefon« oder »Marmor, Stein und Eisen bricht«.

Am Tag stauten wir einen kleinen Bach. Bei schlechtem Wetter gingen wir rüber in die Kühlung, ein schöner Wald, und machten dort ausgedehnte Schnipseljagden, Kutschfahrten für die Kinder oder gingen in der Ostsee baden.

Anfangs hatte ich das Gefühl, ich müsse mich in dem Dörfchen vorstellen. Die Norddeutschen sollen ja

»stur« sein – kann ich nicht sagen. Eher angenehm zurückhaltend, ich mag sie. Man hatte gemunkelt: Na, wird er mal was singen? Und so verabredeten wir uns in der »Nassen Ecke«, wo ein Saal für 100 bis 150 Personen war. Wir machten – heute würde man sagen – eine Talk-Show. Fragen wurden gestellt, ich beantwortete alle, sang ein bißchen was und anschließend tranken wir zusammen ein Bier. Ich fragte den Chef, ein Klassekumpel, Jumbo: »Hast du irgendwo einen Eimer?« – »Ja, einen ganz normalen Wassereimer.« – »Kannst du den so richtig schön saubermachen?« – »Ja, klar kann ich das.« – »Und dann machst du ihn voll Bier. Schöne Blume drauf, kriegste das hin?« – »Na klar, Fränki, krieg ich hin.« Und dann ging der Eimer durch den Saal in der »Nassen Ecke«. Schöne Sache. Seitdem ist alles im Lot.

Gerade in der ersten Zeit hatten wir es doch mit einigen Neugierigen und Schaulustigen zu tun. Verständlich, besonders viel war ja sonst nicht los. Es gab den Strand, die Gaststätte. Fußball konnte man noch spielen. Also, nehme ich an, haben sich die Leute gesagt: Ach, gehn wir mal zu Schöbel hoch, gucken. Dann standen sie vor der Tür und ... hm ... Einmal hörte ich, wie Urlauber im tiefsten Sächsisch sagten: »Guck ma, der Schöbel, da hat er wieder seine Pferde hausen.« Mir gehörte nicht ein Pferd, wie gesagt, das waren die von der LPG. Aber, ja – ja – natürlich alles meine Pferde!

Einmal wohnte ein Freund auf unserem Grundstück, er hatte Glatze, Bart und einen schönen Bauch, sagte eine Frau: »Gucke, der Schöbel.« – »Nee«, sagte er, »das bin ich nicht.« – »Na, wann sehn wir denn den mal?« Da sagte der so aus Spaß: »Weihnachten wird er da sein.« – »Heiligabend?« fragte sie, »naja, da kommen wir wieder. Hoffentlich liegt nicht so viel Schnee.«

Unvergeßlich auch die Essenausgabe bei Jumbo in

der »Nassen Ecke«. Ich fragte ihn, ob ich nicht Essen ausgeben könnte, mir war so, passiert bei mir. »Klar, Fränki, du nimmst die Marken ein und gibst das Essen aus.« – »Naja, mal richtig arbeiten schadet mir ooch nüscht, wa!?« – »Ja, ja«, feixte Jumbo. Die Küche grölte. Und ich zog das zwei, drei Stunden durch. Das Essen kostete zwischen 3 und 4 Mark. Und er gab täglich über 300 Mittagessen aus.

Einmal holte ich mir die E-Karre vom Bürgermeister, sie fuhr nur knapp 30 Sachen. Ich trug meine blaue, ganz bescheuerte Arbeitsjacke und dazu noch eine ätzende Mütze. Das sah aus ... vergiß es. Ich wollte aufs Feld, Steine holen. Die Kinder oben drauf. Wir fuhren einen Hohlweg lang, und sie konnten oben die Pflaumenbäume erreichen und Pflaumen klauen. Ein Paradies für große und kleine Kinder!

Frank 20 – Der ›sauharte‹ Gipfel

Mit meinem Sohn Ali hatte ich mich verabredet, am Teltow-Kanal angeln zu gehn. Plötzlich zog ein Gewitter auf und wir flüchteten ins Auto. Ich machte das Radio an, es lief gerade ein Lied von Aurora; er guckte nach unten und sagte: »Warum haste ’n die jenomm?«

Ich wußte, daß er noch zu klein war, um ihm wirklich zu erklären, wie alles gelaufen war, mußte daran denken, daß ich auch ohne Vater aufgewachsen bin, konnte ihn also gut verstehen. Nur meine Situation als Kind war durch den Tod meines Vaters endgültig. Was wir aus unserem Verhältnis machen, liegt allein an uns. Der Regen prasselte gegen die Scheiben – ließ nach – wir gingen wieder angeln.

Schon als Kind mochte ich die erste Invention von

Johann Sebastian Bach, weil sie in C-Dur steht und somit ohne schwarze Tasten auskommt. Meine Idee war, sie singenderweise im Scat-Gesang à la Swingle-Singers im Duett mit einer Bachtrompete zu produzieren. Eine schöne Aufnahme, die leider nie zur Aufführung im Fernsehen kam.

Der Dezember brachte endlich mal viel Schnee, und so schlitterten wir in das Jahr 82 hinein, das ich das »Mit mir könn'ses ja machen«-Jahr nenne.

Für 14 Tage waren wir wieder im Steintor-Variete in Halle, ich plante die Tage so: 10 Uhr Sauna und Massage, 13 Uhr Fußball, 15.30 Uhr die erste, 19.30 Uhr die zweite Veranstaltung, Autogramme schreiben, Fototermine ...

In Vorbereitung auf mein 20jähriges Berufsjubiläum standen allerhand Interviews an. Ich erinnere mich an eins mit Lutz Bertram. Man weiß, daß Lutz blind ist und keine 0815-Interviews macht. Ich hatte ab und an ein paar Mini-Konzentrationsprobleme, brachte für meine Verhältnisse Füllworte – ließ mich ablenken. Ich schloß die Augen, und konnte so seinen Fragen die restlichen 30 Minuten besser folgen. Es wurde ein gutes Gespräch, und ich bekam sehr viel Post daraufhin. Man schrieb, es wären gereifte Antworten gewesen, aber es kommt eh immer darauf an, wie die Schwingungen zum anderen sind und ob man gut drauf ist.

Relativ gut drauf waren wir auch wieder mal bei einem Gastspiel in Westberlin in der Hochschule der Künste (HdK). Überschrift der Kritik: »Solider Entertainer – kein Schlagersänger von der Stange. – Es gibt auch im Traumland des sentimentalen Lächelns Interpreten, die nicht vom gar so schmalen Grat der Qualität abweichen. Peter Maffay und Gitte könnte man anführen oder: Frank Schöbel, den smarten Sänger aus der ›DDR‹. ... Zweifellos wurde ihm von den Anwesenden bereits eine große Sympathie entgegenge-

Musik: Frank Schöbel
Text: Burkhard Lasch

ICH LIEBE DICH

DU, ICH HAB HEUT NACHT, ALS DU NEBEN
MIR SCHLIEFST, ÜBER UNS NACHGEDACHT
DU, WOHER NIMMST DU DIE KRAFT
DASS DU IMMER NUR GIBST
UND DICH NIEMALS BESCHWERST
SO ZU LEBEN
MORGENS STEHST DU STETS ALS ERSTE AUF
MACHST KAFFEE UND FREUST DICH DRAUF
AUCH WENN ICH NUR HASTIG ETWAS DAVON
[NEHME
UND DANN GEH

ICH LIEBE DICH
DENN DU GIBST MIR DAS GEFÜHL, FREI ZU SEIN
WAS ICH BIN, BIN ICH AUCH DURCH DICH
ICH LIEBE DICH

DU, ALS DU SO LAGST, DACHTE ICH MIR
MEHR ZEIT MÜSSTE SEIN FÜR UNSER LEBEN
DU, DOCH ICH WUSSTE BEREITS
SEKUNDEN DANACH
FÜR MICH WIRD ES NIE, NIE RUHE GEBEN
DU WEISST, ICH KANN NICHT AUS MEINER HAUT
TROTZDEM HAST DU MIR VERTRAUT
ICH SAH OFT HINTER LÄCHELN AUCH TRÄNEN
WENN ICH GING

ICH LIEBE DICH
DENN DU GIBST MIR DAS GEFÜHL, FREI ZU SEIN
WAS ICH BIN, BIN ICH AUCH DURCH DICH
ICH LIEBE DICH

bracht, was es ihm sicher erleichterte, mit den Leuten ins Gespräch zu kommen. – Ja, ins Gepräch, denn es wurde reichlich hin und her geflachst zwischen Bühne und Zuhörersaal. An Schöbels Texten merkt man übrigens noch eins: in der DDR entwickelt sich eine Linie des inhaltlich anspruchsvollen Schlagers. Schöbels Liebeslieder sind nicht platter Schmalz. Wer hinhört, genau hinhört, merkt, es sind Liebesgeschichten aus dem Alltag mit all ihren Problemen und Gefährdungen und der Notwendigkeit, sich selbst zu bemühen. Das Resümee: eine sehr sympathische, abgerundete Veranstaltung, die dem breiten Publikum offenbar sehr gefallen hat, wie der Schlußapplaus zeigte. Nebenbei: alle Schöbelplatten, die angeboten wurden, waren im Nu ausverkauft.«

Im März, ich trau's mich kaum zu sagen, war ich wieder unter den Gewinnern der Fernsehlieblinge 81. Langsam schon unglaublich. Mein erster Dank ging natürlich sofort in Richtung Publikum.

Wieder folgten Interviews, zum Beispiel im »MORGEN«: »Er ist kritischer geworden, stellt sich nach eigener Aussage heute bewußter in Frage. ›Solange ich noch mit mir unzufrieden bin, bin ich zufrieden. Man muß den Schlager lieben, ohne sich in ihn zu verlieben.‹ – Ein salomonisches Wort. Frank ist gegen übertriebenes Konsumdenken. Er mag weder Mittelmaß noch Umstände, die dazu führen. Hat etwas gegen Neid, Verlogenheit und Sänger, die den Schlager in Verruf bringen. Er liebt Kinder und alte Leute. Gespräche sind für ihn anregend wie die Platten von Cliff Richard und Peter Maffay.«

Jochen Petersdorf, Aurora und ich arbeiteten am Buch für die »Frank 20«-Show. Gut war nur, daß wir zunächst die Tournee machten und alles zwei Monate testen konnten. Um für die Show-Requisiten einkaufen zu können, schrieb ich einen Brief an den Minister

für Kultur, auf Weisung wurde mein Paß ausgegeben, den ich dann abholte und wieder abgeben mußte. Ich schrieb in den Brief tatsächlich rein, was ich alles kaufen wollte, Hupen, Glöckchen und verschiedenen Kleinkram, den ich für Gags auf der Bühne brauchte.

Während der Show sollten mich bekannte Personen anrufen. Natürlich nicht live, was bei unserem Telefonnetz im Osten sowieso nicht möglich gewesen wäre. Ich hatte die Gespräche auf Kassette aufgenommen. Und so war ich bei Dr. Dathe und seiner Interviewpartnerin Karin Rohn, die stets das R rollte und die viele vom Berliner Rundfunk noch kennen. Beide machten den kleinen Spaß mit.

Ich war bei Herbert Küttner, bei Heinz Florian Oertel, bei Rumpelkammer-Willy Schwabe. Mein Freund Siggi sprach einen »Herrn Lorenz«, der nicht zu meinem Konzert kommen wollte, weil er lieber ins Bett gegangen ist und sich am Telefon entschuldigt. »Naja«, sagte ich, »man soll immer dahin gehen, wo mehr los ist! Und wenn im Bett mehr los ist, ist das völlig in Ordnung!«

Diese und andere Späßchen mußten vorbereitet werden, für ein Streichquartett aus Dresden die Noten und Arrangements geschrieben werden. Dann die Proben. Es war wesentlich mehr Arbeit als bei normalen Tourneen, denn schließlich wollten wir den Anlaß besonders feiern.

Einen Programmteil, die »Uschta-Uschta-Lieder«, die »Preußen-Pop«-, die Mitklatsch-Titel wollten wir gesondert à la Straßenmusikanten spielen. Dazu brauchte ich eine große Trommel mit ’nem Waschbrett, eine Knarre, die sich mittels Motor bewegt, eine Hi Hat und ein Becken. Das Ganze wie einen Rucksack auf dem Rücken und zwei Seile mit Schlaufen, in die ich meine Füße reinsteckte und somit die große Trommel und die Hi Hat betätigte: Bum – zick- bum

– zick – bum – zick. Schwierigkeit – wo krieg ich so 'ne Trommel her.

Also fuhr ich nach Weißenfels, in unsere DDR-»Schlagzeugbude«, meldete mich beim Werkdirektor an und merkte, daß er recht unsicher war. Ich trug ihm mein Ansinnen vor und meinte: »Ich brauch 'ne große Trommel, die so richtig beschissen klingt.« Sichtlich erleichtert sprudelte es aus ihm heraus: »Frank, ham wa. Kein Problem.« Ich glaube, er hatte Angst, daß ich von ihm ein Schlagzeug erwartete, das den neuesten und höchsten Ansprüchen standhielt. (Hätten sie auch bauen können, wär 'ne Materialfrage gewesen.)

Zum ersten Mal gab es bei uns ein Programmheft. Es sollte lustig sein, informativ, und natürlich machte auch das einen Haufen Arbeit. Heinz Quermann schrieb unter anderem, er habe seit meinem Auftauchen 1964 das Gefühl, die Republik habe ihren Sunnyboy gefunden – »Was damals niemand ahnen konnte: daß Frank auch nach 20 Jahren noch die gleiche Faszination auslöst ... Und immer bei einer großen Karriere gibt es zwei Hürden, die am schwierigsten zu überwinden sind. Das ist erstens der erfolgreiche Start nach oben, und das ist zweitens die Problematik des Obenbleibens. Und hier ist nicht nur das persönliche Können entscheidend, es gehört auch das Glück des Tüchtigen dazu.«

Rolf Herricht reimte: »Die Stimmung steigt,/man wird schön locker./Auch Miesepeter reißt's vom Hocker./Das Baby ist sogar mal still,/weil's ja auch was hören will./Selbst Opa steigt heut auf die Möbel –/im Fernsehn läuft 'ne Schau von Schöbel./Und ist die Sendung dann geschafft,/Millionen haben neue Kraft. Selbst Leute mit 'ner leichten Gicht/gehn am Montag froh zur Schicht./Und dafür sei Dir heut mal Dank. /Mach weiter! Tschau, mein lieber Frank.«

Die Grundidee sollte ein musikalischer Abriß von

meiner Anfangszeit bis zur Gegenwart, also bis ins Jahr 82 sein. Bernd Scheubert, der das Programmheft und die Bühne gestaltete, meinte: »Wir sollten auch an Fan-Artikel denken, die Puhdys machen das schon lange.« Also versuchten wir's mit riesengroßen Kugelschreibern, ließen ein paar T-Shirts drucken, aber ich fand das alles schlimm, weil ich mit Kult nichts anfangen kann und mir die Vermarktung einer Person unangenehm ist. Es hat schon was Komisches, wenn man jemandem mit einem T-Shirt gegenübersitzt, ihm auf den Bauch schaut und sich selber in die Augen.

Die Tournee begann am 13. Mai, dem Geburtstag meines Bruders, in Leipzig. 46 Veranstaltungen waren vorgesehen, eine auch in Karl-Marx-Stadt in der Stadthalle. Wir hatten so eine komische »Vorstelle« der einzelnen Musikanten im Programm, zum Beispiel Gitarre – Dieter Kopf (Kosename: Rübe, mit einem Becken auf der gleichnamigen); Gitarre und Mundharmonika – Werner Düwelt (mit einer Schelle am Bein und Scheibenwischer vor der Mundharmonika) usw. Reni kam mit der Geige auf die Bühne, da passierte es. Oben, am Hals der Geige, war ein Knallkörper befestigt, von Pyrotechnikern des Fernsehens hergestellt. In der Geige 'ne Batterie. Reni mußte nur den Schalter betätigen, und schon knallte es, Funken sprühten. Dieser Schuß war für uns der Einsatz für das Vorspiel von »Nordpol, Südpol«. Ich sang und sah, daß sich in der 8. Reihe eine ältere Dame laufend die Augen wischte, schließlich aufstand und den Saal verließ. Ich dachte: Hm, haste 'n Fehler gemacht? Ist irgendwas los? Guckte die Kollegen an – nichts. Als ich mich wieder umziehen mußte, kam unser Betreuer Didi und meinte sarkastisch: »Wir haben 'ner alten Dame das Auge ausgeschossen.« Ich sage: »Bist du irre? Das kann doch nicht sein! Mußt du mir das während der Mugge sagen!« – »Lothar, wir gehen nachher hin, ich hab die Adresse schon. Brauchst

keene Angst zu haben. Is wahrscheinlich nur die Netzhaut.«

Didi war nicht gerade Erfinder des großen Gefühls, wenn Du weißt, was ich meine. Es ging mir natürlich alles mögliche durch den Kopf, während ich den Rest meiner Titel sang.

Gesagt, getan: Nach Veranstaltungsschluß, als das Autogrammegeben erledigt war, fuhren wir zu der alten Dame. Sie war total freundlich. Sie: »Genauso hab ich es mir vorgestellt. Ich habe gewußt, daß Sie kommen.« – »Ja, ja«, sagte ich, »was ist denn nun passiert?« – »Als es geknallt hat, tat plötzlich mein Auge weh.« Es müssen Sandkörner im Knallkörper gewesen sein, die ihre Netzhaut ein wenig verletzt hatten. »Ich bin Straßenbahnfahrerin gewesen, geh nicht mehr arbeiten. Is nicht so schlimm. Wird alles wieder werden.« Ich brachte natürlich Blumen mit, entschuldigte mich bei ihr, und wir erzählten noch lange, zum Glück war alles relativ glimpflich verlaufen, und gingen nach anderthalb Stunden einvernehmlich auseinander. Aber da war noch ihr Schwiegersohn, der eine Chance witterte, Schmerzensgeld rauszuschlagen. Obwohl ich den Knallkörper nicht hergestellt habe, war ich am Ende für den Unfall verantwortlich. Irgendwann zahlte ich die 300 Mark, und die Sache war aus der Welt.

Am 26. und 27. Juni fanden im Palast der Republik die letzten Vorstellungen der Tour »Frank 20« statt. Nach zwei Muggen am Tag, war ich so fertig auf'm Hals, es kam wirklich nur noch heiße Luft, und ich konnte bloß noch mit viel Druck singen.

Dagmar Frederic und Peter Wieland waren im Saal, kamen nach dem Konzert zu mir und bedauerten mich. Aber was sollte ich machen, sollte ich absagen?

Die Tour »Frank 20« war das Härteste, was ich mir bisher zugemutet habe. Nicht nur wegen der Zahl der Veranstaltungen. Ich schleppte Requisiten durch die

Gegend, hatte das ganze Auto voll. Da ich immer bemüht bin, daß nichts kaputt geht, packte ich auch alles selber ein. Und so hatte ich mal das Gefühl, wie es ist, erst mit den Roadies, den Bühnenarbeitern, fertig zu sein und mit ihnen zum Abendessen in die Gaststätte zu gehen, wo meine Musiker schon fröhlich saßen. Eine Situation, die ich hier nicht näher beschreiben möchte. Wir sind nicht mehr die eingeschworene Truppe. Ich bin nur noch das Pferd vor der Karre, die Geldverdienen heißt, stimmlich am Ende. Drei Monate Pause, das wär für mich gut gewesen, aber ich kann aus den Verträgen, die bis Ende Dezember 82 liefen, nicht raus. Das Schicksal half mir. Doch dazu später.

Zum 20jährigen Jubiläum gratulierte mir »Energie Cottbus«: »Wir freuen uns, Dich als unseren Freund zu wissen und denken gerne an die vielen Begegnungen mit Dir.« – ja, ich auch. »Wir wissen, wie schwer es ist, ständig in der höchsten Klasse aktiv und dabei selbst Spitze zu sein.« Und ich erinnere mich an die Pokal-Finals des Jahres 97, als »Energie Cottbus« im Kampf gegen große Bundesligamannschaften uns sehr viel Freude machte und erfrischenden Fußball spielte. Der tägliche Kampf in der 2. Bundesliga hat sie nun wieder, und meine guten Wünsche begleiten Eduard Geier und seine Mannen.

Mein Nachbar, Freund und Texter Jochen Petersdorf schrieb neben Hits wie »Man kann sich dran gewöhnen« und »Mit mir könn'ses ja machen« anläßlich meines Jubiläums im MAGAZIN: »Die nachbarschaftlichen Beziehungen zwischen Schöbel und mir haben einen Knick. Wir wohnen zwar beide im Köpenicker Allende-Viertel in einem angenehmen Neubaugebiet, aber wir wohnen zwei Haustüren voneinander entfernt. Und die Häuser stehen im rechten Winkel zueinander. Zuwinken oder Zurufen können wir uns nur

über den Innenknick auf der Hofseite vom jeweiligen Toilettenfenster aus. Aber das klappt selten. Denn erstens gehen wir meist zu unterschiedlichen Zeiten, und zweitens will jeder mal irgendwo allein sein und seinen Gedanken nachhängen. ... Mein zwölfjähriger Sohn und seine Schulfreunde kennen alle möglichen und unmöglichen Rock- und Beatgruppen der Welt. Sie stehen besonders auf jene, deren Musik sich wie das Geräusch eines Preßlufthammers anhört. Diese Gruppen werden von den Jungs hochachtungsvoll mit dem Prädikat ›sauhart‹ ausgezeichnet. ›Da sieht Schöbel in euern Augen doch ganz schon alt aus, wie?‹ frag ich neulich meinen Sohn. Da meint er: ›Sie war 17‹ oder ›Leg dich in meine Träume‹? – fetzt doch! Spieln wa sogar uff de Schüladisco!‹ Da kann der Frank wirklich ganz beruhigt sein. Irgendwelche Auszeichnungen gereichen ihm sicherlich zu Ruhm und Ehre, aber auf der Schülerdisco gespielt zu werden, das ist der sauharte Gipfel!« Weiter schreibt Jochen: »Er hat für seine Gäste auch immer einen guten Tropfen parat, für sich nicht. Wegen der Figur. Ich versuche manchmal, mir daran ein Beispiel zu nehmen. Aber ich sage mir immer: für meine Figur kommt Enthaltsamkeit zu spät. Außerdem hätte Frank dann keine Gelegenheit, mal ab und zu aus meinem Glas zu kosten. ›Ob's auch kalt genug ist‹! Wenn wir lange arbeiten, kommt es zu einigen Verkostungen. Am anderen Tag rennt er in die Sauna.« Fein beobachtet, Jochen!

Jetzt erst erreichten mich über Fans Kritiken zu »Frank 20«, so in der Leipziger Volkszeitung vom 22.5.82: »Die Premiere der Jubiläums-Show zum 20jährigen Bühnenjubiläum des DDR-Schlagerstars Nr. 1, Frank Schöbel, fand in Leipzig statt. An beiden Abenden in der Kongreßhalle das gleiche Bild: stürmischer, herzlicher Beifall und von Minute zu Minute anwachsend ein Blumenladen auf der Bühne.« Ich erin-

nere mich, und es war wirklich unglaublich. »Das sympathische, dem Publikum zugewandte Auftreten ist nicht routiniert vorgeführt, das ist echt ... Auch aus diesem Grund erscheint es mir weit mehr als eine konventionelle Geste, die Hoffnung auszusprechen, daß die Fans – die alten wie die neuen – ein ›Frank 30‹ erleben mögen.« Ja, das wäre im Jahre 92 gewesen, aber da mußte ich durch eine Talsohle.

In einer Dresdner Kritik war neben viel Lob zu lesen: »Wie wird es mit Frank Schöbel weitergehen? Gut Eingeweihte, oder wie das fremdmodisch heißt: Insider, wollten gewußt haben, daß er in diesem Jahr aufhört. Das Gerücht hat er selbst zerstreut. Schöbels Problem dürfte sein, daß er nicht mehr allzu lange den sympathischen, optimistischen, gelockten Jungen geben kann. Wer nimmt das einem Vierziger schon ab? Welche Berater hat Schöbel? Um seinen weiteren Weg sollten sich viele Gedanken machen, denn im riesigen Schlußapplaus klang der Wunsch mit: wir möchten Frank Schöbel noch viele Jahre erleben und es ›mit ihm machen können‹.«

Detlef Plog fragte in der Zeitung »Unterhaltungskunst«: »Du hättest heute in Halle ein paar mal Energie und Kraft sparen und dich trotzdem durchaus noch ehrenwert zurückziehen können. Weshalb dieses Stück mehr als unbedingt nötig?« Für mich gehört das ganz einfach mit dazu, ist ein Teil meiner Arbeitsdisziplin. Man muß das Publikum auf und hinter der Bühne ernst nehmen. Wie sonst sollte man vom Publikum ernstgenommen werden? »Wenn die Leute zu einem Schöbel-Konzert kommen, dann ist Schöbel auch rundum dafür verantwortlich, daß sie fröhlich wieder nach Hause gehen. Und schließlich ist man ja auch selbst zufrieden, wenn man ein gutes Verhältnis zueinander hat.« Richtig! Und das gilt nicht nur für die Arbeit, sondern auch zu Hause. Logisch.

Spaßkaffee und Zuckerwatte

Wir waren wieder mal an der Ostsee, arbeiteten am Haus. Opi Doerk, der Schnitter, war mit seiner Sense da. Es war herrliches Wetter, und Odettchen machte Opa einen Kaffee. Opi bedankte sich, stellte die Sense kurz beiseite, nahm die Kaffee-Tasse und stürzte sie hinunter. Ehe Odette sagen konnte »Nein, bitte nicht!« war's schon passiert. Opi hatte den Kaffee wirklich getrunken. Odette meinte: »Das war doch Wasser mit Erde. Das war doch so'n Spaß-Kaffee.« – »Ja eben«, sagte Opa, »das schmeckt so komisch. Hö hö hö«, lachte und senste weiter.

Neben dem Spaß hatte ich immer Angst: die nächsten Aufgaben stehen an, schaffste auch alles? Kannst du dir's leisten, so einen ruhigen Urlaub zu machen? Immer die innerliche Unruhe, das Gefühl, du mußt die Zeit nutzen, ich kann das alles noch viel besser machen.

Im November wurde die Sendung »Einmal im Jahr« aufgezeichnet. Ich bekam mit »Ich liebe dich« den 3. Preis vom Fernsehen und den 1. für den Titel »Weit« im »Schlagermagazin« des Berliner Rundfunks, überreicht von Onkel Herbert.

Mit Odette und Dominique wagte ich mich auf den Weihnachtsmarkt. Ein schwieriges Unterfangen, denn ich wurde meist erkannt und mußte Autogramme schreiben. Odette und Dominique hatten schon Verständnis dafür, aber es ist natürlich traurig, wenn der Papa mit seinen Kindern etwas unternehmen will und laufend aufgehalten wird. Das tat mir für sie unheimlich leid, also rannten wir Kopf runter und durch. Und wenn ich einmal die Spendierhosen anhabe, muß auch was passieren. Aber sie sagten immer: »Nee, das ist zu teuer, laß uns das nicht machen. Och nee, laß uns das Geld sparen«, andauernd, so daß ich einerseits stolz war

auf unsere bescheidenen Kinder, mich andererseits aber verdammt anstrengen mußte, um sie mal zu ein paar Losen oder einer Zuckerwatte zu überreden. Immerhin bekam ich Doda dazu, sich bei einem Porträtisten hinzusetzen und zeichnen zu lassen.

Kleine Party und das letzte Mal mit »etc.«

Über die Schwierigkeit, Lieder zu schreiben und sie zu beurteilen, hielt Gisela Steineckert einen Vortrag. Und so lesen wir auszugsweise: »Auch der Autor von Tanzliedern lebt auf der Erde und nicht überall. Sondern mitten in einer bestimmten Gesellschaft, die ihre ethischen und ideologischen Normen nicht nur hat, sondern auch verteidigt. Der Autor soll also nicht so tun, als würden ihm bei uns besonders enge Fesseln angelegt. Leute, die anderswo Texte schreiben, könnten

ihm ihre Erfahrungen berichten. In einer christlich orientierten Welt gibt es ebenso Grenzen, die von den Veröffentlichern eingehalten werden, wie in jeder anderen organisierten Gesellschaft, die sich darüber verständigt hat, welche Werte und Unwerte sie kennt ... Es gibt Autoren, die verbittert und verbiestert sind. Es gibt Interpreten, die nicht so genau hinsehen, denen Sound und Singbarkeit wichtiger sind und die vielleicht glauben, daß sie Texte sowieso nicht einschätzen können. Wichtig ist, wie der Autor denkt. Und ob er überhaupt denkt. Oder nur dichtet. Wichtig ist auch, ob er die Begriffe, mit denen er umgeht auch selber richtig versteht. Es gibt modische Erscheinungen, die man sich in Ruhe ausleben lassen soll.«

Mein Geburtstag nahte, diesmal ist es der 40. Du weißt, Geburtstage sind mir egal, aber meinem Bruder nicht. Da ich zu Promotion-Auftritten in der Nähe von Stuttgart war – Aurora begleitete mich –, lud er uns ein und schenkte mir 'ne kleine Party im Familienkreis. Auch Mutti war dabei, sie wohnt in Winterbach bei Schorndorf, dreißig Kilometer von Stuttgart entfernt. Wir feierten dort lustig und gemütlich in einer Gaststätte. Nun mußt Du wissen, daß mein Bruder, wenn er feiert, gern mit Selbstgereimten aufwartet: »Dem Lothar sein Vierzigster! – Im Schwabenland, da sagen die Leut,/ wird man erst mit vierzig gescheit./ Drum ist er auch hier nach langem Hoffen/ bei Nacht und Regen eingetroffen ... Drum stoßen wir aufs Gscheitwerden an./ Vierzig Lebkuchen zeigen momentan/ des Käthes jüngster Berliner Buah/– geht von nun an auf die Fünfzig zuah.« Das war hart!

Nach diesem schönen Abend fuhren wir am nächsten Tag zurück nach Berlin, denn ich hatte einen Tag später schon wieder Veranstaltungen.

Die letzte in diesem Jahr machten wir kurz vor Weihnachten in Neustadt/Sachsen und wollten – wie immer

– abends nach Hause fahren. Es war knackekalt, regnete und sofort ein Zentimeter dickes Eis auf der Straße. Wir kamen gerade noch einen Berg hinauf, aber dann war Pumpe. Also blieben wir klugerweise auf dem Berg stehen, direkt vor einer Gaststätte, und fielen dort ein. Großes Hallo. Ja, wir könnten die Nacht bleiben. Aber: »Nur wenn ich deine Ohren kriege!« – Tausche Übernachtung gegen Ohren, dachte ich. Ja, ist klar, ich hab das Lied eh zum letzten Mal gesungen, also gab ich Hasenmaske und Ohren Ende Dezember 82 geradezu symbolisch ab. Nicht zu verwechseln mit »Löffel abgeben«! – Damit wollte ich noch ein paar Tage warten.

Und nicht zu vergessen: wir waren im siebenten Jahr von »etc«. Und wenn es stimmt, daß sich der Mensch alle sieben Jahre wandelt, dann müßte jetzt was Neues kommen. Auf der einen Seite stand mein Wort, die Band zu halten, weiterzumachen. Auf der anderen konnte ich nicht mehr – ich mußte am Stimmband operiert werden. So nahm ich es als Schicksal und Fügung, daß wir uns Ende 82, im verflixten siebenten Jahr, trennen mußten. Und wieder kam mir der Gedanke aufzuhören. Oder nur 'ne Pause? Wie soll es weitergehen?

OP – Schweigen und Auftanken

Es stand fest, daß die Stimmbandoperation bei Dr. Seidner in der Charité stattfinden würde. Er hatte es mir erklärt – ich sag's mal so einfach, wie ich's verstanden habe: Wir haben zwei Stimmlippen, durch die wir Luft geben. Je nach der Kraft, die wir aufwenden, sprechen wir lauter oder leiser, und sie schwingen dabei – falls sie das noch können. Bei mir war da einiges im argen. Eine Stimmlippe von mir war derart verdickt, daß

sie kaum noch schwang – ich konnte also nicht mehr piano singen, sondern nur noch laut, mit großem Druck. Die Verdickung auf dieser Stimmlippe mußte abgetragen werden.

Wie es zu diesem Zustand gekommen war, lag auf der Hand. Ich habe bei meinen manchmal 300 Veranstaltungen im Jahr nicht nur einfache Lieder gesungen, sowie z. B. Volkslieder, die sich meistens in normalen Tonlagen bewegen und eine relativ geringe stimmliche Belastung bedeuten. Bei unseren Liedern jedoch muß in Grenzbereichen oft auf Druck gesungen werden, ja gebrüllt, gejammert, auch in den Höhen gekreischt – denk mal an den Schluß von »Schreib es mir in den Sand«. Oder man imitiert mit verstellter Stimme, und sicher bekamen mir Laky, Lindenberg, Bécaud – die ich stimmlich parodierte – gar nicht gut. Das alles belastet die Stimmbänder und hat mit Gesang (im klassischen Sinn) nichts zu tun. Übertragen aufs Auto: du fährst gemütlich 90, da kann nicht viel passieren. Aber wenn du ständig versuchst, im 1. Gang 60 kmh zu fahren oder im 5. an der Schmerzgrenze, da geht die Kiste schneller kaputt. Ich wußte das. Immerhin ist es fast zwanzig Jahre gut gegangen!

Den Rest entschieden jetzt Dr. Seidner und »mein Chef«.

Als meine dicke Stimmlippe – wenn man so will – wieder jungfräulich war, mußte ich mindestens vierzehn Tage die Schnauze halten. Die Familie war begeistert! Wir verstanden uns auch wortlos, und manches habe ich eben aufgeschrieben. Das alles fand vom 21. Januar 1983 bis Mitte Februar statt. In dieser Zeit war ich – zum ersten Mal überhaupt – arbeitsunfähig geschrieben.

Ich hatte jetzt endlich Zeit, nachzuholen, was ich die ganzen Jahre verabsäumte. Nämlich: Kollegen sehen in zig Konzerten – und zwar im breiten Spektrum, nicht

nur auf unserem Gebiet, sondern vom Liedermacher bis zum Kabarett, von der Rockgruppe bis zum Schauspielhaus; einige Regieaufgaben übernehmen, mal beim Fernsehen hinter den Kulissen hospitieren.

Ein beeindruckendes Erlebnis gab es gleich im Januar im Palast der Republik: Herman van Veen gab da sein Konzert. Man muß es gesehen haben, schwer zu beschreiben. Diese musikalische Perfektion, höchste Konzentration und Spielfreude. Die Luft brannte im PdR, alles war hochexplosiv im Raum, als er sagte: »Hier stehen Raketen, da stehen Raketen« – nämlich die Cruise Missiles und die SS 20. Die Angst in den Gesichtern der Genossen werd ich nie vergessen und die Ergriffenheit der Leute im Saal, die zu sagen schienen: »Ja, bitte sprich weiter. Sag es!« Und eigentlich war alles gesagt. Das Konzert beeindruckte mich so, daß ich für mich beschloß: Du mußt etwas verändern, wenn du wieder anfängst. Ich weiß, ich bin kein van Veen, ich will auch nicht das gleiche machen, weder die Lieder noch seinen Vortrag imitieren! Darum ging es nicht, sondern um diese Ernsthaftigkeit und gleichzeitig den Spaß. Das mußte ich nur übersetzen in mein Metier.

Ein paar Tage später fuhren Aurora und ich nach Gera zu den Kabarettagen. Ich war mit der Kamera dort, habe die Kollegen gefragt, ob ich sie filmen darf. Ich durfte. Viele haben das benutzt, um sich dann selbst zu sehen, denn Möglichkeiten, per Video die eigenen Auftritte zu kontrollieren, gab es für uns damals kaum. So hatte ich für mich was im Kasten zum Lernen und für sie, wenn sie wollten, eine kostenlose Überprüfung.

Ich sah die »Academixer« und die »Pfeffermühle« aus Leipzig, die »Distel«, die »Herkuleskeule« mit Stumpi. Da habe ich ihn das erste Mal richtig wahrgenommen und war total begeistert. Ich wollte gern etwas mit ihm gemeinsam machen, trug das lange mit mir

rum und sprach ihn erst viel später für eine Sendung »Tour de Frank« an. Die Kabarettage reduzierten sich nicht nur auf Bühnenauftritte, es gab Werkstattgespräche, die für mich sehr lehrreich waren.

Mitten in meiner Schweigephase, Ende Januar, lief im Palast der Republik »Rock für den Frieden«. Aber es war für mich nicht ganz so einfach, als großer Schweiger zwischen den Leuten umherzulaufen und bestenfalls meinen Zettel vorzuzeigen: »Ich darf nicht reden. Sei nicht sauer.« Einige dachten gewiß, der hat 'ne Meise oder macht sich wichtig.

Auch das Festival des Politischen Liedes stand auf meiner Liste, und da besonders Gruppen, die man in der DDR sonst nicht sehen konnte, wie irische Folklore, die ich sehr mag. Eine polnische Gruppe, die als Geheimtip galt, machte eine tolle Musik, mit politischen Texten. Die Gruppe wurde ausgepfiffen, man fand die Aussagen wohl nicht passend. Als dann einige bei einem anderen Lied aufstanden und die Faust hochrissen, wurde mir ganz schlecht. Ich dachte: du bist hier irgendwie verkehrt, hier gehörst du nicht her. Dieses Pathos für das »Hand aufs Herz und Nationalhymne singen« fehlt mir gänzlich. Bravo schreien, das ist okay für mich, aber die Faust-hoch-Nummer geht mir ab. Ich erinnere mich, daß ich einmal eingekeilt zwischen den Massen stand, die das Lied »Die Partei, die Partei, die hat immer recht« sangen, und das von erwachsenen Menschen! Nichts ist erschreckender als das Leben.

Knapp 20 Tage waren seit der Operation vergangen. Ich ließ hin und wieder schon mal einen Satz los, redete leise, machte Gesangsübungen, ging wieder zu meinem Lehrer. Man fängt ja wieder bei Null an, um die Stimme vorsichtig und schonend an spätere Aufgaben zu gewöhnen.

Publikumsliebling und das erste Mal Regie

Als am 11. Februar in der »Klause« im PdR die Fernsehlieblinge 82 ausgezeichnet wurden, war ich neben Herbert Köfer, Horst Drinda, Heinz Rennhack, Heinz Florian Oertel, Helga Hahnemann, Petra Kusch-Lück, Agnes Kraus wieder dabei. Über eine Million Zuschauer hatten sich an der Umfrage der FF-Dabei beteiligt. Und wenn es rechtens zuging und nicht die Fernseh«schieblinge« stattfanden, konnte man gut ablesen, wo man stand.

In meinem Kalender ist vermerkt: mit Ali ins Freizeitzentrum. Ich durfte nun von Zeit zu Zeit auch mal was mit ihm außer Haus unternehmen. Im SEZ – Sport- und Erholungszentrum in Berlin-Friedrichshain – war ich gerne und oft. Volleyballspielen, Tischtennis, Federball, im Kraftraum und in der Sauna.

Mit Musik hatte ich vorläufig nichts im Sinn. Ich schrieb keine Lieder, wollte mich nur rundum informieren, aufsaugen, zuhören, lernen. Das tat mir gut, und ich merkte, wie wichtig es ist aufzutanken. Ich war dankbar, daß mir das Schicksal dieses wichtige Jahr schenkte.

Der Arbeitskreis Schlagersänger kam regelmäßig einmal im Monat zusammen. Diesmal trafen wir uns im Rundfunk mit den Redakteuren, um uns gegenseitig unsere Sorgen und Nöte mitzuteilen. Zum Beispiel war es immer ein Problem, daß es keine »Bemusterung« mit neuerschienenen Platten gab. Brachte AMIGA eine Platte raus, wurden die auszukoppelnden Titel festgelegt. Dann folgte ein Vorspiel für alle Redakteure im Rundfunk. So trafen wir uns mit Marianne Oppel, Redaktionsleiter von DT 64 beim Berliner Rundfunk, verantwortlich für Musiksendungen und redaktionelle Beiträge, mit Gottfried Flemig , ebenfalls DT 64, er

machte Tagesprogramme und die Sendung »Metronom« – eine Hitparade zwischen Rock- und Popmusik, mit Jürgen Balitzki, Musikjournalist und für die Sendung »Trend« zuständig, Heinz Borchert, Musikredakteur, der die Frühprogramme machte, ein älterer, freundlicher Kollege, Siegfried Jordan von Radio DDR, der jahrelang die »Schlagerrevue« betreute, wenn man so will die rechte Hand von Heinz Quermann, Hasso Herder, Redaktionsleiter für Tanzmusik bei Radio DDR, er machte die »Tip-Parade«, Uschi Künstler und Gieslinde Heidschmidt, zwei Redakteurinnen, die die »Tip-Disco« auf Stimme der DDR betreuten, und schließlich Wolfgang Martin von der »Notenbude«, Musikredakteur und Moderator und über Jahre mein Freund. Gekunkelt – à la weil de mein Freund bist, spielste mein Lied – haben wir trotzdem nicht. Er hat mich beraten, mir Schallplatten ausgeliehen, damit ich in internationale Trends reinhören konnte. Und so tauschten wir uns alle aus, was man unbürokratisch und schnell verändern könne. Im ND hätte gestanden: »Es wurden allseits interessierende Fragen erörtert.«

Ich hatte eine, wie ich fand, Wahnsinnsidee; ging ins »heilige Haus«, zur Abteilung Kultur, zu Ursula Ragwitz und sagte: »Ich möchte dieses Jahr für mich nutzen, will vieles lernen, z.B. interessiert mich der Umweltschutz in der DDR.« – »Ja«, meinte sie, »das können wir über den Kulturbund machen.« – »Ich möchte in den Knast gehen, eine Woche.« Ja, ich wollte dahin, um zu sehen, wie alles läuft, um daraus Lieder zu machen. Aber jemand warnte mich: »Wenn die mitkriegen, wer du bist, hast du ganz schnell 'n paar Klamotten auf'm Kopp. Bist du bescheuert?« – »Okay, nehme ich schweren Herzens Abstand davon. Aber wie ist es mit Biermann?« Nein, nicht mit DEM Biermann. In Jena, bei Carl Zeiss, gab's den Direktor Biermann,

von dem hatte ich viel gehört, daß er straff organisierte und ein Macher war. Mich interessierte, wie es in so einer Riesenbude zuging, auch die Leitungsstrukturen. Na, da lag ich aber nun ganz verkehrt, das ging überhaupt nicht. Und schließlich fragte ich noch so ganz naiv, schwejkhaft, ob sie mir ein Gespräch mit Stefan Heym ausmachen könnten. Der Mann interessierte mich kolossal. »Würde ich Ihnen von abraten«, meinte man leicht süffisant.

Am Ende klappte nur die Umweltgeschichte. Aurora und ich gingen zum Kulturbund, bekamen Broschüren über Frösche, Vögel und so wunderschöne Sachen. Doch darüber, was beispielsweise die UNO-Analyse über Halle aussagte, wurde nicht gesprochen. Ich hatte das Gefühl, sie wollten schon gerne, aber ...

Dann kam der kleine Hammer: Frau Ragwitz ließ mich herzlich grüßen von Kurt Hager; er fragte, ob ich mir vorstellen könne, Direktor vom Friedrichstadtpalast zu werden. Erst mal habe ich gelacht. Ich und Direktor, das geht überhaupt nicht. Wie soll denn *das* gehen? Da muß ich ja ganz ernst sein und darf keinen Blödsinn mehr machen, soll vielleicht sogar 'n Hemd und 'n Schlips tragen und muß – Leute entlassen. Na, so was kann ich überhaupt nicht. Und dieses und jenes würde ich sofort verändern. »Ja, das können Sie, wenn Sie wollen.« – »Nein, um Gottes willen!« Es war richtig lieb und nett gemeint, ich hatte die Stimmbandoperation und die Kulturchefs machten sich Gedanken, wie es mit mir weitergehen sollte. Das war ihre andere Seite.

Meine »Informationsreise« durch das Jahr 83 ging weiter. Ich fuhr nach Suhl zur Werkstattwoche der Jugendtanzmusik. In einem »Rock-Blick«, man könnte auch Rückblick sagen, nämlich über die DDR-Rockgeschichte in Zahlen und Fakten kann man lesen: »1945: Der Deutsche Demokratische Rundfunk Berlin

nimmt seine Sendetätigkeit auf. Gründung des Radio Berlin Tanzorchesters. 1946: Ernst Busch erhält durch die SMAD (Sowjetische Militäradministration) die Lizenz zur Gründung der Plattenfirma ›Lied der Zeit‹. 1950: Die Deutsche Veranstaltungsdienst GmbH wird gebildet und übernimmt die Vermittlung in- und ausländischer Künstler sowie die Produktion von Veranstaltungen. Daraus gehen 1952 die Konzert- und Gastspieldirektionen hervor. 1951: Die AWA und der Verband der Komponisten und Musikwissenschaftler werden gegründet. 1957: Das Nachwuchsstudio für Schlagergesang beim Staatlichen Rundfunkkomitee wird eingerichtet. 1958 entsteht eine Anordnung, vom Ministerium für Kultur herausgegeben, die den Anteil der devisenpflichtigen Werke mit 40 Prozent festlegt. 1959: Das Fernsehen beginnt mit der Sendereihe ›Herzklopfen kostenlos‹. 1962: An den Hochschulen für Musik ›Hanns Eisler‹ in Berlin und ›Carl-Maria von Weber‹ in Dresden werden spezielle Tanzmusik-Klassen eingerichtet. 1967: An der Hochschule für Musik ›Franz Liszt‹ in Weimar wird ebenfalls eine Tanzmusik-Klasse eingerichtet. 1971: Die Honorarordnung Unterhaltungskunst erscheint. Die Vergütung der künstlerischen Leistung erfolgt je nach der Qualität in verschiedenen Stufen und ist für Künstler und Veranstalter verbindlich. 1972: Das Jugendmagazin ›Neues Leben‹ vergibt zum ersten Mal den Interpretenpreis. 1973: Das Komitee für Unterhaltungskunst wird gegründet. 1974: An der Hochschule für Musik ›Felix Mendelssohn Bartholdy‹ in Leipzig wird eine Tanzmusik-Klasse eingerichtet. 1982: Die 1. Veranstaltung unter dem Motto ›Rock für den Frieden‹ findet statt.«

Ja, das liest sich so einfach. Aber was sich an lebendiger, vielfältiger, künstlerisch origineller Musikszene gerade in dieser Zeit herausgebildet hatte, war schon beeindruckend. In Suhl konnte man viele der bekann-

ten Gruppen, von den Puhdys über Neumi's Rockzirkus bis Pankow und City, in den Konzerten erleben. Bei den Nachwuchsbands gab es hervorragende Gitarristen, Sänger, Schlagzeuger. Abends, in den Clubs, wurde geschwatzt und wieder Musik gehört. Da sah ich Überraschendes wie »Juckreiz« oder die Gruppe »Possenspiel«.

»Juckreiz« hatte zwei Programme, eines ohne, das andere mit geringer Technik. Ich nahm die Auftritte auf und spielte sie den Redakteuren im Fernsehen vor, die die Gruppe später in die Sendung »bong« holten.

Bei »Possenspiel« war das anders. Die waren in ihren Gags sehr deftig. Was auf der Bühne erlaubt war, ging noch lange nicht im Fernsehen.

Sie hatten ein Lied, »Auf'm Korridor der Künstleragentur«, und ich bemühte mich, mit ihnen ein Video zu drehen und setzte mich mit dem Chef, »Knippe«, mit bürgerlichem Namen Knippenberg, zusammen. Wir überlegten uns, wie wir das Lied tapen konnten und kamen ganz nebenbei auf allerlei Gags – »ich solle mein Licht nicht unter den Schöbel stellen« und andere nette Dinge, die ich in mein kleines Gagbüchlein schrieb, um sie irgendwann, wenn's Zeit wäre, wieder rauszuholen. Bei diesem Video führte ich zum ersten Mal Regie, malte einen richtigen »Fahrplan« und zeichnete Fernsehfenster, wie die Schnitte aussehen sollten. Wir bestellten – laut Text – »auf den Korridor, auf den Korridor der Künstleragentur«, Artisten, einen Feuerschlucker, eine Sekretärin, die mit einem Bauchladen hektisch hin- und herlaufend auf ihrer Schreibmaschine schrieb, einen Radkünstler, der auf einem Ein-Rad fahrend seinen Partner auf dem Kopf trug, der wiederum Skat mit dem Feuerschlucker spielte. Irgendwann flog Pyromax durch die Tür. Na logisch, in Zeitlupe. Ein »Knallkörperheinz« von Possenspiel lieferte sich mit Maxe vom Fernsehen ein Feuerwerksge-

fecht. Ich liebe, wenn's rumst, und war begeistert. Wir fanden das Video toll. Es lief auch oft.

Nebenbei hospitierte ich in »bong« beim Schnitt am Zugpult und im »Kessel Buntes«. Auch wenn ich als Sänger in den Studios und Redaktionen war, hielt ich Augen und Ohren offen, doch es ist schon etwas anderes, wenn man von der anderen Seite her guckt.

Vor allem Kamera und Schnitt faszinierten mich. Man braucht einen geschulten Blick, um aus Vorschaubildern für eine Live-Sendung auszuwählen oder beim Schnitt einer Sendung wirkungsvolle Bilder zu liefern. Ich wollte ja früher, Du erinnerst Dich?, Kameramann werden. Nun ist es eh zu spät, dachte ich, aber mal 'n bißchen am Zoom drehen, die Schärfe einstellen, langsame Fahrten machen, das fand ich spannend.

Als ich das Video mit »Possenspiel« machte, hatte ich einen sehr guten Lichtmann zur Seite, mit dem wir jahrelang zusammengearbeitet haben. Da sagte er doch zu mir: »Sag mal Frank, warum machst'n du sowas? Hast du das nötig?« – »Nö«, sagte ich »das interessiert mich einfach. Ich möchte wissen, wie es geht und bin froh, die Chance bekommen zu haben.« Damals dachten viele nur eingleisig.

Als mich eine Anfrage für eine Fernsehsendung aus Ungarn erreichte, dachte ich, es ist eh playback, laut singen mußt du nicht, warum sollst du das nicht machen? Ich sagte zu.

Im Arbeitskreis der Schlagersänger beschlossen wir, eine Werkstatt zu machen. Ich schlug Themen vor. Wir diskutierten sie, und ich bereitete zusammen mit der Sekretärin, Monika Zöller, alles vor. Sie fand in Wendisch-Rietz statt. An die zwanzig, dreißig Kollegen trafen sich ganz zwanglos. Es war ein bißchen wie Klassentreffen, aber es war mehr als nur Spaß und lockeres Beisammensein.

Die Kollegen haben sich offen über ihre Arbeit ausgetauscht, für heutige Zeiten fast unvorstellbar. Bestenfalls hörst du heute mal ein paar Komplimente, mehr oder weniger aufrichtig gemeint. Aber keiner wird dem anderen Tricks und Ideen verraten oder auch Zweifel an sich selber artikulieren. Mag sein, es geht um viel zuviel. Es geht richtig um die Existenz. Die Kollegen, die damals da waren, hatten alle gut zu tun. Und wer gut zu tun hat und noch dazu locker und von hilfsbereitem Wesen ist, der kann auch abgeben und sich auf andere einlassen. Wir haben gesponnen und uns die Köpfe heiß geredet, Projekte kre-iert und wieder verworfen, mit den geladenen Kritikern und Rundfunkleuten bis aufs Messer diskutiert, uns bei einem Tanztraining ausgetobt.

Zwei fröhliche Maurer und 3 Mann, eene Möhre

In den Frühjahrsferien fuhren wir Richtung Ostsee. Auf unserem 500 Quadratmeter großen Grundstück war immer zu tun. Wir arbeiteten alle gern zusammen im Garten. Ich besorgte ein Pony und eine Egge und pflügte erst mal alles um. Wir pflanzten Tannen, Krüppelkiefern, eine Buchsbaumhecke.

Nach langer Zeit probten wir Mitte Mai wieder, hatten eine Veranstaltung im Westen angeboten bekommen und wollten sie wahrnehmen. Für mich der erste Test: Geht's wieder? Geht's nicht?

Bei der Probe lief es gut, wir frischten alles auf und fuhren zur Mugge. Die war in einem Zelt, in dem auch geraucht wurde. Ich mag das nicht, kann ganz schwer damit leben. Die meisten Sänger traten playback auf. Wir waren die einzige Gruppe, die live spielte, mußten

also auch technisch erstmal einiges in die Reihe kriegen.

Vor allem war da wohl die Angst vorm ersten Auftritt nach der OP. All das legt sich auf die Stimme, die wird dann matter. Du kannst machen, was du willst; bist aufgeregt. Ich brachte den Auftritt irgendwie hinter mich, aber richtig gut ging's nicht, und ich dachte, das wird wohl nichts mehr. Eigentlich hatte ich auch schon ein bißchen Freude am Rumbuddeln gefunden. Warum also sollte ich mich in der Öffentlichkeit ständigen Prüfungen unterziehen: Kommst du gut an? Mögen dich die Leute noch? Hast du einen aktuellen Hit, zu dick, zu dünn? Die Zeitungen, die dich auseinandernehmen ... Diese dauernde Angst, morgen geht der Daumen nach unten. Wenn ich tschüß sage, bin ich diese Last los. Kneifen?

Die beste Ablenkung ist bekanntlich Arbeit, also machte ich mich wieder auf den Weg an die Ostsee, denn ich hatte mir vorgenommen, einen kleinen Raum an den Keller anzubauen für: Fahrräder, Spaten, Rechen, Sense, Werkzeug, jedenfalls nicht so groß, daß ich das als »Bauvorhaben« anmelden mußte. Ich brauchte ungefähr 120 Betonbausteine, und die mußten erstmal organisiert werden. Das war ja nun bei uns nicht ganz so einfach.

Also fuhr ich mit meinem Wartburg nach Kühlungsborn, nach Doberan, überall hin, wo es Baustoffversorgungen gab. Nichts. Jemand gab mir den Tip: »Fahr doch mal nach Klein Siems. Da ist ein Werk, die stellen so was her. Mußte halt mal fragen.« Ich fuhr also landeinwärts, fünfzig, sechzig Kilometer. Fand das Werk, ging zum Pförtner – eine Frau – und sagte: »Guten Tag. Ich habe eine Frage. Ich würde ganz gerne 120 Steine kaufen, wenn das möglich ist.« – »Nee! Sind Sie angemeldet? Ist das Eigenbedarf? Bauantrag?« – »Nee«, sagte ich, »ich hatte einfach nur die Idee, mir

'nen ganz kleinen Keller zu bauen und wollte halt mal fragen.« – »Na, da geht hier überhaupt nichts. Da müßten Se mal nach Güstrow rüberfahren. Vielleicht können die was abgeben. Bei uns is nischt.« Naja, ich kann nicht gut überreden und wollte den Leuten nicht auf die Nerven gehen. Sie hatte mich zum Glück nicht erkannt. Das gefiel mir an sich. Plötzlich sagte sie: »Können Sie mir einen Gefallen tun?« Oh, dachte ich, jetzt sagt sie bestimmt, ich soll irgendwas singen. »Ist das Ihr Auto da draußen?« – »Ja.« – »Wissen Sie, bei uns ist der LKW ausgefallen, der für die Arbeiter im Betrieb das Essen holt. Ich geb Ihnen eine Küchenfrau mit, würden Sie von der LPG das Essen holen.« – »Ja klar, mach ich doch gerne.« Wir fuhren also beide los. Die erkannten mich schon von weitem und fingen an zu jodeln und zu juchzen: »Huch, Frank Schöbel!« – »Ja«, sagte ich, »ich hab jetzt hier angefangen im Betrieb. Ich hol jetzt jeden Tag das Essen.« – »Huch!« Haben die gekreischt! Noch fix ein paar Autogramme, dann mach-

ten wir uns mit den fünf, sechs großen Kübeln auf den Rückweg. Im Werk angekommen, ging es sofort an die Verteilung. Ich half auch dabei noch ein bißchen mit. Es gab Kartoffeln und Russische Eier. Die Leute meckerten über das Essen. »Dafür kann ich nüscht«, sagte ich, »hab es ja schließlich bloß abgeholt, gekocht hab ich's nicht.« Naja, die lachten ein bißchen, und als ich dann wieder beim Pförtner rausfahren wollte, sagte die Frau: »Moment mal! Ich hab mit der Werkleitung gesprochen. Sie können die Steine abholen. Morgen.« Oh, danke!

Na prima. Das ist ja wie im Märchen: du mußt erst 'ne gute Tat vollbringen, dann wirste belohnt. Es hatte sich inzwischen bis zur Pförtnerin rumgesprochen, daß ich ... »Ja, und morgen bringse bitte noch 'n paar Autogramme mit!«

120 Betonbausteine. Es hatte geklappt. Ich war total froh! Aber wie sollte ich die Dinger transportieren? Mir fiel ein, daß in Doberan auf der Müllhalde ein ziemlich schäbiger LKW rumstand, der dem Mann gehörte, der die Halde beaufsichtigte. Ich fragte ihn, ob er mir für ein paar lockere DDR-Mark freundlicherweise die Steine abholen würde. »Na klar, Fränki, die fahr ich dir zum Grundstück.«

Irgendwann kam mein Sohn, und wir karrten die Steine Richtung Keller. Einer wog zirka 'n halben Zentner. 3 Stück haben wir immer draufgepackt. Ali ging geradezu in die Knie. Ich feixte: »Junge, du hast wohl überhaupt keine Körner?« Na, mein Rücken war ja wieder in Ordnung ...

Und wenn ich Dir nun noch erzähle, wie die Steine vermauert wurden! Im Dorf gab es einen prima hilfsbereiten Menschen, der hieß Horst. Otto Walkes hat mal einen Sketch gemacht über einen Raucher, der hieß Horst Hacker. Also nannte ich Horst immer Horst Hacker, einfach so. Horst Hacker und Gustav aus Küh-

lungsborn, ein dickes Räuchermännel, schickten sich an, den kleinen Vorraum an den Keller zu mauern. Ja, Bier sollte dastehen. Ich weiß nicht, was mich geritten hat, aber ich wollte nicht zimperlich sein. Also habe ich 35 Flaschen Bier hingestellt.

Für zwei Mann vielleicht ein bißchen viel, das gebe ich zu, aber es sollte ja für ein paar Tage reichen; 0,33er Flaschen, also gut 10 Liter Bier. Es war warm, und jeder hat so seine zweieinhalb Liter am Tag getrunken. Sie waren bestimmt die fröhlichsten Maurer, die ich kennengelernt habe. Und das, was sie gemauert haben, sah auch sehr fröhlich aus.

Am zweiten Tag holte ich Horst Hacker, der zur verabredeten Zeit, um 7, noch nicht da war, eine Stunde später aus der Kneipe. Ich sagte: »Horst, wir warten auf dich. Was ist denn los?« – »Ich komm gleech«, spricht er, typisch ostpreußisch, Marielchen und so, wenn Du weißt. Horst kam den Hohlweg mit seinem Moped hochgedonnert, fuhr so ungefähr dreißig Sachen und volle Kanne in den Kieshaufen. Ich sagte: »Horst, bist du irre? Was ist denn los?« – »Bremse gejt nich.« Ja, seine Bremse war kaputt, er mußte in den Kieshaufen fahren, um zum Stehen zu kommen. Wenn er dann am Betonmischer stand, die kleinen Bierchen schon eingefädelt hatte, dachte ich immer: Na, hoffentlich nicht: Kopf in Betonmischer und dann doing, doing, doing, doing ...

Gustav war ein anderer Experte. Er stand unten und nahm immer drei Steine auf einmal – nicht die Betonbausteine, sondern normale, wie wir sagten: Bumsköppe. Drei Stück, den linken und rechten so zusammengedrückt, daß der in der Mitte festgehalten wurde. Das machte er immer, und es klappte auch. Einmal muß er wohl zu früh losgelassen haben, und der mittlere flog ihm voll auf den Kopp. Der sah aus! Er hatte eine Zeichnung wie Gorbatschow!

Für viel Bier und ein bißchen Geld viel Spaß gehabt. Drei Jahre später haben wir alles wieder abgerissen.

Kraklige Eintragungen im Kalender: Schmied bezahlen, 5 Sack Zement holen, Restfliesen von Roswitha, Rohr aufmuffen, Bürgermeister E-Karre zurückbringen, schnellwachsenden Buchsbaum nachpflanzen – na prima, der hat im Jahr 5 Zentimeter gebracht. Mein Nachbar sagte: »Bei dir sieht's aus wie in Thüringen. Willste nicht irgendwas pflanzen, was hier oben hingehört: Sanddorn oder so was?«

Eigentlich hatte er recht, aber ich wollte es immer grün haben. Und so schlecht sieht das gar nicht aus.

Meine Mutter übrigens auch nicht, die wurde 75. Wir hatten die Idee, daß die ganze kleine, harmonische Familie für Mutti einen Sketch spielen könnte. Der müßte erst einmal geschrieben werden und dann, per Video, aufgezeichnet.

Als Vorbild nahmen wir uns »Ein Klavier, ein Klavier« von Loriot. Ein Sketch, den wir alle sehr mochten. Die Aufgaben waren klar verteilt. Ich schrieb den Sketch um, bei uns hieß er »Mutters Paket«. Ich mußte die Kamera abfahren und auch gleichzeitig mitspielen, stürzte also von der Kamera weg über das Nebenzimmer und den Flur durch die Tür direkt vor die Kamera. Ich hatte mir noch extra Zähne ins Gesicht gesteckt, wie Loriot. Und so fing unser Sketch auch an. Natürlich entsprechend Ost-West aktualisiert, z.B. »Ein Paket, ein Paket – und der Zoll hat es wieder geöffnet ...« Und am Schluß: »Widder – Schütze – Jungfrau – Stier, Mutter, wir danken dir.« Wir hatten viel Spaß beim Aufnehmen und Mutti beim Ansehn auch.

Mit unseren Freunden Anne und Siggi fuhren wir für drei Tage auf die Insel Hiddensee.

Es ging damals das Gerücht um, Schöbel habe das Haus von Walter Felsenstein gekauft. Ich weiß nicht,

wer es in die Welt gesetzt hatte. Ich war noch nie dort, und wollte mir »mein« Haus wenigstens mal ansehen. Wir fuhren mit dem Fahrrad – wie üblich auf Hiddensee – von Neuendorf über Vitte nach Kloster, wo am Berghang das Haus steht.

Ich fragte eine Frau, die auf dem Grundstück hantierte: »Entschuldigen Sie bitte, ist das das Haus von Felsenstein?« – »Wozu woll'n Sie das denn wissen?« – »Ach, man dichtet mir immer an, ich hätte das Haus gekauft.« – »Ach so«, sagte sie, »was machen Sie denn?« Nun wollte ich nicht sagen, wie ich heiße und was ich tue. Also sagte ich nur: »Ich mach so 'n bißchen Musik.« – »So, was für 'ne Musik?« – »Ja, Tanzmusik.« – »Was?« meinte sie energisch. »An solche Leute hätte Felsenstein das Haus nie verkauft!«

Haben wir gelacht! Die Frau aber nicht. Sie meinte es ernst.

Hiddensee war für mich wie das letzte Stück Freiheit. Wenn ich mit Siggi auf'm Kahn saß und angelte – nackig – endlose Ruhe ... Auch heute noch: keine Steuern, die Dich drücken, keine Arbeit, die auf Deinen Schultern lastet, nichts, was Dich treibt; Versicherungen bezahlen oder irgendein anderer bürokratischer Scheiß ...

Wieder in Berlin kamen andere Dinge auf mich zu. Ich schrieb für Eberhard Cohrs einen Titel »Hör mir bloß uff mit Berlin«.

»Hätt Berlin nicht seine Sachsen, wär's noch lange nicht erwachsen«, meinte Cohrs. »Das Gemüseangebot: Ni wie in Dräsdn – drei Mann, eene Möhre. In Berlin gibt's Marmelade – Kürbismarmelade mit ganzen Früchten. Radeberger, Köstritzer, Wernesgrüner Pilsner – alles aus eem Faß, aber naja.« Ich fuhr zu ihm, um alles abzusprechen. Als ich ankam, fragte er: »Na, was willst'n trinken?« Und zählte auf: Whisky, Sekt, Cognac, was weiß ich, Wein, Bier. Und irgend-

wann war er bei Wasser und Milch angekommen. Ich sagte: »Halt! Milch würde ich gerne trinken.« Und er: »Was denn, die deure Milch?«

»Sach ma: Haste die Noten alleene geschriem?« Ich: »Na klar.« Und: »Was woll'n wir denn für eine Tonart nehmen?« – »Na, mehr so hoch. Mehr so ... na so...«, fängt an, das Alphabet zu buchstabieren und meint: »L-Dur?« Ich: »Hör uff.« – »Na, F-Dur. Dis is, gloob ich, gut, das macht Sieber (Gerhard Siebholz) ooch immor.«

Am Ende wurde das Urband des Liedes zwar eingespielt, aber er hat es nie gesungen, weil er kurz darauf über Westberlin abgehauen ist.

Es hatte ihn unheimlich geärgert, daß man ihn nicht in die Bundesrepublik fahren ließ und er seine Angebote nicht wahrnehmen konnte. Irgendwann hat er die Schnauze vollgehabt. Er ließ hier wirklich alles zurück. Dabei hätten sie ihn fahren lassen können, und er wär mit der Erfahrung wiedergekommen, daß man als Sachse in der Schweiz, im Schwabenland oder in Bayern weniger gut zurechtkam. Daheeme is ähm daheeme.

Im Rundfunk gab es eine sogenannte »dicke Berta«, eine 16-Spur-Maschine, auf der alle »feindlichen« Sender, wie RIAS oder Deutschlandfunk mitgeschnitten und dann ausgewertet wurden. Es waren Leute angestellt, die bestimmte Beiträge aus Sendungen mitgeschrieben haben.

Cohrs hatte ein Interview auf'm RIAS gegeben und meinen Name mehrmals genannt. So Cohrs: »Schöbel hat für mich gekämpft, daß ich nach'm Westen fahren darf. Und als er mir sagte: Die lassen dich ni fahren, bin ich hiergebliem!«

Otto lud mich ein und ich 420 Kollegen

Meist ging Aurora zu den Elternabenden, aber nun hatte ich mehr Zeit und übernahm hin und wieder diesen Part. Da die Kinder uns überhaupt keine Schwierigkeiten in der Schule machten, gab es da auch nie unangnehme Situationen.

Nebenbei fand ich Zeit, Foren in Jugendclubs zu machen, besuchte Leute, die ich lange nicht gesehen hatte und kümmerte mich um ein Sache, die Aurora am Herzen lag: Wir konnten – am 24. Oktober – ein Gartengrundstück erwerben, das für den späteren Hausbau gedacht war. Ja, eigentlich wollte ich im Neubau alt werden. Aber Aurora meinte: »Denk an die Kinder. Sie brauchen eine andere Umgebung.«

Das Berliner Märchenviertel gefiel mir, schon, weil unsere Freunde Ursel und Jürgen da wohnten. Es ist eine Gegend mit einfachen Einfamilienhäusern, also nicht so, daß dich der Reichtum beim Anblick gleich erschlägt. Das fand ich wichtig. Für die Kinder und für mich. Im Grunewald würde ich wahrscheinlich vor lauter Geld keine Luft kriegen.

Im Oktober, in den »Kartoffelferien«, reisten wir nochmal in Richtung Ostsee, um unseren Garten zu bepflanzen. Unsere Freunde erzählten, daß die DEFA dagewesen war. Siggi sollte den Herrn vom Film die zwei Pferde zeigen, die Frank Schöbel gehörten. Siggi: »Der hat keine Pferde.« – »Doch. Erzählen Sie nichts. Ich weiß, Sie wollen ihn schützen. Wir wissen das ganz genau. Frank hat zwei Pferde, und die möchten wir gerne für unseren Film haben.« – »Wenn ich es Ihnen sage! Er hat wirklich keine Pferde. Glauben Sie mir.« Als der Mann von der DEFA zum dritten Mal ansetzte und die Pferde forderte, rief Siggi: »Anne, komm mal her. Der glaubt mir nicht, daß der Frank keine Pferde hat.« Da

sagte Anne kurz und trocken: »Na, dann gib sie ihm doch.« Das war ihre Art Humor, man muß mit den Leuten nicht lange streiten.

Ich hatte natürlich keine Pferde. Aber Gerüchte halten sich, da kannste nichts gegen machen.

Zu Hause, in Berlin, besuchte mich mein Sohn Alexander. Wir drehten mit der Videokamera einen lustigen Film. Ali konnte perfekt den »Sonderzug nach Pankow« von Lindenberg imitieren. Ich stülpte mir eine Perücke auf, machte einen auf Honni, startete die Kamera und den Kassettenrecorder mit dem Song.

Ich saß wie er auf'm Sofa und reagierte entsprechend, besonders an der Stelle: »... all die ganzen Schlageraffen dürfen da singen, dürfen ihren ganzen Schrott zum Vortrage bringen ...« Ein Riesenspaß für Ali und mich.

Noch traute ich mich wegen meiner Stimmbänder nicht, wieder Veranstaltungen anzunehmen. Doch ein Angebot aus Hamburg, in der »Aktuellen Schaubude« mit dem Titel »Ich liebe dich« aufzutreten, nahm ich an. Aurora und Freunde, die in der Nähe von Hamburg wohnen, Familie Koppelin, kamen mit.

Man stellte mir fürs Playback ein ziemlich häßliches Kneipenpiano hin und daneben eine hübsche junge Frau. Der Regisseur hatte die Idee, daß ich sie die ganze Zeit ansingen sollte. Ich fand dies unpassend, bekam es aber irgendwie hin, sie nicht gerade auszuschließen und streifte sie halt mal mit meinem Blick.

Nach dem Auftritt war sie plötzlich in meiner Garderobe und erzählte, daß sie Model sei, zeigte mir ihre Aktfotos, sie hatte sehr kleine – Füße, das sah ich auf die schnelle, aber einen tollen Körper. Ich war leicht bis schwer durcheinander. Ziemlich verlegen sagte ich: »Schöne Fotos, hm«, und ging wieder hinaus. Ich wollte doch nur mein Lied singen, und plötzlich war ich in 'ner Nummer drin, hej, Vorsicht, das sind Momente im

Leben eines Mannes, wo er ganz stark sein muß. Clinton weiß das.

Caterina Valente, die ebenfalls in der »Schaubude« auftrat, war von dem Lied »Ich liebe dich« ungeheuer angetan, fragte, wer das geschrieben hätte. »Ja, ich hab das komponiert.« – »Ach ja? Können Sie mir auch was schreiben?« – »Ja«, sagte ich, »kann's versuchen ...«

Jeder Komponist freut sich, für solch eine Frau schreiben zu dürfen. Ich verabredete mich mit ihrem Manager. Sie hatte kurz darauf einen Auftritt im Friedrichstadtpalast. Da brauchte ich zwar kein Visum, aber weil meine Beziehungen zum Palast, wie Du weißt, nicht gerade die besten waren, mußte ich schon Angst haben, überhaupt zum Bühneneingang reinzukommen.

Nach ihrem Konzert nahm ich allen Mut zusammen und trat vorsichtig an sie heran. Vielleicht war es der falsche Zeitpunkt? Ich kenne das, wenn ich nach einem Konzert angesprochen werde, bin geschafft und sage dann lieber: »Warte mal, bitte in 10 Minuten ...« oder soetwas. Ihre Reaktion war: »Wer sind Sie? Ich habe Sie noch nie gesehen ... kann mich nicht dran erinnern.« Ich dachte, ich spinne. Sie hatte mein Lied über den grünen Klee gelobt, und ich sollte ihr eine Komposition schreiben. Ich hätte in dem Moment in der Erde versinken können. Aber ich konnte ja nicht wissen, daß man sich Komplimente macht, die gar nicht so gemeint sind. Das hab ich nach 89 noch mehr als einmal erfahren müssen.

30. Oktober: Otto. Ja, Otto Walkes gastierte im Metropol in Berlin. Mein Freund Wölfi sagte: »Du, ich könnte dich Otto vorstellen. Du bist doch so 'n großer Fan. Das wär doch was.« Ich sage: »Das wäre irre. Na klar. – Würdest du das machen?«

Otto hatte Massen von Utensilien auf der Bühne aufgebaut, war schon drei, vier Stunden vor seinem Kon-

zert gekommen, total müde, ’ne Strickmütze übern Kopf, sah zum Fürchten aus, wie er so schräg auf’m Sofa hing. Eigentlich wollte er ’n bißchen abnicken. Wir kamen ganz vorsichtig rein. Mein Freund Wölfi sagte: »Das ist unser größter Sänger, Frank Schöbel.« Otto sprang ganz brav auf und stand vor mir stramm wie’n Soldat bei der Parade. Ich versuchte, ihn mit zwei, drei seiner eigenen Gags zu locken, aber nichts kam. Otto blieb höflich, sehr – fast zu höflich. Wahrscheinlich hat er gedacht: in der DDR mußte aufpassen, keinen Fehler machen, sonst kommste da nie wieder raus. Ich hatte die Erwartung, vielleicht macht er ’n Gag, läßt noch einen gucken. Aber so ist das eben. Und was denk ich da überhaupt – von mir erwarten die Leute auch immer, daß ich »Wie ein Stern« singe ...

Seine Veranstaltung war toll, Wahnsinn. Ich kannte seine Gags sowieso alle und lachte immer schon vorher: »Paß auf, jetzt kommt’s. Den kenn ich, der ist klasse. Und der wird erst toll.«

Wenn man selbst in der Situation ist, ein Fan zu sein, dann kann man erstmal nachempfinden, wie es anderen geht. Ja, an dieser Stelle wußte ich, wie das sein kann.

Otto lud mich in sein Studio ein, ich könne mir alles anschauen. Bin aber nie hingefahren, habe mich dann doch nicht getraut.

Im Arbeitskreis Interpreten entstand die Idee, am 10. Januar eine Vollversammlung aller Kollegen zu machen. Es gab laut Ministerium für Kultur 420 Sänger in der DDR. Ich schrieb an alle einen Brief und schlug vor, daß wir uns am 10. Januar 1984, 11.00 Uhr im Kreiskulturhaus Berlin-Weißensee, Klement-Gottwald-Allee treffen.

Die Idee für die Weihnachts-LP nahm langsam Gestalt an. Die Zeile und das Lied »Weihnachten in Familie« hatten wir zu dem Zeitpunkt noch nicht.

Zunächst sah und hörte ich mich um, analysierte, machte Vorarbeiten. Ich hörte mir über 100 Weihnachtsplatten an. Von van Veen über Peter Alexander bis Peter Schreier, alles querbeet. Und die Lieder, die wir gerne singen wollten, notierte ich mir.

Dominique und Odette hatten in der Schule eine wunderschöne Weihnachtsfeier, die wir mit vorbereiteten. Aurora schmückte den Raum aus und hatte Kuchen gebacken, ich schnitt für die Disko Titel um.

In meinem Kopf kreiselte über die Weihnachtsfeiertage der recht unfeierliche Gedanke: Du mußt am 10. Januar 'ne Rede halten. Aber es darf nicht das übliche Geschwafel werden, es müßte was Praktikables sein. Während einer Autofahrt kam mir die Idee, ein Lied zu schreiben, das ich mit allen Kollegen singen würde.

Die Grundidee im Arbeitskreis war, daß Kollegen, die bekannt waren, für die weniger bekannten »was rausholten«, also die Rahmenbedingungen für Sänger so absteckten, daß alle davon profitierten; einer für alle, alle für einen – und so müßte auch das Lied sein. Die Strophen sollten möglichst von vielen bekannten Leuten abwechselnd gesungen werden, und alle Sänger den Refrain. 420 gab es, mit Berufsausweis!

Ich schrieb den Titel »Alt wie die Welt«. Für mich ein Novum: die Strophe am 31. Dezember 83 und den Refrain am 1. Januar 84. Also komponierte ich zwei Jahre an dem Lied, wenn Du so willst.

Erneut Weltrekord – reden ist Silber, singen ist ...

Wir sind im »Wenn ein Stern verlischt«- »Alt wie die Welt«-Jahr 84. Als ich die Musik für den letztgenannten Titel am Klavier fertig hatte, war mein nächster Ge-

danke: Wer schreibt den Text? Ich hatte in letzter Zeit viel mit Burkhard Lasch zusammengearbeitet. Er machte alle Texte zur LP »Wovon ich träume«. Ich rief ihn an. »Klar, bring mir das Demo heute abend rum.« Ich grölte das Lied am Klavier auf eine Kassette und spielte es ihm dann vor. Meistens hatte er noch an irgendeiner musikalischen Wendung zu mäkeln, diesmal nicht. Ich sagte noch: »Wir müssen uns beeilen. Ich will es am 10. vortragen. Bis dahin möchte ich ein Demo gemacht haben, eines, was ich meinen Kollegen vorspielen kann.« Nach drei, vier Tagen war der Text fertig. Es war – ich will es vorsichtig ausdrücken – leichte Tiefe in dem Text drin, jedenfalls kein oberflächlicher Schlagerschnulli. Damit konnte man sich identifizieren, und ich hatte nicht mehr allzuviel Angst vor meiner Rede.

Es kamen an die 180 Kollegen ins Kulturhaus Weißensee. Mein Freund Schmidtl, der lange Zeit mein Techniker gewesen war, machte auch diesmal im Saal die Tontechnik. Reden ist nicht meine Stärke. Aber ich war dran, und mußte durch. Nachdem ich etwas zum Ablauf gesagt hatte, allen ein freundlich-fröhliches, erfolgreiches, arbeitsreiches, friedliches Jahr 84 wünschte, kam ich zur Sache. Trug einen Rechenschaftsbericht von fünf Seiten vor, sprach davon, was wir bisher erreicht hatten und forderte die Kollegen auf, sich an der folgenden Diskussion zu beteiligen, und nun kam's zu meinem praktischen Beispiel.

Es war nach meiner Operation das erste Mal, daß ich vor meinen Kollegen sang. Ich hatte nur eine Angst: Was mache ich, wenn ihnen das Lied nun nicht gefällt? Meine Idee war so: »Eh wir lange rumreden, sollten wir das machen, was wir wirklich können: nämlich singen.« Über das gemeinsame Erlebnis zusammenkommen, und somit wären alle 420 Sänger plötzlich »bekannt durch Funk und Fernsehen«.

Ich spielte das Lied vor. Großes Hallo.

Alle sagten Ja.

Wir suchten einen Ort, der gut für alle Mitwirkenden zu erreichen war. Die Wahl fiel auf Leipzig. In Berlin fand eh schon viel zuviel statt. Die Aufzeichnung sollte an einem Montag sein, früh um 11 Uhr, damit jeder auch noch seine Mugge erreichen konnte. AMIGA würde eine Single mit diesem Lied herausbringen, die Rückseite Halbplayback, so daß jeder Sänger, wenn er wollte, dieses Lied für sich verwenden und die Strophen singen konnte.

Das war, denke ich, Weltrekord. Das hatte es noch nie gegeben: alle Sänger eines Landes singen ein Lied.

Die 180, die auf der Vollversammlung waren, wurden gleich befragt und gaben ihre Zusage. Die anderen wurden angeschrieben.

Somit standen in alphabetischer Reihenfolge von Rosemarie Ambé bis Helga Zerrenz alle auf dem Cover drauf.

Ich hatte darum gebeten, daß alle »diese freundliche Gemeinsamkeit, ähnlich einem Klassentreffen, mitmachen. Wir bekommen, so ist es mit AMIGA abgesprochen, alle kostenlos eine Single. Auf Gage müßten wir bitte verzichten, denn bei 400 Sängern à 100 Mark wären dies 40 000 Mark. Alles klar? Da gehen sie dran kaputt.

Am 20.2., 10.30 Uhr, wollen wir uns in Leipzig treffen im Haus der Heiteren Muse. In Lieblingsklamotten, locker, sportlich. Wer es unbedingt muß, auch ein bißchen elegant, denn niemand will Eure Persönlichkeit zerstören. Das Fernsehen, die Sendung ›Wenn schon, denn schon‹, zeichnet Ton und Bild auf. Das Urband ist bis dahin fertig. Wie kommt Ihr nun an den Titel? Wie kommt Ihr zur Musik?«

Den Text verschickten wir an die 420 Kollegen und schrieben dazu, daß das Demo-Band am Sonnabend, dem 11.2. bei Herbert Küttner im Berliner Rundfunk im »Schlagermagazin« laufen würde. Zum Mitschneiden, damit alle, die nach Leipzig kämen, den Titel drauf hätten.

Und wie sie ihn drauf hatten.

Einen Monat lang organisierte und koordinierte ich alles. In Leipzig, im Haus der Heiteren Muse, standen 230 Kollegen auf der Bühne. Eine Atmosphäre, die unter die Haut ging. Mir jedenfalls. Als alle sangen, bekam ich eine Gänsehaut.

Irgendwie hatte ich durch diese Arbeit wieder Lust an der Musik gefunden, und so ging es fast unmerklich wieder los. Ich arbeitete intensiver an der Weihnachtsplatte, schrieb für Goetz Jaegers Schwank »Drei reizende Schwestern« die Musik – machte auch Musikredaktion, was sehr aufwenig ist –, sang im Duett mit

Gisela May, einen Titel für Helga Göring und schließlich »Drei reizende Schwestern« mit allen Mitwirkenden.

In der Schule feierten Dominique und Odette Fasching. Aurora und einige andere Eltern statteten den Raum aus. Der Lehrer bat, sie sollen sich doch faschingsgemäß anziehen. Aurora stand auf so was nicht. Odette warf ganz locker ein: »Na dann bleib doch so, wie de bist. Gehste eben«, und Aurora ging immer in dieser Zeit schwarz angezogen, »als Schwarzwurzel.«

Wir spendierten eine Kiste Negerküsse, die waren immer der Hit. Und sie schmeckten noch wie Negerküsse, nicht so wie die heute, diese Pappdinger, die »Dickmänner«. Hilfe!

Karten gezinkt und Demos zu Hause

Bei einer Versammlung hatten sich einige Interpreten beschwert, daß es einen gäbe, der sich die Karten für die Hitparaden-Wertungen selbst schriebe. Der Kollege wurde namentlich genannt, und ich sollte bei Quermanns Musikredakteur sagen, daß dies alle unmöglich fänden. Dummerweise ließ ich mich darauf ein, was zur Folge hatte, daß der Kollege sich bei mir beschwerte, wie ich so was machen könne. Und ich dachte: Was bin ich doch für ein Idiot. Warum hänge ich mich überhaupt da rein?

Alle waren sicher, daß er die Karten über Fans oder über Freunde und Verwandte geschrieben hatte. Der Musikredakteur bestätigte mir dann auch, daß er die Karten, so wie sie kämen – dummerweise alle in einem Ort und gleichzeitig abgeschickt – in den Papierkorb schmiß. Trotzdem seien solche Manipulationen nicht auszuschließen.

Ich beschloß, mit meiner Cousine, die in Bad Lausick im Kurbad tätig war, zwei, drei Versuche zu starten, in der »Schlagerrevue« einen Titel, der völlig bescheuert war, nach oben zu schießen. (Natürlich kein Titel von mir! von einer Kollegin.) Plötzlich war der doch auf dem 2. Platz. Meine Cousine hatte in die Kartei der Kurgäste geschaut und entsprechende Postkarten verschickt. Da gewann doch einer der Kurgäste auch noch Geld und wunderte sich sehr. Naja, meine Cousine hat alles erklärt und sich entschuldigt. Das war der Beweis: so 30 bis 50 Karten haben schon gereicht, ein Lied nach vorne zu schieben. Ich habe davon niemandem erzählt, aber für mich war es schon interessant, das zu wissen.

Ich traf mich häufiger mit Ulli Mann, der sämtliche Arrangements für die Weihnachtsplatte, »Weihnachten in Familie«, machte. Da ich zu Hause eine 8-Spur-Maschine hatte und ein ziemlich gutes Mischpult, machten wir schon relativ gute Demo-Bänder.

Vor allen Dingen mußten wir Odette und Dominique die Scheu vorm Singen nehmen, mußten ihnen zeigen, wie das alles überhaupt funktioniert. Das ließ sich zu Hause sehr gut testen. Als wir das Gefühl hatten, sie können es schaffen, nickten wir ab bzw. sagten AMIGA zu. Odettchen konnte zu dem Zeitpunkt noch keine Texte lesen, lernte also alles schnell von der Kassette. Was man von ihr verlangte, machte sie höchstens drei-, viermal, dann hatte sie keine Lust mehr. Dominique war ehrgeizig, immer nochmal, und sie wollte es immer noch besser machen. Wir mußten nur am Ende den Zeitpunkt abpassen, an dem es wirklich gut war. Trotzdem ließen wir sie oft weiter singen, wenn sie es wollte, sagten ihr: »Ja, nochmal«, und löschten das Alte einfach nicht. Und wenn sie meinte: »Ja, ich glaub, jetzt war's viel besser«, dann mußte ich denken, genauso haben sie mich bei Aufnahmen das eine oder andere Mal

geleimt. Ich erkannte mich in dem Punkt in Dominique wieder.

Sie ging auch zum Schwimmen und war ziemlich gut. Eines Tages kam sie ganz aufgeregt nach Hause und meinte, da würde sie nie wieder hingehen. »Sie wollen mich spritzen, mir Blut abnehmen.« Das war ja nun nicht gerade Doping, aber schon diese Art von Test ging ihr zu weit. Da sie einen gesunden Kinderverstand und Angst vor Spritzen hatte, erledigte sich so für sie das Schwimmen.

Odette und Dominique waren oft bei Mémé und Pépé, den Eltern von Aurora. Das ist französisch und heißt soviel wie Oma und Opa. Sie hatten ein kleines Häuschen und einen wunderschön angelegten Garten auf einem Dorf bei Prenzlau. Während die Kinder dort schönen Urlaub verleben konnten, hatten wir den Rükken frei für den Beruf. Die Termine häuften sich wieder.

Ole, Rainer Oleak, Komponist, Arrangeur, Keyboarder, technisch sehr bewandert und neben Neumi der Kopf der Gruppe »Neumi's Rockzirkus«, arrangierte und spielte einige Titel bei mir zu Hause ein, so »Komm wir baun uns ein Zelt« und »Wenn ein Stern verlischt«. Er lötete mir auch viele meiner Kabel. Und da ich ein technischer Idiot bin, zeigte er mir mit viel Ruhe und Geduld, welche Knöpfe auf meinem Mischpult für was gebraucht wurden. Die spontanen Arrangements und Sounds mit seinem »Prophet 5« waren so gut, daß ich bei der eigentlichen Aufnahme daran festhielt. Doch Ole war so kreativ, daß er beim nächsten Mal wieder andere Sounds nahm. Und wenn das für meinen Geschmack zwar anders, aber nicht mehr so passend war, bestand ich auf der ursprünglichen Version. Bei Ole ging dann immer die Augenbraue hoch. Sollte heißen: »Hm, meinste, daß de wirklich recht hast? Kann das nicht einfach auch *so* klingen?« Wichtig ist, das hatte ich inzwischen gelernt, daß man weiß, was man will, und dies auch durchsetzt.

Sänger zu Funktionären – besser umgekehrt

Vom 22. bis 24. und 25. bis 31. März fanden in Karl-Marx-Stadt die Konferenz der Unterhaltungskünstler und der Interpretenwettbewerb statt. Endlich mußte ich mal nicht auf der Bühne stehen, mußte nichts lernen, mußte nicht dünn sein, keiner fotografierte mich. Ich konnte mich einfach nur wie andere Leute hinsetzen, die Programme angucken, konnte sie gut finden oder darüber meckern, und lernen. Ich kann mir vorstellen: wenn ich jetzt anfange, aus dem Diskussionsmaterial der Konferenz der Unterhaltungskünstler vorzulesen, dann gehste auf Toilette oder schlägst das

Buch zu. Aber es ist schon interessant, wenn Du siehst, womit wir uns rumgeschlagen haben. Und falls Du aus dem Osten bist, werden bei Dir die Lampen angehen, die Lampen der Erinnerung. Bist Du aus'm Westen, wirst du sagen: »Äh, was ist das denn? Das versteh ich alles gar nicht.« Siehste, und genau das will ich Dir jetzt nicht ersparen. Paß auf, es geht los: »Vom Auftrag sozialistischer Unterhaltungskunst: Der Auftrag der sozialistischen Unterhaltungskunst besteht darin, mit ihren Mitteln aktiv an der weiteren Gestaltung der entwickelten sozialistischen Gesellschaft, entsprechend den Beschlüssen des X. Parteitages der SED, mitzuwirken. In der DDR vollziehen sich Prozesse der Intensivierung der Volkswirtschaft, die mit weitreichenden qualitativen Veränderungen in der Lebensweise und Kultur des Volkes verbunden sein werden. Wesentlich erweitern werden sich die Möglichkeiten für kulturelle Kommunikation, für die Produktion und Verbreitung von Informationen, Kunst und Unterhaltung. Die Massenmedien werden ihre Rolle im kulturellen Alltag des Volkes weiter erhöhen und weitergehende künstlerische und technische Leistungen in der Unterhaltungskunst ermöglichen. Zugleich verschärft sich die Auseinandersetzung der Gesellschaftssysteme, wird auch mit den Mitteln der Unterhaltung der ideologische Kreuzzug des Imperialismus gegen den realen Sozialismus geführt. Internationale Spannungen, das Wettrüsten und die drohende Gefahr eines Atomkrieges belasten das Leben der Völker und die Beziehungen der Staaten. An diesen Kämpfen unserer Zeit beteiligt sich auch die sozialistische Unterhaltungskunst mit ihren Mitteln und Möglichkeiten. Unterhaltung stärkt den Lebensmut der Menschen, feiert die Freuden des Friedens, der friedlichen Arbeit, preist die Liebe und das Glück eines sinnerfüllten Lebens, beschützt die Vernunft und die Würde des Menschen. Sie geht

Hand in Hand mit allen, die Frieden brauchen und Frieden wollen. Sie wendet sich gegen jene, die Hoffnungslosigkeit und Weltuntergangsstimmung verbreiten, die den Völkern die Lieder und den Menschen das Lachen abgewöhnen wollen. Keinen Klang und keine Farbe, keinen Gedanken und kein Gefühl treten wir den Feinden der Völker und des Friedens ab. All unsere Kraft und Leidenschaft, unser Können und unsere Phantasie, unsere Fähigkeiten und Talente setzen wir für die Sache des Friedens und des sozialen Fortschritts in der Welt ein.« Du, das geht noch weiter. Das sind hier – warte mal – 20 Seiten. Okay, ich hör schon auf. Ich erspar Dir das. Geh erstmal ein Bier holen.

Gisela Steineckert steuerte noch ein paar Gedanken bei. Einen will ich mal auf Dich loslassen. Da heißt es: »Jeder Unterhaltungskünstler vermittelt sich auf Dauer an ein zahlenmäßig riesiges Publikum mit seiner Leistung. Aber sollte der Künstler nicht jedes Jahr ein paar Tage an sich selber wenden, ehe er sich wieder an sein Publikum wendet?«

Hej, genau das machte ich ja. Ich wendete mich jetzt an mich selbst. Und das war sehr wichtig, glaube ich.

Irgend jemand vom Komitee gab mir den halben Befehl, ich solle auf der Konferenz eine Rede halten. O nein, mußte das unbedingt sein? Peter Czerny sagte: »Ja, ja, Frank. Willstes nicht doch machen? Versuch's mal.« – »Über was soll ich denn da sprechen? Ich hab überhaupt keine Idee.« – »Na, du bist ja sehr interessiert an den Demo-Studios. Da könnteste ja mal was drüber sagen. Schieb das mal mit an.« Okay, dachte ich, das ist eine Idee.

Die Privatstudios schossen aus dem Boden. Viele Musiker investierten und mußten dafür umrubeln – mal 5, 6, 7 ... Wie der Kurs eben stand. Das Geld kam nicht wieder rein. Es war viel Idealismus dabei. Das Ganze durfte nicht inoffiziell bleiben, mußte irgend-

wann sanktioniert werden. Bis dahin waren die Studios einfach nicht da, weil sie eben im Sozialismus nicht geplant waren. Und was nicht geplant war, das gab's eigentlich gar nicht. Und so fing meine Rede an: »Vor sechs Jahren auf der Konferenz für Unterhaltungskunst der DDR sprach ich zu einigen Problemen, die damals für mich und möglicherweise auch einen Teil meiner Kollegen standen. Ein Thema, welches mich heute noch mehr als das Singen beschäftigt, ist die Tonaufnahme, das Experimentier-, das Demo-Studio, welche Größenordnung es auch immer annehmen mag. 1978 sprach ich auf der Konferenz das erste Mal darüber, und bis heute zeichnet sich im zähen Kampf gegen Müßiggänger und Uraltfesthalter eine erfreuliche Tendenz ab. Diesem Umstand haben wir seit über einem Jahr eine leichte Bewegung in der Popszene zu verdanken. Nur, Idee und Ziel im Demo-Studios ist es, die Arbeit im Vorfeld – also bei der Erarbeitung von Titeln – zu verbessern bzw. annähernd auf den internationalen Stand zu bringen. Heute ist man als Komponist, wenn man zeitgemäße Schlager bzw. Popmusik schreibt, Mittler zwischen Technik und musikalischer Idee. Den Umgang mit der Technik, mit dem Schlagzeug-Computer, mehreren Instrumenten, mit Synthesizern, mit Gitarren usw. – für Demo-Zwecke versteht sich, muß man natürlich trainieren, muß man lernen. Dies ist ein Sprung in eine neue Qualität als Komponist. Ein guter, eigener, neuer Titel, das weiß jeder von uns, das ist nun einmal der beste Personalausweis eines Sängers. Deshalb möchte ich von hier aus allen Komponisten, Musikern und Technikern, die diesen Weg gegangen sind und gehen, Mut bei privaten Investitionen und weiteren Idealismus und Kraft für die Zukunft wünschen. Da unsere ökonomischen Möglichkeiten nun mal begrenzt sind, und in Zukunft wohl auch bleiben werden, ist das für uns die einzige Alternative im Rin-

gen um gute Popmusik. Eines möchte ich noch dringend loswerden: Beim bestimmt großartigen Gedanken, die Unterhaltungskünstler mit in die Leitungsprozesse einzubeziehen, bitte ich herzlichst darum, nicht die Sänger zu Funktionären zu machen und am Ende die Funktionäre zu Sängern – obwohl ich das noch besser finden würde.«

Ich übernehm den Zirkus

Beim anschließenden Interpretenwettbewerb sah ich mir alles mögliche an, Pop, Oldies, Schlager, und auch »Neumi's Rockzirkus« – eine irre Show. Im Gespräch hörte ich dann, daß sie am 2. April in der Hochschule für Ökonomie in Karlshorst in Berlin ihre letzte Mugge haben würden. Ich meinte: »Das kann doch nicht sein. So gut wie jetzt wart ihr noch nie. Und nun hört ihr auf?« – »Nee, Neumi hat 'nen Ausreiseantrag gestellt, und wir haben beschlossen, uns aufzulösen.« Hej, das war ein schwerer Schlag. Ich fragte, ob ich mit meiner Kamera kommen könne. »Ja, mach ruhig.«

So war ich bei ihrer letzten großen Vorstellung. 14 Tage später, am Karfreitag, spielten sie noch einmal und verkauften alles, was sie an Technik auf der Bühne hatten. Am Ende blieb nur ein Gerüst mit ein paar Lampen übrig. Das ließen sie stehen. – Ausverkauf.

Nach der phantastischen Veranstaltung blieb eine ziemlich traurige Musikertruppe zurück. Stefan, der Gitarrist, sagte zu mir: »Na, Fränki, hier is 'ne Band.« – »Ja«, sagte ich und lachte, »ihr seid 'ne Rockband, meinen Zuhörern fallen dann die Ohren runter ... und ...« – »Ach, war doch 'n Joke.«

Aus Spaß wurde Ernst, und ich übernahm Neumis Band.

Im April nahm ich nach langer, langer Zeit wieder eine Single auf. Ich war ein bißchen aufgeregt, zumal ich im Lied »Heb die Scherben mit mir auf« unheimlich hoch singen mußte. Ein wunderschöner Text, den ein (damals) »West«-Texter für mich geschrieben hatte: Michael Kunze. Meine Plattenfirma Philips-Phonogram hatte ihn mir vorgeschlagen. AMIGA sagte Ja, stieg ein, somit stand der Aufnahme nichts mehr im Wege. Den Ton machte Siegbert Schneider.

In meinem Kalender steht wieder mal: Ministerium, Paß abholen. Das war immer so geregelt: man mußte einen Antrag an den Minister für Kultur stellen mit der Begründung für die gewünschte Ausreise in die Bundesrepublik, nach Westberlin oder wohin auch immer. Wenn es »gut begründet« war, bekam man seinen Paß für eine bestimmte Zeit. Ich ging dann für Ole und Peter Lorenz, meine neuen Kollegen, nach einem Saxophon gucken, ein Piano bestellen, eine Schlagzeugmaschine oder eine Flöte gegen was anderes tauschen. Musikinstrumente aus'm Westen besorgen, »damit der Sozialismus siegt«. Manchmal war es mir schon peinlich, wieder einen Antrag auf den Paß zu stellen. Ich ließ dann mehrere Wochen oder Monate verstreichen, bis ich wieder einen plausiblen Grund fand.

Rose von Montreux

Im Mai wurde ich vom Fernsehen der DDR zur »Rose von Montreux« delegiert. Aurora und ich fuhren mit unserm Wartburg dorthin und machten bei meiner Mutter, also etwa auf halber Strecke, in Winterbach, Zwischenstation, froh, auf diese Weise Privates und Berufliches unter einen Hut zu bringen.

Wir »genossen« dann jeden Tag die Wettbewerbs-

beiträge, und zwischendurch konnten wir am Videokiosk noch viele Programme selbstwählend ansehen. Wenn man so will, war es das, was du heute über Satellit in dein Wohnzimmer holen kannst.

Es wurden die besten Beiträge aller Länder aus Amerika und Europa vorgestellt und standen dann im Wettbewerb um die »Rose von Montreux«.

Jeden Tag 9 bis 10 Stunden Fernsehen zu gucken ist schon eine – ja – Arbeit, manchmal sehr ermüdend. Man muß sich immer wieder motivieren, um nicht abwesend zu sein und vielleicht wichtige Dinge zu verpassen. Wir machten uns eine Menge Notizen und nahmen eine Fülle von Anregungen mit.

An den Abenden gab es, von BBC London organisiert, produziert und bezahlt, Playback-Aufzeichnungen mit unglaublicher Besetzung: fast alle Hitsänger aus dem Pop-Rock-Bereich waren da. Für uns ein zusätzliches Bonbon. Wir sahen: Duran Duran, Nena, Howard Jones, Gloria Gaynor, Bonnie Tyler, Robin Gibb, Nino de Angelo, Status Quo, Slade, Rod Steward und schließlich, endlich sah ich ihn mal live, mein früheres Vorbild, Cliff Richard.

Als Lehrbeispiel, wie man eine Sendung fotografieren und auflösen kann, notierte ich mir »I'm a Hotel. CBS Toronto«, ein Film aus Kanada mit Leonhard Cohen. Wenn ich irgendwann wieder eine Platte rausbringen würde, müßten die Titel so fotografiert werden.

Ich merkte auch, daß wir mit unseren eigenen Ideen gar nicht so schlecht lagen. Das konnte man aber nur feststellen, wenn man nicht immer unter der DDR-Käseglocke saß.

Aurora zog unheimlich mit und half besonders durch ihre Übersetzungen aus dem Französischen und Spanischen.

Über ein Video aus England, 51 Minuten lang, mit

Benny Hill, habe ich mich zerrissen. Du siehst eine Sparkasse. Es stehen zig Leute an, die warten, daß die Bank öffnet. Kommt ein ganz kleiner Mann. Geht an allen vorbei, hebt den Abtreter hoch, nimmt einen Schlüssel, der darunter liegt, schließt die Sparkasse auf, geht rein. Straßenfeger klappen die Bürgersteige hoch, fegen den Dreck drunter – na, das war genau mein Ding.

So schön die Reisen waren, jedesmal hatten wir Sehnsucht nach den Kindern und konnten es kaum erwarten, sie wieder in die Arme zu nehmen. Auch dieses Mal holten wir sie von Mémé und Pépé ab. Auf dem Heimweg erzählten wir uns dann gegenseitig, was wir erlebt hatten.

Irland, When a star goes out

Mit dem Titel »Heb die Scherben mit mir auf« von Paul Anka war ich wieder in der »Aktuellen Schaubude« in Hamburg.

Anschließend, vom 23. bis 28. Juli, drehte der Regisseur Klaus Überall, der Mann von Katja Ebstein, eine Serie mit allen möglichen Sängern in der DDR, die hieß »Musik und Guten Appetit«. Im Prinzip wurde die Landschaft in Deutschland – sprich in der DDR – »verkauft«. Ähnlich wie heute »Kein schöner Land«. Es gab immer ein Kochrezept, das in die jeweilige Gegend paßte. Ich sollte an der Saale, in der Nähe von Erfurt, bei den Drei Gleichen, einen Kräutermann spielen, der mit seiner Apotheke auf'm Rücken – so war das früher – von Ort zu Ort zog. Gerne machte ich das nicht, ich glaube, auch viele meiner Kollegen empfanden ähnlich, aber da es eine der wenigen Chancen für uns war, im Westfernsehen aufzutreten, haben wohl alle brav mit-

gemacht. Man schauspielerte halt ein bißchen, hatte ein paar Texte zu sprechen, ein paar Liedel zu singen, Volkslieder, die ich sonst wohl weggelassen hätte.

Katja nahm mich in ihrem ziemlich großen Jeep mit. Ich saß sicher etwas verklemmt neben ihr und bewunderte sie, wie locker und selbstverständlich sie da durch die Gegend fuhr. Sie ist eine kluge Kollegin, mit der man angenehme Gespräche führen kann.

In der »Möwe« fand wieder mal eine Sitzung des Komitees statt. Es ging um die politische und kulturelle Situation in der Bundesrepublik Deutschland, um die Arbeitslosigkeit. Wir sagten so hinter vorgehaltener Hand: Die im Westen gehen unter, aber so – und machten ein schmatzendes Küßchen auf die Hand. Naja, jetzt haben wir das Praktikum bis zur nächsten Wende – sag ich immer –, wenn die achtzig oder hundert Milliardäre von der chinesischen Mafia gekidnappt worden sind!! – kleiner Scherz am Rande.

Es war August. Unsere Freunde aus Bad Bramstedt, die Familie Koppelin, besuchten uns an der Ostsee. Am ersten Augustwochenende findet jedes Jahr in Wittenbeck ein Reitturnier statt. Dorffest mit kleinem Rummel, Wurst, Bier, wie das halt so ist. Irgend jemand bemühte sich immer, Pfirsiche oder Melonen ranzuschleppen. Das wußten die Kinder, stellten sich an und hofften, ein paar zu ergattern, bevor alles ausverkauft war.

Für den 27. August hatten Ulli Mann und ich die große Weihnachts-LP-Besprechung ausgemacht. Da ging es um Fragen wie: Welche Titel wollen wir produzieren? Wie viele neue Titel brauchen wir? Und tausend andere Details. Das Lied »Wenn ein Stern verlischt« komponierte ich mit Rainer Oleak zusammen. Ich hatte zwei Klaviere. Ole saß in einem Zimmer, versuchte sich an den Strophen; ich im anderen arbeitete am Refrain, nach ’ner halben Stunde trafen wir uns und

sagten: Guck mal, ich hab hier das und ich das. Na, paßt doch gut! Und so wurde der Titel Stück für Stück fertig.

Ich stellte ihn in der Sendung »bong« vor. Wenn man dreimal unter den Ersten war, bekam man den silbernen »bong«. Ich trat mit drei Liedern an und bekam jedesmal einen »bong«. Den ersten für »Wenn ein Stern verlischt«.

Vom 5. bis 8. September war in Gera die Vorproduktion für die Sendung »35 Jahre DDR-Schlager«. 3 Moderatoren, ja, man kann sagen auch 3 Generationen: Heinz Quermann, Chris Wallasch, Jürgen Karney. Ich dachte mir ein Medley aus mit Fred – Fred Frohberg. Als Kind sang ich viele seiner Lieder. Und so meinte ich, das es lustig wäre, wenn ich ihm seine musikalischen Mädels vorwerfe – und er mir meine. Das machten wir dann auch. In der Kritik war zu lesen: »Der Schlager des Abends aber war für mich das vorzüglich von Rainer Oleak arrangierte Duett von Frank Schöbel und Fred Frohberg, in dem sie an musikalische Erfolge vergangener Jahre erinnerten. Daß es mir nicht alleine so ging, zeigten die Ovationen des Geraer Publikums.« Soweit die Kritik in der Berliner Zeitung.

Im Dezember arbeiteten wir weiter an unserer Demo-Produktion für die Weihnachtsplatte mit den Kindern, Aurora und mir. Nebenher liefen Vorbereitungen für das Festival in Castlebar, Irland. Man hatte den Titel »Wenn ein Stern verlischt« eingesandt, und wir wurden tatsächlich angenommen. Vorher lief das Lied schon in einschlägigen Hitparaden, im Radio und auch beim 13. Dresdner Internationalen Schlagerfestival. Da war zu lesen: »Schöbel singt wieder – und zwar so, als hätte er nie pausiert. In der Radio-›Tip-Parade‹ segelt sein Comeback-Schlager in Richtung Gold. Titelzeile: Wenn ein Stern verlischt. Gefühlvolle poetische Strophen. Vielleicht auch eine Antwort auf das

Geflüster der letzten Monate.« (Soll heißen, als ich kürzer trat und nicht sang.) »Franks ›Da bin ich‹ stoppt nun allen Legendenerfindern den quirligen Redefluß. Daß der geduldige Leipziger ein weiteres Kapitel seiner Karriere mit ›kosmischen Betrachtungen‹ startet, kann Zufall sein. Ich vermute: Absicht. Der ›Blonde Stern‹ 64 verhalf ihm einst zu nationaler Popularität, ›Wie ein Stern‹, 71, ließ Schöbel auch in ausländischen Hitlisten nach oben schnellen. Nun also ›Wenn ein Stern verlischt‹ ... Mit ganz persönlichen Problemen beschäftigte er sich in manch ruhloser Nacht. Schließlich stand für ihn eines Morgens fest, ›Ich kann aufhören.‹ – Wer das kann, kann auch wieder anfangen ...«

Beim 13. Schlagerfestival in Dresden bekam ich für das Lied den Autorenpreis. Wenn man so will, 20 Prozent auch für Ole, der – ganz wichtig – das Arrangement geschrieben hatte. Dann wurde mir gratuliert und natürlich fragte die Presse: »Hast du mit dem enormen Erfolg gerechnet?« Frank: »Ich kann nur danke sagen für diesen Empfang. Sowas kann man nicht berechnen. Man kann nur alles tun, alles beachten, was man in den über 20 Jahren gelernt hat. Und dann gibt es auch Freunde, die raten und helfen ... Für mich ist das der dritte Anfang, und nun erlebte ich alles viel bewußter.«

Nach all diesen nationalen Erfolgen, nach dem neuen Start ging es jetzt zum Festival in Irland.

Da ich immer schon ein Irlandfan war, aber noch nie selbst da war, freute ich mich besonders auf die Reise, verbunden allerdings mit der Angst: reicht deine Stimme – reicht es, um da zu bestehen und sich nicht zu blamieren? Denn der geborene Festivalsänger – sagen wir mal: wer am lautesten singt, gewinnt – war ich nie.

Festivals unterscheiden sich zwar, doch Hauptsache, es wird gewaltig gesungen, dazu viel Glimmer und Flitter – alles nichts für mich. Aber Irland – Du merkst es

schon an den Volksliedern – ist ein Land, das Einfachheit und Natürlichkeit bevorzugt, schon deshalb ein Land nach meinem Geschmack.

Gerd Welkisch, Komponist und gleichzeitig einer der Juroren, begleitete mich und durfte natürlich bei mir nicht werten.

Wir flogen über Brüssel, London nach Dublin und mit dem Zug dann nach Castlebar. Herrlich, durch Irland zu fahren, die karge Landschaft zu genießen. Ich mag das sehr. Das Klima mild – nahe am Golfstrom. Wir machten einen wunderschönen Ausflug, saßen bei einer Tasse Kaffee in einer Art Landhaus, und ein alter Herr sang uns irische Volkslieder vor.

Das Festival selbst war das höchstdotierte in Europa, das im kleinsten, sicher westlichsten Festivalort unseres Kontinents stattfand. Es war ein reiner Komponistenwettbewerb und hatte ausschließlich kommerziellen Charakter. Über 1000 Lieder aus aller Welt wurden eingesandt, 24 davon ausgewählt. Es gab einen ersten und einen zweiten Wertungstag. Ins Finale kamen – das wurde am nächsten Tag beim »Coffee morning« bekanntgegeben – neun Teilnehmer. Wir waren mit »Wenn ein Stern verlischt« – oder auf englisch »When a star goes out« – vertreten und somit auch im irischen Fernsehen. Es waren vier englische Sänger, zwei irische, und je einer aus den USA, der Schweiz und der DDR im Finale. Am Vormittag probten wir mit einem Orchester – nunja – nicht ganz schlecht, aber ehrlich: ich hätte mir das Orchester aus Dresden gewünscht. Die fünfzehn Teilnehmer, die nicht das Finale erreicht hatten, saßen oder standen im Publikum und machten unheimlich viel Stimmung. Das fand ich sehr kollegial, und es war ein sportlicher Zug, den man sonst kaum bei Festivals erlebt. Dann allerdings entschied, wie bei allen Festivals, der subjektive Geschmack einzelner. Da ist es nun nicht wie im Sport, wo die Uhr oder die

Meßlatte entscheidet. Es gewann ein Ire vor England und wieder Irland. Die Sponsoren waren selbstverständlich auch Iren, und so blieb das Geld zu Hause. Das sage ich nicht, weil wir sauer waren, daß die DDR nicht in den irischen Geldtopf greifen konnte, sondern weil man einfach wissen muß, wie der Hase läuft. Selbst wenn wir mit einem noch viel besseren Lied gestartet wären: Wer verschenkt schon Geld? Wir waren die freundlichen Vierten. Einen Schlag auf die Schulter, die Hochachtung für dies »wunderschöne« Lied, die Anerkennung für »the best performance« und die Aufforderung zur Beteiligung am nächsten Festival nahmen wir vom Veranstalter freundlichst entgegen.

EMI England und ein BRD-Manager waren an »Wenn ein Stern verlischt« interessiert. Aber geredet wird viel, und ich halte mich lieber an Tatsachen. Das war richtig so, wie ich heute immer wieder feststelle.

Mit diesen Eindrücken fuhren wir dann nach Hause. 13.20 Uhr Schönefeld, 14.40 Uhr Proben im Palast der Republik. Der DDR-Alltag schlug sofort zu.

Im November hatten wir die Fernsehaufzeichnung für »Drei reizende Schwestern« in Zinnowitz. Viele Tage Probe und zwei Aufführungen, jeweils mit Publikum.

In Gera wurde eine Sendung mit Heinz Florian Oertel produziert. Also wollte ich auch sportliche Akzente in meinem Auftritt setzen. Jürgen Brill zeichnete im Sport- und Erholungszentrum einige Aktionen mit mir auf: Volleyballaufschlag, Tischtennis, Fußball, Handstand laufen – und Skifahren wollte ich auch noch. Wir hatten das Riesenglück, daß es früh um 9 schneite, große dicke weiße Flocken. Innerhalb einer knappen dreiviertel Stunde fielen fast 10 Zentimeter Schnee. Ich fuhr schnell mit meinem Skiern auf die Kamera los, nach einer Stunde war alles schon wieder weggetaut – also wie fürs Fernsehen gemacht.

Ich führte dann mit Heinz Florian während der Sendung ein Interview, dabei spielten wir Tischtennis. Gar nicht so einfach, sich die Bälle auf dem Tisch und im Gespräch zuzuspielen.

Einen Tag später nahm ich an einem Meilenlauf teil. Ca. 200 Läufer waren am Start. Ich dachte nur: schnell angehen, unbedingt mit vorne sein, damit du nicht in dieses Riesengemenge und -gedränge kommst. Ich stürzte los, war wahrscheinlich auch unter den ersten zehn bis zwanzig und merkte dann, daß die Meile doch ganz schön lang wurde. Ich lief sowieso lieber dem Ball hinterher, da hatte ich ein Ziel. Einfach so durch 'n Wald zu laufen – nee, is nicht meins. Und nur gegen die Uhr? Aber die lief ja auch oft gegen mich. Wenn man's genau nimmt: ein Leben lang. Ja, das trifft auf Dich ganz genauso zu.

Und gegen Ende des Jahres, Weihnachten nahte, man konnte sich mal wieder eine Woche gehen lassen, was das Essen anbetrifft, auch mal 'n Schlückchen trinken, stand noch ein Fototermin mit Herbert Schulze an. Ich denke mal: er wollte das Beste, ich wollte das Beste. Wir nervten uns gegenseitig, aber wir konnten auch gut miteinander. Und so fotografierten wir, bevor die Platte überhaupt musikalisch aufgenommen wurde, für das Cover »Weihnachten in Familie«, denn es war Weihnachten, der Baum stand, war von Aurora geschmückt. Wir nutzten das aus. Odette und ich jeweils mit der Gitarre, Dominique und Aurora daneben. Das einzige, was im Bild störte, war die häßliche Klinke der Neubauzimmertür – schwarz, Plaste. Naja, so was hatten wir ja mehr oder weniger alle in diesem Land, warum sollte sie nicht bleiben? Und wenn wir ganz viel Glück hatten, stimmte ja vielleicht auch mal der Druck. Ich hatte schon durch schlechte Druckqualität alle möglichen Haarfarben und schlug deswegen locker vor, man solle doch die Platte in Zeitungspapier eintü-

ten – das wurde mir aber hartnäckig verwehrt!!! Soviel Humor hatten sie nun doch nicht.

Ende 84 freute ich mich noch über einen 1. Platz als Komponist in der Schlagerrevue, »Schlager des Jahres« mit »Alt wie die Welt«, und einen 2. für »Wenn ein Stern verlischt«. Mehr konnte ich nicht verlangen.

Versprechen, Hitnase u. a. schöne Sachen

1985 wird das »Wir baun uns ein Zelt«- und »Wir fliegen mit dem Wind«-Jahr.

Eh wir aufstiegen und flogen, gab es am Anfang des Jahres, am 6. Januar 85 eine traurige Nachricht: O. F. Weidling starb. Er, der einer der besten Verbündeten für guten Geschmack war, für Witz, Satire, und das mit Köpfchen, kam vor allem beim Publikum gut an; nicht so bei den Funktionären. Zur Eröffnung des neuen Friedrichstadtpalastes 1984 provozierte er: »Der Aufbau der DDR geht beachtlich voran. Sogar Franz-Josef Strauß war schon zur Besichtigung hier – gegen ein geringes Entgeld.« Folge: Auftrittsverbot. Sowas frißt sich natürlich tief in die Seele, und wenn die krank wird und man nicht genügend Abwehrkräfte hat und nicht stark genug ist, dann kann das zum Schlimmsten führen.

Mit Dominique ging ich zum Arzt. Allerdings hatte sie nur ein kleines Wehwechen am Fuß. Das tat ihr besonders beim Sport und beim Laufen weh, und ich sagte: »Okay, wir gehen zum Hautarzt. Ich komme mit, der gibt dir 'ne Spritze, und das tut bestimmt nicht weh. Ich verspreche es dir.«

Der Arzt griff, noch ehe ich etwas sagen konnte, zu einem kleinen Skalpell, setzte kurz an und – zack – schälte es aus. Dominique weinte fürchterlich. Mir gab

es einen Stich ins Herz, ich fühlte mich so, als hätte ich sie belogen. Ich wußte wirklich nicht, daß er es so brutal, ohne Betäubung, machen würde und tröstete sie. Wir gingen nie wieder zu diesem Arzt.

Ein anderes Wort konnte ich halten. In Lichtenberg/Friedrichshain gab es eine Musikschule, die Händel-Schule. Ich wollte gerne, daß Dominique auf eine Musikschule geht, mit musischen Menschen aufwächst, und fragte sie, ob sie für mich, wirklich nur für mich – »... du brauchst nicht auf die Schule zu gehn, wenn du bestehst« – eine Eignungsprüfung machen würde. »Äh, was muß ich 'n da machen?« fragte sie. »Ich weiß es auch nicht. Aber du bist musikalisch. Komm, wir sind grad hier in der Nähe, laß uns einfach reingehen.« Ich hatte sie total überrumpelt, wußte natürlich, daß zu dieser Zeit die Prüfungen stattfanden.

Sie war eine halbe Stunde drin, mußte etwas vorsingen und Intervalle nachsingen. Im Auto fragte ich Dominique: »Was haben sie denn zu deiner Stimme gesagt?« – »Naja, 'n bißchen belegt. Die Stimme wär nicht klar. Für 'n Chor nicht ganz so geeignet. Aber mit Gesangsübungen kriegen sie das hin.« Ich sagte: »Man, sei froh, daß du so 'n bißchen Hauch drauf hast. Das ist ja gerade das Interessante. Laß dir den bloß nicht wegnehmen.« – »Ja, aber die singen alle so ordentlich«, meinte sie, »sie machen so komisch den Mund auf und zu – so geschult. Ich finde das nicht so schön, ich will nicht auf die Schule!« Okay, ich hatte ihr versprochen, sie müsse nicht, wenn sie nicht wollte.

Der Direktor rief an, sie hatte bestanden. Ich mußte ihm leider absagen.

Trotzdem ein schönes Gefühl, zu wissen, meine Tochter hätte auf die Schule gekonnt.

Als Dominique dreizehn, vierzehn war, lasen wir in einer Zeitung eine Annonce, daß sie Mädchen in ihrem Alter für einen Kriminalfilm suchten. Aurora und Do-

minique waren sich einig: »Laß uns mal hingehen, vorsprechen.«

Sie mußte mit einem älteren Mann, so um die Dreißig – für sie steinalt – eine Szene spielen, die ihr überhaupt nicht gefiel. Sie fühlte sich vor allen Dingen vom Regisseur verraten. Eine Art Kußszene. Ich dachte, und da bringst du deine Tochter nun noch hin? Ich war wütend, weil sie uns nicht gesagt hatten, was auf die Mädchen, fast noch Kinder, zukam.

Ein bekannter Sänger und Komponist bot mir ein Lied an. Ich hörte mir, wie ich das immer tat, den Titel mehrmals an, konnte beim ersten Mal nie sagen, ob er mir so recht gefiel. Selten, daß ich sofort hurra! schrie. Er mußte sich bei mir erst reindrehen, wie nachher beim Publikum. Die Strophen gefielen mir sehr gut. Aber der Refrain, dachte ich, das ist gar keiner. »Okay«, meinte er, »ändere ich. Kein Problem. Für dich doch immer.« Nach vier Wochen fragte ich vorsichtig nach: »Biste schon fertig?« – »Na, hör mal, ich hab's so gelassen. Ich hab das Lied einem anderen gegeben.«

Der Kollege sang es, aber es ist nie ein großer Erfolg geworden. Meine Hitnase hatte mich in dem Fall nicht verlassen, darüber war ich sehr froh.

Nach der Wende trafen wir uns erneut, um eventuell eine Platte zu machen. Er meinte: »Ich komponiere zwei Drittel der Platte, du ein Drittel.« Na, Moment mal, dachte ich, erst mal müssen wir doch die Lieder überhaupt haben, und ich denke, wir sollten das Beste nehmen, egal, von wem es ist. Das war dann schon für mich gleich wieder der Anfang vom Ende der Zusammenarbeit.

Ganz anders – nämlich gemeinsam – wollte es Rolf Henning, der organisatorische Kopf der neu entstandenen Gruppe »Datzu« versuchen. Mit Rainer Oleak als künstlerischem Leiter. Wir planten neben dem

Rockprogramm für »Datzu« auch noch ein Pop-Programm mit mir, das »Tour de Frank« heißen sollte. Um die Leute durch den Gruppennamen »Datzu« nicht zu irritieren, hatte ich die Idee, die sich dann als nicht so besonders herausstellte, die Musiker, wenn sie mich begleiteten, »Nanu« zu nennen. Also »Datzu« ist da – »Nanu«, die kenn ich doch. Das brachte die Leute am Ende erst richtig durcheinander. Musikalisch war der Unterschied aber deutlich.

Wir wollten Ende 85 auf Tournee gehen und bereiteten alles vor.

In Österreich entstand ein Videofilm zu dem Titel »Wenn ein Stern verlischt«. Wir suchten für die Auslandsarbeit einen, der fahren durfte und sich gut auskannte: das war Heiner Jahnke, früher bei der Künstleragentur. Dann und wann kreuzten sich auf Flughäfen unsere Wege. Wir nannten ihn heimlich den Ami, denn er sprach oft von Amerika und ein andermal: »Wenn wir was machen, dann nur über Hoechst.« – »Ja«, sagte ich, »höchst unangenehm.« Das Video wurde aufgenommen, aber es lief nie. Wahrscheinlich hatte das jemand produziert, um es von der Steuer abzusetzen – nicht das Lied, sondern die Kosten für den Clip.

Kurz danach bekam ich ein Filmangebot aus Österreich: »Das grüne Paket«. Man schickte mir das Buch zu. Meine Rolle war die eines rauchenden Gangsters. Schwer vorzustellen, die Sache mit dem Rauchen, meine ich. Na gut, das würde ich schon hinkriegen. Aber der stellvertretende Kulturminister mußte das Script auch lesen und entscheiden, ob ich fahren durfte oder nicht. Er meinte, es sei ein Malteser-Falke-Verschnitt, eine Grusel-Story, an der wir uns – die DDR und Frank Schöbel – nicht beteiligen sollten.

Aus meiner heutigen Sicht hatte er zu 50 Prozent recht.

Die Kinder hatten ein paar Tage Ferien, und wir machten eine Informationsreise: eine Woche Kabarett: Distel, Herkuleskeule usw., und natürlich Dresden besichtigen. Verkehrsmuseum, Grünes Gewölbe, von einem Museum ins andere. Naja logisch, auch in den Zwinger. Aurora fragte bei einigen älteren Bauwerken: »Ist das der Zwinger, oder das?« – wir mußten so lachen.

In der Fernsehredaktion besprach ich mit Eveline Matt das Jahr 85, brachte ihr die neuesten Lieder auf Kassetten mit.

Ich ging zu Dr. Seidner in der Charité, Stimmbänder nachsehen, ob alles in Ordnung war, fuhr anschließend nach Leipzig zu den »Academixern«, um ein Video aufzunehmen.

Die Plattenhülle für die Weihnachts-LP war fertig, wir sahen sie uns an und mußten feststellen, daß alles viel zu grünstichig war.

Im Druck konnte man zum Glück noch einiges korrigieren.

1984 gab ein Sängerkollege eine Fete zu seiner Hauseinweihung und lud mich ein. Ich überlegte: was kann man ihm schenken? Komponierte ein Lied und überreichte es ihm. Und nun, am 3. März 1985, nahmen wir es im Rundfunk auf. Der Tonmeister war blind, hatte aber sehr gute Ohren. Als ich ihm sagte: »Ich weiß nicht, das Urband klingt nicht, und du mußt den Sänger noch ein bißchen härter drüber kriegen, ich sag mal: es müßte so wie bei Maffay klingen«, da drehte er sich um und sagte: »Du, aus 'ner Bockwurscht kann man keen Spiegelei machen.« Der Sängerkollege lachte.

Am 8. März, zum Frauentag, »durfte« ich mit Ole als Pianist im ZK auftreten, ich sang den Titel: »Bist kein kleines Licht, auch wenn du das denkst.« Vor uns saß, schon ziemlich eingefallen, die ganze erste Riege mit

Erich Honecker. Ich sah ihn bei diesem Lied an und mußte denken: Ob er das jetzt wörtlich nimmt?

Vorher probte meine neue Gruppe »Datzu« ihr Rockprogramm, das musikalisch wie von der Umsetzung her anspruchsvoll war und das Publikum begeisterte.

Begeistert war auch ich, als ich zum achten Mal, diesmal im Jahr 1984, Fernsehliebling wurde. Der »Rekordliebling« war Heinz Florian Oertel. 1984 wurde er es zum vierzehnten Mal. Außer uns waren noch Helga Hahnemann, Helga Göring, Agnes Kraus, Walter Plathe, Klaus Feldmann, Jürgen Karney, Petra Kusch-Lück und Heinz Rennhack gewählt worden.

Außerdem sollte ich als Vizepräsident des Komitees für Unterhaltungskunst der Sozialkommission vorstehen. Haben sie gedacht, daß ich da den wenigsten Schaden anrichte? Ich glaube, ich hab ungläubig geguckt, zu Hause überlegt und gedacht: Was ist denn das für ein Scheiß? Wieso soll ich anderen Leuten Autos versprechen, die ich nicht habe, Gasheizungen, von denen ich nicht weiß, woher nehmen? Die ganzen Probleme, die ich selber habe, für andere klären? Das geht doch gar nicht.

Ich sprach mit Aurora drüber. Sie zeigte mir einen Vogel und meinte: »Kümmere dich um deine eigenen Sachen. Du verzettelst dich bloß.« Ich hatte A gesagt und wollte bis Z durchhalten. Ich wußte, daß selbst A schon falsch und sinnlos war, wollte es mir aber nicht eingestehen. Ich ging brav drei-, viermal zur Kommission hin, dann rang ich mich trotzig durch, Gisela Steineckert zu sagen: »Ich mach das nicht mehr.« Jemand sprang für mich bereitwillig ein.

Neue Band, neue Show, »Datzu – Nanu«

Rolf Henning und ich trafen uns, um endlich die Showkonzeption zu fixieren. Fürs Komitee für Unterhaltungskunst, für uns selbst und letztlich, um einen Partner zu finden, der uns bei den Proben eventuell finanziell unter die Arme greifen konnte. Wir setzten uns das Ziel, ab Oktober 85 die Show im In- und Ausland zu starten. Ausland hieß für uns nicht nur sozialistisches, sondern vor allen Dingen, wie man es damals nannte, kapitalistisches Ausland, also der Westen. Da gab es sofort das nächste Problem: Können die Musiker alle fahren? Die Musiker, das waren Rainer Oleak, Keyboard, Ingo Politz am Schlagzeug, Stefan Schirrmacher, Gitarre, Peter Lorenz, Saxophon und Percussion, Peter Rasym, genannt Bimbo, am Baß, Rolf Henning, organisatorischer Leiter, und die Techniker Bernd Hauke, Ingo Weidemann, wir nannten ihn Inge, und Andreas Welscher. Alle mußten durchgecheckt werden. Also ging ich schweren Herzens wieder ins »heilige Haus«, wie wir es nannten, ins ZK, Abteilung Kultur. Ich hatte mich logischerweise vorher angemeldet und fragte nun: »Wie sieht's aus? Können die Musiker fahren?« – »Ja, geben Sie mir übers Komitee die Namen rein. Wir werden das prüfen lassen.« Ich wußte, daß dies mindestens ein bis zwei Jahre dauerte. Solange mußten wir die Veranstalter noch hinhalten.

Weiter konzentrierten sich unsere Überlegungen zum Projekt »Tour de Frank«: Wir brauchten mindestens 8 bis 10 neue Titel, um eine gute Mischung im Zeitsound auf die Bühne zu bringen. Und so planten wir erstmal April/Mai/Juni Einspiel der LP »Weihnachten in Familie«. Juli: Aufnahmen zur gleichnamigen Video-Produktion. August: Urlaub. September: »bong«, »Kessel«, danach Proben für die Live-Show

»Tour de Frank« und ab Oktober bis Dezember acht Auftritte pro Monat in der DDR. Wir skizzierten die technischen Voraussetzungen. Die tontechnische Anlage der Gruppe »Datzu« bildete die Basis für die Show und war im wesentlichen ausreichend für die Beschallung großer Häuser und ebenso für Freilichtveranstaltungen. Problem: Anfertigung von Bühnendekoration, Bereitstellung von geeigneter Lichttechnik, Spots etc. Da wir die nötigen Sachen wieder aus dem Westen einführen mußten, stand erneut die leidige Zollfrage. Weitere Kosten kamen auf uns zu: Miete für Probenraum, Plakate, Fotos, ein geeignetes Werbekonzept sollte entwickelt werden; erste Absprachen mit Veranstaltern wurden getroffen.

Unser Manager Rolf in seinem Brief ans Komitee: »Es besteht außerordentlich große Nachfrage für dieses Projekt. Aufgrund der Tatsache, daß die Musiker von Datzu auch als eigenständige Rockgruppe arbeiten, steht Frank nicht unter dem Druck, die Musiker »zu ernähren«, und somit ist er in der Lage, die Show nach dem Gesichtspunkt der Qualität und nicht der Quantität zu planen.«

Obwohl ich 1984 mit dem gemeinsamen Lied der Kollegen »Alt wie die Welt« und mit »Wenn ein Stern verlischt« in mehreren Sendungen erste und zweite Plätze in der Jahresendauswertung belegte, tat sich bei AMIGA überhaupt nichts. Normalerweise hätte eine Plattenfirma reagiert und den Erfolg zum Aufhänger einer neuen Langspielplatte gemacht. Aber nicht bei uns, wo die Mühlen so langsam mahlten, daß man denken konnte, sie stehn. So machten wir uns, Rolf Henning und ich, in einem Schreiben Luft und schickten es ans Komitee: »Wir bitten also dringend um Hilfe in dieser Angelegenheit. In den Monaten Februar und März arbeiteten Frank, Rainer Oleak und andere Autoren verstärkt am neuen Repertoire für eine LP. Es ist uns

bekannt, daß es auch für andere Exclusiv-Künstler«, und dazu gehörte ich ja, »bei AMIGA möglich gemacht wurde, in bestimmten Situationen entsprechend Produktionstermine zu garantieren.« Man hatte mir gesagt: »Du machst eine AMIGA-Weihnachtsplatte. Für eine aktuelle ist kein Platz mehr in diesem Jahr.« Das paßte natürlich nicht in unseren Plan.

Rolf Henning, als Vertreter der Gruppe »Nanu«, und ich unterschrieben einen Vertrag mit der Bezirkskommission für Unterhaltungskunst in Gera, der anderthalb Jahre laufen sollte, vom 1. Juli 85 bis 31. Dezember 86. Ziel war es, das Programm »Tour de Frank« zu einem Spitzen-Programm der Unterhaltungskunst zu entwickeln, und dazu sicherte die Bezirkskommission »finanzielle Unterstützung für Proben, Texte, Kompositionen, Studioproduktionen, Entwürfe der Garderobe und Plakatentwürfe zu. Die finanzielle Größenordnung ist jährlich abzustimmen. Unterstützung bei Probelagern, die Beratung in Programmgestaltungsfragen ...« – na, das wollte ich nun gar nicht. Und wir sollten uns verpflichten, »... an der Gestaltung gesellschaftlicher und kulturpolitischer Höhepunkte im Bezirk Gera teilzunehmen, wie: die Veranstaltungreihe der Konzert- und Gastspieldirektion des Hauses der Kultur ›8 – 9 – 10 – 11 – Klasse!‹ in Vorbereitung (das war's!) des XI. Parteitages der SED im April 86.« Oooooh, da steht für mich wieder in Klammern dahinter: Angst, Angst, Vorsicht! Oder: »... dem ›Volkswacht‹-Pressefest, den 2. Kulturfesttagen der sozialistischen Landwirtschaft«, ich sag mal in Kleinhäschendorf, »der 750-Jahrfeier der Stadt Jena und den Bezirk bei nationalen Wettbewerben zu vertreten.«

Dann kamen noch viele andere Dinge und die Terminstellung für die Abnahme des Programms »Tour de Frank« am 4. Oktober 85. Jemand von der KGD hatte unterschrieben, Rolf Henning und ich. Aber das

Stück ist trotz unserer Unterschrift nie gelaufen. Rolf hatte 'n Taschenrechner, logisch. Als wir merkten, daß wir weniger Geld bekamen und damit die eigenen Projekte sozusagen finanziert wurden, haben wir gesagt: dann können wir das auch alleine machen.

Weihnachten in Familie

Sechzig Aufnahmetermine für die Weihnachts-LP standen an. Davon ein Drittel für die Urbänder, wie wir es nennen, ein Drittel für den Gesang, Chor, die Kinder, Aurora und mich, und ein Drittel zum Teil Doppeltermine für die Mischung der Titel.

Ein Lied, »Liebe kleine Mama«, hatten Dominique und Odette Weihnachten, also Heiligabend 84, ihrer Mama als Musikkassette geschenkt. Sie hatten ihre Wünsche gezeichnet, einiges formuliert, und ich habe, wenn man so will, für sie getextet und es dann mit ihnen aufgenommen. Wie man sich denken kann: Am Heilig Abend liefen bei Mama vor Rührung die Tränen. Welche Mutter freut sich nicht über ein solches Liebeslied. Wir beschlossen, es auch auf die Platte zu nehmen. Während Dominique bei den Aufnahmen immer noch einmal singen wollte, war es mit Odette ja – ziemlich schwer. Mama warf das Handtuch und ließ mich mit ihr allein im Studio. Ich mußte, damit sie Freude im Gesicht hatte, wirklich: den Bauch zeigen, die Hose runterlassen – ich hab allen Quatsch gemacht, der mir irgendwie in den Sinn kam, damit sie ein bißchen lächelte. Denn durch Lachen, das hörst du beim Singen, wird die Aufnahme freudiger und du hast automatisch mehr Höhen auf dem Band. Doda meinte nach dem dritten Mal: »Die Aufnahme ist für mich gestorben.« (Soll heißen: ich sing nicht weiter!)

Manchmal mußten wir abbrechen und sagten: »Hm, wir ziehen was anderes vor.« Meistens hatten wir Termine von 15 bis 19 Uhr, dann machten die Kinder bei AMIGA ihre Hausaufgaben, und so zwischendurch – spielerisch – sangen wir die Titel ein. Im Juli waren dann die Endmischungen. Im Juli, eine Weihnachtsplatte – das mußt Du Dir mal vorstellen.

Ich hatte wieder derartige Rückenschmerzen, daß ich weder stehen noch sitzen konnte und sang »Stille Nacht« tatsächlich im Liegen. Ja, ich lag auf drei Stühlen, wir mußten das Mikro auf Kinderhöhe einstellen.

Aurora brachte Kerzen mit, Tannenzweige. Wir brannten die Tannennadeln ein bißchen an, daß wir wenigstens weihnachtlichen Geruch in den Räumen hatten, machten alles dunkel und versetzten uns so in Stimmung.

Am 7. Juli war es dann soweit: die LP war fertig, konnte abgegeben werden. Es war ein Sonntag, und es wurde auch eine Sonntags-LP. Wie sich später herausstellte, die meistverkaufte in der DDR und für AMIGA überhaupt: 1,4 Millionen.

In der Endphase kam Jürgen Brill, der Regisseur vom Deutschen Fernsehfunk, ins AMIGA-Studio, hörte sich die Lieder an, und wir stellten daraus eine 30-Minuten-Sendung zusammen. Die Ideen, die Umsetzung, all das machten wir später in Kleinarbeit.

An fünf Tagen wurde im Studio Johannisthal die Sendung zur Platte aufgezeichnet. Eine Produktion, die viel Furore machte und die ähnlich wie »The same procedure as every year« sehr oft zu Weihnachten lief. Aurora nahm für die TV-Aufzeichnung vieles von zu Hause mit: den Schaukelstuhl, kleine Teppiche, Dinge, die uns umgaben, Salzteigarbeiten, die sie selbst herstellte, Bilder, überhaupt alle Accessoires, die einer Wohnung Charakter geben. Das ging sogar soweit, daß Aurora

Musik: Frank Schöbel
Text: Frank Schöbel

EINMAL IM JAHR

WENN ES DRAUSSEN KÄLTER WIRD
WIRD ES WÄRMER IN DEN HERZEN
MAN SEHNT SICH NACH ZUSAMMENSEIN
UND NACH DEM SCHEIN DER KERZEN
LIEBE TREIBT ZUR WEIHNACHTSZEIT
DEN HASS AUS UNSERM LEBEN
JEDER VON UNS IST BEREIT
ZU TEILEN UND ZU GEBEN

EINMAL IM JAHR
SIND WIR FÜR DEN ANDERN DA
ZEIGEN WIR GEFÜHLE
EINMAL IM JAHR
SIND WIR UNS SO NAH
WARUM NUR EINMAL IM JAHR

IRGENDWANN BIST DU ALLEIN
DANN SPÜRST DU, WIE'S IST
DU WÜNSCHST DIR INSGEHEIM
DASS KEINER DICH VERGISST

EINMAL IM JAHR
SIND WIR FÜR DEN ANDERN DA
ZEIGEN WIR GEFÜHLE
EINMAL IM JAHR
SIND WIR UNS SO NAH
WARUM NUR EINMAL IM JAHR

selbst den Baum schmückte. Und obwohl wir es im Studio aufgezeichnet hatten, dachten viele Zuschauer, daß es bei uns zu Hause sei. Ich glaube, alle Beteiligten, auch die Kameraleute, hatten sehr viel Freude an dieser Sendung, und sie war – das spürte man – etwas Besonderes.

Hilfe, 'ne Spielshow! – und Knochenknack

Und wieder steht ein wilder Tag in meinem Kalender: 9 Uhr beim Fernsehen sein, 11 Uhr Sozialkommission. Nicht mehr als Chef. Ich saß halt nur mit da. Danach in Westberlin einen Kunstfilm EPT 60 von Kodak kaufen, 6 x 6 Rollfilm – genau, zum Fotografieren. Die Fotografen kamen an solche Filme aus 'm Westen nicht ran, und da haben wir versucht, sie zu besorgen, damit die Farbfotos auf der Plattenhülle oder wo auch immer besser aussahen. Unsere ORWO-Filme hatten nicht die Brillanz und Qualität. 15 bis 17 Uhr Text besprechen, anschließend ins Haus der Jungen Talente. Der Arbeitskreis Wissenschaft redete über neue Medien. Ich war in der Staatlichen Ballettschule und testete meine neuen Titel. Anschließend ein Forum. Und zwischen all diesen Terminen lag auch irgendwie noch der erste Spatenstich.

Ja, wir hatten uns entschlossen, im Märchenviertel zu bauen. Es war klar, Aurora zieht das durch. Wir wußten, daß es schwer werden wird. Jeder in der DDR wußte das, aber wie schwierig es letztlich wurde, haben wir beide nicht geahnt. Aurora hat viele Nerven gelassen. Jetzt war aber erstmal Freude angesagt, Spatenstich und Baubeginn. Eine Fällgenehmigung für die Bäume wurde erteilt. Ich rodete alles selbst, und in einem Anflug von Wahnsinn verbrannte ich das Holz auch. Heu-

te würde man das nicht mehr machen, sondern alles auf Metermaß runtersägen. Aber da ich mit der Handsäge arbeitete, war Verbrennen die beste Lösung – so wie in Kanada. Da habe ich das, wenn auch später, genauso gesehen. Es brannten eine Kiefer, eine Tanne, eine Kirsche – alles weg. Ich glaube, die Flammen waren 10 bis 12 Meter hoch. Ich sag immer: Köpenick brannte. Ich hatte tolle Nachbarn, alle freuten sich.

Hans-Georg Ponesky wollte mich zur Sendung »SpielSpaß« überreden. Ehrlich: Ich habe immer Angst vor Sendungen, in denen man irgendwas wissen oder erklären muß und es nicht gut schafft oder einen schlechten Tag erwischt hat, und alle sagen: »Oh, haste den gestern gesehn? Na *der* is ja vielleicht doof.« (Lieber 'ne natürliche Dummheit als 'ne künstliche Intelligenz.) Na gut, das kann einem mit Musik auch passieren, aber man muß es ja nicht unbedingt herausfordern. Also sagte ich ihm: »Sei nicht sauer, ich kann das nicht.« Ja, dabei beließ es Pony natürlich nicht und erwiderte: »Paß auf, ich lad dich ein, du kommst zu mir, und dann spielen wir das Spiel mal durch. Ich wette, du kannst das.« Eigentlich hätte ich ihm gleich sagen sollen: »Ich will es nicht.« Aber dazu fehlte mir der Mut.

Heute würde ich das ganz ehrlich sagen und habe mir damit auch schon einige »Freunde« gemacht. Die Wahrheit will kaum einer hören, is' schwer. So ein bißchen Lügen gehört irgendwie zur Umgangsform. Schade eigentlich.

Er lud mich trotzdem ein, und am Tage der Verabredung, hat er wohl gemerkt, wie albern so was ist und sagte mir ab. Also war ich raus aus der Show.

Lippi wollte mich auch immer auf sein Sofa holen für die Sendung »Glück muß man haben«. Ich erklärte der Redakteurin Eveline und dem Produktionsleiter Steinbacher, den wir liebevoll Steini nannten: »Ich will nicht aufs Sofa. Ich will keinen kennenlernen. Ich will mir

nicht irgendwas merken müssen und dadurch Punkte sammeln. Ich will auch mit keinem spielen, mich künstlich streiten, um dadurch wieder Punkte zu gewinnen.« – »Ja, aber du spielst doch gerne«, sagten sie. »Klar spiele ich gerne. Eben deshalb. Aber zu Hause, nicht im Fernsehen.« Ich blieb konsequent, bis auf eine Ausnahme.

Ein Musikredakteur hatte mich so sehr gebeten. »Okay, ich mach es für dich.« – »Es ist auch gar nicht schwer«, sagte er. »Es gibt nur zwei Möglichkeiten. Du sagst Ja oder Nein, Grün oder Blau und – ja, dumm bist du deswegen nicht.« Was soll ich Dir sagen: mein Chef hat mir geholfen. Der sieht mir doch tatsächlich von oben meine Angst an und denkt: Ich muß hier irgendwie eingreifen.

Ich sitze also in der Maske, plötzlich kommt jemand rein, tuschelt. Ich gucke: oben ist ein Monitor, also ein Fernsehgerät, auf dem du dir über Kabel sämtliche Fernsehsendungen reinziehen kannst oder das aktuelle Bild aus dem Studio, damit die Leute in der Maske wissen, wer gerade dran ist und wann der nächste Kollege ins Studio abwandern soll. Ich kombiniere, daß sie jetzt wahrscheinlich eine Probe machen und einiges genau wie in der Sendung durchsprechen werden. Mitten beim Schminken sage ich: »Moment mal, ich muß mal auf Toilette gehen. Nehmt doch bitte erst mal jemand anderen dran. Ich bin in zehn Minuten wieder hier. Seid nicht sauer.« – »Alles klar.«

Ich gehe ganz schnell in meine Garderobe, da steht auch solch ein Monitor. Die Fußball-WM läuft, so daß ich mich auch ein bißchen tarnen kann. Ich schalte hin und her und sehe doch tatsächlich die Probe und höre somit alle Antworten. Na danke, Chef! Das ist ja nun wirklich ...

War natürlich ein bißchen finster von mir, aber ich wollte ja die Sendung nicht machen! Eine Frage laute-

te zum Beispiel: »Die Saline in Halle – 1000 oder 3000 Jahre alt?« Nun denkste ja, Halle ist höchstens 1000 Jahre alt, obwohl es zu DDR-Zeiten viel älter aussah, aber 3000 war tatsächlich richtig.

Es kommt zur Sendung. Ich mach alles richtig. Wieder ein Punkt, noch einer. Habe noch zwei Mitspieler. Die sind wirklich gut. Warte ein bißchen und überlege, damit es nicht so schnell geht und mache tatsächlich noch einen Faselfehler. Das ist ja nun ganz perfekt. Prima. Der Redakteur sagt am Schluß: »Mensch Frank, du hast so 'ne Angst gehabt – so gut war überhaupt noch keiner.«

Ich mußte ein bißchen feixen, aber, naja, nun is es raus!

Ole, der eigentlich kein Hitkomponist ist – da müßtest du ziemlich einfach denken, musikalisch nicht unbedingt sehr gebildet sein, wenn du vier Harmonien kennst und noch sechs im Hinterkopf hast, ist das gut. Aber drei reichen manchmal auch, wenn Du weißt, was ich meine ... also Ole, der viel mehr Harmonien und Verbindungen drauf hat, schrieb ein Lied, das ein richtig großer Hit wurde: »Wir fliegen mit dem Wind.« Harry Jeske von den Puhdys hatte neue Technik bekommen, und so nahmen wir das Lied in seinem Keller auf. Später haben wir das Ganze dann noch mal bei Klaus Schmidt in Neuenhagen nachproduziert. Ich borgte eigens dafür bei »Sound- und Drumland« in Westberlin ein Hallgerät aus, was am Tag 90 Mark West Leihgebühr kostete. Ich hab's am nächsten Morgen sofort zurückgeschafft. Wir legten den Hall beim Mischen aufs Schlagzeug und auf den Gesang. Um unseren Titel so chic und so gut wie möglich zu produzieren, taten wir eben alles, was möglich war.

Ich freute mich, mit Leuten zusammenzuarbeiten, die noch verrückt waren, die nicht erst ein Haus bauten, sondern ihren Beruf so liebten, daß sie alles, was

sie hatten, da reinsteckten. Verrückte! Und ehrlich gesagt: mit solchen möchte ich ins Grab gehen.

Gewappnet mit Titeln wie »Wir fliegen mit dem Wind«, »Wir baun uns ein Zelt« und »Wenn ein Stern verlischt« – Popmusik im Elektro-Sound, neu in der DDR-Szene –, fuhr ich gemeinsam mit Sohn Ali nach Frankfurt/Oder zu einer großen FDJ-Fete. So viel traurige und böse Gesichter hatte ich lange nicht mehr gesehen. Nix mehr mit Juhu und Jubeln! Zum ersten Mal fiel mir das so richtig auf, und ich zog meine Schlüsse. In Zeiten langer Gesichter setzt man auf Humor. Das ist schon immer so gewesen. So nahm ich all meine Witzbücher und fuhr wieder mal an die Ostsee.

Wenn ich mir ein paar »freie« Tage gönnte, sah ich erst mal auf meinen Schreibtisch nach, ob ich alles einigermaßen im Griff hatte und merkte dann, daß ich den einen oder anderen Fernsehvertrag – die Sendung war längst gelaufen – noch nicht unterschrieben hatte. Ich war da 'ne kleine Schlampe in puncto Geld. Nicht, daß ich's nicht brauchte, aber ich vergaß oft, die Verträge zu unterschreiben. Somit konnte man mir auch mein Honorar nicht anweisen. Ein dreiviertel Jahr nach der Sendung »Drei reizende Schwestern« brachte ich endlich den Vertrag zur Besetzungsabteilung des Fernsehens. Bißchen spät, was? – Naja, Entschuldigung! Und die netten Damen dort meinten: »Wir machen das schon noch.« Danke.

Wenn man einen neuen Titel startet, sollte man etwas dafür tun, Promotion machen. Das galt auch in der DDR.

Und so war ich im Frühprogramm 5.45 Uhr auf RADIO DDR, 6.10 Uhr im Berliner Rundfunk und 7 Uhr im Frühprogramm von Stimme der DDR – überall mit »Wir fliegen mit dem Wind«. Kurzes Interview, kurzes Späßchen, kurz »Guten Morgen«, und das war's. Hej, das war die DDR-Total-Promotion. Mehr ging nicht –

im Radio. Und kein Sender war auf den anderen neidisch oder sauer, im Gegenteil.

Mein Rücken machte wieder Probleme. Hatte wohl zuviel Fußball gespielt – nicht der Rücken, sondern ich. Und so war ich bei einem Professor, der eigentlich für forensische Medizin in der Charité zuständig war. Ich nannte ihn »Knochen-Knack«.

Der ruckste mir den Rücken wieder ein. Er war nicht gerade das, was man klein und dünn nennt, also ein ziemlich kräftiger Mann. Ich mußte mich auf den Bauch legen, er drückte erst vorsichtig mit beiden Händen, dann mit einem Ruck auf meinen Rücken, daß es nur so krachte. »Haben Sie gehört«, sagte er »das ist die Schaltzentrale. Jetzt ham wa alles locker.« Ein Wunder, daß die Knochen nicht alle kaputt waren. Tänzer, Primaballerinen kamen zu ihm. Er fühlte ihre Sehnen und drückte die praktisch wieder hin; die hatten sie sich wahrscheinlich – ich will nicht sagen ausgeleiert – aber bestimmt fünfmal verdreht. Na, das konnte mir beim Fußball nicht passieren, denn auf Spitze haben wir bislang noch nicht gespielt. Und Spitze war ich sowieso nicht, obwohl ich's manchmal ganz schön auf die Spitze getrieben habe.

Oft konnte ich aber nicht mehr zu Knochen-Knack gehen, denn ich kannte jetzt seine Tricks und hab mich natürlich entgegen verhalten. Dann funktionierte das bei mir nicht mehr.

Ich fuhr wieder mal nach Warnemünde. Diesmal mit Ali, und ich lud ihn zum Essen ein. Irgendwann hatte ich vom Chef des Neptun eine Gästekarte bekommen. Ich nutzte das nie aus, denn Vordrängeln fand ich nie gut. Nur, wenn ich nicht in die Sauna reingekommen wäre, hätte ich sie, wenn auch vorsichtig, gezückt.

Einmal habe ich sie, das muß ich zugeben, an unseren Freund und Fleischer Hilmar ausgeliehen. »Mensch«, sagte er, »das war ja toll mit der Karte. Als

ich im Pool baden war, habe ich Sekt bestellt. Dann kamen die Pinguine bis dorthin.« Er meinte natürlich die Kellner. Ich fragte ihn noch: »Hat jemand was gemerkt, daß du ...?« – »Nee, nee, war alles in Ordnung.« Wunderbar.

Ich stand also mit Ali in diesem Hotel vor dem Restaurant, alles besetzt. Man wurde ja immer plaziert. Als der Kellner überhaupt keine Anstalten machte, fragte ich ganz vorsichtig, so nach zwanzig Minuten: »Ich hab hier eine Gästekarte. Wäre es vielleicht möglich, daß Sie mir sagen, ob noch zwei Plätze frei sind.« Naja, die typische DDR-Vorsichtshaltung. Da schnappte sich doch dieses lange, dünne Kellner-Ungeheuer einfach meine Gästekarte. Schwupps, war er fort.

Ich bin dort nie wieder hingegangen. NEPTUN. Manchmal ein bißchen NEP, und damit wollte ich nichts zu TUN haben.

Ich besaß inzwischen eine Motorsäge. Als an der Ostsee, bei unseren Freunden, die Menschen in Not waren (weil die Pappeln etwas zu breit und zu hoch geraten waren), startete ich die Aktion »Hilfe für die Menschen! Rettet die Pappel!« Nicht ganz runterschneiden. Nur so stutzen, daß es für Pappel und Mensch eine Freude war!

Eine Teilmitwirkung im »Kessel Buntes« mit Band stand an. Das hieß wieder rotieren. Was ziehen wir für Klamotten an, und was die Band?

Ich hörte von einem guten Gag, den eine Sängerin praktizierte. Folgendermaßen: Sie ging in ein bekanntes West-Kaufhaus, kaufte sich ein Kleid, das sehr teuer war und das sie grade so bezahlen konnte, was man sich aber normalerweise für eine Veranstaltung im Fernsehen niemals kaufen würde – jedenfalls nicht als DDR-Bürger. Kaufte es, machte vorsichtig die Preisschilder ab, hob diese auf, zog es im DDR-Fernsehen an, paßte auf, daß keine Schminke an das Kleid kam und

ging zwei Tage später wieder mit dem Kassenzettel hin und gab es zurück. Sie bekam das Geld wieder – hej, so geht es doch! Heute nennt man das Sponsoring. Mit solchen Tricks konnte »der Sozialismus siegen« – im schönsten Kleid.

Vereinzelt wurde in Interviews auch meine politische Haltung getestet, so die Frage in einer Zeitung: »Frank, wir leben in einer sehr ereignisreichen und politisch angespannten Zeit. Wie sehen Sie Ihr politisches Engagement als Unterhaltungskünstler im Kampf für den Frieden?« Ich: »Wenn ein Schlager oder ein Pop-Sänger seine Aufgabe gut erfüllt, sein Publikum fröhlich stimmt, nachdenklich und all das, was es dazwischen noch gibt, dann hat er auf seine Weise zum Frieden und zum Wohlbefinden der Menschen beigetragen, und dies muß er nach meiner Meinung mit viel Feingefühl, Intelligenz und Gespür fürs Metier tun, damit das Wort ›Frieden‹ nicht leichtfertig beschädigt wird.«

Mir stieß damals immer sauer auf, daß das Wort Frieden für alles mögliche benutzt wurde: »Rock für den Frieden« – sicher schön, wenn es gegangen wäre, auch Klofrauen für den Frieden, Lachen für den Frieden, Weinen für den Frieden – alles für den Frieden. Ich habe es gehaßt, daß sie dieses Wort so benutzten. Und mußte es in dieser Form im Interview loswerden.

Am 16. bis 21. September mußte ich zum Festival in Dresden sein, meine Tochter war zu Recht immer traurig, denn zu ihrem Geburtstag am 21. war ich meistens unterwegs auf Tournee. Sie sagte dann zu mir: »Böse, böse Arbeit, Papa.« Trotzdem hatte ich das Gefühl, sie kam ganz gut damit zurecht, wir telefonierten. Am nächsten Tag wurde alles nachgeholt und aus Montag und Dienstag Sonnabend und Sonntag gemacht.

Noch im September bis rein in den Oktober probten wir mit der Band.

Am 10.10. war unsere erste Mugge, unsere erste Veranstaltung mit »Nanu« – in Grünhainichen. Um noch neue Lieder fürs Programm und auch für die LP zu haben, nahmen wir im November einen Titel auf, der »Frank und frei« hieß. Im Text ließ ich meiner Enttäuschung über einen Menschen freien Lauf: »Sprüchemacher, Vorteildenker, einer ist schon zuviel. Sie schauen selten offen in die Augen. Tausend Tricks und schon am Ziel. Man ist so wehrlos, wenn hinterm Rücken jemand mit falscher Zunge spricht. Du glaubst an nichts mehr, und ich sag dir, die Wahrheit kommt doch ans Licht.« Oder an anderer Stelle: »Der große Täuscher springt auf jeden Zug auf. Wichtig ist, es läuft für ihn. Er wickelt clever so manchen um den Finger. Man hat ihm viel zu oft verziehn. Reden ist Silber, Schweigen Gold – wer so denkt: ein armer Tropf. Komm hinten hoch, und du wirst sehn, das Rückgrat beginnt im Kopf.« Als ich diesen Text schrieb, dachte ich nicht nur an einen verlorenen Freund, sondern an viele verlogene Dinge in der Gesellschaft überhaupt.

Wir nahmen diesen Titel wie auch »Die Fans sind eine Macht« und andere Lieder bei Klaus Schmidt in Neuenhagen auf. Es war ein tolles Arbeiten mit ihm. Es wurde nicht nur hart rangeklotzt, sondern dann und wann, was ich leider viel zu selten tat, auch mal ausgiebig geredet und gegessen – z.B. im Baumschulenweger »Kupferkessel«.

Danach hetzte ich wieder vom Regiebeirat zum Arbeitskreis in Weißensee, das Präsidium des Komponistenverbandes lud mich ein. Es lag günstig in der Stadt, da konnte ich gleich noch die Schallplattenhülle bei AMIGA ansehen. Sie war in Gotha gedruckt worden, dort, wo auch Marmeladenetiketten und Verpackungsmaterial hergestellt wurden.

Im November, von 20. bis 24., fuhr ich nach Frankfurt/Oder zu den 8. Chansontagen. Ich wollte mich

umhören, was es an schönen Liedern, an neuen Texten gab.

In meinem Heft stand: Zander anrufen. Nicht, daß ich unter Wasser mit Fischen telefoniert hätte! Nein, ich meine Frank Zander. Wir hatten uns irgendwann getroffen und fanden uns sympathisch. Und wenn man Glück hatte, dann kam man auch nach 30 Minuten oder mehr nach Westberlin durch. Was wir für Geduld entwickelt haben beim Telefonieren und beim Warten! Ich hab das Gefühl, wir haben in den 40 Jahren beinahe 60 Jahre gewartet!

Am 29. November um 13 Uhr war ich wieder bei Eveline Matt in der Redaktion und besprach das 86er Fernsehjahr. Eine Sendung zu Weihnachten war praktisch schon im Sack. Nicht für den Weihnachtsmann, sondern für Heiligabend, und das war die Umsetzung der Platte »Weihnachten in Familie«.

Die Platte war inzwischen erschienen und wir gaben zum ersten Mal eine Pressekonferenz. Wir waren uns ziemlich sicher, daß die Platte gelungen war und man damit vor die Presse treten konnte. Bei Stolle, Kuchen und Kaffee beantworteten wir die Fragen der Journalisten.

Und so steht unter anderem zu lesen: »Was empfindet Frank bei ›Stille Nacht‹ und ›O du fröhliche‹?« – »Ich komme aus einem christlichen Elternhaus. Weihnachten haben wir viel gesungen, musiziert, gefeiert. Diese Musik ist mir nahe. Ich bin mit Bach, Telemann, Mozart aufgewachsen.« – »Schöbel ist empfindsam geblieben.« – »Es ist natürlich, daß man sich um andere sorgen muß«, sagte ich, »... um Einsame, Traurige, Vergessene, Enttäuschte.«

Die Weihnachtsplatte nahm ihren Lauf. Ob jemand positiv oder negativ geschrieben hätte, wäre völlig egal gewesen. Die Menschen nehmen etwas an, oder nicht. Was da über den Bildschirm flimmerte – ja, Weihnach-

ten, wie wir's in Deutschland feiern, ob wir es nun direkt so erleben, oder ob wir es uns genauso wünschen –, das war echt und nicht gekünstelt, und wir haben ja auch so empfunden – nicht gespielt.

Am 9. Dezember war um 11 Uhr wieder eine Vollversammlung der Sektion Interpreten. Um 15 Uhr ging's nach Löbau, zu einer Veranstaltung. 19 Uhr Beginn. Ich wußte nicht, wie ich heiße, wo ich war. Ich wußte nur: das geht so nicht weiter. Ein Jahr Präsidium, Vollversammlung, Sozialkommission, Vorbereitung für Briefe, Telefon etc. ... Ich rechnete aus, daß ich im Jahr anderthalb Monate an Sitzungen teilnahm. Und die gingen meistens fünf, sechs, sieben Stunden. Eh, ich hab doch 'n Knall! Mir war klar, das mache ich nicht mehr lange.

Am 14. und 15. Dezember stand in der Berliner Zeitung zu lesen: »750 Jahre Berlin. Thesen.« Und dann folgten sechs Seiten Enggedrucktes. Ich dachte nur: Vorsicht, 87 wird's wieder schlimm. Berlin ziehen die so hoch wie fünf Parteitage auf einmal. Für mich hieß das nur, raus aus der Stadt. Bei so vielen Veranstaltungen haben die Leute eh schon die Nase voll. Muß ich mich da auch noch reinhängen? Nee.

Am Ende machte ich genau zwei Fernsehsendungen mit. Mehr nicht, hielt mich aus allem raus. Manche haben sich finanziell gesundgestoßen, aber ihr Image kaputtgemacht.

Ich lernte Freunde in Westberlin kennen: Toni und Christel. Toni Italiener, Christel Urberlinerin. Beide hatten eine kleine Pizzeria, haben sie immer noch, in der Kantstraße. »Sensa noma«, was so viel heißt wie »Ohne Namen«. Als ich beruflich in Westberlin war und keine Stullen mithatte, überwand ich mich, für 6 Mark einen Salat zu essen, mit Thunfisch, Ei, Wurst, Käse. Ein Riesenteil. Irgendwann sprachen sie mich an, ob ich nicht ... »Ja, bin ich.« Wir freundeten uns an. Sie

besuchten uns zu Hause in Köpenick. Lernten unsere Kinder lieben, Aurora sowieso. Manche Freundschaft mußt du pflegen. Ich hab außer ihnen nur Freunde, die ich nicht pflegen muß. Die denken genau wie ich und das finde ich eigentlich gut. Nach 2, 3 Jahren sehen wir uns wieder und es ist, als wären wir gestern auseinandergegangen. Ich kann nicht anders. In meinem Beruf ... auch noch Freundesstreß ... das kann ich nicht haben. Aber wenn ich Toni und Christel nach langer Zeit treffe, hole ich mir ein paar »freundliche Schläge« ab, und dann ist alles wieder im Lot.

Finger gebrochen, Redeverbot für Hans

Zu Beginn des »Ich brauch dich so«-Jahres 1986 meine Wünsche: Berliner Ensemble, Theaterprobe besuchen. Wolfgang Schaller sollte ein Buch schreiben, ein Drehbuch für eine Show oder einen Film, Frankenfeld die Sketche lesen und so weiter.

Ich fragte beim Ministerium für Kultur, wie es eventuell mit einem neuen Wartburg aussähe, ich hätte eine sieben Jahre alte Anmeldung, ob ich früher beliefert werden könne? »Schreib das mal alles in einem Brief an mich. Ich werde versuchen, was sich machen läßt«, meinte Bodo Zabel aus dem Ministerium. Sofort hätte ich wahrscheinlich so ’ne Protzkutsche, ’nen Volvo gekriegt. Aber meine Meinung war ja bekannt: mit ’nem 43 000-Mark teuren Auto zum Arbeiter fahren, der sich das hätte nie leisten können ... das konnte ich schon aus Anstand nicht.

Es war im Gespräch, daß die Gruppe »Nanu« und ich nach Kuba fahren sollten. Ja, das wäre schön, dachten wir, hoffentlich lassen sie die Musiker alle raus. Rolf guckte mich an, und in seinen Augen stand: Kannste

nicht mal wieder im »hohen Haus« nachfragen, ob die Musiker schon durchgecheckt sind? Auch wenn Kuba nicht der blanke Westen war, wir mußten mit dem Flugzeug über Kanada, und da hätte jemand aussteigen können.

Für unser Projekt »Nanu und Frank Schöbel« steckten wir immer Anfang des Jahres den genauen Auftrittsplan ab. Wann spielt »Datzu« als Rockband, wann »Nanu«, wann können wir vielleicht gemeinsam was machen, wann Pressefest, wann die Fernseharbeit, wann kommt die Platte raus ...

Am 31. Januar erhielten wir das Prädikat »besonders wertvoll« – das war sehr schwer zu erreichen – vom Staatlichen Komitee für Fernsehen der DDR für unsere Sendung »Weihnachten in Familie«. Wir waren natürlich glücklich, daß die Sendung nicht nur beim Publikum gut ankam.

Vorher waren wir zehn Tage auf Tournee. Die Abgabe der Langspielplatte »Ich brauch dich so« sollte am 1. Februar sein.

Am 12. Februar waren wir im Gästehaus des FDGB. Total versteckt im Wald, hinter Schmöckwitz bei Berlin, Richtung Fangschleuse, rechts irgendwo rein. Man sollte denken: oh, das muß ja ungeheuer sein, was da steht. Aber es war schlicht, einfach, zweckmäßig gebaut. Da saßen sie nun an einer riesengroßen Tafel. Harry Tisch, der Chef des FDGB, wollte die Künstler für die Arbeiterfestspiele begeistern. Weiß der Teufel warum, plötzlich fragte er: »Frank, du bist nicht im FDGB?«

Klang in diesem Moment ein bißchen wie: Frank, du willst nicht mehr mit uns Fußball spielen! Du schließt dich aus! Du bist wohl was Besseres?

Ich wurde rot, sagte: »Nein.« Leise und vorsichtig dann: »Muß ich im FDGB sein? Ist das Pflicht?« Harry: »Nee, nee. Ist schon in Ordnung.« Oh, dachte ich, was

war das denn jetzt? Einige sahen mich strafend an, so Hans-Georg Ponesky, und ein paar nickten ein bißchen mitleidig: is ja nicht so schlimm, Frank.

Ich wollte das schon aus finanziellen Gründen nicht, war mir zu teuer. Ja, ich weiß, Du lachst jetzt: es hätte keinen Armen getroffen. Weiß ich schon. Aber wie man 1990 nach Kassensturz erfahren hat, war es doch gar

nicht so schlecht, wie ich gedacht hab; man wußte eh nicht, wo das Geld hingeht. Hat mich doch meine Spürnase nicht getäuscht, was!?

Ebenfalls im Februar lief eine Sendung »Televarieté« in der ČSSR, ähnlich unserem »Kessel Buntes«. Sie fand in Prag statt.

Wenn ich an Prag denke, fällt mir eine Veranstaltung ein, die wir in der »Lucerna-Hall« Anfang der 70er Jahre hatten. Die Bude war gerammelt voll mit viel zu vielen jungen Leuten. Ich dachte: mein Gott, was wird das heute werden mit »Nordpol, Südpol« und »Alles im Eimer«? Die Sprache verstehst du auch nicht!

Was war passiert? Auf den Plakaten stand: »Frank Schöbel und die Gruppe »etc.« – »etc.« hieß aber auch eine tschechische Rockband. Also war das falsche Publikum da. Naja, wir haben ein bißchen lauter gespielt, es war ein schwerer Kampf für mich, eine harte Stunde. Dann hatte ich sie irgendwie. Und am Schluß war es ein Riesenerfolg. Man schrieb: »Nicht das perfekt Gemachte, sondern die ungemachte natürliche Perfektion – das ist es.«

Im Palast der Republik fand eine »Gala der Unterhaltungskunst« statt. Helga Hahnemann führte durchs Programm, Silly war dabei, Jürgen Walter, wir auch. Wir traten nach Silly auf. Und wie das bei einer Rockgruppe sein muß, war viel Nebel auf der Bühne. Als der verflogen war, war der Boden schmierig, rutschig, und ich dachte: ja, woll'n wir Eiskunstlauf machen oder Eishockey spielen? Als ich auf der Bühne – so halb im Spaß – vor Peter Lorenz davonlief, kam ich mit der Hacke schräg auf, so daß ich langschlitterte. Naja, wie beim Fußball, tacklingmäßig. Die fünftausend Leute machten »Hhhooh!« – ein Raunen, wie im Fußballstadion, wenn der Ball knapp am Tor vorbeigeht. Ich flog hin, brach mir an der rechten Hand den Ringfinger, aber derart, daß ein Knochen rausguckte. Iih, sah das aus!

Ich schrie sofort: »Taschentuch oder irgendwas her!« Bum, bum, bum – machte das um den Finger, rannte wieder raus, Verbeugung. Sang noch die Zugabe – Finale – und ab in die Charité. Die wollten das Ding aufmachen und zusammenschrauben, weil der Knochen gesplittert war. Aber ich ließ das so zusammenwachsen, und nun ist der Finger eben ein bißchen breiter als die anderen. Die nächsten Abende trat ich mit gebrochenem Finger auf. Helga Hahnemann machte so ihre Bemerkungen dazu.

Am 13. März wurde Hans Hick, unser alter Freund, fünfundsechzig. Auf der Polentournee machte ich die Ansage für Hans, so: »Aotusch Hansa Hitzka.« A otuzs hieß: und nun ... Hans Hick, und ab sofort hieß er eben bei uns: Aotusch. Er erzählte wie immer hinter der Bühne seine Witze. »Kennst du den?« – Auf einer kleinen Karte standen die Witze numeriert drauf: 1304 – »Ach, Klasse«, sagte er, »paß auf, der geht so.«

Einmal, man muß schon sagen, daß er uns auch leicht auf die Nerven gehen konnte, hieß die Parole: Redeverbot mit Hans. Es wurde heimlich abgesprochen, keiner im Bus redet mit Hans Hick. Und er rief: »Frank!« – und ich mußte weggucken. Es tat mir leid, fiel mir auch schwer, aber ich hab mich in ein Gespräch mit einem anderen Kollegen verstrickt. Dann rief er: »Uve! Uve!« Der unterhielt sich wieder mit jemand anderem, der nächste guckte aus dem Fenster ... Es war furchtbar für ihn. Er versuchte eine halbe Stunde lang, ins Gespräch mit irgend jemandem zu kommen. Dann, nach dem Konzert, wir saßen noch beim Essen zusammen, wieder Parole, keiner redet mit Hans. »Äh, Frank, äh Uve, äh Ulli, äh ...« Ich sagte es ihm am nächsten Tag. »Paß auf, es gilt ab und zu für dich Redeverbot. Verstehst du? Es tut mir auch leid, aber ...« so und so. Als er wieder jemanden ansprach und alle wegguckten, da richtete Hans seinen Blick nach oben, zum lieben Gott,

winkte ihn runter, meinte: »Komm mal her. Guck mal hier« – und alle guckten – »Leimen!« (Die wollen mich leimen.) – Haben wir gelacht.

Mit einigen Kollegen fuhren wir wieder mal nach Westberlin, Konzerte ansehen. Elton John, das war der absolute Wahnsinn, Supertramp, Sammy Davis jr. ...

Sammy Davis fing tatsächlich 26 Minuten später an. Die Leute pfiffen schon. Er kam ganz locker und goldbehangen raus, sang vier Titel, die Leute hatten ihm schon verziehen. Dann sagte er einen weiblichen Gesangsstar an – den Namen habe ich nie wieder gehört –, und ging ab. Sie machte über eine halbe Stunde. Die Leute wurden sauer, fingen an zu pfeifen. Da kam der Meister wieder, sang noch zwei Titel und ging in die Pause. Ich hatte das Gefühl, er kam mit seiner anderthalbstündigen Show nach Berlin und mußte nun plötzlich einen weiteren Teil bestreiten. So sah es jedenfalls aus. In Klammern: Hm, was machen wir denn jetzt?

In der Pause wollten viele Leute schon nach Hause gehen, waren krachesauer. Aber als Sammy nach der Pause wiederkam und seine Las Vegas-Show zeigte – anderthalb Stunden perfekt: Steppen, Erzählen und ohne Klunker! –, war alles wieder im Lot. Die Leute waren begeistert. Zugabe, das wollte er wohl nicht. Dafür stand sein Auto direkt vor der Garderobe.

Ich sah danach noch Howard Carpendale, Nana Mouskouri – sehr gut, Udo Jürgens, Udo Lindenberg – hej, da brannte die Luft.

Ich bekam ein Angebot für die ZDF-Sendung: »Showfenster«. Und wieder das Spiel wie so oft: Brief kam an, wurde geprüft, noch mal geprüft und letztlich wurde es für mich abgesagt.

3. Mai: Odette wurde 8 Jahre alt. Ich weiß noch, wie sie immer ihrer Schwester gratulierte: »Ich gradeliere dir zu deinem herzlichen Glückwunsch.«

Odettchen ist Stier, und diesen Sternbildern läßt man

besser ihren Willen, dann kommt man sehr gut mit ihnen aus. Eine ihrer Freundinnen muß wohl versucht haben, sie zu beherrschen, jedenfalls sagte sie ganz glücklich zu mir: »Ich habe Schluß gemacht mit der Unterdrückerfreundin. Jetzt bin ich frei wie ein Vogel im Wind.« Ist das nicht niedlich?

Ich brauch dich so

Meine neue Schallplatte »Ich brauch dich so« war inzwischen auf dem Markt, und es dauerte immer einige Zeit, eh mich Reaktionen erreichten. Manche schrieben mir direkt ihre Meinung in Briefen, einiges konnte ich auch in der Zeitung lesen. So in der Armee-Zeitung: »Laß uns doch zunächst an deine schöne Weihnachtsplatte erinnern: bist du damit zufrieden?« Frank: »Für uns, also für Aurora, Dominique, Odette und mich, zählt vor allem, ob sie den Hörern gefällt. Inzwischen wissen wir, daß ›Weihnachten in Familie‹ nach ›Wie ein Stern‹ der größte Plattenerfolg geworden ist. Aber Erfolge von gestern sind für mich der Schnee von gestern. Reden wir lieber von etwas Neuem.« – »Ja, zum Beispiel von deiner neuen LP ›Ich brauch dich so‹: Zu Deinen schönsten Titeln gehört für mich der Titelsong. Ein Riesenohrwurm. Dir ist da eine Melodie gelungen, die einen richtig festhält. Und dein Text ist stimmig, drückt genau das aus, was viele junge Leute bewegt, besonders wenn sie getrennt sind, wie das während der Armeezeit ja nun mal ist.« Frank: »Beim Schreiben und Komponieren habe ich eben neben den Fernfahrern und Musikanten auch an die Jungs gedacht, die in ihren blaukarierten Armeebetten vor Sehnsucht nicht in den Schlaf kommen, auch wenn sie noch so geschafft sind. Vielleicht hilft ja gerade die-

ses Lied ein bißchen darüber hinweg.« – »Wie lange brauchst du für ein Lied?« – »Ganz unterschiedlich. ›Kristina‹ war in dreißig Minuten fertig, ›Mit mir könn'ses ja machen‹, glaube ich, auch. Das ist aber selten. Für die meisten Stücke brauche ich heute oft eine volle Woche. Den ersten Entwurf bringe ich auf Band, noch ohne Text, höre, verwerfe, ändere. Das ist ein Prozeß wie überall, wo Neues entsteht. Dabei hilft mir die Technik: die Schlagzeugmaschine, der Synthi. Heutzutage ist die Technik ebenso wichtig wie der musikalische Einfall. Trotzdem«, sagte ich, »bei allem Neuen im richtigen Moment ruhig immer mal Rückerinnern.« Und an anderer Stelle: »Unsere Szene muß leben, lebt durch Veränderung, braucht frischen Wind von überall her und Mut zum Neuen. Es ist für mich was Schlimmes, ein Leben lang mit denselben Überzeugungen rumzulaufen und auf immer denselben künstlerischen Auffassungen zu beharren, bis sie ranzig sind.« Hej, merkste was? Den Satz habe ich, ein bißchen verändert, von Robert Havemann übernommen. Nicht auf die Politik bezogen, sondern aufs Künstlerische, aber wir lasen ja eh zwischen den Zeilen. »Du sprachst von der Analyse, auch deine Arbeitsweise am Lied hast du erklärt, bleibt der Text.« Frank: »Das fertige Stück ›als Demonstrationsband‹ schon mit Text hörn zuerst Aurora und mein Co-Pilot, als Komponist und Arrangeur, Rainer Oleak. Danach geht es in die Öffentlichkeit; eventuell in einen Jugendclub, oder ich benutze Foren, Gespräche mit Freunden, um Meinungen einzuholen. Ich suche nach Vorschlägen, bin auch zu Veränderungen bereit oder verwerfe es ganz. Erst dann geht die Musik in die Produktion, zur Platte, zum Funk oder zum Fernsehen.« – »Und was meinst du zu unseren Fernsehunterhaltungssendungen?« – »Wir müssen uns mit den besten Sendungen, Videos und den Auffassungen von Show in der Welt

messen. Schulterklopfen, Augenverschließen – das ist Stillstand. Nach 22 Jahren Fernsehpraxis ist diese meine Unzufriedenheit sicher verständlich.« Und an anderer Stelle stand: »Leute, die gedankenlos über das Neue im Sozialismus schwafeln und überhaupt nicht danach leben, solchen glaube ich nicht. Sie sind für mich unerträglich. Menschen wie Konrad Wolf, das sind Vorbilder für mich, weil sie sich mit ihrer Kunst, mit ihrer Arbeit bewiesen haben. Ich will und kann mich auch nur mit meiner Arbeit bekennen. Wenn ich mit meinen Liedern helfe, Heuchelei, Verlogenheit, Herzlosigkeit zu entlarven und den Frieden im kleinen, im Alltag zu bewahren, wenn ich zu mehr Freundlichkeit, Hilfsbereitschaft anrege, dann ist das für mich schon etwas, das ins Große mündet. Sich Egoisten, Quatschköppen, Bürokraten und Bremsern in den Weg zu stellen, das bringt uns nach vorne.« – »Um mit deinem Titel zurückzufragen ›Ich brauch dich so‹: Was brauchst du denn, damit du so sein und so bleiben kannst?« Frank: »Ich brauche Ernst und Spaß im rechten Verhältnis. Vertrauen brauche ich, so wie ich Vertrauen fast jedem zunächst mal entgegenbringe. Ich brauche Freundlichkeit und Toleranz, Gepräche mit Leuten, die einem gerade in die Augen sehen und sagen, was sie denken. Ich muß mich austoben können, und ich weigere mich, über so was wie Alter nachzudenken. Denn ich gehöre zu denen, die garantiert noch mit 80 in Jeans rumrennen. Wenn ich Lust und Zeit dazu habe, möchte ich Fahrrad fahren, zelten, schwimmen, in der Sauna abtouren, Fußballspielen, in Bewegung sein – immer. Das ist es, was ich brauche.«

Ja, eine neue Platte war da, und mein Freund Wölfi, Wolfgang Martin, schlug vor: »Laß uns wieder ein schönes langes Interview machen.« – »Okay.« – »Ich kann erst spät kommen.« Es wurde sehr spät. Er kam gegen 23 Uhr. Opi war auch gerade zu Besuch da, und

wir saßen alle drei auf dem Teppich, haben gequatscht und was getrunken. Irgendwann um 3 Uhr haben wir das Interview gemacht. Das werde ich nie vergessen.

Mein Sohn Alexander war inzwischen 18 Jahre geworden und wollte unbedingt zur Armee. Ich sagte: »Freiwillig, bist du denn irre?« – »Ja, zu ›Feliks Dzerzynski‹, da gibt es einen Chor im Wachregiment ...« Ich sagte: »Willste *da* wirklich hin?« – »Jemand« hatte ihm geraten. Ich: »Und warum willst du singen?« Er: »Denkste, ich will ewig arbeiten?« Hej, Du lachst jetzt, ja – es ist ein guter Gag, aber er meinte es halb im Ernst. Ich dachte: In der Welt gibt es so viele Leute, die so viel Talent haben, und gegen die kann man mit so 'ner Einstellung nicht antreten.

»IM Sänger« schrieb in der Akte am 9. April, daß Aurora sich fleißig bemüht, mir ein neues Image zu verpassen. Erstens stimmt's nicht, und zweitens wäre sie damit überfordert gewesen. Dann sind Gagen aufgelistet, die ich angeblich genommen haben soll. Die hätte in der DDR sowieso keiner gekriegt. Komischerweise habe ich die gleiche Höhe dann später in der Döδelzeitung gelesen. Von einem Mann geschrieben, der – wie seine Freunde sagen – auch früher bei der »Truppe« gewesen sein soll. Naja, wie sich der Kreis doch manchmal schließt.

Meine Ungeduld dem Fernsehen gegenüber wurde größer: ein Leben lang – ein Sängerleben lang – immer nur eine Treppe runterzukommen, ein, zwei Liedchen singen? Das stimmt zwar nicht ganz, bei »Frank und Freunde« konnte ich meinen Vorstellungen freien Lauf lassen, aber es gab inzwischen Videos in der Welt, und wo blieb ich mit meinen neuen Liedern? Wie bringe ich diese dem Publikum nahe? Das war mein Denken und mein Problem. Deshalb bat ich Eveline Matt, ob ich nicht eine Halbstunden-Sendung machen könne vor und hinter der Kamera. Das heißt, ich wollte auch Re-

gie führen. Vorgetestet hatte ich schon: mit dem Video von »Possenspiel«. Sie ließ es sich durch den Kopf gehen und entschied nach einer Woche: »Okay, das geht. Wir kriegen das Geld und das Team.«

Peter Lorenz und ich schrieben das Buch. Praktisch das Bild zur Schallplatte »Ich brauch dich so«. Nachdem wir die Lieder getaket hatten, für jeden Titel eine Grundidee, ging ich mit meiner semiprofessionellen Kamera los und zeichnete einige Motive für Demos auf. Ich hatte Angst, daß meine ausgedachten Schnitte später nicht gut aussähen, naja, und da war noch mein Anspruch ... Dann mußte der Kameramann, den wir zugeteilt bekamen, auch noch zur Armee. Vier Tage vor Drehbeginn stand ich ohne Kameramann da. Ich bekam den Tip, es mal bei Jürgen Heimlich zu versuchen. Na, dachte ich, wenn der mitmacht, wäre das natürlich das Allerschärfste. Ich fuhr zu ihm. Gut war, daß ich ihm neben dem Buch auch schon Kameraeinstellungen zeigen konnte. Das überzeugte ihn, und er sagte zu. Das war schon die halbe Miete. Dazu Frank Heusing, damals Regieassistent, jetzt durfte nicht mehr viel schief gehen.

Wir drehten vierzehn Tage. Heute müßte man das in zehn Tagen schaffen – eine reine Geldfrage.

Für mich mußte alles auf den Punkt kommen. Zugegeben, da bin ich genau. Die »übern-Daumen-Routine-Nummer« sollte hier auf keinen Fall laufen. Und Dinge wie: ein Mädchen, ein Pferd suchen, Wasserski bei wem und wo, im Altersheim einen alten Herrn finden, der so aussieht, wie ich's mir vorstellte, eine niedliche alte Dame – Frau Füllhase hieß sie auch noch – fanden wir bei unseren Freunden in Retschow, bis hin zu einer Ballett-Tänzerin. Die Sketche spielten Peter Zahl und die Schwester von Minchen, von Armin Mueller-Stahl, Dietlinde Stahl. Wir brauchten einen Ballettsaal, in dem man auch Kerzen anzünden durfte.

Überall war das verboten, in der Berliner Staatsoper wurde eine Ausnahme gemacht.

Schließlich verbrachte ich noch 14 Tage – auch lernend – beim Filmschnitt. Es war schon so 'ne Art Gesellenstück.

Dennoch hatte ich mich mit dem Versuch, die Schallplatte in bewegte Bilder umzusetzen, zwischen die Stühle gesetzt. Ich wollte schnelle Schnitte, kurze Takes machen. Die älteren Zuschauer gingen nicht mit, und den jungen war es möglicherweise zu wenig. Eine Kritik tönte aus Dresden: »Das war ja wie Werbung.« Na logisch, das sollte es ja auch sein. Ein Regisseur, auf dessen Meinung ich Wert lege, sagte mir, daß es ihm sehr gut gefallen habe. Andere sagten gar nichts, und das hat mir wiederum auch viel gesagt.

Zwischendurch fand eine der ersten Miß-Wahlen in Berlin statt. Ich sollte in der Jury sein; nein, Mädchen bzw. jungen Frauen Noten für ihr Aussehen zu geben find ich doof. Okay, ich komme und zeichne auf, verstecke mich hinter meiner Kamera. Ja, jetzt denkst Du: der alte Spanner, he? Aurora war von dem Video nicht sehr erbaut, weil ich mit dem Zoom an bestimmte Körperteile dann und wann ranfuhr.

Es gewann übrigens eine Tochter von Arndt Bause. Ich wußte vorher nicht, wer sie war. Aber ich fand sie auch am besten. Irgendwann hat sich Arndtl dieses Video überspielt, so hatte es wenigstens einen Sinn.

Ende Mai fand schon die Besprechung für Heinz Quermanns »Gänsebraten« statt, der ja erst im Dezember lief, aber Heinzelmann machte das immer sehr frühzeitig, überließ nichts dem Zufall.

Frau Schäufler, inzwischen 86jährig, eine nette alte Dame, hatte mir öfter geschrieben und auch mal einen Kuchen geschickt, das fand ich so lieb. Jetzt kam ein Brief, in dem stand, daß ihre Hände nicht mehr mitmachten. Traurig.

In Schwedt hatte ich ein Kinderheim besucht. Die Erzieherin Carla und auch die Kinder schrieben uns hin und wieder. Es baute sich eine freundschaftliche Beziehung auf. Wenn ich dort war, spielte ich mit den Kindern Fußball, und sie besuchten unsere Veranstaltungen vor Ort.

Dean Reed starb am 12. Juni 86. Kam auf mysteriöse Weise ums Leben. Ich hatte mit ihm mal ein kleines Tänzchen. Als Aurora und ich in Kuba waren, kam er fünf Minuten vor der Veranstaltung zu uns hinter die Bühne – das Band mit unserem Geräusch-Countdown lief bereits –, sagte, daß in Chile vier Genossen erschossen worden seien, und ob wir unser Konzert unterbrechen könnten. Er würde auf die Bühne kommen, würde eine Rede halten – auf spanisch, er konnte sehr gut Spanisch –, und wir sollten eine Gedenkminute einlegen. Ich sagte: »Das tut mir alles sehr, sehr leid. Aber ich sehe nicht, daß so was in unserem Programm geht.« Anschließend würde ich wieder »Stoney, fröhlich alle Zeit« und so was singen, das paßte nicht. Ich fand es nicht gut. Außerdem war ich der Landessprache nicht mächtig, hatte mir das Konzert auf Spanisch recht und schlecht draufgedrückt, und dann so eine Sache. Wir machten es nicht.

Als wir in die DDR zurückkamen, mußte ich hören: Schöbel tut nichts für die Solidarität. Darüber war ich natürlich sehr sauer. Als Dean und ich uns drei Jahre später zufällig eine Garderobe in der Sendung »bong« teilten, grüßte ich ihn sehr verhalten und sagte ihm, warum. Ich rechnete damit, daß er es abstreiten würde, aber nein. Er entschuldigte sich, sagte sinngemäß, daß er politisch zu blind und zu naiv gewesen sei und wohl deshalb ins »sozialistische Messer« gelaufen war. Wenn einer so was sagen und zugeben kann, das ist für mich – groß.

Zwei Monate vor seinem Tod, im April, fragte ich

schriftlich bei ihm an, ob er eine Aktion mitmachen würde. Darauf er:

DEAN REED

10/4/86

Lieber Frank!
Danke für Dein Brief
und Einladung. Aber mein
Gott die Deutsche machen
ihre 5 Jahr Pläne!! – Wie
kann ich wissen wo ich bin
am 20.6.87?? –
Ich mache Spaß – Klar
mein Freund und Kollege – wenn
ich hier bin in der DDR an diesen
Datum, dann bin ich auf Deine
Seite!! –– Aber nur wenn Du
auch bei mir dasselbe tust
in Denver –– Mein Heimat!
Ruf mich bitte mal an im
April 87 – OK?
Grüße zu Hause –

an embrace,
Dean

Dazu konnte es dann nicht mehr kommen.

Im Juni, Juli fanden in allen großen Bezirksstädten der DDR Pressefeste statt. Am 28. und 29. Juni waren wir in Suhl. Eigentlich für die LP eine riesengroße Promotiontour. Es kamen große Beiträge in den jeweiligen Zeitungen.

So schrieb das Suhler »Freie Wort«: »Sie trugen viel dazu bei, den DDR-Schlager im Ausland präsent zu machen, brachten viele Preise von Festivals mit nach Hause. Wie wichtig war das für Ihre Entwicklung? Frank: ›An Auftritten im Ausland wächst man und kommt mit Selbstbewußtsein zurück. Doch Erfolge dort sind kurzlebig und für mich nicht so wichtig. Wichtig ist für mich seit jeher das Publikum hier zu Hause. Das zu erreichen, ist mein Maßstab. Meine Erfahrung besagt: Wer sich bei uns künstlerisch durchsetzt, sich seine Zuhörer erobert, der schafft das ebenso bei Gastspielen in anderen Ländern. Unser Publikum setzte hohe Maßstäbe, oft mehr, als anderswo.‹«

Als wir in Rostock beim Pressefest waren, krachten Rolf (Henning) die Zeck-Boxen (Lautsprecher) durch. Tja, jemand mußte an den zwei freien Tagen, die wir hatten, »rüber« fahren und neue kaufen. Ein Musikerkollege hatte einen VW-Bus, und die Nummer des Busses war in meinen Paß eingetragen. Also konnte nur ich fahren. Na prima. Zwei freie Tage. An einem Tag fahre ich runter bis Stuttgart und am nächsten zurück. Das Ganze, Bretter, Lautsprecher, Schrauben, war bei meiner Mutter im Keller deponiert. Ich lud alles mühsam in den Bus ein, fuhr zur Grenze, und dann kam das Schwierige: Jetzt mußte ich irgendwas erklären. »Na, Fränki, was is'n das?« – »Och«, sagte ich, »so 'n paar Bretter und 'n paar Lautsprecher.« – »Na, und was kostet das alles?« – »Naja, die Bretter kosten nüscht, und was kostet so'n Lautsprecher ... Na, laß den mal 100 Mark kosten oder 80 Mark. Ist nicht der Rede wert.« – »Naja, warte mal.« Er ging rein, kam nach fünf Minuten wieder raus, hat gewunken. »Alles klar, ab!« War ich froh.

Und so ging es uns eigentlich immer, wenn wir für unseren Beruf lügen mußten. Hätten wir Dinge besorgt, um Geld rauszuschlagen, wäre die Angst be-

rechtigt gewesen, finde ich. Aber hier ging es um unsere Arbeitsgeräte, und die brauchten wir, verdammt. Eine endgültige Klärung von Seiten des Staates stand noch immer aus.

Auf einer Tour durch Westdeutschland lernten Aurora und ich in Bad Homburg Jo und Manne kennen, die unsere Freunde wurden. Jemand sagte mir dort ganz eifrig: »An die mußte dich halten. Die sind zig Millionen schwer.« Ist das nicht furchtbar? Es beeindruckt mich sowieso nicht, wenn einer sehr viel Geld hat. Es macht mir eher Angst. Das war aber bei Jo und Manne nicht so. Die waren lebenslustig und sowieso anders als andere. Als sie uns in Berlin besuchten, nahm ich sie zur Veranstaltung nach Wolgast mit.

Nun fuhr ich mit meinem Wartburg die relativ schlimme Autobahn nach Prenzlau hoch und dann weiter die Straße über Anklam nach Wolgast. Mein Gott, haben die gejuchzt und gelacht über die Straßen. »Was ist denn das da vorne?« Ich sagte: »Das ist die Volksarmee.« – »Ach ja?« Und dann kam ein Konvoi mit russischen Armisten. Da meinten sie: »Russen! O Gott! Das ist ja furchtbar!« War nicht bösartig gemeint, nur halbnaiv, die hatten noch nie welche gesehen.

Endlich bekam ich meinen neuen Wartburg. Das war wie Ostern und Weihnachten auf einen Tag. Nur vier Tage später staunte die Werkstatt, daß ich schon wieder da war – ja, 1000er Durchsicht.

Der Abschluß der Pressefesttournee fand in einer Gaststätte an der Sosa-Talsperre statt. Auch unsere Artistenkollegen waren dabei. Einer war so leicht, den konnte *ich* sogar, wenn ich mich auf den Boden legte und die Hände nach oben streckte, im Handstand halten. Ja, ein bißchen Kraft brauchst du schon. Den Rest machte er, denn den Handstand drückte er ja und balancierte ihn aus. Wir machten das öfter; zum Beispiel beim Tanz mitten in den Massen ließ ich mich fallen,

lag auf dem Rücken, alles dachte, ich bin fertig oder mir ist schlecht, und zack stand er auf meinen Händen.

Zu Hause hielt mir Aurora mit dem ganzen Baugenerve den Rücken frei. Man riet mir, schon mal das Telefon anzumelden. Ich dachte: Es ist 1986, wir haben doch noch soviel Zeit. Aber zehn Jahre später bekamen wir erst Telefon. Ein Glück, daß wir liebe Nachbarn hatten, die ihren Zweitanschluß zeitweilig mit uns teilten.

Kulturpolitischer Bürokratismus – ich will wieder singen

Wieder gab es ein internationales Schlagerfestival in Dresden. Und ein theoretisches Seminar. Thema war »Die populäre Musik im Prozeß der Internationalisierung der Kultur«. Wissenschaftler aus der ČSSR, der Sowjetunion, Bulgarien, Ungarn, der DDR waren angereist. Das Seminar sollte sich auf konkrete Kunstprozesse, auf die praktizierte Musikkultur der sozialistischen Länder beziehen. Diskussionsinhalt sollten die Kooperations- und Integrationsmöglichkeiten sozialistischer Länder sein, allgemeine Konzepte.

Meine Anmerkung: es gab gar keine. Eine Sprechblase jagte die andere. Sicher von Wissenschaftlern verbrämt und klug dargeboten.

Und plötzlich, fast gegen Ende, sprach eine bulgarische Wissenschaftlerin mir regelrecht aus dem Herzen. Du weißt, wie so was ist, wenn Du in der Schule sitzt und wirst vom Lehrer immer angeguckt. Sie guckte mich andauernd an. Bei allem, was sie sagte, zwinkerte ich ihr zu, nickte und bestätigte es ihr. Ich denke, darüber war sie sehr froh und hielt sich immer an mein Gesicht. Hier hörte ich das erste Mal den Begriff »aku-

stische Umweltverschmutzung in der Musik«. Fand ich toll. Benutzte ich später im Programm für unsere Sketche. Es ging um Einkehr, Umkehr, naturatomare Vernichtung, Natur als Seismograph gebrauchen. Die Frage wurde aufgeworfen: Wo ist die Präsenz der sozialistischen Gesellschaft im internationalen Maßstab. Es ging um den »künstlerischen Schmelztiegel USA«. Wie wir unsere Kultur organisieren. Den Faden weiterspinnend kulminierten ihre Ausführungen darin: »... nun kann man sagen, der Sozialismus behindert bestimmte Funktionen.«

Hej, dachte ich, endlich spricht das mal einer aus. Ich strahlte übers ganze Gesicht. Beim einen oder anderen betretenes Schweigen. Manche hielten sich völlig raus, so die Unverbindlichen, die heiter- und verletzt-nicht-Gesichter. Findest du heute auch, die beim Chef niemals anecken wollen.

Und schließlich sagte sie noch: »Ist das Volk nicht schon viel schlauer?« Natürlich war es das, schon lange. Es gab eine Pause, in der ich mir hastig einige Stichpunkte aufschrieb. Okay, ich bin zwar kein großer Redner, aber jetzt mußte ich unbedingt was sagen. Ich weiß nur noch soviel, daß ich aus meinem Leben erzählte, was ich bisher alles schon gemacht hätte, daß ich an einer Stelle angekommen wäre, wo ich nicht weiter käme. Und wenn wir es nicht bald schaffen, eine Internationalisierung, und zwar nicht nur der sozialistischen Länder, zu betreiben, wird der Unmut so groß, daß man gar keine Lust mehr auf diesen Beruf hat. Man braucht nach 25 Jahren Beruf neue Texter, neue Komponisten, andere Sichten. Und dann kam wieder ein Stückchen aus meinem hochgelobten Havemannschen Artikel.

Unser Komitee für Unterhaltungskunst erstickte indes immer mehr in einem kulturpolitischen Bürokratismus. So sollten weiter Fragen der Zulassungs- und Honorarpolitik, der Aus- und Weiterbildung, der Ent-

wicklung- und Förderarbeit, der Produktions- und Distributionsbedingungen in den Massenmedien und Fragen des Veranstaltungswesens besprochen werden. Kurz vor Weihnachten lud der stellvertretende Minister für Kultur den Präsidentenrat des Komitees zu sich ein. Ich hatte zu Hause mit Aurora zig mal darüber gesprochen, gestritten, mich verteidigt, und kam schließlich doch zu der Einsicht: Ich bin pappesatt, ich mach das nicht mehr. Ich muß mich jetzt um meine Musik kümmern. Dagegen stand zwar immer mein Wort, daß ich es für mich und meine Kollegen packen wollte. Aber das war in diesem Staat nicht zu schaffen, und ich stellte im kleinen fest, nämlich im Komitee für Unterhaltungskunst mit seinen Strukturen, wie es im großen auch nicht funktionieren kann. Die Politstrategen trieben uns mit unseren Problemen im Kreise rum. Als das Jahr 87 beim stellvertretenden Kulturminister besprochen wurde – es ging um Mitgliedervollversammlung, Rechenschaftslegung, Berichte, um Arbeitspläne in den Sektionen, um Werkstätten, Kolloquien, weltanschauliche Qualifizierungen, Fachberatertätigkeiten, 750 Jahre Berlin und nur Berlin (ich will Dich jetzt nicht nerven) – da pfiff bei mir im Kopf der Teekessel auf 100. Ein Vizepräsident meinte: »Wir müssen in der Sache weiterkommen!« Eine andere zeigte an, sie sei heiser, sie könne leider nicht reden. Der dritte meinte: »Ich brauche die Termine jetzt, damit ich planen kann.« Keiner sagte, daß das Stück überhaupt nicht ging. Ich sagte trotzig: »Ich will nicht mehr. Ich mach das nicht mehr. Ich will wieder singen.« Dann sagte man schlichtend: »Du brauchst nicht mehr so oft zu kommen. Aber so einfach ablösen können wir dich nicht.« Vielleicht auch, um mich zu schützen. Sieht nicht so gut aus, wenn Schöbel plötzlich aussteigt. Wegen Überlastung und aus gesundheitlichen Gründen macht sich immer besser. Sie hängten mir auf einer Sit-

zung ein schnell erfundenes Komitee-Abzeichen um. Es fiel mir gleich auf dem Gang runter und war kaputt. Ich schmiß es weg. Wer mich kennt, weiß, daß ich wirklich fast alles aufhebe. Aber das Ding war herz- und sinnlos. Ich kann Dir eigentlich gar nicht so richtig beschreiben, was für Kämpfe ich in dieser Zeit mit mir ausgefochten habe. Immer beseelt davon, doch noch was zu verbessern. Es war sicher einer meiner größten Irrtümer.

Zander und Genosse Jesus?

Viel lustiger war es dann, als Frank Zander – wir riefen uns immer mal an – rüber kam. Er durfte eigentlich nur nach Ostberlin. Ich nahm ihn heimlich zu einer Veranstaltung nach Sternberg mit. Das ist weit in Richtung Norden. Er hätte da nicht ohne Genehmigung hingedurft, und wir schafften es grade so, daß er 0 Uhr wieder über die Grenze kam. Er erzählte mir gerne, wie ein Grenzer im tiefsten Sächsisch zu ihm sagte: »Zandor, mior sin schdolz auf disch.«

Heiligabend lief zum zweiten Mal unsere Weihnachtssendung und dazu endlich das Video »Ich brauch dich so«. Es kam kaum Resonanz darauf, als sei es gar nicht gelaufen. Ein Haufen Arbeit, und keiner hat's gemerkt, aber für mich wichtig.

Zum Neujahr, stell Dir vor, erreichte mich ein persönlicher Glückwunsch, handschriftlich von Kurt Hager. »Herzlichen Dank für die Weihnachtsmusik.« Also müssen sich die Genossen in Wandlitz das tatsächlich angesehen haben. Was da rüberkam, war sehr christlich. Aber vielleicht schlug ja auch so ein ganz kleiner sozialistischer Jesus in ihrem Herzen!! Oder es hing mit meinem Hit des Jahres »Ich brauch dich so« zusammen?

Mein Vorhaben für 87 hieß also nicht »750 Jahre Berlin«, sondern »25jähriges Berufsjubiläum«; und prompt kam die Frage eines Reporters: »Hörst du auf?« Frank: »Nee! Ich hab doch gerade wieder angefangen.« Kannte schon so viele Kollegen, die aufhören wollten, um sich somit wieder ins Gespräch zu bringen.

Ich hörte das neulich auch von einer Agentur: »Wir machen eine Abschiedsveranstaltung. Du müßtest unbedingt dabeisein.« Ich konnte aber wirklich nicht. »Naja«, meinten sie, »wenn es gut ankommt, wiederholen wir das Ganze.« – Wirklich prima!

Merkt denn hier keiner ...

Und hinein ging's ins »Die Fans sind eine Macht«-Jahr 1987.

Wie immer am Beginn eines Jahres Stichpunkte wie: Besuch beim BFC im Jugendclub, Jubiläumsprogramm ausdenken, neue Lieder vorstellen, meinem Freund Wölfi und seinen dänischen Freunden Videos und Lieder vorführen – komischerweise interessierten sich damals einige Dänen immer mehr für Ostmusik als unsere westlichen Brüder und Schwestern. Nur damals?

Ich brauchte mal wieder meinen Paß, um mir ein Mikrofon und andere Technik kaufen zu können. Also schrieb ich an den Kulturminister Hoffmann. Ich dachte: wirst mal einen anderen Grund angeben und schreibst, daß du einen Film vorbereitest. Das stimmte von der Sache her, nur war es im Resultat total dumm von mir. Denn der stellvertretende Kulturminister schickte mir einen Brief zurück, in dem er mir Grüße für das neue Jahr übermittelte und meinte, wenn ich eine Studienreise in die BRD zu Filmzwecken unternehmen wollte, dann entspräche es sowohl den Regeln

als auch der allgemein geübten Praxis, daß die produzierende Institution in der Phase der Vorbereitung eines solchen Projekts alle erforderlichen Maßnahmen organisiert, finanziert und verantwortet. »Ich bitte Sie deshalb, sich mit Ihrem Antrag an die zuständigen Gremien zu wenden.« Als ich das Laky erzählte, meinte er: »Ick schreibe immer detselbe. Ick drück bloß ruff uff mein Computer, fatz, und dann druckt der den gleichen Brief aus. Hab damit keene Probleme.« Ich Idiot.

Ich wollte zu meinem Freund Werner Fieber nach Kassel, um einige Veranstaltungen zu besprechen, dazu mußte auch klar sein, daß die Jungs meiner Band fahren durften. Also wieder einen Brief geschrieben, wieder telefoniert, wieder gebettelt.

Neben dem Hausbau war auch ein Tonstudio geplant, das langsam fertig wurde, und mußte Technik gekauft werden. Wollte im Westen arbeiten dürfen, um das nötige Geld für die Anlage ehrlich zu verdienen, wollte nicht Meißner Porzellan kaufen oder irgendso was, das man rüberschmuggelte und zu Westgeld machte. Das war mir zu heiß und unwürdig. Die da oben mußten doch wissen, in welch beschissener Lage wir waren. Wo und wie sollten wir unsere Arbeitsmaterialien herkriegen? Zwischendurch gab's dann immer mal die Diskussion: Brauchen wir das überhaupt? Och, wir sind bald irre geworden. So in der Richtung: Brauchen wir Strom? – Ja, früher ging es doch auch ohne! Ich schrieb einen Brief an Egon Krenz, jedenfalls in Gedanken. Abschicken war eh sinnlos, und auch Aurora verfaßte nächtelang solche Briefe, immer wieder. Merkte denn keiner, was hier los war?

Andere hatten andere Probleme. Unsere Kinder auch. Fasching in der Schule, was ziehen wir an. Mama half. Und ich war mit der Kamera dabei. Dominique und Odette gingen inzwischen in den Jugendclub im

Kessel Buntes 1980

Mit Mireille Mathieu

Mit Rolf Herricht

Mit Josef Laufer und Agnes Kraus

Frank ...

.. als Carmen

Mit Herbert Köfer beim Bottelmeier-Sketch

Frank 20

»In der Anstalt« – mit seinem Freund Stumpi

Aurora Lacasa,
Tour de Frank 87

Odette und Dominique

Allende-Viertel zum Tanztraining bei unserer Freundin Daggi.

Endlich bekam ich den Paß für vierzehn Tage. Wir fuhren gleich im Februar runter zu Hanne Haller und Bernd Meinunger nach München. Hanne spielte uns Titel vor, tanzte und sang, es war wirklich beeindruckend, und sie wollte mir tatsächlich Titel für eine neue LP schreiben. Die Produktionen sollten im Juli/August sein. Ich wartete über ein Jahr auf die Lieder. Für mich war das Gesagte top. Rief ein paarmal an. Weder »Ich schaff's jetzt nicht!« noch ein »Ich kann's nicht, ich will nicht.« Nichts kam. Dadurch entstand für mich zur nächsten LP eine ziemliche Lücke. Und obwohl wir mit »Ich brauch dich so« eine wirklich tolle LP hingelegt hatten, kamen mir immer wieder Zweifel: können es andere nicht noch besser? Um im Westen ein bißchen Fuß zu fassen, mußt du wahrscheinlich auch Komponisten von dort nehmen. Sonst wird das nichts. Aber nach einem Jahr sagte ich mir: Verlaß dich nicht auf andere, sonst biste verlassen. Verlaß dich auf dich selbst.

Dem Fernsehen teilte ich meine Überlegungen mit, zum Beispiel bat ich, da wir im April nach Kuba fahren, ob man nicht eine Sendung »Frank und Freunde«, »Frank und Gäste« vorab dorthin schicken könnte, um für uns Promotion zu machen. »Ja, aber natürlich, Frank.« – Vergiß es! Es passierte nichts. Wenn du dich in der DDR drehtest und annähernd so gearbeitet hast wie heute – Promotion machen, ungewöhnliche Dinge auf die Beine stellen –, dann bist du nur gegen Politbürokraten, Müßiggänger und Bremser gelaufen.

Im März bereiteten wir die Kuba-Tournee vor. Auroras Vater, Pépé, übersetzte meine Ansagen ins Spanische, reimte auch einige der Lieder, was schwieriger ist, und ich überlegte mir einen Trick: Ich lernte die Texte nicht auswendig, sondern sprach sie mit verstellter

Stimme spanisch aufs Band und hatte eine Handpuppe, die ich auf deutsch ansprach. Die Puppe übersetzte dann praktisch alles, und das wurde von der Kassette abgefahren, 'ne clevere Sache. Ich brauchte nicht viel zu lernen, mußte nur wissen: wie öffne ich den Schnabel so, daß meine Handpuppe synchron mit dem spanischen Text spricht.

Mitte März war Peter Maffay in der Werner-Seelenbinder-Halle in Ostberlin. Ein tolles Konzert.

Ich wurde wieder Fernsehliebling, war allen dankbar, die zu mir gehalten haben.

Am 24.3. hatte Aurora einen runden Geburtstag. Sie wünschte sich Frühstück ans Bett. Gar nicht so einfach, ein Tischchen zu bekommen, das du im Bett aufstellen konntest ... Ich denke, es war eine schöne Überraschung, sie hat sich sehr gefreut.

Wenn Aurora und ich gemeinsam wegfuhren, kam Frau Brauer zu uns, die Kinder nannten sie Tante Rosi. Sie war eine liebe Seele und machte vieles so, wie es sich Aurora wünschte, und vor allem fühlten sich die Kinder wohl, wurden behütet.

Immer wieder passierte es uns, daß einer von der Band zur Armee gehen mußte. Rolf Henning kam auf die Idee, im Komitee vorstellig zu werden und darum zu bitten, all die, die noch zur Armee mußten, mit einem Mal zu ziehen, damit wir übers Jahr spielfähig blieben. Das wurde dann an die große Glocke gehangen, und so kamen die Musiker statt gut, total schlecht weg. Stefan, Peter, Ole und drei Techniker, Welli, Inge und André, standen bei minus 20 Grad vor 'ner MIG 21, schräg im eiskalten Wind. Na, die waren vielleicht begeistert, kannste Dir ja vorstellen. Schönen Dank auch, sagten sie, an die, die uns das eingerührt haben. Das Beste daran war, daß wir dort in Karlshagen auf Usedom wenigstens proben konnten. Und nachdem ihre Ausbildung beendet war, reisten wir direkt nach Kuba.

Für Ole mußte ich noch eine Blues-Harp-Mundharmonika kaufen. Er spielte diese bei einigen Stücken, ich finde, ziemlich geil. Ole würde sagen: »Naja, nicht direkt schlecht.«

Wir sollten nach Kuba auf jeden Fall mitnehmen: Seife, Haarwäsche, Kosmetik, Spray. Nicht vergessen: 38er Bänder fürs Fernsehen (heute würde man CD's oder DAT mitnehmen). Am 9.4., 7.30 Uhr Abflug. Wir flogen über Kanada, Vorsicht in Gander, da ist schon so mancher Ostmusiker ausgestiegen. Wir hatten Glück. Wir kamen nach siebzehn Stunden Flug vollzählig in Havanna auf Kuba an. Viele Veranstaltungen, baden, angeln, tauchen. Und ich sagte zu Ingo, unserem Schlagzeuger: »Paß auf, ich hab das völlig drauf, ich leg mich hier zwei Stunden in die Sonne. Wirst sehen, ich bin ab morgen der braune Lothar aus Leipzig.« Wie sah ich aus: wie Quasimodo nach der Bundestagswahl. Furchtbar. Die Kumpels haben nur gelacht, und ich verbrachte drei Tage auf dem Hotelzimmer, ließ mich nur zu den Veranstaltungen sehen. Die Verpflegung war wie immer gut, doch es gab durchaus schon merklich eine Zwei-Klassen-Gesellschaft: den Dollar und kubanischen Peso, Intershops wie im Osten. Am Schluß der Tournee waren wir natürlich im »Tropicana«, immer toll, immer ein Erlebnis.

Zwischendurch hatte jemand kurzerhand das Zimmer von Peter und Ingo im 1. Stock »aufgeräumt«. Sie hatten dummerweise das Fenster aufgelassen, und so konnten einige Sachen den »Besitzer wechseln«. Ingo hatte keine Schuhe mehr, ich gab ihm meine. Für Peter am schlimmsten: Sein Gag-Buch mit den vielen Notizen war geklaut.

Einmal spielten wir mitten auf dem Feld. Da kamen einfach zwei blanke Kupferkabel aus der Erde, und daran hing unsere ganze Technik, das mußte Dir mal vorstellen. Ej, wir haben vielleicht geguckt.

Die Fans sind eine Macht

Ich hatte die Idee, einen Titel für die Fans zu schreiben. Aber das Wort Fans mochte ich nicht. Ein besseres kannte ich dafür nicht; Freunde, das traf's auch nicht ganz. Also blieben wir dabei, und Jochen Petersdorf, Du weißt, zwei Häuser neben mir wohnend, rief aus dem Toilettenfenster raus: »Ich hab die Zeile: Die Fans sind eine Macht, wer keine hat, Gut Nacht! Das is'n Kracher, hä?« – »Gut«, sagte ich, »Mensch, das isses! Klasse! Weitermachen!« Das Klofenster ging zu, und er machte weiter. Und zack, da war der Text, ich komponierte die Musik darauf.

Dann kreiselte die Ideenmaschine im Kopf. Es gab nur eine Sendung, in der das Lied richtig aufgehoben wäre: »Wennschon, dennschon.« Die müßten es in die Hand nehmen, ich allein wäre überfordert gewesen.

Hans-Joachim Wolfram und seine Crew machten es sich zu ihrer Aufgabe, diese Nummer zu »inszenieren«. Für die Mai-Sendung sollten die Fans für eine Veranstaltung in der Messehalle Leipzig – natürlich ohne Eintritt – aktiviert werden.

Da ich viele Fotos von Fans aufgehoben hatte, vergrößerten wir diese und beklebten mehrere Litfaßsäulen. Damit machte Wolfram eine Sondersendung, etwa zehn Minuten lang, unterlegt mit der Melodie »Die Fans sind eine Macht« und riefen die Fans auf, wer sich wiedererkannt hatte, sollte in die Messehalle kommen.

Viele bekamen folgenden Brief am 27.4. vom Fernsehen der DDR zugeschickt: »Hallo, liebe Freunde von Frank Schöbel! Hier meldet sich die Redaktion ›Wennschon, dennschon‹ des Fernsehens der DDR, um Sie herzlich zu Franks Sonderkonzert anläßlich seines 25jährigen Bühnenjubiläums einzuladen.

Wir danken für Ihre Post und freuen uns darüber,

daß die Fans von Frank aus der ganzen Republik anreisen werden. Die ganze Sache findet statt am Freitag, den 29. Mai '87 in Leipzig, vor und in der Messehalle 7 des Messegeländes. Die Fernsehübertragung beginnt 18.30 Uhr vor der Messehalle. Franks Konzert gegen 19.30 Uhr in der Halle. Frank weiß in den Details nicht, was wir organisieren, und er weiß auch nicht, wieviel Fans aus der Republik kommen. Er sollte es auch nicht wissen. Wir wollen ihn ja überraschen. Wir von der Redaktion ›Wennschon, dennschon‹ verbünden uns also mit Ihnen und möchten Sie bitten, Ihrer Phantasie freien Raum zu lassen. Diesem Brief liegt auch der Text von Franks neuestem Lied bei, das er mit Ihnen gemeinsam singen möchte und das bei dieser Gelegenheit für den Rundfunk mitgeschnitten wird. Wir bitten also, daß Sie sich am 29. Mai um 18.00 Uhr in bester Stimmung vor der Messehalle 7 einfinden. Dann kann es losgehen. Das Konzert wird gegen 20.30 Uhr zu Ende sein. Ein Zugfahrplan liegt auch bei, ebenso die Eintrittskarten, die nichts kosten, da Frank für seine Fans ein kostenloses Konzert gibt. Wenn Sie Unklarheiten haben, können Sie uns anrufen. Reinhard Munack, Redaktion ›Wennschon, dennschon‹.«

Was sich da abgespielt hat, allein darüber könnte man ein Buch schreiben.

Für die Optik hatten wir in Westberlin in »unserem« Deko-Geschäft Luftballons und Wunderkerzen eingekauft. Und zwar gelbe und blaue, die Stadtfarben Leipzigs. Das Ganze hatten wir bewußt nach Leipzig gelegt. Erstens ist es meine Heimatstadt, und zweitens drehte sich in diesem Jahr 87 alles um Berlin. Schon deshalb wollten wir unbedingt nach Leipzig.

Am 28. Mai, 15.00 Uhr. Die ersten Fans drücken sich an den Scheiben der Messehalle 7 die Nasen platt. Sie erhalten aber keine der kostenlos verteilten Karten und haben nun Angst, daß sie etwas von dem Trubel ver-

säumen. Aber sie warten geduldig auf Einlaß, obwohl der Nieselregen immer stärker wird.

17.00 Uhr: die Fans, die an »Wennschon, dennschon« geschrieben haben, 500 an der Zahl, haben viele Blumen und Geschenke mitgebracht. Auch Selbstgebasteltes. Der Bäcker Jörg Burmeister hat seine ganze Jugendbrigade, die »Otto Schmidt« heißt, zu einem Leipzig-Besuch überredet. Die Brigade hat eine große Torte für mich mitgebracht.

18.00 Uhr ist Einlaß, und ich blinzle natürlich von hinten durch die Absperrung der Bühne. Alle Altersgruppen waren vertreten; eine Schar junger Matrosen, Rucksackbepackte, Muttis und Vatis haben auch ihre Kleinen mitgebracht, Omis, denen das Laufen sichtbar schwerfällt, auch Jugendliche mit liebevoll gemalten und beklebten Plakaten, zum Beispiel »25 Jahre Frank – vielen Dank« oder »Bleib der alte«. Einer hat sämtliche Titel auf ein Poster gemalt. Die Halle ist fast voll. Sie kommen von Rostock bis Suhl und Zittau, von Görlitz bis Eisenach. Zum Teil haben sie sich freigenommen, sind nachts um vier, um fünf nach Hause gekommen. Über sechseinhalbtausend Leute. Ich beginne wie immer, spreche die Leute direkt an, sehe natürlich auch bekannte Gesichter, finde persönliche Worte für die Einzelnen. Es entsteht sofort eine Vertrautheit.

19.00 Uhr: Das Konzert beginnt. Die Massen stürzen nach vorne, direkt vor die Bühne. Schon während des Gesangs, aber auch, wenn ich was sagen will, immer wieder Glückwünsche. Wir müssen das Programm ständig unterbrechen. Der Bürgermeister ist da. Ich bekomme den Kunstpreis der Stadt. Lok Leipzig schenkt mir einen Trainingsanzug und eine Ehrenmitgliedschaft. Und die schönsten »Miß'en« der jeweiligen Städte, was weiß ich: »Miß Berlin«, »Miß Leipzig«, »Miß Görlitz«, »Miß Raten«, »Miß Gabel« und »Miß Trauen« – Du kennst diese Gags –, sie stehen alle auf

der Bühne. Der Titel »Die Fans sind eine Macht« wird von Heinz Müller, dem Chef meiner ersten Kapelle, mehrere Male gespielt. Er dirigiert und bringt den Fans das Lied bei. Meine Mutter ist auch unter den Gästen, freut sich und singt natürlich lauthals mit. So viele Blumen habe ich noch nie bekommen. Es müssen an die tausend Sträuße sein.

Gegen 22.30 Uhr, das Konzert findet kein Ende, eine dreiviertel Stunde machen wir Zugaben, und einige 100 Fans versammeln sich danach an der Bühne. Ich schreibe nach dem Konzert über anderthalb Stunden geduldig und in Schweiß gebadet Autogramme. Zwischendurch kommen immer wieder Fragen, die ich beantworte.

Aurora hilft mir – sich im Hintergrund haltend, das wollte sie immer so – bei allen größeren und kleineren Problemchen. Schließlich ist es auch ein Dankeschön an sie, denn von den 25 Jahren stand sie immerhin ein Dutzend der Jahre an meiner Seite.

Die Ordnungskräfte verlieren langsam die Nerven, machen Lichtspielchen, wollen nach Hause.

Wir verstauen die Geschenke und Blumen im Wartburg. Das dauert bestimmt eine halbe Stunde.

Es war einer der schönsten Tage in meinem Berufsleben.

Wenn so viele Leute freiwillig kommen, dann ist man natürlich irgendwie auch für die Fete verantwortlich und fragt sich: ist alles so, wie sie sich das vorgestellt haben?

Eine Sache störte mich sehr: Die Bänke waren hart und unbequem, was besonders für die älteren Fans unangenehm war. Ich kritisierte das, und so schrieb eine Zeitung: »Dieses Unbehagen quält ihn lange, wenn bei einem Auftritt nicht alles so läuft, wie er es gerne hätte. Selbst bei, zumindest für einen Unbeteiligten, simplen Dingen, wie zu harte und unbequeme Stühle, wie

kürzlich in Leipzigs Messehalle, fühlt er sich mitverantwortlich.« Richtig, so war das.

Die Zeitschrift »Profil« war dabei und führte Gespräche mit den Fans. So sagte Bianca aus Dresden, 25jährig, die einen vierjährigen Sohn hat, der auch Frank hieß: »Mir imponiert, wie er sich in seinem Beruf engagiert. Er macht nie etwas, wovon er nicht hundertprozentig überzeugt ist. Und er schätzt seine Fans. Nimmt ein kritisches Wort nicht übel. Wir haben ihm im vergangenen Jahr nach Erscheinen seiner LP zum Beispiel gesagt, daß die Aufmachung von AMIGA nicht gut ist, weil Frank auf dem Bild älter als in Wirklichkeit aussieht. Wenn er rotiert, ist Frank manchmal kurz angebunden, aber wenn die Zeit ausreicht, findet er immer Gelegenheit zu einem Plausch. Obwohl ›Wie ein Stern‹ nach wie vor meine Nr. 1 ist, muß ich Frank loben, daß er es nach 1974 wesentlich besser gepackt hat, die Texte seiner Lieder mit der eigenen Persönlichkeit in Übereinstimmung zu bringen. Ich mag ihn mit leisen Tönen, aber auch mit rockigen.«

Ute, 16, sagte unter anderem: »Ich glaube, er hatte einen enormen Einfluß auf meine Entwicklung. Seine Natürlichkeit, sein gesundes Selbstbewußtsein, zumal nach einer langen Krankheit. Diese ständigen Forderungen an sich selbst, alles zu geben, das sind Eigenschaften, nach denen ich auch strebe. Nie aufgeben, das versuche ich bereits wie Frank.«

Aus Franks Briefkiste

Grit aus Weißenfels schreibt: »Als ich Kind war, wurde die LP ›Komm, wir malen eine Sonne‹ aktuell; als ich meine erste große Liebe erlebte, kam ›Dein Prinz‹ heraus von der LP ›Wovon ich träume‹; als ich älter

wurde, kamen wieder Lieder, mit denen ich mich identifizieren konnte und kann. Eines meiner schönsten Erlebnisse war eine persönliche Begegnung bei einem Konzert ›Tour de Frank‹ in Bitterfeld. Vor allen Dingen der Blick hinter die Kulissen: Probe, schnell noch ein Kaffee, umziehen und los.«

Anke, 20 Jahre, aus Dresden: »Zu der Zeit, als gerade Deine Kinderplatte im Handel erschien, lag ich im Krankenhaus. Meine Mutti kam dann zur Besuchszeit und brachte ganz stolz die Platte mit. Da im Krankenhaus jedoch kein Plattenspieler existierte, war ich also gezwungen, ganz schnell wieder gesund zu werden, um so schnell wie möglich die Platte anhören zu können. Ich wurde dann auch schon nach vier Tagen entlassen. Allerdings weiß ich noch, daß mir damals der Heimweg so lang vorkam, wie noch nie irgendein Weg. Von der Platte war ich dann so begeistert, daß sogar meine schönen Märchenschallplatten nur noch als Staubfänger im Regal standen.«

Frau Stierant, 54, schreibt Gereimtes: »Als Fan von Dia/ betracht ick mia./ Du bist so echt Natur,/ Du liebst die Menschen,/ bist wie wia,/ von Hochmut keene Spua./ Mein lieber Frank, ick liebe Dia,/ doch jar keen Grund zur Sorje:/ ick bin Mutta von 5 Kinda,/ von den ick ma jern de 4 Enkel borje.«

Und Andrea aus Geithain: »Deine Musik gefällt mir schon, seitdem ich 7 Jahre alt bin. Ich bin jetzt 22 und kann mich noch genau erinnern, daß meine Mutti, wenn Du im Fernsehen warst, zu mir sagte: er zwinkert dir zu. Ich wurde dann immer ganz rot.«

Marlis, 36, aus Schwerin: »Frank ist für mich seit unserer ersten Begegnung so etwas wie ein Kamerad in allen Lebenslagen geworden. Bin ich traurig, höre ich melancholische Lieder, bin ich frohgestimmt, höre ich die dazu passenden Songs. Dadurch tanke ich für den nächsten Tag in meinem Berufsleben Kraft und Mut.«

Und hier einige lustige Dinge, die mir Fans, bewußt oder unbewußt, geschrieben haben:

»Ich habe viele Sendungen gesehen, wo Sie mitgewürgt haben.«

»Durch die ›Tip-Parade‹ sind Sie ganz schön popolär geworden.« Ich hoffe, man hat es bei meinen engen Hosen nicht unbedingt gesehen.

»Verbleibe mit deutschem Gruß.«

Eine Frage lautete: »Haben Sie schon im Ausland?« – Ja, was denn? Und wenn, sag ich's Dir nicht.

Oder in einem Wort: »Staatlichesrundfunkkomidee.«

Auch sehr nett: »es hinterbleibt, mit freundlichen Grüßen.«

»Ich bitte um ein Bild mit Telegramm.« Mußte ich extra zur Post deswegen – kleiner Scherz!

Oder: »Ich bitte um ein Foto von *innen*« – ich hab ihr 'ne Kopie meines Röntgenbildes geschickt.

Zeitung machen auch unbewußt Gags. So war ein Foto von mir zu sehen, und darunter stand: »Gerd Christian. Tritt am Freitag gleich zweimal im Rahmen der Messe auf.« Da das nach der Wende war, vermute ich, daß der Redakteur oder die Redakteurin nicht unbedingt in der DDR geboren wurde. Naja, so kann's kommen.

Anne, eine Lehrerin aus Halle-Neustadt, die mit mir an einem Tag Geburtstag hat und mir immer mal ein Briefchen oder eine Postkarte schickt, ist von Halle in ein kleines Dorf in Bayern gezogen. Dort hat sie erzählt, was sie gerne hört, woher sie kommt und hat das Dorf so neugierig gemacht, daß die tatsächlich öfter den MDR einschalten und zusehen, wenn ich im Fernsehen auftrete. Man kann sagen, sie hat ein ganzes Dorf liebenswerterweise verrückt gemacht.

»Seit Jahren gehöre ich nun schon zu Deinen Fans, und da war immer die Angst, daß auch ›mein Idol‹ eines Tages in den Westen gehen könnte. Zum Glück war das nicht der Fall. Und das finde ich prima. So konnte

ich Deine Platten zu Hause bei mir stapeln. Wo hätte ich die sonst herkriegen sollen?« Ja, auch ein guter Grund für mich, nicht in den Westen abzuhauen.

Ein Mann schreibt: »Ich würde später mal gerne Schlagersängerin werden, so wie Du.« Schlagersängerin ... so wie ich?

Oder: »Wenn auch einer etwas sagt und Du singst gerade, dann wird er rausgeschmissen.« Hej, der ist hart, wa!?

Eine Frau, schon etwas älter, schreibt: »Liebst Du mich? Ich liebe Dich. Wir müssen aber noch warten, bis es so weit ist. Es kann noch ein paar Jahre dauern. Wir haben beide noch Zeit, oder?« Natürlich haben wir das.

Jutta zählt mir viele meiner Titel auf, die ihr gefallen. U.a.: »Wenn bei Katrin die rote Sonne im Meer versinkt« – früher hieß das Capri, naja, das kann passieren.

Und Doreen: »Ich bin ein Fan von Dir, habe fünf Tonbandkassetten und drei Langspielplatten. Mein Freund ist sehr dagegen. Er findet Dich zwar auch gut, aber er sagt: ›Man kann's auch übertreiben.‹ Meinen Freund möchte ich nicht aufgeben, aber Deine Musik auch nicht. Wie kann ich ihn und Dich miteinander vereinbaren? Ich sehe da keine Lösung. Mein Freund, so glaube ich, will auch keine Lösung sehen. Und Du? Wie würdest Du in meiner Situation handeln? Gar nicht auszudenken, wenn ich alle Lieder von Dir hätte. Bis jetzt habe ich nur 132. Aber Du hast doch schon über 300, 400 Titel gesungen. Ich trau mich gar nicht, den Namen Frank Schöbel auszusprechen. Dann fängt der wieder an. Trotzdem gebe ich Deine Musik um gar keinen Preis auf.« Hej, so was hab ich nie gewollt. Das ist wirklich zuviel.

Jemand schreibt, sie ist 36 Jahre und seit 15 Jahren Fan. Wenn ich singe, »läßt sie immer alles stehen und liegen«. – Naja, wenn's nicht gerade ihr Mann ist!

Heike schreibt: »Warum benötigen die Sänger im-

mer mehr Technik beim Singen? Bei uns im Chor brauchen wir auch keine Technik.« Naja, ihr seid ja auch mehr. Schrei du mal alleine gegen eine Band an. Da wirst Du schon sehen, daß Du was brauchst.

Ramona am Ende ihres Briefes: »Wir haben groß reinegemacht. Wir haben Montag bis Mittwoch 41 Fenster geputzt und die ganze Woche Gardinen gewaschen. Also, Du verstehst, ich muß den Brief jetzt beenden.« – Ja, das verstehe ich.

Birgit meint auf einer Karte: »So schnell, wie Du mit Deinem Auto schaltest und waltest, wünschte ich mir manchmal, Dein Auto zu sein.«

Manuela, 8 Jahre, schreibt: »Meine Tante Dagmar ist total in Dich verliebt. Sie will für ihre Kinder keinen Vati suchen, seitdem sie Dich gesehen hat. Wenn Du auch so allein bist, kannst Du nicht mal meine Tante heiraten? Meine Tante ist 37 und prima und auch ganz hübsch. Sie sagt immer, daß sie richtiges Herzklopfen hat, wenn Du singst im Fernsehen. Das muß doch so sein, wenn man sich lieb hat. Bitte schreib mir mal, ob Du sie nehmen tust. Wenn nicht, dann muß sie eben bei meinem Onkel bleiben.«

Ein Brief aus der DDR-Zeit: »Als wir vor einiger Zeit Besuch aus der BRD hatten, haben auch die festgestellt, daß Sie einsame Spitze sind. Und wenn die das feststellen, dann stimmt das!«

Ulrike unterschrieb: »mit sozialistischem Gruß.« Hej, Ulrike, das war doch nicht nötig!

Ein freundlicher Mensch schrieb mir einen Text: »Mein Name ist Frank Schöbel, ich habe schöne Möbel. Ich habe 'ne Familie, bloß keine Ottilie.« Es muß nicht immer stimmen, es muß sich nur reimen.

Hella schreibt: »Bei Deinen Titeln hast Du auch immer einen jeweils passenden Gesichtsausdruck. Der beste ist, wenn Du einen langsamen Titel singst und dabei so ein ganz bißchen grinst.«

Heidi schreibt ganz ehrlich: »Ich stecke im Moment in einer Krise: bin sehr überarbeitet und allein. Da darf man sich vielleicht ein bißchen in einen Schlagersänger verlieben.« Ja, klar. Und was mach ich?

Ein Fan aus Rumänien kannte meine Adresse nicht und hat von einem Filmplakat alles abgeschrieben, was dort draufstand: »Herr Frank Schöbel, herausgegeben vom VEB Progreß Film-Vertrieb, 102 Berlin, Burgstraße 27, Reproduktion verboten, DDR.« Und das Ding ist tatsächlich angekommen.

»Sie werden von unserer Tochter immer nur ›mein Frank‹ genannt. Wir können unsere Britta nicht größer strafen, als wenn wir einen von Ihnen interpretierten Titel nicht auf Lautstärke oder gar abstellen müssen. Sie sind bei uns sozusagen schon als Erziehungsmittel verwendet worden.« Wenn's hilft?!

Yvonnes kleiner Bruder wollte mir Blumen überreichen. Die Massen standen vor der Bühne, er kam weinend wieder zurück und sagte: »Die lassen einen nicht durch, nicht mal durch die Beine.«

1974, als die Scheidung war, schreibt Elke im Namen der Klasse 8 a: »Wenn Ihr Euch nicht wieder zusammentut oder wieder heiratet, dann werden wir an Erich Honecker schreiben. Wir haben uns auf den Arsch gesetzt, wo wir das gehört haben.« Ja, das galt damals als größte Drohung, an Erich zu schreiben.

Eine Schulklasse bescheinigt mir, daß ich ziemlich locker sei und »... nicht so ein eingebildeter und verkrampfter Fatzke wie unsere Russischlehrerin.« Russischlehrerinnen und -lehrer hatten es früher schwer.

Ines fragt: »Können Sie mir nicht bitte helfen, einen Wohnraum für mich zu beschaffen? Falls Sie was gefunden haben, lade ich Sie zum Kaffeetrinken ein.« Das heißt: ich spendiere dann, Sie können Aurora ruhig mitbringen, ich habe nichts dagegen. Das ist doch wirklich sehr nett, ne?

»Gestern vor einer Woche kam bei uns die Platte ›Weihnachten in Familie‹ raus. Die 7. Klasse sollte laut Schulordnung früh 1. Stunde immer ein Morgenlied singen. Wir ließen uns jedes Mal eine Ausrede einfallen. Aber seit einer Woche geht unser Lehrer durch die Wand, weil wir jeden Morgen das Lied ›Wir haben einen Weihnachtsbaum‹ singen.« Ej, das ist wirklich die größte Strafe, die man einem Lehrer antun kann.

»Mein größter Wunsch«, schreibt Heike »ist, mich mit Dir zu unterhalten. Dafür würde ich 3 Monate abwaschen, abtrocknen, staubsaugen, auch wenn ich es sonst nicht gerne tue. Sogar 6 Stunden Mathe würde ich hintereinander machen.«

Irgendwann muß ich gesagt haben, doch langsam mit dem Singen aufhören zu wollen oder vielleicht auch zu müssen. Prompt kam ein Brief: »Ist denn so etwas überhaupt möglich und zulässig?« Naja, das ist es schon, nur – mein Gott, ich hab's mir ja noch mal überlegt. Aber ich danke Dir.

Aus Dresden schickte man mir eine Anekdote: »Im Oktober 1978 hielt der Direktor der Galerie ›Neue Meister, Dresden‹ einen seiner faszinierenden Vorträge in der Stadthalle Cottbus. Während des Dürer-Themas der Freude Ausdruck gebend, das Stand- als agierbares Handmikrofon benutzen zu können, meinte er beiläufig zu den Anwesenden: ›Jetzt fühle ich mich wie Max Schöbel!‹ Die Ausstrahlungskraft seiner Persönlichkeit bewirkte nur einen verhalten schmunzelnden Chorus ›Frank! Schöbel.‹ – ›Ja richtig – Franz Schöbel!‹ wiederholte er und wandte sich voller Konzentration seinem Thema wieder zu.« Dietmar, der mir das schreibt, setzt drunter: »Ja, Frank, so macht für Dich die ›ernste Kunst‹ Reklame.« Ich fand das nett.

Mein Ausbildungsbetrieb VEB Medizintechnik, inzwischen VEB Kombinat Medizin- und Labortechnik genannt, schrieb:

Hallo Frank!

Als alte Bekannte dürfen wir wohl immer noch diese kollegiale Anrede wählen, auch wenn wir seit etwa 10 Jahren den persönlichen Kontakt verloren haben. Mit FF dabei suchen wir ihn aber immer wieder aufrechtzuerhalten. Heute kommen wir aber doch persönlich und auch noch mit einer Überraschung, die Ihnen und Ihrer Chris hoffentlich etwas Freude bereitet. Leider ists kein Notenschlüssel für Rhythmus und guten Klang und trotzdem kommen beim Anfertigen durch die Lehrlinge Noten zwischen 1 - 5 heraus, wobei die unteren Noten meist Mißtöne ergeben.

Dieses ist - wie "Gold in Deinen Augen" - ein beinah goldiges Himmelschlüsselchen und kann jede sympathische Flasche öffnen. Ausgenommen solche mit Sektkork, die kommen von allein. Gegebenenfalls ist dann auch der Weg zum 7. Himmel frei. Aber Vorsicht nicht vorm Tandemfahren benutzen, sonst hängen die spärlichen Textilien von Chris und Frank wieder im Gebüsch.

Vor Gebrauch nicht schütteln, aber dran drehen, dann ist der Bart ab und der Schlüssel startbereit.

Sollte es Ihnen beim Betrachten aber in den Fingern krippeln, dann kommen Sie mal vorbei und zaubern sich selbst einen. Werkstoffreste, die wir für unseren Vietnambasar verwenden, sind immer da.

Man nehme also ein bißchen Messing, verschiedene Maschinen und Werkzeuge, ein bißchen Fingerspitzengefühl und für die goldige Oberfläche entsprechende Poliermittel und Lack und fertig ist das Himmelschlüsselchen.

Dann kommt alles fein säuberlich beschrieben ins beliebte Berichtsheft, mal sehen wie dann die Noten klingen.

Und nicht den Arbeitsschutz vergessen, besonders beim Löten gehts heiß zu, da kann man sich die Finger verbrennen, bei heißen Rhythmen nicht. Komisch!

Wir wünschen uns nun noch recht viele schöne Stunden mit Chris und Frank und Ihnen weiterhin gute Harmonie in Spiel, Gesang und in der Familie. Hoffentlich denken Sie beim Gebrauch des Schlüssels auch mal an uns.

Viele Grüße entbietet Ihnen die
"Brigade der sozialistischen Arbeit Dr. Theodor Neubauer"
Ausbildungskollektiv der Lehrwerkstatt "DSF" im
VEB Kombinat Medizin- und Labortechnik Leipzig

R. J. Hering

- Hering -
Ausbildungsleiter

Als alte Bekannte:
Feinmechanikermacher: Paul Broda
Gerhard Marbach
jetzt Werkzeugausgeber: Erich Holemann
Sachbearbeiterin: Gerda Dobmeier
Produktionslenker: Günter Arndt

PS Der Durchschlag dieses Schreibens wird in unserem Brigadebuch verankert. Es wäre aber zu nüchtern wenn nicht ein Bild von Chris und Frank dabei ist. Deshalb unsere Bitte um ein Bild von Chris und Frank, nach Möglichkeit mit Alexander und natürlich komplettes Autogramm. Vom Alexander sind wir mit 3 Kreuzen einverstanden.
Übrigens für Alexander halten wir einen Schraubstock frei, ob er nun aber mal Hausschlüssel oder Notenschlüssel feilen wird, ist eben noch sehr ungewiß.

Der Brigadebuchschreiber u.
Verfasser des Briefes

Erich Holemann

Sie hatten mir einen Schlüssel gearbeitet, den ich als Korkenzieher benutzen konnte, sehr fein gemacht. Ich hab ihn immer noch und halte ihn in Ehren.

Andrea schreibt: »Mensch, ich möchte gerne wissen, wie und was Du in manchen Situationen denkst. Z.B. denke ich, daß Du doch bestimmt vor jedem Konzert ein ganz kleines bißchen aufgeregt bist, oder? Ich kann da einfach nicht drüber fertig werden, daß man Dir das absolut nicht anmerkt.« Du könntest ja mal meinen Blutdruck messen oder meinen Puls. Nach dem dritten, vierten Titel, wenn der Funke zwischen Bühne und Saal übergesprungen ist, ab da ist alles in Ordnung.

»Sie werfen beim Reden nicht so mit Floskeln und abgenutzten Redewendungen um sich wie die meisten, die um ihre ›geschätzte Meinung‹ gebeten werden. Aber drucken dürfte man das nicht, da haben Sie recht. Es würde sich doch etwas chaotisch lesen.« Ja, das kommt, weil ich mich manchmal nicht zusammennehmen kann und mir viele Gedanken durch den Kopf gehen, und am liebsten würde ich sie alle zur gleichen Zeit aussprechen.

Und Manfred: »Ich habe gehört, daß Sie gelegentlich Schwierigkeiten bei Bühnenauftritten mit dem Niesen hätten. Ich hoffe, Ihnen mit folgender unauffälliger Empfehlung helfen zu können: drücken Sie bei Reizung mit dem Finger zwischen Nase und Oberlippe.« Danke, das werde ich tun, Manfred. Nur, ich mußte zum Glück bis jetzt noch nicht auf der Bühne niesen.

Ich hatte mal für Chris einen Titel geschrieben, der hieß »Kariert, kariert, kariert«. Und am Schluß war der besondere »Gag« des Texters: Wo kriege ich nur für Katrin karierte Blümchen her?

Er war sicher, daß es karierte Blümchen nicht gibt. Ein findiger Hörer schickte sie uns als Foto zu: Fritillaria Meleagris – Kibitzeicher zu deutsch, Höhe: 30 cm,

gedeihen am besten im Halbschatten. Ist das nicht nett und pfiffig?

Jutta will ein Autogramm von Uve Schikora, nennt die Band aber »Uve-Angora-Combo«. Ich stelle mir vor, wie die Musiker alle so kleine Hasenohren haben und hinten so einen Puschel dran.

»Ich bin 16 Jahre alt, besuche die EOS und höre sehr gerne Schlager und flotte Musik. In der Schule sind meine Lieblingsfächer Englisch und Biologie, Physik und Russisch mache ich auch ganz gern. Der Mathematik aber stehe ich als Feind gegenüber. Ihre Erweiterte Oberschülerin.«

Doris von der Ostsee: »Ich weiß nicht, was ich Silvester machen soll. Ich möchte auch was unternehmen und raus aus Wismar. Kann ich nicht nach Berlin kommen? Ist da nicht noch irgendwo ein Stühlchen frei neben Dir? Ich würde auch gar nicht weiter stören und bringe Verpflegung mit, wenn es sein muß.« Naja, laß uns drüber nachdenken.

Nach der Stimmbandoperation kommt ein Brief: »Vielleicht haben Sie ja gar keinen Stimmriß und haben das bloß erfunden, um von der Bühne runterzukommen.« Das ist ja 'ne Idee. Daran habe ich überhaupt noch nicht gedacht. Ich überleg andauernd bloß, wie ich hochkomme.

Sylvia schreibt: »Vor 18 Jahren bekam ich, ohne es zu wissen, Zwillinge. Für die eine Tochter hatte ich keinen Namen, und im Radio kam gerade das Lied ›Manja‹ – so nannte ich meine Tochter.« Ein Glück, daß nicht »Alles im Eimer« kam.

Eine ältere Dame: »Können Sie nicht mal einen Verbesserungsvorschlag machen und zwar mit dem Mikrofon? Könnte nicht statt dieses scheußlichen Gummiballs eine Blume dran sein?« Nicht so schlecht, dann könnte man direkt alles durch die Blume sagen und singen.

Manuela vertraut mir an: »Ich bin traurig, denn euch Sänger kann man ja nie haben, wie man es gerne möchte. Ihr seid immer alle vergeben. So ein Pech aber auch.« Manuela – vielleicht ist es ja dein Glück?

Elfriede beschwert sich: »Die einen wollen Dich nur englisch hören und die anderen hören lieber Nachrichten als Deinen Gesang.« Mußt Du verstehen, bei Nachrichten erfährt man ja auch immer was Neues.

Im MAGAZIN, zu DDR-Zeiten eine der meistgelesenen Zeitschriften, gab es eine Diskussion darüber, ob man statt der sehr begehrten dort abgedruckten Frauenakte nicht auch einmal Männerakte zeigen und wer denn da demnächst erscheinen sollte. Da war von Gojko Mitič die Rede und auch von mir. Und Hannelore, ganz entsetzt: »Ich will nicht sagen, daß ich etwas gegen nackte Männer habe. Aber unbekannte, nicht Ihr. Niemals! Wenn Sie, lieber Frank, splitternackt im MAGAZIN erscheinen würden, dann hätte ich keine Achtung mehr vor Ihnen! Sie würden sich doch sicher dazu niemals hergeben, daß sich jeder einen nackten Frank in die Wohnung hängen kann? Sicher würden Sie sehr viele von Ihren Anhängerinnen verlieren.« Keine Angst, ich will ja auch keinen erschrecken.

»Ich heiße Micha und bin 8 Jahre alt. Mach Dir nichts draus, ich finde Dich auch mit Kaltwelle große Klasse. Mit Locken siehst Du doch genauso schön aus. Der arme Heinz Quermann kann das nicht machen, weil er keine Haare mehr hat, aber Du.« Hehe, Mensch Micha, Du, ich habe keine Kaltwelle. Die kräuseln sich bei mir so, wenn sie länger werden.

Sabine: »Wenn Du Dich auf Platte und Bühne nicht sehr verstellst, bist Du ein sympathischer Mensch. Ansonsten ein ausgezeichneter Schauspieler.«

Als ich so ungefähr 33 Jahre alt war und man das auch, denke ich, im Fernsehn erkennen konnte, meinte Angela: »Ich gehe in die 5. Klasse der 1. Oberschu-

le. Bin 11 Jahre. Am 6.2. habe ich Geburtstag. Wieviel Jahre bist Du? Wann hast Du Geburtstag? Und in welche Klasse gehst Du?« Ej, da hätte ich ja 16 Jahre sitzenbleiben müssen – das mache ich nicht mal für Dich, Angela, sei nicht sauer.

Gilda schreibt: »Eins möchte ich Dir noch versichern: wenn Du in ein paar Jahren auf der ganzen Welt keinen Fan mehr hast, auf mich kannst Du Dich immer verlassen. Vergiß das bitte nicht.« Ich vergeß das nicht, Gilda.

Jemand will von mir Schaltplatten haben und einen »CD-Bläher«. Ich finde, wenn man einen CD-Bläher nimmt, kriegt man wegen des Geruchs sehr viel Ärger mit seiner Familie. Man sollte sich das nochmal überlegen.

Eine ältere Dame kann nicht glauben, daß Chris und Frank sich getrennt haben, und so schreibt sie: »Wenn nichts an dem Klatsch dran ist und Frank tritt das nächste Mal auf, dann solle er das linke Auge zudrücken. Wenn aber Chris zuerst auftritt, dann sollte sie sich am linken Ohrläppchen ziehen. Stimmt es aber, dann drückt Frank das rechte Auge zu und Chris zieht sich am rechten Ohrläppchen.« Wenn wir beide zusammen auftreten und ein Duett singen, was das Schönste wär, dann sollten wir beide Augen und Ohrläppchen ziehen und drücken. »Bitte lacht nicht darüber, denn eine schriftliche Antwort kann ich nicht verlangen, weil ich mir denken kann, daß Eure Freizeit sehr bemessen ist.« – Ist das nicht niedlich? Ist ja auch viel besser, ein Auge zuzudrücken.

Thomas schreibt: »Sind Deine Augenbrauen angemalt, oder ist das echt? Die sind nämlich schön breit. Dein Hals gefällt mir, er ist schön dick und hat solche Ringe.« Naja, Halsringe sind vielleicht besser als Augenringe. Hast schon recht.

»Frank, ich muß Dir ein Geständnis machen. Ich

habe Dir oft geschrieben, daß mir Deine Musik und Deine Töne am besten gefallen und daß ich sie am liebsten höre. Ich habe ein wenig gelogen. Es gibt noch eine Musik, oder besser einen Ton, den ich viel lieber höre. Es ist die: na, na – ja richtig – die Pausenklingel in der Schule. Verzeih mir dies.«

Brigitte weiß es genau: »Brauchst mir nicht zu schreiben, daß Du keine Zeit hast. Das glaube ich Dir sowieso nicht. Weil bei uns oft Sänger im Kulturhaus sind. Die sagen immer, sie haben keine Zeit, sie müssen üben. Phe, in Wirklichkeit sehen wir sie dann immer Bier trinken, rauchen und reden.«

Viola hält total zu mir: »Es gibt viele Leute, die sagen: ›Ach Gott, der Schöbel!‹ Ich habe Dich immer mit allen Kräften verteidigt. Aber wenn ein Konzert ist, dann rennen sie alle hin. Das ist es, was ich nicht verstehe.«

Und Elke meint: »Ich habe noch nie so richtig einen Sänger gesehen. In Berlin sollen die Sänger nur so auf der Straße rumlaufen.« Stimmt, die meisten fahren sogar.

Für Martina soll ich ein Bild schicken. »Aber bitte nicht Annekathrin Bürger, weil ich die schon habe.«

Karin meint so ganz nebenbei: »Ich bin krankgeschrieben. Habe mal wieder eine schöne Eierstockentzündung. Nun muß ich schon seit 2 Wochen im warmen Bett liegen, und dann plagt mich noch die Langeweile.«

Und Heidi: »Meine Schwester, ich und meine Freundin spielen immer Familie Schöbel. Meine Freundin spielt Dominique, meine Schwester spielt Odette und ich Aurora. Du bist jetzt noch die Luft, spielst aber auch mit.« Naja, wenn ich Luft bin, ist es einfach leichter für mich. Auch schön.

Sylvia offenbart mir: »Frank, ich liebe Dich mehr als meinen Verlobten.«

Es ist hier, glaube ich, an der Zeit, allen Verlobten und Männern mal meinen herzlichen Dank auszusprechen, daß ich noch nicht ein oder mehrere Messer im Rücken habe. Glaubt mir, ich bin auf Eurer Seite. Ich kann auch nichts dafür. Bleibt stark! Ich bleibe es auch.

Siglinde: »Ich sammle von Ihnen Bilder und hab schon 410. Manche sind zum Totlachen.« Das kann ich gut verstehen. Ich muß bei manchen sogar weinen, wenn ich sie sehe.

Renate aus Dessau schreibt: »Also, für Dich würde ich sogar mal das Mittagessen anbrennen lassen. Vielleicht klappt es, lieber Frank.« Naja, wenn es angebrannt besser schmeckt?

Ilona schreibt nicht, um ein Autogramm zu bekommen, sondern: »Wenn Sie den Mantel, den Sie auf dem Bild tragen, nicht mehr anziehen«, bittet sie mich, ihr diesen zu schicken. Naja, wenn sie reinpaßt? Aber ich hebe so gerne meine Klamotten auf.

Ja, einige offizielle und versteckte Heiratsanträge kommen natürlich auch, aber da schweigt des Sängers Höflichkeit, hm, das verstehst Du?!

Und fast alles zusammenfassend schreibt Birgit: »Der eine läßt sich scheiden, der andere ist unglücklich verliebt, die nächste hat einen Alkoholiker als Mann, die letzte will ein Kind von Dir. Dein Job ist wirklich ganz schön anstrengend.« Ja, aber er macht mich vor allem glücklich, und wenn die Briefe nicht gekommen wären, würde mir was fehlen, zum Beispiel auch liebe Einladungen, weil man einfach als guter Freund angesehen wird. Und das ist wohl das Schönste, was man in diesem Beruf erfahren kann. Eigentlich, so habe ich es später gesehen, sind unsere Lieder so etwas wie Märchen für Große.

Und so schreibt Karin: »Die wenigen Stunden in Deiner Nähe sind für mich wie eine kleine Flucht vor den Sorgen und Problemen des Alltags.«

Sylvia schickt mir einen Aufsatz ... daß sie einen Brief von mir bekommen hat, daß sie sich auf den Abend freut, schon in der Schule, übers Konzert bis hin zum Einschlafen – nicht im Konzert, sondern dann zu Hause natürlich. Alles viel schöner gesagt, als ich das jetzt hier getan habe. Und das Tollste: sie hat für Inhalt, Ausdruck, Orthographie und Form eine 1 bekommen.

Hannelore nach dem Konzert: »Applaudiert habe ich nicht, weil es mir nicht gefallen hat. Es war so schön, daß ich mich nicht bewegen wollte.« Darauf wäre ich nie gekommen. Das ist für mich neu. Ich fand das außergewöhnlich.

Auch traurige und ernste Dinge kommmen per Brief zu mir: »Mein Vater ist vier von sieben Tagen in der Woche besoffen. Und dann gibt es bei uns immer Streit. Ich muß aufpassen, daß mein Vater meine Mutter nicht schlägt. Ich kann so nicht weiterleben. Ich möchte gerne von zu Hause weg.« Wenn ich sowas lese, werde ich immer ganz still. Und manches davon fließt in meine Lieder ein.

Frau Monika hat einen behinderten Sohn, und sie schreibt mir immer, was ihren Sohn und sie bewegt, hält mich auf dem laufenden. Ich kenne ihn, er lebt in Großhennersdorf, wo wir ein paarmal gespielt haben. Und so schreibt sie unter anderem: »Wir hatten mit einem Teil der Kinder im September 83 eine Dampferfahrt von Pirna nach Bad Schandau gemacht, und uns begleitete eine bekannte Dixieland-Gruppe aus Karl-Marx-Stadt. Und auf die Frage, was die Kinder gern hören möchten, wurde geantwortet: Lieder von Frank Schöbel. Es war ungewohnt für die Musiker, aber sie haben es letztlich geschafft.«

Jemand schreibt mir im Auftrag der Gehörlosen. Eine völlig neue Erfahrung für mich, daß diese, obwohl sie mich nur sehen können, durch die Ausstrahlung vom Gefühl her in ihren Empfindungen berührt wer-

den, so stark, daß sie den Wunsch hatten, daß ich an ihre Schule kommen und mich mit ihnen unterhalten sollte.

Ein anderer Brief rührt mich. »Unsere Oma war nicht vom Bildschirm wegzukriegen, wenn eine Sendung mit Ihnen lief. Mit 89 Jahren ist sie dann gestorben und hat sich gewünscht, daß Sie bei ihrer Beerdigung am Grab singen mögen. Doch das ging ja nun wirklich nicht. Sie hat es aber gehofft. Ich finde, das ist doch eine einmalige Anerkennung.« Ja, das finde ich auch.

Eine Karte aus Polen erreicht mich von Helene. »Junger Freund«, so schreibt sie, »ich drücke Sie, daß Sie mir in der Einsamkeit im Gefängnis Krzyzanow, wo meine Tränen geflossen sind, geholfen haben.«

Eine andere Frau: »Ihre Großeltern liegen auf dem Leipzig-Lindenauer Friedhof« – das ist richtig – »neben dem Grab meiner Mutti, die ich jung verlor. Ich habe das Grab oftmals mit gegossen und Ihren Großeltern gesagt, wie stolz sie auf ihren Enkel sein können.« Ist das nicht wahnsinnig lieb?

Ein Liebesbeweis von ein paar älteren Damen, die zu Hause vorm Fernseher saßen: »Wir haben uns wie immer fein gemacht, den ›Kessel‹ angestellt und nicht mit Applaus gespart.« Die Omis waren über 80 Jahre alt.

Elke hat sich nicht getraut, mich auf der Bühne zu küssen. Sie hat mich lieb, schreibt sie, sie würde mich heiraten. Trotzdem hätte ich meine Freiheit. – Ich denke mal, zu viel Freiheit darf man auch nicht haben, dann wird man so leichtsinnig, weißt Du. Aber schön, daß wir mal drüber gesprochen haben. Schließlich heißt das Buch ja »Frank und frei«.

Ute aus Dresden hat sich die Mühe gemacht und die von ihr zurückgelegten Kilometer auf dem Weg zu unseren Konzerten ausgerechnet. 8500 kommen zusammen. Tusch! Gratulation! Und das nur bis 1987!

Mia ist 77 und, solange sie sich erinnern kann, mein Fan. »Zu Weihnachten habe ich mir eine Kassette von meinem kleinen Enkel von den Puhdys gewünscht. So einen Wunsch hätte ich auch mal an Sie.« Hej, das ist ja eine richtige kleine Rock-Omi. Nicht schlecht.

Astrid: »Weißt Du Frank, daß Du bei uns in der Familie immer häufig Gesprächsstoff bist? Und wenn wir über Dich reden, dann heißt es nicht Frank Schöbel, oder gar der Schöbel, sondern einfach immer Frank. Und jeder weiß gleich Bescheid, wer gemeint ist.« Danke.

»Ich weiß, daß Du nach Neustadt kommst«, sagt Erika, »aber ich bin der Meinung, daß Du das nicht richtig gemacht hast, weil es gerade an einem Montag ist. Alle Kollegen machen deswegen Urlaub oder werden Sonntag Nachtschicht machen, nur, damit sie Montag zu Deinem Konzert kommen können.« O Mann, daran habe ich überhaupt nicht gedacht, aber das kann ich nicht immer beeinflussen. Ich danke Euch allen.

Ein Junge, der eine ziemlich schwere Kieferoperation hatte, schreibt mir: »Ich möchte Ihnen nochmals für die guten Worte danken. Habe während der OP oft an Sie gedacht, und es hat mir sehr geholfen. Im Gebet schließe ich Sie immer mit ein.« Er hatte mich vor der OP nach meiner Meinung gefragt. Ich hatte ihm in einem Brief Mut gemacht.

Peter aus Dresden hat durch Scheidung seine über alles geliebte Tochter verloren und bat mich, auf diese Situation ein Lied zu schreiben. Es tut mir leid, Peter, ich habe es noch nicht geschafft. Aber Du siehst, ich trage Deinen Brief, der mich sehr beeindruckt hat, noch mit mir rum.

Anita ist blind und läßt mich wissen: »Ich bin aufgrund meiner Blindheit allein auf den akustischen Eindruck angewiesen. Und ich möchte Ihnen sagen, daß ich gar nicht mehr das Gefühl hatte, unter Tausenden

von Menschen zu sein.« Sie war im Palast der Republik. »Mir war es, als sei der Kreis viel kleiner.« Schön, daß wir das geschafft haben, den Kontakt nur über die Akustik so eng zu knüpfen.

Renate aus Thüringen erzählt mir von einem geistig behinderten Jungen, der vorhat, nochmal zur Schule zu gehen, »nur um Ihnen zu schreiben. Es ging sogar so weit, daß er zum Standesamt wollte, um sich Frank Schöbel zu nennen. Mit Mühe und Not konnten wir ihm das ausreden.«

Ein merkwürdiger Brief von einem Fan, eine Mutter schreibt: »Weil meine Tochter die Regel hat, bitte ich sie, vom Turnunterricht zu befreien.« Ich lese es nochmal und nochmal. Na klar, der Turnlehrer hat wahrscheinlich den anderen Brief bekommen: »Bitte um ein Bild mit Autogramm.« Was so alles passiert.

Oma Schmidt, die bei Konzerten in Dresden schon wegen ihrer Ausstrahlung nicht zu übersehen war: ich sah sie, ob sie in der 5. oder in der 10. Reihe saß, sah einfach ihr fröhliches, aufgeschlossenes, freudiges Gesicht, Oma Schmidt schickt mir einige ihrer heiteren Lebensgeschichten. »Und«, so schreibt sie am Schluß, »singe ich heute noch z. B. im Klub der Volkssolidarität, weil mich die alten Rentner gerne hören.« Sie, über achtzig Jahre, schreibt: »Machen Sie, mein lieber, sehr verehrter Enkel Frank« – so nennt sie mich – »es mir nach: nicht aufgeben, dranbleiben am Ball!«

Oder, wieder ganz anders, eine Frau: » ... als Alkoholiker seit einem Jahr trocken, hatte ich zwar Schwierigkeiten und habe noch welche, aber in Ihren Liedern finde ich sehr viel Freude und Mut und vergesse für eine Weile meine Probleme.«

Ein Brief von Gudrun erreicht mich, die ganz glücklich ist, daß die Kinder zum Fasching von der Platte »Komm, wir malen eine Sonne« begeistert waren. »Du ahnst gar nicht, wie sehr Du uns Erzieherinnen die Ar-

beit damit erleichtert hast. Als wir dann dem bunten, lustigen Treiben zusahen, hatten wir fast das Gefühl, daß wir dem Karneval in Neugersdorf Konkurrenz machen konnten.«

»Weihnachten in Familie« war ab 1985 in den Herzen und auf den Gabentischen so mancher Familie. Eine alte Dame schreibt: »Über die Feiertage wurde auf Radio DDR Ihre LP ›Weihnachten in Familie‹ vorgestellt. Nach all dem Einsamsein war mir, als ob diese Melodien auch für mich bestimmt waren. Mir war so, nach all den Tränen ein wenig Freude erhalten zu haben.«

Ein anderer Brief erzählt zum Weihnachtsthema: »Es hat uns schon bedrückt, daß die TV-Programme dieses Abends nicht auf Krimi, Mord und Gewalt verzichten können.« Wie man unschwer hört, ist das ein Brief aus der »Neuzeit«. »Deshalb dem MDR ein ganz großes Dankeschön für die erzieherische Wirkung der Sendung ›Fröhliche Weihnachten in Familie‹. Politiker unseres Landes sollten sich bewußt werden, daß solche Sendungen verdienen, so gestützt zu werden, daß sie auch ohne hohe Einschaltquoten gesendet werden können.« Zum Glück hatten wir die höchste Einschaltquote des Jahres überhaupt und des MDR bis dahin.

Ebenfalls ein Brief aus der »Neuzeit«: »Ich bin mit Ihrer Musik aufgewachsen, und in der jetzt doch so rauh gewordenen Zeit geben mir die Lieder oft Kraft, dieser Kälte mit ein wenig mehr Mut zu begegnen.«

Inge schreibt gar: »Es tut uns im Anschlußgebiet so wohl, unsere Künstler zu sehen.« Dieser Hilferuf kam sehr oft nach der Wende.

Grüße auch von der anderen Seite: »Sie sind einfach unser Sänger, den wir besonders mögen. Sie sollten es einfach wissen, wie viele Fans es von Ihnen hier in Hamburg gibt.« Na prima, danke, Paul schreibt das.

Und Simone: »Schade, daß sich die Welt so ent-

wickelt hat, daß man sich jedes Wort überlegen muß und die Gefühle so untergehen. Die lauten Töne, die Falschheit, das Unpersönliche, das Aufspielen, das Ordinäre überwiegen, und daran kann ich mich einfach nicht gewöhnen.« Ich werde mich nicht daran gewöhnen, Simone, da sind wir uns einig. Und ohne zu moralisieren, sage ich das. Einfach nur als Feststellung.

Katrin schreibt, daß ich einfach zur Familie gehöre, daß ich für sie wie ein Onkel bin. Und man beleidigt sie, wenn man schlecht über mich schreibt oder redet. Wenn sie Krisen hatte, war ich mit meinen Liedern immer eine große Hilfe für sie. »Und immer gerade in Krisen brachtest Du eine neue LP oder CD auf den Markt.« Na, so im Späßchen: werd ich mal 'n bißchen mit 'ner neuen CD warten, damit Du nicht gleich wieder eine Krise hast, verstehst Du?

Ein Hilferuf eines Jungen in Form eines Gedichtes an seine Freundin: »Sie nahm mir die Hoffnung./ Ich ging aus ihrem Zimmer,/ ich ging aus der Stadt./ Ich hatte ihren Frank so satt./ Ich wollte fliehen, einfach davon./ Seine Musik war es, diese Stimme,/ die nicht ruhte und mir nicht wich,/ die die Straße entlang immer neben mir schlich./ Im Café der Kellner hat's leise gesummt,/ im Taxi der Fahrer hat's laut gebrummt. /Kurz: auf jeglichem Weg, sogar auf dem Klo,/ überall hörte ich ›Ich brauch dich so‹.« Ja, das ist die Härte.

Ein anderer Fan droht mir sogar und dreht mein Lied »Die Fans sind eine Macht« gegen mich: »Du brauchst aber auch jeden einzelnen von uns. Denn ohne Fans läuft bekanntlich gar nichts. Wir sind nämlich eine Macht.« Ja, so kann's kommen, dann fällt einem nämlich das eigene Lied auf die Füße.

Simone schreibt, daß sie mit 14 Jahren immer von ihren Klassenkameraden verspottet wurde, weil sie Fan von mir war. »Für mich war das damals eine schlimme

Zeit. Ich war ein sehr ruhiger und schüchterner Mensch, ich hatte zu wenig Selbstvertrauen, auch heute leider oft noch.«

Was soll ich sagen: ich danke Euch allen für die Gefühle, die Ihr mir entgegengebracht habt. Ich denke, das wird immer zwischen uns sein.

Wolfgang aus Goslar schickt einen lieben Gruß und sagt, daß er »Weihnachten in Familie«, die Platte, wie seinen Augapfel sorgfältig hütet. »Es war total schwierig, überhaupt in ihren Besitz zu kommen. Zum Glück sind diese Zeiten nun vorbei. Jetzt genießen wir unbeschwert die Musik und hoffen, daß ›Wir brauchen neue Träume‹ vielen Menschen Mut macht und auch die neuen Texte dazu beitragen, Kraft für die Probleme des Alltags zu finden.«

Ein 30jähriger Pfarrer schreibt mir, als er die Weihnachtsplatte gehört hat: »Die Art und Weise, der Inhalt und das Titelfoto haben mich zu der festen Annahme geführt, daß in Ihrem Leben eine Wandlung stattgefunden haben muß. Alte Texte so zu beleben und gar neu Weihnachten im eigenen Leben mit neuen Worten fast zeugnishaft zu beschreiben, dies kann man nicht rein geschäftlich machen. Ich habe Gott gedankt, daß er Ihnen begegnet ist.«

Und noch einmal zur Weihnachtssendung: »Heiligabend saß ich allein. Doch als ich Ihre Sendung einschaltete, vergaß ich plötzlich das Alleinsein. Das war ich ja gar nicht! Da sangen ja vier Menschen für mich, und ich fühlte mich unter ihnen.« Nun kann man ja nicht das ganze Jahr Weihnachten machen, das ist ja auch klar. Aber wenn man auch sonst die Menschen über den Fernseher so erreicht, dann ist man seinem Wunsch, hohe Ansprüche an seinen Beruf zu stellen, ein Stück nähergekommen.

Die Anforderungen werden logischerweise immer größer, und so fordern Beruf und Publikum viel von ei-

nem, das drückt oft auch aufs Private, auf die Familie, die dann drunter leidet.

So schreibt meine Mutter in ihren Aufzeichnungen, daß sie, als sie bei uns in Berlin war, gemerkt hat, »daß Aurora ihren Frank sehr gut versteht. Die beiden Kinder tragen viel zum guten Verhältnis und Verständnis bei. Nun ist Aurora nicht irgendein Mädchen, sondern eine feine Sängerin«, schreibt sie, »sie steht gern im Hintergrund, denn Frank braucht für den aufreibenden Beruf viel Verständnis. (Er hatte es vorher nicht.)«

Tour de Frank 87

Zum 25jährigen Berufsjubiläum sollte es im November eine Sendung »Tour de Frank« im Fernsehen geben. Dazu stellten wir fünfzig Titel zusammen – eigene, versteht sich –, und das Publikum sollte fünf seiner Hits daraus wählen. Also 5 aus 50. Die wurden in der FF-Dabei abgedruckt, es ging von »Looky-Looky« bis zu »Dein letzter Brief«. Außerdem enthielt die Titelliste einen Fehler. Wer den fand, konnte einen Extra-Preis gewinnen. Statt »Nimm die Gitarre« stand »Nimm die Zigarre« – kleiner Scherz von uns. Und: »Sollten Sie das Gefühl haben, daß wir einen Hit vergessen haben, können Sie als Position 51 noch einen aufstellen.« Einhundert Gewinner gab es, die dann vom Fernsehen eingeladen wurden und Gäste der Sendung waren.

»750 Jahre Berlin« rückte immer näher. Am 24. und 25. August war das Wasserfest. Sie trieben es wieder mal auf die Spitze mit ihrer Feierei. Wie schon gesagt, ich wollte mich nicht kaputtmachen lassen und sagte so viel wie möglich ab. Die Wut auf Berlin und die Berliner wurde immer größer. Wenn du eine Berliner Nummer am Auto hattest, und das ging ja gar nicht anders,

konnte es dir passieren, daß du in Sachsen keinen Sprit mehr an der Tankstelle bekamst.

Beim Hausbau gab es laufend neue Probleme und Problemchen. Ob es die Türen waren, die nicht richtig schlossen, oder ein Fliesenleger, der im Bad graue Bodenfliesen verlegte und besoffen, wie er war, mit der Karre gegen die Tür fuhr, eine Riesenschramme machte und es natürlich nicht zugab ... Immer wieder Bittschreiben wegen eines Telefons. Die Antwort: »Wir haben im Moment noch keine Anschlüsse frei, aber versuchen Sie es im nächsten Jahr« – das kennen wir ja schon.

Im September fuhren wir nach Hamburg und führten ein Gespräch mit der Firma »Stop-Records«. Dahinter verbargen sich der Sänger Gottlieb Wendehals und Jens Held als Geschäftsführer. Sie wollten von uns den Titel »Die Fans sind eine Macht« haben, um ihn nachzuproduzieren, und ich im Gegenzug, daß Wendehals in meiner Sendung auftrat. Außerdem sprach ich mit der Produktion, ob der Kabarettist Wolfgang Stumph von der Herkuleskeule mit mir einen Sketch im Fernsehen spielen könne. Stumpi bestand darauf, daß genau das gesendet würde, was wir an dem Abend sagten, also nicht geschnitten wurde. Das versprach man ihm und hielt sich tatsächlich dran. Ein Novum für ihn im DDR-Fernsehen. Einige der Gags und Ideen hatte ich mir mit Peter Lorenz, meinem Saxophonisten, schon ausgedacht, wir waren allerdings nicht mutig genug, den Sketch auch aufzuschreiben. Denn Wolfgang Schaller von der »Herkuleskeule« schrieb eh alles für Stumpi, und das war auch richtig so. Jedenfalls fuhr ich nach Dresden und besprach mit beiden den Sketch »Guden Dach, isch möcht Schlachorsängor wern«.

Unsere Nachbarin meinte einmal zu Aurora: »Also, Ihr Mann hat ja einen tollen Beruf. Der lacht den

ganzen Tag und bekommt dafür noch Geld.« Ja, es war tatsächlich so.

Bei schönem Wetter saßen Peter und ich draußen im Garten und spannen uns Ideen und Gags aus und machten uns manchmal vor Lachen beinah in die Hosen. Es ist wahr, uns liefen oft die Tränen runter! Also, Witze ausdenken, den ganzen Tag Blödsinn aufschreiben – das könnte mein Beruf sein. Nichts gegen das Singen – aber das finde ich noch besser! Manchmal grölten wir Sachen wie »Der Rechtsanwalt wohnt rechts am Wald, aber der Notar ist ja zur Not da« – und solch einen Müll.

Und wenn am Ende sogar noch was Brauchbares für die Bühne dabei rauskommt, ist das auch gut. Also, die Nachbarin hatte recht.

Ich fuhr nach Hamburg zum Wendehals-Synchron »Die Fans sind eine Macht«. Das Urband, ehrlich gesagt, hat mir überhaupt nicht gefallen. Der Charakter war völlig weg, der Druck fehlte. Naja, und Wendehals – mit der Figur als solcher war eigentlich schon klar, daß er das nicht laut sang, sondern eben nur ein bißchen auf doof. Mir gefiel es nicht, und es ist auch nie was daraus geworden. Aber fürs Fernsehen war der Gag mit Wendehals und seiner Aufnahme schon okay. Der Titel »Die Fans sind eine Macht« in meiner Version ist oft in westdeutschen Stadien gelaufen, und keiner wußte, wer das gesungen hat.

Bei Klaus Schmidt in Neuenhagen nahmen wir für die näherrückende Jubiläums-Sendung viele Titel auf. Über einen Monat bereiteten wir die Sendung vor. Kaum einer sieht so richtig, was da für Arbeit drinsteckt.

Ein Diskotheker verschickte einen Brief über die Arbeitsgemeinschaft »Diskotheken« und schrieb darin, er habe von einer phantastischen Idee gehört: Andreas Singer aus Zwickau hatte in seiner Diskothek damit be-

gonnen, bevorzugt DDR-Bands zu spielen und war damit erfolgreich. Man muß sich vorstellen, das war 1987! Ich meine, die DDR gab es da schon eine Weile und Musik auch. »Es gibt dort«, so schrieb er, »aber nicht nur Musik, sondern auch Infos zu den Bands und ein kleines Instrumentallexikon.« Na, wie toll. »Nun möchte ich mich«, schrieb er, »auch musikalisch wenigstens versuchsweise mal fast ausschließlich auf DDR-Rock beschränken. Dazu noch einige Infos, Spielrunden, um damit Werbung für unsere Musik und unsere Bands zu machen.«

Fakt war, es wurde fast aus-schließlich Westmusik gespielt. Und nun kam man doch tatsächlich auf die Idee, Ostmusik zu spielen! Eigentlich naheliegend! Unglaubliche Idee!

Im November war es dann soweit, die Jubiläums-Sendung wurde in Leipzig im Haus der Heiteren Muse aufgezeichnet. Eine tolle Stimmung. Nicht zuletzt durch die hundert Gewinner der »5 aus 50 Tip-Parade«.

Es gab für die Sendung eine kleine, aber feine Crew, die Gruppe »Nanu« natürlich, Aurora Lacasa, Gottlieb Wendehals, Wolfgang Stumph. Wir bestritten die anderthalb Stunden.

»Die Fans sind eine Macht« belegte Platz 5 der ewigen Bestenliste, jedenfalls in diesem Jahr. Nr. 4 war »Gold in deinen Augen«, Nr. 3 »Die Sprache der Liebe ist leis«, Nr. 2 »Zwei schöne Jahre« und Nr. 1 – ja, weder »Wie ein Stern« noch ein anderer Stern – sondern »Mit mir könn'ses ja machen«. Hätte ich nie gedacht, aber das Publikum entschied so – die FF-Dabei und das Fernsehen erhielten über 100 000 Einsendungen.

In einer Zeitung war zu lesen: »Stumpi von der ›Herkuleskeule‹ schwang selbiges Humor-Requisit im Stil eines perfekten Profis, animierte Kabarettamateur

Frank Schöbel zum Mitspiel und zog ihn fast auf seine Gaghöhen. Welch brillanter Show-Spaß.«

Aurora und ich sangen ein Duett. Und sie war total perplex, als sie statt Blumen plötzlich eine Torte überreicht bekam.

Raus zu neuen Ufern

Über das Gedächtnis habe ich folgendes gelesen: »Wir behalten oder nehmen nur 10 Prozent von dem, was wir lesen auf.« Denk mal drüber nach. »20 Prozent von dem, was wir hören, 30 Prozent, was wir sehen, 50 Prozent von dem, was wir hören und sehen (also auch Fernsehen), 70 Prozent, was wir selbst gesagt haben, und 90 Prozent, was man selbst gemacht hat.« Also laß uns viel machen – das Jahr 88 ruft.

Wieder die Wünsche am Anfang eines Jahres: Zum Beispiel wollte ich unbedingt Lassowerfen lernen. »Ja, warum das denn nun wieder?« wirst Du fragen.

Also erstens konnte ich das nicht, und zweitens kann das richtig irre aussehen. Und dabei noch singen, einen Country-Song – nicht schlecht! Dann plante ich, ein Film-Exposé zu schreiben. Immer wieder die Frage: wann kommt ein neuer Musikfilm? Ich war ungeduldig, und ich wußte, es lag an den Büchern. Ja, man wird doch wohl ein paar Wünsche haben dürfen.

Am 5. Januar hatten Aurora und ich ein Gespräch mit dem Chef von AMIGA, oder genauer gesagt: VEB Deutsche Schallplatten, Herrn Harry Költzsch.

Meine Ungeduld war groß, ich wollte unbedingt eine Platte im Westen machen, es gab ein Angebot von der Firma »Stop-Records« aus Hamburg. Dem AMIGA-Chef erklärte ich, daß ich 26 Jahre brav DDR-Schlager gesungen hätte und eigentlich mit allen gu-

ten Textern und Komponisten in diesem Lande, in dieser kleinen DDR, gearbeitet habe, daß ich auch selbst schreibe, daß ich endlich mal was anderes kennenlernen möchte. Wir müssen uns im »Kessel Buntes« immer mit den Großen dieser Welt messen, und daß ich, bevor ich in die Kiste gehe, unbedingt neue Erfahrungen in meinem Beruf mit anderen Textern und Komponisten, aber auch im Bereich der Produktionsmöglichkeiten, machen wollte. Als ich merkte, daß das Gespräch zu keinem Ergebnis führte, rastete ich plötzlich aus, wie ich es an mir noch nie erlebt hatte, wurde rot. Aurora bekam richtige Angst. Ich wurde laut und sagte: »Jetzt ist bei mir Schluß. Ich mache so nicht weiter!« Ich setzte alles auf eine Karte. »Ich habe ein Angebot, und das werde ich jetzt auch annehmen. Und Sie werden bitte alles tun, daß es zu dieser ersten deutsch-deutschen Produktion kommt!« So sicher wie in diesem Moment war ich mir lange nicht gewesen. Es kam wohl alles zusammen: die vielen Querelen beim Komitee für Unterhaltungskunst, die politische Lage insgesamt, die nächtelangen zermürbenden Selbstgespräche, die Kämpfe, die man führte, daß man einfach raus wollte – zu neuen Ufern. Sicher auch zu neuen Enttäuschungen, aber vielleicht auch zu neuen Höhen. Der Direktor sah meinen unerschütterlich festen Blick und sagte fast beschwichtigend: »Ja, aber natürlich, Sie haben uns jahrelang die Treue gehalten. Ich werde mit dem Ministerium für Kultur reden.« Dieses war der direkte Vorgesetzte vom VEB Deutsche Schallplatte. Schließlich sagte er zu.

Der künstlerische Direktor, Herr Schäfer, hatte dann lediglich die Aufgabe, mit der Firma »Stop-Records«, vertreten durch Jens Held, die Vereinbahrungen zu treffen. Die Produktion sollte in Hamburg stattfinden, die Kosten würde die Firma tragen, die Auswertungsrechte für die ganze westliche Welt gehörten »Stop-Re-

cords«, und für die DDR und die sozialistischen Länder bekam AMIGA die Produktion praktisch geschenkt. Es wurde ein, wenn man so will, Ost-West-Vertrag geschlossen. Meines Wissens die erste größere Sache zwischen deutsch-deutschen Plattenfirmen. Natürlich räumte sich AMIGA ein Mitspracherecht bei der inhaltlichen Gestaltung der Lieder ein. Der künstlerische Produzent von AMIGA, Volkmar Andrä, der die Platte betreute, konnte allerdings nicht, wie sonst immer, bei der Aufnahme der Urbänder dabei sein. Ganz einfach, er durfte nicht in den Westen fahren.

Er bat mich, vorzusprechen und zu versuchen, ob es nicht doch möglich sei. Das tat ich, wieder Anruf, wieder Begründungen, warum er nach Hamburg müsse. Und natürlich war man über jeden froh, der fahren durfte. Ganz klar.

Eh die Platte rauskam, verging fast ein Jahr, und in dieser Zeit brauchte ich natürlich für Konzerte neue Lieder. So machten wir zunächst eine Single-Platte mit vier Titeln, und einer, »Ich fühl mit dir«, wurde wieder der Nr.-1-Hit des Jahres 1988. Ich stellte den Titel auch in der Sendung »bong« vor. Er plazierte sich dreimal in der Wertung, im Januar, Februar und im März, und ich bekam wieder den »Silbernen Bong«.

Jens Held von »Stop-Records« wollte unbedingt ein neues Duett-Paar aus Aurora und mir machen. Aurora wollte nicht, mochte eigentlich keine Schlager singen. Lieder, ja, spanische Volksmusik, gerne, aber bitte keine Schlager. Auf jeden Fall wollten sie von uns Klassiker haben und gaben auch Aufträge an mehrere Komponisten. »Okay«, sagte ich, »ich versuche es auch.« Aurora hoffte immer, daß nichts dabei wäre, denn sie war der Meinung, es sollte meine Platte werden. Sie hatte ja aufgehört, und neben vielen anderen Gründen war auch einer, daß sie nicht unbedingt in die Öffentlichkeit wollte. Naja, Jens konnte so furchtbar gut bet-

teln, und so rang er ihr zwei Titel ab. Einer davon, »Zusammengehören«, war gar nicht mal so schlecht. Aber die Leute merken, wenn jemand nicht hundertprozentig hinter einem Lied steht. Dann wieder die Klamottenfrage und immer jung sein, dünn sein, fotografieren, Fragen beantworten von irgendwelchen Journalisten – nee, das war alles nichts für Aurora.

Zunächst hatte ich ein Angebot für die Fernsehsendung »Der große Preis«, und dafür produzierten wir speziell eine Single-CD. Ich schrieb den Titel »Monsun«. Er ist nicht schlecht, wurde aber auch kein Riesending. Am besten daran war noch, daß Swettelina, unsere Geigerin aus Bulgarien, nicht nur akustisch, sondern auch optisch eine Wahnsinns-Bereicherung war.

Und so fuhr ich am 12. Januar mit meinem Wartburg nach Hamburg, kam gegen Mittag an, brachte gleich Demo-Titel mit und spielte sie vor. Einige Texte sollte Bernd Meinunger machen. Ich rief ihn an. In Hamburg hatten sie selbstverständlich ein Faxgerät – na, das war ja eine wunderschöne Sache für mich. Bis dahin wußte ich gar nicht, daß es so was gab. Nach zwei Tagen faxte er mir den Text zu. Ich strich die Stellen an, die mir nicht gefielen und faxte sie zurück. Am nächsten Tag kam der fertige Text in Hamburg an. Ja, so kann man auch arbeiten.

Ich hatte von Bernd Meinunger zwanzig Titel zu treuen Händen bekommen und suchte mir »Wir brauchen keine Lügen mehr« und »Es gibt ein Leben vor dem Tod« aus. Darauf machte ich die Musik. »Wir brauchen keine Lügen mehr« ist ein richtig gutes Lied geworden.

Parallel dazu arbeitete ich mit meinem Freund Peter Lorenz an der Konzeption für unser neues Konzertprogramm.

Georg Moslener, ein erfolgreicher Komponist, der

ebenfalls bei Wendehals und Jens Held ein- und ausging, bot mir Titel an, und wir kamen auf die Idee, Duette gemeinsam zu schreiben. Okay, es war ein Versuch. Wir schlossen uns fünf, sechs Tage bei ihm im Studio in Bostelwiebeck ein. Es entstanden auch ein paar Lieder, aber die waren nicht das Wahre. Zu altbacken, und der Rest war einfach eine schöne Erfahrung.

Plötzlich durfte ich nicht mehr rüberfahren, weil meine Auto-Nummer im Paß geändert werden mußte. Das dauerte wieder vierzehn Tage.

AMIGA ließ sich einfallen, eine goldene – ja, nicht Schallplatte, sondern eine »Goldene AMIGA« zu verleihen. Einer von diesen Preisen, der relativ häßlich ist, ein irgendwie künstlerisch gestalteter Frauenkopf mit einer Glasplatte davor, die plötzlich in der Nacht mit lautem Scheppern abfiel. Wir bekamen sie für »Weihnachten in Familie« – Aurora, Odette, Dominique und ich.

Ole hatte inzwischen auch schon ein kleines Studio und jede Menge Keyboards, und so machten wir für die neue Platte Demos. Johnny Hills Manager rief mich an und klopfte die Sache mit Wim Thoelke und der Sendung »Der Große Preis« fest. Das kann man sogar in der Akte nachlesen: »Im Rahmen dieser Veranstaltung ist auch ein Interview mit Schöbel geplant. Entsprechende Absprachen erfolgten bereits zwischen ...(geschwärzt) und Schöbel. Schöbel ist sehr an einer Mitwirkung in dieser Veranstaltung interessiert.« – Genauer gesagt, ich besprach das mit Wim Thoelke, den ich zu einem Abendessen nach Ost-Berlin, ins Grand-Hotel, eingeladen hatte. Er war begeistert vom Hotel, vom Essen, und wir verstanden uns prächtig.

Weiter steht in der Akte – und es trifft zu: »Schöbel befürchtet, daß er zu o. g. Zeitpunkt keine Genehmigung für einen Auftritt in Westberlin von Seiten der Künstleragentur erhalten wird, da zu dieser Zeit West-

berlin Kulturhauptstadt Europas ist.« Da wollte der Osten aus politischen Gründen nicht präsent sein. Das haben die Jungs von oben so festgelegt. »Schöbel erbat sich eine Kopie des Vertrages. Sollte er von Seiten der Künstleragentur der DDR keine Genehmigung kriegen, würde er folgendes vorschlagen: die Mitwirkung vorab in den BRD-Medien zu popularisieren, weil dann eine Absage von Seiten der DDR schwieriger wäre.« Man wird langsam pfiffiger. Aber Du merkst schon hier: Kampf um jede Veranstaltung im Westfernsehen. Doch auch bei der Künstleragentur gab es Partner, die hinter vorgehaltener Hand sagten: »Laß sie zweimal schreiben: einmal an uns, einmal an Dich. Dann kannst Du auch noch mal nachstoßen.«

Und immer wieder überlegte ich, wie könnte die neue LP aussehen? Vielleicht: »LP fürs Herz, fürn Kopf und fürn A ...« Während ich überlegte, wurden die Termine festgemacht, die Band durfte fahren – endlich.

Wir hatten Veranstaltungen im grenznahen Bereich um Kassel, Eschwege, Bad Wildungen ... Es war eine tolle Tournee.

Von Seiten der Veranstalter ließ man verlauten: »Durch ihre nette und unkomplizierte Art haben sich die Künstler aus der DDR nicht nur die Herzen unserer Zuschauer erobert, sondern auch den Beifall aller aus unserem Hause Beteiligten gefunden.«

Der Veranstalter war die Kreissparkasse Eschwege. Und sie sagten, sie würden ein Jahr später, im Jahre 89 gerne wieder eine Tournee mit uns durchführen.

In den Kritiken war zu lesen: »Der Sunnyboy aus dem anderen deutschen Staat im Rampenlicht der Eschweger Stadthalle. Auch die Ministerin schaute zu. 700 Gäste waren der Einladung gefolgt. Nach wenigen Takten war die Balance hergestellt, und der Funke sprang über. Mit einfühlsamen Liebesliedern, romantischen Balladen, aber auch gelegentlichen Ausflügen ins

eher rockige Fach, schafft Frank immer wieder eine ausgewogene Programm-Mischung. Er hängt sich nicht an kurzlebigen musikalischen Trends auf, um den zeitweiligen Publikumsgeschmack zu treffen. Ihm ist es wichtig, auch aus internationalen Erfahrungen und Anregungen eine gewissen Eigenständigkeit zu entwickeln. Die siebenköpfige Formation bestand aus Stefan Schirrmacher, Rainer Oleak, Peter Rasym, Peter Lorenz, Ingo Politz sowie den beiden Vocalistinnen Annett Kölpin, auch Keyboards, und Swettelina Haubold.«

Ein anderer Artikel steht unter der Überschrift: »Wie ein Stern, der nimmer müde wird. Ein Hauch von Exotik umgibt noch immer Gastspiele von DDR-Künstlern bei uns im Westen.« Ich sagte, daß ich noch immer in der DDR mehr bekannt sei als woanders und nach der Devise handelte: bleib im Land und wehre dich täglich!

Eine andere Zeitung überschrieb die Konzertbesprechung: »Frank Schöbel sang sich in die Herzen der Landfrauen.« Ich wurde von den Kritikern als Entertainer und »gelungene Mischung zwischen Udo Jürgens und Peter Alexander« apostrophiert. Peter Alexander war ich bisher noch nicht. Das hätten wir nun auch noch!

Nach Beendigung der Tournee war wieder alles beim alten: beim Komitee gab es inzwischen 10 Sektionen – für Artistik, Chanson und Liedermacher, Diskothek, Gesangsinterpreten, Jazz, Rockmusik, Tanz, Tanzmusik, Wortinterpreten und Zirkuskunst. Man besprach die Neufassung der Geschäftsordnung, die per Beschluß am 2. März 89 auf dem Kongreß der Unterhaltungskünstler in Kraft gesetzt werden sollte.

Anti-Fußball, K 80 und Hannes

Die CDU in der DDR machte mobil, sprach Leute an, wollte Mitglieder werben. In eine Partei würde ich nicht gehen, das war mir klar, nur es interessierte mich, was da so ablief. Deshalb nahm ich eine Einladung zum Treffen von Kulturschaffenden in Burgscheidungen an. Der Minister für Kultur sprach dort und ließ während seiner Rede ein paar kleine »Bonbons« fallen, in der Richtung: »Ich sag das hier mal ganz offen ...« und manche CDU-Angehörige guckten mich dann so triumphierend und freudig an: gut wa, wir sprechen hier so ganz frei.

Ich beobachtete das Ganze irgendwie wie ein Tennisspiel, als Außenstehender, obwohl ich mittendrin saß, und dachte: ist das heuchlerisch, wie sich manche freuen, wie die Kinder, daß sie hier mal was ganz offen gesagt kriegen, was eh alle schon wußten. Nee, dachte ich, in so 'ne Partei nie! Tut mir leid. Dann schon eher in .... nee, nee, das nun auch wieder nicht.

In Dessau fand ein Prominenten-Fußballspiel statt. 5000 Zuschauer waren im Stadion. Das war das schönste und blödeste Fußballspiel, das ich je mitgemacht habe. Immerhin Großfeld, mußte bedenken. Herbert Köfer & Co., bekannte Radfahrer, von MTS Antifußballexperten – eine Katastrophe. Gerd Christian im Tor. Es ist ja immer besonders komisch, wenn sich welche bemühen, so gut wie möglich zu spielen, dabei mit dem Fuß ins Gras hauen, umfallen, höflich sich entschuldigen, dem Gegner unverhofft den Ball zukommen lassen, daß er ihn auch mal 'ne Weile hat, alles, was dir einfällt, nur nicht zum Fußball gehörig. Der Schiri hatte längst schon aufgegeben. Was haben wir gelacht, und die Leute haben sich gebogen. Manchmal lag ich richtig auf der Erde und haute auf den Rasen – ich

konnte nicht mehr. Schade, daß dies niemand aufgezeichnet hat, es war richtig gute Unterhaltung.

Ich war oft bei unserem Freund, Journalist, Sprecher und RIAS-Redakteur, Olaf Leitner in Westberlin. Eigentlich war ich sowas wie ein kleiner musikalischer Ost-West-Briefkasten: Wolfgang Martin vom Rundfunk gab mir Schallplatten mit. Die neuesten Erscheinungen von Karat, Puhdys sowieso, City, Silly, Stefan Diestelmann und andere interessante Neuerscheinungen vor allem im Rockbereich. Und Olaf gab mir wiederum Platten mit, die Wölfi bestellt hatte. Meist englisch-amerikanische Produkte, deren Texte dann übersetzt wurden. Waren die entweder unbedarft oder fortschrittlich, durften sie im Ost-Radio gespielt werden. Der Rundfunk selbst hatte natürlich keine Devisen für solche Ankäufe. Vieles im deutschen demokratischen Radio lief über private Umwege. Wenn ich zu Olaf kam, lagen oft das ND, das »Neue Deutschland«, die »Melodie und Rhythmus«, »Unterhaltungskunst« und andere Zeitungen aus dem Osten auf dem Tisch. Er war ein richtiger East-Freak und wußte gut Bescheid.

Auch meinen Freund Jürgen Koppelin, der in Kiel Musikchef war, in Bad Bramstedt wohnend, hielt ich über bestimmte Neuerscheinungen der Ostmusik auf dem laufenden. Jürgen, der Verrückte, freute sich so, wenn wir kamen, daß er die DDR-Flagge hißte. Leute, die keinen Humor haben, nahmen das übel. Wir konnten gut darüber lachen.

Auf jeden Fall gab es in dieser Zeit viel mehr interessierte Leute als nach der Maueröffnung. Und manch ein Westredakteur wollte bei bestimmten Fernsehsendungen wie »bong« oder »Kessel Buntes« dabei sein. Naja, es war irgendwie chic.

Meine Mutter wurde 80. Wir starteten das Unternehmen »K« wie Käthe – »K 80«. Sie kam mit dem Zug nach Leipzig, und wir feierten im Hotel »Astoria«.

Mutti, Du weißt, Konzertsängerin, hatte zig Liederabende gegeben, im Leipziger Rundfunkchor gesungen und später als Gesangspädagogin, viele Schüler betreut. Darunter ein ehemals bekannter Schlagersänger: Günther Hapke. Gottfried Flemig, ein Posaunist und später Musikredakteur beim ORB, ich nannte ihn immer Flemme, Gisela und Dieter Hildemann, stellvertretend für alle anderen, deren Namen man vielleicht nicht kennt. Alle wie eine große Familie. Und sie sagten, daß sie außer dem Singen auch noch eins bei ihr gelernt hätten: Angst zu überwinden und selbstsicher zu werden. Sie lobten vor allen Dingen Muttis herzliche Ausstrahlung. Da sie immer junge Schüler hatte, ist sie auch jung geblieben.

Ich hörte von ihr besonders gern »Als geblüht der Kirschenbaum« oder das »Lied an den Mond« aus der Oper »Rusalka«. Heinz, der Quermann, gratulierte auch. Darüber freute sie sich besonders. Sie war mit ihm nach 1945 einige Jahre auf Tournee. Und alle erinnerten sich an die Schülerkonzerte, die bei uns zu Hause stattfanden ... als der Strom noch zu teuer war und wir bei Kerzenschein musizierten. Aber der 26. Juni war für meine Mutter auch immer der Tag, an dem sie an ihren Mann, ihren geliebten Hanns dachte, der am gleichen Tag wie sie Geburtstag hatte.

Immer, wenn man was verliert, einen Menschen, ein Land, bleibt vor allem die gute Erinnerung zurück. Ich habe Dir erzählt, daß ich als Kind oft aus Wut weinte, weil mir die vollständige Familie fehlte. Meine Erziehung in der Schule beeinflußte mich dahin, daß ich auf Distanz ging, weil mein Vater nach 33 in dieser Partei war. Okay, kann man sagen, er mußte es wegen seines Berufs, aber ich warf ihm diesen Schritt vor, ohne zu wissen, wie er wirklich war. Und wer war er? 1927 bis 31 studierte er an der Universität in Leipzig, in Freiburg im Breisgau und München Rechtswissenschaft.

Bestand in Leipzig die Staatsprüfung, war als Referendar tätig, dann als Assessor am Gericht und wurde schließlich Landgerichtsrat. Vorwiegend war er mit Patentsachen an der Zivilkammer des Landgerichtes Leipzig befaßt. Seine Rechtsanwaltkollegen schätzten ihn und bescheinigten ihm eine ausgesprochene Neigung für technische Angelegenheiten. »Seine Entscheidungen«, so steht zu lesen, »die sehr klar aufgebaut und in gutem Stil abgefaßt sind, vermeiden jede Weitschweifigkeit und treffen den Kern der Sache. Er ist ein Mann von tadellosem Charakter, ausgeprägtem Wahrheitssinn und Gerechtigkeitsliebe sowie besonderer Einsatzbereitschaft. Natürlich wurde ihm auch bescheinigt, daß er politisch durchaus zuverlässig sei. Aber das ist, wenn Du ehrlich bist, in jedem System nötig. Natürlich mit Abstufung, richtig.

Als ich 1980 durch den »Kessel Buntes« führte, schrieb mir die Familie Becker aus Bad Lausick, die mit meinem Vater im Lager in Mühlberg waren, folgendes: »Als wir so in unseren bequemen Sesseln saßen, beide wie aus einem Munde sagten: ›Wenn das Hannes hätte sehen können‹, denn unser beider Gedanken wanderten in der geraumen Zeit der Sendung unabhängig voneinander zurück in die Zeit, wo wir Ihren Vater kennenlernten. Meine Frau sammelte damals in Leipzig die Kippen im Gang, den sie täglich sauber zu halten hatte und kehrte sie über eine Schwelle in ein bestimmtes kleines ›Räumchen‹. Sicher nicht, ohne ein paar Blicke auf den sympathischen jungen Mann zu werfen. Mein kurz darauf erfolgtes Zusammentreffen mit Ihrem Vater aber verhalf mir am Lagertheater zu einer geistigen Arbeit und Beschäftigung, die mir auch körperlich über die Jahre hinweghalf. Wie oft sagte Hannes zu mir und meinen beiden Mitstreitern: ›Jungs, bleibt natürlich bei Eurem Auftritt, sucht die Verbindung mit denen, die unten im Zuschauerraum ›sitzen‹ und gebt euch

Mühe, sie einmal für zwei Stunden ihr Elend vergessen zu lassen.‹ Hier versuchte Ihr Vater immer, vorbildlich zu sein, und das übertrug sich dann auch auf uns, seine Mitspieler und Mitsänger.« Das geschah alles ostseitig der Elbe zwischen Riesa und Torgau, zwischen Altenau und Borgsdof bei Mühlberg – ein sowjetisches Internierungslager. Von 1945 bis 48 bestand es. Man schätzte, daß es 25 000 Internierte gab: Männer, Frauen, Erwachsene, Jugendliche. 8000 sollen umgekommen sein. Und so ist bei einem Mitinternierten zu lesen: »Deutschland hat den Krieg verloren und vorher bei den Russen unheimlich viel Unheil angerichtet. Also muß ich diese Schmach mit tilgen.«

Noch auf andere Weise beruhigte er sich, daß seine Internierung ja gar nicht so schlimm sei. »Was der mich verhörende russische Offizier erlebt hat, als wir Deutsche in seine Heimat eingefallen sind, vielleicht sind seine Angehörigen ermordet worden. So entflammte in mir auch nie Haß gegen die Russen, weder damals noch später.«

Das ist eine Einstellung, die ich genauso nachvollziehen kann.

Mensch, ärgere dich nicht ...

Inzwischen beendeten wir die Demo-Produktion der Bänder für die neue CD. Dann wurden die Titel ausgewählt und festgelegt. Produzenten waren René Deutscher und der Toningenieur Drafi Deutscher jr. – die eineiigen Zwillinge des bekannten Sängers Drafi Deutscher. Beides hochbegabte Jungs, aber nicht unbedingt hochbezahlte. Bei der Produktion wurde gespart, wo es nur ging. Wir bekamen – und das war für uns relativ viel Geld – 50 Mark am Tag. Das war aber

dann wirklich alles. Damit verpflegten wir uns, das hieß, wir brachten unser Essen von zu Hause mit, verstauten es dort im Kühlschrank und bemerkten, daß unsere beiden Gebrüder Deutscher kräftig von unserem Ostkäse aßen, selbst aber nie etwas in den Kühlschrank legten. Dafür luden uns aber unsere Freunde Rosi und Jens abends oft ein. Einserseits waren wir ja froh, daß wir die Platte endlich unter guten Bedingungen produzieren konnten, andererseits kamen wir uns vor wie eine Art »Ostarbeiter«.
Ich weiß nicht, ob ein Westinterpret gleichen Ranges im Osten unter diesen Bedingungen eine Platte aufgenommen hätte.

Zeitgleich sollte die Platte im April in der damaligen BRD und in der DDR rauskommen, gleiches Cover, gleiche Titelzeile »Wir brauchen keine Lügen mehr«. Lediglich ein Titel wurde ausgetauscht. Auf der einen Platte war »Monsun«, auf der anderen »Ich brauch dich so«.

Zwischendurch hatte ich zwei Tage Zeit, mal zu meinem Freund Siggi an die Ostsee zu fahren. Wir gingen angeln. Er hatte ein kleines Boot im »Prohner Wiek«, nannte es »MS Biene« – Motorschiff Biene – mit einem kleinen fleißigen, harmlosen Motor. Aber wir wollten ja nicht schnell sein, sondern angeln, und fuhren in der ausgebaggerten Fahrrinne, denn zwischen Stralsund und Hiddensee ist es ziemlich flach. Wir gingen auf Barsch und Hecht. »An Bord«, so meinte er, »ist es so, daß ich« – also Siggi – »der Kapitän bin und du meinen Befehlen folgen mußt. In Notsituationen und überhaupt – das ist auf See so, verstehst du, Frank!« Das sagte er mir freundlich, deutlich und bestimmt. Als wir wieder im Hafen und an Land waren und er in meinem Wartburg saß, gab ich die Befehle: »Sitz grade! Gurte dich an!« und noch 'n paar andere sinnlose Befehle, bis er sagte: »Du machst mich ganz verrückt. Was ist denn

los mit dir?« – »Ja«, sagte ich, »jetzt sind wir auf meinem Schiff – Wartburg –, und jetzt bin ich der Kapitän.« Er lachte. »Is ja ungeheuerlich!«

Zwischendurch gab es wieder viele Veranstaltungen mit der Gruppe »Nanu«. Ich kann mich zum Beispiel an eine in Bautzen erinnern.

Wir schliefen dort im Hotel. Ich war ausnahmsweise, was selten vorkam, vor den Musikern angekommen. In der Gaststätte hingen wie üblich Bilder von unseren Polit-Chefs. Also meistens Erich, aber – wenn sie das nicht so wollten – auch schon mal Willi Stoph. In einem Augenblick, als keiner guckte, nahm ich die Bilder und drehte sie rum. Die Jungs hingen also verkehrt – standen auf dem Kopf. Als wir dann gemütlich beisammen saßen und aßen, schrie plötzlich einer auf: »Kiek mal, da!« Da ich diesen Gag öfter machte, wußten die Kollegen sofort Bescheid, sagten: »Willy Wender hat wieder zugeschlagen.« Ja, so hieß ich ab sofort Willy Wender.

Für solche kleinen Scherze bin ich immer zu haben. Einmal wollte ich meine Schuhe loswerden, die aber eigentlich noch ganz in Ordnung waren. Ich stellte sie auf die Straße, ging fünfzig, sechzig Meter weg und beobachtete, wie die Leute reagierten. Ja, heute würde man vorbeigehen oder vielleicht Fußball damit spielen. Ich sah, wie sie jemand mitgenommen hat. Naja, auch schön, dachte ich, Ziel erreicht.

Eine härtere Sache war schon, als wir in einem Hotel einen offensichtlich betrunkenen, schlafenden Mann in einem Sessel in den Fahrstuhl schoben und ihn ein paar Etagen höher fuhren. Wir klinkten an mehreren Zimmertüren – immer vergessen ein paar Leute abzuschließen –, fanden eine offene und schoben den Kollegen rein. Möglicherweise ist er früh bei einer Frau aufgewacht. Für ihn doch keine ganz so schlechte Sache, oder?

In Leipzig im Haus der Heiteren Muse lief am 3. September »35 Jahre die Schlagerrevue« mit Heinz Quermann. Eine tolle Atmosphäre im Saal.

Am Schluß, was ich bis dahin bei uns noch nie erlebte, standen die Leute auf und applaudierten »unserem Dicken« stehend. Das hat er für sein Lebenswerk wirklich verdient, Sänger und Publikum waren sich darin einig.

Beim Dresden-Festival, jedes Jahr im September, fand ein theoretisches Seminar statt. Referate, u.a. Gespräche mit Künstlern über ihre Produktionskonzepte. Ich ging auf dieses Thema ein: »Zunächst ist da die internationale und nationale (eigene) Analyse. Die Überlegungen, wie und wo ordne ich mich international ein? Was kann ich wie verkaufen, wie ist die Umsetzung, wie die einer Show – ist es ein Video, ein ›Kessel‹-Auftritt. Viel mehr bleibt uns nicht. Wo werde ich behindert? Welche Sendung darf man auf keinen Fall mehr machen? usw. Wo und mit welchem Lied kann ich nachdenklich, betroffen machen, Freude bringen, blödeln, die Skala der menschlichen Empfindungen hoch und runter. Wo nehme ich auf, wie sind die technischen Bedingungen?? Promotion findet mehr oder weniger bei uns nur über private Initiativen statt. Der Export funktioniert überhaupt nicht. Künstler sitzen zwischen den Stühlen. Auch Fallen gibt es täglich, wo Kulturfunktionäre kraft ihres Amtes aus Unwissenheit, Unkenntnis der Mechanismen, die in unserem Bereich nun mal wirken, Veranstaltungen zusammenschustern und so Künstlern großen Schaden zufügen. In solch einem Wust ein Konzept zu haben, das durchzusetzen, ist für den Sänger und auch den Mentor – so er überhaupt einen hat – eine nicht zu lösende Aufgabe.«

Ich nahm zum Schluß als Beispiel »Die Fans sind eine Macht«; wir können Konzepte haben wie wir wollen, bessere vielleicht noch – es hört uns niemand.

Wir stehen wie Rudi Ratlos dem Schmelztigel USA gegenüber und sind nicht mal der Löffel zum Umrühren.

Und danach, als wäre nichts gewesen, ging es hilflos irgendwie weiter mit Fragen: Wie kommen wir international ins Geschäft? Welche Ziele haben wir? Was wollen wir international erreichen? Die Außenministerien der DDR bieten vielleicht Hilfe an. – Alles Gewäsch! Vergiß es!

»Letztlich«, so sagte ich noch, »wird alles, da wir keinen besseren Hebel als das Geld haben, daran scheitern. Am Kommerz. Aus. Ende.« Monopoly ist das beste Spiel. Sicherlich nicht für die Menschen, aber für die Wirtschaft. Ich hatte das Gefühl, wir spielen immer »Mensch ärgere dich nicht«.

Unser Bau in Köpenick ging schleppend voran. Mal waren zwei Leute da, mal nur einer.

Aurora verzweifelte, und dann noch die Frage: »Können Sie nicht mal 'n paar Karten für den Friedrichstadtpalast besorgen?« – »Naja klar«, sagten wir, »aber wir kennen da auch keinen.« Letztlich habe ich mich – wie alle anderen – angestellt und sechs Karten gekauft. Glaubt mir kein Mensch, alle dachten, die haben doch Beziehungen.

Am 22. November machten wir eine kleine Advents-Vorfeier – 15 Jahre »etc.«. Wir sahen uns alle wieder, wie beim Klassentreffen. Musiker, Techniker. Es war schön, aber auch ein bißchen traurig. Ein Spruch machte die Runde: »Wenn arbeiten und nichts tun dasselbe ist, dann machen wir alle nischt.« Und mit dieser »Wie-eigentlich-weiter-Einstellung«, die sich, denke ich, durchs ganze Land zog, gingen wir in das – in mein – »Wir brauchen keine Lügen mehr«-Jahr 89.

Wir brauchen keine Lügen mehr

Am 11.1. erreichte mich von unserem Texter Bernd Meinunger aus München der letzte Duett-Text. Wir dankten ihm herzlichst, denn er drückte in dem Text vieles aus, was wir tatsächlich empfanden. Er hat die seltene Gabe, bei Gesprächen so zuzuhören, daß er die Leute erkennt und wie aus ihnen heraus schreibt. So auch bei uns, er hat uns beide erkannt und nicht nur den Nagel auf den Kopf, sondern uns ins Herz getroffen. Danke Bernd!

Am 16. Januar feierte Siegfried Uhlenbrock, Uhle, seinen 50. Geburtstag. Leider konnte ich wegen einer Veranstaltung nicht zu seiner Party kommen. Aber unsere Familien besuchten sich in größeren Abständen. Uhle ist nicht nur Sänger und Liedkomponist, sondern ein vielseitig interessierter Mensch. Er malt, baut, hat Ideen für mehrere Leben und befaßt sich im Garten mit Pflanzen verschiedener Art. Nach der Wende nahm er noch ein Studium auf und half seiner Frau, die Dentistin ist, komplizierte Zahnspangen herzustellen. Vor derart viel Talent muß ich mir verdammt hohe Schuhe anziehen.

Bis Mitte Januar synchronisierten wir ein paar Titel in Hamburg, unser Bassist Bimbo spielte noch den ein oder anderen Baß ein. Ole und ich blieben fast drei Wochen im Poppenbüttler Studio, um beim Mischen dabeizusein.

Drafi Deutscher jr. war ein eigenartiger Typ: wenn er die Mischung vorbereitete, durften Ole und ich nicht anwesend sein. Er meinte wohl, daß Ole sich seine technischen Tricks abgucken könne. So saßen wir oft stundenlang auf den harten Bänken in der Küche. Irgendwann rief er: »So, die Mischung ist soweit, ihr könnt kommen.« Naja gut, mit frischen Ohren geht das auch

viel besser. Da kann man sagen, das gefällt mir nicht, wo ist der Baß, wo sind die Violinen, wo ist der Chor, der Sänger ist zu leise etc. ...

Am 7. Februar war die Abnahme im »Stop-Records«-Studio durch Jens Held und einen Vertreter von AMIGA, zwei Tage später das gleiche beim VEB Deutsche Schallplatten. Die deutsch-deutsche Abnahme, wenn man so will. Jens, der Geschäftsführer des Studios in Hamburg, kam nach Berlin. Dazu der künstlerische Direktor. Ich stellte amüsiert fest, daß er nach dem dritten Titel leicht einschlief und am Schluß meinte, technisch sei alles in Ordnung. Womit man praktisch feststellte: im Westen wird auch gute Arbeit geleistet.

Es war meine letzte Platte in der DDR und die erste CD im Westen. Wir machten dazu einen Fototermin in Westberlin für viel zuviel Geld. Mit Visagist und weiß ich was. Am Ende fror ich, hatte vor der Kamera eine leicht rötliche Nase und eine Lederjacke, die mir nicht gehörte. Ich habe sie mir später nachgekauft, weil sie zu jener Zeit meinem Stil entsprach.

Am 22. Februar, 11.00 Uhr im Palast der Republik, in der Volkskammer, gab es wieder eine Komitee-Sitzung. Da dort ein Fernsehmitschnitt stattfinden sollte, stritt ich lange. Sie wollten mich mit auf die Bühne setzen. Ich wollte das nicht. Da ich ohnehin mit meiner Band unterwegs war, Steintor-Varieté in Halle und viele andere Veranstaltungen, blieb ich nur kurz, verschwand in der ersten Pause. Es war wieder der gleiche Zirkus.

Auf dem Kongreß der Unterhaltungskünstler sollte auf die prekäre Lage bei der Versorgung mit Arbeitsmitteln aufmerksam gemacht werden, so Kostümstoffe, Accessoires, Artistenrequisiten, Ton- und Lichttechnik, Telefonanschlüsse, PKW's, LKW's für freischaffende Künstler – elementare Arbeitsmittel und so weiter. Weiterhin wollte man auch über ein neues Honorarsystem

befinden, das Spitzenleistungen und Popularität belohnte, für Produzenten Leistungsschutzrechte einführen und die privaten Tonstudios legitimieren. Auch auf soziale Probleme machte man aufmerksam, zum Beispiel bei Tänzern und Artisten, die aus gesundheitlichen und altersbedingten Gründen vorzeitig aus ihrem Beruf ausscheiden mußten oder bei Ferienlagerplätzen für Kinder freischaffender Unterhaltungskünstler. Auch die Beziehungen zu anderen Verbänden wie dem Komponistenverband, dem Kulturbund der DDR, der Akademie der Künste, dem Theaterverband und anderes mehr sollten geklärt werden. Und schließlich gab es – streng vertraulich – einen Antrag auf einen PKW. Du mußtest Name, Straße, deine Tätigkeit, die Institution, die Sektion ... Auskunft über dein derzeitiges Fahrzeug geben, Kilometerstand, Baujahr und Zustand, die Dringlichkeit begründen, ob ein Zweitfahrzeug als Nutzfahrzeug vorhanden war, die letzte Berücksichtigung im Sonderkontingent, was schon unternommen wurde und ob die Befürwortung der Sektionsleitung vorlag. Viel Papier, viel Gerede, viel Zeit verloren, und alles viel zu spät.

Die ständigen Fahrten nach Hamburg waren zwar mutig und kämpferisch, aber irgendwann wollte ich den neuen Wartburg mit dem Viertakter haben. Nichts zu machen im eigenen Lande. Habe hin und her überlegt, gegen meine Prinzipien verstoßen und mich zu einem VW-Passat überreden lassen. Meine Mutter sagte mir lieb und eindringlich: »Lothar, ich geb dir das Geld dafür.« Und so kaufte ich einen fünf Jahre alten Passat. Ich bekam ihn damals für siebeneinhalbtausend Mark aus erster Hand, silbergrau. Ja, ich überstand die ganzen Formulare und Einführungsprotokolle.

Der Hammer war eigentlich nur, daß der Ostzoll ihn als einen Neuwagen einstufte und 10000 Mark Zoll haben wollte. Das ärgerte mich so, daß ich es später bei

Musik: Frank Schöbel
Text: Bernd Meinunger

WIR BRAUCHEN KEINE LÜGEN MEHR

WIR VERSCHWEIGEN UNS NICHTS MEHR
DENN WIR HABEN GELERNT
DURCH VERSCHWEIGEN VERLIERT MAN SICH
UND WIR DREHEN JEDES WORT NICHT MEHR UM
UM ZU SEH'N, WAS DARUNTER VERBORGEN IST
UND WIR SPERR'N UNS NICHT MEHR INS
LÜGENDICKICHT EIN
WO WIR SELBER GEFANGEN SIND
ICH GLAUB DIR, WEIL ICH LIEB
LIEBE, WEIL ICH GLAUB', UND DIE ZWEIFEL
VERGANGEN SIND

SEIT DIE WAHRHEIT IN UNS WOHNT
IST EIN WORT NICHT NUR EIN WORT
UND WIR LIEBEN UNS WIE NIE VORHER
DENN WIR BRAUCHEN KEINE LÜGEN MEHR

OHNE ANGST VOR DEM VERRAT, VERTRAUN
WIR ZWEI UNS AN
UND WIR GEBEN UNS VÖLLIG PREIS
OHNE ANGST VOR DER NACHT, UMARMEN
WIR UNS, BIS DIE SONNE DIE NACHT ZERREISST

SEIT DIE WAHRHEIT IN UNS WOHNT
IST EIN WORT NICHT NUR EIN WORT
UND WIR LIEBEN UNS WIE NIE VORHER
DENN WIR BRAUCHEN KEINE LÜGEN MEHR

einem Olympia-Ball, wo wir auftraten, Egon Krenz erzählte und meinte: »Es geht hier nicht um mich. Ich hab das Geld, und ich kann das bezahlen. Das ist nicht die Frage. Aber stell Dir vor, Leute, die keine andere Chance haben, in diesem Land an ein Auto zu kommen, deswegen ein altes einführen, um das Problem, das wir selbst nicht geschaffen haben, zu lösen, müssen dann noch so viel Zoll bezahlen!« Was sagte er zu mir: »Aber es fährt doch?« Ich dachte: ruhig bleiben, ganz ruhig. Er hat es nicht verstanden. Ich erzählte es noch einmal. Und was sagte er wieder: »Aber es fährt!« Naja, dachte ich, vergiß es.

Als ich im Allende-Viertel aus dem 10. Stock runterguckte und das geputzte Auto sah, dachte ich: Hm, hebt sich ganz schön ab von Trabi & Wartburg & Co. War mir wieder mal ganz schön peinlich.

Am 3. April wurde das Auto dann endlich zugelassen. Ich muß ja zugeben, kein schlechtes Gefühl, zumal auf den längeren Strecken. Stieg ich nach vier Stunden aus dem Wartburg aus, fühlte ich mich leicht kaputt. Das gab ich aber nur vor mir zu. Ich wollte ja meinen jahrelangen Weggefährten Wartburg nicht in die Pfanne hauen.

Die CD kam. Ich machte zig Umschnitte für Fernsehsendungen. Auch Thoelke wollte die Lieder haben. Er mochte mich, konnte sehr gut zuhören. Peter Lorenz und ich sammelten Ideen für unsere neue Show auf der Bühne.

Peter Ensikat, der Kabarett-Texter, sollte uns einen Sketch schreiben. Ich sprach mit ihm, aber leider hatte er keine Zeit. Tja, dachten Peter und ich, dann schreiben wir selber. Wir versuchen's.

Im Rundfunk folgen Interviews und ein außerplanmäßiges Redaktionsvorspiel. Wölfi lud auf mein Anraten die wichtigsten Redakteure ein. Die freuten sich sogar sehr. Es fand ein Austausch statt, wann wer wel-

ches Lied gebrauchen konnte: »Dieses kann ich im Frühprogramm sehr gut einsetzen, da am Anfang des Titels über 20 Sekunden Vorspiel sind ...«, denkt man sonst gar nicht dran, aber wichtig für manche Redakteure, um Wort und Gesang zu trennen.

AMIGA mußte die Bänder dann offiziell zum Rundfunk schicken. 4 bis 6 Originalumschnitte folgten, alles noch auf Band, nicht auf CD-Basis. Die Titel wurden in die Kartei eingetragen, die Karteikarten gingen zu den Redakteuren, die wiederum hatten meist ihre Hitparadensendungen vierzehn Tage im voraus geplant.

Wenn eine Fernsehsendung wie zum Beispiel der »Kessel Buntes« anstand und man wollte vorher einen Titel in den Charts haben, mußte man sich sehr frühzeitig bemühen. Die AMIGA-Schallplattenmühlen arbeiteten langsam.

Ich ging zur Künstleragentur und fragte: »Wie weiter? Immer nur Kuba? Es gibt auch noch andere Länder. Was tut ihr für uns im Ausland? Die Westplatte ist da, nun müßte was passieren.« Aber die Künstleragentur war natürlich auch im Würgegriff der Politoberen.

Ich stehe am Rundfunkfahrstuhl und der damalige Chef, Achim Becker, neben mir. Wir fahren in den 5. Stock hoch, und er meint während der Fahrt: »Naja Frank, wenn es mal Probleme gibt, du weißt ja, wo ich sitze.«

Ich denke: ja, die ganze DDR ist ein Problem. Aber das konnte ich ihm ja nicht sagen. Und er hätte auch nichts daran ändern können.

Ein paar Tage später taucht aber tatsächlich eins auf: Ein wichtiger Mann im Rundfunk will den Titel »Wir brauchen keine Lügen mehr« nicht spielen. Na klar, er hatte den tieferen Sinn erkannt. Ich denke: Pfeif auf deinen Stolz, geh jetzt zu Achim Becker, erkläre ihm die ganze Situation. Ich nehme den Text mit. Und was

sagt er: »Natürlich, das ist ein Liebeslied, Frank. Und du, doch niemals. Natürlich spielen wir den Titel.« Das war die einzige Chance für das Lied, damit es auf dem Sender gespielt wurde.

Solche Situationen gab es öfter. Auch bei DT 64, die mich normalerweise seltener spielten, weil ich ihnen zu »schlagroid« war. Aber dieses Lied setzten sie in allen möglichen und unmöglichen Sendungen ein. Einmal, als Margot Honecker von einem Volksbildungskongreß sprach, spielten sie es anschließend. Das gab Ärger, und der Titel wurde für 'ne Woche vom Sender genommen. Das Problem blieb.

Für uns zu Hause gab es andere: Aus der Baumschule Schulze in Senzig holte ich serbische Fichten, drei Meter hoch, verstaute sie in meinen Wartburg, den ich nach wie vor hatte, ein paar aufs Dach, und fuhr die Teile nach Hause zum Einpflanzen.

Als ich die Taschen der AMIGA-Schallplatte sah, mußte ich feststellen, daß sie diesmal im Druck fast gleich waren. Nur bei der Westausgabe lag ein klein wenig, aber wirklich nur ein klitzeklein wenig mehr Glanz drauf. Naja, sonst wäre der Westen auch nicht der Westen. Auf der Platte gab es zwei Kompositionen von einem Ami: David Barreto. »Es geht wieder los« und »Verlorn«. Sicher, fürs deutsche Ohr hitmäßig nicht besonders geeignet, aber richtig gute Lieder. Der Mann ging irgendwann wieder zurück und fegt heute die Straßen in den USA. Und da gibt es viel zu fegen. Ich fand das unglaublich: wer so schreiben kann!

Zur Musik von René Deutscher »Wenn Liebe fehlt« machte ich den Text. Wir bauten lange dran, und ich steckte meine ganze Wut gegenüber bestimmten Personen, die für die verfahrene Situation in unserem Lande zuständig waren, in den Text.

Eine runde »bong«-Sendung war angesagt. Ich weiß nicht, die 50. oder 100., ich war auch eingeladen, weil

ich inzwischen schon drei silberne »Bongs« bekommen hatte. Ich sollte einen alten Titel singen, der aber so gar nichts mit meiner und unser aller momentaner Befindlichkeit und Situation zu tun hatte. Deshalb schickte ich ihnen mein neues Lied »Wir brauchen keine Lügen mehr«. Ging zum Redakteur, sagte ihm, warum ich jetzt nur dieses Lied singen könne, daß ich die Schnauze voll habe, sagte ihm all das, was ich dachte. Naja, ich durfte oder brauchte dann nicht in der Sendung mitzumachen.

Im Rundfunk ganz anders: Onkel Herbert nutzte die kleinen Freiheiten, die man im Radio eher als im Fernsehen hatte. Wir machten ein schönes, langes Interview.

Aurora und ich trafen uns wieder mal mit Wim Thoelke. Er wollte mir helfen und eine Schiene legen (er hätte gute Verbindungen zu einem Schiff. Da könne man gastieren und Urlaub machen – ist doch 'ne schöne Sache). »Nee«, sagte ich, »so was will ich nicht. Immer die gleichen Leute.« Da müßtest du – ich spinne – zehn Programme drauf haben: früh Radio machen, Kabarett, ein Schlager-, Rock-, ein Liedermacher-Programm ..., »Kochen mit Frank«, »Meer (oder weniger) gucken mit Frank«, »Schlafen mit ...« nein! Am besten, du bist auch noch Artist, machst Lichtbildervorträge, verstellst dich als Koloratur-Sopran, machst 'ne Otto- und Loriot-Show – dann könnte man überlegen, ob man auf so ein Schiff geht.

Immer öfter waren wir bei unseren Freunden Ursel und Jürgen. Entweder mal vor einer Sendung schnell bei ihnen in die Sauna geschlüpft, oder wir redeten über die große Politik. Schließlich ging's auch um die alltäglichen Dinge: wo kriegt man den Kies für den Wasserfilter am Pool her? »Ja, da ist was möglich, am Wasserwerk. Da holen viele heimlich den Kies ab.« Und beim Abladen bleibt immer ein bißchen was liegen. Das

könne man dann schwarz für ein paar Mark ... Hat auch geklappt. So ging das nur bei uns: einer kannte den anderen, der kannnte wieder einen. Naja, und so sind wir die 40 Jahre über die Runden gekommen.

Im Mai war ich in Baden-Baden bei der Deutschen Schlagerparade mit »Wir brauchen keine Lügen mehr«. Ich besuchte meinen Bruder, der in Bad Nauheim eine schwere Bypass-Operation hatte. Und wie das immer so ist – Krankheiten sind ja auch Zeichen –, wir redeten intensiv miteinander über das Leben. Es war ein schöner Tag.

Die Promotion-Sender-Tour ging von München bis nach Hamburg, von Saarbrücken bis Westberlin. Bei ARIOLA war ich nach »Looking for Freedom« von David Hasselhoff und »Is was« von Jürgen von der Lippe die Nr. 3 in der Liste der meistgespielten Lieder der Woche, zum Teil bis sechzig, siebzig Einsätze. Aber das interessierte trotzdem keinen in München. Ich war für die so was von weit weg – so weit, wie Rußland.

Und wenn ich die Großen von dort heute sehe: die Arroganz ist noch genau die gleiche. Meine Mutter sagt an der Stelle immer: »Was können die uns tun? – leid.«

Dynamo Dresden wurde DDR-Fußballmeister. Die Fete fand am 3. Juni im Elbsandstein-Gebirge auf der Bastei statt. Egon war da, auch Mielke, dessen Truppe eigentlich Dynamo Berlin war, aber ein bißchen eben auch Dynamo Dresden. Hauptsache Dynamo – wenn Du weißt ... Wir überredeten sie, daß ich nicht sang, sondern den Sketch »Guden Dach, isch möcht Schlachorsängor wern« mit Stumpi spielte.

Später sang ich dann doch zum Tanz ein paar Lieder von der neuen LP. Bei »Wir brauchen keine Lügen mehr« grinste ich immer so ein bißchen Sammer und Kirsten an. Ich denke, wir hatten uns wortlos verstanden.

Wir saßen an Holztischen, zusammen mit Hans-Joachim Wolfram, dem fanatischen, fußballverrückten Dresdner. Egon Krenz setzte sich zu uns – Erich Mielke saß weitab, so ganz alleine –, war das für die Situation schon bezeichnend? Wir stritten mit Egon tatsächlich über die Vorkommnisse in Peking auf dem Platz des Himmlischen Friedens. Ja, irgendwo ein Patt: er wiederholte seine Position, wir die unsere, und das war's dann wohl auch.

In Zeiten großer Anspannungen muß man mehr für sich tun – körperlich. Geist und Körper sind nun mal voneinander abhängig. Ich lief drei-, viermal in der Woche meine fünf Kilometer im Köpenicker Wald, hatte da eine gute Strecke und mußte eigentlich nur stoppen, wenn irgend jemand mit 'nem Hund kam, denn die gingen einem immer an die Beine. Unangenehm. Mich hatte in der Jugend ein tollwütiger Spitz gebissen, und ich bekam damals Spritzen. Nee, bloß nicht noch einmal. Ich habe nicht unbedingt Angst vor Hunden, aber Respekt.

Vorm Schöneberger Rathaus fand eine RIAS-Schlagerparade statt mit Nero Brandenburg. Ich sang »Wir brauchen keine Lügen mehr«, noch ein Lied und natürlich »Wie ein Stern«. An diesem Tag interviewte mich Barbara Jähnichen, und ihre Zwillingsschwester Ina schoß die Fotos. Wir lernten uns dabei kennen und wurden richtig Freunde.

Der Produktionsleiter vom »Kessel Buntes«, Steini (Günter Steinbacher) rief uns zu allen möglichen Gelegenheiten an, diesmal ging es um das Kleinfeld-Fußballturnier im KWK – Kabelwerk Köpenick. Sechs bis acht Mannschaften meldeten sich. Mein Freund und Kumpel, Ferri Salmayer, war dabei. Nicht ganz ungefährlich für ihn, als Tänzer, wenn er hart in der Fußgegend getroffen würde. Achim Menzel – ja, wir alle wissen, der Junge ist gut beieinander, aber er ist ziemlich

stark im Fußball: kann gut trippeln, trickst und hat auch viel Freude am Vernaschen des Gegners. Dazu meistens der Kameramann René Lagé im Tor, Hans-Joachim Wolfram, wenn er gut drauf war, und für mich war Sport sowieso gut. Ich brauchte das mindestens 2, 3 mal die Woche, schon allein, weil mein Blutdruck immer ständig ging. Ich mußte immer öfter zum Arzt, und sein Gesicht wurde von Mal zu Mal länger.

In zig Gesprächen mit unseren Freunden, der Familie Brill, zu der ihre Töchter Claudia und Meisi und sowie ihr Sohn Michi gehörten, landeten wir immer wieder bei der ausweglosen politischen Situation. Für »Wir brauchen keine Lügen mehr« entwarf Michi für uns im Geiste ein Video: zerknülltes Papier vorm Brandenburger Tor – »nur Lügen ...« Er war der erste aus meinem Bekanntenkreis, der über Ungarn wegging, später in Westberlin landete.

Es war so bedrückend, anzusehen, wie ein Freund nach dem anderen »Tschüß« sagte und ging.

Ab 18. Juli 89 zogen wir Stück für Stück vom Allende-Viertel ins Köpenicker Märchenviertel um.

Am 29. August besprachen wir bei Eveline Matt den »100. Kessel«, genauer gesagt, unseren Auftritt darin. Helga Hahnemann führte durchs Programm, und wir sollten den Schluß machen, zunächst ich mit »Wir brauchen keine Lügen mehr« und dann gemeinsam mit dem Duett »Zusammengehörn«. Wir trafen dort Günther Fischer und sprachen über die Schwierigkeiten: Paß abgeben, Paß holen und die ganzen Behinderungen in der Arbeit, und da sagte er: »Ich geb meinen Paß nicht mehr ab.« – »Ej, das versuche ich auch mal.« Ja, die Künstleragentur zeigte uns so einen kleinen »bösen Finger«, aber das war eigentlich schon alles.

Es gab auch eine Aufzeichnung »Der deutsche Schlager darf nicht sterben« – o Gott! Das klingt wie ein Kabarett-Stück. Vielleicht ist er ja schon lange tot, und

keiner hat's gemerkt?! Das Ganze fand bei SAT 1 statt, und dort lernte ich Ingrid Reith kennen. Sie wurde dann für zwei Jahre meine erste – wenn man so will – Westmanagerin. Richtig, ich bin schwierig, hinterfrage vieles, wie zum Beispiel die 7 Fragen eines Journalisten: was, wann, wie, wo, wer, warum, weshalb ... – Naja, und eine Veranstaltung ohne Band wollte ich sowieso nicht machen. Es war nicht einfach für sie, mit mir zu arbeiten.

Im September war ich als Besucher bei der Funkausstellung. Streifte durchs Ausstellungsgelände und traf Peter Puder, der beim Deutschlandfunk eine Sendung moderierte. »Mensch«, sagt er »haste 'n paar Bänder mit?« – »Nee, nicht.« – »Aber gut, komm morgen, bring was mit, und dann baue ich dich rein zufällig in meine Sendung ein.« So unkompliziert konnte es gehen.

Der Einzug in unser Haus war nicht so euphorisch, wie man sich das normalerweise vorstellt. Dazu hatte Aurora zuviel gekämpft, zu viele Nerven gelassen, und wir konnten es auch im Jahr 97 wieder relativ emotionslos verlassen, weil wir es nie richtig als unser Heim angenommen hatten.

Dann kam der 4. September. Einen Tag vorher rief mich André Herzberg, der Sänger der Gruppe Pankow, an, ob ich morgen zum Jugendclub nach Pankow kommen würde. »Wir wolln da 'ne Versammlung machen, was besprechen.« – »Okay, ich komme.«

Als ich ankam, alles bekannte Gesichter: Musiker, die Puhdys, City, Silly, – nur Rocker, kein Schlagerfuzzy – und Genosse Kosanke. Tja, fragst Du Dich, wer ist das denn? Wußte ich auch nicht. Ein Mann von kleiner Gestalt – der Hausmeister mit dem großen Ohr? –, ihm fehlte eine Hand – wie im schlechten Film. Wollte uns nicht reinlassen. So die Nummer: Ich hab hier das Sagen, es gibt kein Treffen, schon gar kein Geheimtref-

fen! Ganz eilig, wichtig und: »Gleich wird's gemeldet!« – »Naja, dann mach doch!« Rocker sind sowieso durch nichts aus der Ruhe zu bringen. 'n Glimmstengel und 'n Bier in der Hand, und die Sache ist okay.

Die Liedermacher Steffen Mensching, Hans-Eckart Wenzel, Gerhard Schöne, Jürgen Eger kamen, und schließlich fanden wir uns in dieser Baracke zusammen. Es ging um eine – um diese Resolution der Rocker und Liedermacher gegen die unerträgliche Ignoranz der Partei- und Staatsführung und darum, das NEUE FORUM zu unterstützen und durch Unterschriften zu legitimieren.

Man sprach und stritt über Formfragen, über Details, Kleinigkeiten und übertrug den Liedermachern, allen voran Eckart Wenzel und Jürgen Eger, die Formulierung. Irgendwann war man sich einig, und wir unterschrieben. Weiter wurde vereinbart, daß jeder in seinem Arbeitskreis Unterschriften sammeln, Sympathisanten finden sollte und bei Auftritten diese Resolution verlesen würde.

Und so heißt es:

»RESOLUTION: Wir, die Unterzeichner dieses Schreibens, sind besorgt über den augenblicklichen Zustand unseres Landes, über den massenhaften Exodus vieler Altersgenossen, über die Sinnkrise dieser gesellschaftlichen Alternative und über die unerträgliche Ignoranz der Staats- und Parteiführung, die vorhandene Widersprüche bagatellisiert und an einem starren Kurs festhält. Es geht nicht um Reformen, die den Sozialismus ›abschaffen‹, sondern um Reformen, die ihn weiterhin in diesem Land möglich machen. Denn jene momentane Haltung den existierenden Widersprüchen gegenüber gefährdet ihn. Wir begrüßen ausdrücklich, daß Bürger sich in basisdemokratisch orientierten Gruppen finden, um die Lösung der anstehenden Probleme in die eigene Hand zu nehmen. Dieses Land

braucht die millionenfache Aktivierung von Individualität. Die alten Strukturen sind offenbar kaum in der Lage dazu. So haben wir den Aufruf des NEUEN FORUM zur Kenntnis genommen und finden in dem Text vieles, was wir selber denken und noch mehr, was der Diskussion und des Austauschs wert ist. Wir halten es für überfällig, alte Feindschaften und Vorbehalte abzubauen und zu überwinden. Es ist nun wichtig, daß der politische Wille großer Teile der interessierten Bevölkerung eine positive Entsprechung von oben findet. Das heißt auch: Anerkennung dieser Gruppe, ihre Tolerierung und Einbeziehung in das Gespräch und in die Gestaltung dieser Gesellschaft, wie es die Verfassung der DDR mit ihren Bestimmungen gebietet. Dieses, unser Land muß endlich lernen, mit anders denkenden Minderheiten umzugehen. Vor allem dann, wenn sie vielleicht gar keine Minderheiten sind. Das Anwachsen rechtsextremer und konservativer nationaler Elemente auch bei uns, das Beliefern gesamtdeutscher Anschauung, ist ein Ergebnis fehlenden Reagierens auf angestaute Widersprüche und historisch unverarbeitete Tatsachen. Linke Kräfte fallen dieser Politik des Festhaltens erneut zum Opfer. Wir wollen in diesem Land leben und es macht uns krank, tatenlos mit ansehen zu müssen, wie Versuche einer Demokratisierung, Versuche der gesellschaftlichen Analyse kriminalisiert bzw. ignoriert werden. Wir fordern jetzt und hier sofort den öffentlichen Dialog mit allen Kräften. Wir fordern eine Öffnung der Medien für diese Probleme. Wir fordern Änderung der unaushaltbaren Zustände. Wir wollen uns den vorhandenen Widersprüchen stellen, weil nur durch ihre Lösung und nicht durch ihre Bagatellisierung ein Ausweg aus dieser Krise möglich sein wird. Feiges Abwarten liefert gesamtdeutschen Denkern Argumente und Voraussetzungen. Die Zeit ist reif. Wenn wir nichts unternehmen, arbeitet sie gegen uns.«

Und dann kamen die Unterzeichner: 50 an der Zahl. Ich nenne nur einige, so: Gerhard Schöne, André Herzberg, Eckart Wenzel, Jürgen Ehle, Gerhard Lartz, Toni Krahl, Martin Schreier, Tamara Danz, Jäcki Reznicek, Uwe Haßbecker, Jürgen Kerschowski, Jürgen Eger, Rainer Kirchmann, Angelika Weiz, Konni Bauer, Kurt Demmler, Lothar Kramer, Bernd Römer u. a.

Die Resolution wurde verteilt an ADN, ans ND, die JUNGE WELT, FDGB, FERNSEHEN DER DDR, RUNDFUNK DER DDR, ZK der SED, MINISTERIUM FÜR KULTUR, STAATSRAT, GENERALDIREKTION BEIM KOMITEE FÜR UNTERHALTUNGSKUNST, VOLKSKAMMER, SCHRIFTSTELLERVERBAND, FDJ, THEATERVERBAND, VERBAND DER JOURNALISTEN, MINISTERIUM FÜR STAATSSICHERHEIT, MINISTERIUM DES INNERN, KULTURBUND und FREIDENKERVERBAND. Aber an die Öffentlichkeit gelangte sie nur durch Veranstaltungen der Rocker und einiger anderer.

In meiner Stasi-Akte lese ich am 18.9. neben dieser Resolution eine handschriftlich gekrakelte Mitteilung: »Erstunterzeichner einer aggressiv-feindlichen Resolution mit Sympathieerklärung für den Aufruf des Neuen Forums, die kirchlichen Basisgruppen und mit Forderung nach sofortigen Veränderungen.«

Ich war irgendwie so erleichtert wie lange nicht, denn trotz aller Unzufriedenheit wußte ich nicht, was ich tun konnte. Auch wenn unser Programm – so sagten es mir Freunde – immer härter und frecher wurde, vielleicht auch mutiger und ein bißchen böse, was gar nicht mehr zum Schlager paßte, letzthin verlängerte ich bloß die gute Laune der Menschen. Bei dieser Resolution hatte ich wirklich das Gefühl: Nun hast du es ausgesprochen. Zwar selbst nicht formuliert, du bist nur dabei, aber hast es als richtig erkannt. Egal, was jetzt kommt – da

müssen wir durch. Meine Freunde, Aurora sowieso, bestärkten mich darin.

Die letzte Information in meiner Akte gilt eigentlich gar nicht mir, sondern nochmal der Resolution, die bei einem Konzert der Rockgruppe Pankow auf der Freilichtbühne im Bürgergarten Döbeln vorgelesen wurde. »Nach Eröffnung der Veranstaltung durch den Moderator Karney äußerte der Sänger der Rockgruppe Pankow, Herzberg, daß die Gruppe am 18.9. eine Protestresolution verfaßt hätte, der sich u. a. auch die Künstler Gerhard Schöne, Kurt Demmler, Frank Schöbel, Arndt Bause sowie die Gruppen City und Silly angeschlossen hätten. Sinngemäß brachte der Sänger André Herzberg zum Ausdruck, daß die Verfasser der Resolution bedauern, daß vorrangig Jugendliche die DDR verlassen. Es folgten Auszüge aus der Resolution und André schloß mit der Bitte, daß die Jugendlichen zu diesem Problem eine breite Diskussion führen sollten.«

In Vorbereitung des »Kessels« galt immer als abgesprochen, eine Art Promotion zu machen. Dafür gewann man oft »Tele-Lotto«. Eine kleine, feine Sendung, die viel gesehen wurde.

Peter Lorenz und ich wollten, nachdem wir fast zwei Jahre lang einen Reporter-Sketch brachten, endlich was Neues zeigen. Unsere Idee war ein Richter-Sketch, ausgehend von der Äußerung der bulgarischen Wissenschaftlerin über die akustisch-musikalische Umweltverschmutzung. Die Anklage von Peter Lorenz – er war der Richter: Das Volk gegen Schöbel. Das war unser Ausgangspunkt.

Ich hatte also bis dahin 27 Jahre die Umwelt verschmutzt mit meinen Liedern. Naja, das Publikum fand das nicht so gut, konnte zunächst nicht so recht darüber lachen. Aber wir. Da jedoch keiner von uns wußte, wie so eine Gerichtsverhandlung abläuft, luden wir eine

Staatsanwältin ein. – Das war die Tochter von Tante Rosi, unserer Kinderfrau. Natürlich nicht meine, sondern Dominiques und Odettes. Die Tochter kam ins Studio, und wir baten sie, uns eine Gerichtsverhandlung vorzuspielen, die wir mitschneiden würden. Was wir drei an dem Nachmittag gelacht haben! Peter und ich verfolgten ja ein Ziel, warfen uns die Bälle zu, daß es eine Freude war. Nach zwei Tagen gab es eine erste Fassung »Das Schlagergericht«.

Erfahrungsgemäß verändern wir Sketche nach der dritten, vierten Veranstaltung noch. Wir beobachten kritisch – nehmen raus, oder es kommt noch was dazu, und irgendwann ist der Sketch richtig rund.

Die erste Fassung ging sinngemäß so: Herr Lorenz, im folgenden Peter genannt, als Rechtsanwalt mit Perücke und langer schwarzer Robe, so wie es sich gehört, sitzt an einem kleinen Klapptisch, rechts und links zwei Schöffen – zwei riesengroße, dämliche Puppen, die schaukelten und somit unentwegt nicken konnten –, das war wichtig für den Text. Des weiteren ein Paragraph, der so gefertigt war, daß er laut schepperte, wenn man ihn »vorwarf«, naja, ein Hammer und andere Dinge, die der Richter halt so braucht.

Also ruft er: »Ruhe!« Hammerschlag. »Ich sagte RUHE, sonst lasse ich den Saal räumen! Und hier wird unter Ausguß der Öffentlichkeit verschandelt. Das Hohe Gericht hat heute einen besonders schwerwiegenden Fall zu verschandeln. Apropos hoch, wo sind denn meine Unterlagen?« – nimmt die Unterlagen und setzt sich darauf. »Herr Stets Im Wald – also unser Staatsanwalt – ist wie immer stets im Wald. Als Schöffen haben wir die bewährten Herrn Wichtig und Nichtig«, beide werden angestoßen und nicken nach vorne. »Ja, die haben wir von der Volkskammer übernommen, die nicken immer noch.« Und dann wird die Anklage verlesen: »Das Volk gegen Schöbel«. Es folgt ein klei-

ner Blödeltext. »Schöbel« – ich stelle mich vor. Er »Falscher.« – »Gut«, sage ich, »dann gehe ich wieder.« – »Halt, wo wollen Sie denn hin?« – »Na, Sie sagten doch eben Falscher. Also wenn ich der Falsche bin, dann gehe ich wieder.« – »Sie sind doch der Richtige. Ich bin Falscher.« – »Na, dann gehen Sie doch. Und schicken Sie gleich den richtigen Richter rein.« Ist gut, setzt sich wieder hin. »Mein Gott, ich bin doch der richtige Richter. Und sie sind der richtige Angeklagte. Ich heiße doch nur Falscher.« – »Angenehm, Schöbel.« – »Schöbel? Ah ja, die Anklage lautet in den einzelnen Punkten: 1. ungesetzlicher Grenzübertritt, 2. Rowdytum, 3. Spionage, 4. Hochverrat, 5. schwere Brandstiftung, 6. Diebstahl, (spricht sehr schnell) 18. Hausfriedensbruch, 20. Beleidigung, 22. Verleumdung – passe, weg, aus, Mord. Es ist sogar von Rufmord die Rede und Zusammenrottung!« – »Schwere Zusammenrottung?« frage ich. »Bekennen Sie sich im Sinne der Anklage für schuldig?« fragt Peter. Ich ganz leise: »Bei uns gab's heute Klopse.« Er: »Schwere Klopse?« Ich: »Mit Kapern.« Hammerschlag. »Ruhe! Hab ich sie überhaupt alle beisammen? Na dann werden wir erst mal voll in die Beweisaufnahme treten.« (Geräusch) – tritt rein. »Scheiße.«

Später haben wir diese Blödelgags rausgenommen und sind direkter geworden. Die erste Frage war: »Warum mußten wir Sie überhaupt zu diesem Termin dreimal verladen? Sie hätten doch gleich beim ersten Mal kommen müssen.« Und ich: »Keine Zeit, keine Zeit, keine Zeit.« – und singe dieses Lied. Als ich dann irgendwann »Bitte, bitte geh doch« singe, sagt Peter: »Apropos geh doch: wo ist eigentlich der Verteidiger?« – »Ja«, sage ich, »der verteidigt heute bei Dynamo Dresden.« – »Aja«, sagt Peter, »da arbeitet heute auch mein Kollege Pfeifer, der ist da Schiedsrichter.« – »Aja.« Und dann kommt: »Und wo ist der Schieds- äh, der

Staatsanwalt? Ich hab ihn vorhin flüchtig gesehen.« Jetzt setzte Ole mit dem Keyboard auf der Bühne ein: »Die Julischka, die Julischka ...«, und die Leute wußten Bescheid. Auf die Frage des Richters »Kennen Sie auch die sieben natürlichen Todfeinde des DDR-Sängers?« Ich »Keine Privilegien.« Er: »Keine Beziehungen, AMIGA, kein Westgeld, das 1. und 2. DDR-Fernsehen und kein Auto.« – »Ja«, sage ich, »das waren doch nur sechs.« – »Richtig. Und kein Sex. Was sagen Sie nun?« Und ich singe: »Alles im Eimer.« Dann kommt der § 217 des Zivilgesetzbuches: »Zusammenrottung respektive § 259: Meuterei, Machtergreifung durch Fans. Zeuge, was haben Sie gehört?« Der Zeuge singt – und das war auch ich, weil keine Leute, keine Leute, wir wurden ja immer weniger in der DDR – »Die Fans sind eine Macht«. Das letzte Wort hat wie immer der Angeklagte. »Na, Zeuge Dödel, was haben wir denn heute wieder gelernt? Kann ich das mal hören?« Ich sage: »Das können Sie hören: Wir brauchen keine Lügen mehr.« Der Richter sagt ganz leise und guckt so, als höre jemand von der Stasi zu: »Lassen Sie das bloß keinen hören.« Und dann kam das Lied.

Der 23. September nahte und damit der 100. »Kessel Buntes.« Einen Tag vorher war wie immer Generalprobe. Meyer von den Puhdys hat irgendwas gewußt – er brachte einen kleinen Fernseher in die Garderobe mit – und sagte: »Paß mal uff – ›heute‹-Nachrichten.« Und plötzlich kam's: die Resolution wurde vorgelesen, Teile daraus, danach passende Lieder gespielt; von mir zum Beispiel »C'est la vie, so ist das Leben«. Ja, die Bombe war eigentlich geplatzt. Mir war mulmig. Ich dachte, die schmeißen mich mit den »Lügen« aus der Sendung raus.

Hinter den Kulissen fanden die Kämpfe statt, und Eveline Matt, die Redakteurin des »Kessels«, hat die

Genossen bei der Generalprobe abgelenkt und ausgetrickst. Das Publikum, das zur Generalprobe kam, kannte die frischen Nachrichten natürlich noch nicht, und somit lief der Abend normal. Meyer meinte: »Morgen bricht hier der ganze Saal zusammen, wirste sehen, das wird der Hammer.«

Naja, am nächsten Tag passierte eigentlich dasselbe. Aurora meinte: »Hast du gesehen, daß die eine Hälfte nicht geklatscht hat?« – »Nee, merkt man nicht in so 'nem Moment, wenn man auf der Bühne steht. Ich fand's eigentlich normal.« – »Nee, nee«, sagt sie »da müssen Leute gewesen sein, die sie reingesetzt haben.« So war's dann wohl auch.

Daß wir ausgerechnet im Palast der Republik die Enthüllung der Resolution im Fernsehen erlebten, hatte schon etwas Tragisch-Komisches.

Anschließend war eine kleine Feier des »100. Kessels« in der »Letzten Instanz« ... auch das noch. Guck mich nicht so an, ich denk mir das nicht aus, die Kneipe heißt so. Der Chef des Fernsehens und seine Frau standen vor der Tür und versuchten, uns nicht zu sehen. Als wir das zu vorgerückter Stunde der Henne sagten, sprang sie plötzlich auf, war ein bißchen angetütert, und rief ganz laut: »Ich werde es nicht dulden und dafür sorgen, daß keinem ein Haar gekrümmt wird.« Unsere Mutter Henne!

Ein anderer Sänger, der mutig seinen Gag gemacht hatte, saß schon wieder lächelnd beim Politbüromitglied. Ich meine, wenn man schon anderer Meinung ist, dann soll man das auch im Leben, und nicht nur auf der Bühne durchziehen. Zugegebenermaßen habe ich lange gebraucht, bis ich mich durchgerungen hatte. Aber Arschkriecher gibt es in jeder Gesellschaftsordnung. Gleichwohl muß ich sagen, daß ich dem Vorsitzenden des Fernsehens dankbar bin, daß er mich in beruflichen Belangen unterstützt hat. Das trenne ich. Das

kann und werde ich auch nicht vergessen. Benutzen und wegwerfen mag ich nicht.

Am nächsten Morgen, 10 Uhr, war schon der nächste Drehtermin für die Sendung »UKW« – »Unterhaltungskunst weiterempfohlen«. Rollschuhlaufen, Fußballspielen, auf dem Riesenrad sitzen als Gleichnis für das Auf und Ab in der Unterhaltung. Schließlich ging's um die neue CD.

Der Interviewerin, Gabi Reichelt, war durchaus klar, wie »Wir brauchen keine Lügen mehr« gemeint war. Aber wie drücken wir es aus, daß wir beim Zuschauer glaubhaft bleiben und der Beitrag vom Fernsehen trotzdem gesendet wird? Also deutlich, aber nicht zu deutlich! Er wurde erstmal aufgezeichnet, war jedoch für die Sendung Ende November gedacht.

Dann, wie wir wissen, überschlugen sich die Ereignisse: am 18. Oktober 89 löste Egon Krenz Erich Honecker als Generalsekretär ab. Egon Krenz hatte als einziger aus dem Politbüro im 100. »Kessel Buntes« gesessen. Der Leiter für Agitation und Propaganda, Joachim Herrmann, ordnete an, den Titel »Wir brauchen keine Lügen mehr« in der Wiederholungssendung des »Kessels« rauszuschneiden. Das wurde auch gemacht, ließ sich aber nicht so schneiden, daß Helga Hahnemanns Ansage »Wir brauchen keine Lügen mehr« und »Frank Schöbel« ebenfalls wegfiel. Es gab einen Schnitt, und dann kam Aurora Lacasa und sang ungefähr anderthalb Minuten. Jedem Idioten mußte das auffallen. Was sollte das denn? Es existierten doch ganz andere Probleme ... so müssen sich wohl einige oder vielleicht auch viele Leute aufgeregt haben.

Da schickte doch Krenz unmittelbar nach seinem Machtantritt einen Fahrer zu mir nach Hause – ich war nicht da, war auf Tournee –, und Aurora nahm die Botschaft entgegen: der »Kessel« wird noch einmal wiederholt, diesmal komplett.

Wie man weiß, nützte das aber auch alles nichts mehr! Krenz trat am 7. November zurück, und Modrow wurde neuer Regierungschef – die Ereignisse nahmen ihren Lauf.

Nun komm ich noch einmal zu »UKW« – »Unterhaltungskunst weiterempfohlen« zurück: In den Wirren der Wende kam ein Anruf: Wir wollen die Beiträge, die wir im September gedreht haben, stehenlassen und zwei Monate später mit dem Wissen von jetzt und mit dem Anders-reden-dürfen alle Beteiligten zusammennehmen und ein aktuelles Interview am Ende des Beitrags einfügen.« Ja, ich war natürlich begeistert, fand das toll. Sagte: »Klar, das machen wir.« Und was passiert?

Wir sitzen im Fernsehstudio Adlershof, man stellt uns die Frage, ich sag es sinngemäß: »Ja, wird es denn in Zukunft Mittelmaß geben oder nicht?« Mir wird schon bei der Fragestellung schlecht, werde leicht böse und denke: Moment, bleib ruhig, Junge, erst mal die Frage beantworten: »Ja, also gut – Mittelmaß. Mittelmaß wird es immer geben, glaube ich, in jeder Gesellschaftsordnung. In einer ist es möglich, daß Mittelmaß Spitze ist, in der anderen geht's wirklich unter. Aber das ist jetzt gar nicht die Frage!« – »Gut! Aus! Danke, das war's«, kommt vom Regisseur. Ich sage: »Ej Moment mal, ich bin doch jetzt nicht hierhergekommen, um eine Frage, die überhaupt nichts mit dem augenblicklichen politischen Stand zu tun hat, so lari fari zu beantworten.« Dann höre ich über die Kopfhörer der Kameramänner, wie der Regisseur sagt: »Laß mal laufen.« Also wußte ich, daß sie jetzt weiterschneiden. Und so unterhalten wir uns ganz zwanglos. Da sagt ein Kollege mit tiefer Stimme: »Ja, Frank, jetzt ist es möglich, nach Las Vegas zu fahren. Ich meine, schließlich sind wir ja wer. Wir sind doch Stars.« Spätestens an der Stelle, bei STARS, sträuben sich mir die Haare. Ich mag

das Wort nicht, und will mich auch gar nicht über andere Menschen erheben. Ich versuche, zu relativieren, sage: »Paß mal auf: Der Westen hat noch einmal den Westen – Amerika – vor sich. Wir haben den Westen und Amerika vor uns. Das heißt auf Deutsch: wir sind nicht nur die Schlümpfe, wir sind sogar die Unterschlümpfe!« Na, das hat den Kollegen ja derart geärgert. Unterschlumpf wollte er schon gar nicht sein. Ich sah das aber so. Es hat sich auch bewahrheitet – eigentlich bis heute. Und besonders bei ihm, obwohl ich es gar nicht auf ihn gemünzt hatte. Damals sagte ich schon: die Leute werden für zwei Jahre in die Welt ziehen, und irgendwann werden sie sich erinnern. So ist es tatsächlich auch gekommen.

Und das wurde schließlich gesendet. Leute mit wachem Verstand haben darüber geschmunzelt und wußten Bescheid.

Zurück in den September: vom 25. bis 30., also nach dem »Kessel Buntes«, probten wir, die Gruppe »Nanu« ,ein neues Programm. Am 26. trat im Kreiskulturhaus Weißensee das Aktiv der Interpreten zusammen. Ich nahm die Resolution mit, verlas sie dort und fragte: »Wer unterschreibt? Wer unterschreibt nicht?«

Was da passierte, war total interessant. Der eine oder andere guckte weg, wie bei der FDJ, wenn gefragt wurde: wer macht FDJ-Sekretär? – (ich bin jetzt nicht hier, laßt mich in Ruhe) Der andere: »Ich muß weg, aber ich hab schon damals bei Biermann ...« Und dann groß seine Unterschrift – ich war begeistert. Das war Siegfried Uhlenbrock.

Mein Nachbar schrieb erst mal den Vornamen. Dann flüsterte er: »Es eröffnet sich was für mich.« – »Was denn?« – »Naja, ich hab 'ne Mugge in München.« – »Oh«, sagte ich, »da freue ich mich aber für dich.« – »Wenn ich jetzt unterschreibe, dann darf ich vielleicht nicht fahren.« – »Ach«, sagte ich, »mach dir keinen

Kopp, es haben so viele unterschrieben, Junge. Brauchste keine Angst zu haben.« Und dann schrieb er auch seinen Nachnamen.

Helga Hahnemann sagte: »Sei nicht sauer, aber der Ton ist mir zu rüde. Ich unterschreibe das nicht.« Zwei Monate später: »Sei nicht böse, aber ich war einfach zu feige.« Und das finde ich okay.

Wir wohnten inzwischen schon in unserem Haus. Aber um uns rum ist soviel los, die politische Lage so brisant, interessant und einmalig, daß wir gar nicht dazu kommen, uns über unser neues Heim zu freuen. Schlimm war, daß wir kein Telefon mehr hatten. So halfen uns unsere Nachbarn, Brigitte und Manne, mit unendlicher Geduld: ließen uns telefonieren, denn es ist in unserem Beruf eine Katastrophe, kein Telefon zu haben. Ich durfte ihre Telefonnummer rausgeben, und sie kamen dann oft rübergerannt und holten mich.

Am 29. September hatte ich einen Termin bei einem der Fernsehoberen – ich nenn es mal so. Er mußte eine Anweisung haben, mit mir zu reden. Vielleicht in der Art: Du hast zwar unterschrieben, aber wir arbeiten trotzdem noch mit dir zusammen. Das gleiche passierte im Rundfunk. Ich wußte nicht so recht, warum. Vielleicht hatten sie zu diesem Zeitpunkt Angst, daß ich abhaue.

Veranstaltungen gab es in dieser Zeit immer weniger. Nicht direkt Berufsverbot, so kann man's nicht sagen, es kamen eben einfach keine Angebote. Oder es fiel was aus.

Mit meinem Freund Wölfi vom Radio war ich zu zwei Talkshows in der Görlitzer Gegend. Ich bin sowieso immer relativ offen gewesen, aber politisch so offen wie in dieser Zeit war ich wohl noch nie. Ich merkte, wie die Leute mit mir eins waren im Denken, im Fühlen. Am Schluß der Veranstaltung gab sich ein »großes Ohr« zu erkennen und sagte: »Ja, das war in

Ordnung, so kann man das machen.« Es war kurz vor dem 7. Oktober. Die Sicherheitskräfte waren total unruhig. Auch auf den Straßen. Als wir in Richtung Berlin zurückfuhren, in Bad Muskau muß es wohl gewesen sein, an der polnischen Grenze, verfolgte uns ein Kradfahrer, immer dicht hinter uns her – wir machten uns noch lustig über ihn –, hielt uns an, schaute ins Auto – Ausweiskontrolle. »Ah, Fränki, alles klar.« Wölfi und ich guckten uns an – es war gespenstisch.

7. Oktober – Palast der Republik. Im Großen Saal Michail Gorbatschow, Honni & Co.

Wir waren in den 4. Stock verbannt und sollten dort eine halbe Stunde zum Tanz singen.

Ich parkte mein Auto vorm Bühneneingang. Da standen einige Freunde, kannst auch Fans sagen, wie immer. Alles ganz normal. Ich merkte tatsächlich nicht, was auf der Straße vorm Palast passierte. Von Kollegen, die später kamen, höre ich nur, daß es zu tumultartigen Ausschreitungen gekommen sei.

Mehr erfuhr ich erst danach durchs Fernsehen. Wir machten unsere halbe Stunde. Ich sang am Schluß »Wir brauchen keine Lügen mehr« – verhaltener Beifall. Denn die Leute, die da tanzten, waren alles ausgezeichnete, wohl doch ziemlich linientreue Genossen. Nach dem Auftritt kam es zur offenen Diskussion. Die Politbilder waren unterschiedlich verzerrt. Ein Offizier war total sauer über meine Haltung. Wir stritten. Aber wir alle wollten eine bessere DDR. An eine andere Möglichkeit dachte niemand.

Einen Tag später hatten mich wieder ganz andere Probleme im Griff: Drei Liter Kühlflüssigkeit vom Wartburg fehlten, Vorschalldämpfer kaputt ... Mein Arzt warnte: Bluthochdruck. Und mein Sohn kam mich besuchen. Dann begann eine »West«-Tournee im grenznahen Bereich: Bad Soden, Allenhof, Stadthalle Herleshausen.

Am 9. November trafen wir uns abends zu Absprachen fürs Fernsehen in Westberlin in der Pizzeria von Christel und Toni. Kurz nach 21 Uhr stürzte aufgeregt jemand ins Lokal: »Haste schon gehört ...« – »Ach ja, hör off, komm, erzähl nicht so ein Zeug.« Wir machten Radio und Fernseher an – Tatsache! Toni schließt sofort seine Pizzeria. Ich ganz aufgeregt mit dem Auto rückwärts aus 'ner Parklücke raus, haute mir noch vorne links 'ne Beule rein, so völlig durcheinander war ich. Eilig zur Grenze. Ja, wir waren am Brandenburger Tor auf der anderen Seite, in Westberlin, und sahen, wie einige fröhliche Menschen auf der Mauer rumturnten und von der Ostseite mit Wasserwerfern bespritzt wurden. War schon noch ein bißchen gefährlich, die Situation. Aurora bekam sofort wieder Angst.

Wie wird es den Kindern gehn? Wir müssen nach Hause. Und so kam es, daß wir wohl die einzigen am Übergang Invalidenstraße waren, die an diesem Tag die andere Richtung einschlugen. Aber auch für mich war es einer der schönsten Augenblicke, den ich je erlebt habe. Die Menschen waren in dem Moment so frei von allen Zwängen. Es war nur Freude – wie vorm Eintritt ins Paradies. Wie frisch verliebt und Hochzeit am gleichen Tag. Alles auf einmal. Wir drückten uns und: »Mensch Fränki, is das nicht toll?« Und was mir da alles zuflog an lieben Sprüchen – unglaublich. Dem einen oder anderen mußte ich schnell noch ein Autogramm geben. Und immer mein Satz: »Sei nicht sauer, ich muß schnell nach Hause wegen unserer Kinder. Versteh das bitte.« – »Kein Problem.« Sie fuhren ein bißchen rechts ran, und langsam kamen wir durch.

Das Volk tanzte auf den Straßen, und unsere Kinder schliefen zu Hause ganz in Ruhe.

Den Rest sah ich dann im Fernsehen.

Und nun begann – wie viele Leute, Journalisten, Fernseh-, Radio-Macher sagen – die politisch beste

Zeit. Der Westen hat uns vorerst nur die Hand auf die Schulter gelegt, uns gewähren lassen.

Jeden Tag andere Botschaften. Eigentlich mußtest du ständig das Programm ändern, die Sketche aktualisieren. Man kam fast nicht nach.

Am 18. November war ich in Leipzig im Haus der Heiteren Muse zur Sendung »Glück muß man haben« mit Lippi, und natürlich kam ein dicker Spruch zu »Wir brauchen keine Lügen mehr«.

Ich trainierte auf der Winterbahn mit einem Rad von Tutti (Jürgen Geschke). Aurora stoppte die letzten 200 Meter. Meine Ärztin, Frau Dr. Weinrich, stand auch schon mit der Uhr da, und stoppte meine letzten 200 Meter, allerdings in meinem Leben. Meine rechte Niere wollte sich verabschieden ... und der Blutdruck? Der erste Wert: 240 Sachen, wenn Du davon was verstehst – das ist der Wahnsinn. Und der zweite 140. So wie wenn der Teekessel pfeift! Aber, ich merkte nichts. Alarmzeichen für die Ärztin. Durchchecken. Ich weiß noch, wie mich im Vorzimmer zwei alte Damen anguckten und zu mir sagten: »Unser Leben geht zu Ende.« Ich machte ihnen Mut und sagte: »Ich hab da auch so ein Problemchen, aber wissense, Kopf hoch ... wir schaffen das.« – »Ja, junger Mann, Sie vielleicht, aber wir?« Da kam die Ärztin, freundlich, mutmachend in Wort und Blick. Sagte zu mir: »Wir haben die Niere im Visier.« – »Okay«, sagte ich, »das ist in Ordnung so.«

Es war natürlich auch vieles passiert, was einem an die Nieren gehen konnte. (Vielleicht hab ich auch einfach zu viel trai-*niert.)*

Nach dem 9. November, nach der Hochzeit, kam der Alltag.

Und die ganzen Sprüche: »Vierzig Jahre haben se uns geklaut!« oder: »Die Lüge von heute ist die Existenz von morgen!«, oder ein Wessi zum Ossi: »Also im

Osten möchte ich nicht leben – ums Verrecken nicht.« – Der Ossi: »Nanu, warum denn?« – Der Wessi: »Na hör mal, kannst du einfach so wie ich in den nächsten besten Laden gehn und dir ein Auto kaufen?« Ossi: »Nö.« – Wessi: »Kannst du einfach so im ersten besten Reisebüro eine Reise nach Hawaii buchen?« Ossi: »Nee.« Wessi: »Oder, Thema Freiheit: Kannst du dich einfach auf den Alex stellen und brüllen: die DDR-Regierung ist Scheiße! – ohne sofort im Knast zu landen?« – »Nee«, sagt der Ossi, »und du? Was ist mit dir? Kannst du einfach, so wie ich, von der Arbeit weglaufen, weil es gerade Bananen gibt?« Wessi: »Nö.« Ossi: »Kannst du dich auf Arbeit jeden Tag vollaufen lassen, ohne daß dein Chef dich achtkantig rausschmeißt?« Wessi: »Nö.« Ossi: »Na hör mal, und da soll ich mich auf den Alex stellen und auf die Regierung schimpfen?«

Wie es politisch weitergehen würde, wußte sowieso keiner. Daß das – wie wir Musiker sagen – enharmonisch verwechselt weitergeht, also statt in ES-Dur in Dis-Dur, ahnte man nicht.

Wir hatten wieder mehr Konzerte, und ich testete auf diesen – wie immer – drei Titel gegeneinander. Der gewann, den spielte ich im Rundfunk an. Und so hieß die nächste Auskopplung aus der CD »Wenn Liebe fehlt«.

Scheiden tut weh ...

1990 war für mich das »Wenn Liebe fehlt«-Jahr.

Es ging so los, daß mich ein Freund anrief: »Hast du schon eine Alarmanlage?« Ich sagte: »Ej, warum das denn, um Gottes willen?« – »Naja, haste nicht gehört ...« – »Ich könnte dir auch preiswert eine Schußwaffe besorgen, Schreckschuß, versteht sich.« –

»Hej«, sagte ich, »wo sind wir denn hier?« Ach ja, wir können ja jetzt alles kaufen. Wir können sogar Schußwaffen kaufen, na prima. Die Freiheit will vor allen Dingen geschützt sein. Vorher waren wir unfrei und hatten unseren staatlichen Schutz, naja, nicht die Schutzpolizei, sondern die Sicherheitskräfte. Und das müssen wir jetzt selbst übernehmen. »Okay, frag mal, was so'n Ding kostet.«

Ich mußte wieder zum Nierenröntgen. Die Reihenfolge ist so: meine Blutdruckspezialistin, Frau Dr. Weinrich, schickt mich zum Urologen, zu Dr. Zülsdorf, ich nenn ihn freundlich »Züli«, der wiederum schickt mich ins Friedrichshainer Krankenhaus. Da treffe ich durch Zufall Moritz Mebel, einen *der* Nierenspezialisten. Ich kannte ihn durch den Regisseur Jo Hasler. Sie waren befreundet. Und er sagte zu mir: »Was machen Sie denn hier?« Ich erklärte es ihm kurz. »Naja, dann müssen Sie aber bei meinem Schüler, Prof. Althaus, operiert werden. Na, ich klär das schon.« Half mir möglicherweise wieder mal mein Chef?

Man entdeckte ein sogenanntes Karzinom. Drei Zentimeter stark. Man wußte noch nicht: gutartig oder nicht. »Wir wollen Ende Januar in der Charité operieren.« Vorher hatte ich noch eine Fernsehsendung »Ihr Einsatz bitte« bei Dieter-Thomas Heck, natürlich wieder mit dem Lied »Wir brauchen keine Lügen mehr«. Und ehe ich am 22. Januar, um 7 Uhr, in der Charité anzutreten hatte, fuhr ich auch noch – am 20. – zur »Schaubude« nach Hamburg. Ich dachte: ein bißchen ablenken kann nicht schaden, was soll ich da im Krankenhaus rumliegen. Aurora und ich sangen das Lied »Zusammengehörn«. Sie hatte dabei mit den Tränen zu kämpfen.

Ausnahmsweise kamen unsere Kinder mit. Und was wir bis dahin noch gar nicht ausgesprochen hatten – jedenfalls nicht vor den Kindern –, sprudelte aus der Mo-

deratorin heraus: »Na, Sie haben ja heute Schlagzeilen gemacht, Herr Schöbel.« Und tatsächlich stand in der Dödel-Zeitschrift, die immer reagiert, wenn einer schwer krank ist oder ein »schöner« Mord mit 15 bis 17 mal Zerstückeln passiert: »SCHÖBEL – KREBS!« Das war für die Moderatorin erstmal das Wichtigste. »Ja«, so sagte sie, »das hat uns alle sehr erschreckt.« – »Ja«, erwiderte ich, »übermorgen gehe ich ins Krankenhaus. Man wird sehen, ob es gutartig ist oder nicht.« – »Ach so, dann weiß man noch gar nicht ganz genau ... naja, dann wünschen wir Ihnen natürlich alles Gute. Und nun kommen wir zum Robbensterben.« Hej, dachte ich, das ist ja feinstes Kabarett! Ich stehe auf schwarzen Humor, und am meisten kann ich über mich lachen. Aber ich war wohl in dem Moment der einzige, der richtig laut lachte.

Wenn ich bei den einschlägigen Zeitungen nicht gebremst hätte, wären sie sicher richtig auf die Krebs-Kiste – ich sag es locker – aufgesprungen, während ich erst mal rumkrebste.

Das war die erste unangenehme Meldung eines BILDungsblattes, die ich nach der Maueröffnung erfahren mußte.

Als ich nach der OP in der Charité am Montag, es muß so um halb 10 gewesen sein, aufwachte, sah ich einen grünen Kittel in Form von Aurora vor mir stehen. Sie war weiß wie Schneewittchen. Und ich, so sagte sie, schon kurz nach der OP, rosig im Gesicht. Ich feixte, lachte und fragte den Arzt: »Ist das Ding draußen?« – »Ja.« – »Und?« – »Naja, wir haben alles gepackt. Wir denken, es dürften keine Metastasen sein.« Der Daumen ging für mich nach oben. Mein Blick auch, kurzes Zwinkern, mein Chef hat für mich das Stück noch mal geklärt – und natürlich die ganze Crew der Charité um Prof. Althaus, dem ich sehr dankbar bin.

Vom 24. Januar bis 18. März war ich krankgeschrieben. Ich sprach mit Ingrid Reith Termine für die Zukunft ab, kaufte ein Telefon, das wir bei unseren Nachbarn dranhängten, damit wir auch notfalls direkt rangehen konnten.

Mein Freund Paul aus Senftenberg schickte mir eine Karte: »Dein Geburtstag ist mir durch die Lappen gegangen.« Ich soll nicht sauer sein. Natürlich bin ich nicht sauer. »Es ist aber auch nicht leicht in dieser Zeit«, schreibt er, »für alle, die sich einen Kopf machen. Biermann im Westen, goldne Nase verdient. Mit wüsten vulgären Beschimpfungen gegen die DDR tritt er heute als politischer Medizinmann bei uns auf. Gegen ihn war Schnitzler ein kleiner Giftzwerg. Die Wut auf die korrupte Führungskaste zwickt auch mich. Allerdings ist mein Erschrecken über die unüberschaubare Entwicklung größer. Aus einer Dummheit heraus will ein Großteil dieser Herde zugleich in eine größere Dummheit stolpern. Wozu ist dem Menschen nur der Verstand gegeben? Freiheit – die haben wir jetzt«, schreibt er. »Wir müssen sie nur festhalten und ausbaun. Einheit Deutschlands – mit 850 Mark könnte ich gerade Miete für eine 1-Raum-Wohnung bezahlen, ohne Licht, ohne Heizung, ohne Brot. Oder würde ich bei Wiedervereinigung 5000 Mark verdienen? Zig Tausende ohne Arbeit und Wohnung würden sicher gerne in die soziale Sicherheit der DDR zurückkehren. Hoffentlich bleibt das alles in erträglichem Rahmen. Dein Paul.« Und das alles Anfang 90. Dem Mann ist ein realistischer Blick nicht abzusprechen.

Es wird musikalisch schwierig für mich. Da ist mein Anspruch, und da ist das, was sich verkauft. Irgendwo dazwischen muß ich ein Lied machen. Eigentlich besser, ein Außenstehender hat eine Idee für mich. Ich höre viel Musik im Auto und zu Hause. Letztlich merke ich, daß ich beruflich wenig Hilfe kriege. Ich steh

ziemlich alleine. Um Freude zu geben, muß man auch Freude empfinden. Ich hab einen Haufen Probleme, so wie wir alle. Blutdruck hat auch was mit Druck zu tun. Und der Druck wird für mich unerträglich. Ich muß mein Leben neu ordnen.

Am Anfang war es so, daß unser Publikum die Westkollegen sehen wollte. Das tat zeitweilig weh, aber es war auch verständlich. Wer hoffen und klug warten konnte, war gut beraten.

Was anderes tat auch sehr weh: Ich mußte schnell meinen Wartburg verkaufen. Ein Freund riet mir dazu und meinte, jetzt kriegste noch was dafür. 10 000 Mark Ost – ist doch okay. Letztlich kann ich froh sein, noch soviel bekommen zu haben. Ich streichelte ihn, klopfte auf die Armatur, sagte wehmütig: »Tschüß, mein Kleener, das war's.« Ich konnte mich schwer von ihm trennen. Eigentlich geht es mir mit allem so.

Während die meisten wie verrückt Markenklamotten kauften, war bei meinen Töchtern Anti-Mode in. So in der Richtung, wer die älteste Hose hat, gewinnt. So was gab's kiloweise zu kaufen. Sieht zwar Schei... aus für meine Begriffe, aber okay, dachte ich, sei nicht zickig, das ist jetzt so, da mußt du durch. Und sie finden es eben toll. Aurora und ich kaufen fast nur Kleidung für Fernsehauftritte. Ansonsten denke ich: ein Paar Jeans, ein Paar Turnschuhe im Jahr, und die Welt ist okay. Ich lerne Leute kennen, die so ähnlich denken und am Sparen große Freude haben. Geld rausschmeißen ist leicht – sparen, das braucht Disziplin und Köpfchen. Sicher ist es leichter zu sparen, wenn man Geld hat. Schlimm ist nur, wenn man Gefangener des eigenen Wohlstands wird, praktisch Sklave seiner Dinge.

Ich bekam ein Angebot, im Grand-Hotel aufzutreten. »Moment«, sagte ich, »ich guck mir das erst mal an.« Ich ging hin, Daggi Frederic sang dort, machte das wirklich toll. Sie kam die Treppe runter wie eine Grand-

Dame. Ich kann und will das nicht. Es sträubt sich alles in mir. Die ganze Schikci-Micki-Atmosphäre, das ist alles nicht meins. Ich sagte zur Veranstalterin, sie solle nicht sauer sein, aber ich will das nicht, fühl mich da total unwohl und gehöre da nicht hin. Ehrlich, eine Festzelt-Mugge ist mir lieber. Stadtfeste meinetwegen. Einfache Menschen haben mich noch nicht enttäuscht.

Wir hatten einen Fototermin bei uns im Studio. Presseagentur ACTION-PRESS. Die machten eine Session. Das klingt alles, was? Wir überredeten unsere Kinder dazu. Sie fanden das langweilig, doof und hatten total recht. Die Agentur setzte einen Text drunter, verkaufte es an die Klatschpresse, die veränderten dann meist den Text, daß nur noch in etwa die Namen stimmen. Und wenn man gerade durchs Leben geht und Worte noch was zählen, schüttelt man am Ende nur den Kopf darüber. Nee, so was wollen wir nicht.

Wenn wir Interviews machten, baten wir darum, uns das Geschriebene zu faxen, damit wir die Fakten und die wörtliche Rede überprüfen konnten. Die meisten gingen darauf ein. So liest man in einer Zeitung unter der Überschrift »Jetzt sage ich alles« imgrunde genommen NICHTS. Weil: alles kann ich nicht mal in diesem Buch sagen, und alles kann ich schon gar nicht in zwanzig Minuten in einem Interview sagen. Also, was soll diese Überschrift?

Und was wird gefragt? »Na, was denken Sie über ...? Was sagen Sie eigentlich zu ...?« O Gott, ich bin höflich, freundlich, so aufgewachsen und erzogen. Ich merke, daß ich zu vertrauensselig bin. Die wollen nur eine Info, die haben keine Skrupel, kennen keine Ehre. Ich raste einmal am Telefon völlig aus, ich denke, das bin ich doch gar nicht: »Sie sollen mich jetzt nicht mehr anrufen! Ihr kotzt mich an! Ihr habt nur diese Scheiße im Kopf, den ganzen Tag! Was seid ihr nur für Menschen?« Besser, man hält sie sich wie Henry Maske weg.

Immer mit der Vorhand an die Birne und auf die Deckung aufpassen.

Vom Ministerrat der Deutschen Demokratischen Republik, Ministerium für Kultur, kam ein Brief: »Anliegend übersende ich Ihnen Ihren Antrag auf vorfristige Belieferung mit einem PKW aus dem Sonderkontingent des Ministerium für Kultur zurück. Nach der neuen Regelung, die am 6.11.89 in Kraft trat, sind alle Sonderkontingente aufgelöst worden.« Na prima, dachte ich doch. »Aus diesem Grunde kann Ihrer Bitte auch in Zukunft nicht entsprochen werden. Die Vergabe von PKW erfolgt ausschließlich auf der Grundlage der Einreihung des Antrags beim zuständigen IFA-Handel. Ich möchte Sie jedoch darauf hinweisen, daß gemäß Anweisung Nr. 1/73 des Ministers für Handel und Versorgung vom 6.1.73 im Pkt. 2, Abs. 4 festgelegt wurde, daß die Direktorin des IFA-Vertriebes in Beratung mit den gesellschaftlichen Beiräten über vorfristige Bereitstellung entscheiden können.« Das wußte ich bis dahin gar nicht. »Dies kann natürlich nur in begründeten Fällen geschehen. Die Gremien arbeiten unabhängig von staatlichen Ämtern und sind in ihren Entscheidungen selbständig. Eine Einflußnahme durch den Minister für Kultur kann und wird es in Zukunft nicht mehr geben.« Eigentlich ’ne tolle Sache. Nun muß man bloß noch ein Auto kaufen können.

Wir bestellten die Zeitung ab. Erstens konnten wir es nicht mehr ertragen, dieses »jeder gegen jeden«, und zweitens, die wurde immer dicker durch die Anzeigenteile, ’ne unnötige ökologische Belastung.

Live spielten wir die ganze Zeit mit zwei Keyboardern, mit Rainer Oleak und André Kuntze. Andrés Mutter, Karin-Maria, ist ’ne tolle Sängerin, die auf der Bühne rumwirbelte, daß die Heidi los war. Zum Glück hat ihr Sohn das geerbt: er springt und kann nicht ruhig stehen beim Spielen. Phantastisch!

Und wieder bin ich in Berlin in der Tucholsky-Straße bei den Telefonheinis. Nichts passiert. Vertröstung: Ende des Jahres vielleicht. Naja, dachte ich, die Hoffnung bleibt immer, wa? Meine Managerin, Ingrid Reith, hatte ein Angebot am Tegeler Hafen. Big Band (Blaskapelle) und meine Gruppe. Aber der Veranstalter wünschte sich »Wie ein Stern« – und das mit der Big Band. »Tja«, sagte ich »ich hab dazu keine Noten.« Okay, wir trafen uns, der Veranstalter, der Dirigent des großen Orchesters, Ingrid und ich, und es stellte sich am Ende raus, daß er gar keine Zeit für Proben hat und wir das Arrangement gar nicht schreiben müssen. Wir machten das Lied in kleiner Besetzung. Problem gelöst.

Ingrid sagte zu mir: »Das haste aber gut gemacht. Du kannst gut verhandeln.« Naja, dachte ich, ich habe ja auch 28 Jahre geübt. Ich brauche vor allem jemand, der mit mir schwingt, der meine Welle hat, dabei freundlich ist, meine Sprache spricht und sie auch versteht. Wenn es um berufliche Tips geht, gibt es nur wenige, die als Freunde helfen, und sie tun es gerne, uneigennützig, was nicht selbstverständlich ist in diesem harten Job. Nämlich: Frank Zander, seine Frau Eva und sein Sohn Marcus. – Dankeschön.

Im Fernsehen, genauer, im Deutschen Fernsehfunk gab es, wie gesagt, zig neue Sendungen: Eine Sportsendung, bei der ich mitmachte – logisch, »Sprungbrett« mit Hartmut Schulze-Gerlach (Muck). Ich stellte dort meinen neuen Titel »Es gibt ein Leben vor dem Tod« vor. Ich wußte, das Lied war viel zu rockig und zu knallig, wurde sowieso kein Hit, aber mir machte es Spaß. Und irgendwann bin ich ja auch mal dran, oder?

An der Ostsee, in unserem Häuschen, wurde eingebrochen, und nicht nur bei uns. Die Jungs wurden aber später geschnappt und verknackt. Es war ja nichts drin, kein Fernseher, keine Geräte, die sie gebrauchen konn-

ten. Paar alte Jeans haben sie geklaut, Fenster kaputtgemacht und einen Kissenbezug mitgehen lassen, um die Sachen aus den umliegenden Häusern einpacken zu können. Eigentlich suchten sie Alk.

Apropos: In der Berliner Ranke-Straße gibt es eine dufte Kneipe, in der alle sechs bis acht Wochen ein Frühschoppen stattfindet, ins Leben gerufen vom Meisel-Verlag mit Hilfe einer Brauerei und anderen Initiatoren. Dort treffen sich Berliner Künstler aller Couleur. Es ist schön und macht Spaß, hat nur für mich einen Nachteil: ich habe zur gleichen Zeit Fußball. Der geht halb 11 los. Und der Frühschoppen um 11. Fußball ist um 12 zu Ende. Schnell duschen, und dann bin ich bestenfalls 1 Uhr in der Ranke-Straße. Fast zu spät für den Frühschoppen! Trotzdem eine gute Chance und Möglichkeit, daß sich Ost- und Westkollegen näherkommen.

Peter Lorenz und ich tüftelten zusammen an einer Idee, die wir »Witzlos« nennen – Wie werde ich meinen Witz los? Ich will es jetzt nicht erklären, sonst macht es vielleicht noch ein anderer. Wir gaben das Konzept fein aufgeschrieben, vier DIN A-4-Seiten, bei einem damals wichtigen Fernsehproduzenten im ZDF ab. Keine Reaktion, kein Brief – Schweigen. Als dann diverse Witzsendungen rauskamen, dachte ich: Ah – nett, guck mal, Peter, könnte von uns sein, und da – ist das nicht ..., na, haben sie vielleicht doch ... oder ist es Zufall?

Nun muß ich aber doch noch ganz ehrlich sagen, daß auch bei mir noch der eine oder andere Brief liegt. Und mancher mag denken: Faß dich an deine eigene Nase, du hast mir auch noch nicht geschrieben. Aber da ich keine Sekretärin habe, liegt mancher Brief zwei bis drei Jahre. Entweder erledigt es sich von selbst, oder ich schreibe tatsächlich noch. Und dann guckt der Absender und sagt: »Was, jetzt noch? Das hätte ich ja nicht

gedacht.« Meistens arbeite ich einen großen Teil der Briefe über Weihnachten ab.

Es gab wieder einige Artikel in den Zeitungen, so in der »Morgenpost« und in der »Wochenpost«. Fritz-Jochen Kopka schrieb, daß ich Sachse sei, »aber wenn er singt, merkt man davon nichts. Singt einwandfreies Hochdeutsch. Ein Phänomen. Inzwischen merkt man auch beim Sprechen nichts mehr. Er redet ein sanftes, gleitendes Deutsch, in das sich alle in der DDR gebräuchlichen Dialekte als Andeutung Einlaß verschafft haben, um friedlich miteinander zu leben.« Und an anderer Stelle: »Er hat die Gabe, banale Aussagen so unverbraucht zu interpretieren, als fielen ihm die Sätze grade ein. Somit erspart er seinem Zuhörer Zustände der Peinlichkeit. Ein heiler Romantiker in einer unheilen Welt.«

Im April reden wir schon über den »Kessel Buntes« für Dezember. Es soll der letzte Ost-Kessel werden. Die Moderation sollen Aurora und ich übernehmen. Aurora hatte viel Angst vorm Moderieren. Ihr Anspruch ist so hoch, daß ihr Können unter ihrer eigenen Meßlatte bleibt. Ich fand das nicht, und im Gesang sowieso nie. Ihre Selbstkritik hatte oft schon was Zerstörerisches.

Mein Sohn Ali kam wieder mal. Wir machten ein paar Spinnereien im Studio, und mein Nachbar Manne meinte: »Du hast so ein schönes Studio. Wollen wir nicht ein Filmsynchronstudio daraus machen? Ich kenn da jemanden.« Naja, dachte ich, eh gar nichts passiert – eigentlich hat er recht. Und so kam ein Chef-Toning. aus Westberlin, schaute sich alles an und meinte: »Ja, toll, prima. Müßten wir um die 300 000 investieren, und dann geht es hier los.« Hm, dachte ich, der macht ja Ernst! Dann habe ich die Massen hier auf dem Hof. Jede Nacht, jeden Tag. Am Ende bin ich nur noch Hausmeister. Nee, nee, dachte ich, Manne, ich glaube,

das ist nicht gut für uns, für unsere Nachbarschaft und für mich auch nicht. Ich will das nicht. Irgendwann werde ich schon mal wieder Musik machen. Ging hinter auf den Hof und hackte weiter Holz.

Matthias Jahn, ein »Musikarbeiter« – Arrangeur, technisch bewandert –, produzierte viele Titel für den »Kessel Buntes« und für Gunther Emmerlichs Sendung »Showkolade«. Manches, den Gesang und Streicher, nahmen wir bei mir im Studio auf. Einmal waren sogar 14 Streicher da.

Irgendwann nervte es mich. Zum Glück baute Matthias seinen Keller aus und machte die Aufnahmen bei sich. Jedenfalls waren Gunther Emmerlich mit Frau, Karl Dall und andere bei uns zu Hause. Und eine Zeitlang war das ganz in Ordnung.

Bei Matthias Jahn nahm ich »Der Letzte macht das Licht aus« auf. Ich trieb ihn fast zur Weißglut: wollte das Lied immer noch mal ändern, es ein bißchen rockiger haben. Er kniete vor mir und meinte: »Bitte laß es so, ich finde es gut, ich kann nicht mehr.« Okay, okay, dachte ich, ist schon in Ordnung. Wenn ich das zu Ole gesagt hätte, wäre kurz die Augenbraue hochgegangen, er hätte nichts mehr gesagt – auch 'ne höchst ärgerliche Situation –, aber es trotzdem verändert. Weil ich fest daran glaube, daß alles zu verbessern geht. Ist so.

Während ich vor der Wende vom Westfernsehen eingeladen wurde, passierte jetzt gar nichts mehr. Die Normalität war eingezogen, die Exotik sozusagen weg, und an diese Stelle trat ein bißchen – ja, für viele – Demütigung.

Und so las ich in Zeitungen zum Beispiel Betrachtungen von Thomas Leinkauf. »Und Werte wie soziale Sicherheit, Solidarität im Umgang miteinander und mit anderen Völkern, Antifaschismus, standen ja nicht nur auf dem Papier in der DDR, sondern waren auch

ein Stück gelebte Realität. Ich meine«, so schreibt er, »die Ausgrenzung alles Unbequemen aus Geschichte und Gegenwart hat uns DDR-Bürgern die Sicht auf uns selber unmöglich gemacht. Daß man uns damit die Möglichkeit nahm, zu begreifen, wer wir eigentlich sind, ist für mich die tragischste Folge des Experiments DDR. Denn Selbstbewußtsein setzt Selbstachtung voraus. Aber während wir gerade beginnen, uns mit der eigenen Vergangenheit auseinanderzusetzen, wird uns die Chance zur Selbstfindung durch die überfallartige Eingemeindung schon wieder genommen. Ehe wir uns unser bewußt werden, wird uns wahrscheinlich längst ein anderes Bewußtsein bestimmt. Ich fürchte, wir könnten dabei wieder eine Identität annehmen, die nur äußerlich ist.«

Und ich nahm auch den Brief von Hans-Werner Saß »an die DDR« in mir auf, in einer Zeitschrift der Aktion »LEBENSQUALITÄT« in München: »Konsumfreiheit ist keine Freiheit. Wer sich von Lebensstandard und Wohlstand blenden läßt, hat schon vergessen, was Brecht mit seiner Parabel ›Wenn die Haifische Menschen wären‹ über die Schönheit des Lebens im Kapitalismus geschrieben hat. Bei uns im Westen werden die kleineren Fische von den größeren gefressen. Und die größeren wandern wiederum ins Maul der größten und allergrößten. Die allergrößten sind jene Fische, die wir kaum noch mit Namen kennen. Wir wissen nur, daß sie Milliardäre sind und mit Hilfe ihrer Manager dafür sorgen, daß die kleinen Fische nicht aussterben. 70 bis 80 solcher Milliardäre gibt es in der Bundesrepublik Deutschland. Sie besitzen die wichtigsten Produktionsmittel unserer Wirtschaft. Sie haben die Verfügungsgewalt über Kultur und Gesellschaft. Sie kontrollieren die Medien, die öffentliche Meinung und den Staat. Die Politiker und ihre Partein werden von ihnen finanziert. Aber auch die Manager«, schreibt er weiter,

»bilden eine herrschende Klasse. Was sie an Macht in den Händen halten, ist fast noch größer als die der Milliardäre, deren Kapital sie zu mehren haben. Sie verfügen nicht nur über die Produktionsmittel, sondern über alle Menschen, die daran arbeiten, während Kanzler Kohl seelenruhig sein 10-Punkte-Programm zur Wiedervereinigung deklariert. Natürlich ist ihm die Kulturrevolution schon zu weit gegangen. Das Volk soll die Macht der Straße wieder aufgeben und sie abermals an die Parteien delegieren.«

Kopf hoch und durch

Das Leben meint es gut mit mir, es kommen 'ne Menge mutmachende Briefe, so von Annemarie: »Wir mögen Ihre Zurückhaltung gegenüber dem westlichen ›Goldrausch‹ und Ihre empfindsame Art, mit der Sie vor allem auf unsere knallharten Interviewer reagieren.« Sie entschuldigt sich feinfühlig für eine Patzigkeit der Moderatorin, für die sie ja eigentlich gar nichts kann.

Sabine aus Weimar: »Im Radio hört man zur Zeit nur noch englische Titel oder alte Schnulzen. Diese Berieselung mit niveaulosem Gedudel ist einfach schlimm. Trotz der Ignoranz großer Fernsehanstalten, geben Sie nicht auf. Wir alle brauchen Sie. Der Brief soll Ihnen Mut und Kraft geben, weiterzumachen.«

Eine Lehrerin schreibt, daß sie zwar immer noch unterrichtet, doch inzwischen alles ganz locker sieht, größtenteils fast gleichgültig. »Das ist ohnehin die einzige Chance, an der Schule in dieser verrückten Zeit zu überleben.«

Und Hartmut, ganz einfach: »Puhdy- oder Schöbel-Scheiben sind ja jetzt schwerer zu bekommen – wenn

überhaupt – als früher die Lizenz-Platten bei AMIGA. Was soll das?«

Und so kämpfte ich weiter, knirschte nachts mit den Zähnen und ging am Tage einmal mehr zum Fußball.

Nach meiner Nierenoperation schrieb mir meine Tochter Dominique einen wunderschönen Brief: »Mein lieber Paps! Ich schreibe Dir diesen Brief, um Dir klar zu machen, wie wahnsinnig große Angst ich um Dich habe. Ich schreibe jetzt nur von meinen Gedanken und Gefühlen. Du weißt, daß Mama und Odette bestimmt genauso große Angst haben wie ich. Vielleicht sogar noch mehr. Aber ich glaube ganz bestimmt, Du wirst es schaffen, denn Du bist eine starke Natur, die viel an die Arbeit denkt, aber vor allem an die Menschen um Dich herum. Ich bewundere so was. Bin wahnsinnig stolz darauf und zugleich glücklich darüber, den besten Papa der Welt zu haben. Ja, ich weiß, das klingt jetzt bestimmt ziemlich simpel, weil man diesen Satz so oft ausspricht. Aber Du kannst mir glauben, dieser Satz kam aus so tiefem Herzen, wie es tiefer nicht geht. Es ist traurig, daß man solche Sachen erst richtig erkennt, wenn es so weit ist, der Blitz schon eingeschlagen hat. Ich bettle und bete zu Gott, damit er Dich beschützt. Eben lief in der Sendung ›Ihr Einsatz bitte‹ ›Wir brauchen keinen Lügen mehr‹. Es ist ein Wahnsinnstitel.« Sie schreibt mir ihre Überlegungen dazu und an anderer Stelle: »Ich hab darüber nachgedacht. Es wird wohl sein, daß, wenn Du etwas für andere tust, gleichzeitig auch etwas für Dich tust ... Ich denke immer an Dich und habe Dich furchtbar lieb. Deine Dominique.«

Während die eine Tochter ihre Sorge und Liebe in Briefform ausdrückt, macht die andere, Odettchen, es auf die lustige Art. Sie schenkte mir zu Weihnachten einen »Engel auf dem Klo«. – »Hoffentlich gefällt Dir mein kleines Geschenk«, schrieb sie. Es ist eine Toilet-

te aus Gips und darauf ein Engel. »Das paßt gut zu meinem Bild, was ich Dir früher mal gemalt habe.« Stimmt. Ich glaube, sie hatte als kleines Kind unheimliche Angst, daß ihr, während sie auf der Toilette saß, von hinten jemand zuschaut. Diese Angst hatte ich als Kind auch.

Eine ganz andere Sache, die ich in der Zeitung las, schockierte mich: Gerhard Riege beging Selbstmord. Er schreibt: »Mir fehlt die Kraft zum Kämpfen und zum Leben. Sie ist mir in der neuen Freiheit genommen worden.« Das schrieb der 61jährige, bevor er sich in seinem Garten erhängte. Als junger Mann hatte er von 54 an sechs Jahre lang für die Staatssicherheit gearbeitet. Dann löste er sich aus eigener Kraft von dieser Vergangenheit, die ihn nun wieder einholte. Und weiter meinte er: »Ich habe Angst vor der Öffentlichkeit, wie sie von den Medien geschaffen wird und gegen die ich mich nicht wehren kann. Ich habe Angst vor dem Haß, der mir im Bundestag entgegenschlägt, aus Mündern und Augen und Haltung von Leuten, die vielleicht nicht einmal ahnen, wie unmoralisch und erbarmungslos das System ist, dem sie sich verschrieben haben.« Diese totale Verzweiflung machte mich sehr betroffen, obwohl ich diesen Mann nicht kannte. Aber ich konnte das nachempfinden.

Ja, und dann fällt mir laxerweise ein, daß die Ostdeutschen extremen Nachholebedarf an allem hatten, was den richtigen Deutschen ausmacht: Cleverness, Coolness, Power, Sex, Peep, Job, Nowhow und vor allem Take-it-easy-Feeling. Was haben ein Ossi und ein Ei gemeinsam? – Beide kann man in die Pfanne hauen. Das Ei nur einmal.

Das neue Programm machte allen Spaß. Das bisher beste, meinte die Band. Ich hatte sicher nicht immer die nötige Ruhe, da mich viele Probleme jenseits der Veranstaltungen beschäftigten.

Es gab jetzt auch wieder Fernsehsendungen. Heinz Quermann machte als Redakteur mit mir ein Komponistenporträt. Dagmar Frederic und Co. sagten es in – damals noch Karl-Marx-Stadt – an. Ich kam auf die Idee – jetzt war es ja möglich – Uve Schikora einfliegen zu lassen und »Mädchen, du bist schön« und andere Lieder mit ihm zu singen. Ich fand es angenehm, daß wir uns nach so langer Zeit wieder sahen und miteinander im Fernsehen waren.

Uschi Künstler, Redakteurin im Radio, hatte über Freunde einen Draht nach Amerika. Dort sollte ein großes Festival stattfinden. Sie schlug mich vor mit »Wir brauchen keine Lügen mehr«. Ich erzählte dies in gu-tem Glauben meiner Plattenfirma, und die Chefs in München schickten doch tatsächlich hinter meinem Rücken jemand anderen hin. Schöne Freunde, dachte ich. Die Band hatte sich schon gefreut. Angeblich paßten wir dort nicht hin. Aber, wie sich herausstellte, unser Ersatz auch nicht.

Ich fuhr öfter in die Nalepastraße zum Radio, um Aufnahmen zu machen. Odettchen wollte mitkommen. »Naja«, sag ich; »wir müssen uns immer was einfallen lassen, damit du beim Pförtner vorbeikommst, Zettel ausfüllen und so was. Ach, es ist einfacher: du legst dich hinten rein, unter die Kofferraumabdeckung, und wenn wir drin sind, kletterst du hinten wieder raus, okay?« Und als ich ihr das alles so erkläre, sagte sie zu mir: »Die haben was gegen Kinder, he?« In dem Moment rief Aurora: »Doda, wenn du dich nicht sofort wäschst und anziehst, darfst du nicht mit!« Odette, ganz leise, mit Nachdruck flüsternd: »Die hat ooch was gegen Kinder.« Wir feixten.

Zwei Schnellwender, die früher große FDJ-Programme machten und jetzt angehende Immobilienhaie sind, versuchten, ein bißchen DDR zu verscherbeln. Sie hatten Kontakte zu den Veranstaltern des ersten großen

Tennisturniers in Leipzig. Ich sollte dafür ein Lied komponieren. Okay, ich schrieb, machte ein Demo, hörte eine ganze Weile nichts. Fragte nochmal nach. »Ja, das ZDF hat sich da mit reingehangen. Die haben sowieso ihre Leute. Tut uns leid.« Wieder ein Versuch, wieder umsonst gehofft.

Ich bekam Angebot für Produktwerbung und sagte, daß ich eigentlich darüber lachen muß, ernsthaft kann ich das nicht machen. Es müßte was total Lustiges sein oder ein Produkt, wofür es sich wirklich lohnt zu werben. Etwa für Umwelt. Ich sagte ab. Später machte ich zwar nicht direkt Werbung, aber so eine halbe Sache für SONY. Späßchen und Geschichten als große Hänger in den Euro-Märkten. Zwei Wochen lang. Dafür kaufte Euro-Spar 6 000 CD's ab. Nochmal würde ich allerdings so was nicht machen. Ich tat's der Plattenfirma zuliebe.

Zwei Kollegen vom Fernsehen kamen und wollten mich zu einer Sendung überreden, die »Kreuz und Quer« heißen sollte. Quiz-Sendung – Mensch, ich mag doch so was nicht. Wir redeten Stunden darüber. Ich hatte das Gefühl, es war ostmäßig, hilflos, und lehnte freundlich ab. Jeder versuchte natürlich, gegen Ende des Deutschen Fernsehfunks, eine Sendung zu erfinden, um später vom ORB oder MDR übernommen zu werden. Letzterer machte mir das Angebot für eine Familien-Ratgeber-Sendung. Gutüberlegt und seriös, aber im Hinterkopf war bei mir die Musik. Und wenn ich schon eine Sendung mache, müßte sie damit zu tun haben.

Bei einer Tour mit mehreren Sängerkollegen warnte mich Uwe Jensen vor dem Veranstalter »Du, der zahlt nicht.« Ich unterschrieb nicht, machte die Muggen nicht und kam so gut aus der Nummer raus. Was nicht immer der Fall war. Am 1. Mai 1993 sollten wir in Anklam auftreten. Freilicht. Als wir ankamen, torkelte uns

ein betrunkener Mann entgegen. Noch im Auto sitzend sagte ich zu Peter: »Na, hoffentlich ist das nicht der Veranstalter. Er war's! Natürlich kein Geld, wir machten es umsonst, trafen in dieser Zeit auf mehrere Veranstalter, die sich bis heute nicht ehrlich gemacht haben. Ich frage mich, was sind das alles bloß für Menschen? Und wieder zum Rechtsanwalt, 'ne Klage hinterher. Wir sind nun mal ein kleiner Betrieb, von der Gage muß alles bezahlt werden. Es gibt überall schwarze Schafe, keine Veran-, sondern Verunstalter!

Ich machte in einer Karney-Show mit und mußte erleben, daß die Gruppe PUR aus der Sendung des Deutschen Fernsehfunks rausflog. Der Sänger gefiel ihnen nicht. Wenn man bedenkt, was die Gruppe für eine Entwicklung genommen hat. Ich habe ihn (Hartmut Engler) später mal daraufhin angesprochen. Ja, er wußte das noch und ärgerte sich nach wie vor darüber. War 'ne böse Nummer, meinte er.

Evi Zander warnte mich vor bestimmten Zeitungen: »Nee, die nicht. Die auch nicht. Sei vorsichtig! Denen solltest Du kein Interview geben.« Das war schon mal wichtig. Und ich suchte mir einen Rechtsanwalt – Axel Schwarzberg, der für Nina Hagen, die Ärzte (die Band, ist klar) und Tamara Danz arbeitete. Um keine blödsinnigen Verträge abzuschließen, muß man heute so was machen.

Ein Journalist aus der Bundesrepublik, Elmar Kraushaar, rief an und sagte, es wäre ein Buch geplant mit dem Titel: »Sind wir ein Volk?« Mir gefiele »Wir sind vielleicht ein Volk« besser. »DDR«-Reporter berichten aus Deutschland-West und ihre »BRD«-Kollegen aus Deutschland-Ost. Er hatte sich als Thema die leichte Muse ausgesucht, aber leider in der Überschrift die alten Klischees bedient: »Im Dienste des Volkes mit Schlagern gegen die Planwirtschaft.« Und das 1990. Mann, dachte ich – wieder der alte Müll. Die Reporta-

ge war aber dann doch relativ wirklichkeitsnah: »... Eines der Vorbilder all dieser Nachwuchstalente möchte ich gern kennenlernen. Ganz weit draußen in Köpenick, da, wo die Stadt noch Gartenstadt ist mit Pflastersteinen und Jägerzäunen, mit quadratischen Villen im Plattenbau und ganz ohne Parkplatznot, wohnt Frank Schöbel, seit nun fast dreißig Jahren die Nr. 1 im sozialistischen Schlagerschaffen. Er erzählt viel, ohne Argwohn und ohne Spekulation. ... Da der Sozialismus hier bei uns ein Scheinsozialismus war, konnte der Staat auch dem Volk nicht sagen ›Kommt, wir haben hier einen für euch, der ist gut.‹, weil das Volk gesagt hätte: ›Das ist einer von euch, den wollen wir nicht. Wir suchen uns unsere Leute selber aus.‹ In diesem Zwiespalt war es viel schwerer, ein sogenanner Star zu werden, wirklich ein von den Leuten geliebter, weil man zwischen den Zeilen viel mehr Sachen beachten mußte. Und so schleichen sich nach den ersten Erfahrungen mit dem Westmarkt auch bei Frank Schöbel Zweifel ein. Singen mußte der Vollblutmusiker letztens in Lübeck in einem weißen Zelt mit Halbplayback. ›Da steht man so oben ohne Musiker und tanzt von einem Bein aufs andere. Das macht keinen Spaß.‹ Im Kulturhaus Weißensee treffe ich«, so schreibt Elmar Kraushaar, »Andreas Holm.« Und er fragt ihn nach seinen Chancen im Westen. Andreas: »Ich sehe für mich persönlich da keine Chancen. Meine Karriere ist in diesem Land gelaufen. Jetzt sind die Jüngeren dran.« Im Westen schon früher probieren, wie Frank Schöbel, durfte er nicht, obwohl auch er einen Hit hatte »Sieben mal Morgenrot, sieben mal Abendrot« mit Erfolg im Westen. »›Ich durfte einfach nicht ausreisen‹, sagt Andreas. ›Begründungen dafür gab es keine. Wir brauchen Sie nicht zu informieren. Mehr habe ich dazu nicht gehört.‹ Da ist er ganz Fatalist; der eine durfte eben, der andere nicht. Eigentlich steht er ganz hilflos

da. Tourneen macht er zwar noch, weiß aber nicht mehr, wie es weitergeht. ›Die Gastspieldirektionen, die uns bisher vermittelt haben, sind alle im Auflösen begriffen, habe ich gehört. Ich werde sehen, was kommt, mache eine kleine Pause. Wie es nach der Währungsunion weitergeht, weiß keiner. Ich weiß nur eins: die Unsicherheit unter allen Kollegen ist sehr, sehr groß.‹« Soweit Andreas Holm.

Ein Interview jagt das andere, und bis zum Erbrechen die Frage: Wie ging's Ihnen denn nach der Wende? Nach dem Motto: Ihnen ging's ja ganz schön schlecht, wa? Erzählen Sie doch mal! Es hört sich so schön zu, wenn's dem anderen schlecht geht, oder, mein Vergleich: du haust einem Pferd alle vier Beine weg und fragst es: Na? läuft sich schlecht, wa? Ich hätte sie erschlagen können. Wobei man sagen muß: manche haben es naiv gefragt und andere zynisch und bösartig. Naja, man muß Geduld haben mit ihnen. Aurora bewunderte das immer und hätte schon deswegen den Beruf aufgegeben. »Wie weit«, so sagte sie immer »willst du dich denn noch erniedrigen lassen?«

Ab und zu flatterte eine Einladung ins Haus. Und das war ja okay, damit sich Ost und West kennenlernen konnten. Ich ging also, wenn auch schweren Herzens, zu manchen Sachen hin. Kannte natürlich kaum einen, guckte hilflos suchend durch die Gegend. Plötzlich schrie eine sehr bekannte Berliner Schauspielerin: »Mensch, das ist doch Schöbel!« Sie war schon ein kleines bißchen angesäuselt und sagte sogar »Der Süße.« Naja, ich kriegte sofort eine rote Birne, und mein Kopf sah aus wie 'ne Ampel, konnte aber auch so schnell nicht umschalten auf Grün oder Gelb, und neben mir stand ein wichtiger Filmboß. »Na klar, Filme hat der auch gemacht!« Und als sie mit Komplimenten nicht aufhörte, sagte der Filmproduzent: »Okay, kommen Sie mal zu mir. Hier haben Sie meine Karte. Schicken

Sie mir vorher ein Video. Schneiden Sie mir was zusammen. Ich guck mir das an.« Okay, dachte ich. Der Abend hat was gebracht, ist doch in Ordnung. Vielleicht passiert ja doch bald was. Immerhin waren die Grenzen schon eine Weile offen. Ich schickte also das versprochene Video hin, nach einem Monat lud er mich ein und meinte, er hätte es da und dort versucht, aber – um ehrlich zu sein – die wollten zur Zeit keinen aus dem Osten. Wenn das jetzt einer dieser ... liest und denkt: Mann, der Schöbel erzählt ein' Haufen Zeug – es war wirklich so. Okay, dachte ich. Das reicht jetzt. Andere haben eventuell mehr Glück gehabt. Oder – die müssen erst in meine Akte gucken, ob ich sauber bin. Naja, ich hab's ja gesagt: man muß Geduld haben.

Aurora meinte einmal in dieser Zeit: »Laß uns nach Spanien gehn. Irgendwo ans Meer, wo es schön ist. Mußt du dir das hier alles antun?« – »Nein«, sagte ich und dachte: Was soll ich da. Ich kenne hier 'ne Menge Leute, gehöre hierher.

Der 1. Juli und damit der Geldumtausch nahte. Ich sagte zu Aurora: »Kauf ohne Ende Kerzen. Hört sich beknackt an, aber die werden bestimmt teurer. Toilettenpapier, Florena-Creme und und und.« Ich hatte recht. Von mir aus hätte sie noch mehr kaufen können. Ich hatte leider keine Zeit.

Am 1. Juli hatten wir dann tatsächlich eine Fernsehsendung – es war eine gute – »Kaffeeklatsch«. Odette, Dominique, Aurora und ich – bei Juergen Schulz. Wir verdienten im Osten unser erstes Westgeld. Wenn man so um die zwölf, dreizehn, vierzehn Jahre alt ist, sitzt man nicht gern in Talkshows und redet. Deshalb hielten wir uns alle an den Händen fest und gaben uns gegenseitig Kraft. Wir konnten viele unserer damaligen Gedanken einbringen. Ich weiß, daß diese Sendung große Resonanz bekam und wir oft darauf angesprochen wurden.

Aufgrund des entgangenen Amerika-Festivals schossen wir ein Foto in Philadelphia – bei KW, bei Königswusterhausen. Ein kleiner Gag am Rande für ’ne Dödel-Zeitschrift.

Ich bekam über zwei Ecken ein verstecktes Plattenangebot von VIRGIN. Irgendwie hatte ich das Gefühl: jetzt kauft sowieso keiner eine Platte im Osten. Nein, dachte ich, ich muß noch warten. Und so meldete ich mich sehr viel später, nach zwei Jahren, dann allerdings war es zu spät.

Ein großer Schreiber in der deutschen Schlagerbranche sagte statt »Guten Tag«: »Sie sind zu dick.« Inzwischen habe ich ihn wiedergesehen und mußte mit etwas Schadenfreude feststellen, daß er jetzt die Probleme hat, die ich damals hatte. Selbst hier hat mein »Chef« zugeschlagen und Gerechtigkeit walten lassen.

Im Juli gab es eine Menge Gesetzesänderungen. Ein Niederlassungsgesetz, Gesetze über die Sozialversicherung, Rentenangleichungsgesetz, Änderung des Gewerbegesetzes und anderes mehr.

Ich fuhr mit Ingrid Reith nach Düsseldorf zum Künstlerdienst, stellte mich vor. »Natürlich, wir kennen Sie. Keine Frage. Aber wir wollen sehen, was Sie so machen.« Als sie merkten, daß ich für Bierzeltauftritte nicht richtig einzusetzen war, sagten sie bedauernd: »Nee, das können wir nicht gebrauchen.« Ich würde viel zuviel Musik zum Nachdenken machen. Die Leute im Zelt brauchen zack! Lieder auf den Kopp! bum bum bum und ab! Es mutiert der Promi zum Primi. Naja, das waren doch alles aufmunternde Erlebnisse.

Eine Ausnahme war da die erste gemeinsame Ost-West-Radio-Sendung des SFB, »Schlager ohne Grenzen«, gemeinsam mit dem BERLINER RUNDFUNK und Herbert Küttner und Henning Vosskamp am Wannsee. Angenehme Sache. Na siehste, es geht doch!

Im September fuhren wir mit dem Schiff für eine

Fernsehsendung von Lissabon nach Genua. Aurora und ich sollten einige Musiktitel aufzeichnen. Einmal hatten wir Windstärke 8. Ich wachte früh auf und mußte mich übergeben. Ich glaube, den anderen auf diesem Kahn ging es nicht anders. Als nach zwei, drei Stunden wieder Leben in mir war und meine grüne Lampe anging, wollte der Regisseur doch tatsächlich bei diesem Seegang meinen Titel aufzeichnen.

Es gab zwar auf diesem griechischen Schiff sehr gutes Essen, aber irgendwann war es auch immer dasselbe, und ich halte es auf so einem Kahn nicht lange aus! Du gehst dreimal hin und her, dann kennst du alles. Kein Fußballplatz! Kein Sport! Du kannst nicht viel tun. Da werde ich ein bißchen kribbelig. Aber wir sahen viel – machten Zwischenstation in Nordafrika, in Tanger, waren auf Gibraltar, in Spanien in Cadis, Malaga, Abstecher zu den Balearen, nach Palma de Mallorca, durch den Golf von Lion und das Ligurische Meer hin nach Genua. Von Genua schließlich mit dem Bus über den Brenner zurück nach Berlin.

Als die Sendungen ausgestrahlt wurden (aus Effektivitätsgründen erstellte man gleich drei Sendungen) gab es Zuschauer, die sich beschwerten; »off unsre Groschen machen die sich 'n Fedden off n Schiff un drällorn uns ä bissl war vor.« Bum, bum, bum – der Neid geht um. Nebenbei gesagt, das Deutsche Fernsehen hat nichts zahlen müssen; es war eine Ausschreibung der Reederei, die für die Unkosten aufkam. (Pech gehabt, »du Neidhammel«!)

Einen Tag vor dem 3. Oktober – ich sage gern, dem Tag der Republik, dann kommt immer ganz barsch »Tag der Einheit!« – waren wir in Halle. Egal welcher Anlaß, Hauptsache Bier für die Massen. Es wird gesoffen, so läßt sich auch alles viel besser ertragen. Wir machen, logisch, nüchtern unsere Mugge. Unser Techniker Frieder konnte erst sehr spät nachts abbauen, fuhr

danach durch nach Cottbus und schlief am Steuer des Barkas für Sekunden ein. Er fand sich im Graben mit mehrmals gebrochenen Beinen wieder. Wir besuchten ihn im Krankenhaus. Viel mehr konnten wir nicht tun. Letztlich war das noch alles sein Risiko: nicht abgesichert, keine Versicherung, und dann Oberschenkelhalsbruch, harter Job.

Die Show zusammen mit Wencke Myhre vom 3. bis 7. Oktober in der Cottbuser Stadthalle mußte trotzdem weitergehen.

Ein anderer Veranstalter aus dem Westen, wie sich später rausstellte, ein ganz netter, wußte nicht so richtig, wer der Schöbel ist. Vielleicht so'n Sänger, der die Faust hochreißt? Hej, hatten manche Vorstellungen – und Vorurteile, unglaublich! Er engagierte mich wagehalsig für eine Tournee, auf der ich einen richtig guten Draht zu Graham Bonney, Jürgen Marcus und Peter Orloff hatte. Wir verstanden uns sehr gut. Und die anfängliche Angst, beim Publikum schlechter wegzukommen, mußte ich nicht haben. Auf deutsch gesagt: Wir kamen gut an (wir kamen auch wieder gut zurück).

Ich gehe zum Elternabend »für unsere großen Babys«. Die Lehrer spielen verrückt, haben Angst, gefeuert zu werden, und die Kinder leiden oft sehr. Wir unterhalten uns darüber. Für alle eine schwere, turbulente Zeit.

RTL machte eine Musikrevue. Aurora und ich sangen »Zusammengehörn«. Und obwohl das Lied schon über ein Jahr alt ist, wird jetzt erst klar, was eigentlich bei der Vereinigung von Ost und West Programm sein sollte: zusammengehörn und alles teilen. Ja, teilen ist eigentlich angesagt, wenn man zusammengehören will. Bloß hat keiner gesagt, wie das Verhältnis sein soll. So bleibt das Teilen zumindest auf künstlerischem Gebiet ein frommer Wunsch.

Ich hatte meine erste Talkshow nach der Wende im Deutschen Fernsehfunk. Ich war ziemlich unsicher; logisch, man war ja mit seinen Antworten immer noch am Suchen. Jammern wollte ich schon gar nicht, aber was Positives konnte ich auch nicht bringen. Der Talkmaster gab sich so ein bißchen intellektuell, fand es gut, andere in die Pfanne zu hauen und ein bißchen »scharf« zu sein, meinte wohl, es ging jahrelang in der DDR viel zu sanft zu. Jeder gegen jeden war angesagt, je mehr er glänzte, desto sicherer sein Job (?).

Ich kaufte mir endlich eine 38er Bandmaschine, zum Umspielen und Mastern war sie sehr nötig, und die finanziell erschwinglichen DAT-Recorder gab es noch nicht.

Ein ehemaliger Mitarbeiter des Komitees mit früher guten Kontakten nach Moskau nutzte die Ahnungs- und Arbeitslosigkeit einiger Kollegen, um ein Vorspiel vor einigen westdeutschen Managern zu organisieren. Abgesprochen war: sollte sich nach dem Vorspiel eine Veranstaltung ergeben, bekäme er eine Provision von 10 oder 20 Prozent. Ich trat nicht auf, so etwas kann man nicht unterschreiben. Trotzdem kamen viele Künstler; einige nutzten auch die Chance und trixten den Meister aus, indem sie Verträge selber schlossen. Trotzdem, es war alles zu früh, viel zu früh. Die vielen Kulturhäuser hatten entweder kein Geld mehr oder ihr Trägerbetrieb brach weg, wurde zu- oder kaputtgemacht. Die Leute hatten ohnehin anderes im Sinn, wollten Westkünstler sehen, ihr Geld auf Mallorca oder anderswo ausgeben; nicht CD's oder Platten, sondern erstmal Autos kaufen.

Wenn man bedenkt, daß die ausgedienten Alu-Chips zu Werkstoffen für die Auto- und Elektroindustrie umgearbeitet wurden, ist es schon lustig, sich vorzustellen, daß unsere ehemalige DDR-Kohle praktisch heute noch durch die Straßen fährt!

Manchmal sitze ich zu Hause und kriege Wutanfälle wegen der vielen Fragebögen. Was die alles wissen wollen! Ich verstehe dieses Beamtendeutsch nicht. Dann geh ich zu meinem Nachbarn, Manne, frage ihn, und plötzlich – ja, gemeinsam geht es dann. Ich finde beim Umräumen einen alten Personalbogen. Lichtbild, Lebenslauf beilegen. Bis dahin – normal, und dann: »Welche staatlichen Auszeichnungen wurden Ihnen seit 1945 verliehen? In welchen Parteien, Gewerkschaften und anderen gesellschaftlichen Organisationen und Verbänden waren Sie Mitglied? Welchen gehören Sie heute an? Haben Sie aktiv sich am Widerstand gegen den Faschismus beteiligt? Sind Sie anerkannt als Verfolgter des Naziregimes? Welche Auszeichnungen haben Sie vor 45 erhalten? Westverbindungen? Verwandtschaftsgrad, seit wann? warum? Aufenthaltsort, Tätigkeit, legal oder illegal verlassen? Das war ein Personalbogen aus dem Jahre 57, DDR-Zeit.

Nach der Wende lernte man Personalbogen mit anderen Vorzeichen kennen. So sah ich, wie Opi fast weinte und krebsrot über solch einem Machwerk hing. Es ging um die Rente: »Waren Sie hauptberuflicher Mitarbeiter des Ministeriums für Staatssicherheit, z. B. als Offizier im besonderen Einsatz? Hatten Sie eine hauptamtliche Wahlfunktion im Staatsapparat oder in der Partei? oder oberhalb der Kreisebene? Inhaber einer ehrenamtlichen Wahlfunktion oder Berufungsfunktion in einer Partei? Waren Sie Betriebsdirektor, Fachdirektor eines Kombinates? Direktor oder Leiter auf dem Gebiet der Kaderabteilung? Hauptamtlicher Parteisekretär? Professor oder Dozent in einer Bildungseinrichtung oder in der Gewerkschaft FDGB? Richter oder Staatsanwalt?« Und so geht es weiter.

Wie schrieb doch Peter Ensikat in einer Kolummne »Deutsche Liebe von oben«? Ich zitiere: »Es waren zwei deutsche Kinder,/ die hatten einander so lieb,/

so lang sie zusammen nicht kamen/ und jeder zu Hause blieb.

Nun aber fällt übereinander her, was da in Liebe zusammenwachsen sollte. Die sich im November 89 besoffen in den Armen lagen, liegen sich jetzt ganz nüchtern in den Haaren. Dem kurzen Vereinigungsrausch folgte ein langes Katerfrühstück. Aus der feucht-fröhlichen Verbrüderung wurde ein eiskalter Bruderkrieg zwischen zwei – allerdings sehr ungleichen – Brüdern. Das einzige, was uns noch zu verbinden scheint, ist das gegenseitige Vorurteil, die zum Klischee geronnene Erfahrung. Wer nicht so ist wie wir, der ist gegen uns. Uns trennen keine Mauern mehr, uns trennen 40 Jahre unterschiedliche Erfahrungen. Um uns näher zu kommen, müßten wir uns erst mal kennenlernen. Gerade das aber sieht der deutsche Einigungsvertrag nicht vor. Er ging einfach mal davon aus, daß wir zusammengehörten. So sehr zusammengehörten, daß der eine sich getrost auflösen könnte, um im anderen aufzugehen. Die Hingabe des einen an den anderen wurde in Paragraphen gegossen, und so entstand eine deutsche Liebesgeschichte mit rein rechtsstaatlichen Gefühlen, die zwar keiner empfindet, aber jeder beim anderen einklagen kann. Hauptmerkmal dieser juristisch beglaubigten, von Politikern verordneten Liebe aber ist: sie kennt nur eine Stellung: der eine ist oben, der andere unten. Ja, es ist eine bürgerliche Ehe geworden, bei der der Bräutigam darüber entscheidet, was beiden gefällt. Die Braut empfängt auf dem Rücken liegend seine Wohltaten von oben.«

Hej, wenn Du so was hörst, hüpft da nicht auch Dein Herz? Das spiegelt eine Menge aus unserem Leben. Ensikat schreibt weiter über die Braut DDR: »Ein Leben vor der Vereinigung hat sie nicht gehabt. Was vor der Stunde Null war, waren allenfalls einige dunkle Kapitel, über die sie besser nicht spricht. Dann verzeiht er

ihr auch. Außer seinem Geld verdankt sie auch all seine Gesetze. Darunter das der Meinungsfreiheit. Sie kann jetzt denken, was sie will. Wenn sie von ihren Gefühlen spricht, die er verletzt, dann spricht er von seinem Geld, das sie ihn kostet. Wirft sie ihm seine gebrochenen Liebesschwüre vor, erinnert er sie an ihre finstere Vergangenheit. Ja, sie haben einander viel vorzuwerfen.« Diese schöne Parabel könnte man noch fortführen.

Du erinnerst Dich, Aurora und ich sollten den letzten »Kessel Buntes« moderieren, den der Deutsche Fernsehfunk ausstrahlte. Danach wurde der »Kessel« übernommen und dahingehend verändert, daß immer derselbe Moderator durch die Sendung führte. Damit machte man auch die Hauptidee kaputt. Also übernehmen, verändern, runterwirtschaften und auch abwickeln.

Unser Kessel wurde am 8. Dezember, 20 Uhr, im Friedrichstadtpalast aufgezeichnet und am 22., also kurz vor Weihnachten, gesendet. Wir hatten tolle Gäste: Daliah Lavi, David Hasselhoff. Wichtig waren uns aber auch die Teile, die wir selber bestreiten durften. Uns kam die Idee, daß unsere Kinder Odette und Dominique gemeinsam mit ihrem Halbbruder Alexander auf der Bühne stehen sollten. Nun mußte ich ihn erstmal mit der Wünschelrute suchen.

Er lebte zu der Zeit nicht bei seiner Mutter, sondern als Hausbesetzer in Potsdam. Ich machte mich auf ins Holländerviertel und fand ihn, wie er hinterm Hauseingang mit einem Schweißapparat werkelte. Ich sagte: »Was ist denn jetzt los?« – »Ja«, meinte er, »gestern kamen hier Glatzen und wollten uns aufmischen. Jetzt schweißen wir ein Riesengitter rein. Wir wollen das Haus instandbesetzen, haben hier schon 'ne Menge gemacht.« Er zeigte mir die Verwüstungen von den Glatzis: Türen eingetreten, Fenster eingeschlagen, Fernse-

her und Kassettenrecorder zerstört und so weiter. Auf der einen Seite tat er mir unheimlich leid, aber auf der anderen – es hat ihn ja keiner gezwungen dahinzuziehen, und ein bißchen Neid kam gleichermaßen auf: Hausbesetzer, hm – hätt ich vielleicht auch gerne gemacht, hatte was Abenteuerliches, muß ich schon sagen. So zwischen Ferienlager und »Räuber und Gendarm«. Naja, und dann fragte ich ihn: »Ej, willste nicht mitmachen beim ›Kessel Buntes‹?« – »Ach, ich weiß nicht, was Muttern dazu sagt.« – »Hej, ich frage dich! Du bist jetzt 22!« Seine Angst war sofort, daß sie was dagegen haben könnte. »Okay, ich klär das.«

So fuhr ich also mit 'ner weißen Flagge zu Chris und sprach mit ihr. »Klar«, meinte sie, »wenn nicht der Eindruck entsteht, daß Ali bei euch wohnt, dann habe ich nichts dagegen.« Es war ein faires Gespräch. Sie war gerade allein, also fast. Ihre vier Katzen hatten aber auch nichts dagegen.

Ali kam zu mir nach Hause. Wir suchten unter vielen Liedern eins aus, von Thom Pace »Maybe«, und er sang es bei Ole im Studio ein. Ich finde, er hat sehr gut gesungen, genau wie Odette und Dominique, und denke, er war auch zufrieden. Dann wurde das ganze Stück geübt und im Friedrichstadtpalast zur Aufführung gebracht.

Ali mußte sich danach sofort eine Zigarette rauchen. Er war so aufgeregt, aber auf der Bühne merkte man es ihm nicht an. Die Kinder waren glücklich, und ich gebe zu, daß ich stolz war und verliebt in alle drei. Das ging Aurora nicht anders. Wir beschlossen alle fünf, gemeinsam in Urlaub zu fahren.

Die Band »Nanu« und ich machten vorher noch ein paar Weihnachtsveranstaltungen, unter anderem in Pirna. Unser Schlagzeuger Ingo Politz meinte, daß es sehr knapp würde, er habe noch einen Termin. So wartete ich an unserem Treffpunkt in Adlershof wirklich bis auf

die letzte Minute. Ich hatte ausgerechnet, wie lange ich bis Pirna brauchte, zweieinhalb Stunden, und fuhr dann los. Kam zwei Minuten vor Beginn der Vorstellung an, vom zu schnellen Fahren völlig angestrengt und gewissermaßen erschöpft. Der Saal war voll besetzt. Ich zog mich schnell um, ging raus und sagte nach dem ersten Titel, daß wir heute keinen Schlagzeuger haben. Normalerweise geht eine Veranstaltung dann gar nicht. Aber wir hatten zwei Keyboarder, nämlich Rainer Oleak und André Kunze. Und André hätte ja sowieso gerne mal Schlagzeug gespielt, wenn eins dagewesen wäre. Da kam er auf die Idee, das Schlagzeug auf seinem Keyboard zu imitieren. Du hast ja alles drauf auf dem Keyboard, die große, kleine Trommel, die Toms, was du willst, die Hi Hat, das Becken. Alles über Sampler – bißchen kompliziert – nimm's einfach so hin. Und so kloppte er auf sein Keyboard. Wir erklärten dem Publikum, daß es nicht Playback war, sondern alles live gespielt wurde.

Und was soll ich Dir sagen – endlich einmal war es den Leuten nicht zu laut. Der Techniker hatte voll im Griff, wie laut er das Schlagzeug einpassen konnte. Was du sonst, wenn einer auf der Bühne richtig auf Drums haut, natürlich nicht machen kannst. Also Glück im Unglück.

Auf unserer Weihnachtsfeier mit der Band am 16. Dezember mußten wir uns sagen, daß wir nicht wissen, wie es im nächsten Jahr weiterläuft. Die Band ging quasi auseinander. Ole ins Studio, machte Filmmusiken mit Günther Fischer; Stefan und André eine Zeitlang zu Dirk Michaelis; Uli Werfel, Peter Lorenz und ich blieben als Trio zusammen. Eva Fritzsch, unsere Sängerin und Flötistin arbeitete vorübergehend lang in Studios und Chören und heiratete mal so ganz »nebenbei« unseren ehemaligen Bassisten aus Schikoras Zeiten: Dissi.

Zu meinem Geburtstag bekomme ich einen »Liebesbrief« von Dominique: »Ich wußte nicht genau, was ich Dir Besonderes schenken sollte. Deswegen schreibe ich Dir das, was mir beim Gedanken an Dich gerade von Herzen kommt.« Und so lese ich wunderschöne Dinge, die uns ganz allein und die Familie betreffen, und an einer Stelle schreibt sie: »Was ich bei Dir oft bewundere: wenn Du von der Arbeit ganz geschafft, müde und abgespannt nach Hause kommst, bist Du trotzdem noch lustig, überspielst Deine meist größeren Sorgen, machst Späße, Witze und ziehst Grimassen, damit wir über unsere Probleme hinwegkommen. Ich habe so etwas noch nie erlebt. Das hat vielleicht auch etwas mit Deinem Sonntagskind-Sein zu tun. Ich glaube wirklich, Gott hat schon lange ein Auge auf Dich.«

Unsere kleine Welt zu Hause ist in Ordnung. Die Krankheit, der Erfolg beim »Kessel Buntes« – all das schmiedete uns zusammen, wenn auch die Enttäuschung, nicht in den großen gemeinsamen deutschen Topf zu gehören, blieb.

Ich hatte mich so an meine HERMES-Kalender gewöhnt. Die gab es jetzt nicht mehr, jedenfalls habe ich keinen gefunden. Naja, auch das war ein bißchen traurig. Ich schrieb in meinen neuen Kalender Zeilen, die nicht besonders positiv waren. Es geht nur noch um die Kohle, falsche Freunde, wieder am Anfang, verlorene Zeit, gestohlene Jahre, zwischen Angst und Hoffnung. Aber – und das war viel schöner – nach den Feiertagen ging es mit Ali, Dominique, Aurora und Odette für acht Tage nach Österreich, genauer gesagt: Südtirol. Dorthin, wo meine Tante Ruth lebte und wir schon einige Leute aus dem Dorf kannten. Silvester stiegen wir auf den Berg, nahmen eine Flasche Sekt mit, stellten sie im Schnee kühl und sahen uns das Feuerwerk von oben an, wunderschön.

Ali meinte, das wäre sein erster Urlaub mit Eltern, so lange er zurückdenken könne. Als er Kind war, machten wir zusammen Ferien in Schierke, daran konnte er sich wohl nicht mehr erinnern.

Die Leichtigkeit muß wieder einziehen

Zu Hause steuerten wir voll ins »Der letzte macht das Licht aus«-Jahr 91.

Immer öfter hörte ich unseren Opi Doerk schimpfen, wenn er von der Bank kam: »Dreimal ham se uns schon beschissen: nach'm 1., nach'm 2.Weltkrieg und jetzt wieder.« Für ihn war das Westgeld kein Gewinn. Er verglich die Preise, und das Geld hatte einfach für ihn weniger Wert. Und wenn er die inflationäre Entwicklung jetzt noch hätte mitmachen müssen! Einmal hat er sich so aufgeregt, daß er vor der Bank mit dem Fahrrad gestürzt ist.

Ein andermal sah ich eine alte Frau am Schalter, zitternd und weinend. Sie sollte etwas ausfüllen und kam nicht zurecht. Ja, ich bin zwar jünger und sehe doch, wie es mir geht.

Irgendwann riß ich mich zusammen und beschloß: »Ich brauch einen Steuerberater.« Über Rolf Henning, meinen alten Spezi, der schon immer clever war und die Kurve ganz schnell kriegte, bekam ich einen Tip: »In Bernau sitzt unsere Steuerberaterin. Ich kann sie ja mal fragen, ob sie Dich noch nimmt.« Sie sagte Ja, und es war ein Glücksgriff – auch menschlich. Sie nimmt diesen trockenen Beruf auch mal von der humorigen Seite. Ich habe Hochachtung davor. In der Anfangszeit ging es z.B. mit der Mehrwertsteuer drunter und drüber. Der Rundfunk und das Fernsehen wiesen sie nicht aus. Kleinigkeit? Denkste, man mußte zig mal nachfra-

gen, bis sie dir die korrekten Abrechnungen schickten. Dazu der ganze Kram mit Versicherungen: Unfallversicherung, Rente ...

Na, Du weißt ja, was erzähle ich Dir das. Aber wir sind freischaffend, wir müssen das alles selbst organisieren. Das ist das Problem.

Meine Managerin Ingrid lud mich ganz stolz zu einer Veranstaltung in Mariendorf auf der Trabrennbahn ein. »Ich könnte dich da auch vermitteln. Du müßtest allerdings mit einer fremden Kapelle spielen.« Ich schaute mir das an – wirklich wohlwollend – und mir war klar: so was will ich nicht. »Sei nicht sauer, niemals.«

Als ich über mein Studio nachdachte und darüber, Videos zu produzieren, mußte ich mir eingestehen, daß es das in der Welt schon viel besser gab und ich dagegen nur mit Geld ankommen könnte. Also war für mich klar: vergiß es! Es war ein Traum aus einer anderen Zeit und unter anderen Bedingungen, im Moment so nicht mehr zu verwirklichen.

Am 18. März 1991 ist in Köpenick Wahl. Wie überall. Ich kenne keinen von diesen Menschen auf der Liste. Kann ja auch nicht sein. Plötzlich lese ich: Jutta Petersdorf. – Mensch, das ist doch die Frau von olle Jochen! Die ist in Ordnung! Logisch, die kann man wählen. Da kann nichts passieren. Die kenne ich wenigstens. Die hat Ansichten, die ich teile. Die Wahl ist sowieso ’ne D-Mark-Wahl. Und trotzdem bin ich der Ansicht, daß die D-Mark kommen mußte, sonst wären die DDR-Bürger zu ihr gekommen. Man hatte keine andere Möglichkeit. Unter den Bündnis-Leuten gab es welche, die in den Wirren hochgespielt wurden, meist noch unsympathisch waren und die gegen die routinierten Politprofis letztlich sowieso keine Chance hatten. Kurz gestreichelt und eigentlich schon abgemeldet.

Ich rief unsere Freunde Jens und Rosi in Hamburg an, Jens meinte: »Komm nach Hamburg, laß uns über eine neue CD reden.« Ich meinte: »Jetzt, wo der Golfkrieg tobt? (soll ich dazu die Musik machen? – nee) Dazu fällt mir überhaupt nichts ein.« Er sagte: »Ja, hast recht. Musik verkauft sich im Moment sowieso schlecht«, und nannte mir ein paar Beispiele. »Aber, wir fahren nächste Woche zu Geschäftsfreunden nach Kanada. Willste mitkommen?« Nach Kanada – hej, dachte ich, das ist mein Jugendtraum. Soll sich der jetzt erfüllen, und so plötzlich?

»Okay, Jens, ich komme nach Hamburg.« Ich nahm Odette mit, und sie sagte im Auto: »Du hörst gar nicht zu, wenn man mit dir sprechen will.« – »Ja, entschuldige, ich träume. Ich bin schon in ...« – »Du denkst nur noch an Kanada, wa?« – »Ja.«

Ich dachte: die Leichtigkeit muß wieder einziehen bei mir. Und so flog ich mit Jens und Rosi für vierzehn Tage nach Halifax. Keine Zeitung, kein Fernsehen, die einen destruktiv und depressiv machen. Es war toll und für mich ungeheuer wichtig in dieser Zeit. Ich kam wie ein Vierzehnjähriger zurück, kaufte Eiben für unsern Garten, beschnitt Bäume, baute einen Holzverschlag und meinen ganzen Frust ab.

Mit Helga Hahnemann und Arndt Bause gab es Gespräche für ihre neue Single-CD. Drei Titel wurden in Hamburg bei »Stop-Records« aufgenommen. Letztlich kam die CD bei ARIOLA raus. Helga wollte unbedingt, daß Paule Kramer mitkam. »Der hat jute Ohrn, den brauch ick.« – »Na klar«, sagte ich, aber es war irgendwo 'ne Geldfrage, wir mußten alles selber bezahlen. Als sogenannter Produzent bekam ich keinen Pfennig, hatte eigentlich nur Ausgaben, genau wie Arndt und Helga. Aber wir wollten Musik machen, wollten eine Platte herausbringen, und die sollte im Westen kommen. Da Paule genauso wie Arndt Bause

den musikalischen Produzenten machen konnte, blieb für mich nur, Helgas Gesang zu führen. Nun war es nicht leicht, mit ihr zu arbeiten. Ich kann dies gut nachvollziehen. Es ist sowieso schwer für einen Sänger, in einem abgeschotteten Raum sich vorzustellen, die Massen zu begeistern. Denn das ist letztlich die endgültige Plattenaufnahme. Ich male mir in solchen Momenten aus, die ganze Welt hört zu.

Helga verlor ihre Scheu vor mir (weil ich ja in ihren Augen Sänger war; und sie nicht(?)) und reagierte auf meine musikalischen Vorschläge. Zwischendurch stand sie immer wieder mal in der Küche, schmierte Stullen und meinte: »Wo sind wir bloß hingeraten?«

Im Mai eröffnete die ehemalige Künstleragentur der DDR unter neuem Namen, ganz stilvoll. Aurora und ich gingen ja selten irgendwo hin, aber das war eine angenehme Eröffnungsgala. Mit einer Veranstaltungsvermittlung für mich klappte es dann allerdings erst 5 Jahre später. Ansonsten blieb es bei guten Vorsätzen, freundlichen Worten und »Wir müssen mal unbedingt was machen. Melde dich doch mal – laß uns telefonieren!«

Millionen Herzen – für diese Stadt

Am 13. Mai gab eine Zeitung 'ne Fete. Naja, dachte ich, gehste mal hin. Zwei Herren aus der Politik kamen auf mich zu und meinten: »Berlin muß Hauptstadt werden. Wir sollten, bevor die Abstimmung im Bundestag ist, irgendwas auf der Kulturstrecke tun. Wir stellen uns vor: Juhnke, Lippi und du, ihr macht ein Programm in Bonn auf'm Marktplatz.« – »Nein!« sag ich spontan. »Erstens kennen die mich da nicht, und zweitens beschmeißen die uns mit Eiern. Bloß nicht.«

Das leuchtete den Herren sofort ein, und ich zauberte aus der Mütze meinen eigentlich alten Gag (damals, 84, schon gut gelaufen), mit vielen Schlagersängern eines Landes zu singen. Diesmal umgepolt auf: Hälfte Ost-, Hälfte Westkollegen. Das wäre die erste gemeinsame musikalische Zusammenarbeit. Und in der Arbeit findet man sich ja bekanntlich. Noch dazu das Thema Berlin. Also besser geht es eigentlich fast nicht. Ich versprach, ich mach mir einen Kopf, setze mich hin und schreib erstmal ein Lied. Ich brauchte eine Nacht, einen Tag, um zu überlegen: mach ich was für Berlin? Früher, im Osten, wurde alles in Berlin reingesteckt, und ich dachte: du kannst mit diesem Thema eigentlich nur miese machen. Aber auch: die Politiker müssen hierher kommen. Sie haben immer gesagt, daß Berlin wieder Hauptstadt wird. Und sie sollen vor Ort sein, mitten in den sogenannten neuen Bundesländern, die Probleme sehen. Hier sind die Leute locker, hier kriegen sie richtig die Kante. Mit der Betulichkeit ist es aus. Ja, ich mach das.

Erich Nieswand, früher ein bekannter Sprecher, betreute beim SFB in der Presseabteilung die »Hauptstadt-Frage«. Wir lernten uns kennen, achten und ich denke mal, es entwickelte sich in dieser Zeit ein freundschaftliches Verhältnis. Ich machte ein musikalisches Demo, Burkhard Lasch schrieb den Text »Millionen Herzen«, Aurora und ich sangen es ein. Ich spielte es in der Presseabteilung des SFB vor. Herr Nieswand holte seine Mitarbeiter rein und ließ sie mitentscheiden: allgemeine Freude, bis auf einen Mitarbeiter, der es etwas kitschig fand, später jedoch zum absoluten Verfechter dieses Liedes wurde. So kann es kommen. Burkhard Lasch und ich waren auch gleichzeitig die Produzenten. Burkhard schlug für die Musikaufnahmen das TRIXX-Studio in Berlin vor. Doch ehe es soweit war, mußte ich erstmal Kollegen überreden. Möglichst

sechs oder acht aus dem Osten und acht aus dem Westen. Ja, das mit dem Osten war nicht so schwer. Helga Hahnemann überlegte kurz und sagte: »Ja!«

Ich meinte: »Ich hätt gern Tamara, was meinst'n, soll ich sie anrufen?« – »Dit mach ick. Die überred ick schon, laß ma!« Und Tamara sagte schließlich Ja. Gunther Emmerlich – auch okay. Maschine von den Puhdys nickte ab. Inka sagte sofort zu. Veronika Fischer. Tja, und dann Angelika Milster, Harald Juhnke, Dieter-Thomas Heck, Romy Haag und Ron Williams. Eine illustre Truppe, die sich für ein Lied zusammentat, letztlich nur Unkosten erstattet bekam und sich in den Dienst der Sache stellte.

Ich weiß, wie das ist, wenn ich angerufen werde. Ich tu mich da auch schwer: ach, wieder so eine Initiative! Hilfe! Bloß raushalten!

Nun stand ich auf der anderen Seite. Ich ging früh um 8 Uhr zum SFB, ungefähr zehn Tage lang. Kam für die Zeit beim freundlichen Klaus Werker, in seinem Redaktionzimmer, unter. Bekam ein Telefon, einen Schreibtisch. Ruhe. Und Klaus stand mir mit Rat und Tat zur Seite. Auf der Wunschliste des SFB fanden sich neben den bereits Genannten auch Udo Lindenberg, Peter Maffay, Klaus Lage, Udo Jürgens und andere. Einigen spielte ich das Lied am Telefon vor, sang es auch mal und faxte dann einen Brief zu. Immer persönlich gehalten und auf den einzelnen Kollegen eingehend. Etwa in der Art: »... Seit gut fünf Tagen geht hier bei zwei bis drei Ostrockern die Idee um, ein Lied für Berlin bis zum 13. Juni fertigzustellen, um es dann als Video à la ›We are the World‹ über die Sender zu jagen. Wir wollen musikalisch versuchen, doch noch ca. 60 unschlüssige Bundestagsabgeordnete für Berlin zu bewegen und damit etwas für die neuen Bundesländer zu tun. Außerdem wäre es in dieser Jeder-gegen-jeden-Zeit ein schönes Beispiel, daß eine Handvoll Sänger ein

kleines Ost-West-Zeichen setzt und einfach miteinander singt. Jeder ›Sympathie-Träger‹ soll eine Zeile singen. Ich würde Dir den Titel gern am Telefon vorspielen oder mit der Post (Demo) schicken. Vorausgesetzt, Du bist für Berlin. Das Wort Berlin kommt übrigens im Text nicht vor. Die Aufnahmen müßten zwischen dem 6. und 12. Juni in Berlin oder an einem Ort in Deiner Nähe – möglichst in Europa – gemacht werden. Er soll kein KESSEL BUNTES werden, dennoch sind vier bis fünf Sänger anderer Stilrichtungen dabei, da wir die Idee über den Streit zwischen den Musikrichtungen stellen wollen. So oder so, bitte rufe mich an und teile mir Deine Entscheidung mit. Wenn es geht, melde dich bitte persönlich. Ich danke Dir und grüße Dich herzlichst aus dem TRIXX-Studio. Frank Schöbel.«

Ich verschickte dann die Briefe. An Udo Jürgens kam ich persönlich nicht ran. Er sei in Portugal und arbeite an seiner neuen Platte.

Der andere Udo (Lindenberg) überlegte noch. Und meinte: »Ja, wenn die Gruppe aus Ostberlin sowieso mitspielt, dann würde er mitmachen. Aber da ist noch einer, der hat mal ein Bundesverdienstkreuz gekriegt. Das hat er eh nicht verdient, mit dem will ich nicht singen.«

Nina Hagen hatte fast zugesagt, war in Paris.

Howard Carpendale: ich lag vor seiner Tür – er sagte in Raten ab.

Es war nicht einfach, aber sehr lehrreich für mich. Du kriegst sie nur zusammen, wenn sehr viel Geld dahintersteht oder eine große Schallplattenfirma. Aber so ganz naiv, einfach anrufen, so kumpelmäßig, das kannst du voll vergessen.

Und so lernte ich manchen Star von einer ganz anderen Seite kennen. Als dann schließlich der Stamm der Künstler feststand, mußten die Produktionstermine unter einen Hut gebracht werden. Nach der Gesangs-

aufnahme wurde auch gleich das Video dazu im Studio gedreht.

Richtige Arbeit zu haben, Redakteur zu spielen, bei den Aufnahmen dabeizusein in einer Zeit, als die musikalische Hängematte für uns aus dem Osten angesagt war – es hat Spaß gemacht!

Auch Harald Juhnke, den ich natürlich aus dem Fernsehen kannte, sagte zu. Er duzte mich gleich am Telefon, was mir persönlich lieb ist: »Na klar, Frank, da mach ich mit.« Er nannte mir einen Termin. Ich brachte ihm die Musik direkt nach Hause.

Wir sahen uns an einem Sonntag, 13 Uhr im Musikstudio. Als er kam, sagte er: »Tag Frank! Ich habe ein Problem: wir haben nicht über meine Plattenfirma gesprochen. Ich hab mit denen einen Plattenvertrag.« – »Ja, sag mal, konnteste mir denn das nicht gestern sagen? Ich krieg doch heute keinen mehr am Sonntag!?« – »Ich kann und darf das nicht machen, wir müssen das erst klären«, meinte er. »Und jetzt brauche ich erst mal ein Bier und einen Schnaps.« Hej, dachte ich. Naja, klar: holten wir.

Wir saßen da eine Stunde und haben nur gelacht. Anschließend, das TRIXX-Studio ist im Keller, er die Treppe wieder hoch, rein ins Taxi und nach Hause. Naja, Kameramann, Maskenbildner und ich – alle umsonst dagewesen. Ich rief am nächsten Tag bei der Plattenfirma an, und die meinten: »Der hat gar keinen Vertrag mehr mit uns. Ihr könnt das machen.« Ich rief bei ihm zurück. »Ach so?« sagt er. »Naja, dann ist ja alles in Ordnung. Ich drehe jetzt die ›Hitler-Tagebücher‹ in Hamburg. Da können wir's machen.«

Ich besorgte ein Studio in Hamburg bei meinem Freund Jens Held. Wir holten Harald nach dem Drehen in einem Hamburger Hotel ab, fuhren raus nach Poppenbüttel, nahmen Bild und Ton auf – es gab noch einen kleinen Trunk –, Jens fuhr ihn wieder zurück in

die Stadt mit zwei kleinen Zwischenstationen: Er suchte ihn dann so 20 bis 30 Minuten lang. Ich wartete und wartete. Wirklich: Du denkst bestimmt, ich will jetzt zu Juhnke *die* Geschichte erzählen, weil das so gut zu ihm paßt(e?) – es war wirklich so!

Ich fuhr gegen 1 Uhr in Hamburg los und mußte früh um 8 wieder im TRIXX-Studio sein. Als ich auf der Autobahn einen LKW überholte und in Hängerhöhe auf der linken Spur war, tauchte plötzlich ein Reh auf. Bremsen, Ausweichen – nichts mehr zu machen. Es krachte, pfiff, ich versuchte nur, das Auto gerade zu halten, leicht zu bremsen, damit ich nicht gegen den LKW schlug. Vorne muß alles kaputt sein, dachte ich. Es ratterte. Ich kam irgendwann rechts zum Stehen. Ja, sauber – neben einem Telefon. Anrufen. Ich war natürlich zu der Zeit noch nicht im ADAC. Bin an diesem Tage eingetreten – wunderbar! Seitdem habe ich ihn nie wieder gebraucht. Irgendwann um vier war ich dann in der Werkstatt, bekam ein Auto. Als ich dann so halb 7 total müde in Berlin ankam, dachte ich, eigentlich war ich nur in Hamburg wegen Haralds Schlucknummer. Schönen Dank auch!

Als Video und Lied fertig waren, hörten es sich alle Redakteure im SFB an. Ungewöhnlich für Westverhältnisse, aber dienlich für die Aktion.

Am 14. Juni, 11 Uhr gab es eine Pressekonferenz im Operncafé. Am 18. Juni 1991, Punkt 8.15 Uhr sollten möglichst alle Sender – in Ost und West – gleichzeitig das Lied »Millionen Herzen« für ihre Hörer spielen. Sender wie ANTENNE BRANDENBURG, RADIO SACHSEN-ANHALT, RADIO MECKLENBURG VORPOMMERN wurden angesprochen, die Berliner Sender sowieso. Und viele zogen tatsächlich mit.

Im Pressetext hieß es: »Warum ›Millionen Herzen‹? Frank Schöbel bringt es auf den Punkt: ›Früher, als wir noch die deutschen Brüder und Schwestern im Osten

waren, war für alle im Westen klar, daß Berlin die Hauptstadt und der Regierungssitz wird.‹ Der SFB will in diesen Tagen der immer heftigeren Diskussion mit seiner Aktion ›Stimmen für Berlin‹ zur Integration und zur Entspannung beitragen.«

Auf der Rückseite der Single waren »Eindeutige Botschaften berühmter Politiker« zu hören – so John F. Kennedy, Eberhard Diepgen, Konrad Adenauer, Willy Brandt.

»Selten zuvor«, so ist zu lesen, »wurde ein Lied mit dieser Geschwindigkeit hergestellt.« In anderthalb Wochen mußten Künstler gewonnen, ein Plattenhersteller, ein leistungsfähiger Vertrieb, ein Studio gefunden und die komplizierten Rechte geklärt werden. Alle Künstler haben auf die Gage verzichtet, das Lied war ihnen wichtiger.

Später lief es von Japan bis Schweden; in Deutschland sowieso – in großen Fernsehsendungen, aber beispielsweise auch in »Kennzeichen D«. Es wurden Platten gepreßt und in Bonn verteilt.

Nun könnte man sagen: Berlin gewann – wir haben Glück gehabt! Aber für mich, auch für Burkhard und die Musiker war es wichtig, in dieser Zeit zu beweisen, was wir können.

Abwickeln – sich aber nicht einwickeln lassen

Mein Freund Jens aus Hamburg wollte »Wie ein Stern« neu produzieren. Aber wer soll denn das machen? Jens: »Warum produzierst du nicht?« – so im feinsten Norddeutsch. Ich sag: »Ich hab das noch nie gemacht und kann das, glaube ich, nicht.« – »Du hast aber die Erfahrung. Probier's doch einfach mal. Ich geb dir die Chance.«

Ich hatte Schiß, nicht zu wissen, wie die große und kleine Trommel klingen soll, schon bin ich nicht vorne, jemand anders weiß vielleicht besser Bescheid. Das wäre dann leicht unangenehm. »Ej, du machst das mit Drafi Deutscher jr., und alles ist in Ordnung. Und wenn du den Computer nicht beherrschst, du weißt doch geschmacklich, was du willst.« Okay, dachte ich, er hat recht. Ich versuch's. Also werde ich bei der nächsten CD mein eigener Produzent sein.

Drafi machte ein wunderbares Urband, dazu stehe ich heute noch. Der Chor allerdings – im Original wirklich tragende Säule –, den kriegte er nicht hin. Es wurde leider nur eine Billig-Variante: drei Mann. Acht hätten es schon sein müssen. Aber die Produzenten, die das Geld geben, sparen oft an der falschen Stelle. Und so steht eigentlich eine angemessene Produktion des Liedes noch immer aus. Ich konnte mich damals nicht durchsetzen und bin auf halber Strecke stehengeblieben. Die A-Seite dieser Single wurde »Ohne dich« – die deutsche Coverversion von »Without you«. Und ebenfalls eine deutsche Version – »Do it again« – »Noch mal mit dir« – fand als drittes Lied Platz auf dieser Single-CD. Ich erhielt zwar einen Produzentenvertrag, aber nie einen Pfennig Geld, weil die Firma alsbald Pleite machte.

Bei der Funkausstellung traf ich Nina Hagen: »Mensch Fränki, Du siehst ja süß aus!« rief sie mir zu. Ich fand, das traf auf sie viel eher zu, traute mich aber nicht, es ihr zu sagen.

Der Manager von Drafi Deutscher rief mich an und meinte, er habe einen Titel für mich: »Roma Gitana«. Eine Schnulze, sage ich Dir – vom Allerschlimmsten! Der Text war geradezu gefährlich. Ich sang es – ja – aus Spaß bei Marcus Zander ein, heulte es auf Band, meinte aber: »Verdammt, es ist ein Demo, also auch nicht ernst. So einen Text darf ich auf keinen Fall singen. Da

lachen sich die Leute, die ihren Kopf zum Denken benutzen, kaputt.« Ich spielte das Demo-Band in der Nachbarschaft vor, und die meinten: Wenn du das singst, bist du voll unten durch. Also ging ich ein paar Tage später zu Marcus Zander ins Büro, war dort auch mit Drafi Deutscher verabredet, der nicht kam, und sagte zu Marcus: »Sag ihm, wenn er irgendwann mal kommen sollte, ich singe das bitte nicht.«

3. September: VEB Deutsche Schallplatten wird abgewickelt. Es kommt ein neuer Boß. Die Deutsche Schallplatten GmbH wird gegründet. Ich hab kein gutes Gefühl, bin froh, keine CD da gemacht zu haben. Aber eine Eröffnungsfete – eine Party in weißen Zelten – die fand erst mal statt. Da kam man und guckte. Natürlich hatten alle große Pläne: »Laß uns machen! Jetzt geht's los! Ärmel hochkrempeln ...!« Das Ganze war nur ein Immobiliengeschäft, die Firma also von vornherein verurteilt, runtergewirtschaftet zu werden, die Leute zu entlassen und am Ende das Haus – dicht am Reichstag stehend, sogar durch einen Tunnel mit ihm verbunden – für ordentlich Geld zu verscherbeln. Später kassierte, wie man weiß, ARIOLA den gesamten musikalischen AMIGA-Nachlaß. Ich sagte immer: die packen das ganze Zeug nach München in den Keller und lassen langsam Wasser rein. Aber es wurde opportun, den Nachlaßverwalter wieder AMIGA zu nennen als Töchterchen von BMG-ARIOLA. Heute bringt AMIGA ca. 7 Prozent des Umsatzes – besser als nichts. Aber natürlich nur so lange, wie es sich verkauft.

Meine Tochter Dominique lernte für mich Panflöte, was ich für den Titel »Ohne dich« brauchte. Wir hatten einige Veranstaltungen, zum Beispiel für die Sendung »Wennschon, dennschon« in der Berliner Deutschlandhalle, im Schlagermagazin des MDR, in einer B1-Sendung und in der Deutschen Schlagerparade in Baden-Baden.

Dann kam ein Auftrag für kaum oder unterm Strich kein Geld, aber ich dachte mir: für den Sport – helfen – okay, das mach ich. Der Präsident vom Schweriner SC-Boxclub – stellte sich vor. Ein Lübecker, der mich gut durchs Fernsehen kannte und meinte, ich solle ein Lied für die Boxer schreiben. Ich sagte: »Okay. Am besten, ich singe das mit ihnen gemeinsam.«

Gründlich wie ich bin, ging ich natürlich erstmal zum Boxen, war im Trainingslager in Lindow, sprach einen Abend mit den Sportlern, welche Musik sie gerne hören, ob sie sich dies und jenes vorstellen können. Wir kamen zu einer flotten Nummer, die ich »Ring frei« nannte.

Als es in Hamburg eine Fernsehsendung gab, die wir gemeinsam bestritten, meinte der Regisseur: »Man denkt, der Schöbel ist der Boxer. Die Boxer gucken alle so traurig. Die sollen mitmachen.« Naja, das waren eben Boxer und keine Boygroup!

Ich hatte ein gutes und langes Gespräch mit Dominique, und kriegte dabei mit, daß ihr Freund sie möglicherweise – so vermutete sie – nur liebte, weil ihr Papa Sänger ist. Ich wär eher aufs Gegenteil gekommen, daß sie Schwierigkeiten hat, weil ich ... Tut mir leid, was kann ich dagegen tun? Sie war in einer Phase, in der man sich nach einem eigenen Leben, einer eigenen Wohnung, eigenem Geld sehnt und nach totaler Freiheit, letztlich die Eltern nicht vergessend.

Schön war es immer wieder, wenn Opi kam. Auch Aurora und die Kinder liebten ihn sehr.

Er mußte in einem Buch einen Satz gefunden haben, der ihm besonders gefiel. Also verabschiedete er sich nicht einfach mit: »Ich gehe jetzt«, sondern: »Ich möchte mich nicht länger versäumen.«

Ich denke, bei uns tankte er immer ein bißchen Fröhlichkeit auf, aber man merkte so langsam, daß er nicht mehr wollte. »Meine Beine machen nicht mehr so mit«

– dabei sprang er immer noch mit Kopfsprung ins Wasser, hatte eine Figur wie ein Junger.

Und ohne Arbeit sein, einfach so sitzen, das konnte er nicht. »Ich hab mir mal wieder deine Sägen angeguckt, Frank! Der Schrank«, also, wie die Sägenzähne zueinander stehen, »gefällt mir gar nicht – ich hab sie geschränkt.« Und ich sage Dir, das Teil hat dann gesägt – die reine Freude. Und die hatte ich, weil mir ein Nachbar einen Baum schenkte, der weg mußte. Alles genehmigt natürlich! So sägte ich die dicht aneinander stehenden Äste kurz hinterm Stamm ab, daß sich praktisch eine Leiter nach oben ergab, nahm erst das obere Drittel des Stammes weg, dann das mittlere und fällte schließlich den Rest. Ganz sanft, ohne was zu zerstören. Zwei Stunden ausarbeiten, herrlich.

Am 30 und 31. August gastierte Helga Hahnemann beim Berliner Kabarett WÜHLMÄUSE. Sie gab mit ihrer Band eine phantastische Vorstellung. Das Berliner Publikum war begeistert. Ich auch.

Immer öfter wurde im Fernsehen und anderen Medien von politischen Blindgängern das »3. Reich« und die DDR gleichgesetzt. Man war dann ganz hilflos in der politischen Argumentation. Nicht nur, weil einem manchmal das Hintergrundwissen fehlte, sondern weil einem durch dererlei geschichtliche Verzerrung die Luft genommen wird.

Da war es wohltuend, in der BERLINER ZEITUNG von Prof. Jaeckel zu lesen: »Im Gegensatz zum 3. Reich, das unter der Bevölkerung weitgehend Akzeptanz hatte, war und blieb die DDR ein von außen auferlegtes Okkupationsregime. Aber die DDR führte im Gegensatz zum 3. Reich keine Kriege. Es gab keine Massenvernichtung von Menschen. Unterschiede sind u. a. auch im Bereich der Bildung, der Kultur sichtbar. Im Prinzip hatten die einen eine humane, die anderen eine inhumane Vision. Gründe also genug«, bemerkt

Prof. Jaeckel, »die beiden politischen Systeme zu vergleichen, aber nicht, sie gleichzusetzen. Die Unterschiede festzustellen ist notwendig, um die doppelte Vergangenheit wirklich bewältigen zu können. Unsere doppelte Vergangenheit ist und bleibt eine verschiedene.« Und weiter sagt er: »Wieder geben im Osten Deutschlands Zugehörigkeitsfragen den Ausschlag bei der Beurteilung und Platzzuweisung der Menschen und nicht ihr früheres, konkretes Tun. Daraus resultiere eine Pauschalverurteilung, die nicht nützlich sei.«

Ähnliches zog sich durch viele Briefe, die mich erreichten. So schrieb Dr. Ilja Seifert, Mitglied des Deutschen Bundestages: »Ich habe das Bedürfnis, Ihnen mitzuteilen, daß mich Ihre Haltung, die Sie mehrfach bekundeten, (in einer Radio-Sendung) beeindruckt. Es ist heute leider nicht allzu selbstverständlich, daß sich jemand öffentlich so differenziert zur DDR-Geschichte äußert. Immerhin habe ich die Vermutung, daß Ihnen – zumindest in der letzten Zeit der DDR – durchaus auch unschön mitgespielt wurde? Ich finde es auch durchaus interessant, daß Ihre Fans zwei, drei Jahre der Besinnung brauchen, um sich dann so in den neuen Verhältnissen zurechtzufinden, daß sie anschließend wieder – ich interpretiere das jedenfalls so – einen klaren Kopf haben. So nutzlos es ist, die DDR im nachhinein nostalgisch zu verklären, so wichtig finde ich es, ihre historischen Leistungen und Defizite genau zu benennen. Schließlich ist es töricht, so zu tun, als könne man einen (diesen) Teil unserer Geschichte einfach vergessen. Immerhin handelt es sich um das Leben vieler Millionen Menschen. Wer wollte da sagen: das war alles nur ein Irrtum.«

Aber man wurde auch mißverstanden: ich sagte in einer Zeitung, daß ich im Moment nicht wüßte, was ich singen sollte. Meinte damit natürlich ironischerweise: Was solle man jetzt für Lieder machen? Es könnten ja

nur belastende sein. Nach Mutmachendem war mir nicht.

Draufhin schrieb mir eine 48jährige Frau: »Hier ein Tip von mir: Volkslieder, Wanderlieder. Ich schätze sie erst jetzt richtig diese wunderschönen Volkslieder. Zur Zeit singe ich immer öfter meinen Hortkindern welche vor. Besonders die lustigen wie ›O du lieber Augustin‹ oder ›Auf der schwäbschen Eisenbahne‹ ...«

Ja, so lustig das vielleicht für viele ist, so was geht mir für erwachsene Menschen schon gar nicht über die Lippen.

Michaela aus Leipzig schreibt: »Zur westlichen Richtung war durch meine politische Erziehung kein Zugang. Und wo es dann möglich war, fehlte mir echt der Ostrock. Und so geht es mir noch immer: Also, unsere Musik – Deine vor allem – ist ein Stück von meiner Vergangenheit, von der ich mich nicht lösen kann und will. Das klingt dramatisch, aber ist es keinesfalls. Nur Enttäuschung über jetzige Verhältnisse – das ist es.«

In einem anderen Brief steht: »Ich finde es toll, daß Du Dich nicht irgendwelchen westlichen Sängern anpaßt, nur um möglichst schnell einen gesamtdeutschen Erfolg zu haben.« Und ich fand wieder toll, daß das jemand überhaupt bemerkt hat. Danke.

Oder Annegret aus Dresden: »Ein langer Atem ist in der jetzigen Zeit besonders wichtig. Leider haben ihn nur diejenigen, die das Geld haben, auf ihre Vorteile warten und uns vieles kaputt machen. Bitte gib nicht auf, denn Du bist für mich und viele andere ein Stück der guten Vergangenheit.«

Oder Ilona schreibt: »Gerade in der jetzigen Zeit ist es so wichtig, daß Knäuel, das sich im Hinterkopf dann manchmal aufbaut, ohne daß man so recht weiß warum, mit ein paar klaren Gedanken und Zielen wieder zu entwirren. Warum ich das gerade heute mit doch recht aufgewühltem Inneren schreibe? Schuld ist wohl

so eine Art Wut auf das, was jetzt hier geschieht, der ich irgendwie macht – aber nicht mutlos gegenüber stehe. Ich glaube an eine Zukunft. Auch wenn sich jetzt manches so ansieht, als wäre nur noch weniges machbar, was einen inner- und äußerlich identisch handeln läßt, etwas, das mit Wärme und Menschlichkeit zu tun hat, was für mich wichtiger ist, als tausendfaches buntes Plakat-Reklame-Einerlei. Ich begegne dem Frust mit Sport. (Genau wie ich.) Ich denke auch, dem Frust können wir Ex-DDRler begegnen, wenn wir unseren Stolz auf unser Denken und Handeln behalten und uns nicht durch diese bunte Welt kaufen lassen. Es wäre schön, auch weiterhin Lieder zu hören, die dieses Lebensgefühl ausdrücken.« Und jetzt steige ich kurz aus dem Brief aus und sage: Das ist genau das, was mir Mut für neue Lieder gibt. Selbst wenn sie nur bei wenigen ankommen, aber wer, wenn nicht wir, sollte solche Lieder machen. Danke, Ilona. Und da ist auch schon eins. Nicht ganz so tief, wie Ilona gedacht hat, einfach nur ironisch, ja – vielleicht ein bißchen witzig im Text: »Der letzte macht das Licht aus«. Eigentlich ein alter DDR-Spruch. Gemeint war immer unser Chef Honni, der irgendwann das Licht ausmachen sollte. Er hat es dann ja auch ausgemacht – allerdings in Chile.

Traurige Dinge wie die Abwicklung des Fernsehens, des Radios standen an. So was kann man nur mit Ironie und Galgenhumor durchstehen. Deshalb schrieb ich dieses Lied. Ich schickte es sogar zum Schlagerwettbewerb ein. Mehr aus Quatsch – mal sehen, wie weit es kommt. Es kam tatsächlich unter die letzten zwanzig. Allerdings fand sich keiner, der es gesungen hat. Ich stellte mir da eigentlich KLAUS & KLAUS vor oder Wendehals.

Der letzte macht das Licht aus

Es folgten Absprachen zur Silvestersendung. Dort sollten wir den Kehraus des DFF machen. Eine traurige Geschichte. Nochmal ein Stück aus dem Bottelmeier-Sketch mit Herbert Köfer und ein Stück des Liedes »Der letzte macht das Licht aus«. Es folgen noch zig Fernsehsendungen, wie eine Sternzeichensendung zum Thema Schütze, Interviews ... Mit dem Box-Titel ging ich spielerisch um: Man schlägt sich so durch.

Am 3. November sollte ein Interview mit Ekki Göpelt auf dem BERLINER RUNDFUNK von 0.05 Uhr, also nach den Nachrichten, bis 2 Uhr im Studio K 7 stattfinden. Ich kam eine halbe Stunde vorher an, um eventuell mit Ekki noch etwas abzusprechen. Doch er war nicht da. »Ja, er ist noch unterwegs. Er hat schon angerufen, der wird bald kommen.« Es wurde 0 Uhr, der Nachrichtensprecher ging auf Sendung, sprach, verlas noch das Wetter – so wie es damals war, nicht so knapp wie heute – , und zwischendurch drückte er auf die Räuspertaste und sagte: »Du, Ekki kommt wahrscheinlich nicht. Du mußt die Sendung jetzt anfangen.« – »Ej«, sagte ich, »wie heißt denn überhaupt hier der Sender?« – »Na, Berliner Rundfunk.« – »Ach ja, klar, richtig. Und was soll ich machen? Ich sage einfach, was los ist, ne?« – »Jo, der Hahn geht auf, und du redest los.« Plötzlich: Rotlicht, und ich war auf Sendung. »Hallo«, sagte ich, » hier ist der Berliner Rundfunk, aber leider nicht mit Ekki, den Sie jetzt sicher erwarten – ich bin ... der Interview-Gast heute, warte selbst auf ihn. Irgendwo sitzt er im Auto, ist fix und fertig – ich kenne so was – rutscht hin und her, leichtes Zucken im Gesicht, steht wahrscheinlich im Stau irgendwo – also das sind so ziemlich die schlimmsten Minuten, die ich mir vorstellen kann. Ekki, bleib einfach ganz ruhig, ich

sitze hier auf dem Sender, nehme alles entgegen, was an Anrufen kommt – Also, fragen Sie mich Tod und Teufel, es ist völlig egal. Es geht jetzt los. Wir machen erstmal eine Musik und ...« Naja, und so ging das etwa eine Stunde, und bums, kam Ekki. Irgendwie hatte ich ihn ja mehr oder weniger gerettet, und er bedankte sich ganz herzlich. Das muß beim Sender so gut eingeschlagen haben, daß man meinte, ich müsse selber eine Sendung machen. Ich wiegelte erstmal ab, außerdem: wenn du dich einem Sender in Berlin widmest, bist du vielleicht bei allen anderen durch und wirst nicht mehr gespielt. Ja, aber bei welchem Sender wirst du denn hier überhaupt noch gespielt? 100,6 – damals noch – machte danach für meine Begriffe den Fehler, nur noch englische Titel zu spielen, verlor prompt Hörer. Sehr viel später entstand in Berlin 105,5 – ja, 88,8, ANTENNE BRANDENBURG und BB-Radio spielen deutsch, der Rest nur englisch. Als ein Sender ein Interview mit mir machen wollte, sagte ich: »Hah – ich spreche schlecht Englisch.« – »Nee, wieso, wir machen das auf deutsch.« – »Ach ja, wer soll sich das anhören, ihr spielt doch gar keine Musik von uns.« Dachte: wieso wolln die mich als Pseudo-Heinz deutsch sprechend, um ihre englischen Lieder zu verkaufen? Nee, tschüß.

Anfang November saßen Peter Lorenz und ich wieder mal zusammen, um einen Sketch vorzubereiten. Wir sollten am 9. November einen Ärzte-Ball bestreiten und hatten uns extra dafür einen Arzt-Sketch ausgedacht. Wir blödelten à la Schmidt: AOK – alles ohne Kohle ... Aber die Ärzte lächelten ziemlich finster. Die Tonanlage war eine Katastrophe. Die OP-Klamotten, die Peter trug, mit einem Stethoskop und anderen Requisiten, wirkten völlig deplaziert. Es war einer der schlimmsten und peinlichsten Auftritte meines Lebens. Das Ganze fand in einem großen Westberliner Hotel statt. Aber später, bei unseren ganz normalen Konzer-

»Silberner Bong«

Mit Peter Lorenz

»Musik, die Ihnen Freude macht«

Im Weihnachtskessel 91: Oster-Frank und Weihnachts-Herbert

ZDF-Hitparade

»Tour de Frank« mit Frank Zander und Fernsehballett

ten, lief der Sketch gut, war eigentlich einer unserer besten. Generalprobe vor Ort war sozusagen total daneben gegangen.

Wir haben zu Hause so einen alten »DDR-Pool«, in dem man das Wasser über die Frostperiode stehen lassen muß, da sonst die Plaste brüchig wird. So dachte ich mir, es wäre eigentlich ganz gut, wenn über den Winter ein paar Fische drin wären, um die Algen und Mückenlarven, die sich zum Frühjahr hin bilden, wegzuputzen. Ich holte mir im Fischgeschäft an die 20 Plötzen. Die kamen alle durch und wurden über den Winter auch größer. Dann setzte ich sie im Frühjahr in der Wuhle wieder aus. Zwei, drei Fische haben Opi und ich sogar geangelt. Wir saßen am Pool, drehten ein Loch ins Eis und fischten, sah völlig bescheuert aus. Unsere Nachbarin hat 'ne Katze. Ich dachte, ich mache ihr eine große Freude mit dem Fisch. Aber sie meinte: »Die hat leider nur noch einen Zahn.« (Mann, nicht die Frau, die Katze!«) Ich solle den Fisch ausnehmen und kleinschneiden. Seitdem grüßt mich die Katze ganz freundlich.

Tele 5 strahlte die Sendung »First Love« aus. Zwei Prominente – in dem Fall Mary Roos und ich, sie mit ihrem ersten Freund und ich mit meiner ersten Freundin – wurden in der Sendung vorgestellt. Die jeweiligen Jugendlieben immer im Film und als Art Fragespiel: Wann war denn der 1. Kuß? Wann war denn dieses? Warum ist es auseinandergegangen? und so weiter. Zweimal lag ich mit meinen Antworten knapp daneben. Den Rest wußte ich noch. Und es war schön, meine erste Freundin Anne per Video wiederzusehen.

Am 5. Dezember war die Trauerfeier im Friedrichstadtpalast – ein Konzert für Helga Hahnemann. Dominique spielte Panflöte, ich sang »Ohne dich« – das war ja nun das Lied, das textlich zu diesem traurigen Anlaß paßte. Aurora und Odette standen hinter der

Bühne, und Dominique schaffte es gerade so, ihre Gefühle im Zaum zu halten. Hinter den Kulissen weinte sie dann bitterlich los. Wir alle liebten Helga sehr.

Ein Kamera-Team des NDR nutzte doch tatsächlich diese Veranstaltung, um einige Kollegen zu interviewen – so Silly, Jürgen Walter –, und die Frage zu klären: Gab es eine sozialistische Unterhaltungskunst? Arrogant und zynisch gemacht. Nicht während der Dreharbeiten, da waren sie scheißfreundlich, denn sie wollten ja was von uns. Aber wir hatten an diesem Tag andere Gedanken. Als ich die Sendung später sah, dachte ich: Wie unsensibel muß man eigentlich sein, um so etwas zu machen? Kein Wort der Trauer für Helga. NUR solche gibt es zum Glück nicht. Aber es gibt sie AUCH. Und die Schwierigkeit besteht darin: wer sind die Guten und wohin mit den Schlechten?

Inzwischen wurde das Lied »Der letzte macht das Licht aus« bei Matthias Jahn mit Bläsern und Chor neu produziert. Es folgten noch einmal Tele-Lotto und die Aufzeichnung der Silvester-Sendung. Das war das Ende des DFF. Auch das Ballett war in einer eigenartigen Grabesstimmung. Keiner wußte, wie es weitergeht. Im Funk sprachen alle nur von Mühlfenzl und der Art, wie das Radio aufgelöst wurde.

Veranstaltungen waren dünn gesät. Ich nutzte meine Zeit, Titel zu schreiben, zu produzieren, viel Fernsehen zu machen und anderes. Wir hoben den Künstlervertrag, den Managementvertrag zwischen Ingrid Reith und mir im gegenseitigen Einvernehmen auf. Am 29. Dezember lief schließlich noch die Sendung »7 bis 10 in Spreeathen«, und von 13.40 bis 15 Uhr mit Ekki Göpelt die »Schlager-Sahne«. Ich war in beiden Sendungen und abends bei der Verabschiedung der Kollegen dabei. Eher ein Trauerfest. Der Berliner Rundfunk bestand ab dem 31. Dezember 1991 0 Uhr in dieser Form so nicht mehr.

Freier (?) Mitarbeiter

Aber es wurde schon Wochen vorher gemunkelt, das aus ihm ein Privat-Radio gemacht würde, der Name bleibt, Karney übernimmt es. Viele der Kollegen hofften auf einen neuen Arbeitsplatz. Und am 3. Januar 92 trafen wir uns bei mir im Studio: Jürgen Karney und Aurora überredeten mich, aller 14 Tage eine Sonnabendmorgensendung auf dem Berliner Rundfunk zu machen. Ich schlug vor, die Sendung »Frank und frei« zu nennen, und meinte auch, solange ich Frank bin und solange ich frei bin, werde ich auf diesem Sender sein. Ich war nicht sehr lange da.

Einen Samstag später startete ich schon, live von 8 bis 10 Uhr.

7.30 Uhr da sein – öh – ungewöhnlich für mich, so früh aufzustehen. Aber am Sonnabend sind die Straßen frei, und das Funkhaus in der Nalepastraße ist nicht so sehr weit von Köpenick entfernt – in einer viertel Stunde ist man da. Ja, aber was nun machen in der Sendung? Sicher, mit den Leuten per Telefon reden. Ich stellte drei meiner Titel zur Auswahl vor. Einer sollte per Ted, wenn man so will, also durch Anrufe gewinnen und am Ende der Sendung gespielt werden. Peter Lorenz und ich erfanden den Flachmann, eine Figur, der wir für jede Sendung einen neuen Sketch schrieben, ich schnitt und produzierte ihn. Was mich tierisch nervte, war die Werbung. Man durfte nicht so lange reden, höchstens eine oder anderthalb Minuten. Es ging alles in Richtung Dudelradio. Die Musik kam quasi aus Holland. Zirka 2 bis 4 000 Lieder rotierten nach einem Computersystem. Schon nach kurzer Zeit geht sie dir auf den Senkel.

Zwar muß man sagen, daß es relativ geschmackvolle Musik war. Aber es ist eben wie immer Buttercre-

metorte essen: irgendwann haste auch mal Appetit auf Gurken und trocken Brot.

Gerne wurde vom sogenannten »Format« gesprochen. Dabei ging meiner Meinung nach das Format des Senders vor die Hunde. Ich will es so sagen: Wenn du 8 Schulklassen geschafft hast, hältst du diese Art Radio eigentlich nicht lange aus. So veränderte ich die Musikauswahl, griff in die vorgegebenen Pläne ein. Man ließ mich gewähren, weil man mich haben wollte. Wenn ich mal einen Ostkollegen spielte, der nicht in der Rotation war, ging der Zeigefinger hoch: Das lassen wir bitte!

Eine andere Moderatorin des Senders, die ein Interview mit einem Sängerkollegen gemacht und in einer Stunde drei seiner Titel gespielt hatte, bekam eine sogenannte Abmahnung. Auf deutsch gesagt: sie wurde entlassen. Toll, was? Das heißt für mich: von einer Unfreiheit in die nächste. Da kamen wir doch gerade her. Es gibt wie früher den Zeigefinger, wie bei »Tausche Kalaschnikow gegen Lunikoff«, damals allerdings vom ZK, heute macht das der Chef, wenn du Pech hast, neben dir höchstpersönlich. Ein schrecklicher Gedanke, bei einem solchen Sender zu arbeiten und von ihm abhängig zu sein.

Schauen wir doch mal in die Mitteilung an alle freien Moderatoren: »Diese erhalten vor ihrer ersten Sendung einen Sendeplan (Formular). Moderationshinweise, Programmuhren für die Zeit ihrer Sendung, Hausmitteilung betreffs Wetter, Richtlinien über Trennung, Werbung und Programm, Personalbogen. Diese Materialien gelten als absolut bindend. Jeder als freier Moderator beschäftigte Mitarbeiter hat sich ohne Abstriche an diese Hinweise und Anordnungen zu halten. Vor der Sendung geführte Gespräche mit dem jeweiligen verantwortlichen Mitarbeiter des Senders gelten als verbindliche Vereinbarungen. Alle Gesprächs-

partner, Interviewgäste oder vor der Sendung aufgezeichnete Gespräche und Beiträge sind vor der Sendung anzukündigen und genehmigungspflichtig. Nach der Sendung ist das Formular, Sendeplan, ausgefüllt dem CvD«, Chef vom Dienst, oder dem RvD – dem Redakteur vom Dienst – zu übergeben. Es darf grundsätzlich keine andere Musik als die im Laufplan festgeschriebene gespielt werden. Ausnahmen sind mit der Programmdirektion oder dem CvD abzusprechen. Es dürfen keine eigenen Tonträger gespielt werden, die nicht von der Abteilung Musik als dafür geeignet erkannt wurden. Mit seiner Unterschrift bestätigt der freie Mitarbeiter, daß er alle genannten Unterlagen erhalten und gelesen hat. Er anerkennt, daß bei groben und mehrfachen Mißachtungen der Sender berechtigt ist, die erbrachte Leistung nicht zu honorieren bzw. entstandene finanzielle Verluste geltend zu machen.« Ich hab das Ding zwar aufgehoben, aber nie unterschrieben.

Ausgerüstet mit derartigem Hintergrundwissen las sich ein Artikel von Günter Jauch, eilig eingekauft als Vorzeigeradiomacher für diesen Sender, stellenweise wie Hohn. »Ein Cottbusser ist mir momentan noch ein Stückchen lieber als ein Mensch aus Charlottenburg oder Tegel. Jauch: Es sind auch die Leute, um die sich radiomäßig bis zur Wende ohnehin kein Mensch gekümmert hat. Das ist eine Lücke.« Na prima! – Um Cottbus war ein Sendeloch – da war nichts! Logisch, hat man da alle DDR-Sender, auch RIAS, Deutschlandfunk und mit zusätzlicher Antenne, man war ja erfinderisch, auch andere Sender empfangen. Da muß einer wie er kommen, um uns zu zeigen, wie Radio geht. Ich sage Dir, das hat nichts mit Jammer-Ossi zu tun. Es ist einfach eine Frechheit, daß wir uns das gefallen lassen mußten. Es hat mich von früh bis spät angestunken!

Dann sagt Jauch richtig: »Es gab eine musikalische Tradition in der DDR. Es gibt viele Sänger und Gruppen, die bedient 100,6 überhaupt nicht. Es gibt aber Millionen von Menschen, die damit aufgewachsen sind, was Teile ihrer Identität ausmacht. Dies konsequent zu bedienen, da sind wir meiner Ansicht nach konkurrenzlos – wäre übertrieben, aber da haben wir eine Marktchance.« – Ja, aber sie haben's einfach nicht gemacht.

Mich bewegen in dieser Zeit noch ganz andere Dinge: Ich sehe ein Bild vor mir und werde es wohl nicht so recht los. Conni, Musikredakteur, ein großer, schwergewichtiger Mittfünfziger, geht – obwohl das Radio am 31. Dezember 91 geschlossen wurde – jeden Tag durch die Wache in sein altes Zimmer, setzt sich an den Schreibtisch, räumt ihn auf und tut so, als ob die Arbeit weiterginge. Er schafft es einfach nicht, zu Hause aus dem Fenster zu gucken. Kommt runter, grüßt freundlich, fragt, ob er etwas helfen kann, besorgt das eine oder andere. Ich frage mich, wie vielen Leuten wird es ähnlich gehen? Kein Dankeschön. Tschüß! Schluß! Aus! Diese Frage muß man sich ja jeden Tag in Deutschland wieder stellen, denn die Arbeitslosigkeit steigt und steigt. Klar, hier habe ich es mal live miterlebt und kam aus der Fassungslosigkeit eigentlich nicht mehr raus. Wenn man wochen-, monate-, zwei Jahre lang mit solchen Dingen konfrontiert wird, drückt das natürlich auf die Stimmung. Und wenn ich dann auf der Bühne den Leuten Freude machen soll, weiß ich nicht – wie. Mit welchen Liedern? Mit welchen Texten? Da hilft auch nicht »Auf der schwäbschen Eisenbahne«! Logisch. Es war ein Umgang, den ich nur aus schlimmsten DDR-Zeiten kannte, als man als Künstler gesperrt war. Mir wurde klar, welchen Kollegen ich viel zu verdanken habe, weil wir über die Jahre im Rundfunk immer fair, in der Sache ehrlich, zusammengearbeitet ha-

ben. Politischer Kram wurde ausgeklammert und hatte im Radio, wenn man freier (?) Mitarbeiter war, eh keinen Platz. Ich denke an Leute wie Wolfgang Martin, Martin Hattwig, Horst Fliegel, Heinz Florian Oertel, Peter Bosse, Kalle Neumann, Klaus Hugo, Uschi Künstler, Gieslinde Heidschmidt, Sprecher wie Heinz Quermann, Herbert Küttner und viele andere. Ich habe bestimmt viele zu nennen vergessen, schließe sie alle mit ein. Und sage: ich danke euch. Auch Westredakteure, die ich über die Zeit kennengelernt habe, wie Nero Brandenburg, Jürgen Jürgens, Klaus Werker, Peter Puder, Jürgen Koppelin, Thomas Brennege – auch hier ist die Liste unvollständig. Das waren alles Leute, die noch in Ruhe Interviews machten.

Mich erreichten während meiner Rundfunkzeit neben Anrufen auch viele Briefe.

Ingrid, schreibt: »Damals ließ ich es mir nicht träumen, daß ich heute mit 61 Jahren einfach nicht mehr gebraucht werde als Säuglingsschwester. Ich schenkte Dir mein Leben in Form meiner Reimereien. Heute gelingt es mir nicht einmal, über diese Zeit Verse zu machen. Wir Alten haben umsonst unsere Kraft in Aufbauprojekte gesteckt. Heute reißt man das alles ab.« So in der Richtung: Du baust ein Haus, und jemand kommt, Zigarre im Mundwinkel, Hand in der Tasche, und sagt dir, wie schlimm das aussieht, steigt in seinen Mercedes und fährt davon. Die Frage ist für mich nicht, *daß* – sondern *wie* es gemacht wird. Unsensibel und tramplig: Weg damit!

Ein Brief von Erna Richter aus dem geographischen Westteil Berlins, als seelische Entwicklungshilfe und Grußbotschaft gedacht: »Schon immer hatte ich einen Faible/ als Oma-West für Sie, Frank Schöbel./ Drum meine Sorge nach der Wende:/ ist nun mein Sunnyboy am Ende?/ Kommt er wie andere in Not,/ seitdem der DFF ganz tot?/ Abgewickelt und vergessen/ wie so

vieles unterdessen./ Ein Mann wie Sie hielt die Balance,/ nutzte die ihm gebotene Chance./ Ist jetzt zu hören FRANK UND FREI –/ das alle 14 Tage neu./ Und wenns auch schwer fällt, es zu machen,/ die Leute wolln Ihr frohes Lachen/ wie ausgestrahlten Sonnenschein./ Die Henne wird zufrieden sein./ Jawohl, die Helga schaut von oben,/ könnte so manchen tadeln, loben,/ wäre bestimmt oftmals entsetzt,/ wer gegen wen die Messer wetzt./ Und würde Ihnen sicherlich/ nur Mut zusprechen, so wie ich./ Auch denen, die der Mut verläßt/ beim Zueinander Ost mit West.«

Margarete aus Dresden schreibt: »Da ich Sie sehr selten im Fernsehen sehe und im Radio höre, machte ich mir eine Schallplattenstunde von Ihnen selbst.« Und an anderer Stelle sagt sie: »Mit den vielen fremden Gesichtern, die uns aus dem Fernseher anschauen, verbindet uns doch gar nichts. Uns tut am meisten weh, was an zwischenmenschlichen und kulturellen Dingen alles in die Brüche geht. Ich selbst bin zumeist so deprimiert, daß ich per Platte nur noch klassische Musik höre. Das ist mir dann ein Trost. Ich habe noch einige alte Platten, auch Musik von Ihnen. Wenn ich diese höre, dann halte ich es nicht aus. Also werde ich sie erst wieder hören, wenn ich es seelisch verkraften kann.«

Die Friedensfahrt-Omi, Charlotte Mehlhorn, schreibt mir wieder mal. Schickt alle guten Wünsche: »Kopf hoch, laß Dich nicht unterkriegen! Ich bin auch vom Schicksal stark gebeutelt worden!« In diesem Jahr, 1992, ist sie von März bis Dezember 2415 Kilometer mit dem Fahrrad gefahren. Und insgesamt, seit 1974, 60800 Kilometer. Mußte Dir mal vorstellen: sie hat zwei künstliche Hüften. Ich habe Hochachtung vor solchen Menschen, die noch dazu so viel Kraft und Freude aussenden.

Peter, ein Hörer aus Berlin, schreibt mir: »Aber eins muß ich sagen: die Stereo-Qualität der früheren DDR-

Sender war sehr gut. Und wenn ich hinschrieb mit der Bitte um Sendung eines Titels, diese Bitte wurde mir immer freundlich erfüllt. Schriftlich mit Sendetermin. Das war bei uns hier – und ist auch heute hier – nicht üblich. Es sei denn bei ANTENNE BRANDENBURG. Nette Leute dort in Potsdam.«

Also, ein Radio, das nicht nur so tut, als sei es freundlich, sondern es auch wirklich ist – das wird schon erkannt.

Wir sollten in dem Berliner Kabarett DIE WÜHLMÄUSE spielen. Aber reichte unser »Mini-Kabarett-Anteil« für dieses Haus? Ich hatte das Gefühl, wir paßten da nicht hin. Manchmal muß man auch absagen, um mehr zu erreichen.

Im Januar 92 lief mir Veronika Jarzombek, Managerin und Bekannte aus alten Tagen, über den Weg, und wir beschlossen, daß sie mich managt. In ihrem Stil: »Alter, das machen wir! Wir rollen alles von hinten auf!« Sie krempelte die Ärmel hoch, rief an und knüppelte los.

In dieser Zeit ist es nicht so gut, vertrauensselig und zu offen zu sein. Das wird leider ausgenutzt. Wichtig aber: Veronika glaubt an mich, hat Freunde, Freundinnen, gute Verbindungen, z.B. Ilona, früher Redakteurin beim Radio, arbeitete kurzzeitig bei SAT 1, hatte da eine große und beliebte Oldie-Schlager-Sendung zu betreuen. Sie schlug mich vor mit »Wie ein Stern«. Eine andere Redakteurin, ebenfalls aus der Ehemaligen, nun in Mainz beim ZDF, bot ihrem Chef an, in einer Magazin-Sendung einen Beitrag über Frank Schöbel zu machen. »Wer is denn das?« – »Naja«, sagte sie, der und der. »Ach, man, laß mich in Ruhe, den kennt doch hier kein Mensch.« Sie nervte so lange, bis sie es durchsetzte. »Na, meinetwegen!« Der Beitrag wurde sehr gut und half auch wieder ein bißchen. Und so kam Sendung zu Sendung.

Aller 14 Tage »Frank und frei«. O Gott, dachte ich. Der Freitag davor war immer im A... : Vorbereitung für die Sendung, Flachmann ausdenken, produzieren, und am nächsten Morgen rauf auf den Sender. Letztlich wird das Ding nur einmal gehört und alle sagen: »Naja! – und?« Mir war klar: Lange halte ich das nicht durch. Immer dieser Druck! Ich habe Achtung vor Radio-Machern!

Eines Morgens kam mein Freund Peter Lorenz, alias Fred Flachmann, zum Berliner Radio und sagte in seiner typischen Art: »Darf ick hier mal meine Frau Heidi grüßen?« – »Na klar.« Ich dachte doch, er will sie übers Mikrofon grüßen – nee – er ging zum Fenster und schrie ganz laut: »Heidi, ich grüße Dich.« Und schrie natürlich in den leeren Hof aus'm Studiofenster – kein Mensch steht da unten. Ist der kaputt, dachte ich. Wir haben kurz abgelacht, so was baut einen auf.

Ich könnte mir mein Leben so vorstellen: unheimlich viel Sport, Liebe – die Reihenfolge ist natürlich verkehrt – Du weißt, mach sie Dir richtig. Also, erst Liebe, dann Sport und dann Blödeln ohne Ende, ja: Essen, arbeiten – die Reihenfolge ist vielleicht auch verkehrt. Ach, denk sie Dir doch, wie du willst!

Beim Radio sollte es eine Schulung geben, in der 5. Etage, im Block E, bei Herrn Marx. – Schon wieder eine Schulung, schon wieder Marx. Hört das denn nie auf? In dem Fall war's für das Privat-Radio. Dort gab es auch Foto-Termine. Sie nutzten meiner Popularität, um Hörer zu gewinnen. Aber das ist ja keine Einbahnstraße: So kommt die ein oder andere Mugge auf mich zu, und dabei trifft man einige alte Kollegen. Man war es ja von früher gewohnt, sich zu besuchen, miteinander zu reden. Und das tat gut, obwohl mancher eher ein trauriges Gesicht machte.

Damit auch meine Vergangenheit bei mir bleibt, habe ich im Rundfunk, bevor er geschlossen wurde,

also noch im Jahr 91, sämtliche Karteikarten durchgesehen, mir kopiert und fein säuberlich bei mir zu Hause aufbewahrt. Auf diesen stehen sämtliche Titel, Komponisten, Arrangeure und alle Daten, die man braucht. Schließlich ist das meine Vergangenheit, und die gehört nicht irgendeinem, der glaubt, sie verwalten zu müssen.

Fifty-fifty

Ich hatte Ende 91 einen Titel für Helga Hahnemann geschrieben »Wir faxen von Bayern bis nach Sachsen«. Sie meinte – und das war 14 Tage vor ihrem Tod, sicher wußte sie schon, was auf sie zukam: »Fränki, is jut, mach fertig!«

Da mir der Text gut gefiel, schrieb ich später eine neue Musik dazu und bot sie Harald Juhnke an. Er nahm den Titel zwar auf, aber es wurde nichts daraus. Engagierte sich auch kaum. Es wäre besser gewesen, ich hätte ihn schon Helga zuliebe ruhen lassen.

Im Februar 1992 trafen Aurora und ich uns mit Rolf Henning. Ein Regisseur kam gleich dazu, und Rolf hatte die Idee, »Weihnachten in Familie« im Fernsehen wieder aufleben zu lassen. Aurora war dagegen, sagte: Die Kinder sind zu groß, die wollen nicht mehr. Letztlich wird das wird nur ein Aufguß, das bringt nichts. Schließlich meinte sie doch: Laß die mal ein Buch schreiben, und dann kann man immer noch sehen.

Am 4. Februar wurde Frank Zander 50. Er feierte in Westberlin in der GARAGE – nicht etwa in seiner Garage, er hat gar keine, die Kneipe heißt so. Alles sang, tanzte, trank. Eine tolle Fete.

Immer wieder kam in den Briefen die Frage, ob ich einen Fan-Club habe. Ich hatte keinen. Ich fragte mich

auch warum. Ich denke, ich wurde getragen von den vielen Freunden, von den ungezählten, in der ehemaligen DDR. Im Westen, so sagt man mir, braucht man unbedingt einen, sonst kommt man da überhaupt nicht weiter. Man ist in den Hitparaden gar nicht vertreten, wenn man keinen Fan-Club hat. Naja, ich schob das erst mal ganz weit weg.

Ich traf einen guten DDR-Liedermacher, fragte, ob ich nicht mal einige seiner alten Texte lesen könnte. Über 1000 Stück wären da, geordnet. Und irgendwas, dachte ich mir, muß doch dabei sein. Und so las ich sie mir in drei, vier Stunden durch. Aber um sie gründlich und in Ruhe durcharbeiten zu können, nahm ich – zu treuen Händen – mindestens hundert oder auch zweihundert mit nach Hause. Was soll ich Dir sagen, er hat so tolle Texte geschrieben, aber unter denen, die ich da las, war nichts mehr, was für mich reizvoll war, etwa wie »Wir brauchen keine Lügen mehr«. An vielen hatte der Zahn der Zeit genagt.

Am 28.3. waren wir in Dresden in der SCHEUNE. Uli am Ton, Peter Lorenz und ich. Wir kamen an: alles schwarz auf der Bühne – alles, was Du Dir denken kannst. Ein skurriles Bühnenbild: Nägel, irgendwelches Gelumpe dran, ich weiß nicht mehr was, alles schwarz. Um uns rum schwarz angezogene Kumpels. Ich sag zu Peter: »Hej, wir sind hier auf der falschen Mugge. Unsere Lieder – das geht hier heute in die Ecke.« Wir machten ja Halb-Playback und konnten nicht viel ändern. Geld gab's so gut wie keins. Vor uns trat Tadeus Punkt auf. Die Massen schrien. Er sagte: »Ich hab Euch doch alle groß gezogen!« Stimmte ja auch. Und sie johlten. Ich dachte: verscheißern die ihn jetzt, oder meinen sie das ernst? – es war tatsächlich ernst. Die wollten an diesem Tag den totalen Osten. Sie feierten uns wie die Beatles. Ich kam mir vielleicht komisch vor, wußte nicht so recht ... Und Peter mit seinen Gags –

mit jeder Anspielung gegen mich, das wollten sie einfach nicht. Sie wollten nur pur die Lieder. Ja, also das Ganze lief phantastisch. Nach zwei Jahren Abstinenz tut einem so ein Tag natürlich unheimlich gut.

Die nächsten guten Tage sollten auch nicht lange auf sich warten lassen. Es folgte der 1. April. Na, nun wirst Du sagen, ein Tag, an dem man den anderen in den April schickt – was ist daran gut? Naja, das ist der Tag, an dem ich vor 30 Jahren mit dem Singen angefangen habe.

Der Berliner Sender 100,6 wollte mit mir ein Interview machen. Der Moderator, der ebenfalls Frank hieß, verlas wie immer die Nachrichten, spielte daran eine Musik, fragte mich währenddessen: »Was wollen wir von dir spielen?« Ich sagte: »Naja, aus 30 Jahren – vielleicht am besten einen der ersten Titel, okay? – »PARTY-TWIST?« – »Jaja, von mir aus.« Ehrlich gesagt, er wußte fast nichts und hatte sich auch nicht vorbereitet. Lobte mich während des Interviews über den grünen Klee. Sagte, daß die Massen draußen zu Hunderten stünden, und alle auf mich warteten. Schwarze Rosen seien gerade angekommen und stehen hier im Studio vor uns. Aurora hörte das mit, hatte nicht nur die Vasen bereitgestellt, sondern schon Eimer! Sie konnte es ja nicht wissen: Er machte das so gut – und nichts von dem war überhaupt wahr. Aber die Leute hatten das Gefühl, es passierte was total Irres. Das einzige war, daß eine Funkstreife vorbeifuhr und von mir ein Autogramm wollte, und daß Axenia, eine der treuesten, vor der Tür stand. Tatsächlich mit Rosen.

Doch die Wirkung nach der Radio-Sendung war ungeheuer, man kann schon sagen: Mit nichts viel erreicht.

Der BERLINER RUNDFUNK überlegte, wie er wohl mein Jubiläum feiern und seinem Kontrahenten 100,6 die Show stehlen könnte. Das alles ging aus sen-

detechnischen Gründen nicht am 1. April, sondern besser am 31. März. Von früh um 9 bis um 12 Uhr war der Sender für mich da. Jürgen Karney rührte das alles ein. Es gab zu essen und zu trinken. Dagmar Frederic, Heinz Quermann, Hans-Joachim Wolfram – also ein Jubiläumsfrühschoppen mit viel Liebe für mich und die Hörer gemacht. Und die riefen an, gratulierten, und man spürte, daß viel Wärme über den Sender kam. Ich war an diesem Tag glücklich und dem Sender sehr dankbar.

Der Friedrichstadtpalast hatte Premiere mit »City-Lights« – eine tolle Produktion. Ich flüchtete anschließend vor den Fernsehinterviews, man muß nicht überall dabeisein. 1 A allen voran, B 1, ORB und ZDF rannten mit ihren Kameras umher, um einige Sätze über die Produktion von sogenannten prominenten Personen zu erhaschen. Irgendwelche Dödel-Zeitschriften fragten dummes Zeug, um mit Bla-Bla ihre Zeitungen vollzukriegen. Odette und ich dachten nur: schnell weg hier.

Für den Titel »Der letzte macht das Licht aus« suchte ich immer noch den oder die passenden Sänger. Ich dachte ja – an Klaus und Klaus und rief den großen Klaus an. »Ja«, meint er, »wir sind in der HITPARADE, komm vorbei.« Ich traf ihn in der Kantine, skatspielend. Er blickte kurz auf, ließ mich wegtreten, und ich ärgerte mich, ihn überhaupt gefragt zu haben. Er hatte sich das Lied nicht mal angehört. Ich überlegte, ob ich mich auch schon so verhalten hab – nee, wenn Leute auf mich zukommen, ich höre ihnen zu, ich nehme mir Zeit, auch wenn es schwerfällt, und serviere sie nicht so arrogant ab.

Wir spielten auf ein oder zwei Eröffnungen von Märkten und stellten gemeinsam fest, obwohl die Musiker das Geld nötig brauchten: wir lassen das in Zukunft sein.

Ein Überstudierter aus Hellersdorf, Spezialgebiet Kybernetik, wollte mit mir gemeinsam Lehrgänge ins Leben rufen und meinte, sein Gebiet mit der Musik zu verbinden, um so Künstlern gewisse Einblicke zu vermitteln. Haste das jetzt verstanden? Ich damals auch nicht.

Ich verschickte ohne Ende Plakate, machte die Post, schloß Verträge, nahm an die 50 Veranstaltungen im Jahr an, sprach mit meinen Kollegen, ob sie konnten. Das nervte mich alles und fraß mir viel Zeit weg. Ich merkte immer wieder: ich brauche einen Manager. Aber bitte auch einen, der mich nicht in die Pfanne haut, denn Veronika organisierte nur Radio- und Fernsehauftritte.

Hans-Joachim Wolfram und Rainer Munack von der »Wenn-schon-denn-schon«-Redaktion wollten mir in ihrer Sendung eine Freude machen und im MDR-Fernsehen mein 30jähriges Jubiläum feiern. Fünf Männer genau in meinem Alter standen auf der Bühne – und ich daneben wie Erich Honecker. Sie playbackten fünf meiner Titel, weiß ich: »Gold in deinen Augen«, »Nordpol, Südpol«. Die Jungs taten mir echt leid, und ich mir eigentlich auch. Die Idee war gutgemeint, aber es war alles etwas halbhoch und mir ein bißchen unangenehm. Das Beste: ich bekam sämtliche Karl-May-Bände geschenkt. Der blanke Wahnsinn! Und die Kindheit holte mich wieder ein.

Ich mußte mir ein neues Auto kaufen. Der Pajero wäre eigentlich mein Ding. Aber der war zu teuer und fraß viel zuviel Sprit. Mein Bauch sagte: Pajero, mein Kopf sagte: nee, das will ich nicht. Also kaufte ich mir von MITSUBISHI einen Space-Waggon. Ich jagte ihn über anderthalb Jahre bis an die 80 000 Kilometer ran. Sagte der Werkstatt: »Da ist was. Ich glaube, Getriebe.« – »Nein«, meinten sie, »zum Glück nicht.« Bei 96 000 kam ich noch einmal: »Ich glaube, Getriebe.«

– »Nein«, sagten sie, »nee, nee.« Und bei 104 000 – und damit hatten sie mich über die 100 000-Kilometer-Grenze gehoben (bis 100 000 ging die Garantie) »Ja, Mensch, denk mal, das ist doch das Getriebe.« Keine Garantie, keine Kulanz – na, vielen Dank auch! Aufwiedersehen MITSUBISHI – nie wieder!

Potsdam feierte bald sein 1000jähriges Jubiläum. Schubi, damals die rechte Hand von Lippi, rief mich an und schlug mir vor, ich könne da Botschafter sein. »Ej«, sage ich, »was ist das denn?« – »Mensch, komm einfach mal hin, guck dir das mal an.« Klar war ich da. Ich kam viel zu spät. Sie saßen schon alle, und die Veranstaltung war in vollem Gange. Es war im Potsdamer Rathaus, im Sitzungszimmer. Neben mir einer von der BERLINER ZEITUNG, ein anderer schlief, der Rest hört genervt zu. Unverbindliche Gesichter. Vorne stand ein bekannter Nachrichtensprecher eines Privatradios und erklärte, warum er gerne Botschafter für Potsdam geworden sei. Weil er – naja, nicht direkt Potsdamer sei, aber er zog einen Großvater aus dem Ärmel und war plötzlich total mit der Region verbunden. In der 1. Reihe saß der Prinz von Preußen, vorne ein relativ schlechter Klavierspieler, aber ein guter Cellist. Und als dann so richtig nett musiziert wurde, rumpelte es draußen vor den viel zu großen Türen und eine Abordnung von Potsdams Hausbesetzern stand davor. Na endlich, dachte ich, jetzt wird's ja lustig! Jetzt geht's los, jetzt tobt das Leben! Das Wenigste wäre gewesen, daß einer von den Hausbesetzern hereinkäme und seine Meinung zu »1000 Jahre Potsdam« verkünden würde. Nichts – man sprach mit ihnen und schickte sie wieder die Treppe runter. Anschließend kamen sofort die Zeitungen zu mir: »Na, was tun Sie denn jetzt für Potsdam?« – so in der Richtung. Ich sagte: »Moment mal. Mich interessiert jetzt eigentlich viel mehr, warum man nicht mit den Hausbesetzern gesprochen hat.« – Die

Frage blieb offen. Wie überhaupt so viele. Und wieder sah ich Parallelen. Ich überlegte, ob ich nicht mit Peter Lorenz für meine Radio-Sendung einen Flachmann daraus machen könnte, was ich dem Redakteur der BERLINER ZEITUNG erzählte. Der wiederum verstand das falsch, was bei mir nicht schwer ist, weil ich manche Sätze nicht zu Ende spreche. Er verdrehte das leicht, so daß der Prinz von Preußen meinte, er sei der Flachmann der Woche, was wiederum die Hohenzollern bewegte, gegen mich eine Klage einzureichen, die aber die BERLINER ZEITUNG abschmetterte!! Du kannst mit so kleinen Dingen die Leute in helle Aufregung versetzen.

Am 24. Mai war wieder mal Wahl. Wie immer baggerten die Politiker um die Gunst der Wähler. In diesem Fall war es Björn Engholm, der nach Pirna kam. Ein Schuldirektor, der mich mal vor Jahren für eine Talk-Show gewonnen hatte und inzwischen in der SPD war, rief mich ganz aufgeregt an, ob ich denn nicht, bevor Björn Engholm auf dem Markt zum Volke sprechen würde, ein 30minütiges Programm gestalten könnte. Ich wollte das nicht, konnte es ihm aber irgendwie nicht abschlagen. Also fuhren wir dorthin, machten unser Programm. Viele freundliche, nette Menschen. Und irgendwann kam dann Björn Engholm, braungebrannt, umringt von – ich nehme an – Parteifreunden, die Straße entlang und sprach zum Volk. Als ich dann vorsichtig fragte, ob sie uns eventuell die Fahrtkosten bezahlen würden, war – so glaube ich – schon unsere Frage unverschämt. Zwei Sachen störten mich daran: erstens, daß wir keine genauen Absprachen getroffen hatten, und zweitens, ich wollte nie wieder meinen Namen für eine Partei hergeben.

Im August gab es eine kleine sportliche Abwechslung: ARIOLA – genauer gesagt, der Vertrieb Ost – organisierte ein Fußballturnier. Das fand in der Sporthal-

le Köpenick statt, bei mir um die Ecke in der Mittelheide. RCA-Hamburg war da, die Bertelsmann-Distribution aus Gütersloh und eine Prominentenmannschaft, eilig zusammengestellt, in der auch ich mitspielte. Sie bestand hauptsächlich aus Musikern der Gruppe KARAT, einem Techniker und meinem alten Kumpel Rolf Henning. Wir überraschten durch unser unorthodoxes Spiel, daß wir beinahe Erster wurden, und nur durch das schlechtere Torverhältnis auf Platz 2 kamen. In dieser, an Höhepunkten armen Zeit eine willkommene Abwechslung.

Ein anderes Fußballspiel fand in Grünau statt. Ich trainierte dort eine Zeitlang. Die Gegner waren Fußball-Stars aus vergangenen Zeiten, so Jimmy Hartwig und andere mehr. SAT 1 war dabei und lud Jimmy und mich in die Sendung SCHREINEMAKERS ein.

Ich muß sagen, daß Aurora und ich die Sendung damals sehr mochten. Was ich nicht wußte, war die Tatsache, daß sie die Krebsgeschichte ausschlachten wollte. Klar, ihr Anliegen war, anderen Menschen zu zeigen, wie man positiv mit der Krankheit umgeht. Nur, ich wollte auf diese Art nicht in die Öffentlichkeit treten, man sollte nicht denken, daß ich über die Krankheit Sympathie-Punkte erhaschen wollte.

Im BERLINER RUNDFUNK sollten wir das »Selbstfahren« üben. Das heißt, am Mischpult sitzend selbst die Musik abzufahren, sich als Sprecher zu regeln, die Werbebeiträge in der richtigen Reihenfolge zu starten, Telefongespräche original auf den Sender zu legen und anderes mehr. Das ist heute beim modernen Radio üblich.

Mein Freund Bimbo erzählte mir zwischendurch im tiefsten Hallensisch von seinem Nachbarhund, der ihn des Nachts tierisch genervt hatte. Er bellte auch noch so gegen 3 Uhr. Das muß wohl ein Riesenteil gewesen sein. Als Bimbi keins seiner zwei Augen zukriegte, ging

er zu ihm, verzauberte ihn mit CS-Gas, und tatsächlich, beide konnten danach wunderbar ruhen. Hundi übte des Morgens ab 8 Uhr langsam wieder bellen: »Hu, hu – hu, hu!« Loriot würde sagen: »Ich glaube, Ihr Hund kann gar nicht sprechen.« Als uns Bimbo vormachte, wie der Hund zusammengerutscht ist – wir haben uns nicht mehr eingekriegt. Als Tierfreund muß ich dagegen natürlich energisch protestieren. Aber als Hund sage ich: pfhrr! (Loriot: Hundepups.)

Aller zwei Jahre findet eine GEMA-Sitzung statt. In dem Fall war sie wieder in Berlin, im Hotel Steigenberger. Ich war inzwischen ordentliches Mitglied, und das fand ich auch in Ordnung so.

Mitte Juli machte die Familie das erste Mal seit der Wende gemeinsam Urlaub, weit weg, in Kenia, in der Hauptstadt Mombasa. Das Gefühl, zu denen zu gehören, die das bessere Geld hatten, wurden wir dort die ganze Zeit nicht los.

Das schärfste Erlebnis war wohl die Safari, ich war mit der Kamera dabei. Da wir mit einem – wie man uns sagte – riskanten Billiganbieter fuhren, war die Angst groß, während der Safari abgesetzt zu werden und sich dann irgendwie nach Hause durchschlagen zu müssen. Jedenfalls erzählte man uns solche Geschichten. Wir sahen an diesem Tag fast alle Tiere. Als wir durchs Portal des Naturparks fuhren, sagte ich aus Spaß: »Paß auf, gleich rechts liegen hier immer die Löwen!« Und tatsächlich, einen Kilometer weiter lag ein prächtiges Löwenpaar, welches gerade ein Zebra gerissen hatte. Sahen Elefanten, Giraffen, Gnus, Antilopen, Affen, Büffel usw. Ich kam aus dem Staunen nicht mehr raus. Wenn ich mir heute die Videoaufnahmen ansehe, wird mir eigentlich erst bewußt, welch einmaliges Erlebnis das war.

Zu Hause hatte mich der Alltag wieder im Griff: Telefon vorerst nicht, vielleicht als Übergangslösung D-

Mutter spielt gerne Canasta – hier bei uns zu Hause, 91

Netz. Umziehen wäre besser. Nun zieh mal mit so einem Haus.

Meine Mutter rief an und meinte, sie wolle in der DDR sterben. Ich sagte: »Ja, die gibt's doch nicht mehr, Mama.« – »Egal, ich möchte trotzdem wieder zurück, nach Berlin.« – »Okay«, sagte ich, »ich sehe mich um. Ich freue mich auf dich.« Sie wird, so habe ich das Gefühl, im Alter immer lieber und noch gütiger. Was sie alles an Schmerzen wegsteckt – unglaublich. Und ich bin so selten für sie da. Aurora hält rührend und aufopferungsvoll die Verbindung.

Während des Urlaubs hatte ich mit meinen morgendlichen Sonnabend-Sendungen im BERLINER RUNDFUNK von 8 bis 10 Uhr ausgesetzt, um am 29.

August – so war es ausgemacht – wieder einzusteigen. Zwei Tage vorher rief mich Jürgen Karney an und meinte: »Wir machen im Oktober ein neues Programm, generell. Wir sind noch mitten in der Diskussion. Ich übernehme die Sendung jetzt für dich am 29. August und rufe dich dann wieder an.« – Auf den Anruf warte ich heute noch. Warte ich natürlich nicht, denn ich wollte diese Sendung ja sowieso aufgeben. Ich wußte nur nicht, wie ich es ihm beibringen sollte. Glücklicherweise kam er mir zuvor.

Anfang September gab es einen Presseball in Potsdam. Wir – unsere kleine Band und ich – waren nach Vicky Leandros dran. Das Publikum ist verklemmt und steif, wie oft bei solchen schicken Veranstaltungen. Aber irgendwann brach das Eis, und es wurde doch noch ein netter Abend.

Einmal im Monat treffen sich in Baumschulenweg in der Sportlerkantine die Sport-Moderatoren der Ehemaligen. Eine gute Gelegenheit, in Berlin mal meinen Onkel Herbert wiederzusehen. Sie schwatzen von alten Zeiten und was es Neues gibt. Ich denke, so was hilft über eine Zeit hinweg, in der es mit Arbeit nicht so rosig aussieht.

Mein Zahnarzt bei mir um die Ecke bohrt und bohrt und will plötzlich an meinen Schneidezahn ran. Hej, können wir das nicht noch ein bißchen sein lassen? Ist das wirklich nötig? Ich geh vorsichtshalber zu meinem alten Freund Siegfried Uhlenbrock. Dessen Frau ist nämlich Dentistin. Und da ich auf der Suche nach einem guten Zahnarzt war, sie selbst hat sich auf Kieferorthopädie spezialisiert, gibt sie mir einen guten Tip. Ich habe endlich einen neuen Zahn-Dok und bin sehr zufrieden. Ich habe überhaupt Glück mit meinen Zähnen – kurzer Dank nach oben.

Bei einer Szintigraphie stellt man fest, daß meine eine Niere, die ich noch habe, genau so ackert wie ich. Sie

hat sich vergrößert und macht ihr Ding. Na, ist doch prima. Kann nur sagen, sie soll durchhalten.

Ein Fan aus dem Norden, ich nenne ihn nur Klaus, schleicht sich an und will mir mit einem Auto helfen. Ich sage: »Autos und Frauen verborgt man nicht. Sei nicht sauer.« Er reibt sich auf für mich, zunächst ganz uneigennützig, letztlich gerät er aber in Schulden und leiht sich – wie ich später feststelle – auf meinen Namen an die 200 000 Mark. Ich frag mich, wie vertrauensselig sind die Leute. Sie rufen mich an, ob ich ihn gesehen hätte. Ich sag: »Wie könnt ihr so etwas machen – um Himmels willen!« Auf die Idee, auf meinen Namen zu pumpen, bin ich ja selber noch nicht gekommen! (?) Er taucht unter, und ich hoffe, er packt es und macht sich ehrlich.

Im Dezember standen Sendungen um meinen runden Geburtstag an. »Fifty-fifty« – mit Blick auf den 50. Geburtstag – sollte dieser Zusammenschnitt heißen. Die Firma JOKE & ORG , in Person von Eveline Matt und Günter Steinbacher, war dafür verantwortlich. Udo Foth & Co. vom MDR und Knut Vietze halfen mir. Die Zwischenteile, die wir neu machten, die Gespräche, waren nach meinem Eindruck lieb und harmlos. Die Ausschnitte aus der Vergangenheit so gut und so schlecht, wie sie halt waren. Das Ganze wurde Ende Oktober produziert.

Ab Oktober läuft langsam die große Benefiz-Welle an. Ich spreche mit Evi Zander. Sie sagt mir nur ein wichtiges Wort: Vorsicht! Manche wollen sich nur profilieren, sehen DIE Chance in ihrem Leben. Alle beteuern natürlich, wie ernst es ihnen ist. Mir gefallen die Leute, die still helfen. Einer, der das vorlebt, ist für mich Gerhard Schöne. Wir sehen am 5. Oktober sein Programm »Die sieben Gaben« im METROPOL. Dominique, Odette, Aurora – wir sind total begeistert.

Einen Monat vor seiner Tournee schreibt mir Ger-

hard Schöne: »Lieber Frank Schöbel, ich habe eine etwas ungewöhnliche Bitte an Sie: zunächst möchte ich Ihnen aber erklären, in welchem Zusammenhang diese Bitte steht: In Kürze mache ich zwei Tourneen durch Deutschland, bei denen ich selbstgeschriebene und fremde Märchen erzähle und singe. Neben anderen kleinen Aktionen möchte ich den Gästen im Foyer vor Beginn die Schuhe mit dem originalen Schuhputzzeug eines türkischen Schuhputzers putzen. Auf einem Schemel neben mir möchte ich in Glasfläschchen – wie in einem Reliquien-Schrein – Schuhputztücher von Menschen ausstellen, die ich mag, verehre, oder deren Wirken ich mit Interesse verfolge. Über diese ausgestellten Schuhputzlappen erhoffe ich mir ›Gesprächsaufhänger‹ mit den Gästen. Und das genau ist meine Bitte an Sie. Können Sie mir ein Stück aus einem Ihrer Schuhputzlappen ausschneiden und zuschicken? Das wäre ganz lieb. Mit herzlichem Dank im voraus. Gerhard Schöne.« Klar, habe ich das gemacht. Und beim Konzert auch begutachtet.

Hans, die Geige – er wohnt bei mir um die Ecke – nimmt in meinem Studio mit meinem Freund und Bassisten Uli Werfel eine Single-CD auf. Es klang richtig gut.

Ein Sängerkollege will von mir eine Komposition haben und schickt mir zwei Demos von sich. Ein Duett und einen Solo-Titel. Ich fand ihn so schlimm – der hat mir im Auto richtig schlechte Laune gemacht. Ich sagte ihm das vorsichtig und er meinte: »Haste nicht gemerkt, daß das ein Titel von QUEEN war?« – »Nee«, sagte ich. Der muß gedacht haben: Mann, ist der blöd. Durch seinen Gesang war dummerweise überhaupt nichts mehr zu erkennen. Na, ich denke mal, er ist sauer, und ich brauche kein Lied zu schreiben. Auch gut.

Dann die Frage, ich soll Präsident bei »Empor Köpenick« werden. »Empor Köpenick« ist ein Sportver-

ein. Wenn man so etwas annimmt, muß man viel Zeit und nichts anderes vorhaben in seinem Leben, außerdem Geld ohne Ende.

In meinem täglichen Telefonkampf wollen alle möglichen Leute Prospekte von mir, Videos, Fotos, ich beantworte die ganze Post irgendwann nachts. Der Tag reicht hinten und vorne nicht. Ehe die Schallplattenfirma AMIGA verkauft wird, hole ich mir noch ein paar Noten ab, die mir wichtig sind. Über unsere Freundin Ursel, die nebenbei eine Kindertanzgruppe leitet, suchen wir uns gesanglich, aber auch optisch für die Weihnachtsveranstaltungen und später auch fürs Fernsehen drei Kinder aus.

Nach unserer Februar-Absprache für die Weihnachtssendung hatte Eike Sturmhöfel, früher im Komitee für Unterhaltungskunst tätig, ein Buch für »Weihnachten in Familie« geschrieben. Ich nehm's vorweg, er schrieb sinngemäß: – Schneegestöber – Türe auf – »Mensch, grüß Dich!« – kommt ein Kollege rein – »Ja, ich hab als Kind das und das gemacht.« – kommt ein Lied von ihm. Und so in etwa die ganze Sendung. »Fröhliche Weihnachten in Familie« sollte es heißen. Das Buch versprach auf keinen Fall eine so intime und feinfühlige Sendung wie das frühere »Weihnachten in Familie« allein schon von den Liedern her war. Wir wollten diesen Nimbus nicht kaputtmachen.

Und so kamen wir mit dem MDR, Udo Foht, überein, diese Konzeption abzulehnen. Es war aber schon Anfang Dezember, die Meldung, daß die Sendung Heilig Abend laufen würde, war bereits bei den Zeitungen und nicht mehr zurückzurufen. Somit standen wir unter Druck, sie machen zu müssen. Udo Foht sagte zu mir ganz leise: »Wir müssen uns irgendwas einfallen lassen. Du hast doch mal 'ne Sendung gemacht ›Weihnachten in Familie‹, und da war ja auch ein Weihnachts-›KESSEL‹.« – »Ach«, sagte ich, »du willst einen

Zusammenschnitt haben, was?« – »Naja, aber nicht so ganz einfach. Wir brauchen da noch 'ne Geschichte.« Und so setzte ich mich mit Peter Lorenz hin, und wir erfanden – über Nacht kannste sagen, in zwei, drei Tagen – mit ein paar neuen Titeln geschmückt, eine Zusammenschnitt-Sendung und quasi als Rahmen-Geschichte: die Weihnachtsmann-Familie. Also, der Weihnachtsmann ist nicht etwa nur der Weihnachtsmann, sondern er hat auch eine Weihnachtsfrau und Weihnachtskinder – er hat eine richtige Familie. Und die beschert und erzählt zwischendurch, was in der Welt sonst noch so los ist. Und somit war, wenn auch aus der Not, die erste Sendung »Fröhliche Weihnachten in Familie« auf dem MDR geboren. Sie lebte nicht nur von unserer Familie – das sei nicht vergessen –, sondern natürlich von den Schauspielern Herbert Köfer, Jochen Thomas, den Chordamen Eva, Vio, Carmen und von den Kindern, die wir uns »borgten«. Die Eltern vertrauten sie uns an. Daneben lief aber auch noch unsere Live-Veranstaltung »Weihnachten in Familie« mit eben diesen Kindern, die wir im Auto mitnahmen. Aurora und ich danken den Eltern heute noch.

Wir schleppten alles mit: vom Glockenspiel bis zum Weihnachtsbaum, der Krücke, die wir in einem Lied brauchen. Peter und ich haben während unseren Fahrten zu den Veranstaltungen im Auto gearbeitet. Wir bauten die Sendung zusammen, schrieben das Buch und Peter wunderschöne Gedichte. Schließlich machten wir bei Matthias Jahn die Musikaufnahmen für die Fernsehsendung. Wir ackern wie die Tiere; mein Kopf geht wie 'ne Mühle ...

Unsere Tournee ging bis zum 20.12., am 21. und 22. drehten wir im Studio, am 23. bis zum 24. früh war Schnitt, und abends lief die Sendung.

Wir hatten ein wahnsinnig schönes Bühnenbild. Karl-Heinz Boxberger führte Regie. Die Kameraleute

– alle – machten nicht nur ihren Job, sondern waren mit ganzer Seele dabei, hatten Freude daran – und nach 3 Tagen der eine oder andere auch 'ne Träne im Auge. Denn wir schafften es, eine Atmosphäre im Studio zu verbreiten, daß es einem wie vorgezogene Weihnachten vorkam.

Es gelang eine tolle Sendung, die von den Zuschauern begeistert aufgenommen wurde.

Zwischen den Proben und Auftritten mußte ich am 1. Dezember nach Köln zu Hans Meiser, der die ungeheuer wichtige Frage stellte: »Was macht eigentlich ...?«

Und am 10. mit zwei Kindern um 9 Uhr schon zur SAT 1-Sendung »Glücksrad« – eine Aufzeichnung, die kurz vor Weihnachten gesendet wurde. Danach geht es sofort nach Leipzig. Unsere Weihnachtsveranstaltung findet im Haus Leipzig statt – genau da, wo ich früher mal angefangen habe. Ich freue mich natürlich auf dieses Haus und denke, es wird bestimmt schön, muß aber feststellen, daß es nur drei Viertel voll ist. Ja, es gab keine Reklame, hört man.

Ich hake Leipzig ab. Das darf man aber nicht, wie ich später merke. Was ist aus Leipzig geworden? – denke ich so bei mir. 87 – Die Fans sind eine Macht – Messehalle 7. Nein, dachte ich, auch hier brauchen wir Geduld.

Der 11.12. nahte – der Tag des Gesundheitswesens in der ehemaligen DDR. Es ist ein Freitag. Ich bin bei Matthias Jahn, bespreche mit ihm Abfolgen für die Weihnachtssendung im MDR. Ich hasse eigene Geburtstagsfeiern, komme wohl aber mitten in der Tournee um den 50. Geburtstag nicht herum. Und so treffen wir uns abends bei unseren Freunden Toni und Christel in der Kantstraße in ihrer kleinen Pizzeria. Es war urig und gemütlich. Irgendwann kam ein Polizist und nahm mich fest mit Handschellen und so – war aber nur ein Gag. Vlady, Vio, Evchen und ich sangen

wie immer dann so ab 22 Uhr. Es war schön, aber lange Feiern war nicht drin, weil wir am nächsten Morgen schon wieder früh los mußten nach Hoyerswerda. Die Weihnachtstour ging weiter. Zwischendurch fanden die Proben mit Herbert Köfer für die Fernsehsendung statt. Ich schreibe noch am Lied »Einmal im Jahr« – Text und Musik. Glücklicherweise wird es noch rechtzeitig fertig.

Wir sind mit unserem Weihnachtskonzert in Berlin. Frauen geben im Gespräch zu, daß sie während des Konzertes geweint haben. Sie sagen: »Da kommt alles hoch: die unbewältigte Vergangenheit, der momentane Zustand, die Ohnmacht ...«, sie selbst sagen wörtlich, »... den Besetzern gegenüber.« Das mag man heute alles anders sehen, aber genauso war's. Am nächsten Morgen bin ich wieder im Studio bei Matthias Jahn. Wir nehmen Gesänge auf. Nachmittags ab nach Torgau, nachts zurück und am nächsten Morgen 9 Uhr im ORB ein Interview im Funk. Danach weiter nach Meißen. 14 Uhr, 19 Uhr – zwei Veranstaltungen. Am 20. sind wir noch mal in Berlin, die 2. Veranstaltung wegen der großen Nachfrage. Und am 21., morgens 7.45 Uhr, kommt Jochen Petersdorf zu mir, bringt mir noch rasch einen Text, danach ins Studio Chemnitz. Um 11 Uhr müssen wir schon für die Probe bereit stehen. Am 23. fuhren wir zurück nach Hause, waren endlich fertig mit der Sendung.

Weihnachten feiern? Bis zum 24. hat die Kraft meistens gereicht. Danach war man krank: physisch, psychisch. Aber wir freuten und auf einen Kurzurlaub in der ČSSR. Am 29.12. sollte es losgehen. Aber zu früh gefreut: Es war der totale – ich sag's mal lax: Anschiß! Im Grunde genommen ging es schon an der polnischen Grenze los. Tierische Nervereien mir den drei spanischen Pässen von Aurora, Dominique und Odette, ebenfalls bei der Einreise in die ČSSR. Dann kamen wir

nach Stunden im Quartier an, wollten 19 Uhr noch was essen. »Hier gibt's nur bis 18 Uhr 30!«

Und die Unterkunft – vergiß es. Das Hotel voll sächsischer Landsleute, bei der Ankunft – »Gugge, der Schejbel!« Ich frage, wie das Essen hier ist. Sagt ein Junge: »Das gäm ma zu Hause nich mal unserm Schwein!« Beim Frühstück hatte er recht. Den Rest erlebten wir nicht mehr.

Wir fuhren zurück. Überall knallten die Raketen – eigentlich schön zu sehen. Silvester im Auto – nicht schlecht! Kamen aber noch so rechtzeitig nach Berlin, daß wir mit unseren Nachbarn Brigitte und Manne feiern konnten. War mal was anderes. Man muß aus jeder Situation das Beste machen. Zumal die allgemeine Befindlichkeit im Lande so geschildert wurde: Zustand erträglicher Unzufriedenheit.

Wir brauchen neue Träume

Das Jahr 93 begann mit einem Schock. Nicht mit Rudolf Schock, sondern – es war knochenkalt – die Heizung war eingefroren! Sämtliche Heizkörper waren geplatzt, zum Teil explodierten die Thermostate. Es sah schon sehr bunt aus. Ich hatte aber Glück: die Versicherung bezahlte relativ viel.

Ich bekam ein Angebot, Reklame für MULTIKAUF zu machen, sollte »Wie ein Stern« singen. Sie verhunzten den Text derartig ..., es war zum Fürchten. Ich sagte: »Nein, bitte nicht!« Später kamen noch einige solcher Angebote.

Siegfried Trzosz, ein Moderator und Organisator von Veranstaltungen, ließ mir zur Information einen Brief zukommen, den er der GEMA schickte. Darin heißt es: »Aufmerksam las ich die Information Deut-

scher Textdichter-Verband 1/93. Mir fiel auf, daß keinerlei Informationen über die neuen Bundesländer geschrieben wurden. Das ist bedauerlich. Vielleicht auch ein Versehen.« Das ist Absicht! Und weiter: »Fakt ist, daß die Autoren und Interpreten der ehemaligen DDR, aus welchen Gründen auch immer – nicht alle waren rote Socken, nicht alle konnten und wollten abhauen, kaum in den Medien mit ihrer jahrzehntelangen Arbeit zu erleben sind. Über Beweggründe der Ostredakteure und -macher der Medien könnte man seitenweise schreiben: von Angst, als Redakteur seinen Noch-Job zu verlieren bis zum ausgesprochenen Verbot, DDR-Schlager zu spielen, reicht die Palette. Das Kuriose ist: das Publikum will seine Leute sehen und hören, mit denen es groß geworden ist, ohne dabei in DDR-Nostalgie zu verweilen. Bei allem Blick nach vorn muß man fairerweise auch das Vergangene beachten und darf nicht die Arbeit von Autoren und Interpreten ausgrenzen.« An anderer Stelle schreibt er: »Wann begreifen die Medienmacher von Musikshows, daß ein deutsches Publikum vor dem Bildschirm sitzt? Ich wünsche mir Offenheit und ein ehrliches Miteinander.« – So Siegfried Trzosz.

Ein Brief ganz anderer Art erreichte mich Ende März. Charlotte Bohrmann schrieb: »Ich war von 1945 bis 1948 in Mühlberg/Elbe interniert. Dort hatten wir ein Theater, u. a. eine Tanzkapelle. Diese leitete ein Tanzlehrer aus Aschersleben, Hans Hackemesser. Die Solisten dieser Band waren Fritz Rotter und Hannes Schöbel. Mein Favorit war Hannes Schöbel. Ich arbeitete im Lazarett und so haben wir um 5 Ecken herum erfahren, daß Hannes aus Leipzig war, Jurist und einen Jungen haben sollte. Kontakte direkt waren für uns unmöglich, und so war 3 Jahre lang Hannes Schöbel mein Stern. Und ist es bis heute noch geblieben. Das hat sich also automatisch auf Sohn Frank übertragen. Leider

haben es Hans Hackemesser und auch Ihr Vater nicht geschafft, nach Hause zu kommen.« Und an anderer Stelle: »Lieber Fränki, ich will Ihnen mit meinen Zeilen nur sagen, daß Sie einen liebenswerten, phantastischen Vater hatten, der uns in dieser trüben Zeit mit seinem Gesang und seinen Auftritten, ob nun Schlager, Operettenmelodien, Volksliedern usw. viel Freude bereitet hat und wir für Stunden den Lageralltag vergessen konnten. Der Satz in der SUPER-ILLU: ›Meinen Vater, Jurist in der Nazi-Zeit, hatten die Russen in Torgau umgebracht‹, hat mich total umgehauen und mich nun endlich dazu gebracht, diesen Brief zu schreiben. Ich hasse all diese Unwahrheiten, die jeder Journalist heute ungestraft schreiben darf. Leider müssen wir damit leben.«

Und Bettina aus Leipzig: »Mensch Frank, wir werden zugeschüttet mit blauem Meer, Sonne und Sand, mit Friede, Freude, Happy End. Nach dem ersten Blick in die strahlende Sonne gehen vielen Leuten jetzt die Augen auf, und dann die Leere. Wo seid Ihr, die wir jahrzehntelang geliebt und verehrt haben? Hilf mit, uns Dich und Deine Musik als wichtigen Teil unseres Lebens zu bewahren.«

In der BILD-Zeitung sollte ich an die 60 Fragen beantworten. Eine hieß: Wen würden Sie als Bundeskanzler wählen? Ich ironisch: »Meinen Nachbarn Siegfried Lehmann.« Ich habe gar keinen Nachbarn, der so heißt, was wiederum einen 78jährigen Rentner aus Thüringen, mit Vornamen Harry, veranlaßte, mir zu schreiben: »Das ist flapsig! Gehört sich nicht und bringt dem, der wieder ins Geschäft will, keine Sympathien. Pessimismus und ›Es war einmal‹ ist in unserer gemeinsamen Findung zur inneren Einheit nicht und überhaupt nicht angebracht. Zeigen auch Sie bei öffentlichen Auftritten, so wie früher, positive Ausstrahlung mit freudiger Einstellung zu Deutschland!« Und

weiter schreibt er: »Optimismus von allen und für jeden ist gefragt!« Als 78jähriger Rentner ist das vielleicht möglich, aber wenn Du 40, 50 bis und jeden Tag aus dem Fenster guckst und keine Arbeit hast, sieht das schon ein bißchen anders aus, mein lieber Harry. Die meisten Leute haben die Situation schon realistisch gesehen.

Meine liebe Tante Ruth schloß im Mai für immer ihre Augen. Als ich sie kurz vorher besuchte, sah sie mich nur an und sagte leise »Lothar« zu mir. Ich nahm ihre Hände und streichelte sie. Pfiatdi, Ruth! (Abkürzung von »Führ' dich Gott«) Dabei waren wir noch im Februar in Obernberg und haben sie besucht, Odette, Dominique, Aurora, Richie, der Sohn von Auroras Bruder, und ich Dominique und Aurora wollten nicht Ski-Fahren, Odette machte es kurz und knapp: wir kamen 19 Uhr an, bis 19.30 Uhr fuhr sie schnell mal mit dem Schlitten ganz vorsichtig ein kleines Hügelchen runter und zack, Bein verdreht, eingegipst, ewig lange Schmerzen – das war ihr Urlaub. Also blieben Richie und ich übrig. Wir trainierten im Langlauf, und ich jagte ihn irgendwann mit Langlaufskiern den Berg hinauf. So hoch, daß ich mir heute selber einen Vogel zeige. Du mußt wissen: das Dorf ist 1 400 Meter hoch. Von da aus gingen wir 200 Meter höher zum Obernberger See, das wären 1 600 Meter, dann noch mal um die 600, 700 Meter höher, und das auf Langlaufskiern. Ich denke, damit war noch nie einer oben, denn so beknackt kann ja gar keiner sein. Richie hatte irgendwann die Faxen dicke und sagte: »Ich kann nicht mehr.« Es wurde rasch dunkel. Okay, dachte ich, wir müssen zurück. Und meinte wohl, man könnte so schräg am Berg langfahren. Aber ich rutschte manchmal 7 bis 8 Meter plötzlich steil bergab. Richie setzte sich einfach hin und sagte: »Schluß, aus. Ich gehe nicht mehr.« Ich nahm seine Skier, seine Stöcke: »Los!« Ich hatte rich-

tig Angst. Er wollte nicht mehr. Heulte, fror. Ich zog ihm die Schuhe aus und rieb ihm die Füße mit Schnee ein. Dann schrie ich ihn an, wie bei der Armee. Nur so konnte ich ihn Stück für Stück – im Schneepflug, auf Skiern hockend, mit den Händen bremsend und aller 40 Meter in den Schnee fallend – vom Berg runterlocken. Irgendwann, gegen 21 Uhr, waren wir unten. Hej, dachte ich, das war knapp!

Im Mai sollte ich in Dagmar Frederics ARD-Show auftreten. Sie hatte sich stark gemacht dafür – und auch andere –, daß ich in die Sendung eingeladen wurde.

Bis dahin mußte ich allerdings noch einen Titel produzieren. Dies passierte alles bei meinem Kumpel Rainer Oleak. Den Text schrieb Bernd Meinunger. Wie schon oft gab ich ihm eine Zeile vor, »Wir brauchen neue Träume«. Sie gefiel ihm gut, und er erfüllte sie mit Leben.

Veronika Jarzombeck, meine Managerin für Fernsehen und Plattenfirmen – die Live-Konzerte schloß ich zur damaligen Zeit noch selber ab –, versuchte das Lied, bei vielen Firmen unterzubringen. Keiner wollte es. Auch KOCH Records International schrieb mir, wenn auch ein Jahr später: »Vielen Dank für Ihr Angebot. Wir haben uns Ihre Produktion aufmerksam angehört. Müssen Ihnen aber leider mitteilen, daß wir keine Möglichkeit sehen, Sie unter Vertrag zu nehmen. Der Grund für unsere Absage liegt in der Tatsache begründet, daß unser Künstlerstamm derzeit voll ausgelastet ist und weitere »neue« Solo-Künstler von unserer PR (Promotion-Abteilung) und vom Vertrieb nicht mehr optimal betreut werden können. Wir bedauern, Ihnen keinen günstigeren Bescheid geben zu können. Für ihre musikalische und persönliche Zukunft wünschen wir Ihnen Glück.« – Na, das hatte ich ja dann wohl auch. Wenn einen Titel keiner will, dachte ich, muß ich ihn so oft im Fernsehen singen, bis irgend je-

mand sagt: »Eh, sag mal, ist der auch verlegt? Kann man den auch kaufen?« So war ich damit beim Frühstücksfernsehen in SAT 1., allerdings hatten die eine neue Nebelmaschine, kannten wohl die Bedienung noch nicht so richtig – plötzlich war ich weg und tauchte erst gegen Ende des Liedes wieder auf. Die Moderatorin und ich, wir haben sehr gelacht. Man könnte Absicht unterstellen, aber es war wirklich Zufall. Dor Schebel im Nebel!!

Dann, in der »Goldenen Schlagerparade«, ebenfalls SAT 1, mußte ich allerdings »Wie ein Stern« singen. War richtig, paßte besser ins Programm. In der »Late Night Show« bei Thommy Gottschalk ging der Titel nun gar nicht. Ich machte da auf die schnelle mit der Band ohne Noten »Blue suede shoes«. Die Redaktion hatte – wie ich immer sage – vom Taubenzüchter bis zum Feuerschlucker alles eingeladen, aber manche waren nicht so ganz auf der Höhe, daß sie Gottschalks Nerv trafen, und so stellte man das Programm um. Dadurch – er muß mich wohl irgendwie gemocht haben – hatte ich fast eine halbe Stunde Zeit, mit ihm zu quaddeln. So was war damals selten. Er meinte: »Ich bin doch in Kulmbach aufgewachsen, in der Nähe von Hof. Da haben die Jungs (er meinte die Jungs aus dem Osten) von Jugendstudio DT 64 schwer reingeblasen. Frank Schöbel hat mich damals mehr beeinflußt als Eric Clapton.« Naja, das klingt als Gag ganz nett, war aber natürlich nicht ernstgemeint, denke ich mal. Auf jeden Fall meinte er: »Sag mal, damals hörte ich Puhdys, Karat und Schöbel – jedes dritte Lied. War das eigentlich noch toll, als man so der Allergrößte war?« Wir kamen gut miteinander zurecht, sprachen ironisch über dies und das und die Vergangenheit. Locker und sowieso selbstkritisch. Manchmal läuft's ja nicht so, aber ich hatte einen guten Tag.

Inzwischen machte ich so viel Fernsehen, daß ich das

eine oder andere – wie sich später herausstellte – zurecht abgesagt habe.

Irgendwie merkten wir, daß die Produktion »Wir brauchen neue Träume« nicht so recht losging, und so nahmen wir das Stück einen Ton höher und etwas schneller bei Ole nochmal auf. Und diese Version, die viel frischer klang, sang ich dann beim MDR auf dem »Riverboat« und bei Wim Thoelke in seiner Talk-Show auf B 1. Ich fand, er war ein lieber, manchmal etwas unbeholfener Bär.

Udo Foth vom MDR rief an und hob schon mal den Finger für Weihnachten 93, Heiligabend. Ich sollte mir Gedanken machen, und wir wollten dann im September aufeinanderzukommen. Die eine Seite ist die Freude, die andere die Angst, ob man den Haufen Arbeit auch schafft und musikalisch-inhaltlich ’ne gute Sendung macht.

Im Kalender stehen Alltagsproblemchen: kleinere Mülltonne bestellen, Omi Doerk zum Ultraschall nach Friedrichshain fahren, danach zum Augenarzt ...

Ich kriege einen Brief von Silke aus Gera, die schreibt: »Ein schöner Traum platzte wie eine Seifenblase. Nach langer Vorfreude rückte der 29. Mai endlich heran. Die Kinder waren untergebracht, die Blumen besorgt und los ging’s. Ziel war das Haus der Kultur in Gera. Dort solltest Du, lieber Frank, auftreten, als Stargast in der Show von Heinz Quermann. Ich wollte mich persönlich bei Dir bedanken für die nette Geburtstagskarte im April. Aber: all das ging nicht auf. Das Schlimmste war, daß nicht einer, auch nicht Heinz Quermann, ein Wort darüber verlor, warum Schöbel nicht sang. Fragen konnte ich ihn auch nicht, da er sehr schnell verschwand. Das Ergebnis dieser Veranstaltung: viele enttäuschte Menschen. Übrigens waren Muck und Ina-Maria Federowski auch auf Plakatwerbung und per Zeitung angekündigt, aber keiner kam. Ich bin

nun fast der Meinung, daß Du selbst gar nichts wußtest von dieser Veranstaltung.«

Richtig Silke. Ich entschuldige mich hier noch mal, aber ich hatte mich mit dem Veranstalter geeinigt. Den Vertrag hatten wir beide am Telefon zerrissen. Dummerweise stand ich auf dem Plakat noch mit drauf. Schlimm, daß die Leute so auch noch unseren Ruf kaputt machen. Ein Glück, daß man Fans hat, die selbst so was überstehen. So schreibt Silke noch in ihrem Brief: »Meine Mutter steigt sogar in Abbruch-Häuser, um für mich Frank-Schöbel-Plakate rauszuholen.«

Der Fußballverein 1. FC-UNION BERLIN möchte eine neue Vereinshymne. Ich setze mich hin, mache den Text, die Musik und produziere das ganze. Frank Pagelsdorf, damals Trainer bei Union, hatte zweimal den Aufstieg geschafft – sportlich. Leider wurde die Lizenz immer verweigert. Der Verein war mal zwischenzeitlich auf 800 000 Mark »entschuldet«. Ich sang das Stück mit der Mannschaft ein, und es wurde auch sehr gut verkauft. So kam auch wieder ein bißchen Geld in die leeren Kassen des Vereins.

Ina und Babsi, zwei liebe Freunde von uns, sprachen nur noch vom Heilpraktiker, von Herrn Richter, machten uns neugierig und steckten uns schließlich an. Ich ging 10 bis 12 mal zur Blutwäsche. Nicht, daß de denkst, das ganze Zeug kommt in die Waschmaschine ... Das geht anders. Ich erklär's Dir lieber nicht, mach Dich selber schlau. Denn Ärzte lachen sich tot, wenn Laien fachsimpeln. Ich weiß nur, daß ich mich nach 12 Anwendungen plötzlich wieder wie »neu« fühlte. Ich war schneller am Ball, merkte es körperlich, überstand Streßsituationen viel besser und dachte mir: so müssen sie die alten Genossen im Politbüro fit gekriegt haben. Möglicherweise waren die ja sogar fest verkabelt – rund um die Uhr!!

Es gibt neue Postleitzahlen und dazu eine Post-Tour.

Professionell gemacht. Wir hatten viele Veranstaltungen, aber nur in den sogenannten neuen Bundesländern.

Wie meine liebste Tante, die sich Christi Himmelfahrt mit 89 Jahren von dieser Erde verabschiedete, immer sagte: »Haut mir denn nicht mal eener uff'n Kopp!?«, wollte mein lieber Opi (Doerk) auch nicht mehr. Er meinte im Krankenhaus: »Ach, iss nüscht mehr!« Und wenn einer nicht mehr will ... Am 8. Juni starb er. Ich holte mit Omi die Tasche im Krankenhaus ab – ein furchtbares Gefühl: ernüchternd. Und machte nach Absprache mit Chris auch die Wege für die Beerdigung. Im August war erst die stille Beisetzung. Das wäre was für einschlägige Zeitungen gewesen: Chris mit unserem Sohn Alexander, Aurora, Dominique und Odette, Omi und ich am Grab von Opi. Und so ist das manchmal im Leben: er war nicht der leibliche Opi von Odette und Dominique, aber wir hatten die engste emotionale Beziehung zu ihm.

Emotional hoch schlugen auch die Wogen, als am 13. Juni die UNION-Aufstiegsfeier in Köpenick war. Die Puhdys sangen – sagen wir mal: grölten! Ich grölte auch. An die Dreitausend – vielleicht auch mehr – auf einer großen Wiese. Wir hatten meine bekannten Lieder extra für diesen Tag etwas umgedichtet und natürlich mehrere Schals um den Hals. Nichts ist schöner als Freibier und wenn ein Fußball-Glückstag den trüben Alltag erhellt! Man zog mit den Vereinsfahnen durch Köpenick. Ja, durch Ost-Berlin. Die Ernüchterung kam später: wieder nichts mit der Lizenz, wieder kein Aufstieg, wieder Geldsorgen. UNION knabbert noch heute dran.

Apropos: noch heute dran: Im Juli 93 ließen wir uns auf das Wagnis ein, ein paar kleine Dinge am Ferienhaus zu sanieren. Der falsche Fan, von dem ich vorhin schon sprach, der mir scheinbar half und überall Schul-

den machte, empfahl mir einen Herrn Schimmelpfennig. Schon der Name hätte mich stutzig machen müssen. Also um Pfennig-Beträge ging es nicht gerade. Und Schimmel habe ich jetzt tatsächlich im Keller. Eigentlich hat's nur Schaden gebracht. Aber so was kennst Du vielleicht auch, was? Es folgten langwierige Gerichtsdinge und letztlich ein Prozeß, den ich im letzten Jahr gewonnen habe.

Anfang Juli tauchte ein neuer »Manager« auf: Joachim. Er kannte alles, aber wirklich alles, was früher in der DDR den Mund auf und zu gemacht hat – ich meine: musikalisch. Auch die Texte, das war schon erstaunlich. Gab aber vor, aus Westberlin zu sein. Wir haben ihn ein paar Mal überführt. Zum Beispiel hatte er seinen Namen und seine Adresse auf ein Tuch geschrieben, das man am Ende der Armeezeit mit den Kumpels austauscht. Also, Joachim kam und besorgte zunächst für meine Mutter eine Bleibe in Berlin. Da war ich natürlich sehr froh, daß ich mich nicht selbst darum kümmern mußte.

Dann sollten wir Veranstaltungen zum Karneval in Köln haben – Vergiß es! Fand nie statt.

Ich sollte im Film »Ein Schloß am Wörthersee« mitspielen. Wir sind eine ganze Nacht, sage ich mal locker, durch den Wald gefahren, irgendwo sollte jemand wohnen, der mit mir sprechen wollte. War alles erfunden! Ich bin dann nachts von München wieder zurück nach Berlin gefahren. Er saß neben mir, und da er so dick war, schnarchte er zu allem Unheil noch wie ein Bär. Ein Hochstapler vor dem Herrn.

So sollte ich im »Flitter-Abend« eingeladen sein. Als der Termin immer näherrückte und der Gitarrist und Bassist wissen wollten, wann wir wo zu sein hätten, riefen wir als Zeitungsredakteure getürkt bei der Sendeleitung an, und die meinten: »Nee, Schöbel ist nicht bei uns in der Sendung.«

Des weiteren sollte ich in der »Goldenen Eins« sein. Er hatte sogar eine gefaxte Zusage von der Redaktion gefälscht.

Er könne auch schauspielern, meinte er, und in unserer Weihnachtssendung mitwirken. Ich weiß nicht, was mich geritten hat, daß ich mich darauf einließ. Er war ja dick und sah als Weihnachtsmann möglicherweise gar nicht so schlecht aus, aber Texte sprechen, das ging überhaupt nicht. Boxi, der Regisseur war krachsauer und ließ ihn immer wegtreten. Stellte ihn in der Kulisse meist hintern Tannenbaum.

Unsere Radio-Sender-Tour für die drei CD's der 60er, 70er und 80er Jahre verlief im Osten okay, bis auf RADIO PSR in Leipzig – die wußten von nichts. War das unangenehm! Irgendwie retteten mein Name und ich die Situation noch, es kam schließlich doch noch zu einem Interview.

Aber Joachim schaffte es durch Verstrickung und Lügen immer wieder, daß man nicht hinter seine Betrugsmanöver kam und glaubte, es sei nur eine Ansammlung unglücklicher Zufälle. Als allerdings dann die Weihnachtstour lief und ich jeden Veranstalter darum bat, mir das Geld auszuhändigen, damit die Technik und die Band sofort bezahlt wurde, war das Maß irgendwann voll. Denn eigentlich wollte ich mich ja um diesen ganzen Müll nicht kümmern, dazu hatte ich ja einen Manager. Aber einen »Manager« managen, das war die Hölle.

Im Sommer wiederholte der MDR alle ehemaligen Musikfilme, so »Reise ins Ehebett«, »Hochzeitsnacht im Regen«, »Heißer Sommer« und »Nicht schummeln, Liebling«. Ich schneide mit und endlich habe auch ich sie auf Video. Wir fotografieren im Mai fürs Plakat »Weihnachten in Familie«, machen eine Pressemappe, und schreiben eine neue Bio.

Schuldenklaus von der Ostsee, Du weißt, will mir

wieder mal ein Auto andrehen. Er arbeitet im Autohaus. Ich sage zu ihm: »Ich will kein Auto.« – »Doch«, meint er, »du kannst es eine Weile zum Probefahren haben.« – »Na, so was mache ich ja überhaupt nicht gerne. Laß mich damit in Ruhe, bitte.« Er kommt trotzdem mit einem Sattelschlepper an, hinten das Auto drauf. Und merkt erst bei mir, daß er den Zündschlüssel vergessen hat. Was hab ich gelacht!

Die Berliner Volksbühne rief an und wollte ein Stück machen. Ich fuhr hin. Wir redeten in der Kantine fast eine Stunde. Im Stück eine Szene, in der 16 Honnis auftreten und ich »Wie ein Stern« singen sollte. Sehr komisch, dachte ich. Aber wer lacht hier über wen? Außerdem ging es aus Zeitgründen nicht. Ich sagte freundlich ab und überließ ihnen ein Band.

Eine Fernsehsendung für den MDR fand live in der Nähe von Naumburg statt. Und so 20 Kilometer vor der Stadt gibt es einen Riesenstau auf der Autobahn. Eine Ölleitung war geplatzt, und nichts ging mehr. In solchen Momenten muß man sofort reagieren und manchmal auch ein bißchen Verbotenes tun: ich hing mich auf dem Standstreifen verkehrtrum fahrend ungefähr einen Kilometer an ein CD-Auto ran, weil ich dachte, den halten sie sowieso nicht an. Fuhr über die Dörfer und schaffte es tatsächlich noch pünktlich. Es war sinnlos, denn der Ü-Wagen, der Übertragungswagen, stand irgendwo mitten im Stau, und die Sendung fiel aus. Aber so ist das bei uns im Beruf: ankommen mußt du – egal wie!

Ein Kollege, Gottfried Wendehals, kam am nächsten Tag in Halle eine Stunde zu spät zum Auftritt. Der Veranstalter meinte: »Hat hier gar keiner gemerkt, und außerdem spare ich Geld!«

1A-Fernsehen, auch Schamoni-TV genannt, sollte bald auf Sendung gehen, hatte die Frequenz schon und sendete testbildmäßig. Dummerweise hatte ich mich

zur Funkausstellung überreden lassen, zwei Titel zu singen. Ja, so aus Spaß – Benefiz, weißt Du! Die Titel wurden unprofessionell aufgenommen, und das Schlimmste: sie liefen wochen-, ja monatelang auf Testbildschleife für 1A. Ich hätte in der Erde versinken können! Aber so was passiert.

Aurora, Frank und die Töchter

Im September machte ich die Musiker klar – für die Weihnachtstour. Aurora fragte bei Eltern, ob wir wieder ihre Kinder Weihnachten fürs Fernsehen wie auch für die Veranstaltung bekommen könnten. Nebenbei bereiteten wir zusammen die Wohnung für meine Mutter in Berlin vor.

Am 24. September traf ich mich schon mit Udo Foth, um die Konzeption für Weihnachten vorzulegen, da Jochen Thomas schwer erkrankte, übernahm den Part der Weihnachtsmann-Familie mein Freund Herbert Köfer, zusammen mit Vlady und mir .

Ich soll in der Sendung DIVA im MDR mitwirken. Da es eine Art Quizsendung ist, und wie Du weißt, man mich damit jagen kann, sah ich mir erstmal ein Video an und sagte dann im gegenseitigen Einvernehmen freundlich ab. Diven sind mir zu künstlich, zu hoch, zu weit weg. Ich mag Greifbares.

Man spricht von einer Abschiedsfete für Heinz Quermann. Überhaupt ist es ein Problem, wenn man in einem bestimmten Alter ist, in seinem Leben viel geschafft hat, eigentlich dafür den Lohn und Dank kriegen müßte, durch die Wende aber plötzlich »auf der verkehrten Seite« gelebt hat und kaum beachtet wird. Ich stelle mir das für viele ältere Kollegen sehr schwer vor. Heute muß man sich bemerkbar machen, seinen Unmut zeigen, irgendwie sagen: ich gehe aus Deutschland weg, ich höre auf. Die Leute werden schon weinen, die werden schon sehn, wenn wir nicht mehr da sind. Wir sind ja so sensibel ...

Aber wenn alles läuft – haben wir nicht einen tollen Beruf? Wir treffen doch meistens auf gut riechende, gut angezogene Menschen, die auch noch gute Laune haben. Wenn wir Glück haben, verschönern wir ihnen das Leben und unseres gleich mit! Die gleichen Leute könnte ich als Autofahrer treffen. Und wenn wir Pech haben, zeigen wir uns – im übertragenen Sinne – den Finger.

Am 10. Oktober machten wir, Peter Lorenz und ich, uns an das Buch für die Weihnachtssendung. Ich schrieb neue Titel dafür, machte Demos, dann wieder Absprachen für die Arrangements – na, das kennst Du ja alles schon. Die Aufnahmen bei mir zu Hause. Uli Werfel brachte meine Technik in die Reihe, und ich lernte, Stück für Stück die richtigen Regler aufzuziehen. Buch besprechen, ändern, Gedichte lernen, Regiebesprechung, Szenenbild, alles mit viel Zeit, Ruhe und Liebe gemacht. Und das Ergebnis ist keine dahin-

geschluderte Sendung, die routinemäßig abläuft. Das Ganze, die genannten Besprechungen usw., gehen oft bis in die Nacht um 2, 3 Uhr. Bei bestimmten Wünschen, wie im Szenenbild oder Kostüm, engagiert sich Aurora besonders. Ich war froh, daß sie diese Aufgabe übernahm, weil ich dazu keine Lust und dafür keinen Draht hatte.

Ein großer Berliner Radio-Sender rief mich an und bot mit eine Schlager-Sendung an, 2 Stunden am Sonntagabend. Ja, dachte ich, dann wäre ja jeder Sonntag fest verplant, ich könnte keine Veranstaltungen mehr machen. »Erstens«, sage ich, »ich stehe nicht auf Schlager.« Am Telefon war Ruhe. Ich sage: »Bist du noch dran? Haalloo ...!« – »Ja, ja, ja.« Naja, ich hatte ihn wohl sehr geschockt. Manche Leute sind nicht so locker, können meine Gags schlecht einordnen. »Ich meinte eigentlich mehr, bestimmte Schlager, so – ich umschreib das mal mit: heiter, verletzt nicht und ein bißchen dumm – das ist nicht mein Ding! Wirklich nicht. Und dann noch ansagen, wie toll ich das alles finde – oh nee, verschon mich bitte! Muste verstehen. Ich kenne da aber einen, der macht das richtig gut und der steht auch wirklich dahinter.« Und schlug gleich einen oder zwei vor. Einer moderierte das dann wirklich. Und wenn er nicht gestorben ist, dann spricht er sie noch heute ...

Zwischendurch immer wieder Alltagstrott: Jeden Monat Steuerscheiß, das hält unheimlich auf. Fahrtenbuch schreiben – eine Bürokratie ist das in diesem Land! Das Beste ist, daß die Bürokratie Arbeitsplätze schafft.

Vlady Sleczak, früher Chef vom Cantus-Chor, und ich singen schon für Weihnachten Stück für Stück sechsstimmig »Stille Nacht« ein.

Fast 19 Tage lang haben wir Musikaufnahmen. Die Sendung dauert 60 Minuten und wird an vier Tagen

aufgezeichnet. Danach 10 Tage Probe für unsere Weihnachts-Liveveranstaltungen, d. h. neben den Proben vorbereiten, auch Getränke einkaufen, Brötchen schmieren, denn die Jungs wollen ja im Studio auch ein bißchen was essen. Das macht immer Aurora, Evchen vom Chor half mit. Es ist eine schöne Atmosphäre, wenn wir Weihnachten proben, ziemlich gemütlich: Man ißt schon Stolle, sitzt zusammen, und das Ende November.

Auf unserer Tournee in Leipzig treffen wir Ljupka Dimitrovska und Ivica Szervesi – zwei liebe Kollegen aus Jugoslavien. Sie kommen spontan auf die Bühne und singen mit uns »Stille Nacht«. Ivica einen Vers in seiner Heimatsprache. Daß wir alle in diesem Moment an die Situation in seinem Land dachten, muß man wohl nicht erwähnen. Das fühlten alle.

An unserem freien Montag produzierten wir für RADIO BROCKEN zu Hause eine Sendung mit Peter Lorenz, Aurora, den Kindern und Freunden.

Na klar, mußte man das alles vorher ausdenken, war auch nicht so einfach und fraß mehr Zeit, als wir dachten.

Ende des Jahres machten wir noch eine Erfahrung mit einer Agentur aus Ulm. Eine alte Dame, die diese leitete, stellte ein Programm in uralt KGD-Manier zusammen. Wir wehrten uns dagegen, und das war die erste und letzte Zusammenarbeit.

Ich suchte wieder, brauchte dringend einen Mann oder eine Frau, die mich managt und mir die Arbeit abnimmt und mir letztlich den Rücken für meine eigentliche künstlerische Arbeit freihält. Das war mein Wunsch für das Jahr 1994.

Neue CD – Fröhliche Weihnachten in Familie

Über 50 Wünsche, oder sagen wir besser: unerledigte Dinge, stehen in meinem Kalender. So z. B. Peter Beil schreiben und Danke sagen. Er schickte mir eine Komposition von sich, die ich aber so nicht machen konnte. Oder: GEMA anmelden, z. B. das Lied »Einmal im Jahr«. Ich bin in solchen Dingen immer eine kleine Schlampe, melde oft viel zu spät an. Jochen Petersdorf soll einen neuen Text zu »Mit mir könn'ses ja machen« schreiben. Telefon habe ich immer noch nicht, deswegen: beschweren.

Karl Dall »Der letzte macht das Licht aus« schicken – er wollte es eventuell singen, meinte aber, daß er eher das Licht ausmacht, ehe er das singt! Ich mache mit »Hochstapler« Joachim die Endabrechnung für die Weihnachtskonzerte und dann tschüß! Eigentlich hatten wir alle von der Weihnachtstour so die Schnau... voll, daß für mich klar war: nie wieder! Ich Idiot gab ihm tatsächlich noch mal eine Chance. Er wollte eine Veranstaltung im Hygiene-Museum machen in Dresden. Und als er meinte, sie sei ausverkauft, und ob ich noch eine zweite machen könnte, wurde ich stutzig, rief an: keine Reklame, überhaupt noch keine Karten verkauft! Ich sagte sofort ab. Jetzt war nun wirklich Schluß! Und da er so dick war, sagten wir, irgendwann platzt er mal. Und wenn er platzt, dann knallt es so – das hören wir. Das Dumme war nur: er platzte wirklich. Und zwar sogar ganz schlimm: seine Bauchschlagader – es hing am seidenen Faden. Er schrieb mir aus dem Krankenhaus noch einen Brief, entschuldigte sich rückblickend nicht für alles, aber so in etwa. Ja, was soll man sagen? – Der »Chef« hat ihn gestraft! Nein, so hart – das wünscht man keinem!

RTL bot mir an, Chef eines Senders in Sachsen zu

werden. Dort wurde eine neue Frequenz ausgeschrieben, und sie wollten dabei sein. Ich sagte, daß ich so etwas im Moment gar nicht will, vielleicht auch nicht könne, und schlug meinen Onkel Herbert vor. Er ging ins Rennen. Letztlich, so war zu hören, gewannen nicht die Argumente, sondern die CDU. Wenn die CDU allerdings in Gestalt von Biedenkopf kommt, dann finde ich das okay.

Ich kaufe ein Schlagzeug. Zum einen, damit für die Proben gleich eins dasteht, und zum anderen wünsche ich mir, daß Odette Schlagzeug lernt. 'ne Schlagzeugerin in der Band, das wär's. Sie geht in den Unterricht, aber gibt irgendwann auf.

Peter Lorenz und ich gucken uns an und meinen, wir müssen uns mal wieder einen neuen Sketch ausdenken, haben ja noch den Richter-Sketch. Aber den machten wir nach dem Zivil-Gesetzbuch. »Naja«, meinte ich, »es wäre reizvoll, das Ganze zu aktualisieren und mit dem BGB, dem Bundesgesetzbuch, zu untermauern. Und außerdem nicht Richter, sondern fliegender Richter. Besser, weil so viele Straftaten passieren, daß man nur noch fliegend hinterher kommt.«

Am 29. Januar war ich in »Musik liegt in der Luft« – Du weißt, die Sendung, in der der Zuschauer aus 5 Liedern eins wählen muß. Es gewann nicht »Wie ein Stern«, was ich hoffte, sondern »Zwei schöne Jahre«. Ich singe den Titel nicht so wahnsinnig gern, da bin ich ehrlich. Für mich immer 3 relativ schlimme Minuten! Einen Tag vorher war Generalprobe und zeitgleich ein Sportlerball in Dresden. Ich sollte dabeisein, sagte zu.

Peter Lorenz und ich aktualisierten die Texte meiner Lieder für diesen Auftritt. Leider flog das Flugzeug von Stuttgart wegen Eis und Schnee nicht, und ich saß fünf Stunden auf dem Flughafen. Schade, ich hatte mich gefreut, den einen oder anderen Sportler wiederzusehen.

Ein Jahr war es inzwischen her, daß ich den Titel

»Wir brauchen neue Träume« aufnahm und immer noch keine Schallplattenfirma dafür interessieren konnte.

Da liefen mir Marcus Zander und Dieter Pöhn über den Weg: »Du hast doch da so ein Lied, das habe ich schon ein paar mal gehört im Fernsehen. Toller Song, was, du hast keene Plattenfirma?« – »Naja, will keiner.« – »Na los, wir machen's, bei ZETT-Records!«

Ich komponierte für die Rückseite: »Tief in den Herzen«. Wir suchten nach einer Cover-Idee, fotografierten und zack, war die Single-CD fertig. Am 23. Februar, 10 Uhr machten wir den Vertrag. Dieter gefällt der Titel, er promotet wie der Teufel und kriegt ihn in den Air-Play-Charts auf Platz 6. Ein kleiner Triumph für eine kleine Firma und für mich, und in Gedanken wächst der kleine Mittelfinger zu denen, die es abgelehnt hatten!

Auf unserer Weihnachtstour 93 waren wir auch im Kulturpalast Dresden gewesen. Die gute Seele des Palastes, Frau Hermersdorfer, kam auf mich zu und empfahl mir, für ernsthafte Veranstaltungen Klaus Koch von BUSCHFUNK. Das war, wie sich später herausstellte, ein sehr guter Tip. Ich fragte ihn, und wir machten schon am 22. März das Konzept für die Tour 94. Er überredete mich auch zu einer neuen Weihnachts-CD, die wir »Fröhliche Weihnachten in Familie« nannten.

Und so schrieb ich ab 16. April Weihnachtslieder, wollte sie bei Rainer Oleak produzieren. Einen Teil machte ich mit Uli Werfel in meinem Studio, die Gesangsaufnahmen sowieso, den Rest bei Ole.

Genau zu dieser Zeit überredete ich unsere Nachbarin Brigitte, den organisatorischen Bereich meiner Arbeit zu übernehmen. Das heißt: Telefonate entgegenzunehmen, Veranstaltungen zu koordinieren, Plakate zu versenden, Verträge auszuhandeln und zu unterschreiben. Kurzum, meine ganze Live-Arbeit in den

Griff zu kriegen. Auf das Wort Management lassen wir uns nicht ein. Wir nennen es »Büro Frank Schöbel«. Damit kann sie leben und ich auch.

Zurückblickend auf über drei Jahre Arbeit kann ich sagen, es war eine gute, wenn nicht sogar die beste Entscheidung. Sie hatte so was bis dahin noch nie gemacht, aber kam jeden Tag besser damit klar.

Marcus Zander gab mir ein Zeichen, daß SONY an mir interessiert wäre. Ich solle Titel und Videos schicken. Ich machte ein Päckchen, und Andy Zahradnik, verantwortlicher Label-Chef, lud mich nach Frankfurt am Main ein. Schön war: er hatte sich tatsächlich alles angehört, alles angesehen, und das mit Interesse. Und es fand ein gutes und tiefes Gespräch mit Andy, Aurora und mir statt. Er glaubte dran und hing sich richtig rein.

Was Besseres konnte mir nicht passieren. Wir verabredeten, daß ich, wenn die Weihnachts-CD fertig ist, sofort an eine aktuelle Platte rangehe, Demos mache und wir uns dann treffen.

Brigitte – mein Büro – kriegt viele Angebote. Günstig ist, daß wir nebeneinander wohnen, wir schließen uns sofort kurz und reagieren schnell. Was bei mir ankommt per Brief, gebe ich sofort an sie weiter. Ich will nicht mehr über Geld reden müssen. Und sie macht das gut, freundlich und geschickt. Wir haben zu dieser Zeit drei Konzert-Varianten. Eine Dreier: mit Uli, Peter und mir – Halb-Playback; eine Fünfer-Variante mit Uli am Ton, Peter Saxophon, Gags und anderes mehr, mit Stefan an der Gitarre und André an den Keyboards, Baß und Schlagzeug kommen von der DAT, alles andere wird live eingespielt. Das geht sehr gut. Und die dritte Variante ist schließlich die Band-Variante, das heißt: alles live und dazu die Technik, die wir auch noch einkaufen und bezahlen müssen. Bei allen Programmen kommen natürlich die Transportkosten dazu. Viele

denken ja, wenn sie eine Zahl hören, daß das der Sänger alles allein kriegt. Daß daran ein ganzer Betrieb hängt, wird gerne vergessen.

Was soll ich Dir sagen: Joachim taucht wieder auf! Ja, der große Lügner. Er lügt weiter. Hat eine Mugge für uns an der Nordsee. Na Hilfe! Im Maritim-Hotel. Er hat da beste Beziehungen. Ich sage nicht mal mehr Nein, sondern lache nur noch.

Eine Sekretärin von Marcus Zander hat einen Freund, der mir Klamotten nähen kann. Die Deutsche Schlagerparade in Baden-Baden steht an und ich soll was Vernünftiges anziehen. Nun gehen wir los, kaufen Jeans-Stoff. Er näht mir eine Jacke. Okay, ich wollte sie auch noch ein bißchen enger, zugegeben, aber Frau Heck, die Produzentin der Sendung, sah die Jacke in der Probe und meinte, ich sehe aus, wie ein Kohlenhändler. »Ja«, sage ich, »extra genäht. Was soll ich machen? Ich habe nur noch eine Lederjacke mit.« – »Naja, ziehen Sie die mal an.« Und in der Abnahme meinte sie zu mir: »Frank, Sie sind die Lederjacke.«

Ich erinnere mich an eine Veranstaltung in Mücka. Mein Gott, wirst Du denken, wo ist das denn nun wieder? Ja, grob: zwischen Cottbus und Dresden. Es war Stau, und wir kamen zu spät. Die Massen warteten lieb, wie zu DDR-Zeiten, sie hatten nichts verlernt. Einer wurde ausfällig. Und wenn Gefahr droht, schimpfe ich meistens nicht zurück, sondern belle erst mal. Das ist in mir der Urinstinkt – ich muß mal ein Hund gewesen sein. Deshalb habe ich auch einen unheimlichen Respekt vor diesen Tieren. Ich würde es nicht fertigbringen, einen im Neubau einzusperren. Bei alten Menschen, einsamen, verstehe ich den Hund als guten Freund. Ich habe das Glück, noch gute Freunde zu haben.

Ende Mai hatte Klaus Koch schon die Weihnachtstour fast verplant. Wir redeten mit dem Friedrichstadt-

palast, sollten aus der laufenden Show Elemente für die Bühne übernehmen. Am Ende durften wir lediglich auf der Vorbühne stehen. Es sah sehr traurig aus. Natürlich war keiner schuld. Ich bekam auch nicht raus, wer da gegen wen intrigierte. Vielleicht wollte ja einer finanziell mit ins Boot und hintertrieb da einiges: schon beim Kartenverkauf wurde gesagt, die Show sei ausverkauft und ähnliches mehr. Ich habe einfach kein Glück mit dem Friedrichstadtpalast. Es waren aber trotzdem zwei tolle Konzerte.

Zurück in den Sommer: am 1. Juni, 10 Uhr kommt Uli Werfel. Wir mischen an der Weihnachts-LP. Ja, im Juni!

Im Rundfunk beginnt eine Promotion-Tour. Zuerst beim SFB: »Star der Woche«. Dann sind wir in Baden-Baden und eine BILD-Zeitungs-Aktion findet statt, aber nur im Osten, weil die Leute, die sonst immer vom Zusammenwachsen sprechen und – für meine Begriffe zumindest – in den Medien mit dem Kopf vorangehen müßten, in der Zeitung – zwecks Verkauf – fein säuberlich trennen. Wer im Osten bekannt ist, muß noch lange nicht drüben bekannt sein. Und wer drüben nicht bekannt ist, der verkauft sich nicht und ist somit auch nicht in der Zeitung. Das heißt, wir haben eine Redaktion Ost (Neue Bundesländer) und eine West. In Berlin wird es besonders deutlich: wenn du in Westberlin an der Tankstelle eine BILDzeitung kaufst, liest man ganz andere Artikel als in der Ostausgabe. Tolle Vereinigung, wa!?

Am 12. Juni findet neben vielen anderen großen Veranstaltungen eine, wie wir sagen, Band-Mugge in Leipzig statt. Auf dem Marktplatz. Knochenvoll, anderthalb Stunden. Es war riesig und ließ uns die relativ schlechte Resonanz zur Weihnachts-Show vergessen.

Fußball ist immer noch angesagt: jeden Freitag 13 bis 14 Uhr mit Pagelsdorf & Co. bei UNION Berlin,

jeden Sonntag und Dienstag bei EMPOR KÖPENICK. Und das draußen, bei jedem Wetter.

Im Juni fahre ich mit Olaf Berger zur Kieler Woche. Wir verstehen uns gut. Verabreden uns und fahren zusammen. Es war lustig, mit ihm zu reden. Selten genug, daß man, wenn man Einzelkämpfer ist, mit einem Kollegen zusammentrifft.

Die GEMA hat ihre alljährliche Mitgliederversammlung, diesmal im INTERCONTI in Berlin. In den GEMA-Nachrichten, so stellt ein Komponist aus den neuen Bundesländern fest, findet noch immer kein Ostkomponist statt. Es sei denn, er stirbt. Dann liest man seinen Namen in alphabetischer Reihenfolge mit seinen Westkollegen. »Im Leben noch getrennt, im Tode vereint!«

Von Mai bis August schreibe ich Titel für die CD »Fröhliche Weihnachten in Familie«. Anschließend, bis in den Oktober hinein, produziere ich sie. Da wir Freitag, Sonnabend, Sonntag Veranstaltungen haben und ich Montag, Dienstag meist noch abgesungen bin, bleiben nur der Mittwoch und Donnerstag zum Einsingen. Da ich den Gesang selber aufnehme und einstelle, merke ich, daß ich bei lautem Singen ein gewisses Scheppern von meiner Studio-Decke her auf dem Band höre, und so baue ich mir, wie Kinder, eine kleine Bude, um alles schalldicht zu kriegen.

Die Aufnahmen mit den Kindern mache ich einzeln. Jeder will alleine sein und den anderen nicht im Vorraum wissen. Das verstehe ich. Ich war genau so. Beide, Dominique und Odette, machen das sehr gut. Mit Aurora bin ich eh eingespielt. Letztlich ist es ja auch ihr Beruf, während die Kinder das ja nur aus Spaß gesungen haben.

Durch die Doppelbelastung, die ich mir selber aufgebürdet habe – komponieren, selbst aufnehmen, produzieren und sich um alles kümmern und dann noch

die täglichen Veranstaltungen –, gerate ich so unter Druck, daß ich – wörtlich zu nehmen – Bluthochdruck kriege: Kopfschmerzen, Augenschmerzen. Ich gehe zum Heilpraktiker. Antlitz-Therapie, ja, unter anderem fehlt jede Menge Magnesium. Ich nehme es ein und werde tatsächlich so ruhig, daß es schon bedenklich ist.

In dieser Scheinruhe wird am 14. Oktober die CD »Fröhliche Weihnachten in Familie« endlich fertig. Meine erste in Eigenverantwortung produzierte CD – nicht nur von den Kompositionen her, sondern auch als Produzent, in Verbindung, das muß ich sagen, mit Ole und Uli. Sie kommt Mitte November raus und verkaufte sich im ersten Jahr knapp 30 000 mal. Natürlich, anders war es auch nicht zu erwarten, nur im Osten. Die CD sollte sich in den folgenden Jahren noch wesentlich besser verkaufen. Hätte ich, wie manche, in jeder Möglichkeit eine Schwierigkeit gesehen, und nicht – wie ich es sehe – in jeder Schwierigkeit eine Möglichkeit, wäre sie wohl nicht entstanden.

So hatten wir für die Weihnachts-Fernsehsendung gleich einen Haufen Titel, mußten nichts neues produzieren. Und noch eine tolle Nachricht: am 3. Dezember wurden in Rostock an einem Tag 1000 Karten pro Veranstaltung in der Vorkasse verkauft. Das war neuer Rekord. Wir mußten noch eine zweite Veranstaltung machen. Somit besuchten an einem Tag über 7000 Leute das Weihnachtsprogramm.

Zu meinem Geburtstag, am 11., sind wir im Friedrichstadtpalast. Wir haben, wie schon gesagt, zwei Veranstaltungen. Und ich finde, der Geburtstag läßt sich mit Arbeit am besten ertragen. Das hindert natürlich einige liebe Menschen nicht daran, mir trotzdem zu gratulieren. Eine kleine, improvisierte Feier findet dann in der Garderobe des Palastes statt.

Und so schreibt mir ein Fan: »Weißt Du, ich habe aus der dreckigen, verkeimten Garderobe des Frie-

drichstadtpalastes etwas sehr Schönes mit nach Hause genommen: nämlich das Gefühl von Wärme und Zusammengehörigkeit. Ihr tretet nicht bloß zusammen auf und rennt dann auseinander, nein, Ihr setzt Euch noch zusammen und quatscht miteinander. So was vermisse ich auf Arbeit immer mehr. Eigentlich kein Wunder: einer versucht, den anderen auszubooten.«

Man liest, daß der Dezember sehr viel Sonnenstunden bietet. Fast doppelt soviel wie gewöhnlich, die Temperaturen sind im Schnitt bei 4 Grad plus. Die anderen Nachrichten sind weitaus schrecklicher: in Tschechenien beginnt der Krieg. Grosny, die Hauptstadt, wird in Schutt und Asche gelegt. Ich kenne Grosny noch von unserer Tournee durch die Sowjetunion. Grosny heißt »schrecklich«, und dieses Attribut gilt auch für den Krieg. In der Zeitung überschlagen sich wie immer die bösen Nachrichten. Gute kann ich eigentlich gar nicht entdecken. Ich will nicht wissen, wenn schon jemand stirbt, wo er geblutet hat und wie er geblutet hat und ob er fünf oder zehn mal zersägt worden ist ...

Es gibt viele Kollegen, die sich eine harte Haut wachsen lassen wollen, aber ich will sensibel bleiben. Das ist das Wichtigste, was wir hatten.

In Briefen, die mich erreichen, liest man immer noch: jeder hat Probleme, die Freunde und Bekannte wortkarg werden lassen, Familien zerrütten, nur wenige Leute können sich noch richtig freuen, anderen selbstlos Freude bereiten. Gespräche enden oft mit Selbstmitleid. Geldsorgen, Gewalt auf den Straßen, Arbeitslosigkeit, zu hohe Mieten usw. sind wohl an keinem spurlos vorübergegangen. »Hilf mit«, so ist in Geburtstagskarten und Glückwünschen zu lesen, »die Leute optimistischer zu stimmen, ihnen die Augen zu öffnen und sie aufzumuntern.«

Und in einem anderen Brief: »Möglicherweise ist die

gewaltigste Lektion des Lebens, Freiheit zu lernen. Freiheit von Umständen, Umgebung, anderen Persönlichkeiten und vor allem von uns selbst. Denn solange wir nicht frei sind, sind wir unfähig, unseren Mitmenschen ganz zu geben und zu dienen. Absolute Freiheit ist unser Geburtsrecht, und wir können sie nur erlangen, wenn wir die gleiche Freiheit jeder Seele gewähren.«

Die Weihnachtstour macht allen sehr viel Spaß und läuft erfolgreich. Klaus Koch, der alles wunderbar organisiert hat, vor allem mit viel Ruhe und Übersicht, sagt nach der gemeinsamen Weihnachtsfeier: »Und nächstes Jahr wieder, ne?« Mein Gott, dachte ich, grade sind wir durch – so eine Tour ist eine ziemliche Mühle, die Weihnachtsbäume wurden täglich vor der Veranstaltung geschmückt, danach wieder abgeschmückt. Vieles bei den Weihnachtskonzerten ging nicht nur psychisch, auch physisch an die Substanz, und jetzt soll ich mich schon wieder festlegen für nächstes Jahr? Laß uns erst mal im Januar in Ruhe auswerten, ein neues Bühnenbild machen usw.

95 kann kommen.

Mir san oafn richt'gen Weg

Ich treffe mich mit Andi Zahradnik bei SONY, der erste Treff ist in Frankfurt, der zweite in Berlin. Ich spiele ihm neue Titel vor. Er nennt mir Produzenten, traut mir nicht zu, daß ich das selber kann. Ich bin auch unsicher. Marcus Zander macht mir Mut und sagt: »Mach es. Du wirst mir noch mal danken.« Und ich danke ihm heute hiermit.

Friedhelm Acksteiner von der Agentur BERKOVIC rief mich an und fragte, ob ich einen Titel schreibe für

die größten Fernsehtürme der Welt. Das kam so: Die Chefs der höchsten Fernsehtürme der Welt treffen sich jedes Jahr zu einem gemeinsamen Erfahrungsaustausch. Es kommt zum fröhlichen Beisammensein, und jeder soll aus seinem Land abends ein Volkslied bringen. Unser Vertreter vom Fernsehturm am Alex tut sich schwer und verspricht, daß er das nächste mal eine Hymne mitbringt, geschrieben und möglichst gesungen von allen. Dies trägt er mir vor, und ich schreibe »We are the greatest«, »We are the greatest, we are the greatest – tower of the world«. Natürlich alles auf Englisch. Und wie man hört, wird der Titel angenommen und avanciert zum Fernsehturmhit.

Im Mai wurde das Label AMIGA bei der BMG-ARIOLA reaktiviert. Man bringt die alten Ost-Titel auf CD raus. Von mir kommt »GOLD 1 – Frank Schöbel«.

Im Mai, Juni komponiere ich noch weitere Lieder für die neue CD. Ich habe an die 40, 50 Text-Themen. Die Ideen kommen mir im Laufe des Jahres. Ich schreibe sie in ungeordneter Reihenfolge hintereinander auf und prüfe, ob diese von allgemeinem Interesse sind, frage auch Freunde, teste, verwerfe, finde neu und entscheide mich schließlich für 12 Themen. Ich arbeite zwei, drei Monate mit meinen alten Freunden und Textern, aber es bleibt leider ein Versuch. Und so rufe ich Bernd Meinunger in München an, oft gebe ich ihm schon die Zeilen oder auch die Themen für die Titel vor. Für manche Musiken fällt mir nicht gleich was ein, und dann macht er mir Zeilenangebote. Ich faxe zurück, finde dies und jenes gut oder habe vielleicht andere Vorschläge. So kommen wir rasch zu einem Text. Er ist durch und durch Profi. Man verliert keine Zeit, und so konnte ich am 23. Juni Andi Zahradnik von SONY die Lieder in einem Berliner Hotelzimmer vorspielen. Er meinte im österreichischen Dialekt: »Mir san oafn richt'gen Weg.«

Es folgte ein Foto-Termin bei dem Profi-Fotografen, Manfred Esser. Während er seine Kamera einrichtete, konnte ich mich auf dem Bildschirm sehen und dieses und jenes korrigieren.

Gleich im August produzierte ich die Platte step by step bei Rainer Oleak in seinem Studio in Berlin-Schöneiche. Den vermeintlichen Hit und Haupttitel »Jetzt oder nie« mischten wir dann noch mal im Pilot-Studio in München mit dem erfahrenen Tonmeister und Produzenten Armand Volker. Verleger und Freund Marcus Zander half mir bei vielen Fragen der Vertragsgestaltung mit SONY. Dann mußte der große, grobe Terminplan gemacht werden: Absprachen, wie, wo, wann, wer was macht. André Kuntze mußte wissen, wann er arrangieren, wann er fertig sein soll, das Programming für die einzelnen Titel mußte klar sein usw. Ich sang die Lieder zu Hause ein. Kaufte auf Anraten von Ole ein Mikrofon, welches besonders bei langsamen Titeln für meine Begriffe von hervorragender Qualität ist.

Außerdem mußte ich immer aufpassen, daß nach jeder Live-Veranstaltung genügend Zeit war, die Stimme zu regenerieren, damit die Gesangsaufnahmen so sauber waren, wie ich es mir vorstellte. Ich nahm mir viel Zeit, mußte aber einen bestimmten Terminplan einhalten, damit Ole was zu mischen hatte. Und so stand ich immer unter Druck.

Eine schöne Abwechslung war der 87. Geburtstag meiner Mutter. Wie immer am 26. Juni trafen mein Bruder, seine Frau, seine beiden Töchter und wir vier uns mit Mutti beim Chinesen. Sie hatte, was sie selten tat, geraucht, sowieso gelacht – es war schön für sie und uns. Dann wurden immer die alten Schnurren aus der Vergangenheit erzählt: daß ich als Kind in meinem Zimmer heimlich sang und als man mich dann bat, doch vor allen etwas vorzutragen, sagte: »Aber nur,

wenn es schneit.« Daß mir ein Tenor ihres Quartetts die Baßnoten beigebracht hat, daß meine fröhliche, optimistische Art ihre Gesangsschüler anspornte, daß ich Hans Dampf in allen Gassen war und daß sie auf beide Söhne, meinen Bruder und mich, sehr stolz ist.

Während wir 1993 an die 60 Veranstaltungen in der kleinen Besetzung mit Peter Lorenz und Uli Werfel hatten, 1994 an die 70 Veranstaltungen mit zum Teil größerer Besetzung, also wie wir sagten, Band-Besetzung, fand 1995 ausschließlich die größere Besetzung, also 5 Musiker auf der Bühne mit über 70 Veranstaltungen statt. Einmal standen wir mit Bandvariante in Steinbach-Langenbach auf der Freilichtbühne, ein Gewitter war im Anzug und Abzug – die Bühne allerdings überdacht – und das Publikum harrte aus. Zum ersten Mal sang Odette im Chor mit. Ich war stolz auf sie. Sie hat das sehr gut gemacht.

Dann passierte folgende Geschichte. Eine Rentnerin, Frau Treder aus Berlin-Adlershof, schrieb mir: »Seit wir die Einheit haben, bekommt man Sie selten im Fernsehen zu sehen. Ich bin Fan von Ihnen und Ihrer Musik und habe einfach an Herrn Moik geschrieben, der Sender hat mir geantwortet. Ich schicke Ihnen den Brief vom ORF mit und würde mich freuen, Sie im ›Musikantenstadel‹ singen zu hören.«

Naja, ich dachte, da passe ich mit meinen neuen Liedern ja überhaupt nicht rein. Aber interessant ist die Geschichte. Und so liest man in dem Brief des ORF an Frau Treder: »Wir dürfen uns bei Ihnen im Namen von Herrn Moik für Ihr Lob zu unserer Sendung herzlichst bedanken. Selbstverständlich sind wir an jeder Bewerbung für unseren MUSIKANTENSTADL interessiert. In der Beilage übersenden wir Ihnen ein Bewerbungsschreiben und bitten Sie, dieses an Herrn Frank Schöberl weiterzuleiten. Dieser möge die darin aufgeführten Bedingungen erfüllen. Wir hoffen, daß die kom-

menden Musikantenstadl-Sendungen bei Ihnen gleichen Einklang finden, wie die in der Vergangenheit. Ihre Redaktion.« Frau Treder schickte das Ganze, da sie meine Adresse nicht wußte, an den BERLINER KURIER, an die Redaktion Leserbrief. Und diese schreibt mir: »Anbei übersenden wir Ihnen einen an Sie gerichteten Brief mit dazugehörigen Anlagen. Wir gehen davon aus, daß Sie sich sicherlich nicht bei Herrn Moik vorstellen werden, wollen Ihnen jedoch die Bemühungen Ihrer Fans, Sie öfter mal im Fernsehen zu sehen, nicht unterschlagen. Wir werden der Leserin noch ein paar Tips geben, die sie gegebenenfalls dem ORF zu Ihrer Person und Ihren nächsten Vorhaben übermitteln kann. Vielleicht entsinnt sich Herr Moik nach 5 Jahren doch wieder, daß da östlich der Elbe noch was war! Mit persönlichen Wünschen und viel Erfolg. Die Leserabteilung des BERLINER KURIER.«

Die Schallplattenfirma BUSCHFUNK, bei der wir die CD »Fröhliche Weihnachten in Familie« vor einem Jahr rausgebracht hatten, bekam Wind, daß der »Musikantenstadl« Heiligabend laufen sollte, und bewarb sich als Firma beim ORF. Und so steht in dem Brief an den MUSIKANTENSTADL zu lesen: »Bezugnehmend auf das Schreiben von Frau Treder aus Berlin-Adlershof und auf das Antwortschreiben Ihrer Redaktion melden wir uns heute bei Ihnen. Sicher paßt das sonstige Repertoire von Frank Schöbel nicht in Ihre Sendung, aber einige Titel des Weihnachts-Albums wären in einer entsprechenden Weihnachtssendung des ›Musikantenstadels‹ möglich.« Dann wurde in dem Brief noch klargestellt, daß die Sendung »Weihnachten in Familie« einen festen Platz im Weihnachtsprogramm des MDR-Fernsehens Heiligabend von 20 bis 21 Uhr hat, daß sie 1994 die höchsten Einschaltquoten seit Bestehen des MDR mit 38,7 % und darüberhinaus die höchsten seit Bestehen der Dritten Programme brach-

te. »Anbei ein Video mit Ausschnitten aus den Weihnachtssendungen von 1992 und 93.«

Im August kam die Antwort des ORF: »Bewerbung für einen Auftritt in unserem MUSIKANTENSTADL. Wir bedanken uns für die Einsendung des Tonträgers von ... vom ..., welcher bereits vor einiger Zeit bei uns eingegangen ist und den Vorschlag, die Musiker/in, Musikergruppe in einer unserer Musiksendungen einzuplanen. Der Tonträger wurde angehört. Leider entspricht dieser nicht ganz den Vorstellungen für einen Einsatz in unserem MUSIKANTENSTADL. Bitte haben Sie Verständnis dafür, daß wir Ihnen das eingesandte Tonmaterial nicht retournieren können. Mit freundlichen Grüßen, Redaktion MUSIKANTENSTADL.«

Klaus Koch und ich, wir guckten uns an und haben nur gefeixt. In einem allerdings haben sie wirklich recht: Wir passen da nicht rein. Dafür paßten wir besser in »Musik für Sie« im Januar gleich im MDR. Wir bekamen für eine Fernsehsendung ungewöhnlich viel Beifall. Gleiches auch zur Funkausstellung im ZDF, »50 Jahre deutscher Schlager«. Und ich habe es Dieter-Thomas Heck zu verdanken, daß ich gerade noch so in die Sendung mit »Wie ein Stern« reingerutscht bin. Andere ostdeutsche Titel fanden da keinen Platz, wie »Über sieben Brücken« und anderes.

Auf der Doppel-CD etwa zur Sendung, die von der BMG ARIOLA zusammengestellt wurde – die zudem in ihrem eigenen Besitz die ostdeutschen Titel von AMIGA hat –, war nicht mal Platz für »Wie ein Stern«. Arroganz? Dummheit? Absicht? Oder machten die sich einfach bloß keinen Kopf? Wir müssen damit leben.

SUPER-ILLU hakt nach und bringt über eine Umfrage einiges in Bewegung. So steht zu lesen: »Die deutsche Show-Branche macht in ihrer Arroganz einen Riesenfehler. Es existiert eine Anti-Ostströmung.« – So

meint SUPER-ILLU. »Hans Beierlein, Deutschlands größter Musikmanager, sagt: ›Wenn ich zwischen Toni Marshall oder Frank Schöbel wählen müßte, würde ich immer Schöbel nehmen.‹ Nur, es stellt ihn keiner vor die Wahl. Wann immer Beierlein versucht, Ost-Stars in TV oder Rundfunk unterzubringen, beißt er auf Granit. Statt dessen werden dort Westschlager von vorgestern rauf- und runtergedudelt.«

Bei der SUPER-ILLU-Popularitäts-Umfrage wollen 47 Prozent im Osten Frank Schöbel öfter im TV sehen. Und tatsächlich klingelte bei mir danach das Telefon. RTL, ARD, FLIEGE interessierten sich plötzlich. Ich ging in die Redaktion und bedankte mich dafür. Spielte, da Zeit war, einige Lieder von der neuen CD vor. Auch eins, das auf einen Brief eines Fans zurückzuführen ist, der in Trennung lebte: »'ne schöne Zeit«. Und dessen Schicksal mich später selbst einholte. SUPER-ILLU-Wertung der neuen Schöbel-CD: »Schöbel ist rockiger geworden.« Auf die Frage: Was wollen die Leute?, sagte ich: »Die Leute wollen Märchen. Deshalb boomt auch diese volkstümelnde Musik, die viele so schrecklich, viele aber auch so toll finden. Weil sie so schön die Sinne verkleistert und wegführt vom Alltag. Für mich ist das keine Lösung. Ich finde die Auseinandersetzung immer richtiger. Ich verstehe aber auch die Leute, die da meinen: ich kann nicht mehr, der Kopf ist zu. Und deshalb stehe ich genau vor dieser Frage: mache ich eine Platte, die meinem Alter und meinem Wissen entspricht, oder stelle ich mich dermaßen dumm, daß ich sagen kann: ich finde das ja sooo toll, daß ich diesen Müll singe.« – »Wofür haben Sie sich entschieden?« – »Inzwischen meine ich, Märchen sind auch eine Art Überlebenshilfe. Ich möchte zu den Leuten sagen: Guten Tag, ich führe Sie jetzt ins Märchen, ab und an knallen wir in die Wirklichkeit zurück und gehen dann wieder ins Märchen. Ich möchte genau das

bewußt machen und nicht mit den Gefühlen der Menschen spielen. Alles andere finde ich verlogen. Nur durch diese Ehrlichkeit kann ich mich von anderen Sängern unterscheiden.«

Eine andere Zeitung aus dem Westen unseres Landes schreibt: »Der Meister und seine Songs sind jung geblieben. So jung, daß kürzlich sogar die SCORPIONS einen Schöbel-Hit aus den 70ern sangen, ›Schreib es mir in den Sand‹. Im Westen gilt Frank Schöbel als kultiger Geheim-Tip, in den neuen Bundesländern ist er ungebrochen populär. In Rostock brach er sogar einen Rekord. Sein Weihnachtskonzert mit Aurora Lacasa verkaufte sich besser als das von Herbert Grönemeyer.«

Nachdem wir das dritte Mal in Folge mit der Sendung »Fröhliche Weihnachten in Familie« im Weihnachtsprogramm des MDR die höchsten Einschaltquoten des Jahres erzielten, fragten wir vorsichtig beim Chef des MDR an, ob er sich vorstellen könnte, daß diese Sendung im nächsten Jahr in der ARD einen Platz hätte. Zuständigkeitshalber antwortete er nicht selbst, sondern leitete es weiter. Und so kam heraus: Ja, das wäre doch eine tolle Anregung, und wir hätten ja auch immer so viel Freude bereitet mit unserer Weihnachtssendung, und sie hätten selbst auch schon mit dem Gedanken gespielt, es der ARD anzubieten. Für das Jahr 95 ist es aber inzwischen schon zu spät. Das Weihnachtsprogramm steht bereits. Naja, dachte ich: bla, bla, bla. Und eigentlich ärgere ich mich, daß ich überhaupt gefragt habe.

Das eigentliche Argument lieferte mir aber dann Udo Foth. Er meinte, daß die Zuschauer schon unterscheiden, ob sie die ARD wählen, oder den MDR. Der MDR wäre der Sender, in dem sie sich wirklich wiederfinden. Und das überzeugte mich dann. »Ja«, sage ich, »dann bin ich logisch auf der Seite der Zuschau-

er«, und dachte: Wie viele meiner Kollegen sind schon auf dem Weg nach oben schwer gestürzt.

Und so geht es wieder los. Peter Lorenz und ich schreiben schon im September an dem neuen Buch fürs Fernsehen »Weihnachten in Familie«. Wieder die Frage: fällt uns noch was Neues zu Weihnachten ein? Wiederholen wir uns? Und der leise Wunsch, wir sollten aufhören, wenn es am schönsten ist. Immer dann, wenn sich Routine einschleicht, nervt es mich, eine Arbeit weiterzumachen. Parallel zum Buch wurde natürlich wieder die Live-Show mit Band vorbereitet.

SUPER-ILLU vergab die erste »Goldene Henne«. Sportler, Künstler – von SUPER-ILLU aufgestellt – vom Publikum gewählt. Stefanie Hertel, Henry Maske und ich bekamen die erste »Goldene Henne«. Was somit auch die erste Auszeichnung vom Publikum nach der Wende für mich war.

Ich muß sagen, daß SUPER-ILLU zu dieser Zeit durch diese Aktivitäten mir, sicher auch anderen Kollegen, sehr geholfen hat.

Mitte Oktober haben Ole und ich die CD fertig. Sie wird von Jürgen Crasser in den Schreier-Kramer-Studios gemastert. Die Fotos dafür finde ich nicht besonders gut, bis auf eines.

Am 9. November erscheint die Single, und am 20. habe ich das Album »Jetzt oder nie« in der Hand. Inzwischen sind auch alle Texte für die Weihnachtssendung fertig.

Den Termin, meine Stasi-Unterlagen anzusehen, schob ich auch zwei Monate vor mir her, weil ich befürchtete, daß mich das Lesen so emotional aufrüttelt, daß die Arbeit drunter leiden muß. Als ich dann Ende Oktober, 10 Uhr, vier Stunden Einsicht erhielt, kam ich wie ein 14jähriger – ja, ich glaube, ich bin sogar ein wenig gehüpft auf der Straße – nach Hause. Meine Befürchtungen haben sich nicht bestätigt – es hat keinen

gegeben, der mir wirklich bösartig schaden wollte. Meine Nachbarin, Brigitte, meinte: »Du hast wohl immer Schwein im Leben!«

Wenn ich 1997 die Erfahrung machen muß, daß das Landeseinwohneramt Berlin die Punkte aus Flensburg holt, alle Verstöße fein säuberlich notiert, von mir verlangt, einen Test zu machen, der bis ins Privatleben geht, dies alles dort speichert – nicht etwa für eine kurze Zeit – und es schon gar nicht löscht, dann wundere ich mich auch in Zukunft überhaupt nicht, wenn meine gesamte Akte irgendwann dort landet. Ich freue mich schon, wenn es mal andersrum kommt und wir das Amt besetzen, daß ich dann meine neu angelegte Akte abholen kann!

Am 20. Oktober – ich komme gerade wieder aus Kanada, war für ein paar Tage dort – habe eine Nacht nicht geschlafen, mich quält noch die Zeitumstellung, stehe ich wie mein eigener Schatten auf der Bühne der Deutschlandhalle bei der »Nacht des Deutschen Schlagers«. Bei »Schreib es mir in den Sand« gehen die Feuerzeuge an. Ich stehe in diesem Moment neben mir und denke: herrlich! Nicht, weil es mir oder dem Lied gilt, sondern weil es, von der Bühne gesehen, total beeindruckend ist: 7 000 Leute in einem Lied vereint.

»Jetzt oder nie«, mein persönlichstes Album, geht in die Radio-Werbung. Andi Zahradnik und seine Crew von SONY schwören sich auf die CD ein. Wir besprechen die Promotion-Tour: »Schaubude« Ende Oktober, Zeitungsaktivitäten, Radio-Promotion, NDR-Talk-Show. Zeitgleich besprechen Helga Piur, Herbert Köfer und ich das Buch der Weihnachtssendung. Wir teilen die Gedichte auf.

Dieter Wirth ruft mich an und will mit mir 10 Folgen in der BILD-Zeitung machen: fair, er faxt mir vorher alles, ich könne es durchlesen, ich brauche keine Angst zu haben. Mein Terminkalender war so voll, daß

ich ihm sagte, halb so auch aus Spaß: »Ja, vom 18. bis 20. November fahre ich nach Chicago, da kannst du mitkommen. Im Flugzeug habe ich frei.« Was soll ich Dir sagen: Er fährt tatsächlich mit. Er sitzt neben mir und kaut mir 10 Stunden lang das Ohr ab!

In Amerika wird die Sendung »Weihnachten in Chicago« für den MDR aufgenommen, läuft Ende Dezember. Ich krieg später die 10 Varianten für BILD-Zeitung per Fax – wie abgesprochen. Kleine Fehler schleichen sich trotzdem ein.

Am 20. November, zum Erscheinungsdatum der CD, macht Frank Zander eine Party in seinem Keller. Ich hatte das Gefühl, die rauchen nicht alle eine, sondern drei oder fünf Zigaretten zur gleichen Zeit – die totale Räucherhölle. Meine Augen brannten, und ich war noch gezeichnet durch die Zeitverschiebung Chicago-Berlin. Der Streß vom Nichtschlafen hat mir wohl eine Regenbogenhaut-Entzündung eingebracht. Die ganze Dezember-Tournee sang ich dann wie Heino mit ’ner Sonnenbrille.

Die Besprechungen der Platte »Jetzt oder nie« überschlugen sich. So ist zu lesen: »JETZT ODER NIE heißt seine erste Platte seit fünf Jahren. Aber Frank Schöbel war eigentlich nie einer dieser Fuzzys, über die man die Nase rümpfen sollte wegen Dummheit oder unverschämter Verlogenheit. Ein ›Heißer Sommer‹ ist zu den wenigen DDR-Kultfilmen zu zählen und wer sich heute noch mal ›Schreib es mir in den Sand‹ oder ›Wie ein Stern‹ anhört, muß feststellen, daß diese Songs pure, perfekte Pop-Musik waren: glamourös, kitschig und großartig. Im Moment ist Frank wieder im Kommen.«

Das Jahr 95 geht, die Familie fährt nach Spanien zu Auroras Eltern. Das erste Mal Heiligabend nicht zu Hause. Kein Weihnachtsbaum, keine Lichter. Obwohl wir zusammen waren, war ich noch nie so alleine. Der

Anfang vom Ende? Mein Blutdruck zeigte mir mehrere Rote Karten.

In BILD DER FRAU mache ich ein Interview und eine der wenigen sensiblen Journalistinnen, die bei solch einer Zeitung sind, spricht den Satz aus: »Wenn die Psyche unterdrückt wird, explodiert der Körper.« Ich halte inne, kann nicht widersprechen. Und so kommt es zu der Überschrift: »Ich muß etwas in meinem Leben ändern. Was, das geht zur Zeit nur mich etwas an.« Feiner und klarer konnte man es eigentlich nicht sagen. Dazu paßte – und das war wirklich Zufall – noch das Lied »Jetzt oder nie«.

Jetzt oder nie

1996 sollte das »Jetzt-oder-nie«-Jahr werden. Ich bekam zunächst von einigen Freunden und Fans geradezu Analysen über einzelne Titel der CD, oder schlicht z. B. von Manuela: »Es tut so gut, einmal Lieder zu hören, bei denen es sich lohnt, den Text zu verfolgen. Man merkt, daß es Dir nicht egal ist, was um Dich herum geschieht.«

Rosi schrieb: »Die neue CD ist übrigens super. Manche Titel sind fast maßgeschneidert für mich. Als ich nach der Scheidung aus dem Gerichtssaal kam, habe ich mich als erstes ins Auto gesetzt und die CD gehört.«

Astrid, mehr unsere Freundin als Fan, schreibt: »Der Titel der CD JETZT ODER NIE ist in meinen Augen sehr gut und sehr klug gewählt und hat dreierlei Bedeutung: für den flüchtigen Zuhörer ist es eine Geschichte zwischen Mann und Frau. Für Dich ist der Titel Programm und die dritte Bedeutung: es geht Dir um das Zusammenraufen von Ost und West, um Ehrlichkeit, Vertrauen und die großen Möglichkeiten, die

ein Miteinander ohne Vorbehalte bieten würde.« Und zu einem anderen Lied schreibt sie: »›Alles in Dir‹ ist wirklich ein wichtiges Lied, das auch über die Medien verbreitet werden sollte. Einfach, um vielen Leuten hin und wieder ein Anstoß zu geben, über ihre Beziehungen zu ihren Kindern nachzudenken. Aber sicher ist das nur wieder ein frommer Wunsch von mir, denn unbequeme Lieder sind ja auch hier nicht so sehr erwünscht. ›Gestern ist schon vergangen‹ gefällt mir ausgesprochen gut. Der Text hat auch hier für mich zwei Bedeutungen: da ist die Trennung von Mann und Frau – all die Gedanken und Gefühle, die einen immer wieder bewegen und da sind die Gedanken an ein verlorengegangenes Land. Manchmal denke ich zurück an dieses frühere Leben. Hilflos wie ein kleines Kind fühle ich mich manchmal auch, vor allem, wenn ich in die Zukunft schaue: diese Kälte, dieser Egoismus und Neid machen mir Angst. Scheinbar haben wir mehr Freiheit gewonnen. Aber diese Gesellschaft ist so materiell eingestellt, daß man sich diese Freiheit nur leisten kann, wenn man über das Geld verfügt. Welche Freiheit hat eine alleinerziehende Mutter, ein Arbeitsloser, ja selbst ein Angestellter oder Arbeiter? Bei dieser hohen Arbeitslosenquote sind doch so viele Menschen froh, einen Job zu haben. Ich wollte damit nur sagen, daß auch in dieser Gesellschaft Freiheit nicht gleich Freiheit ist und die Menschen im Osten doch etwas für dumm verkauft werden, will man sie glauben machen, sie hätten mit der Einheit endlich die langersehnte Freiheit gewonnen.

Auf die Frage einer Zeitung: »Wir haben dieses Jahr das 5. Jahr der Deutschen Einheit. Was hat sich seit dem Jahr 1990 für Dich verändert?«, sagte ich: »Viel. Siehe Reisen, bessere Straßen, Häuser, Kaffees, das Leben überhaupt: offener, großzügiger, aber auch Angst, Unsicherheit, Arbeitslosigkeit, Gleichgütligkeit und

nichts, was meine Auftritte betrifft: noch immer und noch mehr volle Häuser und noch immer nur Konzerte in Neu-Fünf-Land, was nicht an mir liegt, aber für Westgeld.« – »Wie siehst Du das Revival von zahlreichen Ostproduktionen, bzw. was hat sich in der Musikszene der ehemaligen DDR seit der Wende geändert?« – »Ich finde es gesund, daß die Menschen nach dem früheren Denken: drüben im Westen ist alles besser! endlich mit wachsendem Selbstbewußtsein festgestellt haben Mensch, wir haben ja auch gute Produkte gehabt. So auch in der Musik. Wenn auch nicht sehr viel und üppig, aber es gab sie. Die ehemalige DDR-Musikszene hat der Markt gefressen.«

Am 27. Februar begann eine Verkausfmesse und Kontaktbörse »Musik aus dem Osten«. Ich hatte einem Freund versprochen, mitzumachen. Obwohl mir meine Nase ein ungutes Gefühl anzeigte. Die Moderatorin tat mir leid. Sie war der Situation – für meine Begriffe – an dem Tag nicht gewachsen. Ich war in relativ guter Form und habe versucht, das Beste aus der bedrückenden, peinlichen Situation zu machen. So steht das auch im »Rolling Stone«: »Die einzige Ausnahme in der euphemistischen Ostsoße macht ausgerechnet der Sänger Frank Schöbel. Er läßt sich trotz aller Drängelei nicht dazu bringen, den doofen Jammer-Ossi zu machen. Höflich und professionell besteht er drauf, nicht mehr zu sein, als das, was er nun mal ist: ein Sänger. Ein Mann der leichten Muse, der ohne zu schleimen den Eindruck erweckt, er sei der nette Typ von nebenan. Doch das kurze Aufflackern von Erträglichkeit hält nicht lange an.« Und an späterer Stelle liest man: »Geborgen in seinem eigenen Mief schunkelt der Ostmensch. Autistisch sich wiegend steht er in der Ecke. Pendelnd zwischen Sozialneid und Mitleid mit sich selbst. 1989 ist er vor die Wand gelaufen und seitdem für immer dort stehengeblieben. Dankbar für das

Ende flieht man, den Schauder noch immer im Nacken.« Wenn man böse ist, kann man das so sehen. Die ganze Veranstaltung war schon erschreckend. Für mich ist klar, ich will wenigstens auf der Bühne sagen, was ich empfinde, wenn ich schon in einigen Zeitungen meine eigenen Worte nicht so wiederfinde, wie ich sie gemeint und gesagt habe.

Wenn eine neue Platte auf den Markt kommt, wird der Gang erhöht, was heißen soll: Fernsehauftritte werden häufiger. Klar, schon um den Titel möglichst zum Hit zu machen. Da gibt es SAT-1-Frühstücksfernsehen. Nach anderthalb Minuten blenden sie schon den Titel ab, machen ein kurzes Interview, Hauptsache, man ist dabei. Die Plattenfirma will das – ich finde es sinnlos. Auf B1 bin ich in der Talk-Show »Alex« mit SUPER-ILLU-Chefredakteur Jochen Wolff. Danach in der ARD im »Morgenmagazin«. Beide Moderatoren sind sehr gut informiert und freundlich, lesen nichts ab, tanzen am Schluß sogar zu einem Titel – und das am frühen Morgen! Mit Peter Lorenz bin ich bei ANTENNE BRANDENBURG, nicht nur, um meine Titel vorzustellen, sondern auch, um einen Sketch zu spielen. ONIX, ein neuer Sender, macht ein Video zur Platte. Und auch im »Schlagermagazin« des MDR läuft ein langer, guter Beitrag. Schließlich bin ich, vor einem Jahr noch abgelehnt, am 1. Februar das erste Mal in der HITPARADE des ZDF. Belege zu meiner totalen Überraschung sofort den 2. Platz, komme dadurch weiter, mache danach den 3., bin zum dritten Mal dabei und komme auch ins Jahresende.

SUPER-ILLU druckte extra für mich eine Titel-Story, um mir den Start in der ZDF-Hitparade zu erleichtern. Als Foto wählten sie ein altes Chris-und-Frank-Bild. Ich war natürlich sauer, weil dies nichts mit meiner jetzigen Arbeit zu tun hat, machte meinem Ärger Luft. Prompt bekam ich von meinem, wie er

schrieb, »mir sehr wohlgesonnenen« Chefredakteur, Jochen Wolff, ein Fax. »Ehrlich gesagt, Frank, ich habe damit gerechnet, daß dies zu einer Diskussion führen kann. Aber in meiner Verantwortung als Chefredakteur konnte ich nicht anders entscheiden. Um eine Zeitschrift mit einer so hohen Auflage am Markt zu halten, zeigt die Erfahrung, daß sich einzelne Künstler auf der Titelseite viel schlechter verkaufen.« (Ich frage mich – egal ob das Sinn macht oder nicht?) »Mehrfach«, so schreibt er, »habe ich Dich in der Vergangenheit gebeten, uns für eine Titelproduktion mit Aurora und Deinen beiden Töchtern zur Verfügung zu stehen. Die Antwort war immer – sinngemäß: Aurora und die Töchter wollen mit Zeitungen nichts zu tun haben.« Das ist richtig. Dann schreibt er noch, daß es mit mir bei Titelproduktionen immer sehr kompliziert ist. Das ist auch richtig, weil ich nun mal nicht alles mache und auch nicht alles mit mir machen lasse. Ich möchte meinen Kopf nicht ausschalten, denn ich habe gelernt, ihn zu benutzen. Ich kann also nur etwas machen, wovon ich überzeugt bin. Das ist unser Problem. Und schließlich schreibt Jochen Wolff: »Vielleicht hilft es ja auch, daß Deine Familie sich der von uns geäußerten Bitte nicht mehr so energisch verschließt. Gibt es neues Bildmaterial, so verspreche ich Dir, wird diese alte Chris-Doerk-Optik nie mehr in SUPER-ILLU erscheinen.« Tja, und eigentlich war klar für die Kinder, daß sie nun erst recht keine Fotos machen würden. Also – das Gegenteil erreicht.

Vor der HITPARADE testeten wir die neuen Titel der CD bei Konzerten. Z.B. in Magdeburg.

Annegret und Hans aus Salzgitter schrieben: »Dann gingen Sie auf die Bühne und das Publikum zu. Prima! Bei einem Howard Carpendale-Konzert wurde beispielsweise darum gebeten, den Star nicht anzufassen.«

Ursula aus Berlin schreibt: »Daß Sie jetzt endlich in

der HITPARADE ›sein durften‹, bei dem eingebildeten Hübner – er hat vor längerer Zeit mal abwertend über Ost-Künstler gesprochen, und daß Sie den 2. Platz belegt haben, auch unter tollem Beifall der Zuschauer im Saal, nicht nur bei TED, dazu gratuliere ich Ihnen von ganzem Herzen. Seit die Telekom so teuer ist, telefoniere ich höchstens 3 bis 4 mal im Monat. Aber am 1. Februar war es Ehrensache, daß ich mich am TED beteilige. Und als das Ergebnis kam, liefen meine Tränen, und ich habe laut geklatscht und ›Bravo!‹ gerufen, so daß es die Mieterin hörte, die über mir wohnt.« Danke, Ursula!

Und Marlis aus Egeln: »Meine Tochter Antje und ich haben einen Riesenjubel veranstaltet, als Dein Name auf der Anzeigentafel erschien. So ungefähr wie beim Fußball, wenn ein Tor geschossen wird – natürlich für die eigene Mannschaft.«

Gerda aus Tabarz schreibt: »Wenn Du, lieber Frank, wüßtest, wie viele Tränen ich um Dich vergossen habe, und immer wieder tausend gute Wünsche und Gedanken Dir geschickt habe, als es hieß, Du seiest krank. Und als Du zum ersten Mal sangst ›Wir brauchen keine Lügen mehr‹, da haben wir Deinen Mut bewundert, denn wir ahnten, daß Lügen uns nur noch aufrecht hielten und in Kürze alles zusammenbrechen muß. Laß Dir nun Deine Lederjacke nicht ausreden. Zeige ihnen, Du hast eine dicke Haut und laß keinen ran. Wir halten unsere Hände über Dich.« Ist das nicht lieb?

Und Marina: »In voller Bewunderung für Dich, wie Du Deine Krankheit überwunden hast, so will ich auch gegen meine bösartige Krankheit kämpfen.«

Sonja: »Es ist noch gar nicht so lange her, da war ich ganz unten. Ich war arbeitslos, gesundheitlich ging es mir gar nicht gut und wir mußten aus unserer Wohnung raus. Damals habe ich mehr ans Sterben als ans Leben gedacht. In dieser Zeit habe ich ein Gedicht ge-

schrieben.« In diesem Gedicht geht es um einen Baum, den sie von ihrem Fenster aus betrachtet: »Ein gebrochener Ast hängt kraftlos herab, nur noch gehalten von ein paar feinen Fasern der Rinde. Von seinem Ende fallen Regentropfen wie Tränen zur Erde. Ich schließe die Augen vor diesem grausamen Spiegelbild meiner Seele. – Doch kurz darauf ging es wieder bergauf, und Ihr beide seid nicht ganz schuldlos. Schon seit vielen Jahren gehören Schöbels zu unserem Weihnachtsfest wie Lichterbaum und Gänsebraten. Wenn Aurora die Geschichte von Maria und Josef singt, wird es bei uns ganz still. Der Kloß im Hals wird immer größer, und bald kullern meiner Tochter Irene, 15, und mir die Tränen. Ich glaube, es gibt kein Lied, das Aurora je schöner gesungen hat. Seit Eurem Weihnachtsprogramm bei uns hier in Leuna geht es mir wieder besser. Ich kann wieder lachen und habe wieder Freude am Leben. Eure Lieder geben Kraft, Freude und Zuversicht.« Und dennoch muß ich das Kompliment zurückgeben. Weil: Der Umkehrschluß trifft eben auch zu: Wenn man soviel liebe Worte zur rechten Zeit bekommt, was kann es Schöneres geben? Und es hilft einem über vieles, was an täglichem Ärger ins Haus steht, hinweg.

Ich mußte ein Belastungs-EKG machen. Schließlich sollte mir ein Kontrastmittel eingegeben werden, um mittels Kamera festzustellen, ob meine »Blutrohrleitungen« verstopft sind. Es kam nicht dazu. Mein Blutdruck war so hoch, daß sicherheitshalber die Maschinen aussetzten. Inzwischen habe ich die Sache im Griff.

Quermann wurde 75. Ein paar Tage später Köfer. Die Geburtstage jagten sich. Schlimm: immer die Fotografen und die Kameras dabei. Wenn ich mal alt werde: ej »Chef«, verschone mich mit Fotografen! Also, Geburtstag ist schon schlimm, aber dann noch laufend fotografiert zu werden in jeder möglichen Situation? Und dann stellt man auch noch ganz schnell ein paar

Fragen, die gar nichts mit dem Jubilar zu tun haben. Das Beste war, daß wir bei Herbert Köfer den Boxkampf »Maske gegen Rocci – Frage der Ehre« sehen konnten. Den hatte er für diesen Tag extra bestellt.

Mit Anja Schuchert von BILD DER FRAU machte ich sehr gute Erfahrungen. Das muß auch mal gesagt werden. Sie, sanft, klug, fair, half mir, durch ihre Fragestellungen zu Erkenntnissen, die mich später weiterbrachten. Ja, auch das kann ein Interview – im besten Fall. Der Satz »Wagte ich nie den Bruch, wäre ich daran zerbrochen«, begleitete mich und machte mich stark.

Nach unserem tristen, feucht-kalten Weihnachtsurlaub in Spanien war die Familienstimmung unter Null. Wir hatten uns im Dezember 95 noch einmal unter großen Mühen für beide zusammengenommen, um die abgesprochene Tournee »Weihnachten in Familie« fair über die Runden zu bringen. Wir hatten ein letztes Mal unter Tränen, die man sah oder nicht, im MDR die Weihnachtssendung »Fröhliche Weihnachten« verabredungsgemäß, ja, vertragsgemäß erfüllt.

Jetzt ging nichts mehr. Mich hielt die Arbeit – und die hielt mich auch von großem Nachdenken ab. Zwei Wochen Promotion-Tour im Radio: Schwerin, Cottbus, Berlin, Potsdam, Magdeburg, Weimar, Leipzig, Dresden. Kurz: im Osten waren wir fast überall, wo man noch Deutsch spielt und spricht. Dann ging es weiter nach Hamburg, Kiel, Bremen, Hannover, München, Köln, Frankfurt und zurück. Man kommt bei den Interviews ins Schwatzen und durch immer andere Fragen auch auf neue Antworten.

Am 1. März entschließe ich mich endlich, zu diesem Buch Ja zu sagen. Mir war klar, daß erst die Analyse kam. Ich such meine sämtlichen Kalender, durchforste sie, mache Notizen und spreche dann alles auf Kassette. Mein Nervenkostüm wird immer anfälliger.

Ich versuche, mit Sauerstofftherapie einiges zu retten. Im Fernsehen beobachte ich selbst ein leichtes Zucken bei mir in der Halsgegend. Das heißt dann ACHTUNG.

Ich bin bei WILLEMSEN in seiner ZDF-Talk-Show. Er begrüßt mich freundlich: »So habe ich Sie mir immer vorgestellt.« In unserem privaten Gespräch hinter der Bühne meint er, er sei ja nun links eingestellt und hatte gehofft, daß viele linke Kräfte aus der ehemaligen DDR in das gemeinsame Deutschland rüberwachsen. »Naja«, sage ich, »ihr habt die Illusion, wir hatten das Praktikum.«

Am 24. April gaben Peter Lorenz und ich das Buch für die gleichlautende Fernsehsendung »Jetzt oder nie« beim MDR ab. Das quasi Video wurde Ende Juli, August an 10 Tagen gedreht und lief Weihnachten 96 das erste Mal. Fast zur gleichen Zeit wurde nebenher das Porträt »MitMenschen« erstellt. Mit viel Liebe und Mühe.

Am 1. Mai, zur Neueröffnung des Berliner Fernsehturms, hatten wir eine große Bandmugge. Kurz danach

wurde mein Bruder 60, und ich nahm mit ihm und für ihn eine CD auf. Mein Musiker und Freund, Uli Werfel, preßte 20 Exemplare. Das gab ein großes Hallo! zu seinem Geburtstag. An die gemeinsamen Aufnahmen, die wir in Köpenick machten, erinnert er sich heute noch gerne.

Ich überlegte, wie ich eine Zeitung dazu kriege, daß mein Bruder, Peter Schöbel, mit seiner neuen CD angekündigt wird. Dachte mir, so was kann man sicher irgendwo drucken lassen. Der Zufall half mir. Die BILD-Zeitung fragte: »Was gibt es Neues?« Ich erzählte: »Großes Ding, mein Bruder bringt eine CD raus.« Das Ganze wurde geschrieben, nett, freundlich und reißerisch, wie es sich gehört für *so* ein Blatt. Ich kaufte fünf Stück, und so habe ich eine Überraschung für meinen Bruder zum Geburtstag.

Ich lag in einem mittleren Clinch mit meiner Plattenfirma, wollte keine Reklame machen. In einem persönlichen Gespräch überzeugten sie mich dann, für die EURO-Spar-Kette 14 Tage – und wirklich nur 14 Tage – Tips zu geben, die dann nur in den EURO-Spar-Geschäften hängen. Ich könne dies selbst schreiben und kein Wort würde verändert.

Und so war dann mit entsprechendem Foto zu lesen: »Manchmal kannst Du Fussel-Frank, Lappen-Lothar oder Staub-Stöbel zu mir sagen. Warum: weil ich Dreck nicht besonders gut leiden kann! Inzwischen arbeite ich aber dran, Fusseln liegenzulassen.«

»Jeder hat 'ne andere Macke. Meine Freunde heißen zum Beispiel: Beton-Burkhard, Giebel-Gerd, PC-Peter, Besen-Bernd. Los, jetzt bist Du dran!«

Gar nicht so schlecht fand ich auch: »Wenn Du einkaufen gehst und siehst über Dir ein Bild und Du liest: Siehst Du den dort drüben? Kalter Blick, mißmutig, versteinert! Wann hat der das letzte mal ...? Ich wette, er weiß es nicht. Er ist kein Einzelfall. Was ist los mit

uns? Gib Dir einen Ruck, bevor Du in die Kiste gehst. Wenn Du noch Zähne hast oder nicht – egal – bitte versuchs: LÄCHLE!«

Auf einem anderen großen Hänger war zu lesen: »Mit mir könn'ses ja machen.« Oder: »Wenn Leo Eigelb sich wieder mal versprochen hat. Kommt's zur Hundesteuer, Hühnersteuer, Käsesteuer, Wurststeuer, Obststeuer, Zuckersteuer, Kaffeesteuer, Autosteuer, Bürgersteuer – gesteuerter Bürger? Ende!«

Ich weiß nicht, ob das jemals hing.

Im Juni, ich freue mich gerade über mein neues Auto, einen VW, da muß ich die schlimmsten vier Tage, zumindest, was die Presse angeht, in meinem Leben ertragen. Ich höre, wie Aurora am Telefon sehr lange mit Dieter Wirth, alias Jan Triff, seine Freunde nennen ihn »Jan Daneben«, spricht. Plötzlich wird sie lauter, erregt sich, und ich frage sie: »Was hast du eben gesagt? Mit wem hast du gesprochen?« – »Na, der von der BILD-Zeitung wollte wissen, wer Eigentümer unseres Hauses ist.«

Ich denke, das ist doch wohl der Gipfel. Jetzt hängen die sich auch noch in unsere absolut privaten Angelegenheiten rein.

Ich rufe ihn sofort zurück und frage, was das alles soll. Er war plötzlich krachesauer und drohte am Ende des Gesprächs, Aurora hörte mit: »Dich mache ich fertig.« Ich wußte nur, er führte irgendwas im Schilde, hatte von irgendwoher Wind bekommen, daß es zwischen Aurora und mir kriselte und wollte natürlich als erster *die* Schlagzeile haben.

Er brauchte zwei Tage, um das Ganze – ein Gemisch aus Lügen und Halbwahrheiten – das dreckigste, was ich bis dahin über mich lesen mußte – in der neuen Pressefreiheit rechtlich abzusichern.

In solcher Zeit ist es gut, wenn man Freunde hat. Aurora und ich gingen zu Ursel und Jürgen. Wir be-

sprachen zusammen eine Erklärung, die wir über meine Plattenfirma an die einschlägigen, seriösen Zeitungen rausgaben: »Es ist notwendig, eine Situation aufzuklären, bevor irgendwelche Gerüchte die Runde machen. Aurora und ich haben 20 Jahre unseres Lebens gemeinsam verbracht und werden in Zukunft getrennte Wege gehen. Wir bitten alle Freunde, vor allem die Medien und unsere Fans, diese persönliche Entscheidung zu respektieren. Schmutzige Wäsche zu waschen, ist nicht unser Ding. Deshalb trennen wir uns wie erwachsene Menschen. Die Liebe zu unseren Kindern verbindet uns, auch wenn wir nicht mehr die gleiche Adresse haben. Aurora und Frank am 20. Juni 96.« Nun schlug Dieter Wirths, alias Jan Triff, große Stunde in der BILD-Zeitung. Der gleiche Dieter Wirth, der noch vor einem halben Jahr mit mir im Flugzeug nach Chicago saß, 10 Folgen schrieb, was für ein toller Mensch ich sei, die CD meines Bruders ankündigte, 1985 in einer Blockflöten-Zeitung, der er verpflichtet war, schrieb: »Zwei Tage mit Frank, das war wenig. Doch zugleich viel. Denn dieser Mann ist wie sein Vorname: ehrlich, offen, geradeaus – eben Frank.« oder am 19. September 84, anläßlich des 13. Dresdner Internationalen Schlagerfestivals, u. a.: »So ist Schöbel: unkompliziert, umgänglich, freundlich.«, der gleiche Mann schreibt von einem Tag auf den anderen plötzlich: »Frank ist geiziger als die Schotten. In der Szene nennt man ihn McFrank« (was eigentlich, wenn's nicht so fies gemeint wär, sogar ein bißchen witzig ist), Aurora stünde kein Pfennig aus Franks Millionen-Besitz zu. »Jahrelange Lüge vom Familien-Glück. Bei Schöbels fliegen die Fetzen.« Er goß einen Müllkübel nach dem anderen aus. Warum?

Wessen Brot ich eß, dessen Lied ich sing?

Ehrlich gesagt, hatte ich solche Wut, ich dachte: ich hau ihn zusammen. Freunde meinten: »Guck dir die-

ses arme Würstchen an – er sieht doch so aus, wie er schreibt.«

Eine liebe Kollegin vom Fernsehen, Abteilung Maske, rief mich an und meinte, eine Frau von der SUPER-Illu hätte sie eben angerufen, sie sucht nach einer Freundin von dir. »Hej«, sage ich, »das sind ja Spitzeldienste – wie früher bei der Stasi!« Das ist doch nichts anderes. Nur, die Stasi hat es wenigstens noch versteckt. Die schreiben es morgen. Danke für den Tip.

Ich rufe sofort Jochen Wolff an bei SUPER-ILLU. Er hat dummerweise an diesem Tag noch Geburtstag. Lädt mich aber trotzdem zu einem Gespräch ein. Wir reden vier Stunden. Er schreibt fair, ich darf es lesen und, wenn nötig, verändern. Das ist eine viel zu diffizile Sache, zwanzig Jahre Leben, um es mit ein paar unbedachten Worten in der Öffentlichkeit kaputtzumachen.

Zugegeben, unter normalen Umständen, wenn die BILD-Zeitung diese dreckigen Artikel nicht geschrieben hätte, hätten wir, Aurora und ich, es bei der Erklärung belassen und uns nicht zu solchen Statements genötigt gesehen. Nun mußten wir durch. SUPER-Illu: »›Wie fühlst Du Dich jetzt, nachdem alles raus ist?‹ – ›Ich habe ein bißchen Angst vor dem, was auf mich zukommt: Wie reagieren die Fans? Was macht die Presse? Zieht sie uns mit erfundenen Geschichten durch den Schmutz?› – ›Habt Ihr Euch also auseinandergelebt?‹ – ›Wenn man damit meint, daß zwei Partner sich nach so einer langen Verbindung unterschiedlich entwickeln und unterschiedliche Anforderungen ans Leben stellen, dann stimmt das.‹ – ›Hat sich Aurora mit Deinem Beruf nicht mehr identifiziert?‹ – ›So kann man das nicht sagen, aber nach der Wende hat diese Arbeit noch mal ein ganz anderes Tempo bekommen. Da war mehr Druck. Und durch die Presse wurden plötzlich auch ganz andere Anfoderungen an unser Privatleben

gestellt, das vorher viel geschützter war. Damit kam sie schwer zurecht und ich muß das respektieren.‹ – ›Hast Du Angst, daß Dir die Fans die Trennung verübeln?‹ – ›Ja, vielleicht. Da hat sich so ein Bild festgesetzt, die Aurora habe wegen Frank ihre Karriere aufgegeben. Aber das ist nicht wahr. Sie hat sie für unsere Kinder aufgegeben. Ich habe sie immer gedrängt, wie auch viele unserer Freunde, weiter zu machen. Aber sie wollte sich einfach als Sängerin nicht mehr von der Öffentlichkeit vereinnahmen lassen.‹«

Eine Woche später war Aurora dran. Sie sagte: »›Ich bin vor allem über diese bösen und niveaulosen Artikel in einzelnen Zeitungen erschrocken. Ich muß jetzt versuchen, Nerven zu bewahren. Frank und ich haben weiterhin einen fairen und freundschaftlichen Umgang. Es ist geradezu unerträglich, wie manche Zeitungsleute mit Frank abrechnen wollen, um ihn in der Öffentlichkeit schlecht zu machen. Ich verwahre mich dagegen, daß mein Name für diesen Schmutz-Journalismus mißbraucht wird. Eines hat diese gezielte, verleumderische Aktion jedoch Gutes: sie läßt die Familie sowie die Fans in dieser für uns schwierigen Situation nur noch enger zusammenrücken.‹ – ›Aus der Sicht von heute: Was hätten Sie anders gemacht?‹ – ›Ich glaube, selbst die Fehler, die ich gemacht habe, habe ich aus Liebe gemacht. Ich bin ein Mensch, der sehr viel aus dem Gefühl heraus macht, und da kann man eine Menge Fehler machen. Aber andererseits bereue ich keinen einzigen Tag im Leben mit Frank.‹ – ›Ihre Sendungen »Weihnachten in Familie«?‹ – ›Ich möchte allen sagen, diese Sendungen waren keine Lüge. Unsere ganze Beziehung war keine Lüge, und sie ist es bis heute nicht. Auch wenn wir uns jetzt trennen, so werden wir uns doch nicht aus den Augen verlieren. Und ich hoffe, daß wir Freunde bleiben.‹ – ›Hätten Sie gedacht, daß Sie diese Liebe einmal soviel Tränen kostet?‹ – ›Als sie be-

gann, habe ich schon so viele Tränen des Glücks geweint. Daß es jetzt Tränen des Leids geworden sind, das hätte ich nicht gedacht. Aber Freunde sagen, jedes Ende bedeute auch einen neuen Anfang.‹«

Da ich das jetzt alles noch mal lese und schreibe, kommen in mir die ganzen Emotionen hoch. Warum muß man die, die man so liebte, so sehr verletzen?

Die BILD AM SONNTAG bedrängte uns, wir lehnten am Telefon ab. Aber dann gibt es ja diese freundlichen Erpressungsversuche: »Ja, wenn Sie nicht kommen, dann schreiben wir eben.« – Und so sagte ich zu Aurora: »Laß es uns noch machen. Laß uns hingehen.« Wir hatten abgemacht, daß der Artikel, bevor er erscheint, uns zur Kenntnis gegeben wird. Der Bericht war nicht falsch, aber bei weitem nicht so sensibel wie der in der SUPER-ILLU.

Dann kamen die ersten Briefe von den Fans. Ich war sehr gespannt. Aus Neumünster: »Mit Betroffenheit haben wir erfahren, daß Sie und Aurora sich voneinander getrennt haben. Das ist eine traurige Tatsache, die man allerdings akzeptieren muß. Niemand hat das Recht, Sie deshalb zu verurteilen. Denn schließlich ist es ja eine persönliche Entscheidung zwischen Ihnen und Aurora.«

Annett und Steffi ganz kurz und knapp: »Übrigens, wir glauben nicht an den Mist, den die Klatschpresse so verbreitet. Denn wir stehen voll hinter Dir.«

Rosi: »Es tut verdammt weh, wenn man die Leute reden hört. Sie haben nichts begriffen. Man kann auch zwischen den Zeilen lesen. Dann versteht man einiges.«

Familie Hiller schreibt: »Es ist Ihre Bitte, die Sie geäußert haben, daß Ihre Fans Sie nicht verurteilen mögen. Wenn Sie meine Frau und mich, beide 66 Jahre, auch noch als Fan akzeptieren (natürlich tue ich das), so sehen wir keinen Anlaß, Sie und Aurora zu verurteilen. Wir achten Sie auch weiterhin als Künstler und

als Menschen. Unsere Sympathien werden durch die Entscheidung, die Sie offensichtlich treffen mußten, nicht gemindert.«

Ein Fan aus Leipzig, die in einer ähnlichen Situation ist, schreibt: »Ich möchte sagen, daß ich mich riesig für Dich freue, daß Du diesen Schritt gewagt hast. Da habe ich bis hierher die Steine plumpsen hören. Natürlich wird Dein Leben nun nicht leichter. Nein, nun geht das Chaos richtig los: Medien usw. Und die Fans, die Dich kennen und Dich mögen, geben nichts auf die Presseberichte.«

Ein stilles Mädchen aus Berlin schreibt: »Ich habe das alles nicht gelesen, was in den bunten Blättern über Euch und Eure Trennung zu lesen stand, abgesehen von dem Interview mit Dir und Aurora in der SUPERILLU. Auch da habe ich mit mir gekämpft, ob ich mir das antun soll, oder nicht. Aber in den zwei Ausgaben hatten sie sich wohl mal echt Mühe gegeben und annähernd das gedruckt, was Ihr gesagt habt.«

Lena und Bernd aus Magdeburg schreiben zur BILD-Zeitung: »Sei vorsichtig! Sie sind wie Aasgeier. Aber Du bist in unseren Herzen und in unserer Seele. Wir lassen nicht zu, daß sie Dich quälen.«

Ute aus Dresden: »Weißt Du, als ich die Nachricht von Eurer Trennung gehört habe, hat mich das zutiefst getroffen. Ich war für den Rest des Tages nicht ansprechbar. Es war nun etwas geschehen, an was ich nie ernsthaft geglaubt habe. Ich stelle mir vor, wie Du in den nächsten Tagen und Wochen auf der Bühne stehen wirst und die gleichen Lieder wie ›Ich liebe dich‹, ›Ohne dich‹, ›Ich brauch dich so‹ singst. Ich glaube, daß die erbittertsten Kämpfe in Dir stattfinden. Ich habe Dich heute während des ganzen Tages genauer beobachtet bei der Veranstaltung und habe vieles gesehen: ein Frank, der beim Vortrag des Liedes ›Ohne dich‹ kaum in die Zuschauer schauen konnte. Ich habe

Dich sehr bewundert. Ich frage mich: wie hält er das bloß durch?«

Heike aus Halle, offensichtlich BILD-Leserin, schreibt: »Was hast Du Dir dabei gedacht? Wieso kannst Du Aurora so fallen lassen? Ich könnte Dich jetzt in tausend Stücke zerreißen, wenn Du vor mir stehen würdest. Schade, daß Helga Hahnemann nicht mehr lebt. Die hätte Dir längst ihre Meinung gegeigt. Aber daß Du so ein Schuft sein kannst, hätte ich nie gedacht.« Und dann später, als Vorschlag: »Sprecht Euch richtig aus, schreit Euch gegenseitig etwas an, anschließend wächst Gras über die ganze Sache, trinkt beide anschließend eine Flasche Sekt – schon wird man alles langsam, aber sicher vergessen, okay?!« Tja, sage ich mir, sie hat nichts begriffen. Und: Probleme können schwimmen – mit Sekt ist da nichts. Und unter P.S. schreibt sie: »Sei froh, wenn noch welche in Deine Konzerte kommen.«

Aber die Antwort kommt schon im nächsten Brief von Petra aus Weißenfels: »Die Menschen, die Dich seit Jahren von Bühne, Funk und Fernsehen kennen und Deine Musik mögen, die werden sich nicht von solchen primitiven Schlagzeilen von der BILD-Zeitung blenden lassen und weiterhin zu Dir stehen. Ich hab sie alle gelesen und hatte eine Morsdwut im Bauch. Geglaubt habe ich diesen Käse sowieso nicht.«

Eine Freundin von Aurora und mir schrieb uns: »Vergib Dir, vergib ihnen und lasse los. Wie können neue, friedliche Gedanken im Herzen wohnen, wenn alte noch drin hocken? Ein Bauer mistet seinen Stall aus. Vielleicht sollten wir mal unsere Gedanken ab und an ausmisten.« Und mir schrieb sie: »Im übrigen bewundere ich Deinen Mut. Schon wieder habe ich etwas von Dir gelernt. Und denk dran«, schreibt sie, »lieben, ohne zu besitzen!«

Und Anja Schuchert in der BILD DER FRAU: »Er-

innern Sie sich, liebe Leserinnen, damals gestand uns Frank Schöbel: ich weiß heute, daß Krebs meist psychische Ursachen hat. Zwänge, denen man sich unterwirft, ohne es zu merken. Als echter Schütze geboren, bin ich ein sehr freiheitsliebender Mensch. Ich weiß, ich muß so einiges in meinem Leben verändern ... Eine Krankheit birgt auch immer eine Chance. Die, etwas über sich selbst herauszufinden, sich von Zwängen zu befreien, den Weg zu sich zu finden. Wünschen wir Frank und Aurora nur das Beste auf ihren neuen Wegen. Vielleicht hilft ihnen dabei der Refrain aus einem neuen Lied von Frank: ›Gestern ist schon vergangen, doch nicht einfach vorbei. Meine Welt hat neu angefangen – etwas kalt, aber frei‹.«

Da haben wir es wieder – jetzt bin ich FRANK UND FREI! Aber in neuen Zwängen. Zum einen ist da mein Beruf.

Gerade 1996 durch die CD »Jetzt oder nie« und viele Fernsehsendungen zieht das Veranstaltungsgeschäft für uns stark an, wir hatten an die 90 bis 100 Veranstaltungen in diesem Jahr, und zum anderen ist ja da mein Wort, das Buch fertigzuschreiben.

Ich fahre ab 7. Juli für 14 Tage in den Urlaub. Über Dänemark nach Norwegen. Nehme meine sämtlichen Kalender mit, einen extra großen Koffer im Auto mit Büchern und mache Analyse, Recherchearbeiten – alles fürs Buch. Aber zu allem Übel sollte der Zeitungsschmutz nicht aufhören.

Diesmal war es nicht die BILD-Zeitung, sondern SUPER-Illu. Chris Doerk dachte wohl, jetzt ist sein Image eh angeschlagen, nun kann ich mit meinen späten Geschichten auch noch die Zeitung vollkriegen. Der Chefredakteur schwärmte, daß seine Auflage unheimlich steige. Logisch, da nimmt man keine Rücksicht auf Empfindlichkeiten. Er meinte, ich solle mir eine harte Haut wachsen lassen und er hätte diesen Ar-

tikel eh vorgehabt. Es sei Zufall. Für mich war klar, Chris wollte mich verletzen, und das möglichst in der Öffentlichkeit, sich ins rechte Licht setzen, denn diese ganzen Dinge hätte sie mit mir bei ihrer Mutter – die immer noch, auf mein Wort hin, bei mir wohnt – persönlich klären können. Freunde beschwichtigen und sagen: laß sie! Man liebt den Verrat, aber nicht den Verräter.

Und wieder helfen mir die Briefe. So schreibt Frau Monika aus Halle: »Ich finde es total rücksichtlos, daß Chris Doerk durch lange Zeitungsartikel nun versucht, ihr Haushaltsgeld aufzubessern. Ich kann mir vorstellen, daß auch populäre Leute, die ständig im Mittelpunkt stehen, durch diesen ganzen Medienrummel sehr verletzt werden.«

»Wer jetzt nicht zu Dir steht, hat es nie getan.« Das Lied »Die Fans sind eine Macht – wer keine hat: gut Nacht!« bekommt jetzt für mich eine neue Bedeutung. Und der Spruch: Das Vertrauen der Mitmenschen ist eigentlich der größte Reichtum, den ein Mensch besitzen kann, tröstet mich gerade in diesem Moment.

Und Udo Foth vom MDR sagt zu mir: »Mach jetzt nicht den Fehler und zieh dich zurück, geh in die Offensive und tritt bei der ›Henne‹ auf.«

Ich wollte vorm Hintergrund dieser Schmierereien erst mal eine Weile verschwinden, nicht mehr ins Fernsehen. Und schon gar nicht zur Verleihung der GOLDENEN HENNE durch SUPER-ILLU im Friedrichstadtpalast. Ich brauchte zwei Tage, bis ich mich einkriegte. Dann sagte ich: Okay, ich mache mit, aber nur, wenn ich ein kurzes Statement abgeben kann.

Jochen Wolff versprach mir das. Als ich mit meinen 10 Sätzen ankam, war er unsicher, ob er das drucken sollte. Er gab es zwei Mitarbeiterinnen zu lesen, und die sagten: »Ja, genau so empfinden wir das auch.« – »Okay«, sagte er, »und dann drucken wir das. Wie

immer: ich steh zu meinem Wort.« Ich dachte: aus meiner Sicht: das ist das Wenigste, was er jetzt für mich tun kann.

Und so steht:

»Laßt mich doch einfach in Ruhe!

Seit Juni muß ich ertragen, daß die BILD-Zeitung durch den ›Journalisten‹ Jan Triff, alias Dieter Wirth, ihren Dreck ausgießt, seine Worte am Telefon: Dich mach ich fertig. Danach war es SUPER-ILLU-Chef Jochen Wolff, der Aurora und mich wegen dieser Angriffe fair interviewte. Beide Zeitungen verdienen an privaten Problemen zweier Menschen. Nach 22 Jahren kommt nun noch – ›reiner Zufall‹ – Chris Doerk aus der Ecke, erzählt zwei Folgen ganz nett über ihr Leben mit Frank Schöbel, um dann zum Teil falsch und in unfairer Weise sich in der Öffentlichkeit ins richtige Licht zu rücken. Nein, ich werde dazu nicht Stellung nehmen, wie SUPER-ILLU im Heft 33 verspricht. Ich stehe auch jetzt noch zu meinem Wort, daß dies nur zwei Menschen etwas angeht. Ich werde auch meine Biographie nicht im September 96 veröffentlichen, wie es geplant war, sondern erst, wenn ich es für richtig halte. So sehr man die Bitterkeit von Chris verstehen kann, die es nach der Scheidung durch eigene Schuld nicht geschafft hat, Erfolg zu haben – es kann nicht so weit gehen, daß man Geschmacksgrenzen verläßt. Ich finde es traurig und unwürdig, so sein Geld verdienen zu müssen. Ich schäme mich für sie. Frank Schöbel.«

Als Draufsetzer sang ich in der Fernsehsendung »Mit mir könn'ses ja machen« und hatte auf der Rückseite meines Schüttelgerätes mehrere Logos von Zeitschriften. Ich schlug während des Liedes mit großer Freude darauf, und auch Kurt Biedenkopf im Saal mußte sehr darüber lachen. Was sonst im Politikerleben sicher nicht oft der Fall ist.

In der Fernsehsendung »Jetzt oder nie« bin ich an

einem Zeitungsstand und lese ein Gedicht von Peter Lorenz vor: »Die Ente ist das Lieblingstier von manchen Presseleuten. Sie steht nicht auf dem Bauernhof, sie steht auf Zeitungsseiten. Man saugt sie aus den Fingern und zieht sie an den Haarn herbei. Das arme Tier macht alles mit. Die Presse ist so frei. Man füttert sie mit Halbwahrheiten oder auch mit Lügen. Oft wird sie so groß und dick, daß sich die Balken biegen. Doch meistens wird nach kurzer Zeit sie leise dementiert. Dann ist sie weg und keiner weiß, was nun mit ihr passiert. Traurig, frierend läuft sie nun einsam durch die Welt. Kein Journalist guckt sie mehr an, denn so bringt sie kein Geld. Kein Vogelschützer protestiert und schlägt für sie Alarm. Drum fordre ich mit aller Macht die Zeitungsentenfarm!«

Und so haben wir der ganzen traurigen Geschichte noch was Lustiges abgewonnen.

Die Rechtsabteilung des Axel-Springer-Verlages schreibt mir: »Betreffs SUPER-ILLU, Heft 37 vom 5.9., Seite 16.

Sehr geehrter Herr Schöbel, Herr Wirth hat mich gebeten, Sie auf Ihren Kommentar in der SUPER-Illu vom 5.9. anzusprechen. In diesem Kommentar behaupten Sie einerseits, daß Herr Wirth vermittels der BILD-Zeitung Dreck über Sie ausgießt, und ferner, daß Herr Wirth Ihnen am Telefon angedroht habe, ›Dich mache ich fertig!‹ Was Ihre erste Äußerung angeht, so darf ich Sie darauf hinweisen, daß es sich hierbei um eine unzulässige schmähkritische Äußerung handelt, die sich Herr Wirth nicht gefallen lassen muß. Es kann keineswegs die Rede davon sein, daß Herr Wirth insbesondere in der Berichterstattung über die Trennung von Ihnen und Frau Aurora Lacasa unseriös berichtet, bzw. recherchiert hat.«

Man muß sagen, die Rechtsabteilung hat in diesem Fall wahrscheinlich gar keine Ahnung, was Herr Wirth

geschrieben hat, die machen einfach ihre Arbeit. »Noch weniger trifft es zu«, so geht es im Brief weiter, »daß Herr Wirth Ihnen anläßlich eines Telefongesprächs angedroht hat, er werde Sie fertigmachen. Das Gegenteil ist der Fall.« Hej, nun reichts aber! Und weiter schreibt die Rechtsabteilung: »Ich habe Sie deshalb zu bitten, die als Anlage beigefügte Unterlassungserklärung zu meinen Händen abzugeben.« Na, das ist ja ein Rechtsdeutsch! Hilfe! Das Stück heißt: »Unterlassungsverpflichtungserklä-rung: Herr Frank Schöbel, wohnhaft ... verpflichtet sich gegenüber Herrn Dieter Wirth bei Meidung einer für jeden Fall der Zuwiderhandlung nach billigem Ermessen gegebenenfalls vom zuständigen Landgericht zu überprüfenden Vertragsstrafe, es zu unterlassen, zu behaupten und/oder zu verbreiten bzw. behaupten und/ oder verbreiten zu lassen, Dieter Wirth gieße Dreck über Schöbel und habe diesem gedroht: Ich mache Dich fertig!.« Und das sollte ich unterschreiben! Na, ich bin doch noch klar im Kopf. Natürlich gleich zu meinem Anwalt. Und da ging folgender Brief zurück: »Namens und in Vollmacht meines Mandanten muß ich die Abgabe der von Ihnen verlangten Unterlassungserklärung ablehnen. Die Wertung, daß Herr Jan Triff, alias Dieter Wirth, Dreck über meinen Mandanten ausgieße, muß sich Herr Wirth nun mal gefallenlassen. Mögen Sie sich dazu einmal die Veröffentlichungen in der BILD-Zeitung vom 22.6. unter der Überschrift ›Seit 18 Monaten getrennte Betten‹ und ähnliche Machwerke Ihres Schreibers, die Liste könnte fortgesetzt werden, zu Gemüte führen. Behauptungen, bzw. Schlagzeilen wie ›jahrelange Lüge vom Familienglück/Bei Schöbels fliegen die Fetzen/Er hatte viele Freundinnen/Frank ist geiziger als die Schotten/Man nennt ihn in der Szene den McFrank‹ und weitere Beispiele wurden von Herrn Wirth in der BILD-Zeitung über meinen Mandanten

ausgegossen. Ich denke, das spricht für sich und würde auch bei einem gerichtlichen Verfahren sicherlich dem damit befaßten Gericht einleuchten. Die Behauptung ›Ich mach dich fertig‹ entspricht nun mal der Wahrheit. Sie ist im Beisein der Frau meines Mandanten gefallen und kann daher nicht Gegenstand einer Unterlassungsverpflichtungserklärung meines Mandanten sein. Hochachtungsvoll.« Und dann unterschreibt mein Rechtsanwalt. Eigentlich ist das gelogen: hochachtungsvoll. Vor was soll man da Hochachtung haben? Aber Rechtsanwälte sind nun mal höfliche Menschen, und das ist sicher auch in Ordnung so. Ich war ja auch höflich und sah von einer Klage gegen Herrn Wirth ab.

Das Wichtigste zu Hause war jetzt, daß wir nicht die Nerven verlieren, daß wir zusammenhalten und uns bei jedem Artikel, der erscheint, kurzschließen. Und so war klar: Diese Presse treibt keinen Keil zwischen uns. Die schaffen es nicht, daß wir uns wie Krause gegen Krause benehmen. Ob es nun die BILD AM SONNTAG war mit dem Artikel »Aurora warf ihn raus«, was nicht stimmte, oder andere Machwerke. Wir hatten nur Angst um unsere Töchter. Wie würden sie das verkraften?

Jetzt, ein Jahr später, muß ich sagen, daß ich auf beide sehr stolz bin. Sie haben diese Prüfung, nicht zuletzt auch durch Auroras und mein Verhalten, mit Bravour gemeistert. Über alle Schwierigkeiten hinweg sage ich: Ich danke euch und ich liebe euch – immer.

Peter Lorenz und ich schreiben das Buch für die »Tour de Frank«, die der MDR am 6. Dezember ausstrahlt. Ich lade mir ausschließlich Leute ein, mit denen ich gut kann. Natürlich meinen Freund Wolfgang Stumph. Wir kommen überein, daß ich in seiner Truppe »Antrak auf Stumpfsinn« mitspiele. Fahre nach Dresden, proben dort. Stellen während der General-

probe fest, daß wir zu lang sind. Streichen, so daß ich nur noch zwei, drei Sätze habe, und ausgerechnet in der Sendung kommt von mir ein Wort leider nicht so präzise, wie es nun mal sein muß. Ich sag mal: außer uns hat's keiner gemerkt. Nur, ich hätte in der Erde versinken können. So was darf nicht passieren! Nicht mir! Ich denke mal, Stumpi hat mir verziehen. Aber darüber kann ich mich dann so ärgern, daß ich aufpassen muß, daß ich nicht gleich die ganze Sendung schlecht mache. Dabei ist die sehr gut angekommen, und war kurzweilig. Mit Frank Zander, Veronika Fischer, Ireen Sheer, einer Kindergruppe aus Cottbus, natürlich meiner Band, dem Deutschen Fernsehballett und UNGELENK, die eine Parodie auf meine Lieder machten, wobei die Leute vor Lachen tobten.

Natürlich darf ich nicht zuletzt die kleine und feine Geschichte mit meinem Bruder vergessen: Er, mit 60 Jahren das erste Mal im Fernsehen. Autogrammwünsche bekam er auch reichlich. Bei unseren Treffs ist das immer mal wieder ein Thema.

Wir sind bei den »Schlagern des Jahres« in Suhl genauso dabei wie in der Nachfolgesendung von »Zwischen Frühstück und Gänsebraten«, »Weihnachten bei uns« im MDR. Das erste mal mache ich im Dezember eine Weihnachtstour allein, ohne Aurora. Natürlich mit Band, mit Peter Lorenz als Weihnachtsmann, Osterhase und sonstwas. Die einzige Dame bei uns in der Band ist Eva Fritzsch. Singt in dieser Weihnachtsshow auch solistisch. Wir nennen das ganze »Jetzt oder nie zur Weihnachtszeit« und zweiteilen das Programm. Im 1. Teil Musik von der gleichnamigen CD, im 2. Teil wird's weihnachtlich. Mein »Büro«, nämlich Brigitte, ist mit auf Tour, stellt alles zusammen, schmückt die Bäume und gestaltet die Bühnen weihnachtlich. Sie braucht dafür bestimmt zwei, drei Stunden und baut auch noch mal so lange ab. Darüberhinaus ist sie der gute Geist

der Gruppe. Der Dezember ist sehr winterlich, durchschnittlich minus 2,5 Grad. An meinem Geburtstag bin ich in Baden-Baden zur weihnachtlichen Sondersendung der »Deutschen Schlagerparade«. Dummerweise kriegt man mit, daß ich Geburtstag habe, und so schenkt mir die Familie Heck eine Torte und einen wunderschönen, geschmackvollen, alternativen Weihnachtsmann. Dieter meinte: »Jetzt mußt du was sagen.« Und da stand ich vor meinen Kollegen. Mir war das sehr unangenehm. Und eigentlich brachte ich nur »Danke« heraus. Auf der Bühne stehen, meinen Job machen, alles klar. Aber etwas sagen, weil man es in diesem Moment erwartet, das fällt mir sehr schwer.

1996 war ein dramatisches, turbulentes und beruflich sehr erfolgreiches Jahr. Am 23. Dezember, einen Tag vor Heiligabend, fanden wir endlich Zeit für unsere Weihnachtsfeier. Klar wollten wir gut essen, aber ich bin immer dafür und stecke meine Kollegen an, aktiv etwas zu tun. So spielten wir Dart, Billard und kegelten. Es gab natürlich einen Sieger und eine Reihenfolge. Jeder brachte Sachen mit, die er selbst nicht mehr brauchte; praktisch Geschenke, die sie sich schenken können. Und trotzdem fand am Ende jeder etwas, über das er entweder lachen oder das er sogar gebrauchen konnte. Es hat richtig Spaß gemacht.

Über Weihnachten bin ich in meinem geliebten Obernberg in Österreich, Ski fahren. Da, wo schon mein Vater, meine Tante, mein Opa zeitweilig lebten, wo ich Freunde habe, die mich mögen und die ich mag. Es ist ein einfaches, wunderschönes kleines Dörfchen mit Bergen, Bergseen, die einen in jeder Lichtstimmung neu verzaubern; allerdings muß man sich schon selbst mögen und mit sich was anzufangen wissen, damit es nicht langweilig wird. Wenn man das ganze Jahr von einem Highlight in das nächste fliegt, Massen von Menschen vor sich hat, in unzähligen Autogramm-

stunden unter ihnen ist, oft auch auf der Straße angesprochen wird, kannst Du Dir vorstellen, daß dann Silvester mal genau das Gegenteil passieren kann? Allein oder mit dem Menschen, den man liebt, nachts eine Skiwanderung machen, man hört die Glocken der kleinen Kirche, sie füllen mit ihrem Klang das Tal. Du siehst einige wenige Silvesterraketen, hinter den Bergen ab und zu ein Flackern. Über Dir riesengroß die Sterne, weil sie Dir nun mal in 2 000 Metern Höhe viel näher sind, hängst Deinen Gedanken nach, Deinen Träumen und Wünschen und freust Dich auf ein neues Jahr.

Enttäuschungen

Doch zu Hause warteten neue Aufgaben. Zunächst die ZDF-Hitparaden-Jahressendung. Mir ging es stimmlich nicht besonders gut, und ich fühlte mich auch sonst nicht wohl. Dieter-Thomas Hecks große Deutschlandtournee mit »Musik liegt in der Luft« rückte immer näher. Ich mußte fürs Orchester noch ein paar Noten schreiben. Und da ich das Lichtjahre nicht mehr gemacht habe, weil wir in unserer Band alles aus dem Kopf spielen, war das eine ziemlich unangenehme Arbeit. Uli Werfel am Baß, Stefan an der Gitarre, André Kuntze am Keyboard – vereint und verstärkt durch Otti Bauer und seine Gruppe hatten wir eine 20minütige Teilmitwirkung. Und das jeweils 10 Tage im Februar, März, April. Es begann in Hof, ging über Göppingen, Hannover, Kiel, Koblenz, Berlin, Chemnitz, Magdeburg, Rostock, Hamburg, Münster, Köln, Leipzig, Suhl, Kassel bis nach Dresden. Da ich sonst immer selber fahre, war es seit Jahren die erste Tournee, wo wir, die Musiker und ich, im Bus beim Deutschen Fernseh-

ballett und mit MIDDLE OF THE ROAD mitfuhren. Eine Mords-Truppe – auch menschlich.

Trotz alledem: unsere eigenen Konzerte machen uns mehr Spaß: man wird mehr gefordert, hat nicht so viel Leerlauf, dadurch ist es für uns nicht so langweilig. Aber es war schon wichtig für mich, denn es war das erste Mal nach der Wende, daß ich Live-Auftritte im geographischen Westteil Deutschlands hatte. Das alles verdanke ich letztlich der Familie Heck. Sie schaffen es immer wieder, eine menschliche und kameradschaftlich gute Atmosphäre auch hinter der Bühne zu verbreiten.

Im Dezember 96 hab ich mich sehr gefreut, daß mich mein Sohn Ali in Baden-Baden zu meinem Geburtstag anrief. Er hatte seit Jahren nicht mehr daran gedacht. Hej, dachte ich, das ist ja ein Zeichen. Das reicht bei mir, und alle grünen Lampen gehen an. So traf ich mich später mit ihm. Wir gehen essen. Er spricht darüber, daß ihm seine Arbeit (er ist Facharbeiter für Elektronik, macht jetzt in Alarmanlagen) keinen Spaß mehr macht. Er verdient zu wenig Geld und möchte nochmal in Babelsberg Tonmeister studieren. Ich sage: »Davon gibt es massenweise und sehr gute. – Ein Studium in die Arbeitslosigkeit.« Ich schlage vor, weil er musikalisch ist: »Ja, wie wäre es mit Schnittmeister beim Fernsehen? Ich habe da Freunde, und die würden mir und dir helfen.« Ich organisiere ein Vorstellungsgespräch. Es dauert drei bis vier Wochen, und als ich ihn zu seinem Geburtstag, am 30. April anrufen will, lese ich vorher in SUPER-ILLU, er habe keine Vater-Sohn-Beziehung, alle paar Jahre hätte ich mich mal blicken lassen, über was soll man reden, und daß er so gar kein Gefühl für mich hätte. Ich rufe ihn an. Er verleugnet sich eine Zeit. Als ich ihn dann über Umwege erreichte, sagt er nur: »Stimmt doch«, und legte auf. Wie ein Kind, was angestiftet worden ist. Nicht wie ein Mann, der zu seinem Wort steht. Ich denke, das kann

doch alles nicht wahr sein. Vor 14 Tagen haben wir uns noch offen über alles unterhalten. In mir laufen Bilder ab: das gemeinsame Singen im Weihnachts-Kessel 1990, wie wir an der Ostsee den Bach stauten, Steine schleppten, Luftgewehr schossen, angelten ... Den Satz in der Zeitung: »Ich bin nicht der Klon von Frank Schöbel«, unterschreibe ich voll. Tatsächlich und Gott sei Dank ist er das nicht. Sonst hätte er sich für so etwas nicht hergegeben. Ich war total enttäuscht. Hatte gedacht, daß er in seinem Alter nun endlich eine eigene Meinung hat. Freunde sagen: »Du mußt ihm verzeihen. Hinter allem steht der Neid seiner Mutter und ihres Mannes.«

Aber ich denke: Warum muß ich in einer Zeitung, die von Zeit zu Zeit so unsensibel ist, mein Buch im Vorabdruck veröffentlichen? Bloß weil es mal eine Absprache gab? Ich schreibe an den Chefredakteur. Er schreibt mir zurück. Ich darauf wieder ihm. Wir schenken uns nichts. Und wir verabreden, daß die Geschichten in Zukunft nahe 100 Prozent bei der Wahrheit liegen. Schauen wir mal. Bei aller gegenseitigen Sympathie: Ich lasse nicht zu, daß jemand mit meinem Namen spielt, nicht aus Oberflächlichkeit, nicht aus Unkenntnis und schon gar nicht aus Boshaftigkeit. Eine ehemalige Mitarbeiterin steckte mir, daß ich bei der BILDungszeitung auf dem Index stehe. Ich hoffe, daß dies mein Leben lang hält. Was besseres kann mir gar nicht passieren.

Für das alles dank ich dir

Im November 96 erhalte ich ein Schreiben von SONY, daß aufgrund meines Vertrages eine weitere Option auf eine zweite CD ausgesprochen wird. Wir sprechen am

Telefon ab, daß ich mit der Demo-Produktion beginnen soll. Anfang des Jahres 97 gibt es bei SONY, wie es heißt, eine Strukturänderung. Ein neuer Mann kommt, der alte muß gehen. Der neue macht alles ganz anders, storniert alles, was Deutsch singt. Damit ist nicht viel Geld zu verdienen. Nicht kleckern, sondern klotzen. So sagt er es mir am Telefon. Naja, denke ich, ich bespreche das mit meinem Rechtsanwalt. Wir lösen den Vertrag auf. Okay. Ich hätte die 2. Platte noch machen können, aber eine neue Produktion mit einer Firma und einem Mann, der das alles gar nicht will – das ist eine Katastrophe und schade um die Zeit und die Kraft. Da gehe ich lieber zu einer anderen Firma, die sich engagiert und hinter einem steht. Wobei ich sagen muß, und dabei bleibe ich, Andi Zahradnik als Leiter und Direktor des Labels PORTRÄT bei SONY hatte all diese Vorzüge, die ich eben nannte. Nun »zahlt« sich das aus, was mir Marcus Zander vor einem Jahr geraten hatte: »Produziere die CD selbst.« Ich bekam alle Rechte zurück und kann, wenn ich will, die Platte irgendwann neu auswerten.

Nach einigen Fernsehsendungen, wie der »Schaubude«, »Super-RTL«, einigen MDR-Sendungen und nach 45 Veranstaltungen machen wir ab 7. Juli Urlaub. Na, was passiert? Ich fahre an die Ostsee, versaue mir meinen zweiten Urlaub und fange endlich an, das Buch auf Kassette zu sprechen. Ich weiß, daß ich die Geduld des Verlages ziemlich strapaziert habe. Sie hatten großes Nachsehen mit mir. Ich danke Euch! Die ständigen Probleme meines neuen Lebens, das Taktieren mit den Zeitungen – hat er nun eine Freundin, hat er keine? – zwei Mann von der Dödelzeitung, so erzählten mir die Nachbarn, lagen fünf Stunden vor meiner Tür. Naja, so was muß einen doch an früher erinnern, geht doch gar nicht anders. Nebenbei: meine Freundin kann nur eine sein, die so schlau ist, daß sie Klatsch-

zeitungen ihr Liebesleben nicht offenbart. Und außerdem muß es doch den Schreibern klar sein, daß es Menschen gibt, die um Himmels willen nie in so eine Zeitung wollen. Anscheinend denken sie, es sei des Menschen höchstes Glück. Gut, wenn das eine nicht klappt, erfindet man eben eine andere Geschichte: Schöbel baut – Mensch, vielleicht läßt sich da was machen?

Und so erfindet der übereifrige Marcus Hellwig von der BILD AM SONNTAG die Geschichte vom Baumfrevel. Er findet einen ahnungslosen Stadtrat, Dr. Niemann in Hellersdorf, der mit der Sachlage, betreffs meiner Baugenehmigung und der damit erteilten mündlichen Fällgenehmigung, nicht vertraut war. Und schon spinnt die Zeitung eine Geschichte zusammen, die nicht Hand und Fuß hat, sondern lediglich das, was die Hunde sehr oft vor die Türe legen. Als ich den Stadtrat noch am gleichen Tag an der Telefonleitung habe, meinte er so ganz freundlich und ahnungslos, das sei doch nicht so schlimm. Das könne man ja später wieder grade stellen. Hej, denke ich, was sind das bloß für Leute? Wie gehen die mit uns um? Als die gleiche Zeitung später von mir wieder was will, meinten sie: »So 'ne Nummer machen wir nicht noch mal mit Dir. Versprochen!«

Na toll! Zu solchen Leuten kann man absolutes Vertrauen haben! Wie meinte doch Helga Hahnemann damals: »Wo sind wir bloß hingeraten?«

Ich verschulde mich das erste Mal in meinem Leben. Mein »alter« Nachbar, Manne, wälzt Zeitungen und rät mir, da ich sowieso eine Blockhütte haben wollte, zu einer finnischen Firma. Ich lasse bauen. Habe Glück, daß mein neuer Nachbar in bewundernswerter Ruhe, mit Präzision, Freundlichkeit und Stil als Bauleiter fungiert, den ganzen Schriftkram macht, und mich so von großem Druck befreit. Danke, Nachbar!

Mein Jugendtraum geht in Erfüllung. Ich bin total

Musik: Ulrich Werfel
Text: Frank Schöbel

FÜR DAS ALLES - DANK ICH DIR

ICH SEHS IN DEINEN AUGEN
ES SAGT MIR DEIN GESICHT
UND AUCH DEIN MUND, DER LEISE SPRICHT
KOMM IN MEINE TRÄUME – KOMM UND RUH DICH AUS
FÜHL DICH FÜR STUNDEN – WIE ZU HAUS

ES IST SO GUT ZU WISSEN
DASS ES DICH NOCH GIBT
ICH SPÜR, DU HÄLTST GANZ FEST ZU MIR
UND ES MACHT MUT ZU WISSEN
DU DENKST SO WIE ICH
UND FÜR DAS ALLES - DANK ICH DIR

DU SPRICHST VON DEINEN ÄNGSTEN
IN DIESER KALTEN ZEIT
UM DICH HERUM NUR HASS UND NEID
LASS UNS HOFFNUNG HABEN – DIE ZUSAMMENHÄLT
GLAUBE AN DIE LIEBE – NUR DIE ZÄHLT

ES IST SO GUT ZU WISSEN
DASS ES DICH NOCH GIBT
ICH SPÜR, DU HÄLTST GANZ FEST ZU MIR
UND ES MACHT MUT ZU WISSEN
DU DENKST SO WIE ICH
UND FÜR DAS ALLES - DANK ICH DIR

DRUM IST ES GUT ZU WISSEN
DU FÜHLST SO WIE ICH
UND FÜR DAS ALLES - DANK ICH DIR

zufrieden. Am 23. Dezember 97 ziehe ich ein. Ich freue mich wie ein kleines Kind. Was da steht, bin ich. Was drin ist, ist mein Geschmack. Und auch die Fehler habe ich selbst gemacht.

Oktavia schreibt mir zum Interview in BILD DER FRAU: »Ist das nun mal ein wirklich authentisches Interview ohne Um- und Zudichtung der Reporterin? Ich möchte es gerne glauben (fast), denn was da geschrieben steht, klingt doch sehr nach Dir.« Ja, das ist richtig. Allerdings würde ich denken, die Überschrift »Ich habe Angst vor einer neuen Liebe«, könnte man gut in »Ich habe Angst vor einer Enttäuschung« umbenennen. Ansonsten ist das sehr feinfühlig und genau geschrieben. So auch, daß eine Liebe leise wachsen will, daß ich jemand, wenn überhaupt, in Ruhe finden möchte, der den Zirkus in meinem Job mitmacht und die Liebe zu meinem Beruf teilt. Dem ich genug Freiheit gebe, der mir genug Freiheit gibt und daß wir trotzdem wie Klammeräffchen an uns hängen.

Nach dem Urlaub hatte ich die Hälfte meines Buches aufgesprochen, der Hausbau ging voran. Aurora zog aus in eine eigene Wohnung. Die Kinder auch. Und mein Freund Peter und ich überlegten und schrieben an neuen Sketchen für die Jubiläumsveranstaltung »Tour de Frank 97«. Zwar ist durch den Wegfall einer neuen CD alle Planung ins Wanken geraten, aber es gibt Verträge, und so ziehen wir die Veranstaltungen unter allen Umständen durch. In dieser schweren Zeit, da es immer mehr Arbeitslose gibt, man die Mark dreimal umdreht – bei der Kultur wird sowieso zuerst gespart –, kein leichtes Unterfangen. Wir müssen da und dort Abstriche machen aus finanziellen Gründen. Zum Beispiel verzichten wir auf eine große Leinwand für die Bühne ... Trotzdem machen wir ein Konzertprogramm mit Band, Chor, großer Technik und vier Frauen vom Deutschen Fernsehballett. Ich stelle musikalisch alles

zusammen, schneide wieder Kassetten fürs Ballett, für die Choreographin, aber auch für die Musiker, die dann die Harmonien der Lieder rausschreiben, und mache bei der Probe den letzten Feinschliff.

Wir proben im Keller, und da es Ende September noch warm ist, die Gesänge draußen im Garten. Unsere lieben Nachbarn schielen ab und zu mal rüber, fühlen sich nicht genervt, freuen sich. Mein Büro – also Brigitte – kocht Kaffee, schmiert Schnitten (neudeutsch: Catering), und so wird die Probe gemütlich. Aurora schaut vorbei. Ich finde es schön, daß unser Verhältnis so gelöst und locker ist.

Ich habe ein ziemlich gutes Gefühl für das Konzert. Wir schmeißen noch das eine oder andere Lied raus, sind eh zu lang. Ja, in 35 Jahren hat sich eben viel Musik angesammelt. Da ist es schwer, sich zu entscheiden. Die erste Veranstaltung findet am 27. September im Leipziger Gewandhaus statt.

Und so schreibt Martina aus Dobberschütz: »Diese Show ging vielen sehr nahe. Es hatten einige sogar Tränen in den Augen. Viele Deiner Lieder weckten Erinnerungen an die eigene Jugend und Kindheit.«

»Das gestrige Konzert«, so schreibt eine andere Zuschauerin, »und die heutige Einsamkeit in meiner Wohnung, haben mich zum Stift greifen lassen. Ich bin total euphorisch und völlig heiser vom Mitsingen. In meinem Fall kannst Du sagen: Ziel erreicht.«

Ich kriege unendlich liebe Geschenke und Massen von Blumen. Auch Dankesbriefe. Fans, die irgendwann zu Freunden wurden, mit denen man Gags und Spaß machte, aber sie auch im entscheidenden Moment ernst nahm, so liest man: »Ich danke Dir dafür, daß Du mir immer wieder Kraft gibst, nicht aufzugeben und das Beste zu geben. Es klingt verrückt, aber all die vielen Jahre hast Du mich immer gezogen. z. B. früher in der Schule, wenn ich keine Lust hatte, irgend etwas zu

machen, sah ich Dein Bild an und sagte: ›Okay, ich fang schon an!‹ Ruf bitte keinen Psychiater. Ich bin ganz ungefährlich.«

Bei dem Lied »Ne schöne Zeit« schreibt mir eine Frau, über ihr Leben nachdenkend: »Wenn ich daran denke, daß ich dieses Jahr 15 Jahre verheiratet bin, keine Kinder habe, 15 Jahre nicht im Urlaub war, mein Mann raucht, was ich hasse, und so viel trinkt und nur vorm Fernseher sitzt, und ich keine Arbeit habe, so glaube ich, daß auch ich am Leben vorbeilebe. Ich möchte am liebsten von hier weg. Aber mir fehlt der Mut.«

Am 3. Juli passiert etwas Furchtbares. Ich bumse eine Frau in Schwedt auf offener Straße. Ich habe mich natürlich sofort entschuldigt, sie wollte sich gerade aufregen, da – ich glaube – erkannte sie mich und meinte: »Das muß ich meinem Mann erzählen!« Ich fuhr an der Kreuzung leicht rückwärts und holte mir dabei an der Stoßstange einen Abdruck von ihrem Nummernschild, den ich heute noch dran habe. Es ist auch durchs Waschen nicht weggegangen, und ich finde es eine »einprägsame«, aber lustige Erinnerung.

Es ist September, wir sind in Halle, Prenzlau, Stralsund, Hoyerswerda. Ich erhielt die schlechte Nachricht, daß meine Mutter schwer gestürzt war. Und das im 89. Lebensjahr. Sie hat einen komplizierten Bruch und liegt seitdem nur. Ich bin tieftraurig und kann eigentlich nicht so richtig helfen. Ich wollte doch so gerne, daß sie in Berlin in der Hochschule der Künste am 23. Oktober mit dabei ist.

Vor diesem Auftritt hatten irgendwie alle Angst: meine Musiker, ich besonders. Wir waren nervös, angespannt. Aber auch das gehört dazu.

Außerdem saßen Aurora und die Kinder im Saal. Heinz Quermann sowieso und die vielen lieben anderen Wegbegleiter. Der Laden war knochenvoll. Und

nachdem wir am Ende 20 Minuten oder länger Zugaben gemacht hatten, die Menschen während dieser ganzen Zeit standen, war das ein schöner Erfolg für alle Mitwirkenden, auch für meine Musiker. André Kuntze am Keyboard strahlte übers ganze Gesicht, er hat eine halb tschechische Seele in sich – sprich: Gemütlichkeit, Freundlichkeit, und man muß sich bei ihm für bestimmte Musik nicht entschuldigen. Uli am Baß – ruhig, ausgeglichen, bescheiden, vielseitig, fleißig. Peter Lorenz spielt sämtliche Saxophone, Percussion, und ist mein Sketchpartner, kompetent, ja ... vielseitig, fleißig, kreativ, wird oft unterschätzt als mein Partner, mein Gegenpol – für mich total wichtig. Wir sind ein Team. Unser Gitarrist aus Leidenschaft, Stefan Schirrmacher – zuverlässig, sensibel, freundlich, liebenswürdig, 'ne Seele von Mensch. Aber das Schönste ist: bei keinem schleicht sich Routine ein. Unser Trommler, Matthias Grimm – wir nennen ihn Dicki, weil er so dünn ist – spielt eigentlich auch bei einer Heavy-Band. Ich muß ihn manchmal bremsen, weil ab und zu sitzt 'ne Omi unten, und dann hab ich immer Angst, daß sie die Ohren zumacht.

Also, fragender Blick von mir zu ihm, und er trommelt leiser. Außerdem ist er sowieso eine Lachwurzel, und wenn er mit Uli zusammen ist, Uli ist so groß wie er, sie nennen sich beide die Rhythmus-Zwerge, dann geht der Lachsack nicht mehr aus. Ich find's herrlich – wie früher in der Schule beim Wandertag, weißte. Dazu noch Eva Diesner (früher Eva Fritzsch von der Gruppe Kreis) – Flöte und Gesang. Zuverlässig, hilfsbereit, sympathisch, rücksichtsvoll. Ich sage Dir, eine gute harmonische Truppe, allesamt kollegial, die nicht der Suff zusammenhält, sondern die Arbeit und die Freude daran. Viele sagen mir, das sieht man, wenn wir auf der Bühne sind. Auch an diesem Abend hat man das gespürt.

Auch Jochen Wolff von der SUPER-ILLU hatte es sich nicht nehmen lassen, zu kommen. So ist das – wir haben manchen Strauß ausgefochten und uns unsere Meinungen jeweils ins Gesicht gesagt. An dem Tag meinte er: »Ich hab in die glücklichen Gesichter des Publikums geguckt. Warum flippen die Menschen so aus wie die Jungen bei den Spice-Girls? Weil es ein sympathisches Stück ihres Alltagslebens in der DDR war, was sie sich nicht wegnehmen lassen wollen. Ein emotionales Netz unter dem Seil, auf dem jeder seine akrobatischen Überlebenskünste vollbringen muß.«

Da ich wußte, wer alles im Saal saß, war es natürlich besonders schwer, mich bei Liedern wie »Ich liebe dich«, »Gestern ist schon vergangen« und »Für das alles danke ich dir« emotional im Griff zu haben. 35 Jahre – da geht einem vieles durch den Kopf, auch auf der Bühne. Und man hofft selbst und wünscht sich, daß man die richtigen Worte findet. Nach der obligatorischen Autogrammstunde versammeln sich noch viele meiner Freunde im Ballett-Saal des Hauses. Ein langsames Austrudeln findet statt. Sieber, wie wir Gerhard Siebholz nennen, treibt es ans Klavier, und er spielt wie in alten Zeiten. Eigentlich war mir danach, richtig loszugrölen. Nur, wenn ich das am Abend mache, bin ich am nächsten Tag auf der Stimme fertig, und unsere Tour ging schließlich noch weiter. So was kann ich nur machen, wenn ich mindestens eine Woche frei habe. Naja, so muß ich mich eben disziplinieren – ähnlich wie ein Sportler. Aber ich bekam an dem Tag noch einen Feuerlöscher geschenkt. Na, das ist ja vielleicht mein Schönstes. Ich stehe auf der Straße und »feuer« in den Wind. Ich muß daran denken, wie mich im Sommer an der Ostsee ganz langsam und vorsichtig jemand ansprach, ob ich nicht ein Lied für die Wittenbecker Feuerwehr schreiben könnte. Er sang mir dann so 'ne Zeile im tiefsten Norddeutsch vor: »So, Fränki weist, so

ungefähr, so müßt es klingen.« Er hat sich nie wieder gemeldet, dabei hatte ich die ersten Zeilen schon fast fertig: »Hej, ihr Leute, hört mal her, es gibt ’ne Super-Feuerwehr. Ja, wir spritzen alles weg, wir sind die Jungs aus Wittenbeck.« Und wie ich gehört habe, gewinnen sie tatsächlich bei Wettbewerben ein Ding nach dem anderen.

Eine Veranstaltung nach der anderen stand auch bei uns auf dem Plan. Am Sonnabend sogar zwei. Ich mach so was ungern. Aber man bekniete uns, für Herbert Dreilich, unserem alten Freund und Kämpfer von KARAT, dem es nicht gutging, einzuspringen. Ehrensache! Na klar. Ich denke, umgekehrt würde er es auch machen.

Die Fernsehsendung »Tour de Frank 97« sagte ich ab. Wir schoben sie im gegenseitigen Einverständnis mit Udo Foth ins Jahr 98. Ich muß März/April neue Titel schreiben, eine neue Show vorbereiten und manchmal denke ich: hört denn das nie auf? Aber wenn man’s dann geschafft hat, die Erntezeit ansteht – auch nicht schlecht. Immer wieder den eigenen Schweinehund besiegen, das kostet Körner.

Vor mir stehen noch im Jahr 97 »40 Jahre aktuelle Schaubude« und einschlägige Sendungen, dazu: DEUTSCHE WELLE, MDR, Silvestersendung und unsere – ich denke, letzte Weihnachtstour im Dezember.

Zwei Tage vor meinem Geburtstag taucht ein neuer, ungewöhnlich freundlicher, kluger Briefträger vor meiner Tür auf, sagt: »Hallo Fränki, ich hab was für dich. Von mir.« Ein kleines Büchlein »Momente voll Harmonie«, in dem er folgendes schrieb: »Geben und nehmen, das ist Leben. Wer das kann, ist glücklich dran. Berti Kreft.« Und nebenbei: »Für Frank Schöbel von einem Briefzusteller, der halt des Weges kam.« Na, das fand ich ja vielleicht gut.

Mein und Opis Trabi, 97

Zu meinem Geburtstag hatte er besonders viel zu tragen. Es war seit langem mein schönster, abwechslungsreichster und glücklichster Geburtstag. Früh schon geweckt mit Küßchen und selbstgebackenem Kuchen, später von meinen lieben Nachbarn mit Kaffee verwöhnt. Da klingelt's, und es kommt Berti, der Briefträger, des Wegs, setzt sich kurz an Nachbars Tisch, reden übers Leben und was er noch alles vorhat, daß er 98 im Oktober heiraten und wen er heiraten will. Es gibt nur noch kleine Probleme. Schön, wenn man sich mit scheinbar fremden Menschen so versteht, als würde man sie schon lange kennen, sofort eins ist. Ich mag dieses Gefühl. Freunde schauten flüchtig vorbei. Eine gute Freundin kommt zur Mittagszeit. Und nachmittags bin ich bei meinen Töchtern Dominique und Odette, Aurora ist auch da, bei Kaffee und Kuchen; bekomme Geschenke, eingerahmte Fotos, die ich so gerne haben wollte. Tja, und der Rest des Tages, sei nicht sauer, der geht nur mich was an.

Danach bis zum 21. die Weihnachtstournee, und die Frage aller Musiker: Machen wir noch eine Weihnachtsfeier? Na klar. Natürlich essen, natürlich kegeln. Aber ich glaube, man merkt uns an, daß wir alle ganz schön fertig sind. Wir sehnen uns nach Weihnachten, nach Ruhe. Zum Fernsehen komme ich nicht mehr, und wenn ich doch mal kurz einschalte, fällt mir Peter Lorenz' Spruch ein: »Fehlt dir Erfolg als Schlagersänger,/ gräme dich nun nicht mehr länger./ Nimm deine finanziellen Reste/ und kauf dir 'ne Trachtenweste. Und dann geht es schnurgerade/ aufwärts in der Hitparade. Denn mancher, der doch besser schwieg,/ macht heut erfolgreich Volksmusik.« Tusch! In F-Dur. Nee, nimm F-Moll.

Apropos Moll: Unter den vielen lieben Briefen und Päckchen, die ich Weihnachten aufmachen durfte – ich brauche bestimmt noch bis Februar, um mich zu bedanken –, ist auch ein unverschämter Brief von einer Frau, die sich in mich verguckt hat und meint, ich müsse sie auch lieben. Nur weil ich freundlich war und sie nicht vor den Kopf gestoßen habe, beschimpft sie mich und zieht andere noch mit hinein. Eine Frau, deren Liebe nicht erwidert wird, kann hundsgemein sein. Härter noch als 'ne Dödelzeitung. Schade, daß manche Offenheit und Freundlichkeit falsch verstehen.

Auch andere »Fans«, die nach der Trennung glaubten, sie müßten unbedingt mal ein ernstes Wörtchen mir reden: »So geht das nicht!« Es passiert immer mal wieder, daß manche denken, sie können die Barriere zu meinem Privatleben überschreiten und einen Fuß in meine Tür stellen.

Nee, stop!

Ich mach bestimmt vieles, vielleicht sogar alles mit, habe einen großen Toleranzbereich, aber irgendwann ist Schluß. Da bin ich dann überhaupt nicht mehr nett! Wenn einer meine Freiheit beschneiden will ... – und

damit wären wir wieder bei FRANK UND FREI oder FRANK UND manchmal FREI?

Ich denke jetzt an die, die mir geholfen haben. Die vielleicht namentlich nicht erwähnt, aber in meinem Herzen eingeschlossen sind. Die vielen anständigen Menschen in meinem Beruf, im Publikum oder im täglichen Leben, an meine Freunde, nicht zuletzt an meine Familie, die oft zu kurz gekommen ist, aber es auch manchmal besser hatte als andere.

Nichts ist für immer! Leben ist Veränderung. Wir sind Gast auf dieser schönen Kugel. Wenn man 7 Jahre mit einem Menschen zusammen ist, kann das ein Zehntel des Lebens sein. 20 Jahre, wenn es gut geht, sogar ein Viertel. 35 Jahre in diesem schönen Beruf: wenn's schlecht läuft, die Hälfte, wenn's super läuft, ein Drittel. Ja, ich will über 100 werden. Ich mach Dich fertig! Ich weiß nicht, wohin mich dieser Beruf noch führt. Ich weiß nur, wie mein Buch jetzt heißt: »Bis hierher ging's.«

Anhang

FRANK SCHÖBEL
Spitzenplätze in den Jahresendauswertungen der ostdeutschen Rundfunk-Hitparaden

1964
1. PARTY-TWIST
2. BLONDER STERN
4. LOOKY-LOOKY

1967
1. LIEB MICH SO WIE DEIN HERZ ES MAG

1970
1. MÄDCHEN, DU BIST SCHÖN

1971
1. WIE EIN STERN

1972
1. ALS SEI NICHTS GESCHEHN

1973
1. NUR WER DAS FEUER KENNT
3. ICH GEH VOM NORDPOL ZUM SÜDPOL ZU FUSS
5. SEH ICH SIE
7. MANJA

1975
2. KEINE ZEIT
7. SIE NÄHT JA SCHON IHR HOCHZEITSKLEID
8. VON DIR ZU MIR

1977
2. WENN DU WILLST
4. ALLES IM EIMER
6. O LADY
9. ER TRÄUMT VON COWBOY-CITY

1978
1. WIE DU
3. ROCK IST WIEDER DA

1979
1. JANE
3. KRISTINA

1980
2. DU BIST ZU JUNG
5. TIEF IM DUNKLEN MEER

1981
1. MAN KANN SICH DRAN GEWÖHNEN
6. LEG DICH IN MEINE TRÄUME

1982
1. MIT MIR KÖNN'SES JA MACHEN

1984
1. WENN EIN STERN VERLISCHT
2. ALT WIE DIE WELT

1985
1. KOMM, WIR BAUN UNS EIN ZELT
2. WIR FLIEGEN MIT DEM WIND

1986
1. ICH BRAUCH DICH SO
3. HEHEHE

1987
2. DIE FANS SIND EINE MACHT

1988
1. ICH FÜHL MIT DIR

1989
2. WIR BRAUCHEN KEINE LÜGEN MEHR
3. ZUSAMMENGEHÖRN

1990
2. WENN LIEBE FEHLT

FRANK SCHÖBEL
Discographie

1968 HEISSER SOMMER Amiga

1970 CHRIS UND FRANK Amiga

1971 FÜR UNSERE FREUNDE Amiga

1972 HELLO DOLLY Amiga

1972 WIE EIN STERN Amiga

1973 WIE EIN STERN PHILIPS

1973 NICHT SCHUMMELN, LIEBLING Amiga

1973 FRANK SCHÖBEL Amiga

1974 SONGS FÜR DICH Amiga

1975 FREUNDE GIBT ES ÜBERALL Amiga

1975 KOMM, WIR MALEN EINE SONNE Amiga

1975 DIE GROSSEN ERFOLGE Amiga

1977 ICH BLEIB DER ALTE Amiga

1977 FRANK SCHÖBEL – O LADY Electrola

1978 FRANK Amiga

1980 FRANK INTERNATIONAL Amiga

1981 WOVON ICH TRÄUME Amiga

1982 DAS JUBILÄUMSALBUM Amiga

1985 WEIHNACHTEN IN FAMILIE Amiga, CD Ariola

1986 ICH BRAUCH DICH SO Amiga

1989 WIR BRAUCHEN KEINE LÜGEN MEHR Amiga, LP/CD Ariola

1993 FRANK SCHÖBEL – SEINE HITS DER 60ER JAHRE CD/MC DSB

1993 FRANK SCHÖBEL – SEINE HITS DER 70ER JAHRE CD/MC DSB

1993 FRANK SCHÖBEL – SEINE HITS DER 80ER JAHRE CD/MC DSB

1994 FRANK SCHÖBEL – GOLD CD/MC Ariola

1994 FRÖHLICHE WEIHNACHTEN IN FAMILIE LP/CD/MC Buschfunk

1995 JETZT ODER NIE CD/MC Sony Music

1996 FRANK SCHÖBEL – GOLD 2 CD Ariola

FRANK SCHÖBEL
Kompositionen

1. SO WIE WIR ZWEI
2. FALLENDE FLOCKEN
3. GIB NICHT AUF
4. DURCH DIE ENGEN GASSEN
5. WAS ICH BRAUCH ZUM GLÜCKLICH SEIN
6. WEISSER SAND
7. SO ODER SO KANN UNSERE LIEBE SEIN
8. ICH GEH WIE AUF NADELN
9. WARUM LIEB ICH GERADE DICH
10. FÜR MICH BIST DU PASSÉ
11. NUR DEIN HERZ HAB ICH LEIDER NOCH NICHT
12. GIB MICH FREI
13. LIEB MICH SO
14. NIMM DIE GITARRE
15. EIN LIED FÜR SIE
16. EIN TAG IM SOMMER
17. ICH NEHM ES NICHT SO KRUMM
18. DIE NEWA KANN MÄRCHEN ERZÄHLEN
19. EINMAL IN DER WOCHE
20. KARIERT
21. FRÜHLING IN DER STADT
22. KÖNNTE (UNMÖGLICHKEITEN)
23. SCHÖN WAR DER WEG DURCH DIE SOMMERNACHT
24. ERKENNUNGSMELODIE MODE & MUSIK
25. ERKENNUNGSMELODIE MODE & MUSIK (2. FASSUNG)
26. SCHAU MAL, ES REGNET
27. DIE SCHÖNSTE GESCHICHTE DER WELT
28. MEINE OMA, DIE IST DUFTE
29. ES IST GAR NICHT LEICHT

30. MACHT'S GUT UND SCHLAFT SCHÖN
31. SOMMERABSCHIED
32. ICH MÖCHTE KEIN APOLLO SEIN
33. SO SCHÖN KANN ES IM WINTER SEIN
34. NACH JEDEM TIEF KOMMT EIN HOCH
35. MÄDCHEN, DU BIST SCHÖN
36. DER UNTERSCHIED
37. JEDES MÄRCHEN WIRD WAHR
38. SCHÖN IST ES, BEI DIR ZU SEIN
39. DAS WAR DOCH VIEL ZU SCHÖN, UM WAHR ZU SEIN (APRIL, APRIL)
40. AMOR IST EIN ENGEL
41. DU UND ER
42. WER DEN PLÄNTERWALD KENNT
43. WENN DIE SONNE
44. GARTENBANK IM PLÄNTERWALD
45. LINKS VON MIR, RECHTS VON MIR
46. KARUSSELL DES JAHRES
47. WENN DIE HÄLFTE DAVON WAHR IST
48. HIER BIN ICH
49. DU MUSST WIEDER MAL TANZEN
50. HEUTE KOMMST DU
51. SO TIEF WIE DAS MEER
52. WIR FAHREN TANDEM
53. DAS GIBT'S NUR IN DER FERIENZEIT
54. SOMMERROMANZE
55. FÜNF MINUTEN ZEIT
56. STROHHUT-STORY
57. ES IST DOCH KEINE SELTENHEIT
58. ES IST WAHR
59. EINMAL EIN GANZ ANDERER SEIN
60. ES LOHNT SICH NICHT
61. VON ANFANG BIS ENDE
62. DIE SCHRANKE
63. TROPFEN UND TRÄNEN
64. HAB ICH EIN GLÜCK

65. ERKENNUNGSMELODIE TREFFEN MIT CHRIS UND FRANK
66. SCHADE UM DEN MANN
67. SEH ICH SIE
68. SINGT ALLE MIT
69. ABER SCHÖN WÄR ES DOCH
70. DIE SONNE KOMMT IMMER WIEDER
71. WER DIE ERDE LIEBT
72. BALD GEHT DIE NACHT
73. KEINEN TAG GEB ICH HER
74. MANJA
75. EIN GEDANKE
76. HEUT IST DER TAG
77. ICH HABE ANGST
78. PEPIK
79. ABER DANN KAM ER (SO ZU LIEBEN)
80. WOHIN FÄHRT DIE STRASSENBAHN
81. DIE ROSE VON CHILE
82. ICH HAB MIT DIR DAS MEER ENTDECKT
83. FREUNDE GIBT ES ÜBERALL
84. JA, DER FUSSBALL IST RUND WIE DIE WELT
85. HE, GEH DOCH AUS DER SONNE
86. FÄLLT EIN STERN AUFS MEER
87. KINDERGEBURTSTAG
88. ALLE KINDER DIESER ERDE
89. HIER LEBST DU
90. WER HAT ES SCHÖNER ALS WIR
91. SING EIN LIED
92. TOKEI-ITHO
93. SCHLAF EIN
94. DAS IST DER PRINZ
95. RISKIER MAL EIN LOCH IN DER HOSE
96. KOMM, WIR MALEN EINE SONNE
97. FERIEN
98. EIN EISBÄR IM ZOO
99. UND WENN DAS NICHT DIE WAHRHEIT IST

100. KOMM
101. MEHR ALS ICH HAB
102. KOMMT HEREIN
103. WENN DU WILLST
104. ICH SINGE SCHALLALALA
105. HAUSBOOT AUF DER DAHME
106. HÖR MER BLOSS UFF MIT BERLIN
107. SAG'S NICHT DEN ANDERN
108. SIE TRÄUMT VON MIR
109. FRIDOLINO
110. ER TRÄUMT VON COWBOY-CITY
111. DU BIST SCHÖN
112. SANDY
113. STÖRT NICHT DEN SCHLAF
114. ACH, MIR GEHT'S GUT
115. SO WAR ICH NIE
116. HE, SCHREIBST DU MIR
117. WAS KANN HERRLICHER SEIN
118. EIN SCHÖNES PAAR
119. BITTE, VERGISS MICH NICHT
120. FAND EIN GRAB IM BIRKENWALD
121. LEBE DEIN LEBEN
122. ZUHAUS IST DA, WO DEIN HERZ IST
123. HALT, HALT, HALT
124. SO LAGEN WIR
125. LASST MICH MAL EINEN TAG ALLEIN
126. OMA WILL TRIOLA BLASEN
127. KRISTINA
128. START FREI (HE, OLYMPIA)
129. DU BIST ZU JUNG
130. SIE WAR SIEBZEHN
131. DAFÜR LIEB ICH DICH
132. NUR MIT DIR WIRD ALLES GUT
133. MAN KANN SICH DRAN GEWÖHNEN
134. NADJA
135. MIT MIR KÖNN'SES JA MACHEN

172. ES GIBT EINEN LEBEN VOR DEM TOD
173. ZUSAMMENGEHÖRN
174. WENN DIE LIEBE FEHLT
175. NENN ES ZÄRTLICHKEIT
176. TIEBREAK
177. DU WIRST MIR FEHLEN
177. LEB DEINEN TRAUM
178. MILLIONEN HERZEN
179. DER LETZTE MACHT DAS LICHT AUS
180. WIR SIND HEUTE GUT DRAUF (RING FREI)
181. WIR FAXEN VON BAYERN BIS NACH SACHSEN
182. UNION
183. WIR BRAUCHEN NEUE TRÄUME
184. TIEF IN DEN HERZEN
185. EINMAL IM JAHR
186. WER BESCHENKT DEN WEIHNACHTSMANN
187. INTRO (FRÖHLICHE WEIHNACHTEN IN FAMILIE)
188. ZÜNDET LICHTER AN
189. HE, FRAU HOLLE
190. SEHNSUCHT NACH GEFÜHLEN
191. BALD NUN IST WEIHNACHTSZEIT
192. NA DANN, FROHES FEST
193. GUTE NACHT, TRÄUME SANFT
194. SO WIE BEI ANDEREN KINDERN
195. COVENTRY CAROL (trad. bearbeitet)
196. JETZT ODER NIE
197. WE ARE THE GREATEST
198. NUR MIT DIR UND NUR FÜR DICH
199. NUR KEINE ANGST
200. HAST DU LUST MIT MIR
201. ALLES IN DIR SCHREIT NACH LEBEN
202. ’NE SCHÖNE ZEIT
203. KEINE LUST MEHR
204. FÜR DAS ALLES DANK ICH DIR

Inhaltsverzeichnis

Anhang

Hier die großen Füße
des Nordpol-Südpol-Läufers,
der sich nicht im Erfolg sonnt,
sondern schon wieder ein neues Buch
im Kopf hat.

Fotonachweis

Privatarchiv Schöbel sowie:
adolph press 1, Johannes Aevermann 1, Deutscher 1, Jürgen Diesner 5, Filmarchiv 8, B. Flotow 1, Ina Jänichen 2, Tassilo Leher 3, Günter Gueffroy 2, André Kowalski 1, Lothar Kuhnert 1, Kerstin Lantzsch 1, Helmut Raddatz 6, Herbert Schulze 18, Klaus D. Schwarz 1, Super-illu (Kowalski, Kuzmanić, Tölle, Weyrich) 7, Klaus Winkler 12.
Nicht in jedem Fall waren die Fotografen zu ermitteln.

ISBN 3-360-00847-2

1. Auflage

Rosa-Luxemburg-Str. 16, 10178 Berlin
Umschlagentwurf: Jens Prockat
Druck und Bindung:
Clausen & Bosse, Leck